정신 건강과 법

제철웅 박인환 박현정
김미경 강상경 김원경
이용표 한미경 김낭희

弘文社

머 리 말

그리스의 히포크라테스, 중국의 화타에 이르기까지 신체질환 치료의 역사는 동서양을 막론하고 오래되었다. 그러나 정신질환 치료의 역사는 오래되지 않았다. 근대 초기만 하더라도 '정신에 고장이 생긴 사람(mentally disordered persons)'을 수용소(asylum)에 가두어서 도덕훈련(moral discipline)을 시켰다. 정신건강문제를 생물학적 질환(illness)으로 본 것은 조현병을 조기치매로 분류한 20세기 초 독일 의학자인 에밀 크래펠린(Emil Kraepelin)이었다. 정신의학의 방법론적 기초 역시 훗설(Husserl), 야스퍼스(Jaspers), 하이데거(Heiddeger)에 이르는 현상학에 자리 잡고 있다. 환각의 내용이 아니라, 환청, 환시 등의 현상에 나타나는 공통점을 기반으로 해서 정신질환을 분류하는 것이 그것이다. 심리분석에 초점을 맞추던 프로이드 학파가 쇠퇴한 20세기 중반 이후 비로소 정신건강문제를 생물학적 질환으로 규정하는 정신과의사(Psychiatrists) 집단이 자리 잡게 되었다. 때맞추어 개발된 항정신과정약물 복용을 통해 '정신질환'을 치료할 수 있다는 믿음이 가족과 사회에 확산되었다. 정신건강문제를 "치료"해야 할 위험한 질환이라는 인식은 강제입원과 강제치료를 정당화하는 이데올로기로 작용하게 되었다. 그럼에도 불구하고 주류 정신의학은 아직도 중증정신질환인 조현병의 원인을 규명하지 못하고 있다. 반면 많은 사람들은 선택적 세로토닌 재흡수억제재(SSRIs)나 항정신질환약물의 부작용을 호소하였다. 강제입원과 강제치료가 오히려 정신건강문제를 안고 있는 당사자의 상태를 더 악화시키는 경우도 빈번하게 발생하였다. 강제입원 경험을 가진 사람들은 자신을 생존자라고 부르기도 한다. 이들은 정신건강문제를 "질환"이 아니라 심리사회적 장애(psycho-social disabilities)로 규정한다. 정신건강 문제를 다루는 이런 다양한 용어와 역사에서 짐작하듯이, 정신건강문제의 성격규정에는 공통의 이해가 결여되어 있다.

우리나라 역시 정신건강문제는 점차 심각한 사회문제가 되고 있다. 정신과치료를 받는 사람은 한 해 300만 명을 훌쩍 넘었고, 추정 중증 정신질환자도 40만 명을 넘는다. 2030년에는 정신건강치료비용만 8조 6,000억 원을 상회할 것이라고 한다. 실업, 사회보장급여 지출 등 사회적 비용을 감안하면 그 손실은 더 크다. 이런 이유로 선진국에서는 다양한 대책을 수립한다. 학대, 상실, 폭력, 트라우마 등 어린 시절의 부정적 경험과 정신질환의 상관성이 높다는 연구결과를 바탕으로 아동기 부정적 경험을 줄이려는 정책이 대표적인 예이다. WHO도 아동기 부정적 경험을 최소화하는 정책을 채택할 것을 권고한다. 정신건강문제를 "질환"으로 정의하여 치료와 관리에 집중하던 정책의 핵심인 강제입원, 강제치료 폐지에 대한 국제적 공감이 확산되고, WHO가 권리 중심의 양질의 정신건강서비스(WHO Quality Rights Approach)를 강조하는 것도 마찬가지이다.

WHO에서는 정신건강문제를 더 이상 '생물학적 질환'의 문제로 보지 않는다. 정신건강문제의 성격규정은 치료, 재활, 회복에 관여하는 당사자, 가족, 의료진, 사회복지사, 심리상담사 등이 정신건강문제를 겪고 있는 당사자에게 어떤 목표 하에 어떤 내용을 갖고 어떤 자세로 접근할 것인가를 결정짓는 요소가 된다. 정신건강문제의 성격규정은 사회제도, 즉 정신건강 관련법에서 비롯된다. 정신건강문제를 생물학적 질환이라고만 규정할 때에는 어떻게든 입원시켜 '치료'받게 하는 것이 중요할 수 있다. 그러나 이것은 실패한 관점이다. 그렇다고 정신건강문제를 전적으로 '사회문제' 때문이라고 보는 것은 사회적으로 합의 가능한 해법을 찾기 어렵다. 정신건강문제는 사회적 문제 때문에 발생한 것이자, 개인의 심리적 요소에 영향을 받는 것이고, 또 생물학적 변화를 초래하는 것이라는 인식이 사회적으로 합의 가능한 접근이 될 것이다. 유엔 장애인권리협약이나 이를 모델로 삼고 있는 선진국의 정신건강정책은 세부내용은 다르지만 이런 관점 하에 정신건강 관련 사회제도를 정비해 가고 있다.

이 책은 정신건강정책을 형성할 법적 기반을 어떻게 재구성하는 것이 바람직할 것인가를 고민하는 집필진이 모여 구상하였다. 집필진은 이 책을 통해 유엔장애인권리협약은 정신건강문제를 어떻게 바라보고 있고, 다른 선진국은 어떻게 대응하는지, 우리나라의 현행 정신건강관련 사회제도는 어떠한지를 규명하고자 하였다. 정신건강문제를 개인과 가족, 나아가 사회의 문제로 인식하고 우리나라에 실현가능한 해결방법을 찾음으로써, 정신건강문제로 어려움을 겪고 있는 당사자와 가족에게 작지만 새로운 희망을 주고, 전문가에게 정신건강정책 환경을 어떻게 변화시켜 나가는 것이 바람직한지에 관해 시사점을 제공하고자 하였다. 저술 작업은 일찍 기획되었으나 바쁜 일정 중인 여러 전문가가 참여하였기에 이제야 출간하게 되었다. 그러나 이 책의 내용은 여전히 유효한 현재 진행형의 제도를 소개하고, 미래의 비전을 제시하고 있다.

이 책의 제1부는 필자와 박인환 교수가 작성하였고, 제2부는 이용표 교수(제1장), 한미경 교수(제2장), 박현정 교수와 김미경 박사(제3장), 강상경 교수(제4장), 김낭희 박사(제5장), 박인환 교수, 김원경 교수(제6장)가 각각 분담 집필하였다. 집필 중 일부는 논문의 형식으로 발표되기도 하였고(제1부의 일부, 제2부 제3장 박현정 교수 부분, 제5장), 발표된 글을 저서의 형식에 맞추어 새롭게 보완하기도 하였다(제1부 일부, 제2부 제2장). 이 책의 저술을 위한 집필진의 연구는 '의사결정능력 장애인의 사회통합' 연구를 위한 한국사회과학연구의 지원을 받았다. 이 책이 정신건강문제를 겪고 있는 당사자와 가족, 이들을 마음을 다해 지원하고자 하는 전문가들에게 도움이 되기를 바라는 마음을 담아 저자 서문에 갈음하고자 한다.

2022년 1월
대표편저자
제 철 웅

차 례

제1부 한국의 정신건강과 법

제 1 장 장애인권리협약과 정신건강

제 2 장 정신건강증진 및 정신질환자 복지서비스 지원에 관한 법률

제 2 부 선진국의 정신건강과 법

제 1 장 정신장애의 치료 및 돌봄에 관한 여러 관점과 역사적 전개

제 2 장 미국의 정신건강과 법, 정책, 그리고 서비스

제 3 장 프랑스의 정신보건과 법

제 4 장 호주 비자의치료제도의 입법 및 실무: 한국에의 함의

제 5 장 캐나다 온타리오 주의 정신보건과 법: 비자의치료제도의 이해와 개선을 중심으로

제 6 장 일본의 정신보건복지법제의 동향

제1부

한국의 정신건강과 법

제 1 장 장애인권리협약과 정신건강

Ⅰ. 정신건강과 법의 역사

1. 근대 이전

오늘날에도 우리나라의 많은 사람들은 정신질환자나 지적장애인은 가족의 후견이나 사실상의 후견 하에 재산관리나 신상 보호를 받아야 한다는 믿음이 강하다. 이런 인식은 아주 오래된 관념에 뿌리를 두고 있다. 서양의 경우도 이와 다르지 않았다. 이미 로마법[1])에서도 이런 관념이 제도화되어 있었다. 로마의 초기 법전인 12표법(lex duodecim tabularum)은 기원전 451−450년에 로마의 전통관습법을 기술하도록 위임을 받은 10명의 위원회에서 작성한 것이었다. 이 법전은 전통관습법과 이탈리아 남부의 그리스 도시국가들로부터 차용한 일련의 법원칙을 결합하여 만들어진 것이다. 이 법전은 의회의 일종인 백인회(comitia centuriata)에서 제정하였고, 포럼에서 목재, 청동 또는 상아표로 간행되어, 로마시민들이 그 내용을 알 수 있도록 하였다.[2]) 그 중 표 5가 상속과 후견을 다루는 장이었는데, 여기에서는 광란자(furiosus)의 재산과 신상은 부계혈족의 최근친(proximus agnatus)의 관리에 둔다고 규정하였다. 최근친이 없을 경우, 그의 씨족 집단(gens) 중 최근친의 친족의 관리 하에 둔다고 규정하였다.[3]) 씨족집단은 동일한 성(family name)을 가진 사람들로, 공통의 조상으로부터 내려온 사람으로 스코틀랜드의 부족(clan)과 유사하였다.

그 당시에는 누군가 건전하지 않은 정신을 가졌거나 자신의 재산사무를 관리할 수 없다고 판단하는 공식 절차가 전혀 없었다. 당연히 의학적 증명의 필요성도 없었다. 또한 대리결정자를 임명하여 대신 결정하도록 하는 공식 절차도 없었다. 광란자(furiosus)는 자동적으로 법률에 의해 그의 최근친 부계친족의 관리 하에 들어갔다. 최근친의 부계친족은 자동적으로 광란자의 보좌인이 되었다(curator furiosi). 보좌인(curator)이라는 단어는 주로 주의(cura)하여 행동하는 사람, 즉 돌봄과 신경을 쓰는 사람을 의미하였다. 그러나 이차적 의미로는 '관리자(keeper)'라는 뜻도 있었다.

12표법은 또한 다른 종류의 보좌도 규정하고 있었다. 즉 낭비자의 보좌(cura prodigi)가

1) 로마법에서의 전통은 Lush Denzil, Roman Origin of Modern Guardianship law, in: Kim Dayton ed., Comparative Perspective on Adult Guardianship, Carolina Academic Press(2013), pp. 6 참조.
2) 원래의 판들은 Brennus 하의 갈리아인들이 기원전 390년 로마를 불태울 때 소실되었다.
3) 표 V. 6. 라틴어로 된 원문은 다음과 같다. "si furiosus escit, adgnatum gentiliumque in eo pecuniaque eius potestas esto".

그것이었다. 이 보좌도 광란자의 보좌(cura furiosi)와 유사하였다. 즉 최근친 부계 친족이 낭비자의 사무를 관리하였다. 그러나 광란자의 보좌와 다른 점도 있었는데, 낭비자에 대해서는 명시적으로 명령(interdictio)으로 재산과 재정 관리를 금지할 수 있었다. 반면 광란자는 이런 제도가 없었다.[4] 또 다른 중요한 차이는 광란자의 보좌인은 신상의 보호권을 가지고 있었는데, 낭비자의 보좌인은 그런 권한이 없었다.

이렇게 보면 로마법에서는 "사람에 관한 법"의 한 부분으로 후견에 관해 규정하고 있었다고 할 수 있다. 후견인의 권한은 통상 가부장의 권한, 즉 부권(父權. patria potestas)의 지위를 취득하였다. 할아버지나 아버지와 같이 가족의 수장(paterfamilias)이 없는 경우, 후견인은 그 가족의 수장이 그의 자녀와 먼 후손들의 재산과 신상에 대해 가지는 광범위한 권한을 행사하는 지위를 가졌다. 후견은 또한 상속법과도 밀접한 관련을 맺고 있었다.[5]

오늘날 프랑스법계 국가의 성인을 위한 후견제도를 설명하기 위해 흔히 사용되는 용어는 라틴어인 tutela에서 연유한다. 이 단어는 로마법에서 미성년자 후견(tutela impuberum)과 여성 후견(perpetua tutela mulierum)에 적용되는 것이었고, 판단능력이 결여된 사람에게 적용되던 용어가 아니었다.

그러나 로마에서도 사회가 발전하면서 정신질환자나 지적장애인의 돌봄에 국가가 개입하기 시작하였다. 집정관에 의한 후견인의 임명이 그것이다. 로마인들에게는 직업으로서의 재판관이란 개념은 낯설었을 것이다. 사법행정은 집정관(magistrate) 중의 일인이 담당하는 많은 기능 중의 하나일 뿐이다. 그의 여타의 의무는 성질상 행정적이거나 재정적이거나 군사적인 것이었다. 수인의 정무관들은 법에 대한 지식을 근거로 선출되지는 않는다. 그들 대부분은 법을 전혀 알지 못하였다. 그러나 그들의 전문성의 결여는 '감정인(assessors)'으로 알려진 법적으로 자격을 갖춘 자문자들의 존재로 보완되었다. 'assessor라는 단어는 글자 그대로 "(다른 사람) 옆에 앉은 사람'이라는 뜻이다. 각 정무관은 최소한 1인의 법적 자문자를 그의 곁에 두었다.[6]

정확히 언제인지는 알려져 있지 않지만, 어떤 시점에서인가 후견인은 광란자의 상속인보다는 주로 그 자신의 이익을 위하여 활동하는 자라고 인식하기 시작하였다. 친족이 없는 경우에는 집정관－통상은 로마의 시총감(praefectus urbis) 또는 법무관(praetor), 지방의 지사(praeses)－이 보좌인을 임명하였다. 친족이 있지만 어떤 이유에서인가 부적절하다고 판단한 경우에는 집정

---

4) Paul, Sententiae, 3 4 a, 7: 관습에 의해 집정관(praetor)은 낭비자로 하여금 자신의 재산 관리를 금지하는 명령을 내렸는데, 다음과 같은 말로써 하였다. 즉, 너의 낭비가 너의 아버지와 조상들의 재산을 낭비하고, 너의 아이를 빈곤에 빠뜨리기 때문에, 나는 따라서 너로 하여금 너의 재산을 관리하는 것과 너의 재산 처분을 금하노라.

5) 개괄적인 것은 Diliberto Oliviero, Studie sulle origini della 'Cura furiosi', (E. Jovene, Napoli, 1984); Roberto Constinisio, "L Cura Furios in Eta Arcaica, Labeo, 33, 1987, pp. 97－104; U. Manthe, Bemerkung zur Cura Furiosi, The Legal History Review (1989), volume 7, issue, pages 157－167; Giuseppe Cresya, Dolla cura furiosi all'amministrazione de sostegno (Persona e Danno, 2009) 참조.

6) Digest, 2.22.1.: "법을 익힌 자들로서 의무를 이행하는 감정인의 모든 직무는 다음 경우를 포함한다: 법적 조사, 신청(motions), 소의 원인의 진술, 평결, 칙령과 서한." 대법학자 울피아누스(서기 170－228)는 그의 경력을 법무관(praetorian prefect) 대표였던 파피니아누스(142－212)의 감정인으로 시작하였다.

관이 가족 외에서 보좌인을 임명하였다.[7)]

다른 시점에서 그리고 다시 언제인지는 확실히 알려져 있지는 않지만, 아버지가 유언으로 보좌인을 정하는 것도 가능하게 되었을 것이다. 그러나 유스티니아누스 대제의 Institutes에서는 보좌인은 법적으로는 유언으로 임명할 수 없다고 기술되어 있다. 비록 다른 저자들은 그와 같이 임명되었다면 법무관 또는 지방의 지사가 통상 이를 인정하였다고 기술하고 있기는 하지만.

집정관에 의한 임명은 기술적으로는 칙령에 의한 보좌인(cura decretalis)로 알려졌다. 이는 12표법상의 법 적용으로 후견인이 되는 법정보좌(cura legitima)와 구분되는 것이었다. 광란자를 위한 칙령에 의한 보좌인(curator furiosi decretalis)은 집정관의 칙령(decretum)에 의해 의사무능력자인 성인의 재산을 처분할 수 있을 뿐이었다. 점차, 시간이 지나면서, 법정 보좌인은 완전히 사라지고, 최근친이 집정관에 의해 보좌인으로 공식적으로 확정되어야 했다.[8)] 광란자가 귀족출신인 경우, 원로원이 소집되어, "최선이자 흠결 없는 명성을 가진 보좌인이 협의 끝에 선임될 수 있게 하였다."[9)]

이상의 과정을 거쳐 가족에게 맡겨져 있던 정신질환자나 지적장애인의 돌봄에 국가개입이 확대되기 시작하였다. 그러나 로마가 멸망한 후 중세시대 때에는 국가 대신 돌볼 가족이 없는 정신질환자나 지적장애인은 자선단체의 돌봄을 받았다. 영국에서 지적장애인이나 정신질환자 수용시설은 13세기 설립된 베들레헴 수도원이 최초였다고 한다. 1247년 설립된 베들레헴 수도원이 그것인데, 1330년부터는 병원으로 이용되었고, 1375년 국왕에 의해 몰수된 후 1377년부터 정신질환자를 수용하였다고 한다.[10)] 그러나 재산이 있는 정신질환자나 지적장애인의 경우 국왕이 이들의 재산을 관리할 수 있는 제도가 14세기 도입되었다. 국왕이 신민에 대한 부모로서의 역할을 한다는 것=국친사상(parens patriae)에 근거하여 재산관리를 할 수 있는 특권이 인정되었다.[11)] 국친사상은 정신질환자나 지적장애인의 가족돌봄의 연장선상에 자연스럽게 성립한 사상이라고 할 수 있다. 그러나 재산 없는 정신질환자나 지적장애인의 신상의 보호는 국가의 관심 영역이 아니었다. 재산 없는 정신질환자나 지적장애인을 사회에서 격리하기 위한 국가의 개입은 17세기부터 점차 확대되었지만 사설 수용소에 감금하는 조치를 취하는 것에 머물렀다. 영국에서는 1609년 부랑자법(the Vagrancy Act)를 통해 각 카운티 별로 교정소(Bridewell)를 지어 부랑자, 불한당, 정신이상자, 거지 등을 수용해서 노역에 처하도록

---

7) Digest, 27.10.13.

8) 12표법의 법률규정은 여전히 2세기 말까지 적용되었다. 법학자 가이우스는 Institutes(법교본) I. 200에서 "법률에 의해 부과된 것이 아니라 콘술, 법무관 또는 지방의 지사에 의해 임명된 후견인"을 위한 담보제공 요건에서 허가(dispensation)를 인용하고 있다.

9) Code, 5.70.7.6.; Digest, 27.10.5.

10) 이 병원은 그 후 1547년 헨리 8세 때 런던 시에 그 재산을 주면서 면허를 부여하였고, 1948년 NHS 산하 병원으로 통합되었다고 한다. 제철웅, 영국법에서 의사결정무능력 성인의 보호제도의 역사적 전개와 2005년의 정신능력법의 특징, 비교사법 제17권 4호(2010.12), 218면 이하 참조.

11) 영국의 1324년의 제정법인 the Statute De Praerogative Regis에 따르면 재산 있는 지적장애인 및 정신장애인의 재산관리를 위해 국왕이 후견인이 되어 재산을 관리할 특권이 있었다고 한다. 이 법은 1959년 정신보건법의 제정으로 비로소 폐지된다. 이에 대해서는 제철웅(주 10), 222면 이하 참조.

했는데, 가족 돌봄이 없는 정신질환자나 지적장애인도 그 대상이었다. 한편 1601년의 빈민법에서는 재산 없는 정신질환자가 빈곤에 빠지지만 빈민법의 적용을 받게 되어 노동력 있는 경우 노동수용소(workhouse)에 수용되어 노동을 하게 하고, 노동력이 없는 경우 빈민수용소(poor house)에 수용하여 구걸을 통해 신상보호 비용을 충당하게 하였다.

한편 영국에서는 정신질환으로 난폭해지는 경우 누구라도 일시적으로 이를 제지해서 감금시킬 수 있는 권한이 인정되었는데, 1744년의 부랑자법은 이를 명문화시켰다. 치안판사의 명령으로 정신질환자를 교정소에 보내 1개월의 중노동에 처하도록 하였다. 또한 1736년 제정된 마법처벌법(the Penal Act against Wichcraft)에서는 정신질환으로 범죄를 저지른 경우 종신형에 처할 수 있도록 하였다고 한다.

이런 역사적 배경으로부터 정신질환자 개인의 보호와 공공의 보호를 위한 정신질환자의 처벌이라는 양 측면에서의 국가개입의 전통이 형성되어 왔다.

영국법에서의 이런 발전이 미국에도 영향을 미쳤다. 주 정부가 정신질환자나 지적장애인의 재산 및 신상보호를 위해 수용소에 감금하도록 결정하는 것은 영국법의 국친사상의 표현인 국왕의 특권의 변형으로 식민시대부터 발전하였다.[12] 즉 정신질환으로 타해의 위험성이 있는 사람을 사회보호의 목적으로 감금하는 것으로부터 시작하여, 돌볼 가족이 없는 정신질환자로서 판단능력이 떨어져 일상생활을 수행하기 어려운 사람을 보호목적으로 감금하는 것으로 확대되었다.[13] 오랜 기간 정신병원에 감금되어 자유가 박탈된 Oakes가 인신보호명령(Habeas Corpus)을 신청한 사건인 In re Oakes에서 타해의 위험이 있는 사람을 그의 보호와 사회의 보호를 위해 정신병원에 감금할 수 있다고 판결함으로써 국친사상(parens patriae)의 영역이 확장되었다고 한다.

근대의 대부분의 나라에서 18세기 이후 정신질환자를 국가가 설립한 수용시설에 감금하기 시작하는데, 정신의학이 탄생한 19세기에 이르면 수용소가 정신병원으로 대체되었다. 국가가 설립한 최초의 수용소는 미국의 경우 1773년 버지니아 주 Williamsburg에 설립된 정신병원이라고 한다. 아일랜드는 1817년, 영국은 1845년, 프랑스는 1838년 국가가 정신병원을 설립하였다.[14] 이때부터 정신질환자나 지적장애인의 자유박탈이 개인의 권리보호의 문제로 부각되기 시작하였다. 20세기 중반에 이르러 비로소 정신보건법이 영국과 미국에서 제정되기 시작하였다. 이로써 정신질환자나 지적장애인을 치료의 목적으로 비자의입원시킬 수 있는 법적 절차를 마련하였다. 영국에서는 1744년 런던 Bethlem Hospital을 필두로 정신병원이 설립되기 시작하고, 1930년에 정신질환치료법이 제정되며, 1959년에 이르러 정신질환자 관련 다양한 법률을 통합한 정신보건법(the Mental Health Act)이 제정되었다.[15] 미국에서는 정신질환자의 비

12) 미국에서의 법발전은 A. F. Johns, A Modern History of Guardianship Law, in: Kim Dayton ed., Comparative Perspective on Adult Guardianship, Carolina Academic Press(2013), pp. 17 참조.

13) M. Perlin/H.E. Cucolo/A, J. Lynch, Mental Disability Law: Cases and Materials, Carolina Academic Press (2017), pp. 5. 참조.

14) Damien Brennan, Irish Insanity 1800－2000, Routelege(2015), pp.2 참조.

15) 이에 대해서는 제철웅(주 10), 220면 이하 참조.

자의입원은 개별 주법에 따라 처리되는데, 연방차원의 정신보건법인 The National Mental Health Act가 1946년 제정되어 국민의 정신건강증진을 위한 연구와 인력양성에 관해 규정하였고, 1952년 비자의입원의 기준을 제시하기 위해 전국정신보건연구소(National Institute of Mental Health＝NIMH)가 정신질환자 입원에 관한 법률초안을 제시하였다. 이 안은 정신질환으로 자해 · 타해의 위험이 있거나 입원치료의 필요에 대한 판단능력이 결여된 경우 치료목적의 감금을 할 수 있게 하였다.[16] 적법절차에 따른 자유박탈을 규율하기 위한 목적이었다.

2. 근대 이후

정신질환자와 지적장애인의 비자의입원 및 비자의치료에 관련된 법 및 정책이 현대적인 인권친화적 정책으로 발전하기 시작한 계기는 미국에서 시작되었다. 한편에서는 2차세계대전에 참여한 정신과의사들은 정신질환에 걸린 참전용사들의 치료경험에서 지역사회기반 치료의 중요성을 전파하기 시작하였고, 정신병원의 열악한 치료환경이 폭로되면서 탈시설과 지역사회기반 치료에 대한 인식이 확산되기 시작하였다.[17] 다른 한편 지적장애인 누이를 두고 있던 케네디 대통령은 탈시설에 대한 관심이 높았다. 이를 배경으로 1963년 '정신지체시설과 지역사회 정신보건건축법(the Mental Retardation and Community Mental Health Center Construction Center Act)이 제정되었다. 이 법을 통해 전국정신보건연구소(NIMH)를 통해 지역기반 정신보건센터를 설립하여 지역사회 기반 치료와 돌봄을 제공하도록 개별 주에 예산을 배분하기 시작하였다. 예산지원의 부족으로 당초 계획했던 전국 1,500여개의 센터는 600여개의 설립에 그쳤다. 당시 정신질환자와 지적장애인의 탈시설이 가능했던 또 다른 핵심요인은 항정신과약물의 확산이 자리잡고 있었다. 약물복용으로 탈시설 정신질환자나 지적장애인을 병원에서와 마찬가지로 관리할 수 있었기 때문이다. 그러나 퇴원 후 약복용이 중단되면서 다시 재입원하는 비율이 증가하고(재시설화), 경범죄를 범해 감옥으로 가는 환자들이 증가하는 현상도 발생하였다.[18]

케네디 정부의 탈시설법에도 불구하고 치료와 돌봄을 이유로 한 비자의입원이 개선되지 않은 상태에서, 비자의입원 당사자의 권리보호는 1970년대 미국의 시민권운동의 연장선상에서 새롭게 발전하였다.[19] 즉 미국 연방수정헌법 제14조의 적법절차와 평등권을 비자의입원 절차에 적용하는 일련의 연방법원 판결이 지속되면서 주정부 차원의 비자의입원의 실체법적 요건이 새롭게 정비되는 전기가 마련되었다. 여기서 주목할 판결로 다음 세 판결을 들 수 있다. 먼저 Theon Jackson v State of Indiana 406 U.S. 715(1972) 연방대법원 판결이 있다. 수개

16) Anne Harrington, Mind Fixers, Norton(2019), pp. 86; M. Perlin/H.E. Cucolo/A, J. Lynch(주 13), pp. 8 참조.
17) 2차대전 전후의 정신의학과 정신병원의 현황에 대한 생생한 역사적 기술은 Anne Harrington(주 16), pp. 107(제4장) 참조.
18) 이 과정의 역동적 묘사는 Anne Harrington(주 16), pp 107(제4장) 참조.
19) G.B. Melton et al., Psychological Evaluations for the Courts, 4th edition, the Guilford Presss(2018), pp. 318 참조.

의 경범죄를 저지른 Jackson은 청각 장애인으로 지적능력이 매우 낮아 형사재판을 받을 수 있는 소송능력이 없다고 판단하여 인디아나 주법(Ind. Ann.Stat. 제9-1706의a조)에 따라 소송능력이 회복되어 재판을 받을 수 있을 때까지 무기한 지적장애인 수용시설에 감금되는 조치를 받았다. 주법의 이런 조치가 평등권 및 적법절차를 보장한 연방수정헌법 제14조 위반이라고 주장하면서 소를 제기하였다.[20] 이어서 J.B. O'Corner v Kenneth Donalson 422 US 563(1975)[21] 연방대법원 판결이 있다. 부친이 편집증 조현병(paranoid schezophrenia)이 있는 Donalson을 정신병원에 입원시켰는데, Donalson은 한 번도 자해, 타해의 위험을 보인 적이 없었고, 지속적으로 퇴원을 요청하였음에도 불구하고 주 정신병원의 장이 퇴원을 거절하여 15년 넘게 정신병원에 있었다. 정신병원 장인 O'Connor의 퇴직 후 퇴원한 Donalson이 연방수정헌법 제14조 위반을 이유로 전직 정신병원장 O'Corner 및 관련 직원을 상대로 손해배상청구를 하는 소를 제기하였다. 나아가 Alverta Lessard et al v Wilbur Schmidt et al, 349 F. Supp. 1078(E.D. Wis. 1972)[22] 연방순회법원 판결도 매우 중요한 의의가 있는 판결이다. 정신질환자인 Lessard가 경찰관에 의해 체포되어 응급입원이 된 후 지속적으로 퇴원 요청을 하였으나 위스콘신 지방법원 판사가 응급입원을 계속하여 연장하여 퇴원을 막자 Lessard와 비슷한 처지의 정신질환자가 연방법원에 적법절차 규정 위반을 이유로 경찰관, 판사 등을 피고로 퇴원 및 손해배상을 청구한 사건이다.

위 세 판결은 모두 입원의 적법성이 쟁점이 아니라 계속 감금의 적법성이 쟁점이었다. 그러나 이들 판결에서는 정신질환 치료의 필요성이 있다거나 돌봄의 필요성이 있다는 이유만으로 계속 감금하는 것은 적법절차에 위반된다고 판단하였다. 즉 자해, 타해의 위험이 지속되지 않는 한 퇴원을 시켜야 한다고 판단하였다. 이들 판결로 정신질환으로 입원치료가 필요하고, 자해, 타해의 위험이 있을 때 비자의입원이 가능하다는 실체법상의 요건이 형성되어 갔다. 특히 Lessard 판결은 추상적 '위험'이 아니라 외부적으로 드러난 구체적 위험행동이 있을 때 비로소 위험성이 인정될 수 있다는 기준을 제시하였다.[23] 물론 Doe v. Gallinot 486 F. Supp. 983(C.D.Cal. 1979)에서는 중증정신장애(gravely disabled)로 생존에 기본적으로 필요한 음식, 의복, 주거를 돌볼 수 없는 경우에도 자해와 마찬가지로 인정하는 캘리포니아 주법은 헌법에 합치한다고 판결하였다.

한편에서는 비자의입원의 요건을 엄격히 하는 판결이 잇따르자 병원실무자들은 자의입원을 가장한, 사실상의 비자의입원을 시키는 관행이 확산되었다. 이런 관행은 Zinermon v. Burch, 494 U.S. 113(1990)을 통해 상당 정도로 억제되었다. 이 사건의 사안은 다음과 같다. 1981.12.7. Darrel Burch는 Florida 자동차도로를 따라 방향을 잃고 배회하였는데, 당시 약물을 과다 복용한 상태였다. 그를 발견한 경찰은 Apalachee Community Mental Health

20) 이 판결의 의의에 관한 상세한 것은 M. Perlin/H.E. Cucolo/A, J. Lynch(주 13), pp. 69 참조.
21) 이 판결의 의의에 관한 상세한 것은 M. Perlin/H.E. Cucolo/A, J. Lynch(주 13), pp. 94 참조.
22) 이 판결의 의의에 관한 상세한 것은 M. Perlin/H.E. Cucolo/A, J. Lynch(주 13), pp. 117 참조.
23) 보다 더 상세한 것은 M. Perlin/H.E. Cucolo/A, J. Lynch(주 13), pp. 120 참조.

Services로 응급입원을 시켰는데, 그 후 공립병원인 FSH로 이송되었다. FSH에서는 자의입원 서류에 서명한 후 5개월 간 입원하였다. Burch는 퇴원 후 FSH를 상대로, FSH 직원이 본인이 자의입원에 대해 정보제공 후의 동의(informed consent)를 할 수 없었음을 알았거나 알 수 있었음에도 불구하고 자의입원 환자로 인정하여 입원시킴으로써(사실상의 비자의입원), 비자의입원 환자로서 누릴 수 있는 절차적 지원[24]을 받지 못하였고, 따라서 미국 헌법에서 보장한 신체의 자유를 침해당했다고 주장하였다. 플로리다 주법의 정신보건법에서는 비자의입원절차에서 환자의 편에 서서 퇴원을 주장할 수 있는 변호사나 후견인이 제공되고, 또 정기적으로 비자의입원의 요건 충족 여부가 심사되는데 이런 절차상의 보호를 받을 수 없게 되었다는 것이다. 연방대법원은 비자의입원 심사절차를 거쳤더라면 Burch가 퇴원명령을 받았을 가능성은 거의 없었을 것이라고 전제한 후, 그렇다 하더라도 비자의입원 절차에서 제공되는 여러 권익보장절차를 제공받지 못함으로써 불이익을 입었다고 하여, 연방 수정헌법 제14조 위반을 인정하였다. 이 판결로 인해 치료 환경에서의 정보제공 후의 동의(Informed Consent)에 대한 관심이 증가하였다. 그 후 정신질환자에게 정보제공 후의 동의를 받아야 하고 그렇지 않고 입원한 경우 연방수정헌법 제14조 위반이라는 법리가 정착되었다.

다른 한편 비자의입원 후의 비자의치료 관행도 Rennie v. Klein 720 F.2d 266(3d Cir.1983)에서 도전을 받았다.[25] 조종사이자 항공교관이던 Rennie는 편집적 조현병(paranoid schizoprenia) 진단으로 수차례 정신병원 입원을 해왔는데, 1976년 포드 대통령 암살하겠다고 위협하여 정신병원에 입원하게 되었다. 약물치료의 효과가 균일하지 않은 상태에서, Rennie가 공격성향을 보이자 다른 환자에 대한 위험 방지 차원에서 병원에서는 약효가 오랫동안 지속되는 주사약물을 주입하였다. 그 후 상태가 호전되었다. Rennie는 응급상황이 아니면 약물복용하지 않도록 해 달라고 소를 제기하였다. 판사는 prolixin 용량을 낮춘 주사처방－의료진은 그것으로는 불충분하다고 판단하였지만－을 임시처분으로 내린 후 심리를 진행하였다. 연방 District 법원 Brot 판사는 정신과처방의 불확실성을 감안하면 의사의 의견을 따르기보다 최종 판단은 환자에게 맡겨야 하며, 정신상태의 진행에 대한 국가의 간섭으로부터 개인이 보호받을 사생활(privacy)의 권리가 있다고 판단하였다. 환자는 정신과약물 처방에 부작용(side effects)이 기재된 문서 정보의 설명을 듣고 동의하여야 하고, 이 때 환자의 옹호자(advocates)를 병원에서 지원해야 한다고 판시하였다. 환자의 의사에 반하여 약을 복용하게 할 경우 정신질환 때문에 개인의 판단능력이 없어진 경우여야 하고, 적법절차 보장 하에 본인의 의사에 반하여 약복용을 하게 할 수 있다고 하였다. 이에 New Jersey 주는 행정입법으로 다른 정신과전문의의 재심사를 거쳐 약복용을 강제할 수 있게 하였는데, Brot 판사는 그 행정입법은 개인의 자유에 대한 침해가 있기 때문에 법원 절차에서의 심문이 필요하다고 판단하였다. 이때에도 자유를

24) 정신병원에 비자의입원한 환자는 치료 관련 자신의 권리 행사(비자의입원의 거부, 퇴원 등)를 지원해 줄 다양한 옹호자(public defender, statutory guardian) 등의 지원을 받을 수 있다. 또 정기적으로 비자의입원의 적법성에 관한 심사를 받을 수 있다.

25) 이 판결의 진행과정에 관한 상세한 것은 M. Perlin/H.E. Cucolo/A, J. Lynch(주 13), pp. 472 참조.

최소한도로 제한하는 것이 언제나 우선되어야 한다고 판단하였다. 이 사건은 그 후 4차례에 걸쳐 연방 항소법원 및 연방 대법원을 거쳐 동의능력 있는 정신질환자는 약복용을 거부할 권리가 있지만, 환자의 의사에 반하여 약을 복용시킬 수 있는 경우는 정신질환 때문에 개인의 판단능력이 없어진 경우, 약물복용이 없으면 자해, 타해의 위험성이 있는 경우에 한정되어야 한다는 실체법적 요건이 확인되었다. 절차법적으로는 비자의치료가 필요한지는 정신과전문의에 의해 결정할 수 있지만, 환자는 재심사를 요구할 권리가 있다는 법리가 확인되었다. 이 경우 정신질환자는 별도의 정신과 전문의에 의한 약처방의 재심사를 요구할 권리가 있다는 점도 정착되었다. 이 판결은 동시에 항정신과약물의 부작용에 대한 세간의 우려가 본격적으로 사법 심사의 대상이 된 판결로 유명하다. 이상의 연방법원의 선례를 통해 각 주들은 비자의입원을 엄격히 하는 법개정을 하였다.[26]

비자의입원의 적법절차가 강조되는 것과 더불어 장애인(정신장애인과 지적장애인을 포함)의 고용, 치료, 돌봄에서 평등한 대우와 차별금지를 규정한 재활법(the Rehabilitation Act)이 1973년 입법되어 연방기관, 연방의 재정지원을 받는 기관, 연방과 계약한 상대방은 고용과 서비스 제공에서 장애인 차별이 금지되었다. 이어 장애인의 평등과 차별금지를 모든 기관으로 확대한 미국장애인법(the Americans with Disability Act)이 1990년 제정되었다.[27] 장애인의 시민권을 회복시켜 준 이 법은 전세계에 큰 영향을 미쳤다.[28] 장애인법은 정신질환자를 포함한 장애인이 시설 아닌 지역사회에서 직업활동, 치료와 돌봄, 일상생활을 할 수 있게 지원하는 것을 목표로 한다. 장애인법 제정 후 조지아 주 공립정신병원에 자의입원한 정신질환 있는 지적장애인을 재원부족으로 지역사회 시설로 전원하지 않은 것이 미국장애인법을 위반하였는지를 다룬 연방대법원의 Olmstead 판결[29]은 자유를 덜 제약하는 조치가 언제나 우선되어야 한다는 법리를 형성시켰다. 이 판결은 지적장애와 정신장애가 있는 L.C.가 정신병원에 자의입원한 뒤 치료담당자들이 정신병원이 아닌 지역사회 기반 시설에서 치료와 돌봄을 받는 것이 낫다는 판단을 하였음에도 불구하고 재원부족을 이유로 전원조치를 미루자 미국장애인법 위반을 이유로 연방법원에 소를 제기하였다. 복지부(Department of Human Services)의 인사국장 Olmstead 등이 피고로 연방대법원에 상고한 사건이다. 조지아 주는 전원 조치의 지연은 재원부족 때문이지, 장애인차별이 아니라고 항변하였으나 받아들여지지 않았다. 다수의견을 대표한 Ginsburg 대법관은 치료, 돌봄, 재활은 자유를 최대한 덜 제약하는(least restrictive) 환경에서 제공해야

---

26) https://mentalillnesspolicy.org/national-studies/state-standards-involuntary-treatment.html에 치료목적의 감금 관련 주법 현황을 찾아 볼 수 있다.

27) 미국 장애인법은 장애인의 시민권을 회복하기 위한 1960년 이래의 장애운동의 성과가 집대성된 것이라고 한다. 장애인법 제정의 과정에 관하여는 Lennard J. David, Enabling Acts: The Hidden Story of How the Americans with Disability Act Gave The largest Us Minority Its Rights, Beacon Press(2015), pp. 7 참조.

28) 미국장애인법의 성과에 대해서는 J.A. Winter, The Development of the Disability Rights Movement as a Social Problem Solver, Disability Studies Quarterly 23(2003), pp. 33이하 참조. 미국장애인법이 다른 나라에 미친 영향에 대해서는 K. C. Heyer, The ADA on the Road: Disability Rights ion Germany, Law and Social Inquiry 26(2002), pp.723 참조.

29) Tommy Olmstead v. L.C. 527 U.S. 581(1999). 이 판결의 의의에 관한 상세한 것은 M. Perlin/H.E. Cucolo/A, J. Lynch(주 13), pp. 692 참조.

하고 그렇지 않은 것이 장애인차별이라고 판단하였다.

이상의 법발전을 통해 입원치료가 필요한 정도의 정신질환이 있고, 자해, 타해의 현저한 위험이 있거나 기본적 생존을 위한 자기돌봄을 할 수 없을 정도의 중증정신질환이 있고, 자유를 최대한 덜 제약하는 다른 가능성이 없을 때 비자의입원이 가능하다는 법리가 형성되었다.[30] 이런 법발전의 결과 입원환자 수는 1955년부터 1975년 사이에 56만명에서 20만명으로 줄었고, 2010년대 초반에는 45,000여명으로 줄었고 평균 입원일수는 13일 정도로 줄었다고 한다.[31]

Ⅱ. 국제인권법에서의 정신질환과 법

1. 유엔 창설 후의 국제인권조약

2차 세계대전 이후 최초의 인권규범인 세계인권선언 제4조는 '모든 사람은 생명, 자유, 안전에 대한 권리가 있다.'고 하고, 제9조에서 '누구도 자의적인 체포, 감금이나 추방을 당하지 아니한다.'라고 규정한다. 여기에는 정신질환자 또는 지적장애인의 감금과 신체의 자유와 안전의 박탈에 대해서는 아무런 언급이 없다. 이를 최초로 언급하고 있는 국제인권법은 1950년 "유럽인권조약(the Convention for the Protection of Human Rights and Fundamental Freedoms)"이다.[32] 동 조약 제5조 제1항 (e)호에서 '감염병의 확산방지를 위한 적법한 감금'과 더불어 '건강하지 못한 정신(unsound mind)보유자, 알콜 또는 약물 중독자, 또는 부랑자를 법에 정한 절차에 따라 적법하게 감금'할 수 있는 예외를 인정하였다. 동조 제4항은 '체포 또는 감금으로 자유박탈된 사람은 감금의 적법성을 법원에서 신속하게 심사하여 불법감금 해제절차를 밟을 권리가 있다'라고 규정하고 있다. 그리고 제5조의 규정을 위반하여 체포 또는 감금된 사람은 보상을 받을 권리가 있다고 규정한다(동조 제5항). 그 후 1966년 제정되어 1976년 발효된 "시민적 정치적 권리에 관한 국제규약(International Covenant on Civil and Political Rights. 이하 B 규약이라 한다.)"[33] 제9조(자유와 안전에 관한 규정)에서는 정신질환을 이유로 한 감금은 언급하지 않았지만, 법적 절차 아닌 자의적 자유박탈 금지와 자유박탈조치를 당한 사람에게 보장된 이의절차, 규정위반에 대한 보상 등의 규정을 두고 있다.

---

30) 그 개관은 G.B. Melton et al.(주 19), pp. 324 참조. 이상의 법발전을 통해 지적장애를 이유로 한 비자의입원은 가능하지 않게 되었다. 물론 이들은 후견인의 대리의사결정을 통해 치료와 돌봄을 위해 입원이나 입소하는 것은 가능하다.

31) G.B. Melton et al.(주 19), pp. 317 참조.

32) 유럽인권조약은 스탈린의 소련에 저항하는 연합전선을 인권 기반 하에 구축하기 위해 제정된 것이다. 그 배경은 Javaid Rehman, International Human Rights Law 2nd edition, Pearson(2010), pp. 183 참조.

33) A, B 규약의 의미는 Javaid Rehman(주 32), pp. 85 참조.

2. 정신질환자에 대한 관심의 촉발

국제인권법에서 정신질환과 지적장애 문제에 관심을 기울이는 전기는 1971년과 1975년 각각 유엔총회에서 채택된 "정신지체자의 권리선언(the Declaration on the Rights of Mentally Retarded Persons)"과 "장애인권리선언(the Declaration on the Rights of Disabled Persons)"에서 마련되었다. 전자는 지적장애인에게도 다른 사람과 동일한 권리를 보장해야 한다고 하지만 '가능한 최대한(to the maximum of feasibility)'이라는 제한을 붙이고 있다. 동시에 장애정도가 심해 권리를 부정하거나 제한하더라도 남용을 방지하기 위한 법적 안전장치를 두어야 한다는 것을 선언에 포함시키고 있다. 후견(guardianship)이 그 안전장치로 언급되었다.

| 표 1 | 정신지체자의 권리선언

정신지체자의 권리선언
유엔총회는, 유엔 회원국은 헌장에 따라 유엔과 협력하여 생활, 완전고용, 경제적, 사회적 진보와 발전의 조건의 더 높은 기준을 증진시키겠다는 약속을 염두에 두고, 인권과 기본적 자유 그리고 평화, 인간의 존엄과 가치, 그리고 헌장에서 선언된 사회적 정의의 원칙에 대한 신념을 재확인하면서, 세계인권선언의 원칙, 국제 인권 조약, 아동권리선언, 국제노동기구(ILO), 유엔 교육, 과학, 문화 기구(UNESCO), 세계보건기구(WHO), 유엔아동기금(UNICEF), 그리고 그 밖의 관련기구의 의 헌장, 조약, 권고와 결의를 환기하면서, 사회적 진보와 발전에 관한 선언이 신체적, 정신적으로 불이익을 받는 사람들의 권리 보호를 강조하고, 또 이들의 복지 및 재활을 확실히 하면서, 정신지체자가 다양한 영역의 활동에서 자신의 능력을 발전시키는 것을 지원하고, 가능한 한 최대한 정상적인 삶을 증진시킬 필요성을 염두에 두면서, 현 단계의 발전상에 비추어 일부 국가에서는 이 목적을 위해 제한된 노력만을 하고 있다는 것을 인식하면서, 정신적 지체자의 권리선언을 선포하면서, 이들의 권리를 보호하기 위한 공통의 기초이자 참고기준으로 활용될 수 있도록 보장할 수 있게 개별 국가 및 국제적 행동을 촉구한다.
1. 정신지체자는 가능한 최대한 다른 사람과 동등한 권리를 가진다.
2. 정신지체자는 적절한 의료적 돌봄과 신체적 치료, 자신의 능력과 최대한의 잠재성을 발전시킬 수 있게 하는 교육, 훈련, 재활과 안내를 받을 권리가 있다.
3. 정신지체자는 경제적 보호와 적절한 수준의 생활을 보장받을 권리가 있다. 정신지체자는 생산활동에 참여할 권리가 있거나 최대한 자신의 역량에 맞게 다른 의미 있는 직업활동에 종사할 권리가 있다.
4. 가능한 경우, 정신지체자는 자신의 가족 또는 위탁부모와 같이 생활하여야 하며, 다른 형태의 공동체 생활에 참여하여야 한다. 정신지체자가 생활하는 가족은 지원을 받아야 한다. 시설 돌봄이 필요한 경우, 가능한 한 정상적인 생활환경과 근접한 환경에서 제공되어야 한다.

5. 정신지체자의 개인적 복리와 이익을 보호하는 데 필요한 경우, 자격있는 후견인의 지원을 받을 권리가 있다.

6. 정신지체자는 착취, 학대, 모욕적 대우로부터 보호받을 권리가 있다. 범죄로 기소된 경우, 정신지체자는 그의 책임능력의 정도에 대해 충분히 주의하면서 적법절차의 보호를 받아야 한다.

7. 장애가 심하여 정신지체자가 의미 있는 방식으로 자신의 권리를 행사할 수 없거나 그의 권리의 일부 또는 전부를 제한하거나 부정할 필요가 있는 경우, 권리의 제한 또는 부정을 위해 이용되는 절차는 남용을 방지할 수 있도록 적절한 법적 안전장치를 두어야 한다. 이 절차는 자격 있는 전문가에 의한 정신지체자의 사회적 역량의 평가에 기반하여야 하고, 정기적으로 점검을 받아야 하며, 상위의 기관에 이의를 제기할 수 있도록 해야 한다.

위 선언의 내용을 보면, 오늘날 우리에게 익숙한 지적장애인이나 자폐성 장애인에 대한 사회적 처우와 크게 다르지 않음을 알 수 있다. 1975년의 선언도 장애인은 다른 사람과 동등한 인권을 가진다고 하면서도 '가능한 한 충분히(as full as possible)'라는 제한을 가하고 있다. 또한 장애인거주시설은 어떤 상황에서는 불가피하다고 언급한다.[34)]

❙표 2❙ 장애인권리선언

장애인권리선언

유엔총회는,
회원국이 유엔 헌장에 따라 유엔과 개별적 또는 공동의 협력 하에 생활, 완전고용, 경제적, 사회적 진보와 발전의 조건의 더 높은 기준을 증진시키겠다고 한 약속을 염두에 두고,
인권과 기본적 자유 그리고 평화의 원칙, 인간의 존엄과 가치의 원칙, 그리고 헌장에서 선언된 사회적 정의의 원칙에 대한 신념을 재확인하면서,
국제노동기구(ILO), 유엔 교육, 과학, 문화 기구(UNESCO), 세계보건기구(WHO), 유엔아동기금(UNICEF), 그리고 그 밖의 관련기구의 헌장, 조약, 권고와 결의에 이미 설정되어 있는 기준만이 아니라 세계인권선언의 원칙, 국제 인권 조약, 아동권리선언, 정신지체자의 권리선언을 환기하면서,
또한 장애의 예방과 장애인의 재활에 관한 1975년 5월 6일의 경제사회위원회의 1921 결의(LVIII)를 환기하면서,
사회적 진보와 발전에 관한 선언이 신체적, 정신적으로 불이익을 받는 사람들의 권리 보호를 강조하고, 또 이들의 복지 및 재활을 확실히 하면서,
신체적, 정신적 장애의 예장의 필요성과 장애인이 최대한 다양한 활동 영역에서 재산의 역량을 발전시킬 수 있게 지원할 필요성, 그리고 가능한 한 최대한 정상적인 삶을 증진시킬 필요성을 염두에 두면서,
현 단계의 발전상에 비추어 일부 국가에서는 이 목적을 위해 제한된 노력만을 하고 있다는 것을 인식하면서,
장애인권리선언을 선포하여, 이들의 권리를 보호하기 위한 공통의 기초이자 참고기준으로 활용될 수

34) 유엔총회에서 채택된 위 두 선언은 장애를 의료모델에 따라 치료되거나 재활되어야 할 개인의 문제로 파악한다는 한계고 지적하기도 한다. 가령 V.D. Fina/R. Cera/G.Palmisano, UN Convention on the Rights of Persons with Disabilities A Commentary, pp. 4(Theresia Degener/Andrew Begg 집필부분) 참조.

있도록 보장하기 위한 개별 국가 및 국제적 행동을 촉구한다.

1. “장애인”이라는 용어는 인지적 능력이든, 신체적 능력이든, 정신적 능력이든, 어떤 결함으로 인하여 스스로 정상적인 개인적 그리고/또는 사회적 생활의 필요성을 전부 또는 부분적으로 할 수 없는 사람을 의미한다.

2. 장애인은 이 선언에 포함된 모든 권리를 누려야 한다. 이 권리는 어떠한 예외도 없이 그리고 장애인 또는 그의 가족에게 해당되는 인종, 피부색, 성별, 언어, 종교, 정치적 또는 여타의 견해, 민족적 또는 사회적 출신, 재산 상태, 출생 또는 여타의 상황에 근거한 차별이나 구분 없이 모든 장애인에게 부여되어야 한다.

3. 장애인은 인간의 존엄성을 존중받을 천부의 권리를 가진다. 장애의 원인, 성격, 심각성과 무관하게 장애인은 동일 연령의 다른 시민과 동일한 기본권을 가진다. 이것은 무엇보다도 가능한 한 정상적이고 완전한 적절한 삶을 향유할 권리를 의미한다.

4. 장애인은 다른 사람과 동등한 시민적, 정치적 권리를 가진다. 정신지체자의 권리선언 제7조는 정신장애인의 권리의 제한 또는 억제에 적용된다.

5. 장애인은 가능한 한 스스로 자립할 수 있도록 설계된 조치를 받을 권리를 가진다.

6. 장애인은 보철기구와 교정기구를 포함하여 의료적, 심리적, 기능적 치료를 받을 권리가 있다. 또한 의료적, 사회적 재활, 교육, 직업훈련, 재활, 지원, 상담, 배치서비스와 장애인이 자신의 역량과 기술을 최대한 발전시킬 수 있고, 사회적 통합 또는 재통합 과정을 촉진시킬 수 있는 여타의 서비스를 받을 권리가 있다.

7. 장애인은 경제적, 사회적 안전보장과 적절한 수준의 생활을 할 권리가 있다. 자신의 역량에 따라 일자리를 확보하거나 유용하고 생산적이며 보수가 있는 직업에 종사할 권리가 있고, 또 조합에 가입할 권리가 있다.

8. 장애인은 경제적, 사회적 계획 수립에서 장애인의 특별한 필요성을 고려받을 권리가 있다.

9. 장애인은 자신의 가족 또는 위탁부모와 같이 생활할 수 있고, 모든 사회적, 창의적, 레크레이션 활동에 참여할 권리가 있다. 장애인은 거주와 관련되어 있는 한 그의 조건에 의해 요구되는 것 또는 특정 조치로부터 예상되는 발전에 의해 요구되는 것 이외의 다른 처우를 받아서는 아니 된다. 장애인이 특수한 시설에 거주하는 것이 불가피한 경우, 거기에서의 환경과 생활조건은 그 연령대의 정상적 생활을 하는 다른 사람과 가능한 한 근접한 것이어야 한다.

10. 장애인은 모든 착취, 차별적이고 학대적이며 모욕적인 규제와 처우로부터 보호받아야 한다.

11. 장애인은 자신의 신상과 재산의 보호를 위해 지원이 불가피한 경우 자격 있는 법적 지원을 받을 수 있어야 한다. 장애인을 상대로 재판절차가 개시된 경우, 그 법적 절차는 장애인의 신체적 및 정신적 상황을 충분히 고려하여야 한다.

12. 장애인 조직은 장애인의 권리에 관한 모든 문제에서 유용하게 자문을 받을 수 있어야 한다.

13. 장애인, 그의 가족과 공동체는 모든 적절한 수단을 통해 이 선언에 포함된 권리에 관하여 충분한 정보를 얻을 수 있어야 한다.

장애인권리선언이 장애인의 인권에 관심을 기울이는 것은 새로운 변화인 것은 분명하지만, 제4조에서 정신지체자에게 적용되는 것과 동일한 법적 능력의 제한이나 박탈을 인정하는 것, 제9조에서 시설수용을 긍정하는 것 등의 제한을 두고 있다는 점에서 시대적 한계가 있다고 할 수 있다.

정신질환자의 인권에 관한 또 다른 발전은 1991년 유엔총회에서 채택된 "정신질환자의 보호와 정신보건의료 향상을 위한 원칙(Principles for the Protection of Persons with Mental Illness and for the Improvement of the Mental Health Care. MI 원칙)"이다.[35] 이 원칙은 미국에서 당시까지 발전된 정신질환자의 입원과 치료에 관한 법을 대부분 반영하고 있다. 이 원칙 역시 정신질환자의 비자의입원, 비자의치료를 불가피한 것으로 전제하고 그 절차에서의 인권 침해를 최소화하려는 시도이다. MI 원칙 중 비자의입원[36]과 관련된 것은 제15 원칙에서 제18 원칙까지이다. 비자의입원은 언제나 최후의 수단이 되어야 한다(MI 15원칙). 최후의 수단으로서 비자의입원을 고려할 때 이를 위한 실질요건은 제16 원칙 제1항에서 다룬다. 이에 따르면 첫째, 정신질환으로 인해 자해 또는 타해의 현저한 가능성 또는 직접(immediate) 또는 임박한(imminent) 위험이 있을 때(제1항 a호), 둘째, 중증의 정신질환을 앓고 있는 자가 판단능력에 손상이 있는 경우로서, 그 질환자를 입원 또는 계속 머무르게 하지 못할 경우 그의 정신건강 상태가 심각하게 훼손될 수 있거나 최소침해의 대안 원칙[37]에 합치해서 정신의료시설에 입원시킴으로써만 적절한 치료를 제공할 수 있는데 이를 실현할 수 없게 될 때 비자의입원이 가능하다고 한다. 두 번째 요건의 경우 독립된 기관 소속의 제2의 정신과의사가 가능한 경우 그 환자를 상담하고, 비자의입원에 동의하지 않으면 비자의입원을 시켜서는 안 된다고 한다. 위 실질요건이 갖추어졌을 때의 비자의입원의 최초 허용되는 기간은 제16원칙 제2항에서 다룬다. 이에 따르면 비자의입원의 적법성을 심사하는 기관에서 위 제1항의 요건충족성 여부를 심사하는 기간 동안 관찰과 예비적 치료(검사)를 위한 목적으로 단기간 동안만 비자의입원이 가능하도록 해야 한다. 비자의입원을 개시한 때 지체 없이 그 사실, 근거를 본인과 심사기관, 본인의 대리인(있는 경우), 본인의 가족(본인이 반대하지 않는 경우)에 통보하여야 한다.

치료목적의 비자의입원은 심사기관의 심사를 거친 후 본격적으로 실시된다. 이는 제17원칙에서 다루고 있다. 이에 따르면 심사기관은 국내법에 따른 법원이거나 공정한 독립기관으로 국내법의 절차에 따라 심사를 하지만, 1인 이상의 자격 있는, 독립되어 있는 정신의료실무가

35) MI 원칙에 대한 간단한 소개는 제철웅, 정신건강증진 및 정신질환자 복지서비스 지원에 관한 법률 제43조 및 민법 제947조의2 제2항에 의한 비자의입원의 상호관계, 가족법연구(2017.7), 261면 이하 참조.

36) 처음부터 비자의입원을 하는 경우와 자의입원을 하였으나 정신의료시설에서 비자의입원 환자로 계속 머물게 되는 경우를 망라하여 적용되는 원칙이다. 제16원칙 제1항 참조.

37) 정신의료시설에서 치료를 받아야 할 경우, 비자의입원을 시키지 않도록 모든 노력을 기울여야 한다는 것을 의미한다. 이는 제15원칙 제1항에서 규정하는 원칙이다.

의 지원을 받아야 한다(제1항). 이 심사기관은 제16 원칙에 따라 비자의입원이 개시되면 최대한 빨리 신속하게 그 원칙을 충족한 입원인지 여부를 심사하여야 한다(제2항). 비자의입원을 연장할 경우도 마찬가지이다(제3항). 비자의입원 정신질환자 역시 합리적 시간 간격을 두면 언제라도 비자의입원 상태 또는 퇴원을 그 심사기관에 신청할 수 있다(제4항). 심사기관은 16조 제1항의 요건이 충족되지 않았다고 판단하면 즉시 비자의입원 환자를 퇴원조치하여야 한다(제5항). 물론 비자의입원 환자를 담당하는 정신의료실무자도 비자의입원의 요건이 더 이상 충족되지 않았다고 판단하면 즉시 그 환자를 퇴원시켜야 한다(제6항). 정신질환자, 그의 대리인 또는 이해관계인은 심사기관의 결정에 대해 상급법원에 불복할 수 있다(제7항). 간략히 말하면 제17원칙은 비자의입원의 개시의 시점에 법원 또는 독립 기관에 의한 비자의입원의 요건충족 여부에 대한 사법적 심사를 받아야 하고, 그 사법적 심사에 대해서는 불복절차도 보장해야 한다는 것이다.

비자의입원에서 흔히 간과되고 있지만 매우 중요한 또 하나의 원칙은 비자의입원의 결정절차에 정신질환자의 참여권을 보장하는 제18원칙이다. 정신질환자는 비자의입원의 전체 과정에서 자신을 지원하고 대리해 줄 수 있는 사람을 선택할 권리를 보장받아야 한다. 만약 환자가 비용을 조달하기 어려운 경우에는 국가가 그 비용을 지급하여야 한다(제18원칙). 이때의 지원자 또는 대리인은 가족과는 독립된 지위를 가진 사람을 의미한다.

여기서 비자의입원의 요건을 다루는 MI 제16원칙, 비자의입원의 절차적 요건과 정신질환자의 절차참여권을 규정하는 제17원칙과 제18원칙을 상세히 소개할 필요가 있다. 첫째, 제16원칙 제1항과 제15원칙을 결합하여 이해한다면, 자해 · 타해의 위험성은 잠재적인 것이 아니라 현재성, 현저한 개연성, 또는 임박성이 있는 것이어야 하며, 입원 없이는 그 위험을 방지할 수 없는 성질의 것이라고 해석해야 한다. 둘째, 제11원칙과 결합하여 이해할 경우 제16원칙 제1항 b호는 정신질환자가 정신질환치료에 관하여 의사무능력이어서 치료를 위한 입원치료의 필요성을 이해하고 동의(informed consent)할 수 없는 사안을 다룬 것으로 해석해야 할 것이다. 지식부족으로 치료를 위한 입원치료의 필요성을 모르는 것으로는 이 요건을 충족하지 못한다는 것이다. 이때에는 다각도의 설명이 필요하다(제11원칙 제2항). 판단능력이 있는 정신질환자가 입원치료를 거부하지만 의사는 입원치료가 필요하다고 판단하는 경우 제16원칙 제1항 a호의 요건을 충족하지 않는 한 비자의입원을 진행해서는 안 된다. 셋째, 비자의입원의 요건이 충족되었다고 의료진이 판단하였다 하더라도, 그 판단의 적법성에 관한 사법적 심사가 필요하다(제17원칙). 이 때 사법적 심사라 함은 조직의 관점에서 본 법원이 아니라, 적법성 요건의 충족 여부를 심사하여 퇴원을 결정할 수 있는 법상의 독립기관이라는 의미로 이해해야 한다. 넷째, 비자의입원의 전체 과정에서 의료진, 가족 등으로부터도 독립된 의사결정지원자 또는 대리인이 필요하다는 점도 중요하다. 비자의입원은 정신질환자의 자유박탈을 수반하기 때문에 그것에 대한 본인의 동의가 불가결한 부분이고, 그 동의는 충분한 정보를 제공받은 후의 동의여야 유효하다고 할 수 있기 때문이다. 이를 가능하게 하는 것이 바로 독립적 지위를 가진 지원자 또는 대리인이다.

한편 비자의입원을 하였다 하더라도 그것이 비자의치료를 허용하는 것은 아니다. MI 원칙에 따르면 치료는 정신질환자가 이해할 수 있는 형식과 언어로 적절하고 이해가능한 정보를 본인에게 제공해서 본인이 자유롭게 동의한 후(informed consent)에 제공되어야 한다. 이때 치료받도록 부적절하게 위협하거나 유도해서는 안 된다(MI 11원칙 제1항, 제2항). 환자에게 제공할 정보는 진단을 위한 조사, 제안한 치료의 목적, 방법, 예상 기간, 기대 효과, 덜 침해적인 치료를 포함하여 대체 치료의 방법, 제안한 치료에 수반할 수 있는 고통과 불편, 위험과 부작용 등을 포함시켜야 한다(MI 11원칙 제2항 a호부터 d호까지). 정신질환자는 치료를 거부할 수 있음은 말할 것도 없다(MI 11원칙 제3항).

그러나 다음의 요건을 모두 갖춘 경우에는 환자의 정보제공 후의 동의(informed consent) 없이도 치료할 수 있다. 첫째, 비자의입원 환자일 것, 둘째, 환자 관련 정보를 가지고 있는 독립기관이 치료의 시점에서 환자가 치료에 대해 동의할 능력이 없거나, 국내법에 따라 환자의 안전이나 타인의 안전과 관련하여 환자가 비합리적으로 동의하지 않는다고 확신할 것, 셋째, 독립기관이 제안된 치료가 환자건강의 필요상 최선의 이익에 합치한다고 확신할 것 등이다(MI 11원칙 제6항). 그러나 환자를 대신하여 치료동의를 할 수 있는 환자의 대리인(법률에 의해 인정된 대리인. 따라서 유효한 임의대리인 및 법정대리인)이 있는 경우에는 그에게 정보를 제공한 후 동의한 것이 아니면 치료할 수 없다(MI 11원칙 제7항). 한편 법에 의해 권한을 부여받은 자격 있는 정신과의료진이 환자에게 적접(immediate) 또는 임박한(imminent) 자해 또는 타해를 방지하기 위해 긴급하게 필요하다고 인정한 경우에는 환자의 동의 없이 치료할 수 있다. 그러나 이때의 치료는 엄격히 그 목적에 필요한 기간을 초과해서는 안 된다(MI 11원칙 제8항).

위 기준에 부합한다고 모든 치료를 환자의 동의 없이 수행할 수 있는 것은 아니다. 먼저 불임시술은 정신질환의 치료를 위해 수행되어서는 안 된다(MI 12원칙). 둘째, 주요한 치료 또는 외과적 시술에 대해 환자의 동의능력이 없을 때에는 그 절차는 독립기관의 사법심사를 거친 후 허가되어야 한다(MI 13원칙). 셋째, 정신외과요법과 여타의 침해적이고 불가역적 치료는 비자의입원 환자에게는 해서는 안 된다. 이런 치료를 허용하더라도 그것은 환자가 정보제공을 받은 후 동의하고, 독립외부기관이 그 동의의 진정성과 치료의 최선의 이익부합성을 확신한 경우에만 수행할 수 있다(MI 14원칙). 넷째, 임상실험이나 실험적 치료는 환자의 동의 없이 수행해서는 안 된다. 그러나 환자가 동의능력이 없을 때에는 이 목적으로 구성된 권한 있는 독립 사법심사기관의 허가 없이는 수행되어서는 안 된다(MI 15원칙).

MI 원칙 결의를 전후하여 각국의 정신보건법은 대폭적인 변화가 있었고, 이후로도 지속되고 있다. UN의 기구인 세계보건기구(WHO)는 2005년 '정신건강, 인권 그리고 입법에 관한 WHO 자료집'을 발간하여 입법에 참조하도록 하였다. WHO 입법권고기준에 따른 비자의입원과 비자의치료가 결합되는 경우의 절차는 다음과 같다.[38)]

---

38) WHO, WHO Resource Book on Mental Health, Human Rights and Legislation, 2005, pp. 46 참조. 아래 도표

▮그림 1▮ WHO 입법권고기준에 따른 비자의입원 · 비자의치료 결정의 흐름도

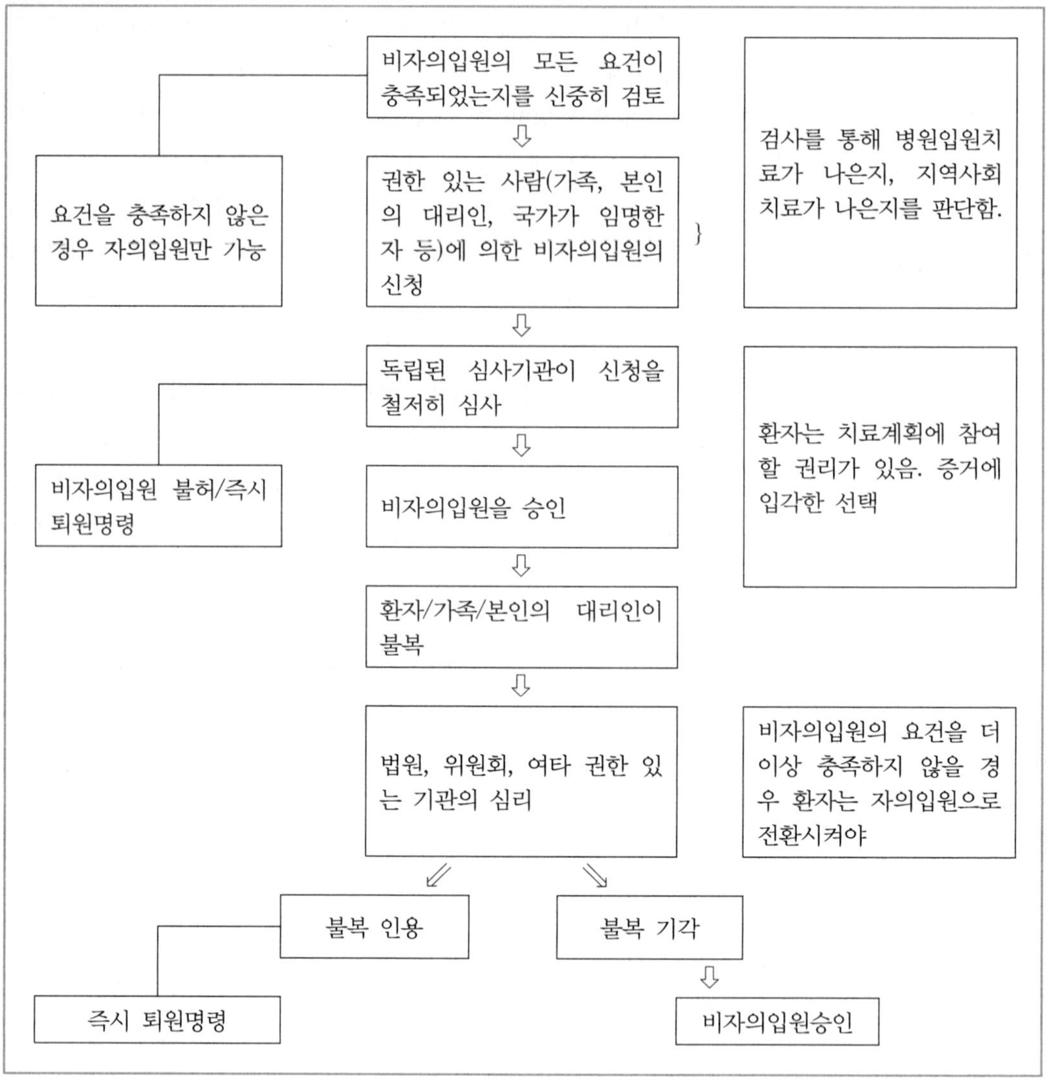

비자의입원과 비자의치료를 구분하여 별도의 절차를 둘 수도 있는데 이때에는 다음과 같은 절차를 따르도록 권고한다.

위 기준은 기본적으로 앞서 언급한 MI 원칙과 다르지 않다. 그런데 WHO 입법참조자료는 각국의 문화적, 사회적, 경제적 차이를 감안하여 입법에서 고려할 권고사항을 기재한 것이지, 비자의입원에 대한 가이드라인을 정한 것은 아니라는 점에 유의해야 한다. 소득수준이 높아 가용재원이 많거나 인권의식이 발전한 나라일수록 비자의입원을 엄격하게 하고, 자의입원과 자의치료를 하도록 하는 것이 바람직할 것이다. 단순히 의료진의 편의만을 추구해서는 안

와 그 설명은 pp.59 참조.

❙그림 2❙ WHO 입법권고기준에 따른 비자의치료 결정의 흐름도

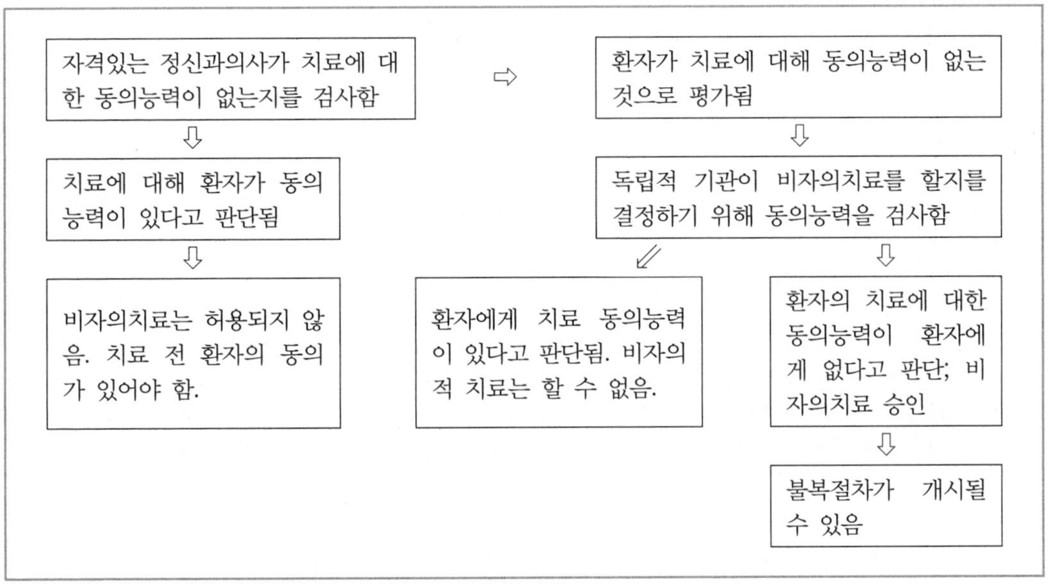

된다는 것이다.

정신질환, 지적장애, 치매 당사자의 치료에 관련된 성문 국제인권법은 유럽평의회가 1997년 제정한 오비도 협약이다. 오비도 협약은 "생물학과 의료 영역에서의 인권과 인간의 존엄성 보호를 위한 조약(Convention for the Protection of Human Rights and Dignity of the Human Being with regard to the Application of Biology and Medicine. Oviedo 협약)"이다. 이 책에서 필요한 범위에서 오비도 조약의 내용을 간단히 소개하면 아래와 같다.

❙표 3❙ 오비도 협약

생물학과 의료 영역에서의 인권과 인간의 존엄성 보호를 위한 조약

• 전문
1948년의 세계인권선언, 1950년 유럽평의회의 유럽인권조약, 1961년 유럽평의회의 유럽 사회헌장, 1966년의 유엔 시민적, 정치적 권리에 관한 협약, 1981년 인간 정보의 자동처리와 관련한 개인보호에 관한 조약, 1989년 아동권리협약 등의 연관성 하에 이 조약을 체결하였음을 밝히고 있음.

제1장 총칙
제1조 이 조약의 목적과 대상
생물학 및 의학의 적용과 관련하여 인간의 존엄과 정체성의 보호, 인간의 완전성과 여타의 권리, 기본적 자유의 보호를 목적으로 한다는 것을 밝힘.
제2조 인간 우선
– 사회 또는 과학의 이익보다는 인간의 이익과 복리를 우선

제3조 의료에 관한 평등한 접근
적절한 질적 수준의 의료에 평등하게 접근하는 것을 보장하도록 함.
제4조 직업적 기준

제2장 동의
제5조 일반원칙
– 건강분야에서의 개입은 정보제공 후의 동의가 있을 때 제공한다는 것, 동의는 언제든지 철회할 수 있다는 것을 정함.
제6조 동의능력 없는 사람의 보호(총 5항으로 구성)
– 동의능력 없는 사람의 이익을 위해 치료를 할 수 있다는 것(제1항), 동의능력 없는 아동의 경우도 적법한 대리인 또는 권한 있는 사람 또는 기관의 동의로 치료할 수 있고, 아동의 의견은 참작사항이라는 것(제2항), 동의 능력 없는 성인의 경우 권한 있는 대리인이나 권한 있는 개인 또는 기관의 동의로 치료를 할 수 있고, 당사자는 권한 부여절차에 최대한 참여할 수 있다는 것(제3항), 제2항, 제3항의 대리자에게 필요한 정보를 제공하여야 한다는 것(제4항), 권한 부여는 당사자의 이익을 위해 철회가능하다는 것(제5항)으로 구성.
제7조 정신질환 있는 사람의 보호
– 중증정신질환 있는 사람으로서 정신질환의 치료 없이는 자신의 건강에 중대한 위해가 초래될 수 있는 경우에는 그의 동의 없이도 치료할 수 있다는 것
제8조 응급상황
– 응급상황에서는 동의 없이 치료할 수 있다는 것
제9조 사전에 표시된 의사
– 치료를 하는 시점에서 자신의 희망을 표시할 수 없는 사람이 그 치료에 관하여 사전에 표시된 희망이 있을 때 이를 고려하여야 한다는 것을 규정

제3장 사생활과 정보에 관한 권리
제10조 사생활과 정보권

제4장 인간 유전자
제11조 차별금지
제12조 예측적 유전자 검사
– 유전질환을 예측할 수 있는 검사는 건강 또는 건강관련 과학적 연구 목적으로만 수행할 수 있다는 것
제13조 인간 유전자 조작
– 인간 유전자 조작은 예방, 진단 또는 치료 목적으로만, 미래 자손의 유전자 변형을 초래하지 않는 목적으로만 가능하다는 것
제14조 성의 구별금지

제5장 과학적 연구
제15조 일반원칙
제16조 실험 대상자의 보호
제17조 연구동의능력 없는 사람의 보호(2항으로 구성)
– 동의 능력 없는 사람을 연구에 참여시키는 것은 제16조의 요건을 충족하고, 연구결과가 그의 건강에 직접적이고 실질적인 도움을 줄 수 있는 잠재성이 있고, 효과적인 연구가 동의능력 있는 사람의 연구참여로 이루어질 수 없고, 권한 부여가 서면으로 명시적으로 제공되고, 당사자가 반대하지 않을

때 가능하다는 것(제1항). 건강에 직접적으로 실질적인 도움을 줄 잠재성이 없는 경우 제1항의 요건 이외에도 개인의 조건이나 질병의 과학적 이해, 관련된 사람이나 다른 사람에게 이익을 줄 수 있는 결과의 성취에 도움이 되고, 실험이 최소한의 위험, 최소한의 부담이 있을 때 가능하다는 것(제2항)
제18조 시험관 배아 연구

제6장 살아 있는 사람의 장기와 세포를 이식목적으로 분리하여 것
제19조 일반 원칙

제7장 인간 신체의 일부 처분과 경제적 이익의 금지
제21조 경제적 이익의 금지
제22조 인간 신체에서 분리된 부분의 처분

제8장 조약 규정의 위반
제23조 조약상의 권리 또는 원칙의 위반
제24조 부당한 손해에 대한 보상
제25조 제재

제9장 조약과 다른 규정과의 관계
제26조 권리행사에 대한 제한
제27조 광범위한 보호

제10장 공개 논쟁
제28조 공개 논쟁

제11장 조약의 해석과 현황조사
제29조 조약의 해석
제30조 조약의 적용에 관한 보고서

제12장 선택의정서
제31조 의정서

제13장 조약의 개정
제32조 조약의 개정

제14장 최종조문
제33조 서명, 비준, 효력발생
제34조 비 회원국
제35조 영토
제36조 유보
제37조 탈퇴
제38조 통지

오비도 협약 제6조 제3항은 정신질환, 장애 또는 여타 유사한 이유로 성인이 연구나 의료행위에 대한 동의능력이 없는 경우 대리인 또는 법에서 정한 권한 있는 사람의 승인으로 그 행위를 할 수 있다고 규정한다. 그리고 제7조에서는 정신질환의 치료가 없을 경우 그의 건강에 위험이 초래될 수 있을 경우에는 그의 동의 없이 개입할 수 있다고 규정한다. 제6조는 후견제도를 통한 대행의사결정제도를 인정하는 것이고, 제7조는 정신질환자의 비자의입원과 비자의치료의 요건을 정한 것으로 이해될 수 있다.

이때까지의 국제인권법은 보호의 목적으로 정신적 장애인의 동의 없이 그의 자유와 권리를 제한할 수 있다는 것을 당연히 전제하였다고 할 것이다.

3. 정신장애에 대한 새로운 관점의 대두

1981년 유엔은 국제장애인의 해를 선포하고, 1982년 유엔총회는 세계장애인행동계획을 결의하였다. 이 행동계획은 장애예방, 재활, 기회의 평등을 강조하는 면에서 종전의 의료모델의 연장선에 있다고 평가되지만,[39] 국제인권법의 영역에서 장애 의제가 활발히 논의되는 계기가 되었다. 특히 이와 함께 유엔총회에서 국제장애인10년(1983－1992)을 선언하였다. 그 후 1983년 국제노동기구는 장애인 재활과 고용에 관한 협약을 채택하였다. 다른 한편 유엔 인권위원회(UN Commission on Human Rights)는 국제장애인 10년과 관련하여 두 명의 특별보고관을 통한 조사를 위탁하였다. 첫 조사보고서는 1983년 간행된 “정신질환을 이유로 감금된 사람의 보호를 위한 원칙, 가이드라인, 담보(Principles, Guidelines and Guarantees for the Protection of Persons Detained on Grounds of Mental－ILL Health or Suffering from Mental Disorder)였다. 두 번 째 조사보고서는 1991년 간행된 “인권과 장애인(Human Rights and Disabled Persons)”였다. 이런 활동을 배경으로 국제장애인10년을 결산하면서 유엔총회는 1993년 4부 22개 준칙으로 구성된 “장애인을 위한 평등과 기회제공에 관한 표준준칙(the Standard Rules on the Equalization and Opportunities for Persons with Disabilities)”을 채택하였다.[40] 아래는 표준준칙의 내용을 요약해서 설명한 것이다.

❙표 4❙ 장애인을 위한 평등과 기회제공에 관한 표준준칙

장애인을 위한 평등과 기회제공에 관한 표준준칙
• 서론 배경과 현재의 필요성 종전의 국제 차원의 행동 표준준칙 제정을 향하여 장애인 평등과 기회제공에 관한 표준준칙의 목적과 내용 장애정책의 기본 개념: 종전까지 혼용되던 disability와 handicap을 구분하여 전자는 신체, 정신, 심리

39) V. D. Fina/R. Cera/G. Palmisano, 전게서), pp 6(Degener/Begg 집필부분) 참조.
40) 이에 대해서는 V. D. Fina/R. Cera/G. Palmisano, 전게서, pp. 9 (Degener/Begg 집필부분) 참조.

적 손상이라는 의미에서의 장애로, 후자는 장애인과 사회환경 간의 상호작용 결과 발생하는 장벽으로서의 장애로 각각 정의함. 예방(pevention)은 신체적, 지적, 정신적, 감각적 손상을 막기 위한 의료적 조치, 출산 전후의 조치를 의미하는 것으로 정의. 재활(rehabilitation)은 장애인이 신체적, 지적, 정신적, 감각적으로 일정 기능에 도달하고 또 그 기능을 유지할 수 있도록 하는 조치로 정의함. 기회의 평등은 사회제도와 환경을 장애인도 이용할 수 있도록 하는 조치를 의미하는 것으로 정의함.

• 전문

• 제1부
제1원칙 인식제고
제2원칙 치료
제3원칙 재활
제4원칙 지원서비스: 장애인이 기회의 평등을 향유할 수 있는데 필요한 지원서비스를 제공해야 한다는 것

• 제2부
제5원칙 접근성: 물리적 환경에 접근하는 것, 정보와 의사소통에 접근하는 것
제6원칙 교육
제7원칙 고용: 노동시장에 장애인이 평등하게 참여할 수 있도록 지원해야 한다는 것
제8원칙 소득보장과 사회보장
제9원칙 가족생활과 개인의 완전성: 장애인이 가족을 꾸리면서 생활할 수 있도록 지원해야 한다는 것
제10원칙 문화
제11원칙 레크레이션과 스포츠
제12원칙 종교

• 제3부 시행조치
제13원칙 정보와 연구
제14원칙 정책형성과 계획: 전국 및 지역 차원의 장애정책 수립에서 장애인단체를 참여시켜 계획을 수립하여야 한다는 것
제15원칙 입법
제16원칙 경제정책
제17원칙 작업의 조정: 장애인 정책 조정을 위한 상설 위원회를 국가단위에서 마련해야 한다는 것
제18원칙 장애인단체
제19원칙 직원 훈련
제20원칙 준칙의 집행에서 장애프로그램의 국내 모니터링과 평가
제21원칙 기술 및 경제적 협력
제22원칙 국제적 협력

• 국제차원의 모니터링

이 준칙은 장애인의 평등과 차별금지를 중요한 가치로 삼고 있기 때문에 장애인의 탈시설, 지역사회 독립생활(independent living)을 포함한 장애인의 사회통합이라는 점에서 많은 나

라에 영향을 끼쳤다고 평가된다. 무엇보다도 특징적인 것은 정신지체자의 권리선언이나 장애인권리선언 또는 오비도 협약에서와 같이 장애인의 동의 없는 치료, 장애인의 시설수용 등에 관하여 아무런 언급이 없다는 점, 장애인의 고용, 가족생활, 사회생활 촉진을 위한 지원이 있어야 한다는 것을 중심으로 구성되어 있다는 점이다. 한편 위 준칙 제4부는 모니터링 체계를 갖추도록 하고 있는데, 유엔 인권위원회는 이에 입각해서 1993년부터 2014년까지 4명의 특별보고관을 임명하여 준칙의 이행여부를 조사보고하도록 하였다. 보고관은 전문가집단의 지원을 받도록 했는데, 이를 통해 국제장애인권분야의 전문가 집단으로 비당사자와 장애부모가 무대뒤로 물러나고 2006년 장애인권리협약 제정에 큰 기여를 한 장애당사자 출신 전문가의 등장을 촉진하였다.[41)]

장애인의 사회통합이라는 새로운 흐름 아래서 국제인권법은 유럽평의회 차원에서 또 다른 변화를 맞이하게 된다. 1996년 개정된 유럽평의회의 "유럽사회헌장(The European Social

| 표 5 | 유럽사회헌장 제15조 비교

1961년 유럽사회헌장	1996년 유럽사회헌장(1999년 시행)
제15조 (신체적 또는 정신적 장애인의 직업훈련, 재활 및 사회정착의 권리) 신체적 또는 정신적 장애인의 직업훈련, 재활 그리고 사회정책의 권리를 효과적으로 행사하기 위해 비준국은 다음 각 호의 조치를 하여야 한다. 1. 필요한 경우 특별한 공립 또는 사립의 시설을 포함하여 훈련시설을 제공하기 위해 적절한 조치를 취할 것 2. 장애인을 고용하기 위해 적절한 조치를 취할 것, 가령 특별하게 배치된 서비스, 보호고용시설 그리고 고용주로 하여금 장애인을 고용하는 것을 장려하기 위한 조치 등을 포함한다.	제15조(장애인의 독립, 사회통합, 공동체 삶에 참여할 권리) 연령, 장애의 성격과 기원과 무관하게 모든 장애인이 독립, 사회통합, 공동체 삶에 참여하는 것을 보장하기 위해, 비준국은 특히 다음 각 호의 조치를 취한다. 1. 가능한 경우 일반제도의 틀 내에서, 그렇지 않을 경우 공립 또는 사립의 특별한 기관을 통하여, 장애인에게 안내, 교육, 직업훈련을 제공하도록 필요한 조치를 취할 것 2. 고용주로 하여금 통상의 작업환경에서 장애인을 채용하고 고용을 유지하고, 근로조건을 장애인의 필요에 맞게 하거나, 장애로 인해 그것이 가능하지 않은 경우, 장애정도에 따라 보호고용을 창출하거나 주선하는 모든 조치를 취함으로써 장애인의 고용 접근성을 증진시킬 것. 일정한 경우 그 조치는 특화된 배치와 지원서비스를 이용할 수 있게 할 수 있다. 3. 장애인의 완전한 사회통합과 공동체 삶에 완전하게 참여하는 것을 증진시킬 수 있게, 기술적 지원을 포함하여 의사소통과 이동에 대한 장벽을 극복하고, 운송, 주거, 문화활동, 여가에 대한 접근을 가능할 수 있게 하는 다양한 조치를 실시할 것.

41) 그 과정은 V. D. Fina/R. Cera/G. Palmisano(주 17), p. 10 (Degener/Begg 집필부분) 참조.

Charter)" 제15조의 개정이 그것이다. 유럽사회헌장은 시민적, 정치적 인권에 초점을 맞춘 1950년의 유럽인권조약이 경제적, 사회적, 문화적 인권을 반영하지 못했기 때문에 이를 보완하기 위해 유럽평의회가 1961년 제정한 것이었다. 사회헌장 중 신체적 및 정신적 장애인의 사회통합에 관한 사항은 제15조에 규정되어 있었는데, 직업훈련, 재활, 사회정착의 권리만을 언급하고, 정치활동 및 공적 생활 참여에 대한 내용은 포함하지 않았다. 그런데 1996년 개정된 제15조는 신체적, 정신적 장애인의 완전한 사회통합 실현을 직업, 주거, 이동, 문화활동, 여가에 한정하지 않고, 제3호에서 '공동체 삶에 참여'라는 문구를 포함시킴으로써. 정책형성 및 정치활동에 이르기까지 장애인의 사회활동 참여를 인권의 항목으로 규정하였다. 유럽사회헌장 제15조의 변화를 보면 장애인의 사회통합이 중요 의제였음이 잘 드러난다.

국제인권법에서의 또 다른 흐름은 2000년의 유럽연합 기본권헌장이다. 경제공동체에서 출발하여 리스본 조약으로 정치적 공동체로 변모한 유럽연합은 2000년 채택한 "기본권헌장(The Charter of Fundamental Rights)"에 법적 효력이 부여됨으로써 인권보호의 과제도 부여받게 되었다.[42] 기본권헌장 전문은 유럽평의회의 유럽인권협약과 사회헌장, 유럽연합 재판소(Court of Justice)가 개별 판결에서 발전시켜 온 인권 관련 원칙을 반영한 것임을 선언하고 있다. 기본권헌장은 제3부는 평등권(제20조), 성, 인종, 피부색, 인종, 사회적 출신, 유전적 특성, 언어, 종교와 믿음, 정치적 견해, 소수집단여부, 재산, 출생, 장애, 연령, 성적 지향의 차이 등에 근거한 모든 차별을 금지하는 것(제21조), 장애인의 독립생활, 사회적 및 직업적 통합 및 직업 공동체 생활에 완전한 참여를 보장할 것(제26조)을 규정하고 있다.

Ⅲ. 장애인권리협약의 제정과 그 영향

1. 장애인권리협약으로 향한 여정

2000년에 들어 국제장애인권조약을 제정하기 위한 운동이 본격화되었다. 2000년 3월 베이징 세계장애정상회의(a World Summit on Disability)에서 장애인선언을 채택하였는데, 선언에는 국제장애인권조약 제정을 촉구하는 내용이 포함되어 있었다. 그 후 아일랜드 정부가 2000년 장애인권에 초점을 맞춘 국제조약 제정을 시도하였다. 2001년 다시 멕시코 정부의 주도로 유엔총회는 장애인인권조약 제정을 위한 논의를 할 것을 결의하였다. 2002년 인권고등판무관실(the Office of High Commissioner for Human Rights)[43]은 장애인인권조약의 가능성

---

42) 유럽경제공동체조약(EEC Treaty1957) 이후 암스테르담 조약(The Treaty of Amsterdam 1997)에 이르기까지 유럽연합은 부분적이나마 인권보호 항목을 조약에 포함시켜 왔는데, 2000년 선언한 유럽연합 기본권헌장(EU Charter of Fundamental Rights)에서 이를 포괄적으로 포함시켰다. 2009년 발효된 리스본 조약의 TEU 제6조에서 기본권헌장도 조약과 같은 효력을 인정하였다. 이에 대해서는 E. Berry/M. J. Homewood/B. Bogusz, EU Law, Oxford University Press(2017), pp. 400 참조.

43) 1993년 비엔나 인권회의를 통해 개별 국가에서의 인권위원회의 창설만이 아니라 고등인권판무관실의 창설이 제

을 연구한 보고서를 발간하였다. 이 보고서는 장애인권리협약을 제정하는데 중요한 근거자료로 활용될 수 있는 것이었다. 그 후 국제인권단체들도 장애인권을 주류인권의제의 하나로 채택하면서 정신질환자의 감금의 이슈를 뛰어넘는 장애인권 전반에 대한 관심을 기울이기 시작하였다.[44)]

2002년 7월 임시위원회(Ad Hoc Committee)가 새로운 국제조약 제안을 검토하도록 과제를 부여받아 첫 모임을 하였다. 2003년 6월 제2기 임시위원회 회의에서 조약의 초안이 제출되었고 이를 심층적으로 논의하기 위해 실무그룹에서 초안작성작업에 들어갔다. 실무그룹은 2004년 1월부터 활동하기 시작하여 3차에 걸친 논의와 독회를 거친 후 2006년 임시위원회에서 초안이 채택되었고, 1주일 뒤인 2006년 12월 13일 유엔총회에서 장애인권리협약이 채택되었다. 이로써 장애에 대한 의료모델과 사회모델을 통합한 인권모델에 입각한 국제조약이 탄생하였다고 평가된다.[45)] 앞서 1.(3)에서 언급한 유엔총회에서 결의된 세 개의 선언이 장애인권리협약 전문에 전연 언급되지 않은 것은 의료모델로부터의 단절, 인권모델의 정립으로서의 장애인권리협약의 성격을 명료히 보여준다. 임시위원회에서 가장 치열하게 논의된 쟁점도 의료모델 하에서 당연하게 여겨졌던 판단능력 없는 장애인의 권리능력과 행위능력, 즉 법적 능력(legal capaity)의 제한을 폐지하고, 이를 평등하게 인정하는 것(협약 제12조), 정신질환자의 강제입원, 강제입소를 금지하는 것(협약 제14조), 중증장애인의 탈시설과 사회통합(협약 제19조) 등이었다.[46)] 정신장애인에게 가장 중요한 의제의 하나인 강제입원, 강제입소, 강제치료를 금지하는 규정은 장애인권리협약 제14조, 제25조에서 직접 다루고 있다.

2. 장애인권리협약

장애인권리협약은 2007년 3월 30일 서명을 받기 시작했다. 첫 날에 우리나라를 포함해 81개국이 서명하였고, 2008년 5월 3일 발효되었다. 비준국 중 일부는 장애인권리협약 제12조, 제14조에 관하여 해석론상의 유보를 선언하기도 하였다. 특히 최후의 수단으로 대체의사결정이나 강제입원을 허용하는 것으로 제12조와 제14조를 이해한다는 내용이 대표적인 예이다.[47)] 우리나라는 제25조 (e)호 생명보험가입에 관하여 유보하고 비준하였지만, 강제입원, 강제입소, 강제치료 등과 관련한 제12조와 제14조 그리고 여타의 규정에 관하여는 해석론상의 유보 없이 비준하였다.[48)] 아래는 장애인권리협약 중 정신적 장애인에게 특히 중요한 조문을 소개한다.

안되었고, 그에 입각하여 설립된 유엔의 직책이다.

44) 이 시기 장애 관련 국제인권법의 발전은 Theresia Degener, International Disability Law－A New Legal Subject on the Rise: The Interregional Experts' Meeting in Hong Kong, December 13－17, 1999, Berkerley Journal of International Law 18(1999), pp. 180－195 참조.

45) V. D. Fina/R. Cera/G. Palmisano(주 17), pp. 43(Degener 집필부분) 참조.

46) V. D. Fina/R. Cera/G. Palmisano(주 17), pp. 23(Degener/Bogg 집필부분) 참조.

47) 가령 호주와 아일랜드는 두 규정에 관하여 해석론상의 유보를 하였고, 캐나다는 제12조에 관하여 해석론상의 유보를 하였다.

48) 장애인권리협약 서명과 비준 현황은 https://treaties.un.org/Pages/ViewDetails.aspx?src＝TREATY&mtdsg_no＝IV

| 표 6 | 장애인권리협약 전문

(보건복지부의 공식 번역본을 토대로 적절히 수정 번역한 것임)

장애인권리협약

전문(생략)

제 1 조
목 적

이 협약의 목적은 장애인이 모든 인권과 기본적인 자유를 완전하고 동등하게 향유하는 것을 증진, 보호 및 보장하고, 장애인의 천부적 존엄성의 존중을 증진하는 것이다.

장애인이란 장기간의 신체적, 정신적, 지적, 또는 감각적인 손상을 가진 사람으로서, 그 손상과 다양한 장벽과의 상호 작용으로 인하여 다른 사람과 평등한 기반 하에 완전하고 효과적인 사회 참여가 저해받는 사람을 포함한다.

제 2 조
정 의

이 협약의 목적상,

"의사소통"이란 서면, 음성, 단순언어, 낭독자, 접근 가능한 정보통신 기술을 포함한 보완 대체적 의사소통방식 뿐 아니라 언어, 글자표시, 점자, 촉각을 통한 의사소통, 확대 인쇄물, 접근가능한 멀티미디어를 포함한다.

"언어"란 음성언어와 기호화된 언어 및 다른 형태의 비음성 언어를 포함한다.

"장애로 인한 차별"이란 정치적, 경제적, 사회적, 문화적, 민간 또는 다른 분야에서 다른 사람과 동등하게 모든 인권과 기본적인 자유를 인정받거나 향유 또는 행사하는 것을 저해하거나 무효화하는 목적 또는 효과를 갖는, 장애를 이유로 한 모든 구별, 배제 또는 제한을 의미한다. 이는 정당한인 편의제공(reasonable accommodation)에 대한 거부를 포함한 모든 형태의 차별을 포함한다.

"정당한 편의제공"이라 함은, 장애인이 다른 사람과 평등하게 모든 인권과 기본적인 자유를 향유하거나 행사하는 것을 보장하기 위하여, 그것이 요구되는 특별한 경우, 과도하거나 부당한 부담을 지우지 않으면서 필요하고 적절한 변경과 조정을 하는 것을 의미한다.

"보편적인 디자인"이란 개조 또는 특별한 디자인을 할 필요 없이 최대한 가능한 범위 내에서, 모든 사람이 사용할 수 있는 제품, 환경, 프로그램 및 서비스를 디자인하는 것을 의미한다. 필요한 경우, "보편적인 디자인"은 특정 장애인 집단을 위한 보조기구를 배제하지 아니한다.

제 3 조
일반 원칙

이 협약의 원칙은 다음과 같다.

a) 천부적인 존엄성, 선택의 자유를 포함한 개인의 자율성 및 독립(independence)에 대한 존중
b) 비차별
c) 완전하고 효과적인 사회 참여 및 통합
d) 장애가 갖는 차이에 대한 존중과 인간의 다양성 및 인류의 한 부분으로서의 장애인의 인정

–15&chapter=4&clang=_en 참조.

e) 기회의 균등
f) 접근성
g) 남녀의 평등
h) 장애아동의 점진적 발달능력 및 정체성 유지 권리에 대한 존중

제4조
일반 의무

1. 당사국은 장애를 이유로 한 어떠한 형태의 차별 없이 장애인의 모든 인권과 기본적인 자유의 완전한 실현을 보장하고 촉진하기 위한 의무를 부담한다. 이를 위하여 당사국은 다음의 사항을 약속한다.
a) 이 협약에서 인정된 권리의 이행을 위하여 모든 적절한 입법적, 행정적 및 기타 조치를 채택할 것
b) 장애인을 차별하는 기존의 법률, 규칙, 관습 및 관행을 개정 또는 폐지하기 위하여 입법을 포함한 모든 적절한 조치를 취할 것
c) 모든 정책과 프로그램에서 장애인의 인권 보호와 증진을 고려할 것
d) 이 협약과 일치하지 아니하는 일체의 행위나 관행을 행하는 것을 삼가고, 정부당국과 공공기관이 이 협약과 일치되도록 업무를 수행할 것을 보장할 것
e) 모든 개인, 기관 또는 사기업에 의해 행해지는 장애를 이유로 한 차별을 철폐하기 위하여 모든 적절한 조치를 취할 것
f) 이 협약 제2조가 규정하는 바와 같이, 장애인의 특별한 욕구를 충족시키는데 가능한 최소한의 개조 및 비용만을 요하도록 보편적인 디자인의 제품, 서비스, 장비와 시설에 대한 연구 및 개발을 착수 또는 촉진하며, 이들의 이용가능성과 사용을 촉진하고, 표준 및 지침의 개발 시 보편적인 디자인을 촉진할 것
g) 적정한 비용의 기술에 우선순위를 두어, 장애인에게 적합한 정보 통신기술, 이동 보조기, 장치 및 보조기술을 포함한 신기술의 연구와 개발을 착수 또는 촉진하고, 그 이용가능성과 사용을 촉진할 것
h) 신기술을 포함한 이동 보조기, 장치 및 보조기술과 그 밖의 다른 형태의 보조, 지원 서비스 및 시설에 관하여 접근 가능한 정보를 장애인에게 제공할 것
i) 이 협약에서 인정하는 권리에 의해 보장되는 지원과 서비스를 보다 잘 제공하기 위하여, 장애인과 함께 일하는 전문가와 직원의 훈련을 촉진할 것

2. 이 협약상의 경제적, 사회적 및 문화적 권리와 관련하여, 각 당사국은 가용자원을 최대한 활용하며, 필요한 경우 국제적 협력의 틀 내에서, 이러한 권리를 점진적으로 완전히 실현하기 위한 목적으로, 그러나 이 협약에 규정된 의무를 국제법에 따라 즉각 적용해야 할 이 협약에 규정된 의무를 손상시키지 않으면서, 조치를 취할 것을 약속한다.

3. 이 협약을 이행하기 위한 법률과 정책의 개발 및 이행, 그리고 장애인과 관련된 문제에 관한 그 밖의 의사결정절차에서, 당사국은 장애인을 대표하는 단체를 통하여 장애아동을 포함한 장애인과 긴밀히 협의하고 이들을 적극적으로 참가시킨다.

4. 이 협약의 어떠한 조항도 당사국의 법률 또는 그 당사국에서 시행되고 있는 국제법에 포함되어 있는 장애인 권리 실현에 보다 기여하는 규정에 영향을 미치지 아니한다. 이 협약이 그러한 권리 또는 자유를 인정하지 아니하거나 보다 협소한 범위에서 인정하고 있음을 이유로 하여 법률, 협약, 규정 또는 관습에 따라 당사국에서 인정되고 있거나 당사국에 존재하는 일체의 인권과 기본적인 자유에 대하여 제약이나 침해가 있어서는 아니 된다.

5. 이 협약의 규정은 일체의 제한이나 예외 없이 연방국가의 모든 지역에 적용된다.

제 5 조
평등 및 비차별

1. 당사국은 모든 인간은 법 앞에서 그리고 법 아래 평등하며, 법이 인정한 동등한 보호 및 동등한 혜택을 차별 없이 받을 자격이 있음을 인정한다.

2. 당사국은 장애를 이유로 한 모든 차별을 금지하고, 어떤 이유에 근거한 것이든 일체의 차별에 대하여 장애인에 대해 평등하고 효과적인 법적 보호를 보장한다.

3. 당사국은 평등을 증진하고 차별을 철폐하기 위하여, 정당한 편의제공을 보장하기 위한 모든 적절한 절차를 취한다.

4. 장애인의 사실상의 평등을 촉진하고 달성하기 위하여 필요한 구체적인 조치는 이 협약의 조건 하에서 차별로 간주되지 아니한다.

제6조-제11조(생략)

제12조
법 앞에서의 평등한 인정

1. 당사국은 장애인이 모든 영역에서 법 앞에 인간으로서 인정받을 권리가 있음을 재확인한다.

2. 당사국은 장애인이 생활의 모든 영역에서 다른 사람과 평등하게 법적 능력을 향유함을 인정한다.

3. 당사국은 장애인이 법적 능력을 행사하기 위하여 필요한 지원에 접근할 수 있도록 적절한 조치를 취한다.

4. 당사국은 법적 능력의 행사와 관련된 조치를 취할 때 이것이 남용되지 아니하도록 국제인권법에 따라 적절하고 효과적인 안전장치를 제공하도록 보장한다. 그러한 안전장치는 법적 능력 행사와 관련된 조치가 개인의 권리, 의사 및 선호도를 존중하고, 이익의 충돌 및 부당한 영향력이 없고, 개인이 처한 환경에 따라 비례적이고 맞춤형이어야 하며, 가능한 한 단기간 동안만 적용되고, 권한 있고 독립적이며 공정한 당국 또는 사법기관의 정기적인 검토를 받도록 보장한다. 안전장치는 그러한 조치들이 개인의 권리와 이익에 영향을 미치는 정도에 비례하도록 해야 한다.

5. 이 조항 규정에 따라, 당사국은 장애인이 재산을 소유 또는 상속할 수 있는 평등한 권리를 보장하고, 자신의 재산 사무를 관리하고, 은행대출, 담보 및 다른 형태의 재무신용에 대하여 평등하게 접근할 수 있도록 모든 적절하고 효과적인 조치를 취하며, 장애인의 재산이 임의적으로 박탈당하지 아니하도록 보장한다.

제13조
사법에 대한 접근

1. 당사국은 장애인이 다른 사람과 평등하게 사법절차에 효과적으로 접근할 수 있도록 보장함으로써, 가령 절차적 편의 및 연령에 적합한 편의를 제공함으로써, 장애인이 조사절차와 그 전 단계의 절차를 포함한 모든 사법적 절차에서 증인으로서 또는 직 · 간접적 당사자로서 효과적으로 자신의 역할을 수행할 수 있도록 촉진하여야 한다.

2. 장애인이 효과적으로 사법절차에 접근할 수 있도록 보장하기 위하여, 당사국은 경찰과 교도관을 포함하여 사법 행정 분야에서 근무하는 직원을 위한 적절한 훈련을 장려한다.

제14조
신체의 자유 및 안전

1. 당사국은 다른 사람과 평등하게 장애인에 대해 다음의 사항을 보장한다.
 a) 신체의 자유 및 안전에 관한 권리의 향유
 b) 장애인의 자유가 불법적 또는 자의적으로 박탈당하지 아니하며, 자유에 대한 일체의 박탈은 법에 합치하여야 하며, 어떠한 경우에도 장애의 존재는 자유 박탈을 정당화하지 아니한다.

2. 당사국은, 어떤 절차를 통하여 장애인의 자유가 박탈되는 경우, 모든 사람과 평등하게 국제인권법에 따른 보장을 받을 권리가 있고, 정당한 편의제공을 포함하여 이 협약의 목적과 원칙에 합치되도록 처우할 것을 보장한다.

제15조
고문 또는 잔혹한, 비인도적이거나 굴욕적인 대우나 처벌로부터의 자유

1. 그 누구도 고문 또는 잔혹한, 비인도적이거나 굴욕적인 대우나 처벌의 대상이 되지 아니한다. 특히, 그 누구도 자발적인 동의 없이 의학적 또는 과학적 실험의 대상이 되지 아니한다.

2. 당사국은 다른 사람과 평등하게 장애인이 고문 또는 잔혹한, 비인도적 또는 굴욕적인 대우를 받거나 처벌당하지 않도록 하기 위하여 모든 효과적인 입법적, 행정적, 사법적 또는 그 밖의 조치를 취한다.

제16조
착취, 폭력 및 학대로부터의 자유

1. 당사국은 가정 내외에서 성별을 이유로 한 것을 포함하여 모든 형태의 착취, 폭력 및 학대로부터 장애인을 보호하기 위하여 모든 적절한 입법적, 행정적, 사회적, 교육적 및 그 밖의 조치를 취한다.

2. 당사국은 특히 장애인과 그 가족 및 보호자를 위하여 착취, 폭력 및 학대를 방지하고 인지하며 신고하는 방법에 대한 정보 및 교육의 제공을 포함하여 성별과 연령을 고려한 적절한 형태의 지원 및 보조를 보장함으로써 모든 형태의 착취, 폭력 및 학대를 방지하기 위한 모든 적절한 조치를 취한다. 당사국은 연령, 성별 및 장애를 고려하여 이러한 보호서비스를 제공한다.

3. 당사국은 모든 형태의 착취, 폭력 및 학대의 발생을 방지하기 위하여 독립적인 기관이 장애인에게 제공되도록 고안된 모든 시설과 프로그램을 효과적으로 감시할 것을 보장한다.

4. 당사국은 보호서비스의 제공을 포함하여 모든 형태의 착취, 폭력 및 학대의 피해자가 된 장애인의 신체적, 인지적 및 심리적 회복, 재활 및 사회적 재통합을 촉진하기 위한 모든 적절한 조치를 취한다. 그러한 회복 및 재통합은 피해자의 건강, 복지, 자아존중, 존엄성 및 자율성을 증진하는 환경에서 이루어지며, 성별과 연령에 따른 특수한 욕구를 반영한다.

5. 당사국은 장애인에 대한 착취, 폭력 및 학대 사례를 확인하고 조사하며 적절한 경우에는 기소하기 위하여, 여성과 아동에 중점을 둔 법률과 정책을 포함하여 효율적인 법률과 정책을 마련한다.

제17조
개인의 완전성의 보호

모든 장애인은 다른 사람과 동등하게 신체적 및 정신적 완전성을 존중받을 권리를 가진다.

제18조(생략)

제19조
독립생활 및 지역사회 통합

이 협약의 당사국은 모든 장애인이 다른 사람과 마찬가지로 자신의 선택을 통해 지역 사회에서 살 수 있는 평등한 권리를 가짐을 인정하며, 장애인이 이러한 권리를 완전히 향유하고 지역사회로의 완전한 통합과 참여를 촉진하기 위하여, 효과적이고 적절한 조치를 취한다. 여기에는 다음의 사항을 보장하는 것이 포함된다.

a) 장애인은 다른 사람과 마찬가지로 자신의 거주지 및 동거인을 선택할 기회를 가지며, 특정한 주거 형태를 취할 것을 강요받지 아니한다.

b) 장애인의 지역사회에서의 생활과 통합을 지원하고 지역사회로부터 소외되거나 분리되는 것을 방지하기 위하여 필요한 활동 보조를 포함하여, 장애인은 가정 내 지원서비스, 주거 지원서비스 및 그 밖의 지역사회 지원 서비스에 접근할 수 있다.

c) 일반인을 위한 지역사회 서비스와 시설은 장애인에게도 평등하게 제공되고, 그들의 욕구를 수용한다.

제20조-제21조(생략)

제22조
사생활의 존중

1. 장애인은 거주지 또는 거주형태와 무관하게 자신의 사생활, 가족, 가정, 통신 및 다른 형태의 의사소통에 관하여 임의적 또는 불법적인 간섭을 받거나 자신의 명예와 명성에 대하여 불법적인 침해를 받지 아니한다. 장애인은 그러한 간섭 또는 침해에 대하여 법의 보호를 받을 권리를 갖는다.

2. 당사국은 다른 사람과 마찬가지로 장애인의 개인정보 및 건강과 재활에 관한 사적 정보를 보호한다.

第23条
가정과 가족에 대한 존중

1. 당사국은 다음의 사항을 보장하기 위하여, 다른 사람과 마찬가지로 장애인의 혼인, 가족, 부모자식 관계 및 친척관계와 관련한 모든 문제에 있어 장애인에 대한 차별을 근절하기 위한 효과적이고 적절한 조치를 취한다.
  a) 결혼적령기에 있는 모든 장애인이 장래 배우자의 자유롭고 완전한 동의 아래 결혼을 하고 가정을 이룰 수 있는 권리가 인정된다.
  b) 장애인이 자녀의 수와 터울을 자유롭고 책임 있게 선택할 권리와 연령에 적합한 정보 및 출산과 가족계획 교육에 대해 접근할 권리를 인정하고, 장애인이 이러한 권리를 행사하는데 필요한 수단을 제공한다.
  c) 장애아동을 포함한 장애인은 다른 사람과 동등하게 생식능력을 유지한다.

2. 당사국은 다음의 개념이 국내법에 존재하는 경우, guardianship, wardship, trusteeship 등의 아동후견과 입양 또는 이와 유사한 제도와 관련해서 장애인의 권리와 책임을 보장하여야 한다. 이 모든 경우에 아동의 최선의 이익이 가장 중요하게 인정되어야 한다. 당사국은 장애인이 자녀에 대한 양육책임을 수행하는데 있어 적절한 지원을 제공한다.

3. 당사국은 장애아동이 가정생활에 있어서 동등한 권리를 가질 것을 보장한다. 이러한 권리를 실현하고 장애아동의 은닉, 유기, 방임 및 격리를 방지하기 위하여 당사국은 장애아동과 그 가족에 대해 조기에 종합적인 정보, 서비스 및 지원의 제공을 약속한다.

4. 당사국은 관계당국이 사법적 검토를 조건으로 적용 가능한 법률과 절차에 따라 부모와의 격리가 아동의 최선의 이익을 위하여 필요하다고 결정하는 경우를 제외하고, 부모의 의사에 반하여 아동이 부모로부터 격리되지 아니하도록 보장한다. 어떠한 경우에도 아동은 아동 자신 또는 부모의 장애를 이유로 부모로부터 분리되지 아니한다.

5. 당사국은 직계 가족이 장애아동을 돌볼 수 없는 경우에 확대가족 내에서 대체 돌봄을 제공하고, 이것마저 불가능한 경우에는 지역사회에서 가족의 형태로 이를 제공하기 위한 노력을 다하여야 한다.

第24条
교육

1. 당사국은 장애인의 교육을 받을 권리를 인정한다. 당사국은 이러한 권리를 균등한 기회에 기초하여 차별 없이 실현하기 위하여, 모든 수준에서의 통합적인 교육제도와 평생교육을 보장한다. 이는 다음과 같은 목적을 지향한다.
  a) 인간의 잠재력, 존엄성 및 자기 존중감의 완전한 계발과, 인권, 기본적인 자유 및 인간의 다양성에 대한 존중의 강화
  b) 장애인의 정신적, 신체적 능력뿐만 아니라 인성, 재능 및 창의성의 계발 극대화
  c) 장애인의 자유사회에 대한 효과적인 참여의 증진

2. 당사국은 이러한 권리를 실현함에 있어 다음의 사항을 보장한다.
  a) 장애인은 장애를 이유로 일반 교육제도에서 배제되지 아니하며, 장애아동은 장애를 이유로 무

상 의무초등교육이나 중등교육으로부터 배제되지 아니한다.

b) 장애인은 자신이 속한 지역사회에서 다른 사람과 마찬가지로 통합적인 양질의 무상 초등교육 및 중등교육에 접근할 수 있다.

c) 개인의 요구를 고려한 정당한 편의가 제공된다.

d) 장애인은 일반 교육제도 내에서 효과적인 학습을 촉진하기 위하여 필요한 지원을 제공받는다.

e) 학업과 사회성 발달을 극대화하는 환경 내에서 완전한 통합이라는 목표에 합치하는 효과적이고 개별화된 지원 조치가 제공된다.

3. 당사국은 장애인의 교육에 대한 참여 그리고 지역사회의 구성원으로서 완전하고 평등한 참여를 촉진하기 위하여 생활 및 사회성 발달 능력을 학습할 수 있도록 한다. 이를 위하여, 당사국은 다음의 사항을 포함한 적절한 조치를 취한다.

a) 점자, 대체문자, 보완대체 의사소통의 방식, 의사소통과 방향지정 및 이동기술의 수단과 형식에 관한 학습을 촉진하고, 동료집단의 지원과 조언을 촉진할 것

b) 수화 학습 및 청각 장애인 집단의 언어 정체성 증진을 촉진할 것

c) 특히 시각, 청각 또는 시청각 장애를 가진 아동을 포함하여 이러한 장애를 가진 장애인의 교육이 개인의 의사소통에 있어 가장 적절한 언어, 의사소통 방식 및 수단으로 학업과 사회성 발달을 극대화하는 환경에서 이루어지도록 보장할 것

4. 이러한 권리 실현의 보장을 돕기 위하여, 당사국은 장애인 교사를 포함하여 수화 그리고/또는 점자언어 활용이 가능한 교사를 채용하고 각 교육 단계별 전문가와 담당자를 훈련하기 위한 적절한 조치를 취한다. 그러한 훈련은 장애에 대한 인식과 더불어, 적절한 보완대체 의사소통, 의사소통의 수단 및 형태, 교육기법과 교재를 포함시켜 장애인을 지원하여야 한다.

5. 당사국은 장애인이 차별 없고 다른 사람과 마찬가지로 일반적인 고등교육, 직업훈련, 성인교육 및 평생교육에 접근할 수 있도록 보장한다. 이를 위하여 당사국은 장애인에 대하여 합리적인 편의 제공을 보장한다.

제25조
건강

당사국은 장애인이 장애를 이유로 한 차별 없이 달성할 수 있는 최고 수준의 건강을 향유할 권리가 있음을 인정한다. 당사국은 장애인이 성별 문제에 민감한 보건 서비스, 가령 보건 관련 재활에 접근하는 것을 보장하기 위해 모든 적절한 조치를 취하여야 한다. 특히, 당사국은 다음의 사항을 이행한다.

a) 성적, 생식적 보건 및 인구에 기초한 공공 보건 프로그램을 포함하여 다른 사람에게 제공되는 것과 동일한 범위, 수준 및 기준의 무상 또는 감당할 수 있는 비용의 건강관리 및 프로그램을 장애인에게 제공한다.

b) 적절한 조기 발견과 개입을 포함하여, 장애인이 특히 장애에 기인하여 필요로 하는 보건서비스와 아동 및 노인에게 발생하는 장애를 포함하여 추가적인 장애를 최소화하고 예방하기 위하여 고안된 서비스를 제공한다.

c) 농촌지역을 포함하여, 장애인이 속한 지역사회와 가능한 한 인접한 곳에서 이러한 건강서비스를 제공한다.

d) 보건전문가로 하여금 다른 사람에게 제공하는 것과 동등한 양질의 서비스를 자유로운 상태에

서의 정보제공 후의 동의에 기반하여 장애인에게 제공하도록 요구해야 한다. 특히 이를 위해 민간 보건 관리의 윤리적 기준에 대한 훈련과 홍보를 통하여, 장애인의 인권, 존엄성, 자율성 및 필요에 대한 인식 증진이 있도록 해야 한다.

e) 건강보험 및 국내법에 따라 허용되는 생명보험의 제공 시 장애인에 대한 차별을 금지하며, 이러한 보험은 공평하고 합리적인 방식으로 제공된다.

f) 장애를 이유로 한 보건 관리, 보건 서비스 또는 식량과 음료의 차별적 거부를 금지한다.

제26조
적응과 재활

1. 당사국은 장애인이 최대한의 독립성, 완전한 신체적 · 정신적 · 사회적 및 직업적 능력 그리고 삶의 전 분야에서 완전한 통합과 참여를 달성하고 유지할 수 있도록 동료집단의 지원을 포함하여 효과적이고 적절한 조치를 취한다. 이를 위하여, 당사국은 특히 보건, 고용, 교육 및 사회 서비스 분야에서 다음의 방법으로 종합적인 적응, 재활 서비스 및 프로그램을 구성 · 강화 및 확대한다.

a) 재활 서비스와 프로그램은 가능한 초기 단계에서 개시하고, 개인의 욕구와 강점에 대한 다양한 분야별 평가에 기초한다.

b) 재활 서비스와 프로그램은 지역사회 및 사회 모든 분야로의 참여와 통합을 지원하고, 자발적이며, 농촌지역을 포함한 장애인 자신의 지역사회에서 가능한 근접한 곳에서 이용이 가능하도록 제공된다.

2. 당사국은 적응과 재활 서비스를 담당하는 전문가와 실무담당자를 위한 초기 및 지속적인 교육의 개발을 증진한다.

3. 당사국은 적응과 재활에 관련되고 장애인을 위하여 고안된 보조기구와 기술의 이용가능성, 숙지 및 그 사용을 촉진한다.

제27조
근로 및 고용

1. 당사국은 장애인의 노동권을 다른 사람과 평등하게 인정한다. 이는 장애인에게 개방적이고 통합적이며 접근 가능한 노동시장과 근로환경 내에서 자유로이 선택하거나 수용한 직업을 통하여 삶을 영위할 기회를 가질 권리를 포함한다. 당사국은 고용기간동안 장애를 입은 사람을 포함하여, 특히 다음의 사항을 위하여 입법을 포함한 적절한 조치를 취하여 노동권의 실현을 보호하고 증진한다.

a) 모집, 채용 및 고용, 고용연장, 승진, 안전하고 위생적인 근무환경의 조건을 포함하여 고용관련 제반 사항에 관하여 장애를 이유로 한 차별을 금지한다.

b) 동등한 가치를 갖는 업무에 대한 동등한 기회와 보수를 포함한 공정하고 우호적인 근무 환경, 괴롭힘으로부터의 보호를 포함한 안전하고 위생적인 근무요건, 그리고 고충처리에 대한 장애인의 권리를 다른 사람과 동등하게 보호한다.

c) 다른 사람과 마찬가지로 장애인이 노동조합권을 행사할 수 있도록 보장한다.

d) 일반적인 기술 및 직업 지도 프로그램, 직업소개 서비스, 직업훈련 및 지속적인 훈련에 대하여 장애인이 효과적으로 접근할 수 있도록 한다.

e) 구직, 취업, 직업유지 및 복직에 대하여 지원할 뿐만 아니라, 노동시장에서 장애인의 고용기회와 승진을 촉진한다.

f) 자영업, 기업경영, 협동조합의 개발 및 창업의 기회를 촉진한다.

g) 공공부문에 장애인을 고용한다.

h) 적극적 고용개선조치 프로그램, 장려금 및 그 밖의 조치를 포함한 적절한 정책과 조치를 통하여 민간부문에서 장애인의 고용을 촉진한다.

i) 작업장에서 장애인에게 정당한 편의가 제공되도록 보장한다.

j) 공개 노동시장에서 장애인이 근로경력을 습득하도록 촉진한다.

k) 장애인을 위한 직업적 재활 및 전문적 재활, 직업유지 및 복직 프로그램을 촉진한다.

2. 당사국은 장애인이 노예상태 또는 강제노역에 처하지 아니하고, 강요되거나 강제된 노동으로부터 다른 사람과 동등하게 보호되도록 보장한다.

제28조
적절한 생활수준과 사회보장

1. 당사국은 적정한 수준의 의식주를 포함하여 장애인 자신과 그 가족이 적정한 생활수준을 유지하고 생활조건을 지속적으로 개선시킬 장애인의 권리를 인정하며, 장애를 이유로 한 차별 없이 이러한 권리의 실현을 보호하고 증진하는 적절한 조치를 취한다.

2. 당사국은 장애를 이유로 한 차별 없이 장애인이 사회적 보호에 대한 권리를 가진다는 점과 이러한 권리의 향유를 인정하며, 다음의 조치를 포함하여 이러한 권리의 실현을 보호하고 증진하는 적절한 조치를 취하여야 한다.

a) 정수(淨水) 서비스에 대하여 장애인에게 동등한 접근을 보장하고, 장애와 관련된 욕구를 위한 적절하고 감당할 수 있는 비용의 서비스, 장치 및 그 밖의 지원에 대한 접근을 보장할 것

b) 장애인, 특히 장애여성, 장애소녀 및 장애노인에 대하여 사회보호 프로그램과 빈곤감소 프로그램에 대한 접근을 보장할 것

c) 빈곤상태에 있는 장애인과 그 가족에게 적절한 훈련, 상담, 재정지원 및 일시적인 보살핌을 포함하여 장애 관련 비용이 수반되는 국가 지원에 대한 접근을 보장할 것

d) 공공주택 프로그램에 대한 장애인의 접근을 보장할 것

e) 퇴직연금과 프로그램에 대한 장애인의 동등한 접근을 보장할 것

제29조
정치 및 공적 생활에 대한 참여

당사국은 장애인이 다른 사람과 마찬가지로 정치적 권리와 기회를 향유할 수 있도록 보장하며, 다음의 사항을 약속해야 한다.

a) 장애인의 선거권 및 피선거권과 그 기회를 포함하여, 다른 사람과 동등하게, 직접 또는 자유롭게 선택한 대표를 통한 정치 및 공적생활에 효과적이고 완전하게 참여할 수 있도록 특히 다음의 사항을 통하여 보장할 것

i) 투표절차, 시설 및 용구가 적절하고, 접근가능하며, 그 이해와 사용이 용이하도록 보장할 것

ii) 적절한 경우 보조기술 및 새로운 기술의 사용을 촉진하여, 장애인이 위협당하지 아니하고 선거 및 국민투표에서 비밀투표를 할 권리와, 선거에 출마하고 효과적으로 취임하여 정부의 모든 단계에서 모든 공적 기능을 수행할 장애인의 권리를 보호할 것

iii) 유권자로서 장애인의 자유로운 의사 표현을 보장하고, 이를 위하여 필요한 경우, 투표에 있어 장애인의 요청에 따라 그가 선택한 사람에 의하여 도움을 받도록 인정할 것

b) 장애인이 차별 없이 다른 사람과 동등하게 공적 활동 수행에 효과적이고 완전하게 참여할 수 있는 환경을 적극적으로 조성하고, 다음을 포함한 장애인의 공적 활동에의 참여를 장려할 것

i) 국가의 공적 · 정치적 활동과 관련된 비정부기구 및 비정부단체와 정당 활동 및 운영에의 참여

ii) 국제적, 국내적, 지역적 및 지방적 차원에서 장애인을 대표하는 장애인 단체의 결성과 가입

제30조
문화생활, 레크리에이션, 여가생활 및 체육활동에 대한 참여

1. 당사국은 다른 사람과 동등하게 문화생활에 참여할 수 있는 장애인의 권리를 인정하며, 장애인에게 다음의 사항을 보장하기 위하여 모든 적절한 조치를 취한다.

a) 접근 가능한 형태로 된 문화자료에 대한 접근을 향유한다.

b) 텔레비전 프로그램, 영화, 연극 및 다른 문화 활동에 대한 접근을, 접근 가능한 형태로 향유한다.

c) 공연장, 박물관, 영화관, 도서관, 관광서비스와 같은 문화 활동 또는 서비스를 위한 장소에 대한 접근과, 국가적으로 문화적 중요성을 가진 기념물과 명소에 대한 접근을 가능한 한 향유한다.

2. 당사국은 장애인 자신의 이익뿐만 아니라 풍요로운 사회를 위하여 장애인의 창조적, 예술적, 지적 잠재력을 계발하고 활용할 수 있는 기회를 보장하기 위하여 적절한 조치를 취한다.

3. 당사국은 지적재산권을 보호하는 법이 문화자료에 대한 장애인의 접근에 불합리하거나 차별적인 장벽을 구성하지 아니하도록 국제법에 따라 모든 적절한 조치를 취한다.

4. 장애인은 수화와 청각장애인의 문화를 포함하여 그들의 특정한 문화적 · 언어적 정체성을 다른 사람과 평등하게 인정받고 지원받을 자격이 있다.

5. 당사국은 장애인이 다른 사람과 마찬가지로 레크리에이션, 여가생활 및 체육활동에 참여할 수 있도록 하기 위하여 다음의 적절한 조치를 취한다.

a) 주류 체육활동의 모든 단계에서 장애인이 가능한 최대한 참여할 수 있도록 장려하고 증진할 것

b) 장애인이 장애특화 체육과 레크리에이션 활동을 조직, 개발하고 이에 참여할 수 있는 기회를 보장하고, 이를 위하여 다른 사람과 동등하게 적절한 교육, 훈련 및 자원의 제공을 장려할 것

c) 체육활동, 레크리에이션 및 관광지에 대한 장애인의 접근을 보장할 것

d) 장애아동이 교내에서의 그러한 활동을 포함하여 놀이, 레크리에이션, 여가활동 및 체육활동의 참여에 대하여 다른 아동과 평등하게 접근할 수 있도록 보장할 것

e) 장애인이 레크리에이션, 관광, 여가활동 및 체육활동 종사자들로부터 서비스를 받을 수 있도록 보장할 것

이하 생략

3. 장애인권리협약과 정신장애

1) 자기결정권의 존중

1990년 이후 진행된 국제장애인운동은 장애인도 다른 사람과 동등하게 차별 없이 존엄한 인간으로 존중받아야 한다는 것에 초점을 맞추었다. 그 내용은 장애인권리협약 제3조의 일반원칙으로 a, b호에 그대로 반영되어 있다. 장애인을 차별하지 않고 평등하게 대우한다는 것은 장애인이 사회에 동등하게 참여하면서 생활할 수 있도록 사회제도를 개편해야 한다는 것도 포함한다. 이것이 동조 c호에 반영되어 있다. 한편 평등을 실현하고 차별을 금지하기 위해서는 장애인에 대한 정당한 편의제공(reasonable accommodation)이 있어야 한다(장애인권리협약 제4조). 다른 한편 평등은 기성 법제도 하에서의 평등만이 아니라 법제도 형성 단계에서도 장애인을 고려한 제도형성이 있어야만 한다. 그래서 동 협약 제5조 제1항은 법 앞에서의 평등만이 아니라 법 아래에서의 평등을 강조한다. 법과 정책의 형성단계에서 장애인을 고려할 수 있도록 하기 위해 장애인권리협약 제29조 b호에서는 비준국의 정치, 정책 형성과정에 장애인단체가 참여하도록 보장할 것을 규정하고 있다.

이런 원칙이 실현되기 위한 전제는 장애인의 자기결정권의 법적 수단인 법적 능력(legal capacity)을 부정하지 않는 것이다. 장애인권리협약은 제12조에서 법적 능력을 보장할 것을 비준국의 의무로 규정한다. 다른 사람과 평등한 조건이 아니라면, 어떠한 장애인에 대해서도 자기결정권을 제한하거나 박탈하는 조치(법원의 결정을 포함)는 동조 제12조의 위반이 된다.[49] 장애인의 의사결정능력이 떨어진다면 자기결정권을 행사하도록 지원하여야 한다. 의사결정지원에서는 동조 제4항의 안전장치를 두도록 하고 있다. 장애인권리위원회는 기존의 후견제도는 본인이 후견인을 선임하는 것이 아니고, 본인의 권리, 의사, 선호도에 반하는 후견인의 합리적 의사결정을 우선하며, 후견의 개시로 여러 자격이나 권리가 박탈되는 것과 연결되어 있기 때문에 동조 제4항의 자기결정권 행사 지원조치로서의 자격이 없다고 한다.[50] 의사결정능력이 없다고 판단되는 경우 본인의 의사를 최선을 다해 해석(best interpretation)할 수 있는 장치와 절차를 마련해야 한다는 것이다.[51]

이런 관점에서 보면 발달장애인, 치매환자, 정신질환자를 본인의 동의 없이 입원 또는 입소시키는 것은 장애인권리협약 제12조의 장애인의 자기결정권을 침해하는 조치가 될 수 있다.

49) 이에 대해서는 V. D. Fina/R. Cera/G. Palmisano, 전게서, pp. 266(Mary Keys 집필) 참조.

50) Committee on the Rights of Persons with Disabilities, General Comment No. 1(2014) on Article 12, CRPD/C/GC/1, 2014, paras 27 참조.

51) Committee on the Rights of Persons with Disabilities, General Comment No. 1(2014) on Article 12, CRPD/C/GC/1, 2014, para 21 참조.

2) 강제입원, 강제치료의 금지

앞서 언급한 MI 원칙이 유엔에서 채택된 이후, WHO는 인간적인 치료와 자의 입원을 위한 적절한 기회가 제공되면 비자의입원이나 비자의치료는 대폭적으로 감축될 것이라는 점을 인정하였다.[52] 반면 정신장애인을 위한 권리옹호기관은 한 걸음 더 나아가 어떤 상황에서도 비자의입원과 비자의치료를 허용해서는 안 된다고 강력하게 주장해 왔다.[53] 이런 노력은 유엔 장애인권리협약의 제정과정에 그대로 투영되었다. 정신질환자의 비자의입원과 비자의치료에 직·간접적으로 관련된 규정은 동 협약 제14조, 제12조이다.[54] 그 중 비자의입원에 직접 관련된 규정은 제14조 제1항이다. 여기서는 장애인도 다른 사람과 평등하게(on an equal basis with others) 신체의 자유와 안전에 관한 권리를 향유한다는 점을 전제한다. 비자의입원과 관련된 신체 자유의 박탈은 불법적 또는 자의적으로(unlawfully or arbitrarily)으로 해서는 안 되고, 자유박탈은 법에 따라야 하며, 장애가 있다는 것으로 절대(in no case) 자유박탈을 정당화해서는 안 된다고 한다. 즉, 이 세 가지 요건을 다 충족해야 비자의입원이 가능하다. 앞서 살펴 본 유럽인권협약 제5조와 비교하면 문언상으로는 '장애를 이유로 한 자유박탈을 금지'하기 때문에 한 걸음 더 나아간 것이다. MI 16 원칙과 비교하더라도 한 걸음 더 나아갔다. 장애인권리협약 제14조 제1항의 규정을 제정할 때 '장애만을 이유'로 한 자유박탈에만 이 규정이 적용되도록 하기 위해 'solely' 'exclusively' 등의 제한을 가하자는 제안, 자해 또는 타해 등의 위험성 요건은 예외로 취급하자는 제안, 자유박탈에 대한 정기적인 심사를 하는 요건을 두자는 제안 등이 있었으나, 모두 자유박탈이 가능하다는 오해를 주거나 이를 실행할 구실이 된다는 이유로 채택되지 않았고, 현행 규정과 같이 작성되었다.[55]

유엔 장애인권리위원회는 동조의 규정을 해석하면서 어떤 경우에도 실제의 또는 인식된 손상(impairment)을 이유로 한 자유박탈은 절대적으로 금지된다는 점을 명확히 하였다. 그동안 여러 나라에서 실시해오던 자해 또는 타해의 위험성 또는 치료를 이유로 한 비자의입원이 허용되지 않는다는 것이다. 유엔 장애인권리협약은 비자의입원을 실시하는 모든 나라에 대해 현행 제도를 개선할 것을 촉구하고 있다.[56] 치료의 경우에도 신체의 안전성을 침해하는 것이므로 본인에게 정보제공을 한 후의 동의 없이는 실시해서는 안 된다. 정신장애가 있다거나 비자의입원을 했다는 이유로 비자의치료를 해서는 안 된다는 것이다.[57]

---

52) WHO (위 주 38), 46면 참조.

53) 1990년 창설된 국제 정신자유연대(MindFreedom Coalition International)이 그 한 예이다. 그 활동에 대해서는 www.mindfreedom.com 참조.

54) 우리나라 정부(사법부 포함)는 장애인권리협약 제25조e호의 생명보험에 관한 규정만 유보하였기 때문에 비자의입원과 비자의치료에 관한 장애인권리협약상의 규정을 준수할 의무가 있다. 각국의 유보조항 현황에 대해서는 https://treaties.un.org/Pages/ViewDetails.aspx?src=TREATY&mtdsg_no=IV-15&chapter=4&clang=_en#EndDec 참조.

55) 이에 대해서는 UN CRPD Committee, Guidelines on article 14 of the Convention on the Rights with Disabilities, n. 7 참조.

56) UN CRPD Committee(위 주 56), para, 13 참조. 우리나라의 국가보고서에 대해 이 점을 지적하는 것으로 CRPD/KOR/CO/1, para 29 참조. 이탈리아와 독일의 비자의입원에 대해서도 우려를 표시하였다. CRPD/ITA/CO/1, para 33; CRPD/C/DEU/CO/1, n. 29 참조.

그렇다면 모든 비자의입원을 금지하는 것이 동 협약의 취지라고 이해해야 할 것인가? 제14조 제1항은 '다른 사람과 평등하게'라는 구절을 두고 있음에 유의해야 할 것이다. 다음의 경우에는 비자의입원과 비자의치료가 가능하다고 해석할 것이다. 첫째, 비자의입원이 치료 목적을 위해 불가피하게, 즉 최후의 수단으로 필요한 경우이고, 본인이 관련 정보(치료의 내용, 대체수단, 치료의 기간, 치료의 기대효과, 치료의 부작용 등)에 관하여 설명을 듣고 동의한 때가 그러하다. 이와 연장선상에 있는 것으로 본인이 유효하게 작성한 사전지시서에 따라 비자의입원을 한 경우도 장애인권리협약에 부합한다고 해석할 것이다. 둘째, 비자의입원이 치료목적을 위해 불가피한 경우, 즉 최후의 수단으로 필요함에도 불구하고 본인에게 의사능력이 없는 경우가 있을 수 있다. 이 경우 본인이 유효하게 선임한 대리인 또는 CRPD 제12조의 원칙에 따라 선임되어 본인의 선호도와 욕구(preference and will)를 해석하여 본인의 선호도와 욕구에 법적 효력을 부여할 수 있는 법정대리인이 한 비자의입원도 장애인권리협약 제14조에 부합한다고 해석할 수 있을 것이다. 물론 대리인이 병원치료에 관하여 대리 및 동의 권한을 가질 수 있는지에 대해서는 의문이 있을 수 있다. 일신전속적인 의사표시에 대해서는 대리가 허용되지 않는다는 전통적 관념에 따르면 의료동의를 위한 대리권을 인정하는 별도의 입법이 필요하다고 주장할 여지가 없지 않기 때문이다. 그러나 관점을 조금만 달리 하면 전통적 관념 자체가 낡았다고 보아야 할 것이다. 사전의료지시서는 전통적 의사이론에 따르더라도 적법한 것인데, 의료동의 대리권은 사전의료지시서의 약간의 변형에 불과하기 때문이다. 의료동의에 관한 대리권 수여 역시 현행법의 해석으로도 적법하다고 할 것이다. 셋째, 국가는 국민의 생명, 신체, 안전을 보호할 의무가 있기 때문에, 필요한 경우 본인의 신체의 자유를 제한하는 방식으로 이 의무를 수행할 수 있다. 국가의 이런 의무이행이 헌법합치적으로 기본권을 제한하는 경우에는 신체의 자유를 박탈하는 것도 허용된다고 할 것이다. 장애인권리협약 제14조의 '다른 사람과 평등하게'라는 요건이 충족되기 때문이다.[58] 현재 또는 임박한 자해 또는 타해를 막기 위해 비자의입원이 불가피한 최후의 수단으로 필요한 경우가 그것이다. 물론 이 목적으로 실시된 신체의 자유박탈은 그 위험이 지속되는 기간 동안만 허용된다고 해석해야 할 것이다. 특히 장애인권리협약 제12조가 대리의사결정에 관하여 새로운 제한을 가하고 있기 때문에,[59] 그 범위에서 장애인권리협약은 대리결정에 의한 비자의입원의 요건을 더 엄격하게 적용해야 한다는 과제를 부과하고 있다. 즉, 응급의료법에 준하는 입원이나 치료가 아니면 장애인권리협약 제14조를 충족하기 어려울 것이다.

---

57) UN CRPD Committee(위 주 56), n. 11 참조.

58) 자살을 시도하기 위해 다리 난간에 올라간 개인의 자기결정권을 존중하여 자살하게 국가가 방치하는 것은 국민의 안전보호의무 위반이라 할 것이다. 응급상태의 환자는 본인의 동의 없이도 치료하도록 명령하는 입법을 하는 것이 국가의 의무이며, 이는 장애인, 비장애인 간에 구별이 없다. 따라서 위 협약 제14조에 반하지 않는다고 해석할 것이다. 장애인이 응급상태에 있음에도 불구하고 그의 유효한 동의가 없기 때문에 치료해서는 안 된다고 위 협약 제14조를 해석한다면, 그것은 생명존중을 제1원칙으로 해야 할 국제인권법에 반하는 것이다.

59) 유엔장애인권리협약 제12조의 의사결정지원에 관한 상세한 것은 박인환, 의사결정지원을 위한 성년후견제도의 평가와 모색, 비교사법 제22권 제2호(2015.5), 725면 이하 참조.

장애인이 자기결정권을 행사하면서 생활하도록 해야 한다는 것은 장애인권리협약을 관통하는 중요한 원칙 중의 하나인데, 치료환경에서도 동일하게 적용된다. 협약 제25조 d호는 의료진으로 하여금 자유로운 환경에서 정보제공 후의 동의(informed consent)에 기반하여 장애인에게 치료를 제공하도록 해야 하고, 장애인의 인권, 존엄성, 자율성에 대한 의료진의 인식이 제고될 수 있도록 해야 한다는 것을 규정한다. 또 c호에서는 지역사회 기반 치료를 제공하도록 규정하고 있다. 정신질환, 치매, 발달장애의 치료와 돌봄 모두에 적용되는 기준인 셈이다. 장애인을 시설에 감금하여 치료하거나 돌보는 것을 일체 금지하는 협약 제14조 제1항 b호는 그 반대측면을 규정한 것이다. 동조의 장애중립적 자유박탈이 가능한 상황은 응급상황이 대표적이다. 장애인권리협약은 치료와 돌봄은 모두 본인의 동의 하에 제공되어야 한다는 원칙을 강조한다.

물론 정신질환, 발달장애, 치매 있는 장애인이 의사결정능력이 없어 동의할 수 없는 경우가 있을 것이다. 이때에는 앞서 언급한 장애인권리협약 제12조의 의사결정지원의 절차[60]를 거쳐 그의 의사를 최선을 다해 해석해야 한다. 이때 당사자의 권리, 의사, 선호도를 최대한 보장해야 하며, 이런 의사결정의 안전성을 담보하기 위한 절차를 마련해야 한다(제12조 제4항). 병원이나 시설에 입원 또는 입소하여 치료와 돌봄을 제공받는 것을 장애인이 원한다고 해석할 경우라도 정기적으로 본인의 의사를 점검하는 절차를 거쳐야 한다. 이런 절차는 종국적으로 권한 있는 기관의 심사를 받게 해야 한다.[61] 동시에 장애인이 거주하는 시설과 병원은 장애인권리협약 제15조부터 제17조에 상응하는 조치를 보장하는 시설이어야 한다. 즉 비인도적이거나 굴욕적인 환경에 있게 해서는 안 된다(협약 제15조).[62] 또한 그 병원이나 시설은 착취, 폭력, 학대로부터 안전한 공간이어야 할 것이다(협약 제16조). 환자의 도전적 행동에 대해 돌봄 인력의 부족으로 인해 인권친화적인 돌봄 제공을 하는 대신 신체 결박이나 항정신과약물의 과다복용을 통한 진정은 모두 폭력과 착취에 해당된다고 할 것이다.[63] 그 공간은 인간의 온전성(integrity)을 존중하여야 할 것이다(협약 제17조).[64]

60) 국제적으로 정신장애인 운동이 활발히 전개되면서 강압적 치료가 아니라 치료에서의 자기결정권 존중을 통해 정신질환으로부터의 회복이 가능하다는 모델이 개발되고 있다. 정신장애인 당사자이자 정신과의사인 Daniel Fisher 박사의 미국에서의 당사자 운동의 소개는 그 가능성을 보여주는 예이다. 다니엘 피셔/제철웅 외 번역, 희망의 심장박동, 한울(2020), 제3부 참조. 국내에서도 최근 사회과학분야에서 약물중단 당사자 경험을 연구하기 시작하였다.

61) 장애인권리협약 제12조 제4항 2문 후단은 이런 지원조치(최선을 다한 해석절차)가 개인 사정에 맞추어야 하고, 최단 기간이어야 하며, 권한 있고, 독립적이며 중립적인 기관 또는 사법기관(judicial body)에 관리를 받아야 한다고 규정한다. 동항 3문은 그 절차는 지원조치가 본인의 권리와 이익에 영향을 미치는 정도에 따라 비례적이어야 한다고 규정한다.

62) 현행 정신병원의 입원실조건인 1병실에 8인 이상이 거주하는 것은, 정신병원 입원기간이 장기간인 것을 염두에 두면, 비인도적이고 굴욕적인 환경이라고 할 것이다.

63) 위 규정은 모두 당사자의 동의 하에 치료와 돌봄을 제공하는 것을 전제로 한다. 당사자의 동의 없는 격리실 감금, 신체결박, 관리 목적의 과잉약물처방은 비인도적이나 굴욕적 조치에 해당된다. T. Minkowtz, Mental Health Law: A Paradigm for its Dissolution, in: C. O'Mahony/G. Quinn, Disability Law and Policy, Clarus(2017), pp. 168 참조. 유엔 고문방지조약위원회의 특별보고관의 보고서는 정신병원에서의 치료관행은 장애인권리협약 제15조, 제17조 위반일 뿐 아니라 고문방지조약 위반이 될 수 있다고 한다. Report of the Special Rapporteur on torture, and other inhumane or degrading punishment, Juan E. Mendez, General Assembly, A/HRC/22/53(2013), para61 참조.

3) 지역사회 독립생활과 사회통합

정신장애인에게 중요한 또 다른 규정은 장애인권리협약 제19조이다. 정신질환을 이유로 한 강제입원이나 강제치료가 허용되어서는 안 된다는 것만이 아니라, 본인의 의사에 의하지 아니한 채 시설(정신병원, 정신요양시설 기타 그 명칭 여하와 무관하게)에 입소하여 지내지 않도록 해야 한다는 것, 시설 입소가 본인의 의사에 반하지 않더라도 불가피하게 입소하게 되는 상황을 만들어서는 안 된다는 것을 규정한 것이 제19조이다. 제19조를 실현하기 위해서는 만성의 중증정신질환이 있더라도 지역사회에서 다른 사람과 마찬가지로 자신의 가정에서 치료, 치유를 받고 생활하는 것을 지원해야 한다. 동조는 자유권적 성격과 사회권적 성격을 동시에 포함하고 있다. 본인의 의사에 반한 시설입소는 제19조 위반이지만, 그렇지 않고 불가피하게 시설에 입소하지 않을 수 없는 상황은 당사자국이 가용자원을 최대한 활용하여 개선하여야 한다(사회권적 성격).

4. 우리나라의 정신질환자에 대한 국제인권법의 함의

장애인권리협약이 우리나라 정신질환자 및 정신장애인에게 중요한 이유는 여러 가지이다. 첫째, 2008년 우리나라가 장애인권리협약을 비준함으로써 장애인권리협약에 따라 비준국에 부과된 의무를 지켜야 한다는 것이다. 장애인 권리협약이 우리나라의 장애인들의 인권신장을 위한 활동의 근거가 되는 법적 문서가 되었다는 점이다. 둘째, 장애인권리협약의 '장애'는 신체적 또는 정신적 손상과 손상을 입은 사람이 사회활동에 완전히 참여하는 것을 방해하는 사회적 장벽 사이의 상호작용의 결과 발생한 것으로 이해하고 있다(전문 e). 또한 장애인은 장기간(long-term)의 신체적, 정신적, 지적, 감각적 손상으로 사회적 장벽과의 상호작용 결과 사회활동 참여에 제한을 받는 사람을 장애인으로 규정한다(제1조). 여기서 말하는 장기간은 손상으로부터의 회복이 언제 실현될지 기대할 수 없는 상태로서의 영구적(permanent)인 것을 의미하지는 않는다. 따라서 국내법에서 장애인으로 등록되지 못한 사람도 장애인권리협약에 따르면 장애인이라 할 수 있다. 특히 중증정신질환으로 치료를 받거나 받아야 할 사람은 장애인권리협약에서 말하는 장애인이다. 장애인권리협약은 정신질환자를 위한 국제인권규범이라고 해도 과언이 아니다. 아래에서는 장애인권리협약의 함의를 살펴본다.

1) 장애인권리협약 비준국으로서 장애인권리협약 기준에 맞는 정신건강서비스를 제공할 필요성

장애인권리협약 중 특히 정신질환자에게 중요한 규정은 제12조(법 앞에서의 평등한 인

64) 정신의학 이용자와 생존자 국제네트워크에서는 장애인권리협약 제14조의 이행을 위해 비강압적 대안적 치료와 돌봄 서비스를 제공해야 한다고 주장한다. World Network of Users and Survivors of Psychiatry, Implementation Manual for the UN CRPD (2008), pp. 30 참조.

정), 제14조(인신의 자유와 안전), 제15조(고문 또는 잔혹하거나 비인도적 또는 모욕적 처우 또는 처벌로부터의 자유), 제16조(착취, 폭력 그리고 학대로부터의 자유), 제17조(신체의 완전성의 보호), 제19조(독립생활과 지역사회 통합), 제22조(사생활 존중권), 제24조(교육), 제25조(건강), 제26조(적응과 재활), 제27조(근로 및 고용), 제28조(적절한 생활수준과 사회보장)이다. 그 중 핵심가치는 제19조의 독립생활과 지역사회통합이며, 이것을 실현하기 위한 가장 중요한 수단은 제12조에서 정하는 자기결정권 존중 및 지원의사결정이다. 또 정신질환자가 자주 경험하는 강제입원 · 강제치료에 대해서는 협약은 제14조와 제25조에 입각하여 동의에 기반한 입원과 치료를 할 수 있도록 규정하고 있다.

장애인권리협약은 이 협약에 비준한 체약국으로 하여금 동 협약상의 국가의무를 이행하도록 한다. 그 중 자유권적인 인권은 즉각적으로 보장하여야 할 부분이다. 사회권적 장애인 인권은 이를 침해하는 조치를 취해서는 안 되며, 반대로 사회권적 인권을 실현하기 위한 조치 및 계획을 세워 추진하여야 할 책임이 있다(제4조). 장애인권리협약에서 정한 정책이 실현될 수 있도록 보장하기 위해 협약은 제4조 제3항, 제29조에서 당사자단체의 정치활동 및 공적활동에의 참여를 중요한 과제로 제시하고 있다.

장애인권리협약을 비준한 선진국은 동 협약상의 의무를 이행하기 위해 사회권적 인권을 침해하는 조치(정신병원에 입원하는 것을 우선하는 정책, 장기입원하는 정책, 비자의입원하는 정책 등)를 중단하고, 지역사회 기반 정신건강서비스를 제공하기 위해 노력하고 있다. 장애인권리협약 발효 이후의 시점에 한정해서 보면 이들 선진국에서 인구 1,000명당 입원율이 상당히 줄어들고 있는 것도 바로 이런 노력의 일환이다. 정신건강 예산이 증가하는 것은 그 대부분이 지역사회 기반 정신건강서비스에 투입되는 것이라고 이해할 수 있다. 아래 표를 보면 장애인권리협약 제정 이후 정신병상의 추이는 평균적으로 줄어들고 있음을 알 수 있다. 아래 표에서 보듯이 OECD 국가의 인구 1,000명당 병상수가 감소하는 추세인 것은 장애인권리협약 제19조의 국가의무 이행을 위해 노력하고 있음을 방증하는 징표 중의 하나이다.

| 표 7 | OECD 국가의 인구 1,000명당 정신병상 수 변화추이

국가	2008	2009	2010	2011	2012	2013	2014	2015	2016
평균	0.73	0.73	0.65	0.63	0.59	-	-	-	-
호주	0.40	0.39	0.39	0.39	0.40	0.41	0.41	0.41	-
오스트리아	0.62	0.62	0.63	0.63	0.62	0.62	0.62	0.61	0.61
벨기에	1.50	1.49	1.47	1.45	1.43	1.41	1.41	1.40	1.37
캐나다	0.39	0.38	0.36	0.36	0.37	0.37	0.35	0.35	0.35
칠레	0.16	0.16	0.17	0.14	0.10	0.10	0.10	0.10	0.10

체코	1.05	1.04	1.02	1.01	0.99	0.97	0.97	0.97	0.98
덴마크	0.58	0.58	0.57	0.53	–	0.54	–	–	0.40
에스토니아	0.56	0.54	0.53	0.54	0.54	0.56	0.56	0.55	0.54
핀란드	0.85	0.80	0.75	0.71	0.69	0.64	0.61	0.62	0.58
프랑스	0.89	0.89	0.88	0.87	0.88	0.88	0.88	0.86	0.86
독일	1.13	1.15	1.18	1.21	1.25	1.26	1.27	1.27	1.28
그리스	0.83	0.81	0.75	0.73	0.77	0.70	0.72	0.73	0.71
헝가리	0.88	0.90	0.89	0.90	0.90	0.90	0.89	0.89	0.90
아이슬란드	0.61	0.60	0.48	0.48	0.47	0.46	0.44	0.44	0.43
아일랜드	0.78	0.39	0.38	0.35	0.35	0.35	0.36	0.35	0.34
이스라엘	0.47	0.46	0.45	0.45	0.44	0.42	0.43	0.42	0.42
이탈리아	0.11	0.11	0.10	0.10	0.10	0.10	0.09	0.09	0.09
일본	2.73	2.72	2.71	2.69	2.68	2.67	2.66	2.65	2.63
한국	0.81	0.85	0.90	0.88	0.91	0.91	1.18	1.25	1.25
라트비아	1.61	1.41	1.28	1.29	1.29	1.25	1.26	1.26	1.28
리투아니아	1.08	1.08	1.07	1.11	1.11	1.10	1.08	1.03	1.01
룩셈부르크	0.88	0.90	0.88	0.88	0.86	0.83	0.81	0.79	0.77
멕시코	0.04	0.04	0.04	0.04	0.04	0.04	0.04	0.03	0.03
네덜란드	1.37	1.39	–	–	1.26	1.27	–	–	0.97
뉴질랜드	–	0.14	0.22	0.20	0.20	0.17	0.23	0.24	0.31
노르웨이	1.40	1.37	1.34	1.30	1.21	1.16	1.16	1.14	1.11
폴란드	0.65	0.64	0.63	0.64	0.64	0.64	0.65	0.65	0.66
포르투갈	0.67	0.66	0.64	0.64	0.62	0.65	0.63	0.64	0.64
슬로바키아	0.81	0.80	0.8.	0.77	0.78	0.82	0.82	0.81	0.81
슬로베니아	0.69	0.66	0.65	0.65	0.67	0.66	0.66	0.67	0.66
스페인	0.41	0.41	0.40	0.37	0.36	0.36	0.36	0.36	0.36
스웨덴	0.48	0.48	0.48	0.47	0.46	0.46	0.45	0.44	0.43
스위스	1.00	0.98	0.97	0.93	0.93	0.93	0.91	0.92	0.90

터키	0.06	0.07	0.06	0.06	0.06	0.06	0.06	0.05	0.05
영국	0.63	0.60	0.54	0.52	0.50	0.48	0.46	0.42	0.40
미국	0.26	0.25	0.25	0.23	0.22	0.22	0.21	0.21	–

※ 자료: 정신건강현황 4차 예비조사 결과보고서, p.105. OECD.Stat(https://stats.oecd.org/) 자료 재인용.

그러나 우리나라의 경우 오히려 병상수가 증가하고 있다. 이는 장애인권리협약 위반의 강한 추정이라고 볼 수 있다.

2) 회복관점 지향 정신건강서비스의 중요성 증가

장애인권리협약은 정신장애를 포함한 장애를 인류의 한 특성이며, 인류의 다양성이라는 관점에서 이해하여야 한다는 관점 하에 장애인을 사회의 일원으로 평등하게 대우하여야 하며, 그들의 인간으로서의 존엄성과 인권을 최대한 보장하여야 할 것을 협약국의 의무로 설정하고 있다. 장애인을 보호의 대상이 아니라, 자기결정권을 행사하면서 생활하는 주체로서 존중하고, 자기결정권 행사를 지원하는 것에 초점을 맞추고 있다. 이런 관점에서 보면 정신질환을 치료하여 질환 없는 상태로 만드는 것이 정신장애정책의 기본이 되어서는 안 될 것이다. 정신질환의 유무와 무관하게 정신건강에 문제가 있는 모든 사람들이 일상생활과 사회생활, 정치생활, 공적 생활을 수행할 수 있게 지원하는 것이 정부의 정책, 법이 되어야 한다는 것이 장애인권리협약의 정신인 셈이다.

따라서 정신질환이 있는 상태에서도 일상생활, 사회생활, 정치생활, 공적 생활로 복귀할 수 있도록 정당한 편의제공을 하는 것에 정신건강 정책의 초점을 맞추어야 하고, 치료, 요양, 재활 등 모든 정신건강 서비스는 이런 회복지향적 관점에서 제공되어야 한다는 것에 대한 인식이 국제적으로 확산되고 있다. 급성기 정신질환자에게 정신병원 입원이 아닌 대안적 치료와 요양 서비스를 제공하는 것(위기쉼터 등), 단기간의 정신병원 입원 후 전환시설 및 회복시설에서 일상과 사회생활로의 복귀를 준비하도록 하는 것, 정신질환 경험 있는 사람이 정신질환 있는 상태에서 동료지원가로 채용되어 활동하는 것, 정신질환 있는 상태에서 자신에게 적합한 직장을 구하여 생활하도록 지원하는 것, 정신질환자에 대한 지원주거서비스를 제공하는 것 등이 바로 회복지향적 정신건강서비스의 예이다. 국제적으로 이런 서비스에 대한 강조가 증가하고 있다.

3) 국내 환경과 변화의 욕구

장애인권리협약 비준으로 국제적 권리협약 기준에 맞는 정신건강서비스 제공에 대한 요구가 높아지고 있다. 2008년 장애인권리협약을 비준한 우리나라도 정신건강정책에서 정신질환자의 인권을 존중하는 정신건강서비스에 우선 가치를 두어야 할 것이다. 정신질환자 단체, 장애인단체, 인권단체와 전문가들이 비자의입원의 요건을 엄격하게 하고, 지역사회 기반 정신

【그림 3】 정신의료기관 입원환자 수의 연도별 추이

(단위: 명)

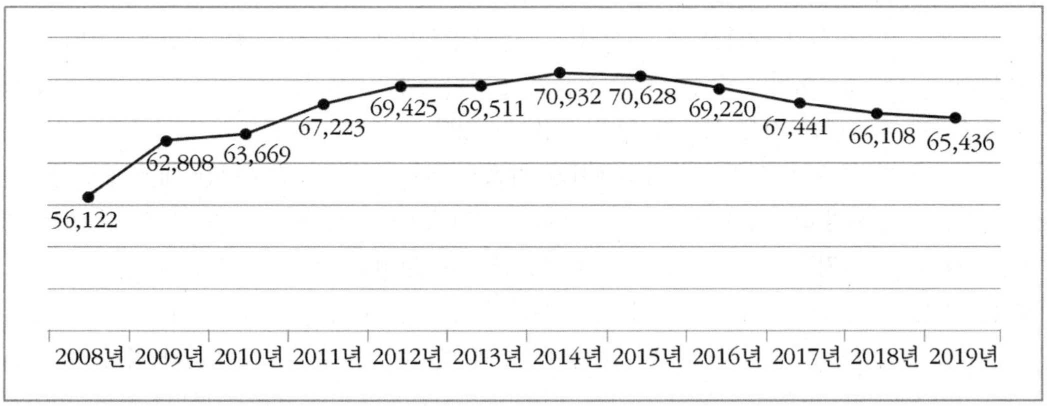

※ 자료: 2019 보건복지통계연보, 정신건강현황 4차 예비조사 결과보고서, 국가 정신건강현황보고서 2019.

건강복지서비스를 확충할 것을 주장하여 2016년 정신건강복지법이 개정된 것도 이를 반영한 것이다. 달리 말하면 "지역사회 기반 돌봄"은 문재인정부의 복지정책의 핵심공약의 하나일 뿐 아니라, 향후의 복지정책의 근간이 되어야 할 것이다.

그러나 정신건강서비스 영역에서는 지역사회기반 돌봄은 아직 요원하다. 오히려 국가가 장애인권리협약상의 정신질환자의 인권을 침해하는 정책을 확대하거나 고수하고 있다. 먼저 정신의료기관에 입원하고 있는 정신질환자의 수는 2008년 이후에도 현저하게 증가하였고, 2016년 정신건강복지법 개정 이후에 비로소 조금 줄어들었을 뿐이다.

정신병원 입원환자 수가 증가하는 것은 장애인권리협약 제14조, 제19조에 위반하는 조치를 정부정책으로 추진하고 있다는 것을 보여주는 예이기도 하다. 지역사회 기반 비입원 치

【그림 4】 정신요양시설 이용자의 연도별 추이

(단위: 명)

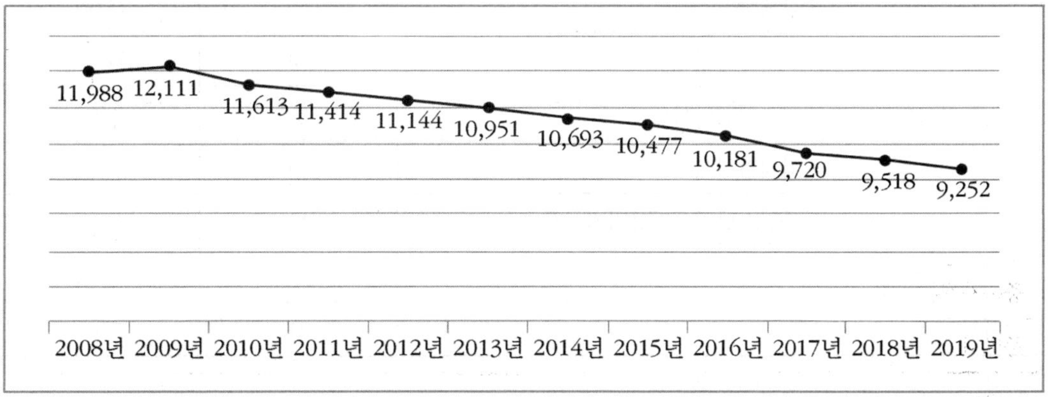

※ 자료: 2019 보건복지통계연보, 정신건강현황 4차 예비조사 결과보고서, 국가 정신건강현황보고서 2018, 국가 정신건강현황보고서 2019.

료환경을 늘리지 않은 채 오히려 입원을 증가시키기 때문에 장애인권리협약 제19조의 장애인 인권을 침해하는 조치를 취한다는 것을 의미한다.

물론 현재 정신의료기관으로 분류되는 정신요양시설에 입소해 있는 정신질환자의 수는 줄어들고 있다. 정신병원에 장기입원한 환자는 증가하는데, 그보다는 여건이 나은 정신요양시설 거주자가 감소하는 것은 문제가 있다고 볼 수 있다.

그보다 더 중요한 것은 지역사회에서의 치료와 재활을 통해 빠른 시간 내에 일상생활로의 복귀를 촉진시키고(회복지향의 치료와 돌봄), 정신장애인의 사회통합을 촉진시킬 수 있는 재활시설의 증가, 지원주거시설의 증가가 있어야 한다는 것이다. 정신병원에 입원하거나 정신요양시설에 입소해 있는 사람보다 훨씬 많은 수의 중증정신질환자가 지역사회에 거주하고 있기 때문이다. 일반적으로 중증정신질환 유병률은 전체 인구의 약 1%로, 우리나라 중증정신질환자의 수는 약 50만 명으로 추정되고 있다. 이중 정신의료기관과 정신요양시설 입원 및 입소자 수는 약 7만 7천명(2017년 기준)으로, 이를 제외하면 지역사회 중증정신질환자의 수는 약 42만 명으로 추산되고 있다(2017년 기준).[65] 이들 중증정신질환자가 이용할 수 있는 정신재활시설 수가 절대적으로 부족하다. 지역사회에서 정신질환자의 지역사회전환 및 거주·복지서비스를 지원하고 있는 정신재활시설은 349곳에 불과하다. 정신재활시설의 유형을 보면 소규모 거주시설인 공동생활가정이 190개소로 54.4%를 차지하고 있으나, 주간 재활프로그램을 제공하는 주간재활시설 83개소(23.8%), 그 외 생활시설 17개소, 직업재활시설 14개소, 지역사회전환시설 7개소 등 전국적으로 정시재활시설의 수가 절대적으로 부족한 상황이다. 또한 지역적 편차가

| 표 8 | 정신재활시설 현황(2019년 기준)

구분		개소수	%
정신재활시설 총계		349	100.0%
생활시설		17	4.9%
재활훈련시설	주간재활시설	83	23.8%
	공동생활가정	190	54.4%
	지역사회전환시설	7	2.0%
	직업재활시설	14	4.0%
	아동청소년정신건강지원시설	13	3.7%
중독자재활시설		4	1.1%
종합시설		21	6.0%

※ 자료: 국가 정신건강현황보고서 2019

65) 보건복지부(2019), 중증정신질환자 보호 · 재활 지원을 위한 우선 조치방안, 보건복지부 보도자료, 2019.5.15.

❙표 9❙ 지역별 정신재활시설 현황(2019년 기준)

시도	개소수	생활시설	재활훈련시설					중독자 재활시설	종합시설	미설치 시군구
			주간재활시설	공동생활가정	지역사회 전환시설	직업재활시설	아동청소년 정신건강 지원시설			
전국	349	17	83	190	7	14	13	4	21	104개시군구 미설치
서울	112	–	25	63	4	5	11	3	1	–
부산	18	–	7	6	–	3	–	–	2	4
대구	14	–	8	4	–	–	–	1	1	–
인천	12	–	4	7	–	1	–	–	–	4
광주	12	1	7	4	–	–	–	–	–	–
대전	29	2	5	20	–	–	–	–	2	–
울산	2	–	2	–	–	–	–	–	–	3
세종	3	1	–	2	–	–	–	–	–	–
경기	55	1	9	38	3	3	–	–	1	14
강원	4	1	1	2	–	–	–	–	–	15
충북	10	2	3	4	–	–	–	–	1	6
충남	23	4	1	17	–	–	–	–	1	5
전북	21	2	2	8	–	1	–	–	8	4
전남	3	1	–	1	–	–	–	–	1	20
경북	21	2	5	13	–	–	–	–	1	13
경남	4	–	2	–	–	–	–	–	2	15
제주	6	–	2	1	–	1	2	–	–	1
17개 시도 중 정신재활시설 설치 시도수(%)	17	10	15	15	2	6	2	2	11	229개 시군구 중 125개(54.6%) 시군구 설치
	(100.0%)	(58.8%)	(88.2%)	(88.2%)	(11.8%)	(35.3%)	(11.8%)	(11.8%)	(64.7%)	

※ 자료: 국가 정신건강현황보고서 2019 자료 수정

▌그림 5▐ 정신재활시설 재활프로그램 이용자 현황

(단위: 명)

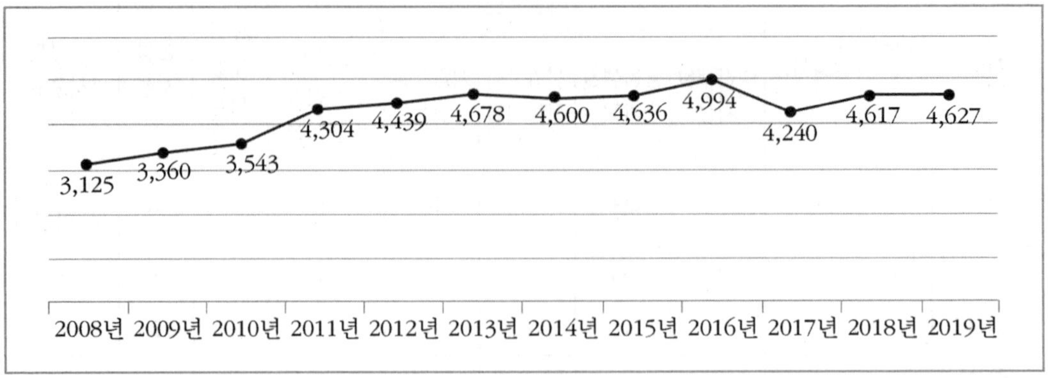

※ 자료: 정신건강현황 4차 예비조사 결과보고서, 국가 정신건강현황보고서 2019

심각해서 2019년 말 기준으로 229개 지자체 중 104개 시군구에는 정신재활시설이 전무하여 정신재활시설 설치율은 전국적으로 54.6%에 불과하였다. 특히 지역사회전환시설, 아동청소년 정신건강지원시설, 중독자재활시설은 17개 시도 중 2개 시도에만 설치되어 있었다. 지역사회 기반 재활과 사회복귀, 사회통합을 촉진시키기 위해서는 다양한 유형의 정신재활서비스의 제공이 필수적인데, 정신재활시설 중 재활프로그램 이용등록자는 정신건강복지법이 시행되기 이전인 2016년 4,994명보다 오히려 감소하여 2019년 12월 기준으로 4,627명에 불과하다.

반면 낮병원 중심의 주간재활의 증가는 우려의 시선으로 관찰할 필요가 있다. 낮병원은 정신질환자가 지역사회에서 생활할 수 있는 기반을 마련하는 데 초점을 맞춘 것이 아니라, 정신질환자를 단순히 관리대상으로 보고 이들을 낮병원에서 돌보는 것에 초점을 맞추고 있기 때문이다.

▌그림 6▐ 정신의료기관 낮병원 일평균 이용자 수 연도별 추이

(단위: 명)

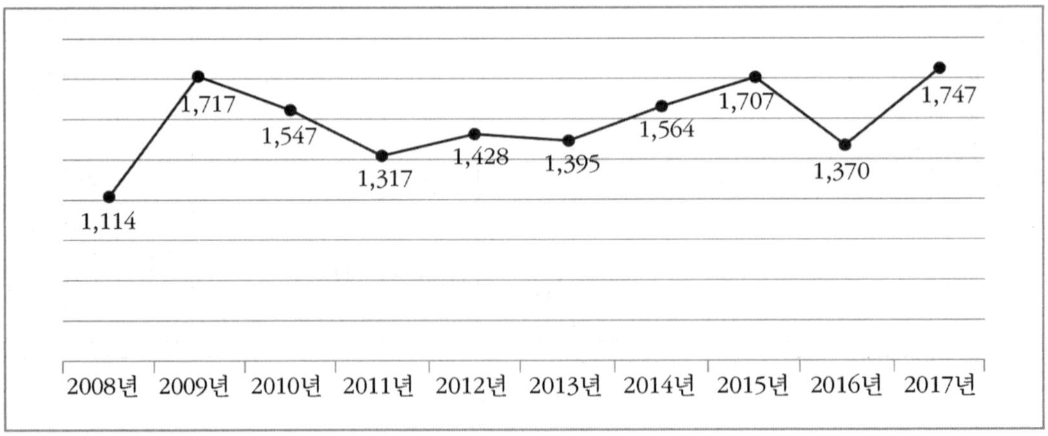

※ 자료: 정신건강현황 4차 예비조사 결과보고서

제 2 장 정신건강증진 및 정신질환자 복지서비스 지원에 관한 법률

Ⅰ. 정신건강증진 및 정신질환자 복지서비스 지원에 관한 법률의 입법

1. 정신건강증진 및 정신질환자 복지서비스 지원에 관한 법률 개정에 이르기까지의 역사

1958년 제정되어 1960년 1월 1일부터 시행된 우리나라 최초의 민법에 따르면, 성인 정신질환자를 정신병원 또는 정신요양시설(이하 정신의료기관이라 한다)에 비자의입원 · 입소(이하 비자의입원으로 통칭한다)시키기 위해서는 먼저 금치산 또는 한정치산 선고가 있어야 했다(2013년 7월 1일 시행된 개정 민법 이전까지의 민법 제9조, 제12조). 그 절차를 통해 금치산 또는 한정치산 선고가 내려지면 배우자, 3촌 이내의 최근친이 법률규정에 따라 당연히 후견인으로 선임되었다(당시 민법 제933조 이하). 후견인은 민법 제947조 제2항에 따라 치료나 요양목적으로 정신병원이나 사설 시설 등에 감금할 수 있었다. 그렇게 하기 위해서는 먼저 법원의 허가를 얻도록 규정하였다(당시 민법 제947조 제2항 본문). 다만 긴급을 요할 경우 사후에 후견인이 법원의 허가를 얻을 수도 있게 하였다(당시 민법 제947조 제2항 단서). 그러나 후견인에 의한 비자의입원 제도는 절차가 복잡하기 때문에 거의 이용되지 않았을 것으로 짐작된다. 온라인으로 접근 가능한 사법연감을 열람할 수 있는 2002년부터 2012년까지 합계 5,122명에 대해 금치산 또는 한정치산이 선고되었다는 점을 감안하면(후견인은 당시 민법 규정에 따라 1인이 자동 선임되기 때문에 후견인 수와 선고 숫자가 동일하다.), 1995년 정신보건법 제정 이전에는 금치산 또는 한정치산 선고는 더더욱 적었을 것이기 때문이다. 급속한 산업화가 진행되던 1970년대 이래 정신질환자의 수는 점차 증가하였을 것인데, 이들은 가족의 손에 의해 자유박탈적 시설 등에 감금되었을 것으로 추정된다. 1970년대에는 기도원 등 미인가시설에 정신질환자를 수용하는 것이 많았음을 지적하는 견해도 있고,[1] 1995년 정신보건법 제정 이전에 재생원, 요양원, 기도원 등 미인가 민간시설에 정신질환자들이 수용되는 것이 다반사였음을 지적하고 있는 견해도 있다.[2] 달리 말하면, 금치산, 한정치산 제도를 이용하지 않고 가족에 의한 입소가 많았을 것임

1) 서동우, 정신보건의 역사적 변화선상에서 본 우리나라 정신보건법의 문제와 개선안, 의료법학 7권 2호(2006.12), 79면 이하.
2) 이동명, 정신보건법상의 강제입원에 관한 연구, 형사정책 13권 1호(2001) 146면 이하.

을 시사한다.

국민들의 낮은 준법의식, 정책당국의 민법 제947조의 의미와 기능에 대한 인식 부재, 동조의 의미에 관한 민법학자들의 무관심[3] 속에 1995년 정신보건법이 제정되었다. 1995년의 정신보건법은 부양의무자 또는 후견인을 정신보건법상의 보호의무자로 규정하였다(제22조). 가족에 의해 자유박탈적 시설에 정신질환자를 입소시키던 당시의 관행을 법적으로 승인해 준 것이다. 그 전제로 정신보건법은 이들에게 피보호자인 정신질환자가 적정한 치료를 받을 수 있도록 해야 할 의무, 타인을 해치지 않도록 유의할 의무 등을 부과하였다(제23조). 그러나 정신보건법 제23조의 보호의무는 부양의무로부터 도출되는 것이 아니기 때문에 '정신보건법'이라는 공법에 의해 사인에게 부과된 의무라고 보는 것이 적절할 것이다. 후술하겠지만, 성인의 친족이 부양의무를 부담한다고 해서 그것으로부터 보호의무, 특히 정신보건법 제23조의 보호의무가 도출되지는 않기 때문이다.[4] 한편 동법 제24조 제1항은 "정신의료기관의 장은 정신질환자의 보호의무자의 동의가 있는 때에는 정신과전문의가 입원이 필요하다고 진단한 경우에 한하여 당해 정신질환자를 입원시킬 수 있으며, 입원 시 당해 보호의무자로부터 입원동의서를 받아야 한다"라는 규정을 두었다. 정신과전문의가 입원이 필요하다고 진단할 수 있는 사유는 "환자가 정신의료기관등에서 입원 등 치료 또는 요양을 받을 만한 정도 또는 성질의 정신질환에 걸려 있는 경우", 또는 "환자에 대하여 그 자신의 건강 또는 안전이나 타인의 보호를 위하여 입원 등이 필요한 경우"였다(동조 제2항). 보호의무자에 의한 입원은 6개월 동안 지속될 수 있었고, 6개월이 지나 계속 입원이 필요하다고 정신과의사가 진단하고 보호의무자가 동의한 경우에는 시·도지사의 심사를 거쳐야 한다(동조 제3항). 시·도지사는 이때 정신보건심의위원회의 심의를 거쳐 퇴원명령을 내릴 수도 있다(제32조, 제35조). 보호의무자를 1인에서 2인으로 늘리는 개정이 있었지만(2008년 정신보건법 개정),[5] 1995년의 정신보건법의 보호의무자에 의한 입원 규정의 기본 골격은 그대로 유지되어 왔다.

정신보건법 제24조의 보호의무자에 의한 입원 제도의 도입으로 1960년 시행된 민법 제947조 제2항의 후견인에 의한 입원제도는 사실상 사문화되었다.[6] 정신보건법에 따른 비자의입원이나 비자의입소의 요건이 매우 완화되어 있기 때문에 가족에 의한 비자의입원은 빈번하게

3) 1960년 시행된 민법 제947조 제2항의 의미와 기능을 민법학자들이 논의한 것은 성년후견제도의 개혁 논의 때부터였다고 해도 과언이 아니다. 백승흠, 후견인의 요양·감호의무에 관한 고찰, 가족법연구 18권 2호(2004.9), 150면 이하에서 제947조의 연혁을 다루면서 동조를 주로 신상영역에서의 후견인의 권한과 관련하여 다루고 있다. 홍춘의, 후견제도 개혁의 과제, 가족법연구 16권 2호(2002.9), 28면 이하도 유사하다. 동 조문을 정신병원에의 비자의입원과 관련하여 본격적으로 검토한 것은 민법 개정으로 새로운 성년후견제도를 도입한 민법개정이 있은 직후이다. 박인환, 새로운 성년후견제도에 있어서 신상보호, 가족법연구 제25권2호(2011.9), 182면 이하; 이재경, 성년후견제도에 있어서 정신질환자에 대한 의료행위와 후견인의 동의권에 관한 연구, 가족법연구 26권 3호(2012.11), 420면 이하 등이 그 예이다.

4) 제철웅, 성년후견인의 민법 제755조의 책임, 법조 670권, 40면 이하 참조.

5) 2008년 정신보건법 개정의 의의에 대한 글로는 서경석, 정신질환자의 기본권을 위한 법제의 변화, 헌법학연구 제14권제2호(2008.6), 325면 이하를 참조.

6) 가령 이재경, 정신질환자의 비자발적 입원에 관한 비교법적 검토-독일법을 중심으로, 의료법학 제10권제2호(2009년 12월), 186면; 백승흠(위 주 3), 156면 이하 참조.

발생하였고, 그 폐해가 심각한 사회문제로 부각되기에 이르렀다. 이에 2007년 인신보호법이 제정되어 정신의료기관에 비자의입원시키는 문제에 국가가 기본권보호를 위해 직접 개입하기에 이르렀다.

이런 역사적 배경 하에 정신보건법 제24조의 보호의무자의 입원을 공권력에 의한 자유박탈이라고 보기보다는 친족간의 문제로 접근하는 인식이 널리 확산되었다.

2. 구 정신보건법 제24조의 헌법불합치

1) 헌법재판소의 결정

1960년의 민법 이후 우리 사회에는 치료나 요양의 목적으로 질환 또는 장애 있는 성인을 본인의 의사와 무관하게 요양시설, 장애인거주시설, 정신병원, 정신요양시설 등에 입원, 입소시키는 오랜 관행에 다양한 방법으로 시민권을 부여해왔다. 이런 역사적 배경 때문에 지금도 가족이라는 이유로 본인의 의사와 무관하게 치매환자를 요양원에 입소시키며, 성인 지적장애인을 거주시설에 입소시키고 있다. 가족이 치매어르신이나 성인 지적장애인을 대신하여 체결하는 입소계약은 적법한 대리권이 없는 한 무효임은 말할 것도 없다.[7] 그럼에도 불구하고 입소계약의 유효성 여부를 정면으로 다룬 대법원 판결은 없다. 이는 장애인의 자기결정권을 침해하는 이런 관행에 우리 사회 대다수는 무관심한 것과 무관하지 않을 것이다. 특히 장애인이 자신의 권리를 제대로 행사할 수 없다는 이유로 가족들은 그의 권리를 자신의 권리라고 착각하여 마음대로 행사하는 것을 묵인하는 것이 그 한 예이다.

이런 잘못된 관행에 최초로 경종을 울린 사법적 판결이 헌법재판소 2016.9.29. 선고 2014헌가9 결정이다. 헌법재판소는 위 결정에서 구 정신보건법 제24조가 헌법 제12조 제1항의 취지에 합치하는지 여부를 검토하였다. 헌법 제12조의 신체의 자유는 신체의 안전성이 외부로부터의 물리적인 힘이나 정신적인 위험으로부터 침해당하지 아니할 자유와 신체활동을 임의적이고 자율적으로 할 수 있는 자유를 말하는데,[8] 구 정신보건법 제24조는 정신질환자의 신체의 자유라는 기본권을 침해하기 때문에, 기본권 제한의 목적이 정당한지, 수단이 정당한지, 기본권 침해가 최소한도에 머무르는지 등의 과잉금지 원칙의 준수 여부를 검토하였다.

위 헌법재판소는 기본권 제한의 목적과 수단은 정당하다고 하면서 침해의 최소성이 보장되는지를 다음 4가지를 기준으로 하여 판단하였다. 첫째, 보호입원의 대상과 진단의 적정성, 둘째, 보호의무자 2인의 동의와 정신과전문의 1인의 진단 요건의 문제, 셋째, 입원기간과 계속입원의 문제, 넷째, 보호입원 대상자의 의사 확인이나 절차보조인의 관여의 문제가 그것이다.

---

7) 서울고등법원 2014.12.18. 선고 2012나80288, 2012나80295 판결에서는 치매 부모를 대신하여 자녀 중 한 명이 입소계약을 체결한 것을 무효라고 판단하면서, 입소계약에 포함된 면책조항의 적용을 배제하고 시설에서 발생한 피해에 대한 손해배상책임을 긍정하고 있다.

8) 헌법재판소 1992.12.24. 선고 92헌가8 결정 참조.

먼저 첫 번째 쟁점에 관하여 헌법재판소는 보호의무자에 의한 입원이 가능한 요건이 매우 추상적이고 포괄적일 뿐만 아니라, 그 판단마저 신뢰성이 확보되지 않은 정신과전문의 1인에 맡기고 있어 정당성을 갖추고 있다고 보기 어렵다고 판단하였다.

두 번째 쟁점에 관하여는 보호의무자 2인의 동의와 정신과전문의 1인의 진단만으로는 보호입원의 적정성이 담보되지 않는다고 보았다.

세 번째 쟁점인 입원기간과 계속입원의 문제에 있어서도 보호입원은 최초부터 6개월의 장기입원인데(제24조) 행정입원은 2주간의 진단입원을 거쳐 최대 3개월의 입원만 가능한 것(제25조)과 비교할 때 입원기간이 길어 치료 목적보다는 격리 목적으로 이용될 우려가 높다고 보았다. 정신질환자와 보호의무자의 퇴원신청이 있더라도 정신과전문의가 정신질환자의 위험성을 고지한 경우에는 정신의료기관장이 퇴원을 거부할 수 있으므로(제24조 제6항), 퇴원신청이 가능하다는 점이 장기간의 보호입원에 대한 적절한 보호책이 되기 어렵다고 하였다. 6개월이 지난 후에도 정신질환자를 계속 입원시킬 필요가 있다는 정신과전문의의 진단 및 보호의무자 2인의 동의가 있는 때에는 시장 · 군수 · 구청장 소속 기초정신보건심의위원회의 계속입원 심사를 통해 얼마든지 정신질환자의 입원을 연장할 수 있기 때문에(제24조 제3항, 제30조, 제31조), 보호의무자와 의료기관 사이의 이해만 맞으면 얼마든지 정신질환자의 의사나 이익에 반하는 장기입원이 가능하다고 보았다.

네 번째 쟁점에 관하여는 헌법재판소는 강제입원으로부터 환자의 권리를 보호할 수 있는 절차, 가령 당사자에 대한 사전고지, 청문 및 진술의 기회, 강제입원에 대한 불복, 부당한 강제입원에 대한 사법심사, 국가 또는 공적기관에서 제공하는 절차보조인의 조력과 같은 절차가 보장될 필요가 있다고 보았다. 그런데 위 기초정신보건심의위원회(구 정신보건법 제24조 제6항 제3문)는 정신과전문의, 법조인, 정신보건전문요원, 정신질환자의 가족, 정신보건시설 운영자 등을 위원으로 하여 구성되었지만(제28조 제5항), 정신질환자를 직접 대면하여 그의 진술을 충분히 청취하는 절차를 거치지 않은 채 대부분 서류 위주로 심사가 이루어지고 있고, 정신질환자가 이미 보호입원된 상태에서 사후적으로 입원의 필요성 등을 심사하게 되어 결국은 처음 입원의 필요성이 있다고 인정한 정신과전문의 1인의 진단에 상당히 의존할 수밖에 없는 점 등으로 인해, 보호입원 당시의 위법 · 부당성을 충분히 심사할 수 있을 것으로 기대하기 어렵다고 판단하였다. 한편 인신보호법 제3조에 따라 지방법원에 신체자유침해의 즉시해제의 구제를 청구함으로써 사후적으로 위법한 보호입원에 대한 사법심사를 받을 수 있지만, 헌법재판소는 “인신보호법상 구제청구는 보호입원의 위법성을 심사함에 있어 심판대상조항에서 정한 보호입원 요건이 구비되었는지 여부, 즉 보호의무자 2인의 동의와 정신과전문의 1인의 진단이 있는지 여부를 심사함에 그칠 가능성이 있고, 인신보호법상 구제청구는 사후적인 구제수단이어서 정신질환자의 구제청구와 보호입원 사이에는 시간적 간격이 있으며, 정신질환자는 정신의료기관에 격리수용되어 있어 구제청구 절차 자체를 이용하기도 쉽지 않고, 구제청구 절차가 진행되면 정신의료기관이 정신질환자를 퇴원시키거나 다른 정신의료기관으로 전원시키는 방법으로 그 절차를 무력화시킬 수 있는 점 등이 있기 때문에, 이런 사후적 구제수단이 정신질환자를 위법 · 부당한 보호입원으로부터 충분히 보호하고 있다고 보기 어렵다고 판단하였다.

이런 검토 후 헌법재판소는 구 정신보건법 제24조는 입법목적과 수단의 정당성에도 불구하고 최소침해의 원칙을 준수하지 않은 것이어서 헌법 제12조 제1항의 취지에 합치하지 않는다고 판단하였다.[9)]

2) 평 가

구 정신보건법은 정신질환자의 민법상의 부양의무자 또는 후견인을 정신보건법상의 보호의무자로 규정하였다(동법 제22조). 동법 제23조는 보호의무자에게 정신질환자의 보호의무, 정신질환자가 자기나 타인을 해하지 않도록 유의할 의무, 정신질환자로 하여금 적정치료를 받도록 할 의무, 정신건강의학과전문의의 진단에 의하지 아니하고 정신질환자를 입원시키거나 연장시키지 않을 의무, 정신질환자의 재산상의 이익 등 권리보호를 위하여 노력할 의무 등을 부과하였다. 그런데 이 의무는 민법상의 부양의무와는 아무런 관련이 없다. 부부나 부모－성인 자녀, 그리고 친족 사이에 있는 가장 중요한 권리－의무가 상호간 부양의무이다. 부양의무는 의식주 등 생활에 필요한 물품을 조달할 자력이나 노동력이 없거나 어려운 친족에 대해 재원을 조달해 줄 자력 있는 다른 친족이 부담하는 의무로서 그 의무의 성립 및 정도는 당사자 간의 합의나 재판으로 결정된다(민법 제974조 이하 참조). 또 성립된 부양의무도 금전채무의 지급을 원칙으로 한다. 보통법국가 중 대표적인 나라인 영국은 부부, 부모－자녀 간에만 부양의무(maintenance duty)를 인정하고 그 내용은 금전지급의무이다.[10)] 부부, 부모－자녀만이 아니라 친족 간에도 부양의무를 인정하는 독일 민법도 부양의무는 금전지급채무(Barunterhalt)이며, 채무자의 청구로 현물부양(Naturalunterhalt)으로 대체할 수 있다고 한다.[11)] 즉 부양은 물질적 지원을 내용으로 하는 것이다. 물론 독일 민법 제1606조 제3항은 부모는 자녀에게 돌봄(Pflege)과 양육(Erziehung)을 통해 부양의무 이행을 대신할 수 있고, 이를 지원부양(Betreuungunterhalt)이라고 하는데, 학설은 이를 물질적 부양 이외의 정신적 부양이라고 한다.[12)] 그러나 독일 연방대법원은 이런 지원부양을 물질적 부양에 덧붙인 정신적 부양의무로 인정하지는 않는다.[13)] 아무튼 이런 정신적 부양도 미성년자녀의 양육에 관한 것이지, 성인에 대한 부양에는 적용되지 않는다. 요컨대 성인에 대한 부양의무는 물질적 지원을 그 내용으로 한다. 그 점에서 보면 정신보건법 제23조의 보호의무는 그 성격이나 내용에서 부양의무와는 서로 다른 것이다. 즉,

---

9) 위 헌법재판소 결정에 대해서는 여러 평석들이 있었다. 가령 김도희, 보호입원제도 존속의 한계성에 관하여－ 정신보건법 제24조 제1항 등의 헌법불합치결정을 중심으로, 사회보장법연구 5(2), 2016년 12월, 1면 이하; 신권철, 강제입원 위헌(헌법불합치) 결정의 의미와 향후 과제, 서울법학 24권 4호(2017.2), 1면 이하 참조.

10) 가령 Judith Masson/Rebecca Bailey－Harris/Rebecca Probert, Principles of Family Law, 8th edition, Sweet & Maxwell, 2008, pp. 99 참조.

11) MünchKomm/Born, § 1612 Rn, 11 ff.; ErmanKomm/Hammermann, § 1612 Rn. 2 ff. 참조.

12) ErmanKomm/Hammermann, § 1606 Rn. 9 ff.; MünchKomm/Born, § 1606 Rn. 18 ff. 참조.

13) BGH, FamRZ 1994, 1102 [1103.]. 이는 고도의 일신전속적인 급부여서 소구할 수 없다고 한다. Scholz FarmRZ 1994, 1314 [1315], Anm zu BGH FamRZ 1994, 1102 참조.

정신보건법이라는 공법에 의해 사인인 부양의무자와 후견인에게 부과된 공법상의 의무라고 보아야 한다. 개정 정신건강복지법 제40조에도 위와 거의 유사한 보호의무자의 보호의무가 부과되어 있다. 특히 2013년 7월 1일 민법 개정 이후 임명된 후견인은 부양의무 있는 친족과 무관한 경우가 많기 때문에, 이 의무가 민법상의 의무와 무관한 공법상의 의무임이 더욱 명백해졌다. 부양의무에는 성인인 피부양자가 자해, 타해 예방의무가 포함되지 않으며, 그의 재산상 이익 등의 권리보호를 할 의무도 포함되지 않고, 치료를 받도록 할 의무 등도 포함되지 않기 때문이다. 무엇보다도 성인은 언제나 자기결정권을 행사하며 생활하여야 할 기본권이 있고, 타인이 동의 없이 성인의 자기결정권 행사에 관여해서는 안 된다는 것이 헌법 제10조의 명령이자 민사법의 기본 원칙이다. 따라서 성인의 자기결정권 행사에 관여할 권한은 본인이 동의하거나 권한을 부여한 경우, 법률로 권한이 부여된 경우에 한정된다. 이런 관점에서 보면 보호의무자가 정신질환자의 비자의입원에 동의할 권한을 행사하는 것은 민사법상의 권한행사와는 무관한 공법행위라 할 것이다.[14] 그 점에서 보면 공법인 정신보건법에 의해 부양의무 있는 친족에게 자유박탈조치를 취하도록 해 달라고 요청할 공법상의 권한을 부여한 것이라고 볼 수 있다.

한편 구 정신보건법 제24조에 따라 정신질환자를 입원 · 입소시키는 주체에 대해서도 법리적인 오해가 컸다. 먼저 동조의 표제가 '보호의무자에 의한 입원 등'이기 때문에 보호의무자가 입원 · 입소를 결정하는 주체인 것으로 인식할 수도 있다.[15] 그러나 동조의 전체 구조를 보면 이렇게 이해해서는 안 될 것이다. 첫째, 입원 등을 위해서는 보호의무자의 동의가 있고, 정신건강의학과전문의의 진단을 통한 입원필요성에 대한 권고가 있어야만 한다. 둘째, 정신건강의학과전문의가 입원필요성이 있다고 진단할 수 있는 사유를 동조 제2항 제1호, 제2호에서 규정한다. 즉, 환자가 정신의료기관등에서 입원 등 치료 또는 요양을 받을 만한 정도 또는 성질의 정신질환에 걸려 있는 경우, 환자 자신의 건강 또는 안전이나 타인의 안전을 위하여 입원 등을 할 필요가 있는 경우가 그것이다. 이 두 규정을 결합하여 이해하면 입원 또는 입소를 통해 치료나 요양을 받아야 한다고 보호의무자가 판단하고(이 판단은 동법 제23조에 기한 공법상의 의무에서 비롯되었다), 보호의무자의 판단이 정신건강의학과 전문의의 전문의견으로 뒷받침되면, 정신의료기관등의 장이 비자의입원을 결정하는 것이다. 보호의무자는 자신에게 부과된 공법상의 의무의 이행으로 비자의입원을 신청하는 것이고, 정신과의사, 정신의료기관의 장은 각자에게 부여된 공법상의 권한의 행사로써 비자의입원 등을 결정하는 데 참여하는 것이다. 요컨대 구 정신보건법 제24조는 공법 규정에 의한 비자의입원이며, 보호의무자나 정신과의사, 정신의료기관의 장은 모두 공법상 각자에게 부과된 의무 및 권한행사를 하는 것이며, 이것이 결합되어 비자의입원이 실현된다.

---

14) 가령 보호의무자에 의한 입원을 사적 자치의 영역에서 이루어지는 사법상의 행위에 불과하다는 주장도 있다. 하명호, 정신보건법상 보호의무자에 의한 입원, 안암법학 제36권(2011), 79면 이하 참조.

15) 동조의 보호의무자의 순서에서 부양의무자보다 후견인을 더 앞세워야 한다는 논의는 바로 이런 인식과 무관하지 않을 것이다.

그동안 사회통념상 정신보건법 제24조의 보호의무자에 의한 입원과 민법 제947조의2 제2항(구민법 제947조)에 의한 후견인의 입원(이는 법원 허가를 받아야 한다) 간에 상호 충돌이 있고 이를 일치시킬 필요가 있는 것이 아닌가라는 생각이 적지 않았다.[16] 다른 한편에서는 후견인 아닌 보호의무자가 정신보건법 제24조에 의해 비자의입원을 시키더라도, 동조의 비자의입원에 동의하지 않은 후견인이 정신보건법 제24조 제6항에 기한 퇴원신청이 가능하며, 후견인이 제947조의2 제2항에 의해 비자의입원을 하였더라도 후견인 아닌 보호의무자가 정신보건법 제24조 제6항에 따른 퇴원신청을 할 수 있으며, 부양의무자가 없지만 후견인만이 있을 때에는 정신보건법 제24조가 민법 제947조의2 제2항에 우선한다고 해석하는 견해도 있었다.[17] 이런 견해들은 모두 양 규정이 충돌한다는 전제 하에 내려진 해석론 또는 입법론이다. 그러나 정신보건법 제24조에 의한 보호의무자의 입원은 민법에 따른 후견인의 입원과는 그 성격이 애초부터 전연 다른 것이다.

구 정신보건법 제24조를 공법 규정에 의한 비자의입원이라는 것은 정신질환자가 입원에 동의하거나 입원계약을 체결하는 주체가 아니라는 의미이다. 가령 입원치료의 필요성 판단에 대한 의사능력이 있는 정신질환자가 입원치료를 거부하더라도 보호의무자, 정신과의사, 정신의료기관의 장이 각자의 권한을 행사하여 그의 의사에 반하여 비자의입원을 시킬 수 있기 때문이다. 그들 누구도 정신질환자의 임의대리인이나 법정대리인이 아니며, 오로지 공법인 정신보건법에 의해 비자의입원을 시킬 권한을 부여받았을 뿐이다. 이 점은 구 정신보건법 제24조와 유사한 일본 정신보건법(정식명칭은 精神保健及び精神障害者福祉に関する法律) 제33조의 보호입원과 상당한 차이가 있다.[18] 동조는 정신질환이 있고, 또 의료 및 보호를 위한 입원의 필요가 있는 자이며, 당해 정신장애를 위해 제20조의 자의입원을 할 수 있는 상태에 없다고 판정될 때(제1호)[19] 본인의 동의에 갈음하여 가족, 후견인, 보좌인 등이 입원에 동의할 수 있다. 타인이 폐쇄시설인 정신병원 등에 개인을 진단, 조사 및 치료 목적으로 입원시키는 것은 그 자체로 위법한 것이지만, 본인이 동의하면 위법성이 조각된다. 그 점에서 본인의 동의는 위법성을 조각시키는 준법률행위가 된다. 신체침습적 치료 또는 자유박탈적 치료에 대한 동의는 일신전속적이어서 대리가 허용되는지가 논란이 될 수 있으나, 이미 독일에서는 1990년 성년후견법 도입 시 이를 인정한 전제 하에 후견의 보충성을 독일 민법 제1896조에 규정하였고, 제1차 성년후견법 개정에서 이를 명문으로 확인하였다.[20] 일본 정신보건법상의 이 규정은, 그

16) 가령 박인환, "새로운 성년후견제도에 있어서 신상보호," 가족법연구 제25권 2호(2011.9), 183면 이하는 정신보건법상의 보호의무자에 의한 입원도 가정법원의 허가를 받도록 법개정이 있어야 한다고 주장한다. 박호균, "성년후견과 의료개정 민법 제947조의2를 중심으로," 의료법학 13권 1호, 149면에서는 개정 민법과정신보건법이 모두 적용되는 경우 개정 민법이 우선한다고 주장한다.

17) 이재경, "성년후견제도에 있어서 정신질환자에 대한 의료행위와 후견인의 동의권에 관한 연구," 가족법연구 제26권 3호(2012.11), 429면 이하

18) 보호의무자에 의한 입원이 일본 정신보건법상의 보호입원을 답습하였다는 주장도 있다. 가령 하명호, 정신보건법상 강제입원제도의 고찰, 국가인권위원회 인권포럼(2014.7.24.) 발표자료 참조. 김명철, 정신보건법 제24조 강제입원조항의 위헌성, 인권법연구(한국방송통신대학법학과) 제2권, 2016.2., 427면에서 재인용.

19) 제2호에서는 도도부현지사가 이런 요건에 있는 자를 발견하여 제33조의 보호입원을 시키기 위해 이송한 경우에도 가족, 후견인 등의 동의로 입원시킬 수 있다.

적절성은 논외로 하고, 본인의 동의를 법률규정에 의해 대리할 수 있는 권한을 위 법률에 의해 부여한 것이어서 그 동의는 법정대리권한의 행사로 이해할 수도 있다. 만약 입원 여부에 대해 본인이 판단할 의사능력이 있음에도 불구하고 입원치료 등을 거부한다면, 조치입원만이 가능하다(동법 제22조 이하 참조). 조치입원은 자해, 타해의 위험성이 있는 경우에 한정된다.

구정신보건법 제24조가 위헌인 주된 이유는 지나치게 넓은 범위의 목적을 위해 비자의 입원을 할 공법상의 권한을 부여하였기 때문일 것이다. 가령 사람을 사망에 이르게 할 수 있는 암질환에 걸린 경우라도 본인에게 의사능력이 있다면 입원치료나 치료 자체를 거부할 수 있다. 이미 수다한 판결에서 의료행위에서는 환자의 동의가 있어야 한다고 하였다.[21] 즉 '환자의 동의는 헌법 제10조에서 규정한 개인의 인격권과 행복추구권에 의하여 보호되는 자기결정권을 보장하기 위한 것으로서, 환자가 생명과 신체의 기능을 어떻게 유지할 것인지에 대하여 스스로 결정하고 진료행위를 선택하게 되므로, 의료계약에 의하여 제공되는 진료의 내용은 의료인의 설명과 환자의 동의에 의하여 구체화'된다. 정신질환으로서 자해, 타해의 위험성이 없는 성인이 의사능력 있는 상태에서 치료를 받지 않겠다고 하더라도, 위 정신보건법 제24조는 그를 입원시켜 치료받게 할 수 있다. 그런데 치료나 요양 목적으로 본인의 의사에 반하여 입원, 입소시키는 것은 헌법 제10조의 자기결정권을 근본적으로 침해하는 것이며, 그 목적의 정당성 자체가 부정되어야 한다. 정신질환을 다른 중대한 질환의 치료와 차별하며, 정신질환자의 자기결정권을 다른 중증질환자의 자기결정권보다 경시하는 것에서 목적의 정당성이 부정되어야 할 이유가 자명하게 드러나는 셈이다. 헌법재판소는 논점을 자해, 타해의 위험성으로 전환시킴으로써 치료와 요양 목적으로 비자의입원 등을 하게 하는 것에 목적의 정당성이 있는지를 판단하지 않았다.[22]

3. 위헌심판과 정신건강증진 및 정신질환자 복지서비스 지원에 관한 법률의 입법

위 헌법재판소의 결정이 있기 이전인 2016년 5월 19일 구 정신보건법을 전면 개정한 정신건강증진 및 정신질환자 복지서비스 지원에 관한 법률(이하 정신건강복지법이라 한다.)이 공포되었다. 이 법은 여러 가지 점에서 새로운 제도를 많이 도입했지만,[23] 정신병원 및 정신요양시설(이하 정신의료기관등이라 한다)에 비자의입원 및 비자의입소(이하 비자의입원 등이라 한다) 중 압도적 비중을 점하던 보호의무자에 의한 입원 등에 엄격한 요건을 부과하였다. 표면적으로

---

20) 이에 관한 논의는 제철웅, 성년후견과 지속적 대리, 법조 722호(2017.4), 90면 이하, 95면 이하 참조.

21) 대법원 1994.4.15. 선고 92다25885 판결; 대법원 2002.10.25. 선고 2002다48443 판결; 대법원 2009.5.21. 선고 2009다17417 전원합의체 판결 등 다수의 판결 참조.

22) 정태호, 보호의무자에 의한 정신질환자 강제입원 · 치료제도의 위헌성 - 독일 연방헌법재판소의 관련 판례의 운용을 중심으로, 경희법학 제51권 2호(2016), 150면 이하에서는 비자의입원의 요건을 대폭 확대함으로써 목적의 정당성을 상실하였다는 점을 지적하고 있다.

23) 그 내용에 대한 세세한 것은 박인환, 정신장애인의 인권과 지역사회통합의 관점에서 본 2016년 정신건강증진법의 평가와 과제, 의료법학 제17권 제1호(2016년 7월), 210면 이하 참조.

보면 비자의입원의 요건을 엄격하게 한 것이 개정 정신건강복지법의 주요 특징인 것으로 보인다. 그러나 후술하겠지만, 개정 정신건강복지법의 특징은 거기에 한정되지 않고, 보다 큰 변화를 향한 발판을 담고 있다.

Ⅱ. 정신건강복지법의 내용과 특징

1. 정신건강복지법의 원칙

1) 자기결정권 존중과 의사결정지원

정신보건법 제정 이전에는 가족의 결정으로 정신질환자를 병원이나 시설에 입소시키는 관행이 널리 확산되어 있었다. 그로 인한 인권침해는 재론을 요하지 않는다. 이를 개선하여 정신질환자를 치료와 요양 목적으로 정신병원이나 정신요양시설에 입소시킬 수 있는 절차를 마련한 것이 정신보건법이다. 그러나 새롭게 제정된 정신보건법에 따른 정신질환자의 정신건강복지정책은 중증 · 만성 질환자의 치료 및 요양을 위한 비자의입원 및 비자의입소 중심이었고, 보호의무자에 의한 비자의입원등이 대부분이었다. 2015년만 보더라도 비자의입원등 중 감호입원,[24] 지방자치단체의 장에 의한 입원이나 응급입원이 차지하는 비중은 0.025%에 불과하고 97.5%가 보호의무자에 의한 입원 등이었다. 그 중에서도 민법상의 부양의무자나 후견인에 의한 비자의입원등이 87.4%에 달하였다. 보호의무자에 의한 입원이 압도적인 이유는 가족지원이 없는 상태에서 가족부담을 덜어 주기 위한 방법으로 비자의입원이 가능하도록 비자의입원등의 제도를 만들었기 때문이다. 이를 뒷받침하기 위해 정신의료기관등의 장이 보호의무자의 신청을 받아 비자의입원등을 결정하며, 계속입원의 경우 자지체의 장이 최종적으로 승인하도록 하는 절차를 취하였다. 이런 절차를 취하지 않으면 사인에 의한 감금을 허용하는 격이 되어 비자의입원 제도의 적법성 자체가 심각하게 무너질 수 있다고 보았기 때문일 것이다.[25] 그런데 보호의무자에 의한 비자의입원 · 입소제도를 개선하기 위해 정신보건법을 전면개정하여 정신건강복지법을 입법하였다. 그럼에도 불구하고 정신건강정책은 만성 · 중증 정신질환자를 위한 정책 중심이라는 점에서는 변화가 없기 때문에 치료 환경 개선에 대한 고려는 아직 거의 없는 실정이다. 8인 1실 또는 6인 1실의 격리폐쇄시설에의 격리중심, 약물치료 중심이며, 거동이 힘든 정신질환자를 위한 돌봄에 투입되는 인력도 극소수인 것 등이 그 예이다. 이

24) 국립정신건강센터의 통계자료에서는 감호치료 목적으로 입원한 것을 보호의무자에 의한 입원으로 분류하였으나 이는 치료감호 등에 관한 법률에 따라 법원의 결정으로 입원시킨 것이어서 보호의무자에 의한 입원으로 분류하기 어렵기 때문에 위와 같이 분석하였다.

25) 이런 배경 때문에 정신보건법 하에서는 보호의무자에 의한 입원의 적법성을 두고 많은 논의가 있었고, 2016년 9월 26일 선고한 헌법재판소의 2014헌가9 결정에서 구 정신보건법 제24조가 헌법 제12조 제1항에 합치하지 않는다는 헌법불합치 결정을 내리면서 그 논의는 일단락되었다

런 열악한 치료 및 요양환경으로 인해 인권문제는 여전히 심각한 사회적 이슈로 남아 있다. 그래서 사회적 의제가 다시 비자의입원 및 비자의입소을 어떻게 합법화할 것인가로 흘러갈 가능성이 있다. 입원적합성심사위원회의 인력보강, 사법입원제도의 도입 논의 등이 그 예이다. 여기서 정신건강복지법의 기본원칙을 다시 새겨볼 필요가 있다.

개정 정신건강복지법은 비자의입원, 비자의입소를 최소화하라고 하며, 입원보다는 통원치료를, 치료보다는 심리상담 기타 회복기능 지원을 중요한 정책방향으로 삼을 것을 기본원칙으로 정하고 있다(동법 제2조). 즉, 패러다임의 전환을 요구하고 있다. 패러다임의 변화는 정신질환의 예방, 조기개입 중심이어야 하며, 이를 위해서는 정신질환치료를 일반질환치료와 동일하게 취급해야 한다는 점이 전제되어야 한다. 즉 정신질환자의 비자의입원을 없애고(즉시 시행 가능한 목표치로 보더라도 연간 수천명 이내로 비자의입원을 줄이고), 대신 치료환경 개선에 집중하여야 할 것이다. 이를 위한 가장 효과적인 수단은 정신질환자를 치료와 입원 과정에 한 주체로 참여하도록 보장하는 것이다. 즉 자기결정권을 존중하고, 자기결정권 행사를 잘 할 수 있도록 의사결정을 지원하는 것이 중요하다. 이런 이유로 정신건강복지법 제2조는 자기결정권 존중과 의사결정지원을 규정하고 있다(제7항, 제8항). 나아가 이런 정책을 정신질환자 당사자를 대표하는 단체의 참여하게 만들고 집행할 것(제9항)을 이 법의 중요한 원칙으로 삼고 있다. 정신질환자를 위한 권익옹호라 할 때 그 핵심내용은 치료 및 요양과정에 정신질환자의 참여권을 확대함으로써 이들의 목소리(일반질환과 동일하게 취급해 달라는 것)가 최대한 반영되도록 지원하는 역할을 하는 것이라 할 수 있다. 권익옹호사업은 정신질환치료 환경의 패러다임 전환에 중요한 매개기능을 할 수 있을 것이다.

2) 정신질환 치료와 입원에서 고려하여야 할 규범적 기준

규범적으로 보면 폐쇄병동에 비자의입원시키는 것은 선하고 긍정적인 효과를 지향한다고 하더라도, 대다수의 정신질환자의 관점에서 보면, 인격을 모욕하는 것이고 당사자는 무시당하며 자존감이 무너지는 경험을 하게 만든다. 우리 헌법은 인간의 존엄성과 행복추구를 개인의 최고의 가치로 삼고 있다(제10조). 헌법재판소와 대다수의 법학자들은 이를 실현하기 위한 방법으로 자기결정권을 인간의 존엄성과 행복추구권에서 도출되는 기본권으로 인정하고 있다. 가령 헌재 1991.6.3. 89헌마204, 판례집 2, 268면 이하에서는 '화재로 인한 재해보상과 보험가입에 관한 법률 제5조 제1항'에 대해 한정위헌을 선고하면서 다음과 같이 설시하고 있다. "(헌법 제10조의) 행복추구권 속에 함축된 일반적인 행동자유권과 개성의 자유로운 발현권은 국가안전보장, 질서유지 또는 공공복리에 반하지 않는 한 입법 기타 국정상 최대의 존중을 필요로 하는 것이라고 볼 것이다. 일반적 행동자유권에는 적극적으로 자유롭게 행동하는 것은 물론 소극적으로 행동하지 않을 자유 즉 부작위의 자유도 포함되는 것으로, 법률행위의 영역에서 있어서는 계약을 체결할 것인가의 여부, 체결한다면 어떠한 내용의, 어떠한 상대방과의 관계에서, 어떠한 방식으로 계약을 체결하느냐 하는 것도 당사자 가신이 자기의사로 결정하는 자유뿐만 아니라 원치 않으면 계약을 체결하지 않을 자유 즉 원치 않는 계약의 체결은 법이나 국가에 의하여 강제받지 않을 자유인 이른바 계약의 자유의 원칙도, 여기의 일반적 행동자유권으로부터 파생되는 것이라 할 것이다"라고 한다. 이것은 비단 계약에만 적용되는 것이 아니라 치료를 받을지, 어떤 치료를 어떻게 받을지에 대한 본인의 자기결정권도 이런 행복추구권과 개성의 자유로운 발현권의 하나에 포함됨은 말할 것도 없다. 또한 헌법은 신체의 자유 역시 가장 중요한 기본권의 하나로 인정하고 있다(헌법 제12조).[26]

국제인권법에서도 자기결정권과 신체의 자유는 가장 중요한 인권의 하나로 인정한다. 유엔 "고문 및 그 밖에 잔혹한 · 비인도적 또는 굴욕적 대우나 처벌의 방지에 관한 협약"이나 유엔 "장애인권리협약" 제12조, 제14조가 그 예이다. 이런 규범적 평가의 정반대에 있는 것이 격리시설이나 폐쇄병동에 비자의입원시키는 것이다. 그 과정에서 대다수의 정신질환자(장애인권리협약상의 정신장애인)는 무력감, 자존감의 붕괴, 더 나아가 트라우마를 경험하게 될 수 있다고 한다. 만약 그렇지 않다면 위와 같은 규범적 전제가 잘못된 것이며 이런 규범을 바꾸어야 할 것이다.

한편 정신질환자(국제인권규범에서는 정신장애인으로 성격규정됨) 역시 평온한 가족생활을 영위할 기본권을 누려야 한다. 우리 헌법은 가족생활의 보호에 관한 규정을 제36조에서 규정하는데, 평온한 가족생활의 보호는 사생활의 보장과 더불어 행복추구권에서 직접 도출되는 매우 중요한 기본권이라 할 수 있다. 유럽 인권이사회의 인권협약 제8조가 사생활과 가족생활을 가장 중요한 인권의 하나로 규정하고, 장애인권리협약 제22조, 제23조가 가족생활의 권리를 장애인인권으로 언급하는 것도 그 때문이다.[27] 이런 관점에서 보면 보호의무자가 굴욕적이고, 자존감을 무너뜨리게 하는 경험인 비자의입원을 촉발시키는 계기로 작용하도록 방치하는 것은 정신질환자의 가장 중요한 기본권 중의 하나인 평온한 가족생활의 권리를 깨뜨리는 기능을 하게 된다는 점에 주목하게 된다.

3) 정신질환자를 위한 권익옹호=자기결정권 행사의 지원

개인의 신체를 타인이 접촉하는 것은 그 접촉의 목적과 방법을 이해한 후 그에 대한 동의, 즉 정보제공 후의 동의(informed consent)가 있어야 비로소 적법하다. 치료 역시 질병의 원인에 대한 진단, 치료의 내용, 기대효과, 부작용, 다른 대안의 제시 등에 대해 설명이 있어야 비로소 informed consent라 할 수 있다. 그러나 대부분의 질병 치료 과정은 정보의 비대칭, 의료서비스 이용자의 심리적 위축 등으로 인해 환자의 정보제공 후의 동의권이 침해되기 쉬

---

26) 헌재 1992.12.24. 선고 92헌가8 결정에서는 신체의 자유는 신체의 안전성이 외부로부터의 물리적인 힘이나 정신적인 위험으로부터 침해당사지 아니할 자유와 신체활동을 임의적이고 자율적으로 할 수 있는 자유를 말한다고 설시한다.

27) 유럽인권협약 제8조는 사생활(private life), 가족생활(family life), 가정과 통신(home and correspondence)을 존중받을 권리로, 정신장애인이 가족과 평화롭게 살 권리도 여기에 속한다. 장애인권리협약 제22조는 가족생활에 부당하게 간섭받지 않을 권리를, 제23조는 가족생활을 존중받을 권리를 규정하고 있다. 이에 대해서는 J. Rehman, International Human Rights Law, 2nd edition(2010), pp. 206, 620 참조.

운 구조이다. 특히 그 질환이 사회적 스티그마를 수반하게 될 때에는 당사자와 보호자는 심리적으로 극도로 위축된 상태에 있기 때문에 informed consent는 실현되기가 어려울 수 있다. 대표적인 예가 정신질환치료과정이다. 정신질환치료과정에서 당사자의 권리를 옹호하고 지원하지 않게 되면 치료가 되었다 하더라도 그 과정에서 본인이 입은 심리적 충격이 매우 클 수 있고, 치료가 되지 않았을 때에는 그 과정이 본인에게 트라우마로 남을 수 있다.[28] 정신질환처럼 증상은 알지만 그 원인이 해명되지 않은 질환은 치료가 되지 않는 경우도 많기 때문에, 당사자의 권리를 옹호하고 지원함으로써, 또한 이를 통해 당사자가 치료, 입원, 퇴원을 결정하도록 지원함으로써 치료 효과 여부를 떠나 그 선결과나 악결과를 본인의 선택의 결과로 받아들이게 하는 것이 매우 중요할 수 있다.

4) 정신건강복지법의 기본이념의 재해석

종래의 정신보건법은 정신질환자를 비자의입원 · 입소시켜 치료하거나 요양하도록 하는 것을 정신질환자를 위한 기본정책으로 구성하면서, 그 과정에서 파생될 수 있는 인권침해를 줄이기 위한 장치를 마련하였다. 그러나 개정 정신건강복지법은 이와 달리 중증의 정신질환 상태라 하더라도 정신질환자의 욕구나 희망이 입원 치료 및 재활과 회복절차에 최대한 반영되어, 치료와 회복과정에 당사자가 주체로 참여할 필요성(그의 목소리가 반영될 필요성)을 기본이념으로 도입하였다. 그 점에서 패러다임의 변화가 있다고 할 수 있다.

그러나 현실에서는 이런 패러다임의 변화는 정신건강복지법의 내용에 구체화되지 않은 상태이다. 따라서 패러다임의 변화를 구호로만 제시하였다고 할 수 있다. 그럼에도 불구하고 이런 패러다임의 변화는 향후 정신건강복지정책의 방향성을 이끌 핵심 이정표로 역할하게 될 것이다. 즉 향후 정신건강복지법 하에서 끊임없는 변화와 개혁을 이끌 원동력이 되는 이념이라 할 수 있다.

5) 정신건강복지법상의 보호의무자의 입원제도 개정의 보건복지정책적 및 법정책적 함의

(1) 보건복지정책적 함의

정신건강복지법이 비자의입원의 요건을 엄격하게 함으로써 보호의무자가 입원을 결정하는 주체가 아니라 일차적으로는 정신과의사, 정신의료기관의 장(이하 정신과의사 등)이 주체임이 분명해졌다. 정신과의사 등은 정신건강복지법이라는 공법에 의해 지방자치단체의 장의 행정권한을 위임받은 셈이다. 이 권한을 잘못 행사하여 입원 등의 치료가 필요할 정도로 자해, 타해의 위험이 없는 정신질환자를 비자의입원시켰다면, 형사법상의 감금죄의 책임을 질 수 있고, 설령 고의가 없었다 하더라도 사법상의 불법행위책임을 부담할 수 있다.[29]

---

28) Newbigging 외, Independant Mental Healt Advocacy: Right to be Heard, pp. 82 참조.

29) 이 문제에 대해서는 신권철, 강제입원의 위법과 손해배상책임, 서울법학 25권 2호(2017.8, 231면 이하; 제철웅, 정신건강증진 및 정신질환자 복지서비스 지원에 관한 법률 제43조 및 민법 제947조의2 제2항에 의한 비자의입원의 상호관계, 가족법연구 31권 1호 (2017.3), 284면 이하 참조.

한편 정신건강복지법에 따라 정신과의사 등에게 권한을 부여한 지방자치단체와 국가는 국가배상법에 따른 손해배상책임을 부담하게 될 것이다. 정신과의사 및 정신의료기관의 장은 지방자치단체의 권한인 자 · 타해 위험이 있는 정신질환자를 비자의입원시켜 사회를 보호해야 할 책임을 정신건강복지법에 따라 위임받은 사람이기 때문에, 정신과의사는 공무수탁사인의 지위에 있다고 볼 여지가 많다. 그의 잘못된 판단으로 비자의입원을 시켰다면 지자체도 국가배상법 제2조에 따라 책임을 져야 할 것이다. 이 부분은 이제까지 논의된 적은 없으나 앞으로 깊은 연구가 필요한 부분이다. 국가배상법의 대통령령인 '행정권한의 위임 및 위탁에 관한 규정'에 의하면 행정권한을 민간수탁기관에 위탁한 위탁기관은 민간위탁사무의 처리에 대하여 민간수탁기관을 지휘 · 감독하며, 필요하다고 인정될 때에는 민간수탁기관에 민간위탁사무에 관하여 필요한 지시를 하거나 조치를 명할 수 있으며(제14조 제1항), 민간수탁기관의 사무처리가 위법하거나 부당하다고 인정될 때에는 이를 취소하거나 정지시킬 수 있다(제14조 제3항). 정신건강복지법상의 정신과의사 등도 법률규정으로 지방자치단체(입원적합성심사위원회는 국가로부터)로부터 권한이 그들에게 위임된 것이라고 이론구성하는 한, 지방자치단체(또는 국가)는 민간수탁기관인 정신과의사 등에 위탁된 권한의 행사에서 정신장애인의 권리나 정당한 이익이 침해되지 않도록 적절히 지휘 · 감독할 의무가 있다고 할 것이다. 따라서 민법 제756조의 사용자책임만이 아니라 국가배상책임도 부담한다고 이론구성할 수 있을 것이다.[30] 최초입원의 경우 정신과의사 등의 결정은 입원적합성심사위원회의 심사를 통해 걸러질 것인데, 이들이 잘못된 판단을 하게 되면 마찬가지로 담당자가 불법행위책임을 지고, 또 이 위원회를 설치한 국가는 국가배상책임을 지게 될 것이다.[31]

반면 비자의입원의 요건이 엄격해짐에 따라 보호의무자의 권한은 신청권한으로 축소되고, 이들은 비자의입원의 결정에서 점하는 역할이 거의 무의미하기 때문에 감금죄의 책임이나 불법행위책임을 지는 일은, 정신과의사와의 공모 등의 특단의 사정이 없는 한, 축소될 것이다.

바로 이 지점에서 정신건강정책적 함의가 있다. 비자의입원이나 비자의입소는 최후의 수단으로 이용하지 않으면 정신과의사와 지방자치단체, 입원적합성심사위원회의 직원과 국가, 정신건강심사위원회의 위원과 지방자치단체가 법적 책임을 부담하게 될 것이기 때문에, 비자의입원 등을 최소화시켜 자해, 타해의 위험이 현존하거나 임박할 뿐 아니라, 그 위험성의 정도 역시 격리시설에 입원 또는 입소를 시켜 외부와 격리시키고 집중관찰하는 것이 필요하지 않다면 이는 회피되어야 한다. 그렇다고 정신질환자의 입원치료를 없애야 한다는 의미는 아니다. 무게중심이 자의입원으로 이전되어야 한다는 것이다. 그러나 격리시설이나 자유를 제한하는 시설에 자의입원을 하는 것을 실현하기가 매우 어렵기 때문에 개방시설에 자의입원하도록 유도하는 것에 우선순위를 두어야 할 것이다.

---

30) 공무수탁사인의 불법행위에 대한 사용자책임 및 국가배상책임에 관한 부산고등법원 2017.5.10. 선고 2016나55042 판결 참조.

31) 입원적합성심사위원회는 국가가 국립병원에 설치하는 것이므로 지방자치단체가 아닌 국가가 손해배상책임이 있을 것이다.

한편 격리시설에 입원치료할 정도의 자해, 타해의 위험이 없더라도 입원치료가 필요한 정신질환자가 의사능력이 없는 경우에는 후견인을 선임해서 가정법원에서 사전허가를 받아야 하기 때문에(민법 제947조의2 제2항), 사회적으로도 많은 비용이 들 수밖에 없다. 그러나 이들을 격리시설이 아닌 개방시설에 입원하도록 할 때에는 민법 제947조의2 제2항이 적용되지 않고, 치료에 대한 동의권, 거주에 대한 동의권을 대리할 수 있는 후견인이면 피후견인이 동의능력이 없을 때 개방시설에 자의입원 하게 대리할 수 있다.

이 지점에서 무엇이 개방시설인지, 무엇이 폐쇄시설인지에 대한 연구와 사회적 논의가 중요하게 부각될 것이다. 이런 논의를 거쳐 즉 보건복지정책적으로 비자의입원 환자의 비율을 획기적으로 줄이는 것을 중 · 단기적 목표로 삼아야 할 것이다.

(2) 정신건강 법정책적 함의

위에서 언급하였듯이, 2016년 현재 6만건을 초과하는 비자의입원의 비중을 가령 6,000건 이하로 대폭 줄이는 개혁이 필요하다 하더라도, 이론적으로도 실무적으로도 여전히 비자의입원과 비자의치료는 상당 규모로 진행될 것이다. 그런데 정신건강복지법의 시행으로 보호의무자가 아닌 정신과의사, 입원적합성심사위원회와 정신건강심사위원회의 위원에게 비자의입원을 결정할 주요한 권한을 부여하였음이 뚜렷해졌기 때문에 두 가지 측면에서 법적인 보완장치가 있어야 한다. 첫째, 정신과의사 등은 정신건강복지법에 의해 행정청의 사회보호목적의 권한을 부여받은 셈인데, 이를 잘못 행사할 경우 개인적으로 책임을 질 수 있기 때문에 안전장치가 필수적이다. 동시에 지방자치단체와 국가 역시 국가배상책임의 문제를 최대한 예방하여야 한다. 둘째, 정신과의사 등의 잘못된 판단으로 비자의입원등의 결정이 내려져서 정신장애인의 인권이 침해되는 것도 사전적으로 방지해야 한다.

이처럼 장애인의 인권도 보호하면서 동시에 지방자치단체와 국가의 국가배상책임의 문제도 줄일 수 있고, 정신과의사 등의 책임 문제가 발생할 사유도 거의 없어지게 할 방안이 필요하다. 이 세 가지 목적이 동시에 달성될 수 방법에 관하여 살펴볼 필요가 있다. 현재 그 방안으로 논의되는 것이 바로 비자의입원에 사법심사를 도입하는 방법[32]과 절차보조인제도를 도입하여 정신질환자의 참여권을 최대한 보장하는 방법 등이다.

2. 정신건강복지법 하의 비자의입원의 특징

1) 정신건강복지법 제43조에 의한 보호의무자에 의한 입원 등

현재 또는 임박한 것으로 예측되는 자해, 타해의 위험이 있고, 그 정도가 폐쇄된 공간에 그 개인을 가두어 지속적으로 관찰하여야 할 정도라고 인정될 때[33] 당사자의 보호만이 아니

32) 김도희(위 주 9); 신권철(위 주 9)의 글에서 이런 주장이 있다고 한다. 대한정신의학회에서는 사전허가에 따른 사법 입원을 공식입장으로 채택했다고 한다.

33) 정신건강복지법 시행규칙 제34조 제2항에서 그 사유를 구체적으로 규정하고 있다.

라 광의의 사회보호를 위해서도 국가의 공권적 개입이 필요하다. 자살의 높은 개연성이 있거나 신체에 중대한 손상을 미칠 위험성이 있고, 지속적 관찰이 필요할 정도라고 하면 그런 사람을 안전하게 보호하는 것은 국가의 시민 생명존중의 의무를 이행하는 것이자, 생명존중의 사회환경을 조성할 국가 책임을 이행하는 것이기 때문이다.[34)]

| 표 1 | 정신보건법과 정신건강복지법의 보호의무자에 의한 입원의 차이 비교

항목	정신보건법	정신건강복지법
보호 의무자	-민법상의 부양의무자, 후견인 보호의무자의 의무	민법상의 후견인, 부양의무자. 순서만 바뀌었음 보호의무자의 의무
보호의무자의 권한	동의권한	- 명칭도 신청권한으로 바꾸었고, 실질적으로도 신청권한임
보호의무자에 의한 입원요건	자해-타해 위험성, 또는 입원 등을 통한 치료 및 요양의 필요성	입원 등의 치료 및 요양의 필요가 있고, 자해-타해의 위험이 있어야
입원 여부의 결정에 대한 의사의 개입	정신과의사 1인의 진단 6개월 이내 입원치료 가능	- 1인의 정신과의사의 진단으로 입원 등의 요건을 갖추었다고 판단한 경우, 2주간 정밀진단을 위한 입원개시(진단목적 입원). - 이때 서로 다른 소속 기관의 정신과의사 2인이 계속입원이 필요하다고 진단한 경우, 최초 입원의 시점부터 3개월간 치료 목적의 입원이 가능(치료목적 입원)
입원적합성의 심사	최초 입원 때에는 없음 입원기간 연장 때 기초정신보건심의회의 심의 후 지자체장이 결정	- 입원 직후 3일 이내에 입원적합성심사위원회에 통지하고, 3개월간의 최초입원(3개월)의 적법성을 입원개시일로부터 1개월 이내에 심사하여 결정함 -최초입소 후 계속입원(1회 3개월, 그 후 6개월 단위) 때 정신건강심의위원회의 심의 후 지자체의 장이 결정
입원 기간의 연장	계속 입원 등의 치료가 필요하다는 정신과의사 1인의 진단이 있고, 보호의무자가 동의하고, 기초정신보건심의회의 심의 후 지자체의 장이 결정	입원 등의 기간 연장을 통한 치료가 필요하다는 서로 다른 정신의료기관 소속 2인의 진단이 있고, 보호의무자가 동의(실질은 신청임)하고, 정신건강심의위원회의 심의 후 지자체의 장이 결정

34) 군산윤락촌 화재사건에서 국가배상책임을 인정한 대법원 2004.9.23. 선고 2003다49009 판결 등 다수의 판결 참조.

치료절차에서의 정신질환자의 권리	– 특수치료는 본인 또는 보호의무자의 동의가 있어야 함. – 그 밖의 치료에 대해서는 본인 동의를 요구하는 규정이 없음. 사실상 비자의치료의 심리적 압박이 있음	–특수치료에 대해 본인 동의. 본인의 의사능력이 미흡한 경우 보호의무자의 동의로 갈음 – 그 밖의 치료에 대해서는 본인 동의를 요하는 규정이 없음. 사실상 비자의치료의 심리적 압박
퇴원절차	당사자 및 보호의무자에 의한 퇴원신청–정신의료기관등의 장의 퇴원 등의 거부–기초정신보건심의회의 심의로 지자체의 장이 결정–그 결과에 따라 퇴원 등이 있을 수 있음. 퇴원을 불허할 경우 광역지방자치단체에 이의제기 가능 계속입원 절차의 심사결과 지자체의 장이 퇴소명령을 내린 경우 퇴소	당사자 및 보호의무자에 의한 퇴원신청–정신의료기관등의 장의 퇴원 등의 거부–정신건강심의위원회의 심의로 지자체의 장이 결정– 그 결과에 따라 퇴원 등이 있을 수 있음. 퇴원을 불허할 경우 광역자치단체장에게 이의제기 가능 계속입원 절차의 심사결과 지자체의 장이 퇴소명령을 내린 경우 퇴소
사법적 심사	언제라도 비자의입원의 즉시해제를 관할지방법원에 신청할 수 있음(인신보호법).	언제라도 비자의입원의 즉시해제를 관할지방법원에 신청할 수 있음(인신보호법)

2) 공법에 의한 비자의입원으로서의 보호의무자에 의한 입원의 성격의 명확화

(1) 공권력에 의한 자유박탈조치인 비자의입원

정신건강복지법 동법 제40조는 보호의무자에게 다음과 같은 의무를 부담한다. 첫째, 피보호 정신질환자가 적절한 치료 및 요양과 사회적응 훈련을 받을 수 있도록 노력할 의무, 둘째, 피보호 정신질환자가 정신의료기관 등에 입원 등을 할 필요가 있는 경우에는 정신질환자 본인의 의사를 최대한 존중하고, 정신건강의학과전문의가 정신의료기관등에서 정신질환자의 퇴원 등이 가능하다고 진단할 경우에는 퇴원 등에 적극 협조할 의무, 셋째, 피보호 정신질환자가 자신이나 다른 사람을 해치지 아니하도록 유의하고, 정신질환자의 재산상의 이익 등 권리보호를 위하여 노력할 의무, 넷째, 피보호 정신질환자를 유기하지 않을 의무 등이다. 내용적으로는 구 정신보건법 제23조의 의무와 다르지 않다. 보호의무자는 동법 제43조에 따라 비자의입원 신청을 할 수 있는데, 구 정신보건법 제24조의 그것과 가장 큰 차이는 보호의무자에 의한 입원의 요건이 지자체 장에 의한 입원의 요건이 다르지 않게 되었다는 점이다(동법 제44조). 즉 입원치료가 필요할 정도의 자해, 타해의 위험이 있을 때라는 것이다. 차이는 신청인이 정신건강의학전문의 또는 정신보건전문요원이라는 점(동법 제44조 제1항), 진단조사결과 치료목적의 입원이 필요하다는 결과를 통지받은 경우 지자체의 장이 치료 목적의 입원의 사유와 기간을 정신질환자, 보호의무자, 보호하고 있는 자에게 통지한다(동법 제44조 제8항)는 점이다. 동법 제50조의 응급입원은 제43조, 제44조보다 응급성의 정도가 좀 더 심한 경우로 이해할 수 있다. 개정법에서는 이제 비자의입원의 목적이 사회보호의 목적임이 보다 뚜렷해졌다. 정신건강복지법 제80조는 지자체의 장에 의한 행정입원의 비용은 국가가 전부 또는 일부 부담할 수 있도록 하고, 제79조는 보호의무자에 의한 입원은 의료비를 지원할 수 있게 규정하는 것도 공법상의 입원과 연계되어 있다. 보호의무자에 의한 비자의입원이 비록 사회보호 목적이지만 이를 통해 정신질환자도 치료의 혜택을 보기 때문에 그 비용부담에서 본인(그의 부양의무자는 부양의무 이행의 일환으로 비용부담이 가능할 수도 있다)도 분담할 수 있기 때문이다. 다만, 비자의입원은 자유박탈적 효과가 수반되기 때문에 그 비용은 국가가 부담하는 것이 적절할 것이다.

'보호의무자의 입원'이라는 명칭에도 불구하고 이 형태의 비자의입원의 실체는 사회보호 목적으로 정신질환자를 비자의 입원 등을 하는 것이므로 보호의무자는 용어 그대로 신청할 권한 밖에 없으며, 정밀진단을 위한 비자의입원 여부를 결정할 권한은 1인의 정신과의사와 정신의료기관의 장에게 맡겨졌음이 분명해졌다(동법 제43조 제3항). 정신과의사가 보호의무자의 입원 결정을 한 경우 3일 이내에 국가가 설치 운영하는 입원적합성심사위원회에 통지하여야 한다. 이어 2주간의 기간 동안 치료 목적의 입원(최초입원일로부터 최대 3개월)이 필요한지를 정밀진단한 결과 2인의 정신과의사가 치료 목적의 입원이 필요하다고 인정하면 정신의료기관의 장은 치료 목적의 입원을 결정할 수 있다. 그러나 그 결정은 입원적합성심사위원회에 입원의 적합성 여부의 심사를 거쳐야 한다(동법 제47조). 이 심사는 입원한 날로부터 1개월 이내에 이루어져야 한다.

한편 정신질환자 본인 또는 보호의무자는 언제라도 퇴원을 신청할 수 있으나, 정신의료기관의 장은 동조 제1항의 요건이 있다고 판단하면 이를 거부할 수 있고, 신청자는 지방자치단체의 장에게 퇴원 심사를 청구할 수 있다(동법 제43조 제9항, 제10항). 이때 지방자치단체의 장은 기초정신건강심의위원회에 회부하여 정신건강심사위원회에서 심사하게 해야 한다(동법 제56조). 정신건강심사위원회는 지체 없이 심사하여 그 결과를 지방자치단체의 장에게 알려야 한다(제57조). 지자체의 장은 그것을 기초로 퇴원명령 등을 내릴 수 있다. 다른 한편 최초입원 등이 있은 이후의 입원기간 연장에는 국가가 설치하는 입원적합성심사위원회가 개입하지 않고, 지자체의 장이 결정한다. 즉 동법 제43조의 제1항의 요건을 갖추었다고 판단하여 정신의료기관등의 장이 계속입원이 필요하다고 판단하는 경우 지자체의 장에게 계속입원의 심사를 청구하여야 하고(동법 제43조 제6항), 지자체의 장은 이를 기초정신건강심사위원회의 심사에 즉시 회부하여야 한다(제56조). 심사결과는 제57조에 따라 지자체의 장에게 통보하여야 한다.

위에서 언급한 전체 과정을 보면 사회보호의 목적으로 1차적으로 정신과의사와 정신의료기관의 장에게 비자의입원을 개시할 권한을 부여한 것이고, 그 후 3개월간 지속될 최초입원을 결정할 주된 권한은 2인의 정신과의사와 정신의료기관의 장에게 부여되었다. 그 권한 행사의 적법성을 점검하기 위해 국가가 설치 · 운영하는 입원적합성심사위원회를 두었다. 3개월의 최초입원 이후 이어지는 계속입원은 이제 지자체의 장의 책임이다. 이때 지자체의 장은 결정 이전에 정신건강심사위원회의 심사를 거쳐야 한다. 요컨대 입원 개시부터 퇴원까지의 전 과정이 국가 및 지방자치단체의 임무이자 권한이며, 그 권한의 일부가 정신과의사 및 정신의료기관의 장에게 위임되었음이 보다 분명해졌다. 영국 정신보건법 역시 1인의 최근친 또는 인증정신보건전문요원(Approved Mental Health Professional)의 신청에 의해 정신과의사의 진단으로 정신병원의 장이 조사목적 입원을 결정하고, 그 후 6개월간의 치료목적 입원을 결정할 권한을 가지고, 본인은 정신보건재심위원회(Mental Health Review Tribunal)에 사후적으로 즉시 퇴원명령을 신청할 수 있고, 조사 및 치료 목적 입원요건도 자·타해 위험이 있을 때이므로 우리 개정 정신건강복지법과 매우 유사하다. 이런 비자의입원은 국가가 정신질환자의 자유를 박탈하는 것이 그 목적이라고 한다. 그 점에서 자유박탈의 정당성 문제가 검토된다는 것이다.[35)]

(2) 후견인에 의한 민법에 따른 입원결정과 보호의무자에 의한 정신건강복지법에 의한 비자의입원 신청 간의 차이

정신건강복지법의 시행으로 민법 제947조의2 제2항에 의한 후견인에 의한 피후견인의 격리시설인 정신병원 및 정신요양시설 등에 입원 및 입소하는 것에 동의하는 것과 정신건강복지법 제43조의 진단, 정밀진단 및 치료를 위한 입원을 신청하는 것 사이의 차이도 뚜렷해졌다. 전자는 본인의 격리시설에 입원 등에 대한 본인의 동의권을 대리 행사하는 것이며, 따라서 본인이 동의할 의사능력이 없을 때에만 가정법원의 허가를 받아 후견인이 이를 대리할 수 있다(민법 제947조의2 제1항, 제2항). 가정법원은 자유박탈적 효과가 수반되는 동의권을 후견인이 남용하지 않도록 사전예방적 차원에서 본인의 동의권의 대리행사를 감독하여 허가하는 것이다. 그러나 후자는 본인의 동의를 전제하지 않을 뿐 아니라,[36)] 후견인의 권한도 본인의 동의권을 대리하는 것이 아니라 정신건강복지법이라는 공법이 후견인에게 부여한 신청권이라는 공법행위를 독자적으로 행사하는 것이다. 이런 성격의 차이 때문에 민법 제947조의2 제2항은 본인의 동의가 필요한 사안에서 본인이 동의할 의사능력이 없고, 후견인이 가정법원으로부터 동의권을 대리할 권한을 부여받았을 때[37)] 이를 행사하는 것이며, 정신건강복지법 제43조는 공법에 의해 후견인에게 부여된 권한인 신청권한을 자신의 권한으로 직접 행사하는 것이다. 계속 입원에서의 동의도 용어만 '동의'일 뿐 신청권한에 불과하다. 왜냐하면 동법 제43조 제1항의 요건이 갖추어졌을 때 정신건강심의위원회에서 적법하다고 심의하여 지자체의 장이 계속입원을 결정하여야 계속입원이 가능할 것이기 때문이다. 보호의무자의 권한은 동법 제43조에 따른 절차를 개시시키는 촉발자(trigger)의 역할에 불과하다. 양자 간의 차이는 아래 표와 같다.

---

35) 이에 대해서는 Simon Godefroy, Mental Health & Mental Capacity Law for Social Workers, SAGE 2015, pp. 36 참조.

36) 이는 정신건강복지법 제41조의 자의입원의 경우 적용된다.

37) 민법 제946조는 신상결정권이라고 하지만, 후견인에게 피후견인의 신상을 결정할 권한을 부여하는 것은 그 자체로 위헌적이다. 따라서 이 권한은 본인에게 속한 신상 침습 등에 관한 동의권을 대리행사할 권한이라고 해석하지 않는 한, 위헌적 규정이라고 할 것이다.

| 표 2 | 민법 제947조의2 제2항의 입원과 정신건강복지법 제43조의 입원 간의 비교

항목	정신건강복지법 제43조	민법 제947조의2 제2항
입원등을 결정하는 자	• 보호의무자의 신청−정신과의사 1인의 진단−정신의료기관등의 장이 정밀진단 목적의 입원 결정 • 정신과의사 2인 정밀진단−정신의료기관등의 장의 치료 목적 입원 결정 • 입원적합성심사위원회의 심사로 최종 결정	• 본인이 의료계약 체결, 입원 및 치료에 대한 동의 • 본인이 의사능력이 없어서 의료계약 및 입원, 치료 등에 동의할 능력이 없으면 후견인이 동의. • 후견인의 동의는 가정법원의 사전허가를 받아야 함
입원기간	• 최초 3개월 • 이후 3개월 연장 가능 • 그 이후부터 6개월마다 연장가능	• 본인에게 의사능력이 있으면 본인이 결정 • 본인이 의사능력 없으면 후견인이 가정법원의 허가를 받아 기간결정. 가정법원에서 기간을 정하지 않으면 후견인이 결정
입원에 대한 불복	• 최초 입원 직후부터 정신건강심사위원회에 불복 가능 • 기초정신건강심사위원회의 심사로 계속입원을 지자체의 장이 결정하면, 광역자치단체장에게 불복가능−광역정신건강심사위원회의 심사로 광역자치단체장이 결정 • 언제라도 인신보호법에 따라 지방법원에 즉시 입원해제를 신청할 수 있음.	• 후견인이 가정법원에 허가신청을 하여 가정법원에서 허가를 한 것에 대해 불복할 때에는 즉시 항고함. • 본인이 의사능력이 없어서 후견인이 가정법원의 허가를 받아 입원한 경우, 본인이 사후적으로 의사능력 회복하여 퇴원을 결정하면 퇴원하여야 함. • 본인이 의사능력을 회복하여 퇴원을 요청하였는데도 퇴원시키지 않으면 불법감금이 됨.
후견인 등의 지위	• 부양의무자, 후견인은 정신질환자를 자주 접하는 사람이므로 정신지환의 발병 등에 가장 빨리 알 수 있기 때문에 이들에게 공법상의 보호의무를 부과한 것임. • 부양의무자, 후견인은 입원을 결정할 수 없고, 입원 결정을 위한 신청을 할 권한만 있음	• 본인의 동의권을 대리행사하는 것임. • 후견인의 본인 동의권을 적절하게 대리행사하는 것인지를 확인하기 위해 가정법원에서 심사하여 대리권 행사를 허가하는 것임.
입원의 특징	• 사회보호를 위한 공법상 입원 • 현재, 임박한 중대한 자해위험이 있을 때 비자의입원을 하여 조사 및 치료를 받도록 하는 것 역시 자살, 자해 방지가 본인보호만이 아니라 사회보호에도 중요하기 때문에 사회보호적 기능을 한다고 봄(자살예방과 유사한 맥락임).	• 사회보호 기능이 없음. • 본인 보호를 목적으로 하는 것이고, 본인의 자기결정권 행사를 근거로 하되, 본인이 자기결정권을 행사할 수 없을 때 대리권을 가진 후견인으로 하여금 당연대리하게 하는 것이 아니라 감독적 측면에서 대리권 행사를 허가하는 것임. • 정신건강복지법상의 자의입원을 후견인이 대리할 때 가정법원의 허가를 받아야 함.

양자의 관계	• 별개의 제도 • 가정법원의 사전허가를 받아 대리인이 자의입원을 신청하더라도, 자·타해위험이 있는 경우 제43조에 따른 입원절차를 다시 밟을 수 있음.	• 정신보건법 제43조의 후견인의 신청권한, 입원기간 연장동의권한은 본인의 권리가 아니라 후견인의 공법상의 권한임 • 본인 보호를 위해 후견인을 감독할 권한 있는 가정법원이 공법인 정신건강복지법에 의해 후견인에게 부여된 권한에 관여할 수 없음. 가정법원의 권한 범위 밖임.
외국의 사례	• 영국 정신보건법은 1인의 최근친(최근친의 선정방법이 판례로 확립되어 있고, 본인이 최근친의 변경, 선정 등을 신청할 수 있음)과 인증받은 정신보건전문요원이 조사 및 치료 목적 비자의입원의 신청권이 있음. • 독일 정신보건법(주별로 법이 다름)은 자·타해 위험이 있는 정신질환자는 정신건강을 담당하는 지자체 공무원이 조사 및 치료 목적의 비자의입원을 하도록 지방법원에 신청함. 지방법원의 사전허가가 있어야 함.(독일은 법관 수가 20,000여명임. 우리나라는 2,900여명) • 호주(e.g. New South Wales)는 자·타해 위험이 있는 정신질환자는 최근친(지정방법이 있음), 후견인, 친구 등이 정신병원에 조사, 치료 목적의 비자의입원을 신청하고, 정신과의사의 진단 하에 정신병원장이 결정하는 점에서 우리와 유사함. 다만, 치료목적의 입원은 준사법기관인 정신보건심의위원회(Mental Health Review Tribunal)의 사전허가를 받아야 함.	• 영국은 정신능력법에 따라 자·타해 위험이 없으나 정신질환치료가 필요한 자가 치료의 필요성을 이해하지 못하는 경우(의사능력이 없는 경우), 정신능력법에 따라 후견인(deputy)이 본인을 대신하여 입원을 동의할 수 있음. 또는 보호법원에 신청하여 입원을 명령하도록 신청할 수도 있음. • 독일은 자·타해 위험이 없는 정신질환자로 정신질환 치료의 필요성을 이해하지 못하는 경우로 그를 방치할 경우 건강, 생명에 상당한 문제가 생길 우려가 있는 경우 후견법원이 직권으로 비자의입원을 결정할 수 있음(실제로는 후견인, 친족 등이 후견법원에 결정해 줄 것을 촉구함). • 호주의 경우(e.g. New South Wales) 자·타해위험이 없는 정신질환자로 치료의 필요성을 이해하지 못하여 방치할 경우 건강 등에 중대한 손상이 생길 우려가 있는 경우 준사법기관인 후견위원회(Guardianship and Administration Tribunal)에 가족, 후견인 등이 신청하여 비자의입원 등을 결정함.

3) 비자의입원 절차의 개선이 더 중요한 과제인가?

(1) 사법심사가 비자의입원의 전제요건이어야 하는지

국제보건기구의 MI 원칙에서는 비자의입원의 적법성을 담보하기 위한 독립된 기관에 의한 사법적 심사(judicail review)를 받아야 한다고 규정하고 있었다. 그런데 여기서 말하는 사법적 심사는 독립성의 보장, 그에 대해 상급기관에 불복이 가능하다 하더라도 그 기관의 결정이 최종적인 것이어야 한다는 의미이다. 그런데 우리 법체계에서 사법적 심사라는 용어를 사용할 때에는, 사법권은 법관으로 구성된 법원에 속한다는 헌법 제101조 제1항으로 인해 법원의 심사를 받아야 한다는 의미로 이해된다. 이때 우리나라의 법관은 대법관을 포함하여 전체 2,900

여명에 불과하다는 점에 유의해야 한다.[38] 정신장애인의 비자의입원과 비자의치료, 지역사회 치료명령 등에 관한 사항의 결정을 사전적으로 법원의 결정을 거치도록 하는 것은 비현실적일 뿐 아니라, 사회적 비용이 너무 많이 소요된다. 비자의입원을 가령 지금의 10% 수준으로 대폭 줄여 상시적으로 6,000명 정도의 비자의입원 환자가 있다 하더라도 1명의 비자의입원 환자가 1년에 최소 2번 내지 3번, 더 많게는 환자 1인당 10여건씩(입원기간이 30일경이라면) 계속입원 허가를 받아야 하기 때문에, 법원의 관점에서 보면 실제의 사건 수는 최소 18,000건, 최대 60,000여건이 될 것이며, 거기에 비자의치료나 지역사회치료명령 등이 더해지면 건수는 더 늘어날 것이다. 또 다른 문제는 우리나라의 사법부의 특성상 정신질환자의 치료와 인권 문제에 법관이 과연 전문성을 갖출 수 있을지가 의문이다. 왜냐하면 법관은 기본적으로 보직을 순환하기 때문에 이 분야의 전문성을 쌓을 기회를 가지기 어렵기 때문이다.

전문성의 관점에서 보면, 비자의입원에 관하여 사전허가를 결정한다 하더라도 그 역할은 법원이 아닌 별도의 전문위원회가 맡는 것이 바람직할 것이다. 그 전문위원회에는 법률과 정신건강, 인권 문제에 대해 전문성과 역량을 갖춘 경력 있는 변호사, 사회복지사, 정신과의사로 구성되어야 할 것이다. 특히 변호사 2만명, 3만명의 시대를 목전에 두고 있는 우리 현실에서 보면 이 전문위원회에 전문변호사로 하여금 상근하게 하는 것이 필요할 것이다. 호주의 정신보건재심위원회, 영국의 정신보건재심위원회가 바로 이런 모델이다. 그러나 이런 전문위원회가 비자의입원을 사전허가하는 것은 우리나라의 현실에 맞지 않는다. 첫째, 이 제도가 도입되면 인신보호법의 적용범위에서 정신건강복지법에 따른 비자의입원을 제외해야 할 것이다. 둘째, 이 전문위원회의 결정에 1심적 효력을 부여하고, 거기에 불복할 때 제2심을 지방법원합의부나 고등법원의 관할로 하여야 할 것인데, 곧바로 헌법 제101조 제1항 위반 문제가 제기된다.

따라서 현실적인 방안은 입원적합성심사위원회와 정신건강심사위원회의 전문성과 독립성을 강화하는 것이 필요하다.[39] 첫째, 지금도 입원적합성심사위원회는 독립성이 있지만, 전문성과 역량을 갖춘 인력으로 충원될 것인지는 미지수이다. 여기에 전문성과 역량을 갖춘 변호사, 사회복지사, 정신과의사를 상근위원으로 근무하게 하고, 비상근위원에 의한 심사를 조율할 수 있도록 하는 것이 필요할 것이다. 둘째, 형식적으로는 지방자치단체의 장이 비자의입원에 대해 결정권한을 가지고(현재에도 이 위원회의 심사결과에 따라 지자체장의 결정이 좌우된다), 정신건강심사위원회는 결정권한이 아니라 자문기능만 하도록 되어 있는데 그 독립성을 강화할 필요가 있다. 즉 지자체의 장은 특별한 이유 없이는 정신건강심사위원회의 결정에 따르도록 할 필요가 있다. 적어도 광역정신건강심사위원회는 소수라 할지라도 변호사, 사회복

38) 약 8,500만의 인구가 있는 독일은 법관 수가 약 2만여명에 이르고, 인구 약 5천만명의 잉글랜드 역시 비전문 법관인 치안판사(magistrates)가 약 2만여명이 있다. 우리와는 사법부의 구조가 다르다는 점을 유의할 필요가 있다.

39) 행정심판은 행정처분 또는 부작위에 대한 불복절차, 즉 사후적 구제수단인데, 입원적합성심사위원회나 정신건강심의위원회의 심사는 비자의입원 또는 계속입원에 대한 사전심사 기능이 있다. 그렇지만 행정심판 담당기관에 준하는 독립성을 갖추어야 할 것이다.

지사, 정신과의사 등의 상근위원이 기초자치단체의 정신건강심사위원회의 활동을 지원하여야 할 것이다.

(2) 입원, 치료, 퇴원 절차에 중립적인 절차보조인을 참여시켜 당사자의 의견을 충분히 전달하도록 하는 다른 방법의 모색

또 다른 방법은 현재의 비자의입원의 진단, 입원적합성심사위원회의 심의, 정신건강심의원회의 심의, 정신장애인의 치료와 퇴원절차, 인신보호법에 따른 구제수단의 고지 등의 전 절차에 보호의무자, 정신과의사로부터 독립한 중립적인 전문가를 개입시켜 정신질환자의 목소리가 충분히 반영될 수 있도록 하는 것, 즉 입원부터 퇴원까지의 절차에서 당사자의 권리를 옹호하고 지원하는 절차보조제도를 도입하는 것도 중요하다. 절차보조인이 중립적인 위치에 있다면 정신과의사와 지방자치단체, 입원적합성심사위원회, 정신건강심사위원회의 위법행위의 부담이 최소화될 수 있다. 동시에 당사자의 목소리가 치료의 전과정에서 경청될 수 있다. 특히 독립된 전문가가 비자의입원의 요건을 충족하지 못했다고 판단하여 의견을 제시할 수 있도록 하면 정신과의사, 입원적합성심사위원회에 의견을 제시함으로써 그들의 오판가능성을 줄이고, 동시에 정신과의사 등이 자신의 의견을 재고하거나 근거를 남겨 놓을 수 있기 때문에, 설령 그 판단이 법원의 판단과 다르다 하더라도 과실책임으로부터 벗어날 가능성은 더 높아질 것이다. 따라서 지방자치단체의 국가배상책임의 가능성도 더 낮아질 것이다.

(3) 비자의입원 절차 강화보다 더 중요한 자기결정권 행사지원의 장치

정신건강복지법의 시행으로 비자의입원의 요건이 엄격해짐으로써 향후 정신건강정책의 일대 전환이 불가피해졌다. 그 방향은 지역사회치료, 자의입원, 개방시설에서의 치료와 요양이 정신장애인에게 제공될 수 있게 함으로써 정신질환치료를 여타의 질환치료와 전혀 다르지 않게 취급하는 것이어야 한다. 개정법은 정신질환에 대한 예방, 조기발견, 조기치료를 촉진시킬 수 있는 정신건강정책을 내재하고 있다는 것이다.

다른 한편 개정 정신건강복지법에 따른 보호의무자의 입원에서 치료 및 요양 목적이라는 요건이 없어짐으로써 비자의입원의 목적의 정당성은 확보될 수 있다. 또한 입원이나 입소 없이는 현재 또는 임박한 자해 또는 타해의 위험을 방지할 수 없을 때에 비자의입원등이 가능하기 때문에 수단의 정당성도 확보될 수 있다. 위 헌법재판소의 검토기준에 비추어 보면, 이제 침해의 최소성 원칙이 준수되었는지가 중요할 것이다. 위 헌법재판소의 검토기준에 비추어 보면, 많은 문제가 해소되었지만 정신건강복지법상의 입원적합성심사위원회, 정신건강심사위원회, 인신보호법에 의한 즉시해제신청, 퇴원신청 등의 여러 절차에서 정신질환자가 자신의 주장과 목소리를 낼 수 있는 장치가 여전히 없다. 법정책적 관점에서 보면 이를 시급히 보완할 필요가 있다.

3. 정신건강복지법에 따른 입원 및 치료의 구조와 성격

정신질환자의 치료 목적의 입원은 의료법에 의해 규율되어도 되는 영역이지만, 역사적으로 정신질환자의 치료를 자유박탈적 환경에서 진행해 왔기 때문에 이를 의료법 아닌 별도의 특별법에서 규율할 필요가 있었다. 구 정신보건법이나 현행의 정신건강복지법 모두 그 핵심내용은 자유박탈적 조치를 수반하는 치료의 적법성을 보장하기 위한 것이다. 아래에서는 먼저 비자의입원에 대해 살펴보도록 한다.

1) 비자의입원의 유형

(1) 응급입원

누구라도 응급입원을 의뢰할 수 있다. 의뢰하기 위한 요건은 어떤 사람이 정신질환으로 추정되고, 자신의 건강 또는 안전이나 다른 사람에게 해를 끼칠 위험이 크다고 주관적으로 판단하여야 하며, 의사와 경찰관의 동의가 있다면, 응급입원을 의뢰할 수 있다(정신건강복지법 제50조). 응급입원을 의뢰한 사람은 본인의 동의 없이 비자의입원을 시키는 단순한 촉발제(trigger)의 역할을 하고, 응급입원을 실질적으로 신청하는 사람은 응급입원을 동의하는 의사와 경찰관이다. 응급입원을 결정하는 주체는 정신의료기관의 장이다. 정신의료기관의 장은 법률로 정신질환자의 자유를 박탈하여 진단을 받게 할 권한을 가진 셈이다. 3일간의 진단기간 후 계속 입원이 필요하다고 판단하면 정신의료기관의 장은 입원계약에 의한 입원(동법 제41조, 제42조)을 유도할 수도 있고, 비자의입원(동법 제43조, 제44조)으로 전환시키도록 유도할 수도 있다(동법 제50조 제5항). 응급입원은 3일의 기간에 한정하여 자유박탈 상태에서 진단 및 치료 목

| 그림 1 | 응급입원 흐름도

신청요건		병원까지의 이송		결정권한
• 누구라도 신청 • 의사와 경찰관의 동의 • 정신과의사일 필요가 없으며, 진단이 불필요함.	⇒	경찰관 또는 구급대원(법 제50조 제2항)	⇐	• 정신의료기관의 장이 입원결정 • 정신건강의학과전문의에게 진단의뢰 (법 제50조 제3항, 4항)
–자신의 건강이나 타인에게 해를 끼칠 위험이 큰 경우 –다른 입원조치를 취할 여유가 없는 경우		–3일간의 응급입원을 신청하기 위한 이송(법 제50조 제3항)		• 자신의 건강, 안전, 타인에게 해를 끼칠 위험이 있는 자로 계속입원이 필요하다고 인정하면 법 제41조부터 제44조까지의 입원조치를 하고 • 그렇지 않은 경우 퇴원

적의 계속 입원 필요성을 검사하는 것이다. 응급입원으로 자유를 박탈당하는 정신질환자는 정신건강복지법상의 불복절차는 없지만 인신보호법에 따른 즉시해제 청구는 가능하다. 그러나 응급입원기간이 3일간에 불과하기 때문에 실효성은 없다. 결국 정신의료기관의 장이 고의로 정신질환자를 응급입원 결정을 한 경우에는 감금죄로 형사처벌을 받거나 불법행위로 손해배상의무를 부담할 것이다. 응급입원의 과정은 앞의 표와 같다.

(2) 보호의무자에 의한 입원 등

정신질환자를 정신의료기관 또는 정신요양시설(정신의료기관 등)에 보호의무자의 신청으로 비자의입원 등이 될 때 아래 3단계를 거친다.

가. 진단을 위한 비자의입원 등

부양의무자 또는 후견인은 언제라도 정신질환자인 피부양자와 피후견인의 비자의입원 등을 신청할 수 있다. 그러나 비자의입원 등을 결정하는 주체는 정신의료기관 등의 장이다.[40] 정신의료기관등의 장은 정신건강의학의학과 전문의 1인의 진단입원의 필요성이 있다는 진단이 있을 때 비로소 입원 등을 결정할 수 있다. 전문의는 비자의입원 등을 해서라도 치료 및 요양이 필요할 정도의 정신질환이 있고, 그 질환으로 본인의 건강 또는 안전이나 타인에게 해를 끼칠 위험(자해, 타해의 위험)이 있을 때에만 진단입원이 필요하다는 진단서를 발급하여야 한다. 자해, 타해의 위험성은 정신건강복지법 시행규칙 제34조 제2항에서 상세히 규정하기 때

| 그림 2 | 진단목적의 비자의입원 등 흐름도

신청요건		결정권한		불복절차
• 보호의무자의 신청 • 정신건강의학과전문의 1인의 진단(정신건강복지법 제43조 제1항)		정신의료기관 등의 장 (법 제43조 제1항)		• 본인 또는 보호의무자가 정신의료기관등의 장에게 퇴원 등 신청(법 제43조 제9항)
• 보호의무자가 신청할 때의 요건은 없음. • 정신건강의학과전문의의 진단요건은 –치료, 요양이 필요한 정도의 정신질환 –자해 · 타해의 위험성(법 제43조 제2항)	⇒	–2주간 진단을 위한 비자의입원 등을 결정(법 제43조 제3항)	⇐	• 법 제43조 제2항의 요건을 충족할 경우 거부가능. 불복할 때 지자체의 장에게 퇴원 등의 심사를 청구할 수 있음(법 제43조 제10항, 법 제55조) • 언제라도 인신보호법에 따라 즉시해제 청구

40) 영국의 정신보건법도 의료기관의 장에게 진단 목적 비자의입원과 치료 목적 비자의입원의 결정권한을 부여한다. Gostin ed., Principles of Mental Health Law and Policy, Oxford(2010), pp. 415 참조.

문에,[41] 실무관행의 누적으로 조만간 판단기준이 구체화될 것이다. 정신의료기관 등의 장은 2주간의 진단을 위한 입원 등을 결정할 수 있다. 본인이나 보호의무자는 언제라도 퇴원 등을 신청할 수 있지만, 정신의료기관 등의 장은 비자의입원등의 요건이 충족되었다고 판단하면 퇴원 등을 거부할 수 있다. 이때 본인과 보호의무자는 지방자치단체의 장에게 퇴원 등의 심사를 신청할 수 있고, 지자체의 장은 정신건강심사위원회의 심사결과를 토대로 퇴원 등에 대해 결정한다. 그러므로 1차적으로는 진단을 위한 입원은 정신의료기관 등의 장이, 최종적으로는 지자체의 장이 결정한다. 1차적 결정권한을 가진 정신의료기관 등의 장은 진단을 위한 입원결정이라는 행정처분을 하는 공무수탁사인의 성격을 지난다. 그 과정은 앞의 표와 같다.

나. 치료 또는 요양을 위한 비자의입원 등

정신건강복지법 부칙 제6조는 '보건복지부장관은 부칙 제1조에도 불구하고 이 법 시행일부터 1년까지의 기간 동안 제45조부터 제48조까지 및 제67조에 따른 입원적합성 심사 및 입·퇴원 등 관리시스템 운영의 적정을 기하기 위하여 보건복지부장관이 고시하는 지역에서 시범사업을 실시할 수 있다'고 규정함으로써 입원적합성심사위원회는 2018년 5월 30일부터 본격적으로 작동하였다. 그 사이에는 치료 등의 목적을 위한 비자의입원 등을 결정하는 주체는 위 1)과 마찬가지로 1차적으로는 정신의료기관등의 장이며, 최종적으로는 지자체의 장이다. 치료 목적의 비자의입원 결정과정에는 보호의무자는 아무 역할도 하지 않는다.

입원적합성심사위원회가 본격적으로 활동하는 지금도 이런 사정이 근본적으로 달라지지는 않았다. 다만, 정신의료기관등의 장이 치료 등을 위한 입원 등에 대한 1차적 결정권한 행사의 당부에 대해 입원적합성심사위원회가 판단하고 퇴원 등을 명령할 수 있는 독자의 권한을 가진다. 물론 최초입원 등에 대해 입원적합성심사위원회의 결정 이전이라도 본인 또는 보호의무자는 정신의료기관등의 장에게 퇴원 등을 신청할 수 있다. 퇴원 등의 신청에 대해 정신의료기관등의 장이 거부할 경우 지자체의 장에게 퇴원 등의 심사를 청구할 수 있다. 그러나 최초 입원의 경우 입원적합성심사위원회의 퇴원 등의 명령은 정신의료기관등의 장의 거부, 정신건강심사위원회의 심사 후의 지자체장의 결정에 우선하는 권한을 가진다(정신건강복지법 제47조). 따라서 실무에서는 본인이나 보호의무자가 퇴원 등을 신청한 경우 입원적합성심사위원회의 결정을 우선 기다리는 것이 적절할 것이다. 입원적합성심사위원회에서 퇴원 등의 명령을 내리지 않았다 하더라도 본인과 보호의무자의 퇴원 등의 신청에 대해 정신의료기관등의 장 또는 지자체 장의 결정에 따라 퇴원할 수도 있다. 그러나 실무에서는 입원적합성심사위원회의 심사로 최초입원 등의 적법성 여부가 확정될 가능성이 높을 것이다. [그림 3]은 그 절차를 표로 요약하였다.

---

41) 시행규칙 제34조 제2항은 정신건강복지법 제43조 제2항 제2호에서 말하는 "보건복지부령으로 정하는 기준에 해당하는 위험"을 본인 또는 타인의 건강 또는 안전에 중대하거나 직접적인 위해를 가하거나, 위해를 가할 개연성이 높다고 인정되거나, 상습적인 위해를 가하거나, 급박한 위험이 있거나, 그 개연성이 높다고 인정되는 경우를 의미한다고 한다. 이를 판단할 때 정신질환자의 질병, 증세, 증상, 기왕력, 행위의 성격 또는 건강이나 안전에 미치는 영향 등을 종합적으로 고려하여야 한다고 한다. 이 기준은 제43조만이 아니라 다른 비자의입원에서의 자해, 타해의 위험을 판단하는 기준 역할을 할 것이다.

| 그림 3 | 입원적합성심사위원회 이후의 보호의무자에 의한 치료 등 목적의 비자의입원 등

신청요건		결정권한		입원결정 심사		불복절차
• 정신의료기관 등의 장이 진단을 위한 비자의 입원등을 결정(법 제43조 제3항) • 정신과의사 2인의 진단(법 제43조 제4항)	⇒	• 정신의료기관 등의 장(법 제43조 제4항) • 진단 목적 입원 즉시 입원적합성 심사위원회에 통지(법 제45조)	⇐	입원적합성심사위원회에서 심사(법 제47조)	⇐	• 입원적합성심사위원회 심사 이전에라도 본인 또는 보호의무자가 정신의료기관 등의 장에게 퇴원 등 신청(법 제43조 제9항)
–치료, 요양이 필요한 정도의 정신질환 –자해·타해의 위험성(법 제43조 제2항)		–3개월 간의 치료를 위한 비자의입원등(법 제43조 제5항)		–입원 등 요건을 충족하지 못하면 퇴원 등 명령(법 제47조)		• 제43조 제2항의 요건을 충족할 경우 정신의료기관의 장은 거부할 수 있고, 이때 본인 또는 보호의무자는 지자체의 장에게 퇴원 등의 심사를 청구할 수 있음(법제43조 10항, 제55조) • 언제라도 인신보호법에 따라 즉시해제 청구신청

다. 계속입원 등의 결정

치료 등을 위한 비자의입원등에도 불구하고 정신건강복지법 시행규칙 제34조 제2항의 자해, 타해의 위험성이 계속되는 경우 정신질환자의 비자의입원등도 계속되어야 할 것이다. 이때 계속입원 등의 심사신청권 행사를 요청하는 자, 심사를 신청하는 자, 계속입원 등을 결정하는 자의 손을 거쳐 비자의입원등이 결정된다. 먼저 보호의무자의 동의와 정신건강의학과 전문의 2인의 진단이 있어야 정신의료기관등의 장은 심사신청권을 행사할 수 있다. 즉, 정신의료기관 등의 장은 관련 서류를 첨부하여 지자체의 장에게 계속입원 등을 결정해 줄 것을 신청한다. 지자체의 장은 정신건강심사위원회의 심사를 거친 후 퇴원 또는 계속입원 등을 결정하게 된다. [그림 4]는 그 과정을 표로 나타낸 것이다.

| 그림 4 | 법 제43조에 따른 계속입원 등의 결정과정

심사신청의 요건		심사신청권의 행사		결정권한		불복절차
• 보호의무자의 계속입원 등에 대한 동의 • 정신건강의학과전문의 2인의 진단으로 계속입원 등이 필요하다고 진단 (법 제43조 제6항)	⇒	정신의료기관 등의 장이 지자체의 장에게 심사신청 (법 제43조 제6항)	⇒	• 정신건강심사위원회의 심사 후 통보(법 제56조, 법 제57조) • 지자체의 장이 계속입원 등의 결정(법 제59조 제1항 7호, 8호)	⇐	• 광역지방자치단체의 장에게 불복(법 제60조) • 광역정신건강심사위원회의 심사 후 광역단체장이 결정(법제61조, 제59조의 준용)
– 치료, 요양이 필요한 정도의 정신질환 – 자해·타해의 위험성				– 입원요건을 충족하지 못하면 퇴원명령(법 제59조 제1항 1호)		• 언제라도 인신보호법에 따라 즉시해제 청구신청

라. 보호의무자에 의한 입원 등의 성격

보호의무자의 입원 등 중에는 보호의무자가 치료 등 및 입원 등의 비용을 부담하는 경우도 있기 때문에 마치 계약에 의한 입원 등인 것과 같은 착시현상이 일어나기도 하지만, 성인 정신질환자를 염두에 두면 그 입원 등은 계약 없는 비자의입원등이다. 첫째, 비자의입원등의 표현에서 드러나듯이 본인은 치료 등 목적의 비자의입원 등을 동의하지 않았기 때문에 본인이 의료계약, 입소계약을 체결한 것이 아니다. 또한 보호의무자 중에는 본인을 대리하여 의료 등의 계약을 체결할 대리권 또는 법정대리권이 없는 경우가 대부분이기 때문에 대리에 의한 의료등 계약도 없다.[42] 둘째, 설사 보호의무자가 제3자를 위한 의료계약, 입소계약을 체결했다 하더라도, 본인이 수익의 의사표시를 하지 않으면 의료(요양)서비스를 받을 권리가 없다. 즉 제3자를 위한 의료계약, 입소계약의 효력이 생기지 않는다. 그러므로 보호의무자에 의한 입원 등의 신청은 본인을 대리하거나 제3자를 위한 의료계약, 입소계약이 있음을 전제한 것이 아니다.

이런 사정을 감안하면, 격리시설인 정신병원 등에의 입원 등을 위한 피후견인의 동의를 후견인이 민법 제947조의2 제2항의 절차에 따라 대리행사하는 것은 정신건강복지법 제43조의 절차를 밟지 않고 입원, 입소하는 경우를 상정한 것이고, 정신건강복지법 제43조에 따른 보호

42) 부양의무자라는 지위 때문에 본인을 대리할 권한이 생기지는 않는다. 부양의무와 정신건강복지법의 보호의무 간의 구분은 제철웅(위 주 6), 278면 이하 참조. 일상가사대리권에 근거하여 정신질환치료의 목적으로 비자의입원 계약을 대리할 수 있지만, 비자의입원에 대한 동의를 대리할 수는 없다고 할 것이다.

의무자에 의한 입원 등은 보호의무자에게 부여된 공법상의 권한 행사, 즉 공법행위에 의한 비자의입원의 신청에 불과함을 알 수 있다.

그렇다면 의료계약을 체결할 권한도 없는 이들에게 보호의무자의 입원 신청(또는 계속입원 등의 동의)을 하게 한 이유는 무엇일까? 그것은 부양의무자나 후견인이 정신질환자를 가장 자주 접하는 지위에 있다고 판단하여, 이들로 하여금 자해, 타해의 위험성이 있는 정신질환자가 입원 치료를 받을 수 있도록 유도하는 통로 역할을 맡긴 것이라고 이해하는 것이 적절할 것이다. 물론 이들은 피부양자나 피후견인을 위한 퇴원 등의 신청을 할 권한이 있기 때문에 일종의 권익옹호적 기능을 부분적으로 수행할 수도 있을 것이다.[43)]

(3) 지방자치단체의 장에 의한 입원

정신보건법 하에서는 지방자치단체의 장에 의한 입원(이하 행정입원이라 한다)이 드물었다.[44)] 그러나 계약 없이, 그리고 본인의 동의 없이, 법률규정에 따라 입원시켜 치료하는 절차로 그 성격이 행정처분임이 가장 잘 드러나는 것이 행정입원이다. 행정입원 역시 진단을 위한 입원, 치료를 위한 입원, 계속입원으로 구분된다.

❙그림 5❙ 행정청의 결정으로 하는 진단을 위한 비자의입원

신청요건		결정권한		불복절차
• 정신과전문의 또는 • 정신건강전문요원의 신청(제44조 제1항) • 경찰관은 위 사람에게 신청함	⇒	• 지방자치단체의 장의 진단의뢰(법 제44조 제3항) • 1인의 정신건강의학 전문의의 진단 • 지자체 장의 결정 (법 제44조 제4항)	⇐	• 본인 또는 보호의무자는 지자체 장에게 퇴원 신청 (법 제55조)
• 위 각 신청권자가 신청하기 위한 요건은 -정신질환이 있고 -자신의 건강 또는 안전, 타인에게 해를 끼칠 위험이 있다는 의심이 있을 때(법 제44조 제1항)		-2주간 진단을 위한 비자의입원을 결정 (법 제44조 제3항)		• 지자체 장은 정신건강심사위원회에 회부-심사 후 결과 통보-지자체의 장의 결정-불복시 광역지자체의 장에게 재심사 신청(법 제56조 내지 법 제61조) • 언제라도 인신보호법에 따라 즉시해제 청구 가능.

43) 이런 역할에 대해 영국 정신보건법의 전문가는 회의적이다. Gostin ed.(위 주 48), pp. 327 참조.

44) 박인환(위 주 3), 223면 이하는 2014년 기준 전체 입원 등의 정신질환자 81,625명 중 보호의무자에 의한 입원 등은 68.6%, 행정입원은 0.2%에 불과하였다고 한다.

가. 진단을 위한 비자의입원

진단을 위한 행정입원은 정신건강복지법 제44조에 따라 정신건강의학과전문의나 정신보건전문요원이 직접 지자체의 장에게 신청하거나, 경찰관이 정신건강의학과전문의나 정신보건전문요원에게 요청하여 후자가 지자체의 장에게 신청함으로써 비로소 입원이 결정된다. 이때 지자체의 장은 정신건강의학과전문의에게 진단을 의뢰하여 그 결과 진단입원이 필요하다는 의견이 있으면 지자체의 장은 2주간의 진단입원을 결정한다. 이때 본인 또는 보호의무자는 퇴원을 신청할 수 있다. 그 절차는 앞의 표와 같다.

나. 치료를 위한 비자의입원

치료를 위한 비자의입원 역시 지방자치단체의 장이 결정한다. 행정처분에 의한 입원인 셈이다. 지자체의 장은 3개월 이내의 기간을 정하여 치료 목적의 비자의입원을 결정할 수 있다. 그런데 입원적합성심사위원회가 본격적으로 활동하는 시점에서도 결정권자는 지자체의 장이지만, 입원적합성심사위원회는 지자체의 장의 결정에도 불구하고 퇴원을 명령할 수 있다.

❙그림 6❙ 입원적합성심사위원회의 활동 이후 치료목적의 행정입원 절차

신청요건		결정권한		입원결정 심사		불복절차
• 지자체의 의뢰를 받은 정신과의사 2인의 진단－진단결과의 통지(법 제44조 제6항)	⇒	• 지자체의 장 (법 제44조 제7항) • 진단 목적 입원을 한 정신의료기관의 장이 즉시 입원적합성심사위원회에 통지(법 제45조)	⇐	입원적합성심사위원회에서 심사 (법 제47조)	⇐	• 입원적합성심사위원회 심사 이전에라도 본인 또는 보호의무자가 지자체의 장에게 퇴원 신청(법 제55조)
－치료,가 필요한 정도의 정신질환 －자해·타해의 위험성(제44조 제7항, 제43조 제2항의 유추적용)		－3개월 이내의 치료기간을 정한 비자의입원(법 제61조 제1항)		－입원요건을 충족하지 못하면 퇴원명령 (법 제47조)		• 지자체의 장은 정신건강심사위원회에 회부－결정 후 통지－지자체장의 결정－불복시 광역지자체에 재심사 청구(법 제56조 내지 법 제61조) • 언제라도 인신보호법에 따라 즉시해제 청구신청

| 그림 7 |　행정입원으로 하는 계속입원 절차

연장 요건		결정권한		불복절차
• 정신과의사 2인의 계속 입원이 필요하다는 진단 • 정신건강심사위원회의 심의 −통지(법 제62조 제2항)	⇒	• 지자체의 장이 결정 (법 제62조 제2항)	⇐	• 광역지방자치단체의 장에게 재심사청구(법 제60조) • 광역정신건강심사위원회의 심사 후 광역단체장이 결정(법 제61조, 제59조의 준용)
−치료가 필요한 정도의 정신질환 −자해 · 타해의 위험성이 명백한 경우(법 제62조 제2항)		−1차 입원 연장 3개월, 그 후는 6개월 단위		• 언제라도 인신보호법에 따라 즉시해제 청구신청

다. 계속입원의 결정

계속입원이 필요한 경우 정신과의사 2인의 진단과 정신건강심사위원회의 심사결과를 통지받으면 그것을 근거로 지자체의 장이 계속입원을 결정한다. 그 기간은 1차 입원 연장은 3개월, 그 후는 6개월 단위로 계속입원을 할 수 있다. 지자체의 장의 결정에 대해서는 광역지자체의 장에게 재심사를 청구함으로써 불복할 수 있다. 물론 인신보호법에 따른 즉시해제는 언제라도 신청할 수 있다.

2) 임시퇴원 등

정신보건법 하에서도 임시퇴원제도가 있었다(동법 제37조). 정신보건법 하에서는 치료나 요양 목적으로도 비자의입원등이 가능하였기 때문에 임시퇴원 등이 유명무실할 수밖에 없었지만, 정신건강복지법 하에서는 자해, 타해의 위험성이 있을 때에만 비자의입원 등이 가능하고, 동시에 그 위험이 지속될 때에만 비자의입원 등을 지속할 수 있다고 해석하여야 한다. 먼저 본인이나 보호의무자는 비자의입원 등 이후 언제라도 퇴원 등을 신청할 수 있는데, 정신건강복지법 시행규칙 제34조 제2항의 자해, 타해의 위험성이 있어야만 정신의료기관의 장은 퇴원 등의 신청을 거부할 수 있다. 동법 시행규칙 제34조 제2항에서 규정한 자해, 타해의 위험성이 비자의입원 등의 존속요건이라고 할 것이다. 그렇다면 정신의료기관의 장의 입장에서 비자의입원 등 이후 동법 시행규칙 제34조 제2항의 요건을 더 이상 충족하지 않음을 안 경우 퇴원 등의 조치를 취할 의무가 있게 된다. 그러나 동법 시행규칙 제34조 제2항의 요건에 해당되는지 여부가 불확실한 경우도 있을 것이다. 이 경우에는 임시퇴원 등의 조치를 적극 활용하여야 할 것이다(정신건강복지법 제63조 이하).

3) 자의입원 및 자의입원 하에서의 자유박탈

(1) 자의입원

정신질환자나 그 밖에 정신건강상 문제가 있는 사람은 의료계약 또는 요양계약을 체결하여 정신병원 또는 정신요양시설에 입원하거나 입소할 수 있다. 이는 계약자유의 영역에 속한 문제이다. 그런데 정신병원이나 정신요양시설은 보건복지부의 감독 하에 있기 때문에 보건복지부는 계약에 기초하여 입원 또는 입소시킬 경우에도 일정한 기준과 절차를 따르도록 하고 있다. 그 이유는 정신질환이 있는 상태에서 당사자가 부당한 영향력 하에 계약을 체결하거나 충분한 정보를 제공받지 못한 상태에서 계약을 체결할 수 있기 때문이다. 이 목적으로 정신건강복지법 제41조 제1항에서는 보건복지부령으로 정하는 입원신청서, 입소신청서를 작성하여 정신의료기관 및 정신요양시설의 장에게 제출하여 입원 또는 입소하게 한다.

계약에 기해 입원 등을 한 사람이 언제 퇴원, 퇴소(퇴원 등) 할지는 당사자 사이의 계약으로 정할 수도 있지만, 입원 등에서 일정한 절차를 준수하도록 한 것과 마찬가지의 이유 때문에 퇴원 등에서도 정신건강복지법 제41조 제2항에서는 정신의료기관등의 장은 자의입원 등을 한 사람이 퇴원 등을 신청한 경우에는 지체 없이 퇴원 등을 시키도록 강제하고 있다. 이 규정을 위반하면 형사처벌에 처하도록 하는 것(동법 제84조 제1호)도 동일한 이유 때문이다. 이 규정은 정신질환자를 특별히 보호하기 위한 규정이기 때문에 퇴원 등을 요구하는 정신질환자가 의사능력이 없다는 이유로 퇴원 등을 거부할 수 없도록 한 규정으로 해석해야 할 것이다. 다만, 정신질환자가 자유로운 환경에서 충분한 정보를 제공받아 자신의 의사를 변경하여 퇴원 등을 번복하였다면 그 의사를 존중할 수 있을 것이다. 따라서 퇴원 등을 요청하거나 퇴원 등을 번복하는 경우에는 서류를 갖추어 두는 것이 필요할 것이다. 현행 정신건강복지법에는 이에 관한 규정이 없지만, 정신병원이나 정신요양시설에서는 관련 서류를 준비해 두는 것이 바람직할 것이다. 나아가 정신의료기관등의 장은 자의입원 등을 한 사람에 대하여 입원 등을 한 날부터 2개월마다 퇴원 등을 할 의사가 있는지를 확인하도록 하고 있다. 부당한 영향력 하에 정신질환자가 퇴원하지 못하도록 하는 것을 방지하기 위한 목적이다.

정신건강복지법에 따른 자의입원은 입원 · 입소계약에 의한 것이지만, 정신질환자를 보호하기 위해 정신의료기관등의 장에게 특별한 주의의무를 부과한 것이라고 이해할 수 있다.

(2) 동의입원: 자의입원 하에서의 자유박탈

자의입원한 사람이 퇴원 · 퇴소하고자 할 경우 정신건강복지법 제41조 제2항에 의해 퇴원 등의 조치를 밟아야 한다. 그렇지 않을 때에는 본인의 동의 없는 자유박탈조치여서 감금죄의 처벌대상이 되거나 그렇지 않더라도 불법행위를 이유로 한 손해배상의무를 부담할 수 있다. 그런데 퇴원 등을 신청한 사람이 현재 상당히 중요한 자해나 타해의 위험이 있을 때에는 여러 문제가 발생할 수 있다. 첫째, 퇴원 등을 신청한 경우 지체 없이 퇴원 등의 조치를 취해야 하기 때문에 법적으로는 퇴원 등을 신청한 의사가 정신의료기관이나 정신요양시설의 직원

(병원장 또는 시설장 및 그를 대리하여 신청을 수리할 수 있는 사람)에게 도달하게 되면 그때부터는 언제든지 병원이나 시설을 벗어날 수 있다. 이를 막을 때 불법적인 자유박탈이 된다. 둘째, 현재 상당히 중요한 자해나 타해의 위험이 있는 정신질환자라고 해서 누구라도 그의 자유를 박탈할 수는 없다. 응급입원의 요건을 충족한 경우 의사와 경찰관의 동의를 받아 응급입원을 의뢰할 수 있다(제50조 제1항). 요양시설에 있을 경우 경찰관 또는 구급대원이 정신병원으로 호송할 수 있다(제50조 제2항).

그런데 현재 병원이나 요양시설에 자의입원한 사람이 퇴원 등을 요청하지만 상당히 중요한 자해 또는 타해의 위험이 있을 때 응급입원의 조치를 취할 수도 없고, 그렇다고 보호의무자에 의한 비자의입원 등의 신청을 기다릴 수도 없다. 이런 상황에서 발생하는 문제를 처리하는 절차가 필요할 것이다. 영국 정신보건법(the Mental Health Act 1983)은 제2조에서 진단을 위한 비자의입원, 제3조에서 치료를 위한 비자의입원, 제4조에서는 응급입원을 규정하고 있는데, 위와 같은 상황이 발생할 때를 대비하여 제5조에서 특별한 규정을 두고 있다. 즉 이미 병원에 있는 환자로서 퇴원할 수 있는 환자가 제2조, 제3조, 제4조에 따른 입원이 필요한 상황이라고 판단될 경우, 치료 의사가 병원장에게 신청하여 72시간 동안 비자의입원시킬 수 있도록 하였다.

그러나 동의입원의 핵심내용인 제42조 제2항 단서는 제43조의 보호의무자의 입원 등의 신청, 제44조의 지자체장의 행정입원, 제50조의 응급입원의 요건과 연계되어 있지 않다는 문제가 있다. 제42조 제2항 단서는 "정신질환자가 보호의무자의 동의를 받지 아니하고 퇴원 등을 신청한 경우에는 정신건강의학과전문의 진단 결과 환자의 치료와 보호 필요성이 있다고 인정되는 경우에 한정하여 정신의료기관등의 장은 퇴원 등의 신청을 받은 때부터 72시간까지 퇴원 등을 거부할 수 있고, 퇴원 등을 거부하는 기간 동안 제43조 또는 제44조에 따른 입원 등으로 전환할 수 있다"고 규정하고 있다. 단서에서 말하는 '환자의 치료와 보호필요성'이 있다고 해서 그의 자유를 박탈하는 것은 앞서 언급한 헌법재판소의 판결 취지에 정면으로 위반되는 것이다. 72시간의 비자의입원이라 하더라도 그 요건은 반드시 '현재 상당히 중요한 자해 또는 타해의 위험'이 있지만 제43조, 제44조, 제50조의 절차를 취하는 것이 현실적으로 불가능할 경우에 비로소 허용되는 것이어야 할 것이다.

이런 점을 감안하면 제42조 제2항 단서의 내용을 핵심으로 하는 동의입원은 헌법에 불합치할 뿐 아니라, 구 정신보건법 하의 보호의무자의 입원 등의 연장선상에 있는 낡은 규정이라 할 것이다. 또한 현장에서는 동의입원을 통해 자유박탈이 빈번하게 발생할 위험성이 상존할 것이다. 이 규정은 조속히 삭제되어야 할 것이다.

4) 비자의치료

(1) 원 칙

정신병원이나 정신요양시설에 비자의입원 등이 되었다 하더라도 치료를 강제해서는 안

된다. 제1장에서 언급한 것처럼 정신질환의 치료도 본인에게 충분한 정보를 제공한 후 본인의 동의를 받아 수행해야 할 것이다. 그렇지 않으면 본인의 신체를 훼손하는 불법행위가 되거나 폭 행 또는 상해죄로 처벌될 위험이 있을 것이다.

물론 비자의입원과 마찬가지로 정신질환의 치료도 예외적으로 본인의 동의 없이 진행하는 것을 허용할 수도 있을 것이다. 그러나 우리나라의 정신건강복지법에서는 이에 관한 규정이 없다. 따라서 비자의입원되어 있다 하더라도 본인의 의사에 반하는 치료는 가능하지 않다. 비자의입원한 환자가 의사가 처방한 약을 복용하지 않을 때 이를 강제해서는 안 되며, 이를 거부한다는 이유로 병원 내에서 감금하거나 별도의 시설에 격리하거나 불이익한 조치를 취하면 정신건강복지법 제72조를 위반한 것으로 취급될 것이다. 본인이 거부하는 약물을 강제복용하도록 하는 것은 폭행이나 가혹행위에 해당되며, 이를 이유로 독방 등에 감금하거나 신체를 결박하는 것은 제72조 제1항 위반이 된다.

제72조(수용 및 가혹행위 등의 금지)

① 누구든지 이 법 또는 다른 법령에 따라 정신질환자를 보호할 수 있는 시설 외의 장소에 정신질환자를 수용하여서는 아니 된다.

② 정신건강증진시설의 장이나 그 종사자는 정신건강증진시설에 입원 등을 하거나 시설을 이용하는 사람에게 폭행을 하거나 가혹행위를 하여서는 아니 된다.

이 규정을 위반한 경우 제84조에 따라 형사처벌을 받을 수 있기 때문에 정신건강증진서비스를 제공하는 업무에 종사하는 사람은 각별히 주의를 기울여야 할 것이다.

(2) 예외조치

특수치료의 경우 반드시 본인의 동의를 받도록 하지만, 예외적으로 본인 동의 없이도 보호의무자의 동의 하에 특수치료를 하도록 규정하고 있다. 정신건강복지법 제74조가 이에 관하여 규정하고 있다. 동조 제1항은 전기충격요법 · 인슐린혼수요법 · 마취하최면요법 · 정신외과요법, 그 밖에 대통령령으로 정하는 치료(이하 “특수치료”라 한다)를 하고자 할 때 절차적으로 정신의료기관이 구성하는 협의체에서 결정하도록 하지만, 본인 또는 보호의무자에게 특수치료에 관하여 필요한 정보를 제공하고, 본인의 동의를 받도록 한다. 그런데 제1항 단서에서는 본인의 의사능력이 미흡한 경우에는 보호의무자의 동의를 받아 시술을 하도록 하고 있다. 이 규정은 의사능력이 미흡하다는 이유로 매우 위험한 시술을 본인의 동의 아닌 보호의무자의 동의로 갈음하도록 하는 규정이다. 자기결정권을 현저하게 침해하는 규정으로 반드시 삭제되어야 할 규정이다.

의료진이 이런 위험한 치료가 필요하다고 판단할 경우라 하더라도, 반드시 본인에게 충분한 정보제공(시술의 내용, 부작용 등에 대해 알기 쉽게 충분히 설명)을 한 후 본인의 동의를 받아야 할 것이다. 본인의 의사능력이 미흡한 경우에는 본인의 의사결정을 지원해 줄 독립된 의사결정지원자의 지원을 받도록 해야 할 것이다. 나아가 본인의 의사능력이 없는 경우에는 보호의무자가 있다 하더라도 반드시 독립된 의사결정지원자를 선정하여 그의 지원을 받아야 할 것이다. 독립된 의사결정지원자가 반대하지만 보호의무자가 의료진의 제안을 받아들이는 경우 독립된 의사결정지원자가 정신건강심사위원회에 이의를 제기할 수 있는 권한을 부여해야 할 것이다. 현행 정신건강복지법에는 관련 절차가 없는데, 제73조에 독립의사결정지원자의 선정과 권한에 관한 규정을 두고, 보호의무자가 의료진의 제안에 동의하더라도 이의를 제기할 수 있는 절차를 제59조에 두어야 할 것이다.

5) 비자의 외래치료

지역사회에 거주하는 정신질환자의 경우 자기 스스로 회복의 길로 나아갈 수 있도록 다양한 형태의 지원이 있어야 할 것이다. 후술하겠지만, 현재 지역사회에 거주하는 정신질환자를 위한 복지서비스는 거의 전무하다시피 하고, 회복을 지원할 수 있는 서비스도 없고, 재활을 위한 지원도 매우 부족하다. 정신질환자에게 유일하게 제공되는 정신건강증진 서비스는 약물치료밖에 없는 상태이다. 정신질환자가 약물치료를 받지 않으려고 하는 것은 약물의 부작용으로 인해 자신의 신체나 정신에 심각한 손상이 초래된다는 인식이 있기 때문이다. 이때 정신질환자에게 필요한 것은 회복지원서비스, 복지지원서비스, 재활서비스일 것이다. 이런 서비스가 제공됨에도 불구하고, 정신질환 때문에 추가적인 치료가 필요한데 본인이 치료를 거부한다면 다른 방법을 찾을 수도 있을 것이다. 그러나 회복을 지향하는 다양한 서비스가 없는 상황에서 약물복용치료를 거부한다는 이유로 정신건강복지법은 제64조에서 외래치료에 관한 규정을 두고 있다. 회복을 위한 복지, 재활, 동료지원 서비스 등의 조치가 없는 상황에서는 이 규정은 당사자의 자기결정권을 현저하게 침해할 수 있는 인권침해 규정이 될 위험성이 매우 높다.

제64조(외래치료 지원 등)

① 정신의료기관의 장은 제43조와 제44조에 따라 입원을 한 정신질환자 중 정신병적 증상으로 인하여 입원을 하기 전 자신 또는 다른 사람에게 해를 끼치는 행동(보건복지부령으로 정하는 행동을 말한다. 이하 이 조에서 같다)을 한 사람에 대해서는 특별자치시장 · 특별자치도지사 · 시장 · 군수 · 구청장에게 외래치료 지원을 청구할 수 있다. <개정 2019.4.23>

② 정신의료기관의 장 또는 정신건강복지센터의 장은 정신질환자 중 정신병적 증상으로 인하여 자신 또는 다른 사람에게 해를 끼치는 행동을 하여 정신의료기관에 입원한 사람 또는 외래치료를 받았던 사람으로서 치료를 중단한 사람을 발견한 때에는 특별자치시장 · 특별자치도지사 · 시장 · 군수 · 구청장에게 그 사람에 대한 외래치료의 지원을 청구할 수 있다. <신설 2019.4.23>

③ 특별자치시장 · 특별자치도지사 · 시장 · 군수 · 구청장은 제1항 및 제2항에 따른 외래치료 지원의 청구를 받았을 때에는 소관 정신건강심사위원회의 심사를 거쳐 1년의 범위에서 기간을 정하여 외래치료를 받도록 정신질환자를 지원할 수 있다. <개정 2019.4.23>

④ 특별자치시장 · 특별자치도지사 · 시장 · 군수 · 구청장은 제3항에 따라 외래치료 지원 결정을

한 때에는 지체 없이 정신질환자 본인 및 그 보호의무자와 외래치료 지원을 청구한 정신의료기관의 장, 정신건강복지센터의 장 및 외래치료 지원을 하게 될 정신의료기관의 장에게 그 사실을 서면으로 통지하여야 한다. <개정 2019.4.23>

⑤ 특별자치시장 · 특별자치도지사 · 시장 · 군수 · 구청장은 제3항에 따라 외래치료 지원 결정을 받은 사람이 그 외래치료 지원 결정에 따르지 아니하고 치료를 중단한 때에는 그 사람이 자신의 건강 또는 안전이나 다른 사람에게 해를 끼칠 위험이 있는지를 평가하기 위하여 그 사람에게 지정정신의료기관에서 평가를 받도록 명령할 수 있다. 이 경우 해당 명령을 받은 사람은 명령을 받은 날부터 14일 이내에 지정정신의료기관에서 평가를 받아야 한다. <개정 2019.4.23>

⑥ 특별자치시장 · 특별자치도지사 · 시장 · 군수 · 구청장은 제5항에 따라 외래치료 지원 결정을 받은 사람에게 평가를 받도록 명령하는 경우 구급대원에게 그 사람을 정신의료기관까지 호송하도록 요청할 수 있다. <개정 2019.4.23>

⑦ 특별자치시장 · 특별자치도지사 · 시장 · 군수 · 구청장은 제5항에 따라 평가한 결과 외래치료 지원 결정을 받은 사람이 자신의 건강 또는 안전이나 다른 사람에게 해를 끼칠 위험이 없다고 인정되는 경우에는 외래치료 지원 결정을 철회하고, 자신의 건강 또는 안전이나 다른 사람에게 해를 끼칠 위험이 있다고 인정되는 경우에는 다음 각 호의 어느 하나에 해당하는 조치를 하여야 한다. <개정 2019.4.23>

1. 제41조에 따라 자의입원 등을 신청하게 하는 것
2. 제42조에 따라 동의입원 등을 신청하게 하는 것
3. 보호의무자에게 제43조 제1항에 따른 입원 등 신청을 요청하는 것
4. 제44조 제7항에 따라 입원하게 하는 것(제1호부터 제3호까지의 조치에 따르지 아니하는 경우만 해당한다)

⑧ 특별자치시장 · 특별자치도지사 · 시장 · 군수 · 구청장은 제3항에 따라 외래치료 지원 결정을 받은 사람에 대하여 정신건강의학과전문의가 치료 기간의 연장이 필요하다고 진단하는 경우에는 소관 정신건강심사위원회의 심사를 거쳐 1년의 범위에서 기간을 정하여 외래치료 지원을 연장할 수 있다. <신설 2019.4.23>

⑨ 국가와 지방자치단체는 외래치료 지원에 따라 발생하는 비용의 전부 또는 일부를 부담할 수 있다. <개정 2019.4.23>

⑩ 제1항 및 제2항에 따른 외래치료 지원의 청구절차와 방법 및 제4항에 따른 외래치료 지원 결정의 집행절차 등은 보건복지부령으로 정한다. <신설 2019.4.23>

정신질환자가 상당히 중요한 자해나 타해의 위험을 보여 비자의입원을 한 경우, 거의 대부분의 경우, 정신질환을 겪고 있는 당사자에 대한 이해가 부족한 가족들이 이런 상황에 대처할 수 있는 방법을 모르고, 또한 이런 상황에 적절하게 대처할 수 있는 역량 있는 전문가가 없기 때문에 부득이 비자의입원을 시킬 수밖에 없는 것이다. 그러나 그 상황을 벗어나 퇴원을 하였다면 첫째, 정신질환자에 대한 대응방법을 가족에게 교육하는 것이 필요하고, 둘째, 당사자에게도 본인의 증상에 대해 스스로 대처할 수 있는 방법을 교육하는 것이 필요하다. 여기에는 선경험(lived experience) 있는 동료지원가에 의한 지원이 가장 효과적일 수 있다. 이런 지원이 정신질환자의 자기결정권을 존중하면서 스스로의 삶을 회복의 길로 나아가게 할 수 있게 하는 적절한 지원일 것이다. 그러나 현재 이런 지원조치는 전혀 없을 뿐 아니라, 정책 당국자들은 이런 조치를 고려하지 않고 있다. 이 상태에서는 정신질환자가 다시 열악한 가족환

경 또는 사회환경에 노출되어 정신과적 증상이 심화될 수 있을 것이다. 그 상태에서 다시 강제적 치료를 받도록 하는 것은 인권침해를 더 심화시킬 수 있을 것이다. 선진국에서 외래치료명령제도를 두고 있는 선진국에서는 퇴원한 당사자를 지원하는 다양한 서비스가 제공되고 있다. 그런데 다양한 서비스를 제공함에도 불구하고 이런 서비스를 받지 않으려고 할 경우 비로소 외래치료명령이 내려진다. 이때 치료란 약물복용이 아니라, 심리치료, 동료상담, 재활훈련, 가족심리상담, 기타 다양한 서비스를 포괄하는 것이다. 우리는 외래치료를 약물치료와 동일시하여 약물치료만 강제하는 제도를 심화시키고 있는 셈이다. 그 점에서 보면 위 규정은 다양한 회복지원 서비스, 재활서비스를 포함한 지원규정으로 전면 개정되어야 할 것이다.

6) 향후의 과제

정신보건법 하에서는 보호의무자가 정신질환이 있는 피부양자 또는 피후견인의 치료와 요양목적으로 비자의입원 등이 필요하다고 판단하여 최초입원 등에 동의하면, 정신과의사 1인의 진단서를 첨부하여 6개월 간 정신의료기관의 장이 비자의입원 등을 결정할 수 있었다(정신보건법 제24조). 비자의입원 등의 요건이 매우 넓었기 때문에 보호의무자의 동의가 비자의입원 등에 결정적인 역할을 하였다. 이로써 마치 보호의무자의 '동의'가 민사법적 권한인 듯한 외관이 형성되었다.[45] 그러나 위에서 살펴본 바와 같이, 정신건강복지법은 비자의입원 등의 요건을 엄격하게 함으로써 보호의무자가 입원 등을 결정하는 주체가 아니라 1차적으로는 정신의료기관의 장, 2차적으로는 지자체의 장이 입원 등을 결정하는 주체이며, 그 입원은 계약 없이 이루어지는 행정처분적 성격임이 보다 뚜렷해졌다. 정신의료기관의 장은 정신건강복지법이라는 공법에 의해 지방자치단체의 장의 비자의입원등의 결정권한의 일부를 위임받은 셈이다. 따라서 보호의무자가 하는 신청(최초입원 등)은 진단을 위한 비자의입원 등이라는 행정처분을 하기 위한 요건으로서의 공법행위이며, 치료 등 목적의 비자의입원 등에는 보호의무자가 관여하지 않는다. 계속입원 등을 위한 보호의무자의 동의도 지자체의 장의 행정처분을 위한 요건으로서의 공법행위에 불과하다. 여기에 정신의료기관의 장의 신청행위라는 공법행위가 추가될 뿐이다.

정신건강복지법상의 비자의입원 등은 의료계약이나 요양계약에 기인한 것이 아니라, 행정처분에 의한 입원 등이기 때문에, 이는 최후의 수단으로 이용하여야 한다. 즉, 자해, 타해의 위험이 현존하거나 임박할 뿐 아니라, 그 위험성의 정도 역시 격리시설에 입원 등을 시켜 외부와 단절시켜 집중관찰하는 것이 필요할 때 실시하는 것이고, 그렇지 않을 때에는 회피되어야 한다. 이런 법리가 뿌리내리면 향후 정신병원에의 비자의입원은 행정입원 중심으로 가게 될 것이다. 즉, 비자의입원은 응급입원, 행정입원이 중심이 되고, 보호의무자에 의한 비자의입

45) 후견인에 의한 민법상의 비자의입원과 정신보건법상의 보호의무자의 입원의 관계는 전연 별개의 것임에도, 후자가 전자의 특별법 관계에 있다든지, 양자의 관계가 모순적이라든지 하는 논의가 있었다. 이에 관한 상세한 논의는 제철웅(위 주 6), 254면 이하 참조.

원은 대폭 줄어들 것이다.[46] 그럼에도 불구하고 현행의 정신건강복지법은 제2조의 기본이념에 모순되는 다양한 규정을 두고 있다는 점에 유의해야 할 것이다. 무엇보다도 동의입원에 관한 제42조 제2항 단서, 외래치료명령에 관한 제64조는 인권침해 규정으로 잘못 활용될 위험성이 매우 높은 규정이라고 할 것이다.

향후 정신건강복지법은 자의입원, 자의치료 중심으로 구성되어야 하며, 정신질환으로 인해 자기결정권을 충분히 행사하는 데 어려움을 겪는 당사자의 자기결정권 행사를 지원하는 형태로 방향을 전환해야 할 것이다. 또한 약물중심의 치료가 아니라, 개인의 필요성과 욕구에 맞게 구성된 회복지원서비스, 재활서비스, 복지서비스가 다양하게 제공될 수 있는 근거 법률로서 자리매김해야 할 것이다.

4. 정신건강증진서비스 제공자

1) 정신건강증진서비스 제공자

정신건강복지법은 정신건강증진을 위한 사업을 하는 것을 법률의 주요 목적의 하나로 삼고 있다. 정신건강증진사업이란 정신건강 관련 교육 · 상담, 정신질환의 예방 · 치료, 정신질환자의 재활, 정신건강에 영향을 미치는 사회복지 · 교육 · 주거 · 근로 환경의 개선 등을 통하여 국민의 정신건강을 증진시키는 사업(동법 제3조 제2호)을 열거한다. 그리고 정신건강증진시설로 정신의료기관, 정신요양시설 및 정신재활시설을 열거한다(동법 제3조 제4호). 그 밖에도 "정신건강복지센터", 국가트라우마센터, 중독관리통합지원센터를 두고 있다. 정신건강복지센터는 정신건강증진시설, 「사회복지사업법」에 따른 사회복지시설(이하 "사회복지시설"이라 한다), 학교 및 사업장과 연계체계를 구축하여 지역사회에서의 정신건강증진사업 및 제33조부터 제38조까지의 규정에 따른 정신질환자 복지서비스 지원사업(이하 "정신건강증진사업 등"이라 한다)을 하는 기관으로 정의하고 있다(동법 제3조 제3호). 정신건강복지센터는 국가 또는 지방자치단체가 설치 · 운영할 수도 있고, 국가 또는 지방자치단체로부터 위탁받아 그 업무를 수행할 수 있다. 국가트라우마센터는 재난이나 그 밖의 사고로 정신적 피해를 입은 사람과 그 가족, 재난이나 사고 상황에서 구조, 복구, 치료 등 현장대응업무에 참여한 사람으로서 정신적 피해를 입은 사람을 대상으로 심리안정과 사회적응을 위한 지원을 하는 기관이다(제15조의2). 국가트라우마센터는 국립정신건강센터에 사업부서로 설치되어 있다. 중독관리통합지원센터는 알코올, 마약, 도박, 인터넷 등의 중독 문제와 관련한 종합적인 지원사업을 수행하기 위하여 설치한 기관인데(제15조의3), 2021년 3월 현재 전국에 50개가 설치되어 있다.

그 중 정신요양시설은 정신질환자를 입소시켜 요양 서비스를 제공하는 시설로 정의하지

46) 영국에서도 비자의입원을 신청할 수 있는 사람은 최근친(the nearest relative)과 승인 정신보건전문요원(the approved mental health professional)인데 전자에 의한 신청은 매우 드물다고 한다. 최근친은 정신보건전문요원과 먼저 협의하고, 전문요원이 전자의 의견을 참조하여 비자의입원을 신청한다고 한다. Gostin ed.(위 주 24), p. 415 참조.

▌그림 8▐ 정신건강증진서비스 제공기관

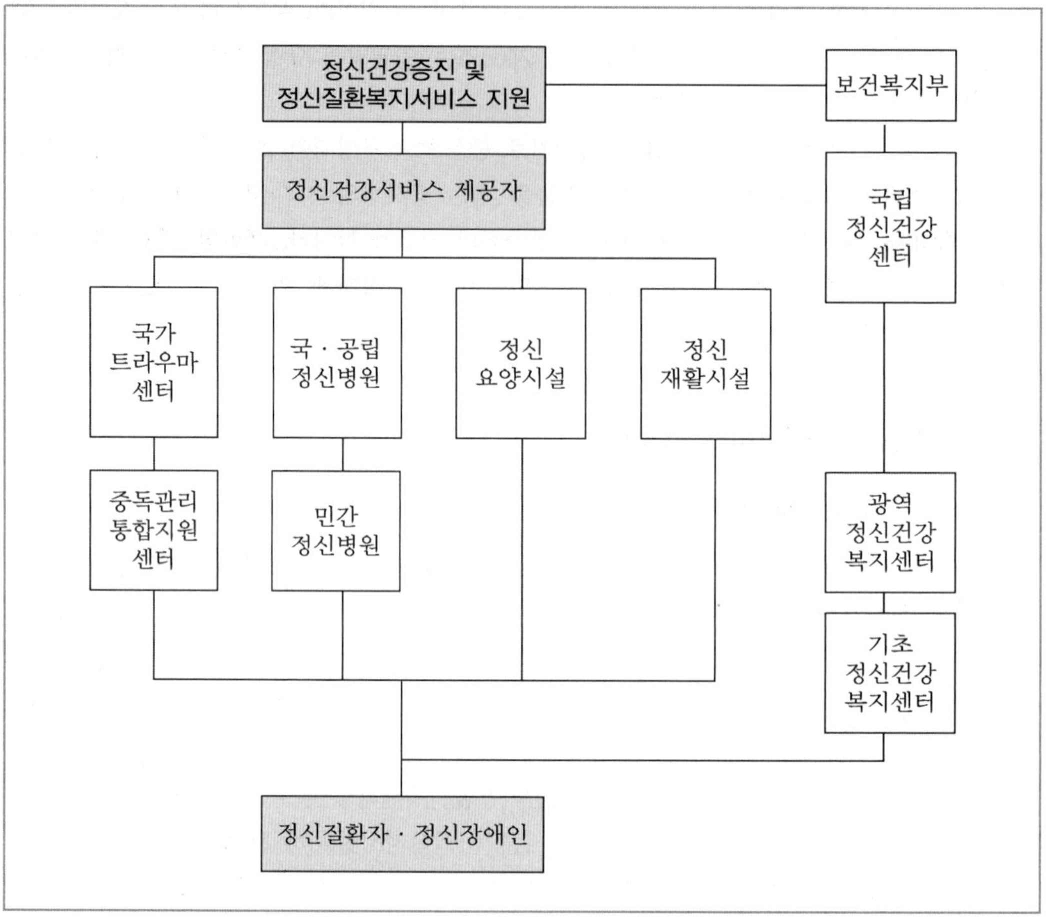

만(제3조 제6호), 정신병원과 더불어 정신의료기관으로 분류되어 비자의입소를 가능하게 하는 시설로 기능하고 있다. 그 결과 지역사회에서 회복 관련 지원, 재활 관련 지원, 복지서비스를 제공할 수 있는 기관은 재활시설과 정신건강복지센터이다. 재활시설은 정신질환자 또는 정신건강상 문제가 있는 사람 중 대통령령으로 정하는 사람(이하 "정신질환자 등"이라 한다)의 사회적응을 위한 각종 훈련과 생활지도를 하는 시설로 정의하고 있다(제3조 제7호). 정신재활시설은 다시 정신질환자 등이 생활할 수 있도록 주로 의식주 서비스를 제공하는 시설인 생활시설, 정신질환자 등이 지역사회에서 직업활동과 사회생활을 할 수 있도록 주로 상담 · 교육 · 취업 · 여가 · 문화 · 사회참여 등 각종 재활활동을 지원하는 시설인 재활훈련시설, 그 밖에 대통령령으로 정하는 시설로서 정신질환자 또는 제2조 각 호에 따른 장애를 가진 사람(이하 "정신질환자 등"이라 한다)이 생산한 생산품의 판매 · 유통 등을 지원하는 시설인 생산품판매시설, 알코올중독, 약물중독 또는 게임중독 등으로 인한 정신질환자 등을 치유하거나 재활을 돕는 시설인 중독자재활시설, 2개 이상의 정신재활시설의 기능을 복합적 · 종합적으로 제공하는 시설인 종합시설이 있다.

위 [그림 8]은 정신건강증진서비스를 제공하는 기관을 나타낸 것이다. 위의 그림을 보면 장애인복지법에 따라 장애인으로 등록된 정신질환자, 등록되지 않은 정신질환자 모두 전문가 중심의 서비스제공자에 압도되어 있다. 이들은 모두 당사자가 겪는 극심한 정신적 스트레스를 '정신질환'으로 분류한 후, 약물복용을 중심으로 한 치료를 전제로 서비스를 제공하고 있다. 당사자가 겪는 정신적 스트레스를 스스로 해결해 나갈 수 있도록 지원해 주는 서비스는 어디에도 찾아보기 어렵다. 선진국에서 동료지원서비스가 확대되고 있는 것, 당사자가 직접 운영하거나 전문가와 협력하여 운영하는 다양한 쉼터(위기쉼터, 일상쉼터 등) 등의 서비스는 제공되지 않는다. 또한 정신질환자가 지역사회에서 독립해서 생활하면서 치료도 받을 수 있게 지원하는 장애인자립센터에 준하는 서비스도 제공되지 않는다. 이런 이유 때문에 현행의 정신건강복지법상의 정신건강증진서비스가 의료모델에 매몰된 서비스라고 칭할 수 있다.

2) 현행 정신건강증진서비스 제공자 관련 규정의 문제점

정신건강증진서비스 제공자와 관련된 또 다른 문제는 자유박탈적 조치인 비자의입원·입소를 집행하는 기관이 국가가 아니라 민간이 압도적으로 많다는 것이다. 민간이 자유박탈조치를 취하는 것은 국가의 책임 하에 집행되어야 할 비자의적 자유박탈조치를 민간에게 떠넘기는 것으로 위험을 민간에 전가시키는 것이다. 자유박탈조치인 비자의입원은 법률상의 요건을 충족하지 않은 경우 관여자는 감금죄로 형사처벌을 받을 수 있고, 민사적으로는 불법행위 책임을 질 수 있다. 정신건강복지법에 의해 비자의입원의 요건이 엄격해졌기 때문에 그 기준대로 하면 정신병원이나 정신요양시설에 1달 이상 비자의입원·입소를 유지하는 것은 법위반의 개연성이 매우 높다. 약물복용을 통해 거의 대부분의 정신질환자가 조만간 자해, 타해의 위험성이 가라앉기 때문이다. 치료의 필요성이 있다고 하더라도, 현행법상 그런 환자에 대해 비자의입원을 유지해서는 안 된다. 그렇기 때문에 민간병원이나 시설로서는 매우 위험한 일을 하는 셈이다. 결론적으로 비자의입원·입소는 국가와 지방자치단체가 직영하는 병원이나 시설에서 직접 수행하여야 할 것이다.

또 다른 문제는 정신건강증진서비스 제공자인 정신요양시설과 재활시설이 국가와 지방자치단체가 수행하여야 할 업무를 위탁받아 수행하는 것인지, 아니면 자신이 제공하는 서비스에 대해 국가가 규제하는 것인지 그 성격이 불명료하다는 것이다. 민간정신병원은 고유하게 치료 관련 서비스를 제공해 오던 것이고, 그것을 정신건강복지법에 따라 규제하는 것으로 이해할 수 있다. 그러나 정신요양시설과 재활시설은 민간차원에서 고유하게 사업을 수행해 오던 것이 아니라, 국가와 지방자치단체가 복지서비스로 제공해야 할 서비스를 위탁받아 수행하는 것이라 할 수 있다. 그렇다면 위탁의 근거와 기준, 비용상환의 방법, 서비스 수요자=정신질환자의 서비스 이용자격요건 등에 관하여 법률에 규정이 있어야 하는데 그와 같은 것이 전무하다. 결과적으로 요양시설과 재활시설의 서비스의 법적 성격을 명확히 하는 것이 시급히 이루어져야 할 것이다. 무엇보다도 요양과 재활, 복지는 정신질환자를 위한 복지서비스로 자리매김 되어야 할 것이다. 이렇게 될 경우 정신질환자의 입장에서는 그 서비스 이용자격과 비용부담이 법률에 규정되어야 하고, 서비스 제공자의 입장에서는 국가로부터 위탁받을 사무의 범위와 기준, 비용상환 등에 관하여 법률에 규정이 있어야 할 것이다.

5. 정신건강복지법상의 복지제도

1) 복지서비스제도의 도입배경

정신질환자가 강제입원과 치료의 굴레바퀴에서 벗어나 독립적으로 생활할 수 있도록 지역사회에서의 복지와 지원에 중점을 두어야 한다는 사회적 요구가 정신건강복지법에 반영되어 동법 제4장에 복지서비스에 관한 규정이 대거 편입되었다. 이는 정신보건법제가 정신질환자의 치료뿐 아니라 그들의 삶에 주목하여 회복과 사회통합(Inclusion)을 목표로 하여야 한다는 동법 제2조의 기본이념을 실현하기 위한 것이기도 하다.

동법 제2조는 입원의 최소화와 지역사회 중심의 치료 우선(제5항), 자유로운 환경에서 다른 사람들과 교류할 권리(제6항), 자신의 신체와 재산에 관한 결정, 주거와 의료행위에 대한 동의, 복지서비스의 이용과 선택 등에서의 자기결정권의 존중(제7항), 자신의 삶에 미치는 모든 사항에 대한 자유로운 의사 표시와 이를 위하여 도움을 받을 권리(제8항), 정신질환 관련 정책결정에 참여할 권리(제9항) 등을 동법의 기본이념으로 제시하고 있다. 이에 근거하여 동법 제33조 내지 제38조에서는 정신질환자에 대한 복지서비스에 관하여 복지서비스 개발, 고용 및 직업재활 지원, 평생교육 지원, 문화 · 예술 · 여가 · 체육활동 지원, 지역사회 거주 · 치료 · 재활 등 통합지원, 가족에 대한 정보제공과 교육 등 정신질환자에 대한 복지서비스 제공의 근거를 제시하고 있다.

이와 같이 정신건강복지법에 복지서비스가 도입된 배경에는 장애인권리협약 제19조의 지역사회 독립생활과 사회통합의 요청과도 밀접한 관련이 있다.

(1) 장애인권리협약 제19조의 영향

장애인권리협약 제19조의 지역사회 독립생활과 사회통합 규정에 힘입어 2009년 국가인권위원회는 정신장애인의 인권보호와 증진을 위한 국가보고서에서, 지역사회 및 이용자 중심의 정신보건 서비스 전달체계로의 패러다임 전환과, 입원과 격리치료 중심의 정책을 지역사회 보호 중심의 정책으로 전환하여, 정신장애인이 사회의 일원으로서 함께 일하고 배우며 건강하게 살아갈 수 있도록 하기 위한 정책적 대안을 목표로 제시하였다.[47]

동 국가보고서는 그 목표 실현을 위한 기본원칙으로 입원과 치료 등에 있어서 적정절차 보장 및 자기결정권 존중, 기본적 권리의 보장과 최소한의 제한, 정신보건 서비스의 전문화와

---

47) 국가인권위원회, 정신장애인의 인권보호와 증진을 위한 국가보고서, 2009. 7면.

최적의 치료환경 보장, 지역사회 중심의 치료환경 조성, 정신장애인에 대한 차별 금지 및 동등한 권리 보장을 제시하였다. 그리고 이를 실현하기 위한 구체적인 정책과제의 하나로 입·퇴원과정에서의 적정절차 마련, 정신보건시설 내 권리보장 및 치료환경 개선, 정신장애인의 차별 및 편견 해소와 지역사회 중심의 정신장애인 치료를 제시하였다.[48)]

먼저 1991년 유엔총회에서 의결한 "정신질환자의 보호와 정신보건의료 향상을 위한 원칙"[49)]의 제7원칙에 따라 모든 정신장애인은 자신이 거주하는 지역사회에서 치료받고 보호받을 권리가 있으며, 정신보건시설에서의 입원치료가 종료된 환자는 즉시 지역사회에 복귀하여야 하고, 지역사회에 거주하는 정신장애인은 가능한 범위 내에서 주거와 노동의 권리를 가지며, 국가는 이를 위해 노력할 의무가 있다는 것을 확인하였다.

그리고 지역사회 중심의 정신장애인 치료 과제를 해결하기 방안으로서, 정신의료기관 등으로의 강제입원 및 장기입원을 막기 위하여 지역사회 시설을 확대하는 것, 사후관리와 재활서비스가 정신건강 관리 및 치료의 필수적인 부분임을 인식하고 법에 이와 관련된 조항을 명시하는 것, 정신보건예산을 안정적으로 확보하는 것, 그리고 그 예산이 지역사회 정신건강관리 및 예방·증진 프로그램을 충분히 고려하여 분배되어야 한다는 점을 밝히고 있다.[50)]

동 국가보고서에 따르면, 정신장애인의 지역사회 독립생활을 저해하는 환경을 다음과 같이 진단하였다.

> "모든 정신장애인은 가급적 자신이 거주하는 지역사회에서 보호받아야 하며, 정신보건시설에서 입원치료를 받아야 하는 경우에도 치료가 완료되는 즉시 지역사회로 복귀하여야 하지만, 국내 정신장애인의 상당수는 지역사회보다 시설에 입원되어 있는 실정이며, 퇴원 후에도 적절한 지역사회 서비스를 제공받지 못한 채 재입원하는 경우가 많다. 이는 우리나라의 경우, 정신보건과 관련한 대부분의 예산을 재활과 사회복귀가 아닌 입원치료에 투입함으로써 정신장애인을 지역사회에서 효과적으로 보호하기 위한 전문인력이 부족하고 시설이 매우 취약하기 때문이며, 이와 같이 퇴원환자가 지역사회에서 회복하지 못하고 다시 재입원하게 되는 악순환 구조는 정신장애인의 삶을 피폐하게 할 뿐만 아니라 국가로 하여금 더 큰 재정적 부담을 지게 한다. 잦은 입·퇴원과 입원의 장기화는 개인의 경제상황을 악화시키고 보편적인 삶의 향유를 저해하며, 국가의 의료비 부담을 가중시킨다. 따라서 국가는 정신장애인이 가장 덜 제한적인 공간인 지역사회에서 치료받고 보호받음으로써 환자의 인신구속이 최소화되고, 국가의 부담이 경감될 수 있도록 지역사회 보호체계를 강화할 필요가 있다."[51)]

이러한 상황인식을 바탕으로 동 국가보고서는 이를 실현하기 위한 구체적인 정책과제로서, 정신보건센터의 기능 강화, 정신보건센터의 인력기준의 강화, 정신장애인의 주택 및

---

48) 정신장애인의 인권보호와 증진을 위한 국가보고서(주 47), 45−50면.

49) Principles for the Protection of Persons with Mental Illness and for the Improvement of Mental Health Care(A/RES/46/119). 약칭하여 MI 원칙이라 불린다. <http://www.un.org/documents/ga/res/46/a46r119.htm>

50) 정신장애인의 인권보호와 증진을 위한 국가보고서(주 47), 47−49면.

51) 정신장애인의 인권보호와 증진을 위한 국가보고서(주 47), 155면.

주거시설 확충, 사회복귀시설 및 프로그램의 강화, 중앙정부 차원에서 최소 정신보건예산 확보기준의 고시와 지역균형 발전 예산의 지원, 가족 보호자와 자조(自助)모임의 지원 등을 제시하였다.

그럼에도 불구하고 2014년 유엔장애인권리위원회는 유엔장애인권리협약의 국내에서의 이행과 관련한 우리나라의 최초의 국가보고서의 심의 후 공표한 최종견해에서 유엔장애인권리협약(CRPD) 제19조 독립생활 및 지역사회로의 참여와 관련하여 한국에서 "장애인을 위한 수용시설과 입소자 수의 증가와 활동보조서비스를 포함하는 지역사회 통합 정책의 결여에서 알 수 있는 것과 같이 장애인의 지역사회통합을 위한 충분한 수단과 탈원화 전략의 효율성이 결여되었다"는 점에 대하여 우려를 표시하며, "장애인의 인권모델에 기초한 효과적인 탈원화 전략을 수립하고 활동보조서비스를 포함하는 지역사회에서의 지원서비스의 확충"을 촉구한 바 있다.[52)]

(2) 정신장애인의 지역사회 보편적 복지서비스 전달체계로부터의 배제

우리나라의 정신장애인은 정신질환자를 대상으로 하는 「정신보건법」 및 이를 개정한 「정신건강증진 및 정신질환자의 복지서비스 지원에 관한 법률」에 따른 서비스만을 제공받고, 「장애인복지법」에 따라 설치된 지역사회 장애인복지시설을 거점으로 하는 보편적 장애인복지전달체계에서는 배제되어 있다. 「장애인복지법」 제2조 제1항, 제2항 제2호 및 동법시행령 제2조 별표 1 '장애인의 종류 및 기준' 제8호에 따르면, 정신질환으로 인한 정신장애인도 「장애인복지법」상의 장애인임에는 틀림없다. 그러나 「장애인복지법」 제15조는 「정신보건법」의 적용을 받고 있는 정신장애인에 대하여 동법의 적용을 배제할 수 있도록 규정하고 있고, 실제 동법시행령 제13조에 의하여 「장애인복지법」 제34조 제1항 제2호와 3호의 적용을 배제하고 있다.

▌표 3▐ 장애인복지법의 정신장애인 관련 규정

〈장애인복지법〉

제15조(다른 법률과의 관계) 제2조에 따른 장애인 중 「정신건강증진 및 정신질환자 복지서비스 지원에 관한 법률」과 「국가유공자 등 예우 및 지원에 관한 법률」 등 대통령령으로 정하는 다른 법률을 적용 받는 장애인에 대하여는 대통령령으로 정하는 바에 따라 이 법의 적용을 제한할 수 있다. <개정 2016.5.29.>

제34조(재활상담 등의 조치) ① 보건복지부장관, 특별시장·광역시장·특별자치시장·도지사·특별자치도지사 또는 시장·군수·구청장(이하 "장애인복지실시기관"이라 한다)은 장애인에 대한 검진 및 재활상담을 하고, 필요하다고 인정되면 다음 각 호의 조치를 하여야 한다. <개정 2008.2.29., 2010.1.18., 2015.6.22.>

1. 국·공립병원, 보건소, 보건지소, 그 밖의 의료기관(이하 "의료기관"이라 한다)에 의뢰하여 의료

52) Committee on the Rights of Persons with Disabilities, Concluding observations on the initial report of the Republic of Korea(Adopted by the Committee at its twelfth session (15 September-3 October 2014) para. 37−38.

와 보건지도를 받게 하는 것
2. 국가 또는 지방자치단체가 설치한 장애인복지시설에서 주거편의 · 상담 · 치료 · 훈련 등의 필요한 서비스를 받도록 하는 것(하선 필자 첨가)
3. 제59조에 따라 설치된 장애인복지시설에 위탁하여 그 시설에서 주거편의 · 상담 · 치료 · 훈련 등의 필요한 서비스를 받도록 하는 것(하선 필자 첨가)
4. 공공직업능력개발훈련시설이나 사업장 내 직업훈련시설에서 하는 직업훈련 또는 취업알선을 필요로 하는 자를 관련 시설이나 직업안정업무기관에 소개하는 것 (이하 생략)

〈장애인복지법시행령〉

제13조(다른 법률과의 관계) ③ 법 제2조에 따른 장애인 중 「정신건강증진 및 정신질환자 복지서비스 지원에 관한 법률」의 적용을 받는 장애인에 대하여는 법 제15조에 따라 법 제34조 제1항 제2호 및 제3호를 적용하지 아니한다. <개정 2014.11.4., 2017.5.29.>

이러한 법상태에 이르게 된 경위는 다음과 같다.

1996년 「정신보건법」이 시행되기 이전까지 정신장애인에 관한 정책과 사업은 「사회복지사업법」에 근거를 두고 수행되었다. 당시 「사회복지사업법」 제2조 제1항에서 "사회복지사업이라 함은, 다음의 법률에 의한 보호 · 선도 또는 복지에 관한 사업과 정신질환자 및 라완치자(한센병력자) 사회복귀에 관한 사업 등 각종 복지사업과 복지시설의 운영 및 지원을 목적으로 하는 사업을 말한다"라고 규정하고, 이를 근거로 정신요양시설이 설치 · 운영되고 있었다. 적어도 이 시기까지는 정신질환과 연관된 정신장애가 있는 사람들도 보편적 사회복지전달체계 내에 위치해 있었다고 할 수 있다.[53] 그러나 다른 한편으로 「장애인복지법」의 전신(前身)으로 1981년에 제정된 「심신장애자복지법」(1981.6.5. 법률 제3452호로 제정되어 1981.6.5. 시행된 것) 제2조는 이 법에서 '심신장애자'라 함은 지체부자유, 시각장애, 청각장애, 음성 · 언어기능장애 또는 정신박약 등 정신적 결함(이하 "심신장애"라 한다)으로 인하여 장기간에 걸쳐 일상생활 또는 사회생활에 상당한 제약을 받는 자로서 대통령령으로 정하는 기준에 해당하는 자를 말한다고 규정하고 정신장애를 장애의 범주에 포함시키지 않았다.

이 시기에 있어서 정신장애인은 사회복지정책의 대상이기는 하지만, 장애인복지정책의 대상은 아닌, 다소 모호한 상태에 있었다. 그 후 1989년 「심신장애인복지법」이 「장애인복지법」으로 전부 개정된 이후에도 장애인에 대한 정의에는 변화가 없었으므로 위와 같은 법상태가 지속되었다.

그 후 2000년 「장애인복지법」의 개정으로 비로소 정신질환으로 인한 장애가 정신적 장애의 하나로 규정되었다.

장애인복지법(1999.2.8. 법률 제5931호로 전부 개정되어 2000.1.1. 시행된 것) 제2조(장애인의 정의) 제1항은 "장애인은 신체적 · 정신적 장애로 인하여 장기간에 걸쳐 일상생활 또는 사회생활에 상당한 제약을 받는 자를 말한다"고 규정하고 제2항에서는 "이 법의 적용을 받는 장애인

---

53) 조윤화 외, 정신장애인의 지역사회 통합을 위한 지원방안 연구(장애인개발원, 2014), 147면 이하 참조.

은 제1항의 규정에 의한 장애인 중 다음 각 호의 1에 해당하는 장애를 가진 자로서 대통령령이 정하는 장애의 종류 및 기준에 해당하는 자를 말한다. 1. 신체적 장애라 함은 주요 외부신체기능의 장애, 내부기관의 장애 등을 말한다. 2. 정신적 장애라 함은 정신지체 또는 정신적 질환으로 발생하는 장애를 말한다"고 규정하였다.

그리고 이에 근거하여 같은법 시행령에서는 정신장애인을 장애인의 한 유형으로 포섭하여, 제2조 장애인의 종류 및 기준에서 제1항 "「장애인복지법」(이하 "법"이라 한다) 제2조 제2항 각 호 외의 부분에서 "대통령령으로 정하는 장애의 종류 및 기준에 해당하는 자"란 별표 1에서 정한 자를 말한다. ② 장애인은 장애의 정도에 따라 등급을 구분하되, 그 등급은 보건복지부령으로 정한다"고 규정하고 같은 [별표 1] 장애인의 종류 및 기준(제2조 관련) 제8호에서 정신장애인(精神障碍人)을 "지속적인 정신분열병, 분열형 정동장애(情動障碍: 여러 현실 상황에서 부적절한 정서 반응을 보이는 장애), 양극성 정동장애 및 반복성 우울장애에 따른 감정조절 · 행동 · 사고 기능 및 능력의 장애로 인하여 일상생활이나 사회생활에 상당한 제약을 받아 다른 사람의 도움이 필요한 사람"이라고 정의하였다.

한편 「정신보건법」은 1995년 12월 30일 제정되어 1996년 12월 31일부터 시행되었다. 동법의 제정목적은 '정신질환의 예방과 정신질환자의 의료 및 사회복귀에 관한 사항의 규정'과 '국민 정신건강증진(제1조)이며, 정신장애인이 아니라 정신질환자를 대상으로 하고(동법 제3조 제1항), 정신보건시설, 비자의입원 절차와 치료에 관한 사항들을 중심으로 구성되었다. 「정신보건법」의 제정 · 시행은 정신장애인의 복지서비스 전달체계에 중대한 영향을 미쳤다. 먼저 「정신보건법」은 사회복지사업으로서 정신질환자 요양시설을 운영하던 것을 「정신보건법」에 의한 병원이나 「정신보건법」에 의한 정신요양병원 또는 사회복귀시설로 전환하도록 하였다.[54)]

그리고 「사회복지사업법」상 사회복지사업에서 '정신질환자 사회복귀를 위한 각종 복지사업과 복지시설의 운영 및 지원'을 제외하였다. 즉, 사회복지사업법(1992.12.8. 법률 제4531호로 전부 개정되어 1993.6.9. 시행된 것)」 제2조 제1항은 '사회복지사업'을 다음의 법률에 의한 보호 · 선도 또는 복지에 관한 사업과 사회복지상담 · 부랑인보호 · 직업보도 · 무료숙박 · 지역사회복지 · 의료복지 · 재가복지 · 사회복지관운영 · 정신질환자 사회복귀에 관한 사업 등 각종 복지사업과 복지시설의 운영 및 지원을 목적으로 하는 사업으로 정의하여, 정신질환자에 대한 복지사업과 복지시설 운영을 규정하고 있었다. 그러나 「정신보건법」을 제정한 직후 1995년에 「사회복지사업법」 제2조(정의)를 ① 이 법에서 '사회복지사업'이라 함은 다음의 법률에 의한 보호 · 선도 또는 복지에 관한 사업과 사회복지상담 · 부랑인보호 · 직업보도 · 무료숙박 · 지역사회복지 · 의료복지 · 재가복지 · 사회복지관운영 · 사회복귀에 관한 사업 등 각종 복지사업과 복지시설의 운영 및 지원을 목적으로 하는 사업이라고 개정하여, 사회복지사업의 대상에서 '정

54) 정신보건법(법률 제5133호, 1995.12.30.) 부칙 제3조(정신질환자요양시설에 관한 경과조치) ① 이 법 시행 당시 사회복지사업법에 의한 정신질환자요양시설을 설치한 사회복지법인은 이 법 시행 후 7년 이내에 제10조 제1항의 규정에 불구하고 이 법에 의한 시설기준을 갖추어 정신요양병원 또는 사회복귀시설의 허가를 받아야 한다. 다만, 사회복지사업법에 의한 다른 사회복지시설로 전환하는 경우에는 그러하지 아니하다.

신질환자 사회복귀를 위한 각종 복지사업과 복지시설의 운영 및 지원'을 제외하였다. 그 후 1997년 사회복지사업법은 재개정되어 정신질환자 사회복귀를 위한 각종 복지사업과 복지시설의 운영 및 지원'을 다시 포함하게 되었다(법률 제5358호, 1997.8.22., 사회복지사업법 전부개정). 그러나 이러한 재개정에도 불구하고 「정신보건법」에 의한 정신장애 서비스의 독점현상이 달라진 것은 아니다.

그 후 2007년 「장애인복지법」을 전부개정하여, 앞서 본 바와 같이 동 제15조에서 「국가유공자 등 예우 및 지원에 관한 법률」과 함께 「정신보건법」의 적용을 받는 정신장애인에 대하여 동법에 의한 적용을 배제할 수 있다고 규정하였다. 이에 근거하여 동법시행령 제13조에서 「정신보건법」의 적용을 받는 장애인에 대하여 동법 제34조 제1항 제2호, 제3호에 의하여 제공되는 "국가 또는 지방자치단체가 설치한 장애인복지시설에서 주거편의 · 상담 · 치료 · 훈련 등의 필요한 서비스를 받도록 하는 것"과 "장애인복지시설에 위탁하여 그 시설에서 주거편의 · 상담 · 치료 · 훈련 등의 필요한 서비스를 받도록 하는 것"의 적용을 배제하였다.

지방자치단체가 설치한 장애인복지관 등 장애인 복지시설은 지역사회 장애인을 위한 주요한 복지서비스 전달체계의 거점이다. 정신장애를 가진 정신질환자들이 지역사회에서 보편적으로 제공되는 장애인복지시설과 거기서 제공하는 서비스를 이용할 수 없게 되자, 지역사회 장애인복지서비스 전달체계에서 정신장애인이 배제되는 결과를 초래하였다. 그로 인하여 법체계상으로 정신장애인에 대한 주된 사회서비스는 「정신보건법」에 근거하여 정신보건센타 등 주로 보건 · 의료전달체계 내에서만 다루어지게 되었다.[55)]

그런데, 「정신보건법」은 '정신장애인'의 문제를 '정신질환자'라는 의료적 관점에서 포착하고, 그나마 정신질환자에 대한 의료서비스도 지역사회의 정신질환자를 중심에 두지 않고 입원치료를 중심으로 한 서비스체계를 구축하였다. 정신질환자의 복지서비스의 제공은 입원 치료 후 지역사회에 돌아와 정상생활로 복귀할 때까지 사회복귀에 필요한 단기적 서비스 수요만을 염두에 두었다. 정신질환자로서 정신장애인으로 등록된 사람이 지역사회에서 독립생활을 할 수 있게 지원하는 지역사회 복지서비스는 거의 고려되지 않았다. 결과적으로 지역사회에서 등록 정신장애인이 이용할만한 보건복지 인프라나 서비스의 제공은 매우 빈약하고 그나마 제대로 시행되지도 않다. 가령, 지역사회에서 정신의료 · 보건서비스전달체계[56)]의 중심 역할을 해야 할 정신보건센터조차 자살방지, 청소년 정신건강 등을 중심으로 운영되었고, 등록 정신장애인의 사례관리 및 지역사회통합을 위한 복지서비스 지원은 매우 빈약하여, 결과적으로 지역사회에 돌아 온 등록 정신장애인이 질환 상태가 악화되었을 때 다시 정신병원에 입원을 유도하는 것 이상의 기능을 하지 못하고 있다는 혹독한 비판을 받았다.[57)]

---

55) 조윤화 외(주 53), 73면.

56) 「정신보건법」상 정신정신자애인 관련 서비스 전달체계에 관해서는 조윤화 외(주 61), 76면 이하.

57) 지역사회 통합을 위한 복지서비스 인프라로서 정신보건센타의 문제점과 한계에 대해서는 이용표 외, "마포구 정신장애인 사망사건을 통해 본 정신보건법제의 개선방안", 『법과정책연구』 제16집 제1호, 2016.3., 419면 이하. 정신보건센터 대부분은 입원을 주요 수익으로 하는 정신의료기관에 위탁 운영되고 있다는 점이 지적되기도 한다. 에이블뉴스 2013.7.5. 정신장애인 지역사회 생존권을 위한 연대 정신보건법 전면개정안 반대성명서

결국 1981년 「심신장애자복지법」의 시행 이래 다른 유형의 장애인들에 대해서는 탈시설화, 정상화에 입각한 선진적 장애인 정책과 이념을 적극적으로 수용하여 지역사회 복지서비스 제공기관인 장애인복지관을 중심으로 장애인의 니즈(needs)에 맞추어 다양하고 세분화된 장애인복지서비스가 발전하였으나, 보편적 장애인복지서비스 전달체계에서 제외된 정신장애인들은 그러한 발전의 수혜로부터 소외되었다. 정신장애인들은 「정신보건법」상 지역사회 복지서비스의 빈곤(사회복귀시설의 절대적 부족, 정신보건센터의 복지서비스 기능 부전 등)과 정신의료기관의 확대(정신과전문의의 급증, 정신요양시설의 대형화, 정신병상의 지속적 증가 등)와 같은 현실적 조건과 손쉬운 강제입원절차 등 지역사회 통합에 역행하는 법제도적 환경 속에서 본인의 의사에 반하는 장기입원의 질곡(桎梏)에 빠지게 되었다.

(3) 「정신보건법」상 지역사회 복지서비스의 빈곤

본래 「정신보건법」은 의료적 관점에서 정신질환자를 대상으로 정신병원이나 정신요양시설에의 수용과 치료를 중심으로 입원절차 등을 주로 규정하고, 지역사회 등록 정신장애인에 대한 복지서비스도 입원 치료 후 사회복귀시설에 관한 규정을 두고 있었을 뿐이었다. 따라서 「정신보건법」의 제정으로 인하여 「사회복지사업법」에 의한 정신질환자 요양시설을 정신요양병원이나 정신질환자 사회복귀시설로 전환하는 등 「정신보건법」이 사회복지시설까지 관장하게 되었으나, 「정신보건법」은 본질적으로 정신질환에 관한 의료 특별법으로의 성격이 강하고 사회복지적인 성격은 매우 희박하였다.[58]

먼저 「정신보건법」은 입원치료 후 지역사회 복귀를 돕기 위하여 사회복귀시설을 규정하기는 하였다. 즉, 정신보건법 제정 당시 사회복귀시설로서 1. 정신질환자생활시설: 정신질환자가 필요한 기간 동안 생활하면서 재활에 필요한 상담 · 훈련 등의 서비스를 받아 사회복귀를 준비하거나 장애로 인하여 장기간 생활하는 시설, 2. 정신질환자지역사회재활시설: 정신질환자복지관, 의료재활시설, 체육시설, 수련시설, 공동생활가정 등 정신질환자에게 전문적인 상담 · 훈련 등을 제공하거나 여가활동 및 사회참여활동 등에 필요한 편의를 제공하는 시설, 3. 정신질환자직업재활시설: 일반고용이 어려운 정신질환자가 특별히 준비된 작업환경에서 직업훈련을 받거나 직업생활을 영위할 수 있도록 하는 시설, 4. 그 밖에 대통령령으로 정하는 시설을 규정하였다(동법 제16조 제1항). 그 이후 2009년 시행령을 개정하여 동조 제4호의 대통령령으로 정한 시설로서 1. 중독자 재활시설: 알코올, 약물 등 유해약물이나 도박, 인터넷게임 등 유해행위에 의존하거나 그 유해약물이나 유해행위를 남용하여 중독된 정신질환자를 치유하거나 재활을 돕는 시설, 2. 정신질환자 생산품 판매시설: 정신질환자가 생산한 생산품을 판매하거나 유통을 대행하고, 정신질환자가 생산한 생산품이나 서비스에 관한 상담, 홍보, 마케팅, 판로개척, 정보제공 등을 지원하는 시설, 3. 정신질환자 종합시설: 법 제16조 제1항 제1호

<http://www.ablenews.co.kr/News/NewsContent.aspx? CategoryCode=0011&NewsCode=00112013070509292 0694255>, 박인환, 정신장애인의 인권과 지역사회통합의 관점에서 본 2016년 정신건강증진법의 평가와 과제, 의료법학 제17권 제1호(2016.6), 213면 이하.

58) 조윤화 외(주 53), 73면.

부터 제3호까지의 시설과 이 조 제1호 · 제2호에 해당하는 시설이 2개 이상 결합되어 정신질환자에게 생활지원, 주거지원, 재활훈련, 심신수련 등의 기능을 복합적 · 종합적으로 제공하는 시설을 추가하였다.

그럼에도 불구하고 사회복귀시설에 대한 재정적 지원의 규모가 작았기 때문에 사회복귀시설에 의한 서비스의 제공도 제한적이었다. 그나마 2005년 '정신요양시설, 사회복귀시설'의 지방 이양에 따라 지방정부의 부담이 증가하자, 사회복귀시설 운영 및 기능이 오히려 축소되었다.[59] 등록 정신장애인의 사회통합을 위한 기본 전제인 지역사회 중심의 다양한 거주공간의 확보와는 거리가 먼 것이었다.

다른 한편으로 「정신보건법」 시행 후 1997년에는 지역사회 정신질환자의 보호를 목적으로 전국에 정신보건센터가 설치되기 시작하였다. 정신보건센터는 지역사회에 거주하는 정신질환자를 사례관리라는 방식으로 등록하여 직업, 일상생활, 여가활동을 영위할 수 있는 자원을 연계하고 위기상황을 관리함으로써 삶의 질을 향상시키려는 사업목표를 가지고 2010년 말 기준 전국 163개소로 확대되었고, 2021년 현재 전국 광역정신건강복지센터는 16개소, 기초정신건강복지센터는 227개소이고 등록된 정신질환자는 2018년 12월 말 기준 81,161명에 이른다.[60]

과거 정신보건센터(이제는 정신건강복지센터로 개칭)'의 역할이나 기능이 자살방지, 청소년 건강증진 등을 중심으로 운영되면서 '정신장애인 사례관리 및 지역사회통합 지원'은 상대적으로 소홀하였다. 그 결과, 지역사회 정신질환자의 보호를 목적으로 하는 정신보건센터가 한창 확대 중인 동안에 정신과 입원병상은 오히려 폭발적으로 증가하는 결과를 초래하였다.[61] 근래에 이르러서도 이러한 한계가 극복되었다고 볼 만한 이렇다 할 만한 변화를 보여주고 있지 못하다.

그 밖에 2019년 말 기준 정신건강증신 시설 2,247개중 의료기관을 제외한 정신요양시설은 59개, 정신재활시설은 349개이다.

2019년 말 기준 지역사회 재활기관(정신건강복지센터)의 사례관리자 1인당 등록 정신질환자수는 34.2명에 이르고 있다(국가정신건강현황보고서 2019, 48면).

다른 한편으로 정신장애인의 지역사회통합을 위해 기본적으로 전제되어야 할 기초생활보장(소득, 의료, 주거 등) 체계 및 활동지원서비스는 장애인의 기초생활보장체계 및 활동지원체계에 통합되어 지원되고 있다.

가. 소득보장

소득보장체계를 보면,[62] 제1차 안전망이라고 할 수 있는 국민연금 등 공적연금 가입을

59) 사회복귀시설 현황에 대해서는 조윤화 외(주 53), 131면 이하.

60) 국가정신건강정보포털 <http://www.mentalhealth.go.kr/portal/bbs/bbsList.do?bbsId=BBSSTATS>

61) 1997년 21,513병상에서 2010년 말 76,018병상으로 폭발적으로 증가하였고 2011년 기준 평균재원기간도 OECD 국가의 평균의 5배가 넘는 166일로 나타났다. 정신보건센터가 지역사회 정신장애인에 대한 복지서비스 전달에 실패한 원인으로 정신보건센터에 적용된 특유의 '재정관리방식'에서 찾는 견해도 있다. 중앙정신보건사업지원단, 2011. 조윤화 외(주 53), 161면.

기초로 하는 장애연금을 받는 정신장애인은 매우 드물다. 정신장애인의 경제활동참여율이 매우 낮기 때문이다. 제2차 안전망이라고 할 수 있는 것이 중증장애인의 소득보장을 위하여 2010년 제정된 「장애인연금법」에 따라 지급되는 '기초연금'과 '부가급여'이다. '기초연금'은 중증장애인의 근로능력의 상실이나 현저한 감소로 인하여 줄어드는 소득에 대하여 지급되며, '부가급여'는 장애로 인한 추가비용에 대하여 지급된다(동법 제5조). 이와 같은 장애연금은 소득수준과 장애등급에 따라 장애등급 1, 2급의 장애인 및 3급의 중복장애인(주 장애 3급 및 기타 장애)에게만 지급된다. 따라서 장애의 정도가 비교적 경하다고 보는 장애 3급 이하의 장애인은 장애연금의 대상이 아니다. 그러나 같은 장애 3급이라고 하더라도 3급의 정신장애인은 다른 유형의 3급 장애인에 비하여 사회활동과 관련한 기능이 현저히 약화되어 있다. 더구나 사회적 편견 때문에 노동시장에의 참여가 크게 제약되어 있다. 다른 3급 장애인에 비하여 소득보장의 필요성이 특별히 크다고 할 수 있다. 그러나 이러한 취업 등 소득활동과 관련된 정신장애인 특유의 취약성은 장애인의 소득보장체계에 있어서 고려되어 있지 않다. 그 밖에 3차 안전망에 해당하는 것으로 「국민기초생활보장법」에 따라 최소생계 이상의 생활을 유지할 생활능력이 부족한 국민에게 국가가 생활 보장을 위하여 지급하는 '생계급여', '주거급여', '의료급여' 등이 있고(주거급여나 의료급여에 대하여는 별도의 법률도 정함), 그 밖에 「국민기초생활보장법」상 생계급여 이외에 장애로 인한 추가지출에 따른 가구 부담의 완화를 위하여 「장애인복지법」에 근거하여 장애가구의 특성 및 소득 정도에 따라 경증장애수당 및 장애아동수당, 보호수당 등을 지급하고 있다.[63]

그 결과 정신장애인은 생계급여 수급가구의 비율이 가장 높아 54.7%에 이르고 있다(<표 7-11-2> 국민기초생활수급급여(생계급여), 2017년 장애인 실태조사, 461면).

나. 의료보장

정신장애인의 의료보장체계는 일반국민과 마찬가지로 국민건강보험제도와 저소득층을 대상으로 하는 의료급여제도에 의하여 보장된다. 정신장애인의 장기입원에 따른 진료비 부담이 크다. 만성 정신질환이 있는 정신장애인의 경우 경제활동의 곤란으로 생활능력을 상실하거나 저소득 상태에 있게 되는 경우가 많은데, 국민기초생활보장 수급권자이거나 근로능력이 없는 경우에는 의료급여법 제3조에 따라 입원 및 외래진료비용을 지원받을 수 있다. 의료급여법상 제1종 수급자(국민기초생활보장법상 1종 수급대상)의 경우 입원진료비 전액을 지원받으며, 제2종수급자(국민기초생활보장법상 1종 수급대상이 아닌 경우)는 입원진료비의 10%만을 본인이 부담한다. 실제 정신의료기관에 입원한 정신장애인 중 개인부담이 없는 의료급여 1종 입원자는 2011년 통계로 61.5%에 달한다.[64] 하지만 의료급여법에 따른 입원의료비의 전액 지

---

62) 조윤화 외(주 61), 88면.
63) 동법 제49조, 제50조 등.
64) 조윤화 외(주 61), 97면. 이러한 통계 수치는 최근 들어 다소 낮아져서 2019년 말 기준 입원환자 중 1종 의료급여자는 전체 입원환자 138,882명 중 62,710명으로 45.1%로 비율이 감소하였다(국민정신건강현황보고서 2019년 81면).

원은 특히 정신장애인의 장기간의 강제입원을 공공재원으로 보장하고, 그 수급자격의 획득을 위하여 가족의 정신장애인에 대한 부양의 포기를 촉진하는 역기능을 초래하였다. 이를 통해서 정신장애인 돌봄에 지친 가족들로서는 정신장애인에 대한 지원을 포기함으로써 정신장애인을 가족관계에서 소외시켜서 사회로부터 격리 수용할 유인(誘引)을 갖게 되고, 정신의료기관으로서는 시설의 대형화를 통하여 낮은 의료급여 수가로 대규모로 정신장애인을 수용함으로써, 시설 운영상의 이해를 갖게 되었다.

공공의료재원의 효율적 활용이라는 관점에서 정신장애인에 대한 의료보장체계를 개선할 필요성이 크다. 가령, 공적 사회보장 재원을 보다 적극적으로 정신장애인의 지역사회 복귀와 회복에 투입함으로써 정신장애인의 사회복귀를 촉진하여 정신장애인의 장기입원을 차단하고 그에 투여되는 공공의료재원을 감축하는 방안에 대한 검토가 필요하다.

다. 주거보장

정신장애인에 있어서 주거보장은 지역사회 정신장애인의 통합에 있어서 매우 특별한 의의를 갖는다. 지역사회 주거공간의 확보는 탈원화와 지역사회 통합에 있어서 가장 중요한 요소이기 때문이다. 특히 정신장애인은 장기입원 기간 중에 입원 전 가족의 주거공간에서 자신의 거주공간을 이미 상실하였을 가능성이 크고, 핵가족 시대 가족 간 유대의 약화와 도시주택의 구조적 한계 때문에 원래 가족의 주거공간으로 되돌아 갈 수 없는 경우가 많다. 따라서 정신장애인의 경우에는 다른 장애 유형에 비하여 주거보장 서비스에 있어서 특별한 배려의 필요성이 매우 크다.[65)]

그러나 주거보장서비스에서도 정신장애인의 특유한 사정은 고려되어 있지 않다. 일반국민과 마찬가지로 저소득 장애인의 경우 국민기초생활보장법 제11조에 의하여 '주거급여'를 지급받거나, 다른 장애인과 마찬가지로 「장애인복지법」에 따라 지원을 받을 수 있을 뿐이다. 동법 제27조에 따르면, 국가와 지방자치단체로 하여금 공공주택 등 주택을 건설할 경우에는 장애인에게 장애 정도를 고려하여 우선 분양 또는 임대할 수 있도록 노력할 의무(동 제1항)와 주택의 구입자금 · 임차자금 또는 개 · 보수비용의 지원 등 장애인의 일상생활에 적합한 주택의 보급 · 개선에 필요한 시책을 강구할 의무를 부과하고 있다. 그리하여 공공주택의 분양이나 공공임대주택의 공급에 있어서 장애인에 대한 우선공급이나 특별공급을 받을 수 있다.

정신장애인 주거서비스 수요가 높은 만큼 다른 유형의 장애인보다 공공임대주택에 거주하는 정신장애인의 비율이 높다(16%, <표 7-9-2> 현주거지의 공공임대주택 여부, 2017년 장애인 실태조사, 418면). 그 밖에 국민기초생활보장 주거급여의 수급률도 정신장애가 가장 높아 53.8%에 이른다(<표 7-11-3> 국민기초생활보장수급여부(주거급여), 2017년 장애인실태조사, 462면).

독립적 주거공간의 공급 외에 정신장애인의 거주시설로는 장애인복지법 제15조에 따라 일반 장애인 거주시설의 이용은 제한되고, 오직 「정신보건법」상의 사회복귀시설만을 이용할

65) 정신장애인이 주거 선택과 주거 서비스 지원에 관한 욕구에 대하여는 조윤회 외(주 61), 249면 이하 참조.

수 있다.[66] 정신질환자 사회복귀시설 중 정신질환자 생활시설(입소생활시설, 주거제공시설), 정신질환자 지역사회 재활시설(공동생활가정), 정신질환자 종합시설 등을 정신장애인이 이용할 수 있다. 이 중 입소생활시설은 50인 이하, 주거제공시설은 10인 이하, 중독자 재활시설은 50인 이하로 생활 인원이 제한되었다.[67] 그러나 '사회복귀시설의 이용 및 운영에 관한 기준'[68]에 따르면 해당 시설 입소 및 이용자는 1년마다 정신과 전문의의 진단을 받아야 하고 그 거주기간도 원칙적으로 1년으로 제한되어 있으며(예외적으로 부득이한 사정으로 퇴소가 어렵다고 인정되는 경우 3회까지 연장 가능), 그 총량도 매우 부족한 형편이다.[69]

라. 활동지원서비스

활동지원서비스를 살펴보면, 정신장애인은 신체장애인과는 다른 측면에서 활동지원서비스의 수요를 갖게 된다. 즉, 정신장애인은 오랜 입원생활로 인하여 일상생활 수행에 필요한 기능(가령 신변관리, 청소, 세탁, 식사준비)이 현저히 손상되어 독립적 생활이 곤란한 경우가 적지 않고, 나아가 사회적 활동과 관련하여 다른 사람과의 의사나 감정의 소통능력이나 교통 인프라의 사용 등에 있어서도 어려움을 겪는다. 사회활동참여에서 오랫동안 배제되어 혼자서는 집 밖으로 외출조차 곤란하여, 가족의 돌봄 하에 있는 경우조차 사실상 집안에 칩거 상태에 있는 정신장애인이 적지 않다. 이와 같은 현저한 활동보조 서비스의 수요에 불구하고 「장애인활동지원에 관한 법률」에 따른 서비스 수급을 위하여 필요한, '활동지원 인정조사표 조사항목 및 인정점수 산정방법'은 일상생활 동작영역에 큰 비중을 두는 반면에 수단적 일상생활 영역이나 장애특성 고려영역이나 사회환경 고려영역의 비중은 비교적 작은 배점으로 구성되어 있다. 결과적으로 중복장애가 아닌 한 정신장애인의 활동지원서비스의 이용은 극도로 제한되어 있다.[70]

마. 직업활동

다섯째, 정신장애인의 고용 및 직업재활체계는 「장애인 고용촉진 및 직업재활법」에 의한 장애인 의무고용제도, 「장애인 고용촉진 및 직업재활법」, 「장애인복지법」, 「정신보건법」에 의한 직업재활서비스로 나누어 볼 수 있다. 그 중에서도 「장애인 고용촉진 및 직업재활법」에 따른 의무고용제도는 고용취약계층인 장애인의 고용기회 확대를 위하여 일정 수 이상의 근로자를 고용하는 사업주에게 의무적으로 장애인을 고용하도록 하는 제도이다.[71] 동법 제28조 제1항에 따르면, 상시 50명 이상의 근로자를 고용하는 사업주는 그 근로자의 총수의 100분의 5

---

66) 정신건강복지법으로의 개정으로 현재에는 정신재활시설로 개칭하여 운영되고 있고(정신건강복지법 제26조), 그 구체적인 설치기준 등에 관하여는 동법 시행규칙 별표 7 내지 11 참조.

67) 정신보건법 시행규칙 별표 4. 사회복귀시설의 시설 기준 및 수용인원(제10조 관련)

68) 정신보건법 시행규칙 별표 6. 사회복귀시설의 이용 및 운영에 관한 기준(제109조 관련)

69) 조윤화 외(주 61), 85면 <표 2-34> 참조.

70) 언어장애 32.5%, 지체장애 19.3% 지적장애 16.3%, 뇌병변 15.6% 자폐성장애 12.3% 등에 비해, 정신장애인은 1.1%만이 지원되고 있다고 한다. 조윤화 외(주 61), 255면 <표 5-10> 참조.

71) 동법 제28조 제1항에 따르면, 상시 50명 이상의 근로자를 고용하는 사업주는 그 근로자의 총수의 100분의 5의 범위에서 대통령령으로 정하는 비율 이상에 해당하는 장애인을 고용하여야 한다. 2016년 기준 국가, 지방자치단체, 공공기관의 의무고용률은 3%이고 민간기업은 2.7%이다(2017년 기준 각 3.2%, 2.9%). 이러한 의무고용률에 미치지 못하는 기업은 장애인고용률에 따라 가산한 부담금을 납입하여야 한다.

의 범위에서 대통령령으로 정하는 비율 이상에 해당하는 장애인을 고용하여야 한다. 2016년 기준 국가, 지방자치단체, 공공기관의 의무고용률은 3%이고 민간기업은 2.7%이다(2017년 기준 각 3.2%, 2.9%). 이러한 의무고용률에 미치지 못하는 기업은 장애인고용률에 따라 가산한 부담금을 납입하여야 한다.

그러나 2016년 기준 통계에 따르면,[72] 실제 정부부문 의무고용률은 2.81%, 민간부문 의무고용률은 2.56%에 지나지 않았다. 법정 의무고용률에 미치지 못하고 있는 것이다. 특히 2013년 통계에 따르면, 고용의무 사업체에 고용되어 있는 등록장애인 중 지체장애인이 64.0%, 시각 및 청각 장애인 9.1%, 지적장애인 4.9%, 신장장애인 1.5%, 정신장애인 1.1%이다. 정신장애인의 의무고용비율은 극히 낮아서 정신장애인의 경우 의무고용제에 의한 혜택이 거의 없음을 알 수 있다.

뿐만 아니라 장애인의 고용촉진을 위하여 의무고용제도를 실시하고 있는 가운데 정신장애인의 직업 및 사회활동을 광범위하게 제한하고 있는 결격조항이 존재하고 있다. 취업과 사회활동에 있어서 정신질환자에 대한 차별과 배제가 제도화되어 있다. 그 결과 정신자앵인에 대한 직업활동을 광범위하게 제한하는 법률을 남겨 둔 채 정신장애인의 고용보장을 운위하는 것은 이율배반이 아닐 수 없다.[73]

정신장애인의 고용을 촉진하고 사회적 편견과 차별을 제거하기 위한 제도 정비로서 정신질환자에 대한 결격조항의 발본적 개혁이 시급히 추진될 필요가 있다. 다른 한편으로 「장애인 고용촉진 및 직업재활법」에 따른 직업재활서비스는 고용노동부가 관할하는 데 반하여 「장애인복지법」과 「정신보건법」에 따른 직업재활서비스는 보건복지부에서 관할하고 있다. 다만 「장애인복지법」 제15조에 의하여 정신장애인은 동법에 의한 장애인직업재활시설의 이용이 제한되는 데 반하여 「정신보건법」상의 정신질환자의 직업재활시설은 턱 없이 부족하다.[74] 그로 인하여 직업훈련을 받은 경험이 있는 정신장애인은 9.6%에 지나지 않는다(<표 7-5-20> 장애를 갖게 된 후 직업훈련 경험 여부, 2017년 장애인실태조사 연구, 343면).

결과적으로 정신장애인의 인구대비 취업자 비율은 15.7%로 전체 장애인 취업자비율 36.9%에 비하여 현저히 낮은 상태에 머물러 있다(<표 7-5-3> 장애유형별 취업인구 및 취업률, 2017년 장애인실태조사, 331면).

이상 살펴 본 바를 종합하면, 「정신보건법」 제정을 계기로 정신장애인은 일반 사회복지사업이나 장애인에 대한 보편적 복지서비스에서 배제된 반면에, 정신보건법에 의한 지역사회복지서비스는 매우 빈약하여 정신장애인의 지역사회 통합을 위한 복지지원 서비스에 중대한 공백이 지속되었다는 사실을 확인할 수 있다. 무엇보다도 「정신보건법」은 정신장애를 가진 사람을 환자라는 시각에서 바라보며, 환자의 치료 및 사회복귀에 관련된 사항을 규정하는 의료

---

72) 장애인 의무고용 현황 (e 나라지표) <http://www.index.go.kr/potal/main/EachDtlPageDetail.do?idx_cd=1498>
73) 박인환 외, 정신장애인의 차별경험과 지역사회 통합을 위한 연구(2016), 15면 이하.
74) 2013년 기준 전국 6개소에 불과하였다. 조윤화 외(주 61), 102면.

특별법의 성격이 강하여, 정신질환이 발생한 사람이 의료기관에서의 입원치료 후 사회복귀시설을 거쳐 가정에 복귀하거나 독립적으로 생활한다는 가정 하에 형성되었다. 그러나 현실은 장기입원 후에 복귀할 물리적 주거공간이 없거나 오랜 격리입원과정을 통하여 가족과 단절된 상태에 놓인 사람이 다수이다. 결국 지역사회통합을 위해서는 독립적 생활이나 가족과의 생활 속에서도 지속적으로 생활지원이 이루어져야 하지만, 의료특별법으로서의 「정신건강보건법」의 빈약한 복지서비스 규정만으로는 역부족이었다고 하지 않을 수 없다.

(4) 장애인복지법 제15조의 입법목적과 평가

1995년 제정된 「정신보건법」은 정신장애인의 문제를 치료의 관점에서 파악하여 정신장애인에 대한 복지서비스를 보편적 장애인 복지서비스 전달체계에서 분리 배제하여 의료보건특별법인 「정신보건법」에 의한 서비스 전달체계로 제한하고, 그들에 대한 지역사회 복지서비스를 퇴원 후 정상적인 사회생활로 복귀할 때까지의 제한된 서비스 수요의 충족에 한정하게 하는 중요한 법제도적 계기를 제공하였다.

그러나 이와 같은 정신정장애인에 대한 복지정책의 중대한 전환이 분명한 정책목표를 가지고 계획적으로 수행된 것인지는 분명하지 않을 뿐 아니라, 현재의 각 법률에 관한 체계적 해석에 따르더라도 지금과 같은 상황이 필연적으로 도출된다고는 볼 수 없다. 「장애인복지법」 제15조(다른 법률과의 관계)는 장애인 중 「정신보건법」과 「국가유공자 등 예우 및 지원에 관한 법률」 등의 법률의 적용을 받는 장애인에 대하여 동법의 적용을 배제할 수 있다고 되어 있기는 하다. 그러나 그 취지가 정신장애인에 대하여 일반적으로 동법에 따른 복지서비스를 제공해서는 안 된다는 취지라고 볼 근거는 찾기 어렵다. 정신장애인을 보편적 장애인 복지서비스에서 일반적으로 제외하여야 할 어떤 정당한 입법목적도 상정하기 어렵기 때문이다. 다만, 다른 법률에 의하여 같은 내용의 복지서비스를 이미 제공받고 있는 경우에는 중복수혜의 문제가 발생하므로 동법에 의한 서비스를 제한할 현실적 필요가 발생할 수 있다. 따라서 「장애인복지법」 제15조에 의한 정신장애인의 배제는 동법에 의한 복지서비스가 「정신보건법」에 의한 복지서비스와 실질적으로 중복되는 범위 내에서만 정당화될 수 있다. 이러한 전제가 없는 한 「장애인복지법」 제15조에 근거하여 장신장애인에 대한 복지서비스의 제공을 제한하는 하위법령, 즉 장애인복지법시행령 제13조 제2항의 규정은 동법 위임의 한계를 벗어난 위법 부당한 법령이라는 혐의를 벗기 어렵다. 정당한 근거가 없이 장애인을 불리하게 대하는 행위는 「장애인차별금지 및 권리구제에 관한 법률」이 금지하는 장애인 차별행위에 해당한다(동법 제4조 제1항 제1호). 요컨대 장애인복지법시행령 제13조는 행정부의 정책 판단만으로 장애인에 대한 보편적 복지서비스의 제공이라는 「장애인복지법」의 입법적 결단을 훼손하였다고 볼 수 있다.

이러한 사태는 장애와 의료서비스에 대한 주무부서인 보건복지부 내의 경직된 조직체계와 역할분담의 실패에서 비롯된 바가 큰 것으로 보인다. 즉, 지역사회 장애인을 위한 보편적 복지서비스를 담당하는 부서는 장애인정책국이다. 이에 반하여 정신장애인(정신질환자)에 대한 서비스를 담당하는 부서는 건강정책국(정신건강정책과)이다. 각 부서는 고유한 담당사무와 그에 관한 입법의 소관부서이다. 국민 건강과 의료를 담당하는 건강정책국 산하의 정신건강정책과는 정신장애인의 문제를 건강정책국의 고유한 사무분장에 따라 주로 의료적 관점에서 파악하고 이를 입법적으로 뒷받침하기 위하여 「정신보건법」을 제정하여 시행하여 왔다. 국민건강과 의료정책을 담당하는 건강정책국에서 정신장애인의 복지라는 관점은 애당초 나오기 어려운 것이었을 수 있다. 요컨대 정신장애인에 대한 서비스는 의료와 복지 양 측면이 균형 있게 제공되어야 하고, 그러한 한에서는 장애인정책국과 건강정책국의 기능적 역할분담이 요청되었음에도 불구하고, 정신질환자의 의료서비스 제공을 주된 목적으로 하는 「정신보건법」을 계기로 정신장애인의 복지서비스 문제를 의료보건전달체계로 미루고 보편적 장애인 복지서비스 전달체계에서 배제해 버린 것이다. 이것이 결국 지역사회 정신장애인에 대한 복지서비스의 공백을 초래하는 실질적인 원인이 된 것으로 보인다. 보건복지부 내 기능적 역할분담의 실패는 장애인복지법시행령 제13조에서 제한하는 「장애인복지법」 제34조 제1항 제2호, 제3호와 무관한 그 밖에 장애인 복지서비스에 있어서도 정신장애인의 특성을 고려하지 않는 것으로 나타났다. 앞서 살펴 본 바대로 정신장애인은 그 장애 특성에 따라 다른 장애인의 경우와는 차별화된 고유한 복지서비스의 니즈(needs)를 가지고 있다. 같은 3급 장애라 하더라도 정신장애인에게 있어서 취업 등 경제활동의 기회가 제한되어 소득보장의 필요성이 크고, 정신장애인의 고용보장을 위해서는 일반적인 의무고용제도나 직업재활보다 강화된 취업지원체계가 필요하며, 장기 입원 후 지역사회에 복귀하는 정신장애인에게 있어서 주거서비스의 지원이 매우 긴요하다. 장애인 활동지원서비스의 인정기준에 있어서도 정신장애인의 특성에 맞는 판단기준의 수정이 필요하다. 「장애인복지법」제15조에 의한 제한을 받지 않는 영역에 있어서도 보편적 장애인복지서비스체계에서 정신장애인의 특성에 대한 이해와 고려가 매우 부족하다.

2) 「정신건강복지법」의 복지서비스

(1) 개정법의 개요

「정신보건법」의 한계로서 정신질환자에 대한 서비스와 보호에 있어서 정신병원 및 정신요양시설에서의 입원 치료나 요양을 중심으로, 달리 말하면 시설보호를 중심으로 하고 있어, 정신질환자의 지역사회 복귀와 회복에 대한 지원과 서비스에는 매우 취약하다는 점이 지적되어 왔다. 이러한 비판을 수용하여 「정신보건법」을 전부 개정한 「정신건강증진 및 정신질환자의 복지서비스 지원에 관한 법률」은 정신질환자 복지지원에 관한 내용을 수용하여 정신질환자의 지역사회로의 복귀와 통합을 위하여 각종 복지서비스 개발, 고용 및 직업재활 지원, 평생교육 지원, 문화 · 예술 · 여가 · 체육활동 지원, 지역사회 거주 · 치료 · 재활 등 통합지원, 가족에 대한 정보제공과 교육 등 정신질환자에 대한 복지서비스 제공을 위한 근거 규정을 신설하였다(동법 제33조 내지 제38조).

정신건강복지법의 신설 규정에 따르면, 정신질환자의 지역사회 복귀와 회복을 위하여 국가와 지방자치단체는 정신질환자가 정신질환에도 불구하고 잠재적인 능력을 최대한 계발할 수 있도록 정신질환자에게 적합한 서비스를 적극적으로 개발하기 위한 연구지원체계를 구축하기 위하여 노력하여야 한다(동법 제33조). 국가와 지방자치단체는 정신질환자가 자신의 능력을 최대한 활용하여 직업생활을 영위할 수 있도록 일자리 창출, 창업지원 등 고용촉진에 필요한 조치를 강구하여야 하며(동법 제34조 제1항), 보건복지부장관은 정신질환자의 능력과 특성에 적합한 직업훈련, 직업지도 등을 지원하기 위하여 필요한 조치를 강구하여야 한다(제2항). 국가와 지방자치단체는 정신질환자에게 평생교육의 기회가 충분히 부여될 수 있도록 지역별로 평생교육기관을 지정하여 정신질환자를 위한 교육과정을 적절하게 운영하도록 조치하여야 하고, 그 경비의 전부 또는 일부를 지원할 수 있다(동법 제35조 제1항, 제2항). 국가와 지방자치단체는 이 법에서 정한 지원 외에 문화 · 예술 · 여가 · 체육활동 등의 영역에서 정신질환자에게 필요한 서비스가 지원되도록 최대한 노력하여야 한다(동법 제36조). 정신질환자의 지역사회 거주 및 치료를 위하여 필요한 시책을 강구하여야 하며(동법 제37조 제1항), 이를 위하여 정신질환자에 대한 지역사회 재활 지원 등 지역사회 통합 지원을 위하여 노력하여야 한다(제2항). 국가와 지방자치단체는 정신질환자의 가족이 정신질환자의 적절한 회복과 자립을 지원하는 데 필요한 정보를 제공하거나 관련 교육을 실시할 수 있다(동법 제38조).

이렇게 하여 정신장애인의 복지 니즈(needs)를 정신질환자를 위한 복지서비스 확충을 통해 수용하였음에도 불구하고 개정 당시부터 정신건강복지법에 의한 정신질환자에 대한 지역사회 복지서비스의 가능성에 대하여 회의적인 시각이 적지 않았다. 지역사회 복지서비스에 관한 규정이 대부분은 추상적이고 국가나 지방자치단체의 노력의무로 약화된 것이 대부분이어서 이른바 프로그램 규정에 지나지 않아 국가나 지방자치단체의 시혜적 조치를 기다릴 수밖에 없고 이는 전적으로 필요한 예산의 확보에 좌우될 수밖에 없기 때문이다.

그러나 정신질환자의 지역사회 통합을 위하여 당장 제공되지 않으면 안 되는 거주 및 치료를 위하여 필요한 시책의 강구(동법 제37조 제1항)나 고용촉진 및 직업훈련 등에 필요한 조치(동법 제34조 제1항, 제2항) 등에 있어서는 노력의무의 문언이 빠져 있고, 필요한 조치 내지 시책을 강구하여야 한다는 문언에 비추어 이를 단순한 프로그램 규정으로 볼 것이 아니라 국가나 지방자치단체에 그에 필요한 조치를 취하여야 할 의무를 부과하고 있는 것으로 보아야 할 것이다.

정신건강복지법의 전부개정 취지에 비추어 적어도 장애 유형에 따른 차별이 발생하지 않도록 보편적 장애복지서비스에 준하는 복지서비스를 정신장애인에게 제공하여야 하고, 나아가서는 정신장애인의 지역사회 통합을 위하여 정신장애인에게 고유한 복지수요를 충족할 수 있는 서비스를 제공하지 않으면 안 된다. 이와 같은 관점에서 개정 정신건강복지법을 평가하기 위하여 지역사회 복지서비스에 관한 「장애인복지법」과 개정 정신건강복지법 및 정신장애인 복지지원 등에 관한 법률안(정신장애인복지지원법안으로 약칭함)을 비교 검토하는 것이 유익하다. 특히 정신장애인 복지지원 등에 관한 법률안은 입법에 이르지는 못했지만, 장애계의 정신장애인에 대한 복지 요구를 담아 낸 것이었다는 점에서 정신건강복지법 평가의 척도가 될 수 있다.

(2) 입법목적

입법목적에 있어서 세 법률(안)은 모두 장애인의 인간다운 삶을 궁극의 입법목적으로 제시하고 있지만, 「장애인복지법」이 국가와 지방자치단체의 책임을 강조하고 "장애발생 예방과 장애인의 의료 · 교육 · 직업재활 · 생활환경개선 등에 관한 사업을 정하여 장애인복지대책을 종합적으로 추진하며, 장애인의 자립생활 · 보호 및 수당지급 등에 관하여 필요한 사항"등 포괄적이면서도 구체적인 사항을 열거하고 있다.

이에 비하여 「정신건강복지법」은 의료법적 측면과 사회복지적 측면을 아울러서 "정신질환의 예방 · 치료, 정신질환자의 재활 · 복지 · 권리보장과 정신건강 친화적인 환경 조성에 필요한 사항"이라고 다소 일반적 추상적인 규정을 하고 있어서 정신장애인의 지역사회 통합을 위한 복지 지원이라는 의의가 선명하지 않다. 이에 반하여 2014년 정신장애인 복지지원 등에 관한 법률안(이하 2014 정신장애인복지지원법안이라고 칭한다)에서는 "정신장애인의 의사를 최대한 존중하여 정신장애인의 특성 및 복지 욕구에 적합한 체계적인 지원과 효과적인 권리보장에 필요한 사항"을 규정하여 정신장애인의 자기결정과 권리보장의 측면이 강조되어 입법목적이 보다 명확히 제시되어 있었다.

(3) 기본이념 및 정신장애인의 권리

「2014 정신장애인복지지원법안」에서는 그 기본이념에서 완전한 사회 참여와 평등을 통하여 사회통합을 강조하고 인간의 존엄과 가치, 경제 · 사회활동에 참여할 권리, 장애인 관련 정책결정에 참여할 권리 및 정책결정과 시행에 있어서 당사자의 참여권이 열거되어 있다.

이에 대하여 「정신건강복지법」은 정신질환으로부터 보호 및 치료받을 권리, 정신질환자의 차별금지, 미성년 정신질환자의 교육 등 특별한 배려, 입원의 최소화와 지역사회 치료와 자의(自意) 입원의 우선, 입원 정신질환자의 자유로운 환경과 의견 교환, 주거, 의료, 복지 서비스에 있어서 자기결정권 존중, 자기에게 법률적 사실적 영향이 있는 사안에 대한 자기결정, 정책결정에 대한 참여권 등을 규정하고 있다. 기본이념과 장애인의 권리라는 면에서는 「정신건강복지법」은 정신질환자 차별금지, 지역사회 중심의 치료, 자의입원의 권장 등을 열거하는 한편, 「2014 정신장애인복지지원법안」의 내용을 반영하여 신체나 재산에 대한 자기결정권, 정책결정에 대한 참여권 등이 추가되어 전반적으로 정신장애인에게 보다 적합하고 구체적인 사항 등을 규정하고 있다.

특히, 「정신건강복지법」 제2조 제7항 자기결정권의 존중 및 제8항 자신에게 법률적 · 사실적 영향을 미치는 사항에 대하여 스스로 이해하여 자신의 자유로운 의사를 표현할 수 있도록 필요한 도움을 받을 권리는 정신장애인의 장애 특성에 적합한 내용의 것으로서, 정신장애인의 권익옹호 내지 의사결정지원을 위한 구체적인 시책을 수립하여 시행할 필요가 있다. 이는 유엔장애인권리협약의 국내적 이행과 관련하여 협약 제12조 법적 능력의 향유와 그 행사를 지원하기 위한 법제도적 조치로서도 긴요한 과제이다. 이와 관련해서는 특히 정신장애인의 입원 치료에 대한 동의, 주거의 결정 등과 관련한 의사결정지원 서비스를 제공하는 것이 요청된다.

(4) 국가, 지방자치단체의 책임

국가와 지방자치단체의 책임의 면에서도 「정신건강복지법」은 「2014 정신장애인복지지원법안」의 내용을 수용하여 정신건강서비스 전달체계의 확립, 정신질환자 등에 대한 권익향상, 인권보호 및 지원 서비스 등에 관한 종합적인 시책의 수립과 추진, 차별과 편견 해소를 위한 적극적인 조치 등을 열거함으로써 「장애인복지법」과 비교하여 보다 적합하고 구체적으로 국가나 지방자치단체의 책임을 규정하였다.

(5) 장애인정책의 수립과 조사 등

「장애인복지법」에서 보건복지부장관이 5년마다 장애인정책종합계획을 수립하는 것에 대응하여, 「정신건강복지법」에서는 보건복지부장관은 각 5년마다 정신건강증진 및 정신질환자 복지서비스 지원에 관한 국가의 기본계획을 수립하여야 하고(제7조 제1항), 정신질환자의 인권과 복지증진 추진사항에 관한 백서를 발간하여 공표하여야 하며(제7조 제6항), 정신질환에 관한 실태조사를 하여야 한다(제9조). 나아가 광역지방자치단체장은 국가계획에 따라 광역단위의 정신건강증진 및 정신질환자 복지서비스 지원에 관한 계획을 수립하여야 한다(제7조 제2항). 아울러 보건복지부장관과 시 · 도지사는 각각 국가계획과 지역계획에 따라 매년 시행계획을 수립 · 시행하여야 하고, 시장 · 군수 · 구청장 역시 매년 관할 시 · 도의 지역계획에 따라 시행계획을 수립 · 시행하여야 한다(제8조). 「정신건강복지법」은 정신장애인의 정책의 수립과 그 시행에 관한 한 「장애인복지법」에 있어서보다 더 구체적이고 체계적인 조사와 정책수립을 규정하고 있다.

아울러 「장애인복지법」은 장애인종합계획의 수립과 관계부처 간 의견 조정, 그 이행의 감독 평가를 위하여 국무총리 산하에 장애인정책조정위원회를 설치하고 지방에는 장애인정책의 효율적 수립 시행을 위하여 장애인정책책임관을 두며, 장애인복지 관련 사업의 기획, 조사, 실시의 심의를 위하여 지방장애인복지위원회를 설치하도록 하였다.

이에 대하여 「정신건강복지법」은 정신건강에 관한 중요사항의 심의를 위하여 광역 또는 기초 정신건강심의위원회를 두고 있을 뿐 종래 「정신보건법」 제27조에 의하여 운영되던 보건복지부장관 소속 '중앙정신보건심의위원회'를 폐지하고, 복지지원과 관련하여서는 중앙과 지방에 별도의 위원회를 두지 않았다. 그 대신 정신건강증진 관련 국가계획과 정신건강증진 및 정신질환자 복지서비스 지원체계와 제도의 발전에 관하여 「국민건강증진법」에 따른 국민건강증진정책심의위원회의 심의를 받도록 하고 있다.

그러나 정신질환자의 복지지원에 관한 사항의 심의를 국민건강증진정책심의위원회에 맡기는 것이 내용적으로 적절한지는 의문이다. 「국민건강증진법」은 "국민에게 건강에 대한 가치와 책임의식을 함양하도록 건강에 관한 바른 지식을 보급하고 스스로 건강생활을 실천할 수 있는 여건을 조성함으로써 국민의 건강을 증진함을 목적으로" 하는 법률(동법 제1조)로서, '국민건강증진사업'이란, "보건교육, 질병예방, 영양개선, 건강관리 및 건강생활의 실천 등을 통하여 국민의 건강을 증진시키는 사업"을 말하며, 국민건강증진에 관한 주요사항을 심의하기 위하여 보건복지부에 설치된 기구가 국민건강증진정책심의위원회이다. 동법의 목적과 국민건강증진사업의 내용 등에 비추어 동 위원회는 주로 국민건강 즉, 의료와 보건에 관한 사항을 심의하기 위하여 설치된 위원회임을 알 수 있다. 이러한 기관은 정신장애인의 복지지원에 관한 사항을 심의하는 데에 적합성이 부족하다고 볼 수밖에 없다. 「정신건강복지법」으로의 개정에도 불구하고 정신질환자를 포함한 정신장애인 복지정책에 있어서 구 「정신보건법」 이래 동법의 한계로 누누이 지적되어 왔던 의료보건적 관점이 여전히 영향을 미치게 될 가능성이 크기 때문이다.

「정신건강복지법」의 새로운 성격과 향후 복지지원에 관한 과제의 중요성에 비추어 독립적인 위원회의 설치가 필요하다. 종래 의료적 관점에서 설치 운영되고 있던 정신건강심의위원회를 정신장애인의 건강과 복지에 관한 사항에 관하여 전문성을 확보할 수 있는 위원회로 새롭게 발전시키는 방안(정신건강심의위원회의 입원의 기간 연장 퇴원 및 처우 개선 심사 기능을 입원적합성위원회에 이관하여 정신장애인에 관한 정책 심의로 역할과 기능을 집중하는 것도 고려할 수 있다)을 검토할 필요가 있다. 만약 독립적 위원회의 설치가 어렵다고 하면 국민건강증진정책심의위원회보다는 오히려 「장애인복지법」상의 장애인정책조정위원회의 심의를 받도록 하는 것이 적절할 수 있다.

(6) 장애인복지시설

「장애인복지법」 제15조 및 동법시행령 제13조 제3항에 의하면, 정신장애인은 국가 또는 지방자치단체가 설치한 장애인복지시설에서 직접 제공하거나 그 시설에 위탁되어 제공되는 주거편의 · 상담 · 치료 · 훈련 등의 필요한 서비스를 받을 수 없다. 장애인복지시설로서 전국적으로 기초자치단체에 설치되어 있는 장애인복지관에서 제공되는 서비스를 정신장애인은 받을 수 없는 것이다. 이러한 복지서비스의 공백을 매우기 위하여 개정 「정신건강복지법」에서는 정신재활시설의 설치를 규정하고 있다. 먼저 「장애인복지법」 제58조에 따른 장애인복지시설은 장애인거주시설, 장애인지역사회재활시설, 장애인직업재활시설, 장애인의료재활시설, 그 밖에 대통령령으로 정하는 시설(장애인 생산품 판매시설, 동법시행령 제36조) 등으로 나누어진다.

이에 대하여 「정신건강복지법」은 정신장애인재활시설로서 생활시설, 재활훈련시설, 그 밖에 대통령령으로 정하는 시설(생산품 판매시설, 중독자재활시설, 종합시설, 동법시행령 제16조)을 규정하고 있다. 「장애인복지법」상 거주시설이 동법에 의하여 정원이 30명 이하로 제한되어 있는 데 비하여, 정신건강복지법상 생활시설은 동법 시행규칙에 따라 50명 이내로 정원이 제한된다는 점에서 차이가 있다. 「정신건강복지법」상 재활훈련시설은 「장애인복지법」상 장애인지역사회재활시설과 장애인직업재활시설의 가능이 통합된 것이다. 「장애인복지법」상 장애인의료재활시설에 해당하는 역할은 「정신건강복지법」상 정신건강복지센터에서 맡을 것으로 예상되고, 그 밖에 대통령령으로 정한 판매시설은 공통되며, 여기에 「정신건강복지법」에 있어서는 중독시설과 복합시설의 유형이 추가되고 있다. 그 밖에 「장애인복지법」상 장애인거주시설은 동법 시행규칙 별표 제5에 따라 장애유형별 거주시설과 중증장애인거주시설, 장애영유아거주시설, 장애인 단기거주시설, 장애인공동생활가정으로 세분화되어 있고, 장애인지역사회재활시설은 장애인복지관, 장애인주간보호시설, 장애인체육시설, 장애인수련시설 등으로 세분화되어 있다. 이에 반하여 정신질환자 시설은 아직은 세분화되어 있지 못하다. 이는 정신질환자의 다양한 복지시설 니즈(needs)에 대한 법제적 대응의 면에서 미흡한 점이라고 할 것이다.

「정신건강복지법」상 정신재활시설은 정신질환자가 퇴원 후 지역사회에서 일상생활로 복귀·회복할 때까지 비교적 단기간(원칙적으로 1년)의 적응기간에 복지서비스를 제공하는 것을 염두에 두고 설계되었다. 그러나 이러한 전제는 개정 「정신건강복지법」 하에서는 더 이상 유효하지 않다. 「정신건강복지법」이 본격적으로 정신질환자만이 아니라 정신장애인의 지역사회통합을 지향하는 한, 정신질환의 문제를 안고서 지역사회에 복귀하여 회복을 시도하는 정신장애인을 장기간에 걸쳐 지원하는 사태를 염두에 두어야 한다. 이를 위해서 보다 장기적 관점에서 다양한 복지시설 서비스의 제공을 고려하여야 한다. 그러기 위해서는 정신질환자 생활시설 등에 있어서도 적어도 「장애인복지법」상의 다양한 주거생활시설에 준하는 복지시설을 제공할 수 있어야 할 것이다. 그 밖에 정신장애인의 장애 특성에 따라 요청되는 특수한 복지시설의 수요에 대해서도 적극적으로 법적 근거를 마련할 필요가 있다. 이와 관련하여 「2014 정신장애인복지법안」에서 제시하였던 정신장애인쉼터과 같은 정신질환자에 특유한 시설은 「정신건강복지법」에 반영되지 못하였다.

정신장애인의 특성상 정신적 위기상황에 직면할 수 있고 이때 정신장애인이 정신장애인쉼터를 활용하여 일정한 기간을 휴식을 취하면서 정신적 위기상황을 관리할 수 있도록 조력할 필요가 있다. 이러한 시설은 특히 비자의입원 등 정신질환자에 대한 높은 수준의 개입을 억제하기 위한 유효한 수단이 될 수 있다는 점에서 의미가 있다. 이점에 있어서는 정신장애인쉼터와 같은 정신질환자의 생활 수요에 적합한 다양한 복지시설을 제공할 수 있도록 법제 기반을 확보할 필요가 있다.

(7) 독립생활지원 및 복지서비스에 관한 상담과 지원 등

장애인이 지역사회에 통합되어 독립생활을 영위해 나가기 위해서는 다양한 복지서비스의 지원이 필요하다. 특히 의사결정능력이 저하된 정신장애인이 자신에게 적합하고 필요한 복지서비스를 효과적으로 이용하기 위해서는 복지서비스의 이용에 관한 상담과 조력이 필요하다. 이와 관련하여서도 「정신건강복지법」은 입법적 준비가 미흡한 것으로 생각된다. 「장애인복지법」의 경우에는 제32조의3 복지서비스에 관한 장애인지원 사업 또는 제34조 재활상담 등의 조치를 통하여 장애인 복지서비스에 관한 상담과 장애인복지시설에서 제공하는 복지서비스로의 연계 등을 지원하고 있다.

이에 반하여 「정신건강복지법」은 구 「정신보건법」상 정신보건센터를 개편한 정신건강복지센터에서 정신건강증진사업의 제공이나 이와 연계한 사업을 전문적으로 수행하도록 하고 있으나, 복지 서비스에 대한 지원과 서비스의 연계는 본연의 업무로 하고 있지 않다. 결국 기관명에서 '복지'라고 하는 표시를 하고 있음에도 불구하고 법률상 정신건강 이외에 복지서비스의 지원과 연계에 관해서는 어떤 법률상의 근거도 마련되어 있지 않다. 이러한 제도적 공백은 특히 정신장애인은 그 장애의 특성 때문에 스스로 지역사회 복지자원을 효과적으로 이용하기 어렵다는 점에서 복지서비스의 지원에 있어서 공백을 초래할 가능성이 크다.

이와 대조적으로 「2014 정신장애인복지지원법안」에서는 지역에 정신장애인 복지지원센터를 설치하여 개별 정신장애인에 대하여 개인별 복지서비스지원계획을 수립하고(법안 제13조) 이를 지역의 복지서비스 제공기관과 연계할 것을 규정하고 있다(제14조). 나아가 「2014 정신장애인복지지원법안」에서는 정신장애인을 위한 사회서비스 제공기관을 지정하여 정신장애인의 복지서비스 전달 기능을 담당시키는 한편, 사회서비스 이용권에 관하여 규정함으로써 바우처 방식의 복지서비스 제공을 규정하고 있다. 특히 정신장애인의 복지서비스 제공을 위한 서비스전달체계와 시설인프라가 부족한 상황에서 바우처 방식의 복지서비스 공급이 그 대안의 하나가 될 수 있는지 검토할 필요가 있다. 「장애인복지법」 제15조에 의하여 지역사회 보편적 장애인 복지서비스 인프라를 이용할 수 없는 상황에도 불구하고 개정 「정신건강복지법」이 이에 관한 입법적 고려가 보이지 않는다. 정신장애인의 지역사회 복지서비스의 빈곤이 주로 복지서비스 전달체계의 미확립과 관련되어 있다는 점에서 향후 정신장애인의 지역사회 복지서비스를 어떤 방식으로 공급할 것인지에 대한 입법적 검토가 필요하다.

(8) 정신장애인의 독립생활과 활동의 지원

다른 한편으로 「장애인복지법」은 제53조에 장애인의 자기결정에 의한 자립생활을 위하여 활동보조인의 파견 등 활동보조 서비스의 제공 등 필요한 시책을 강구하고 제55조에서 중증장애인이 일상생활 또는 사회생활을 원활히 할 수 있도록 활동지원급여를 지원할 수 있도록 규정하고 있는 한편, 제54조에서 중증장애인의 자립생활을 실현하기 위하여 중증장애인 자립생활지원센터를 통하여 그에 필요한 각종 지원서비스를 제공하도록 하고 있다.

「2014 정신장애인복지지원법안」 제35조에서도 이에 관한 정신장애인의 지원 수요를 고려하여 정신장애인 자립생활센터를 설치하여 이를 통하여 필요한 지원서비스를 제공하도록 규정하였었다. 그러나 이러한 내용은 개정 「정신건강복지법」에 반영되지 못하였다. 그 밖에 활동지원서비스에 관한 한 정신장애인의 욕구와 특성을 고려하여 활동지원 서비스의 종류를 보다 다양화하고 활동지원서비스 인정기준을 정신장애인의 특성을 고려한 것으로 개정할 필요가 있다.

이상 살펴본 바와 같이 지역사회 정신장애인의 복지서비스를 효과적으로 이용하여 자립생활을 영위하기 위하여 필요한 지원서비스에 중대한 공백이 있음을 알 수 있다. 이것은 「정신건강복지법」으로의 전환에도 불구하고 새롭게 규정된 복지서비스의 효율적 이용을 지원하기 위한 새로운 복지서비스 전달체계가 수립되어 있지 않다는 점을 보여준다. 지역사회 정신장애인의 복지서비스 전달체계를 어떻게 형성할 것인지에 대한 검토가 필요하다. 구 「정신보건법」상 의료보건서비스의 전달에 주된 역할을 해온 정신보건센터를 이름만 정신건강'복지'센터라고 바꾸었다고 하여 새로운 역할과 기능을 기대할 수는 없기 때문이다. 정신건강복지센터에 있어서 효율적인 복지서비스 전달체계의 확립과 운영을 위해서는 의료적 관점과 복지적 관점이 적절한 균형을 유지할 필요가 있다. 이를 위해서는 정신건강복지센터의 설치방식과 조직구성 면에서 있어서 완전히 새로운 차원에서의 검토가 필요할 것이다.

(9) 복지서비스의 다양성

「장애인복지법」 제56조는 장애동료 간 상담을 지원하도록 규정하고 있다. 정신질환의 경험을 가진 동료상담가의 상담과 지원은 정신장애인의 권익을 옹호하고 의사결정을 지원하는 활동에 있어서 매우 효과적인 방법으로 평가되고 있다. 그러나 「정신건강복지법」에는 별도의 규정을 두고 있지 않다. 동료전문가(peer specialist)의 상담지원은 지역사회 정신장애인의 외래치료, 권익옹호, 자립생활 지원에 효과성이 검증된 서비스로서 정신장애인을 위한 지역사회 서비스로 도입 필요성이 매우 크다. 이를 위해서는 정신장애인 동료전문가를 양성 교육하고 이를 인증하는 체계를 구축할 필요가 있고, 이를 위한 근거 법령의 마련이 필요하다. 이 역시 「정신건강복지법」에 있어서 입법적 보완이 필요한 사항이다.

장기입원 후 퇴원한 정신질환자의 지역사회 복귀를 지원하기 위하여 사회적응훈련은 필수적이다. 이에 관하여도 「장애인복지법」 제19조에서 규정하고 있으나, 「정신건강복지법」에는 별도의 규정을 두고 있지 않다. 아마도 「정신건강복지법」 제37조에 의한 지역사회 거주 · 치료 · 재활 등 통합 지원 시책의 하나로 고려되어야 할 것이다. 「장애인복지법」에는 명확한 구체적 규정이 없으나 「정신건강복지법」에는 문화 · 예술 · 여가 · 체육활동 등의 지원에 관한 규정을 두고 있다. 다른 한편으로 「2014 정신장애인복지지원법안」에서는 소득보장(법안 제19조), 지역사회 거주 · 복귀 지원(법안 제20조), 심리 · 사회적 재활지원(법안 제21조), 지역사회 안정화 지원체계 구축(법안 제22조) 등 정신장애인의 지역사회 통합에 있어서 필요한 고유한 복지서비스의 제공을 규정하고 있었다. 「정신건강복지법」 제37조에 의거하여 지역사회 거주 · 치료 · 재활 등 통합 지원을 위한 시책에 있어서 그 내용을 참고할 필요가 있다.

3) 향후의 과제: 정신건강복지법의 개선방향

「장애인복지법」 제15조에 근거한 정신장애인의 보편적 장애인 복지전달체계에서의 배제와 「정신보건법」상 복지서비스의 빈곤의 문제를 해결하기 위하여 「정신보건법」을 전부 개정한 「정신건강증진 및 정신질환자의 복지서비스 지원에 관한 법률」이 성립되었다. 개정법은 정신질환자를 포함한 정신장애인의 지역사회 통합을 위한 복지서비스의 제공에 관한 여러 규정을 신설함으로써, 「장애인복지법」과는 별도로 정신장애인의 복지서비스 체계를 구축하는 정책방향을 선택한 것으로 보인다.

그러나 정신건강복지법의 이런 구상은 현실화되기 어렵다. 정신건강복지법 제4장에 규정된 복지서비스는 정신질환이 만성화되어 영구장애(언제 일상생활 및 사회생활을 수행할 수 있게 회복될지를 알 수 없는 상태를 의미함) 상태에 있는, 장애인복지법상의 정신장애인으로 등록된(또는 등록될 수 있는) 사람들을 위한 복지서비스를 염두에 둔 것으로 보인다. 특히 제35조의 평생교육, 제36조의 문화 · 예술 · 여가 · 체육활동의 지원이 그 예이다. 반면 정신질환이 발병된 지 얼마되지 않거나 아직 20대, 30대 초 · 중반의 정신질환자의 회복을 지원하는 다학제적 서비스 관련 법률 규정은 없다. 등록 정신장애인을 위한 복지서비스도 제공하겠다는 의욕 하에 정신건강복지법 제4장을 신설하였다면 이는 정신건강복지법의 담당정책부서인 정신건강정책부서가 장애인정책 담당 부서보다 정신장애인 관련 복지서비스를 더 잘 제공할 수 있는 역량과 의지가 있어야 할 것이다. 한편 정신질환자와 등록 정신장애인 모두를 위한 복지서비스를 망라적으로 제공하겠다는 의욕 하에 동법 제4장을 신설하였다면 법률규정 자체로 보더라도 부족함이 많다. 정신질환자이지만 아직 영구장애 상태에 이르지 않는 사람을 집중적으로 지원하는 복지서비스에 관한 규정이 없기 때문이다. 결국 정신질환자와 정신장애인에게 필요한 복지서비스를 구분하지 못한 상태에서 정신건강복지법에 제4장을 신설하였다고 평가할 수 있을 것이다. 제4장의 신설이 뚜렷한 목적의식 없이 이루어진 것이라면 이 규정에 따른 복지서비스 제공을 위한 재원조달은 애초부터 기대할 수 없었던 것이었다. 2016년 법 제정 후 현재까지 정신건강복지법 제4장에 따른 복지서비스로 현실화된 것이 거의 전무한 것은 어쩌면 필연이라고 할 수 있을 것이다.

여기서 되짚어 볼 것은 국내법에서 정신장애와 정신질환을 구분하여 정책대상으로 삼는 것이 필요한지 여부이다. 장애인권리협약에 따르면 정신질환으로 일상생활이나 사회생활을 영위하기 어려운 사람, 즉 중증전신질환자는 모두 정신장애인으로 개념정의된다(동협약 전문 e 및 제1조). 비준국은 장애인권리협약상의 의무를 고려하여 중증정신질환자에 대한 의료정책, 사회정책, 복지정책을 수립해야 할 것이다. 즉 장애인권리협약상의 의무는 장애인복지법을 통해서만 이행되는 것이 아니다. 교육과정, 치료과정, 복지서비스 제공과정, 직업활동, 사회생활 등 장애인이 생활하는 모든 영역에서 비준국은 동 협약상의 의무를 이행해야 한다. 이런 관점에서 정신질환자 및 정신장애인에 대한 정책을 검토할 때 이들에 대한 의료, 재활, 사회생활 지원, 복지서비스 등의 제공을 장애인복지법 또는 정신건강복지법 어느 한 법률에 의해 망라적으로 규율해야 하는 것은 아니다. 국내법에서는 정신질환정책과 정신장애정책을 통합하여 운영하기가 매우 어렵기 때문이다. 특히 정신질환자와 등록 정신장애인에게 각각 필요한 복지지원서비스가 다를 수 있기 때문이다. 그렇기 때문에 대부분의 선진국에서는 정신질환자에 대한 치료, 대안적 치유서비스(특히 위기쉼터 서비스 등), 재활 및 회복 서비스와 정신장애인의 지역사회 독립생활을 위한 복지서비스 제공을 분리하여 규율하는 것이 일반적이다. 우리나라도 등록 정신장애인에 대한 복지서비스의 제공은 장애인복지법의 체계에 맡기는 것이 바람직하다. 정신건강복지법은 원래의 입법목적과 취지에 맞게 정신질환자의 치료, 대안적 치유 서비스, 재활 및 회복을 다학제적 서비스 제공자(의사, 사회복지사, 심리학자, 간호사 등)가 당사자 및 가족과 협력하여 제공할 수 있는 내용을 규율해야 한다는 것이다.

Ⅲ. 정신건강복지법의 한계와 과제

1. 권익옹호의 한계와 방향성: 정신적 장애인의 권익옹호 패러다임 전환의 필요성: 보호에서 자기결정지원으로

1) 정신적 장애인의 권익옹호의 논의의 배경

UN 장애인권리협약의 비준을 전후하여 우리나라는 2007년 장애인차별금지 및 권리구제 등에 관한 법률(이하 장애인차별금지법이라 한다), 2011년 장애인활동지원에 관한 법률, 2014년에는 발달장애인 권리보장 및 지원에 관한 법률이 각각 제정됨으로써 장애인의 권익옹호에 관한 관심이 점증하고 있다. 그 배경에는 도가니 사건(광주 인화학원)을 비롯하여 강원도 원주 사랑의 집 사건, 신안염전 피해 사건 등 지속적으로 폭로되었던 장애인 인권침해 사안이 자리잡고 있다. 장애인 인권침해는 주로 폐쇄적이고 고립된 장애인 거주시설, 가정 등에서 발생하거나 자신을 조력하거나 옹호하는 데 어려움을 겪는 장애특성을 악의적, 고의적으로 이용하여 일어나기 때문에 잘 드러나지 않는다. 이런 인권침해가 폭로되는 데에는 2010년 장애인차별금지추진연대와 탈시설정책위원회, 장애우권익문제연구소 등 장애인 민간단체의 활동에 힘입은 바가 적지 않은 것으로 보인다.

장애인인권센터를 운영하면서 장애인 학대 등에 대해 상담해왔던 장애우권익문제연구소의 자료에 따르면, 2008년 1월 1일부터 2013년 12월 31일까지 6년간 약 8,435건의 상담을 접수하였는데, 그 중 학대로 규정된 상담은 3,150건으로 약 37.4%를 점하였다고 한다. 학대 상담 건수는 2008년 100건에서 2009년 160건, 2010년 422건, 2011년 439건, 2012년 861건,

┃표 4┃ 장애인권익문제연구소 장애인인권센터의 연도별 학대상담 비율

(단위: 건 / %)

년도	전체상담		학대상담		전체상담 중 학대상담 비율(%)
	빈도(건)	비율(%)	빈도(건)	비율(%)	
2008년	315	4.0	100	3.2	29.9
2009년	512	6.1	160	5.1	31.3
2010년	1,325	15.7	422	13.4	31.8
2011년	1,229	14.6	439	13.9	35.7
2012년	1,926	22.7	861	27.3	44.9
2013년	3,118	37.0	1,168	37.1	37.5
합계	8,435	100.0	3,150	100.0	100.0

(자료출처) 이동석 외(2014)

| 표 5 | 2015년 상담 중 학대 유형별 빈도

(단위: 건 / %)

구분	빈도(건)	비율(%)
신체적 학대	899	33.1
성적 학대	183	6.7
정서적 학대	389	14.3
가혹행위	1	0
경제적 학대	1,042	38.4
유기방임	203	7.5
합계	2,717	92.5

(자료출처) 조문순(2016)

2013년 1,168건으로 매년 지속적으로 증가하였다. 또한 전체 상담 중 학대 상담이 차지하는 비중도 2008년 29.9%, 2009년 31.3%, 2010년 31.8%, 2011년 35.7%, 2012년 44.9%, 2013년 37.5%로 매년 지속적으로 증가하였다.

위 인권센터가 2015년 1577-5364 상담센터의 상담결과를 「장애인복지법[75]」상의 정의에 의하여 분류한 것을 보면, 전체 상담 6,116 건 중 학대에 관련된 상담은 2,171건으로 41.4 %라고 한다(장애인인권침해예방센터, 2015). 이 중 경제적 학대가 38.4%로 가장 많았고, 신체적 학대가 33.1%로 그다음 비중을 차지했다고 한다.

그러나 정신질환자와 등록 정신장애인의 권익옹호에 관한 논의는 아직 충분하지 않다. 첫째, 중증정신질환자 중 장애인으로 등록되지 않은 정신질환자도 상당수에 달하는데 이들은 장애인복지법이 아니라 정신건강복지법의 적용을 받고 있다. 그런데 정신건강복지법은 치료중심의 법이고, 복지는 치료를 보완하는 의미로만 설정되어 있기 때문에 이 법에서는 정신질환자의 권익옹호에 관한 규정을 두지 않고 있다. 둘째, 장애인복지법에 따른 장애인권익옹호기관은 주로 판단능력이 떨어지는 발달장애인에 대한 신체적, 경제적 학대에 대응하는 기관인데, 등록 정신장애인의 경우 사회적 차별을 많이 받지만 학대는 발달장애인보다 심각하지 않을 수 있다. 이는 정신장애인의 학력수준이 높고 거동이 가능한 것과 무관하지 않을 것이다. 그 결과 정신질환자와 정신장애인의 권익옹호는 사각지대에 있다고 해도 과언이 아니다. 따라서 정신질환자와 정신장애인(이하에서는 양자를 포괄하여 정신적 장애인이라 한다. 거기에 덧붙여 발달장애인을 포함한 개념이다.)의 권익옹호를 논하기 위해서는 장애인 권익옹호에 관한 일반론에서 출발하지 않을 수 없다.

75) 장애인복지법 2조에서 장애인 학대에 대하여 "장애인학대"란 장애인에 대하여 신체적 · 정신적 · 정서적 · 언어적 · 성적 폭력이나 가혹행위, 경제적 착취, 유기 또는 방임을 하는 것을 말한다"고 규정하고 있다.

2) 장애인권익옹호에 관한 기존 논의

자기 돌봄의 조직이 어려운 정신적 장애인과 노인의 경제적 학대가 증가하게 되면, 그것은 고스란히 국가와 사회의 부담이 되기 때문에 장애인권익옹호는 동시에 국가적 어젠다이기도 하다. 이런 이유 때문에 많은 나라들에서 자기 돌봄이 어려워 누군가의 돌봄을 받을 수밖에 없는 정신적 장애인의 경제적 학대를 막기 위한 방안에 대해 연구하고, 경제적 학대를 방지하기 위한 여러 제도적 방안을 강구하고 있다. 독일에서는 장기요양보험공단[76] 차원에서 돌봄이 필요한 정신적 장애인의 경제적 학대와 그 대비책에 대해 연구하고 있으며,[77] 유럽연합차원에서도 공통의 과제로 삼고 있다.[78] 미국은 이 분야의 연구가 앞서 있을 뿐 아니라 각 주별로 여러 대책을 강구하고 있다.[79]

우리나라에서도 장애인 학대와 차별상황을 근본적으로 개선하기 위한 장애인의 인권침해 예방 및 적극적 지원을 위한 P&A(Protection and Advocacy) 지원체계를 도입할 필요성이 강조되면서, 2016년 '장애인 권리보장 및 복지지원에 관한 법률(이하 장애인권리보장법)'제정이 논의되었다. 장애인권리보장법은 크게 두 축으로 구성되어 있는데, 하나는 장애인 권리보장영역, 다른 하나는 사회서비스 전달체계 영역으로 구성되어 있다. 장애인의 인권침해 조사권, 현장접근권, 공익소송[80] 등의 권리보장 영역, 사회서비스 전달체계 영역에서의 장애등급제 폐지 이후의 개인별 지원체계 구축, 공급자 서비스 전달체계방식에서 벗어난 이용자 중심의 서비스 전달체계를 통한 선택권과 참여 보장, 탈시설화에 따른 전환서비스 체계와 자립생활, 소득보장 등 장애인의 삶을 향상시키기 위한 내용이 포함되어 있다.

한편 2015년 12월 보건복지부의 주도로 장애인복지법을 개정하여 장애인권익옹호기관이 설치되어 활동하고 있다. 2016년 4월 김기선 의원은 '장애인학대범죄의 처벌 등에 관한 특례법'을 발의하였다. 이 법률안에도 '장애인권익옹호기관'의 설치, 장애인 학대범죄의 현장조사와 수사의 실효성 확보, 피해 장애인의 보호와 처벌강화 등이 명시되어 있다.[81] 나아가 각 지방자치단체의 조례에 근거한 장애인인권센터, 보건복지부 산하 발달장애인지원센터와 민간위탁방식의 장애인인권침해예방센터, 그리고 국가인권위원회와 장애인 민간단체와 공익법률단체 등의 권익옹호 지원기관이 활동하고 있다. 그렇지만 장애인권 침해 사안이 발생할 경우에 인

---

76) 독일의 장기요양보험(Pflegeversicherung)은 노인만이 아니라 아동, 장애인 등 장기적인 돌봄이 필요한 사람들에게 요양보험급여을 지급하고 있다.

77) 독일 장기요양보험공단 산하 MDS 책임자인 Uwe Brucker가 주도한 연구가 그 예이다. 그 연구의 개요는 Finazieller Missbrauch alter und pflegebedürftiger Menscen–Kein Thema–Kein Problem? Teil 1, Teil 2, Betreuungsrechtliche Praxis, 5/2016, 6/2016에 게재되어 있다.

78) 유럽연합차원의 고령자–장애인의 학대 예방 프로젝트인 MILCEA–Projekt가 그 예이다. http://www.milcea.eu/projekt.html 참조.

79) 가령 미국 매사추세츠 주의 노인보호기관과 은행연합회, 검찰, 소비자보호청이 연합해서 1996년부터 노인의 경제적 학대에 대해 대처하고 있다.

80) 인권침해 발생의 경우 피해자 지원과정에서 성폭력, 학대나 방임, 재산권 침해 등 다양한 사안에서 법률적 대응이 필요한 경우가 발생한다. 이러한 경우 소송을 통해 개인의 권리를 옹호하는데 이러한 소송을 공익소송이라고 한다.

81) 비마이너, 2016.04.22 검색(www.beminor.com).

권침해 현장에 있는 장애인에 대한 즉각적 개입과 체계적이고 개별적인 지원을 할 수 있는 지원체계는 갖춰져 있지 않은 것이 현 실정이다.

3) 장애인권익옹호의 방향 재설정의 필요성

장애인권익옹호와 관련된 이제까지의 논의는 학대의 발견과 조사, 학대행위자의 처벌과 피해자의 피해구제에 초점을 맞추어져 있었다. 이는 우리 사회의 전통적인 장애인 돌봄 시스템의 영향을 받은 것으로 보인다. 전통적으로 장애인은 가족과 지역사회의 돌봄과 보호(또는 지역사회의 감시기능. 소위 '보는 눈')를 통해 생활해 왔다. 가족과 지역사회의 돌봄기능이 제대로 작동한다면 위험상황에 처한 장애인을 발견해서 이들을 사회보장급여의 전달체계에 편입시키는 것만으로도 장애인의 권익옹호에 충분할 수 있다. 그 후에는 가족, 사회복지사, 지역사회가 돌보아 줄 것이기 때문이다. 장애인 권익옹호에 관한 기존의 논의는 가족-사회의 역할에 관한 전통적 패러다임에 입각한 것이었다. ① 위기상황에 처한 정신적 장애인(학대받는 장애인)의 발견과 구제, ② 학대행위자의 처벌, ③ 정신적 장애인이 보유한 사회보장수급권의 행사를 대신하도록 함으로써(대행행의사결정제도) 정신적 장애인의 보호에 공백이 없도록 하는 것에 초점을 맞추었다는 것이다.

이런 권익옹호체계는 장애인(고령자도 동일)의 돌봄은 가족의 부담이라는 관념을 출발점으로 한다. 그러나 핵가족화와 1인 가구의 급증과 부모세대의 고령화로 인해 정신적 장애인을 돌보는 것은 부모만이 아니라 여타의 가족에게도 큰 부담으로 전환되고 있다. 특히 부모 사후에는 여타의 가족이나 친족들은 정신적 장애인의 안정을 위해 부모처럼 헌신적으로 돌보지 않는다. 그 결과 정신적 장애인이 보유한 재산(자기 재산과 사회보장급여)을 잘 활용하면 지역사회에서 생활할 수 있을지라도, 부모 아닌 가족과 친족들은 그런 가능성을 살리기 보다는 그 가능성을 처음부터 없애는 데 관심이 많다. 정신적 장애인 명의로 재산을 보유하지 않도록 다양한 조치를 취함으로써 그를 기초생활수급자나 차상위자로 만드는 것, 이들을 생활시설이나 정신의료기관에 보내는 것 등이 그것이다. 또한 가족이나 친척들이 정신적 장애인을 보호할 책임이 있다는 관념으로 인해, 이들은 처음부터 정신적 장애인에게 지급되는 각종의 사회보장급여를 자신의 재산과 혼용하여 사용하는 것에도 익숙하게 된다. 부모가 없거나 고령화로 더 이상 정신적 장애인을 돌볼 수 없게 되는 시점에서는 이런 일이 더 빈번하게 발생한다. 핵가족을 넘어서서 1인 가구의 증가, 부모세대의 고령화로 인해, 이런 현상은 더 가속화될 것이다. 그렇기 때문에 현재의 권익옹호체계로는 정신적 장애인의 인간다운 삶과 안전을 실현하는 데에 한계가 있다.

4) 민사법과 사회복지법의 관점에서 본 정신적 장애인의 법적 지위

(1) 민사법의 특징

우리 민사법은 출생의 시점부터 각 개인을 권리의무의 주체로 본다(민법 제3조). 성인인

권리능력자가 법률행위(또는 준법률행위. 이하 '법률행위'라고만 표현한 경우에도 그 설명은 준법률행위에도 적용된다.)를 통해 스스로 자신의 권리를 행사하거나 의무를 이행하는 것은 민사법 질서의 기본에 속한다. 이는 동시에 헌법 제10조의 행복추구권에서 파생하는 일반적 행동의 자유, 자기결정권의 행사이자,[82] 인간의 존엄성의 표현이기도 하다.[83] 각 개인이 스스로의 판단에 따라 권리를 행사하고 의무를 이행하도록 보장하는 것은 헌법질서의 구체화라고 할 수 있다.

물론 연령, 질병, 장애 등으로 판단능력에 장애가 있어서 스스로 법률행위를 할 수 없거나 법률행위를 하는 데 장애가 있다면, 그 장애 성인(이 부분에서는 의사결정능력 장애인이라 칭한다)은 고도로 분업화된 현대사회를 살아가는 데 불가결한 타인과의 법률관계 형성에 어려움을 겪을 것이다. 자신이 보유한 재화를 타인이 약탈할 위험도 커진다. 나아가 이들에게 귀속된 재화(그 법적 표현인 권리)의 사회적 유통도 어려워진다. 이 점에서는 의사결정능력 장애는 개인만의 문제가 아니라 사회적 문제이기도 하다. 의사결정능력 장애인이 직면한 이런 곤란을 벗어날 수 있는 합법적인 방법은 다음과 같다. 첫째, 뇌사고, 질병, 치매 등과 같이 우연적 사건으로 의사결정능력에 장애가 발생한 경우라면, 본인의 사회생활에 필요한 권리행사와 의무이행에 필요한 법률행위를 대행할 수 있는 권한, 즉 지속적 대리권[84]을 그 사건이 발생하기 이전에 타인에게 수여함으로써 극복할 수 있다. 민법은 본인의 의사무능력이 이미 수여한 대리권의 존속에 영향을 미치지 않도록 하기 때문에(민법 제127조),[85] 지속적 대리권은 유효한 방법의 하나가 된다. 둘째, 의사결정능력 장애인을 돌보아 줄 가족이 있고, 그 가족이 자신이 보유한 재화로써 의사결정능력 장애인의 필요를 충족시켜 주는 것도 한 방법이다. 우리나라는 전통적으로 대가족제도를 유지하면서 가족 구성원 중의 약자를 부양해왔다.[86] 만약 3세대 가구가 일반적이라면, 고령이나 치매로 판단능력이 떨어지는 부모가 있더라도 가족들이 자신의 재화로써 의사결정능력 장애가 있는 부모의 생활상의 수요를 충족시켜 줄 것이다. 셋째, 본인

---

82) 헌법재판소 1990.9.10. 89헌마82 결정에서는 성적 자기결정권을, 헌법재판소 1991.6.3. 89헌마204 결정에서는 계약의 자유를, 헌법재판소 1996.12.26. 96헌가18 결정에서는 소비자의 자기결정권을 각기 일반적 행동의 자유에서 파생되며, 일반적 행동의 자유는 행복추구권에 속한다고 판시한 바 있다. 여기서는 행복추구권의 기본권으로서 어떤 성격이 있는지에 관해서는 검토하지 않는다. 이에 대해서는 허영, 한국헌법론 (전정 12판), 박영사(2016), 344면 이하 참조.

83) 독일 학설과 판례는 독일 기본법 제1조 제1항의 인간의 존엄성, 제2조 제1항의 인격전개의 자유로부터 일반적 인격권이 헌법상의 기본권이라고 보고 있으며, 일반적 행동의 자유가 인격권의 핵심이라고 한다. 그 자유에는 여기서 다루는 자기결정권(BVerwGE 27, 305), 계약의 자유(BVerfGE 12, 341, 347)도 포함됨은 말할 것도 없다. 이에 대해서는 Bleibtreu/Hofmann/Hopfauf, Grundgesetz (12. Aufl., Carl Heymanns Verlag(2011), Art. 1, Rn. 58ff; Art. 2 Rn. 23 참조.

84) 여기서의 지속적 대리권은 일회적인 대리권이 아니라, 일정기간 동안(를 때에 따라서는 본인의 사망 시점까지) 계속적, 반복적으로 대리할 수 있는 권한을 의미하기로 한다. 계속적, 반복적으로 법률행위를 대리할 권한을 부여하는 것은 실무적으로도 활용된다. 특정 직책을 가진 법인의 직원이 이사로부터 대리권을 수여받아 계속적, 반복적으로 그 법인을 대리하는 것, 수임인인 재산관리인(가령 변호사, 법무사, 공인중개사, 세무사 등)이 관리할 재산에 관하여 계속적, 반복적으로 본인을 대리하는 것 등이 그 예이다.

85) 우리나라와 달리 보통법에서는 본인의 의사무능력이 대리권 소멸 사유에 해당된다. 후견제도와 관련하여 이 문제를 다루는 것으로는 제철웅, 영국법에서의 의사결정무능력 성인의 보호제도의 역사적 전개와 2005년의 정신능력법의 특징, 비교사법 17권 4호(2010.12), 218면 이하 참조.

86) 이는 1990년 민법 개정 전 민법 제797조의 호주의 가족부양의무, 현행 민법에도 존속하는 제974조 이하의 친족부양의무 등에 근거한 것이다.

이 지속적 대리권을 부여하지 않았거나 부여할 수 없었고,[87] 자신의 재화로써 의사결정능력 장애인의 생활상의 수요를 충족시켜 줄 의향과 역량이 있는 가족이 없다면, 후견인을 통해 사회생활에 필요한 의사결정을 대행하도록 할 수밖에 없다.

(2) 사회보장법상의 대행의사결정

사회보장법에 의해 각 개인은 사회보장청구권을 가지며, 이는 헌법 제34조의 구체화이기도 하다. 사회보장청구권은 개인이 국가나 지방자치단체 또는 여타의 사회보장 제공기관(이하 총칭할 때 보장기관)에 대해 가지는 공법상의 청구권이다. 사회보장급여청구권의 내용은 현금급여, 현물급여(물건 또는 각종 서비스)로 되어 있다. 사회보장급여는 보험의 형식으로 지급되기도 하고, 공공부조나 기타의 사회서비스로 제공되기도 한다. 사회보장청구권 중 이미 금전으로 지급되고, 지급될 금전 액수가 정해져 있는 경우도 있지만(국민연금이 대표적인 예이다), 대부분의 사회보장급여는 그 내용이 확정되어 있지 않다. 사회보장급여 청구권은 민사법상의 청구권처럼 쌍무적이거나 유상적인 계약에 근거한 것이 아닌 경우가 대부분이고,[88] 치료, 요양, 재활, 일상생활에서의 인간다운 삶의 보장 등을 내용으로 하여 국가의 일방적 의무에 기초하여 제공된다. 즉 급여 내용이 국가재정과 당사자와의 개별적 사정을 감안하여 행정행위로 결정되기 때문에 수급희망자가 그 행정절차에 참여할 권리가 보장되어야만 적법절차에 따른 행정행위라 할 수 있다. 국가재정과 당사자의 개별적 사정에 의해 급여내용이 결정된다는 점은 민사법상의 부양청구권과도 유사하다. 민사법상의 부양청구권의 경우 부양의무자와 부양청구권자의 협의가 중요하지만, 민사법은 각 당사자의 주체성을 전제하기 때문에 부양의무자의 부양청구권자에 대한 지원을 요구하기는 어렵다. 그러나 보장기관의 행정행위는 인간다운 삶의 보장을 지향하는 것이기 때문에, 수급희망자의 절차참여권을 최대한 보장하여 개인적 사정에 맞는 사회보장급여가 이루어지도록 해야 한다. 따라서 바람직한 형태의 사회보장급여는 수급희망자에 대한 정보제공, 수급희망자와의 상담 등을 통해 개인별로 가장 적합한 형태의 사회보장급여가 지급되는 것이어야 한다. 우리는 이를 개인별 지원계획의 수립을 위한 국가의 협의의무라고 할 수 있다. 이런 내용의 협의의무는 영국, 독일, 호주 등을 비롯한 많은 선진국에서 이미 인정하고 있다.

이런 사회보장급여는 먼저 급여청구권이 있는지가 불명확한 상태에서 모든 사람이 보장기관(Leistungsträger)을 상대로 사회보장급여를 지급해 줄 수 있는지에 관한 정보제공과 상담을 해 줄 청구권이 있음이 전제된다. 이어서 상담과 협의를 통해 구체적으로 개별적인 청구권이 성립하게 된다. 한편 확정된 사회보장급여는 수급권자에게 직접 지급하여야 한다. 가령 사회보장급여청구권자가 여타의 이유로 생활시설(요양원) 또는 수용시설(정신병원 등)에 입소되어 있는 경우에도 그 수용시설이 제공하는 서비스에 대한 비용을 부담하여야 할 사회보장급여청

87) 의사능력을 합리적 판단능력으로 해석하는 한, 특히 발달장애인 중에는 쉬운 용어로 설명한다고 하더라도 대리권의 법률효과, 대리권 수여에 수반하는 각종 위험 등을 이해할 수 없는 경우도 적지 않을 것이다. 이 경우에는 지속적 대리권을 부여할 수 없을 것이다.

88) 사회보험급여는, 차이점이 있기는 하지만, 민사법상의 보험청구권과 유사한 측면이 있기는 하다.

구권자에게 직접 지급되어야 할 것이다.[89)]

한편 민사적 권리의 경우 위 (1)에서 언급한 것처럼 가족이라도 본인의 허락 없이 그 성인의 민사적 권리를 대신하여 행사할 수 없다.[90)] 가족이 정신적 장애인과 치매환자를 민사적 의무가 있음은 말할 것도 없는데(민법의 부양의무), 그렇다고 하더라도 가족에게 이들의 민사적 권리를 대신 행사할 권한을 부여하지 않는다. 사회보장급여청구권 역시 공법상의 개인적 권리라는 점에서는 일반 민사적 권리와 다를 바 없기 때문에, 사회보장급여의 전달체계에서 돌봄의 책임을 가족이 부담하더라도 그 가족이 수급권자를 대신하여 그 권리를 행사할 수 없다. 만약 이를 허용하게 되면 그것은 헌법 제10조의 행복추구권의 일종인 자기결정권의 침해가 되기 때문에, 헌법 제37조의 기본권제한의 원칙에 따라야만 한다. 바로 이런 이유 때문에 독일, 일본과 같은 나라에서는 사회보장급여청구권을 행사하기 위해서라도 의사결정능력 장애인의 경우 후견인을 선임하도록 한다. 물론 후견인 선임 대신, 사회보장기관에서 법에 따른 절차에 따라 의사결정지원자를 선임하고, 법에 따른 절차에 따라 그에 대한 감독을 수행함으로써 사회보장급여가 본인에게 효과적으로 전달되는 동시에 권리침해의 요소가 없도록 안전장치를 갖추는 나라도 있다(호주의 NDIS 시스템 하에서는 의사결정지원자).

5) 관리-감독되지 않는 의사결정대행자가 만연하는 사회보장급여 전달시스템

(1) 사회보장급여 전달체계의 문제점

우리나라의 사회보장급여 전달체계로는 장애인 학대와 방임을 막기보다는 오히려 이를 조장하는 제도적 환경을 조성하는 밑불의 역할을 하기도 한다. 서구적 관점에서 볼 때 매우 낯선 사실은 응급상황이 아님에도 불구하고 의료현장에서 배우자, 부모, 또는 자녀가 성인을 대신하여 수술에 동의하고, 요양원과 생활시설에 입소시키는 관행이다. 이는 헌법과 민사법질서에 근본적으로 반하는 것이며(응급상황에서는 사무관리의 법리가 작동하기 때문에 사실 누구라도 본인의 최선의 이익에 부합하는 조치를 취할 수 있을 것이다), 이를 명문으로 규정한 법률규정도 없기 때문이다. 뿐만 아니라 사회보장법의 기본원칙에도 반하는 것이다. 사회보장기본법 제11조는 사회보장급여에서의 신청주의를 원칙으로 하기 때문이다. 그러나 사회보장기본법의 신청주의는 개별 사회보장법에서 대부분 무시되고 있으며, 그로 인해 사회 전반에 걸쳐 일반인은 가족, 자신이 사실상 돌보는 어떤 사람을 대신하여 사회보장급여를 대신 신청하고, 수령하는 것이 "선행"이라는 인식이 확산되어 있는 것처럼 여겨진다. 이런 환경이 신안염전피해자, 가축노예, 장애인 성폭행 등의 암적 존재가 자랄 수 있는 환경 조성에 기여할 것이다.

(2) 사회보장법의 대행의사결정의 예

아래는 우리나라 사회보장법에서 인정하는 "의사결정대행자"에 관한 개관이다. 아래 [표

89) 가령 독일의 경우 청구권자가 보장기관에 서면으로 직접지급(Überleitung)을 통지하면, 보장기관은 수급권자에게 지급할 사회보장급여를 그 시설에 직접 지급할 수 있다.Maydell/Ruland, Sozialrechtshandbuch 3.Aufl., 8 Rn. 324 ff. 참조.

90) 부부간의 일상가사에 관한 대리권만이 법률로 규정되어 있을 뿐이다.

9]의 현행 법률규정을 보면, 치매환자, 발달장애인, 정신장애인 등 의사결정에 장애가 있는 성인의 경우 거의 모든 단계에서 대부분 타인에 의한 의사결정대행을 제도화하고 있다. 그런데 그 타인의 자격, 정당성 등에 대해서는 아무런 법적 요건도 두지 않고 있다. 이는 동시에 유엔 장애인권리협약 제12조에 위반된다. 동조는 장애인은 자신이 보유한 권리를 스스로 행사하도록 지원해야 하는 데 초점을 맞추어야 하며, 의사결정대행 시스템은 폐지되어야 한다고 한다. 의사결정대행은 명칭 여하를 불문하고, 형식 여하를 불문하는 것인데, 현행 사회보장법은 정신적 장애인에게 가장 중요한 재화와 서비스 조달체계인 사회보장급여 전달체계에 [표 6]과 같이 의사결정대행제도를 잔존시키고 있다.

| 표 6 | 정신적 장애인과 고령자의 자기결정권을 존중할 때의 관련 법규정 개정방향

유형	법률	현행법의 내용	헌법 및 민사법의 일반 원리에 따를 경우의 조치
공공부조	국민기초생활보장법	• 신청은 수급자, 그 친족, 그 밖의 관계인이 신청(제21조) • 금전 또는 현물을 직접 수급자에게 제공(제9조 2항). • 예외적 사유가 있을 때(수급자가 관리할 수 없는 일정한 사유) 수급자의 배우자, 직계혈족 또는 3촌 이내의 방계혈족 명의 계좌에 입금(시행령 제6조 1항; 시행규칙 제6조 6항) • **보장시설에 있을 경우 보장기관이 시설에 지급**(제9조 3항; 시행규칙 제6조 1항~3항).	• 신청은 수급자, 수급자의 권한 있는 대리인(친권자 또는 후견인, 기타 법률에 의해 권한을 부여받은 자)이 할 수 있음. • 급여의 지급은 수급자 명의의 계좌에 입금. • 보장시설 수급자도 수급권자에게 바우처 등의 형태로 직접 지급하고, 수급권자가 시설에 지급하는 것이 원칙임.
	의료급여법	• 수급권자로 되려고 하는 자가 신청(제3조의3) • 의료기관이 의료급여기금에 비용청구-지자체에 지급청구한 것으로 간주(제11조)	• 수급권자로 되려는 자 또는 권한 있는 대리인이 신청 • 좌동
	장애인연금법	• **수급희망자가 신청(제8조)** • **지자체 담당공무원이 직권신청. 단, 수급희망자의 동의를 받아야(제8조)** • **수급권자가 사망한 후 미지급장애인연금은 생계를 같이 한 유족이 청구(제14조)** • **수급권자가 의사결정에 장애가 있는 경우(법정사유) 배우자, 직계혈족, 3촌 이내의 방계혈족의 계좌로 입금이 가능(시행령 제11조, 시행규칙 제9조)**	• **수급희망자 및 그의 권한 있는 대리인이 신청** • **지급은 수급권자 명의의 계좌로 지급**
	기초연금법	• 수급희망자와 보건복지부령으로 정하는	• 수급희망자와 그의 권한

		대리인이 신청(제10조). 대리인은 민법 제777조의 친족, 담당공무원 기타 복지부장관이 정하는 사람(시행규칙제6조) • 수급권자의 계좌로 지급. 단 의사결정에 장애가 있는 경우(법정사유가 있음) 배우자, 직계혈족, 3촌이내의 방계혈족의 계좌로 지급(제9조)	있는 대리인이 신청 • 수급권자의 계좌로 지급
	장애인복지법(경증장애)	• 장애인등록신청은 장애인, 법정대리인, 대통령령으로 정하는 보호자(시설장, 사실상의 보호자) – 법제32조, 시행령 제20조 • **장애수당은 지급은 본인, 본인의 의사결정에 장애가 있는 경우(법정사유)에는 배우자, 직계혈족, 3촌이내의 방계혈족의 계좌로 지급**(시행령 제32조)	• 장애인 및 그의 권한 있는 대리인이 신청 • 장애수당 지급은 본인 계좌로 지급
	긴급복지지원법	• 긴급지원대상자, 친족, 그 밖의 관계자가 신청(제7조) • 시군구청장이 긴급지원대상자 확인 – 조사(제8조) • **보건복지부장관은 긴급지원대상자의 금융정보 제공을 요청할 수 있음**(시행령 제8조)	• 긴급지원대상자 및 그의 권한 있는 대리인이 신청 • 기타는 좌동
사회서비스	장애인복지법	• 장애인, 법정대리인, 대통령령으로 정하는 보호자(시설장, 사실상 보호자)가 장애인 등록신청(제32조. 시행령 제20조) • 장애수당의 지급은 본인, 의사결정에 장애가 있는 경우(법정사유) 배우자, 직계혈족, 3촌 이내 방계혈족의 계좌로 입금(시행령 제32조)	• 장애인 및 그의 권한 있는 대리인이 신청 • 장애수당 지급은 장애인 본인계좌로 지급
	장애인활동지원법	• 본인, 대리인(본인의 가족이나 친족, 그 밖의 관계인, 전담공무원, 그 밖에 지자체장이 정하는 사람)이 신청(법제15조, 시행규칙 제10조)	• 본인 또는 그의 권한 있는 대리인이 신청
	정신보건법	• 자의입원 • 보호의무자(민법상의 부양의무자, 후견인, 지자체의 장)에 의한 입원	• 자의입원 • 중증정신질환자를 위한 등록된 지원자 및 이에 준하는 자에 의한 입원
	발달장애인법	• 발달장애인의 자기결정권(법 제8조) • 복지서비스를 발달장애인 본인이 신청. 의사결정능력이 없는 경우 보호자가 대리신	• 복지서비스는 발달장애인 본인 및 그의 권한 있는 대리인이 신청

		청(후견인, 민법 제777조의 친족이나 부양의무자로 사실상 보호하는 자, 지자체장이 선임한 자) (법 제2조, 18조)	
	노인복지법	• 노인의 보호자는 배우자, 직계비속과 그 배우자, 부양의무 및 업무로 사실상 노인을 보호하는 자를 보호자로 지칭(제1조의2)	• 노인에 대한 돌봄제공자, 지원자로 명칭을 변경
사회보험	노인장기요양보험법	• 노인장기요양 인정의 신청은 본인이 하거나(제13조), 가족, 친족 기타 이해관계인이 대리신청할 수 있음(제22조). 전담공무원이 본인이아 가족의 동의를 받아 신청할 수 있음. 지자체장이 지정한 자가 대리신청할 수 있음(제22조)	• 장기요양신청은 본인 및 권한 있는 대리인이 신청
	국민연금법	**• 수급권자의 청구에 의해 공단이 지급(제50조)** **• 수급권자가 사망하면 그의 배우자, 자녀, 부모, 손자녀, 조부무 및 형제자매가 미지급급여 지급 신청(제55조)**	**• 수급권자 및 권한 있는 대리인이 신청**
	산업재해보상보험법	• 요양급여를 받으려는 자가 신청(제41조. 시행령 제21조)	• 요양급여를 받으려는 자 및 권한 있는 대리인이 신청
	국민건강보험법	• 요양급여는 요양기관과 가입자, 피부양자의 의료계약에 의해 의료가 제공된 뒤, 요양기관이 건강보험공단에 요양급여의 지급을 청구하는 형식.	• 본인 및 권한 있는 대리인에 의해 의료계약이 체결되도록 규정해야 함.
일반법적 성격이 있는 경우	사회보장급여법	제5조 ① 지원대상자와 그 친족, 「민법」에 따른 후견인, 「청소년 기본법」에 따른 청소년상담사 · 청소년지도사, 지원대상자를 사실상 보호하고 있는 자(관련 기관 및 단체의 장을 포함한다) 등은 지원대상자의 주소지 관할 보장기관에 사회보장급여를 신청할 수 있다. 제21조 ① 보장기관의 장은 제19조에 따른 사회보장급여의 적정성 확인조사 및 제20조에 따른 수급자의 변동신고에 따라 수급자 및 그 부양의무자의 인적사항, 가족관계, 소득 · 재산 상태, 근로능력 등에 변동이 있는 경우에는 직권 또는 수급자나 그 친족, 그 밖의 관계인의 신청에 따라 수급자에 대한 사회보장급여의 종류 · 지급방법 등을 변경할 수 있다.	**• 제5조, 제21조의 경우 모두 "수급자와 권한 있는 대리인"에 한정하여 신청 권한을 부여함.**

▌표 7▐ 정신적 장애인 관련 사회보장법상의 학대의 정의

관련 법	내용
장애인복지법	• "장애인학대"란 장애인에 대하여 신체적 · 정신적 · 정서적 · 언어적 · 성적 폭력이나 가혹행위, 경제적 착취, 유기 또는 방임을 하는 것을 말한다(제2조 제3항)
노인복지법	• 노인학대란 노인에 대하여 신체적 · 정신적 · 정서적 · 성적 폭력 및 경제적 착취 또는 가혹행위를 하거나 유기 또는 방임을 하는 것을 말한다(제2조 제4호). • "노인학대관련범죄"란 보호자에 의한 65세 이상 노인에 대한 노인학대로서 다음 각 목의 어느 하나에 해당되는 죄를 말한다(제2조 제5호) – 형법 및 노인복지법상의 금지행위 위반자)
발달장애인법	• 학대에 관한 별도 규정 없음. • "유기 등"이라고 하여 발달장애인에게 빈번하게 발생하는 범죄를 열거하고 있음(제14조)

6) 기존 권익옹호서비스 제공기관의 문제점

(1) 권익옹호가 필요한 사안과 목표 설정의 협소함

정신적 장애인의 권익옹호서비스를 제공하는 기관으로 발달장애인지원센터, 장애인권익옹호기관이 있다. 그런데 이들 기관의 경우 권익옹호서비스를 제공할 필요가 있는 사안을 학대범죄에 한정하는 경향이 강하다. 뿐만 아니라 학대의 개념 역시 제3자에 의한 학대와 방임으로 좁게 정의함으로써 복지사각지대에 놓인 다수의 수급권자를 발굴하고 사회보장급여의 전달체계에 편입시키는 데 한계가 있다.

▌표 8▐ 아동학대의 개념

아동복지법	내용
제3조 (정의)	"아동학대"란 보호자를 포함한 성인이 아동의 건강 또는 복지를 해치거나 정상적 발달을 저해할 수 있는 신체적 · 정신적 · 성적 폭력이나 가혹행위를 하는 것과 아동의 보호자가 아동을 유기하거나 방임하는 것을 말한다(제3조 제7호). • "아동학대관련범죄"란 다음 각 목의 어느 하나에 해당하는 죄를 말한다. 가. 「아동학대범죄의 처벌 등에 관한 특례법」 제2조 제4호에 따른 아동학대범죄 나. 아동에 대한 「형법」 제2편 제24장 살인의 죄 중 제250조부터 제255조까지의 죄(제3조 제7의2호)

이처럼 학대의 개념을 좁게 설정하는 것은 학대에 대응한 권익옹호서비스의 모델이 아동학대에서 유래하기 때문이다. 아동복지법은 다음과 같이 학대를 정의하고 있다. 장애인, 고령자, 아동을 권익옹호의 관점에서 동일하게 취급하는 잘못을 범하고 있는 셈이다.[91]

91) 최근 독일에서는 노인 학대에서 경제적 학대 문제에 관심을 기울이고 있는데, 독일에서는 그동안 간과해 온 것

그러나 성인에 대한 학대는 아동학대와 동일하게 볼 수 없다. 제3자에 의한 학대, 방임만이 아니라 자기방임을 포함하는 개념이어야 한다. 특히 정신적 장애인의 경우 자기방임이 심각한 문제이기 때문에 이에 대한 적절한 형태의 개입이 필요하다. 또한 제3자에 의한 학대에서는 다른 어떤 학대보다 경제적 학대에 관심을 기울여야 한다. 성인학대의 가장 큰 동력은 경제적 문제에 있기 때문이다.

또 다른 심각한 문제의 하나는, 현행 권익옹호기관의 서비스의 주 대상은 '학대자의 범죄'에 맞추어짐으로써 권익옹호서비스가 복지서비스가 아닌 형사정책상의 서비스처럼 변질되어 있다는 데 문제가 있다. 이는 권익옹호기관의 활동내용에서도 잘 드러난다.

❙표 9❙ 우리나라 정신적 장애인을 위한 권익옹호기관의 활동내용

유형	기관	수단 또는 내용
예방	발달장애인지원센터 -발달장애인법	• 발달장애인 대상 범죄(유기 등)의 예방조치(제14조) • 유기등의 신고의무(제15조) • 인식개선홍보 등(제34조)
	장애인권익옹호기관 -장애인복지법	• 장애인학대 예방조치(제59조의8) • 장애인학대 및 장애인대상 성범죄 신고의무(제59조의4): (범죄를 대상) • 장애인학대 예방 교육(제59조의9)
	노인보호전문기관 노인복지법	• 학대신고를 위한 긴급전화설치(제39조의4) • 노인학대예방홍보(제39조의5) • 노인학대 등 신고의무(제39조의6)
	아동보호전문기관 아동복지법(아복)/아동학대범죄처벌법(아학)	• 아동학대 예방조치(아복 제22조) - (범죄를 대상?) • 아동학대 신고의무자에 대한 교육(아복 제26조) • 아동학대범죄의 신고의무(아학 제10조)
발견과 조치	발달장애인지원센터 발달장애인법	• 발달장애인 전담검사제(제13조) • 발달장애인지원센터나 사법경찰관리의 현장조사(제16조) • 보호조치-7일 간 쉼터나 의료기간에 격리보호(제17조)
	장애인권익옹호기관 -장애인복지법	• 학대범죄 신고가 있을 때 장애인권익옹호기관 또는 사법경찰관리의 현장조사-분리 또는 치료가 필요할 때 권익옹호기관 또는 의료기관에 인도(59조의5)
	노인보호전문기관 -노인복지법	• 노인보호전문기관 또는 사법경찰관리의 현장조사; 분리 또는 치료가 필요할 때 노보전 또는 의료기관에 인도(제39조의7)

에 대한 반성이 기초한 것이다. 노인학대에서 경제적 학대를 간과한 이유로 학대를 주로 아동학대 개념과 유사하게 이해했기 때문임을 지적하기도 한다. Uwe Brucker, Finanzieller Missbrauch alter und pflegebedürftiger Menschen-Kein Thema-Kein Problem? Teil 1, Btprax 5/2016, S. 163 참조.

		• 금지행위 위반의 우려가 있는 곳의 출장조사(제39조의11) • 가정폭력 등의 담당하는 사법경찰관이 수사 중 인지한 노인학대에 대해 노보전에 통보(제39조의15)
	아동보호전문기관 –아동복지법(아복)/아동학대범죄처벌법(아학)	• 아동학대범죄신고가 있을 때 아보전직원 또는 사법경찰관리의 현장조사(아학 제10조) • 학대범죄행위의 제지/피해자로부터 아동격리/보호시설 또는 의료시설에 인도(아학 제11조) • 사법경찰관리에 의한 긴급임시조치(아학 제12조) • 검사의 임시조치 신청(아학 제13조)
형사절차	발달장애인지원센터 –발달장애인법	• 수사 및 재판절차에서 발달장애인을 위해 발달장애인지원센터의 장이 보조인이 될 수 있음(제12조) • 전담 사법경찰관 및 전담 검사제도(제13조)
	장애인권익옹호기관 장애인복지법	• 조사 및 재판절차에서 권익옹호기관의 장이 보조인이 된다는 규정은 없음
	노인보호전문기관 노인복지법	• 조사 및 재판절차에서 권익옹호기관의 장이 보조인이 된다는 규정은 없음
	아동보호전문기관 아동복지법	• 아동학대자에 대한 임시조치(아학 제19조) • 아동학대자에 대한 조건부기소유예(아학 제26조) • 아동학대자에 대한 보호처분(아학 제36조) • 피학대아동을 위한 피해아동보호명령(아학 제47조) • 형사절차에서 피해아동을 위한 보조인 참가(아복 제21조)
사후관리	발달장애인지원센터 –발달장애인법	• 학대행위자 또는 피해발달장애인을 위한 사후조치에 관한 규정은 없음
	장애인권익옹호기관 장애인복지법	• 학대행위자 또는 피해장애인을 위한 사후조치에 관한 규정은 없음
	노인보호전문기관 –노인복지법	• 노인학대행위자에게 심리치료 등을 받을 것을 권고(제39조의16) • 노인학대범죄전력자의 취업제한(제39조의17) • 위반사실의 공표(제39조의18)
	아동보호전문기관 –아동복지법	• 아동학대에 대한 사후관리(제28조) • 아동학대행위자에 대한 상담–교육의 권고(제29조의2) • 피해아동 및 가족에 대한 지원(제29조)

이는 모두 권익옹호기관의 선두주자라 할 수 있는 아동보호전문기관의 모델을 노인보호전문기관 및 장애인권익옹호기관이 채택하고 있기 때문이다. 장애인권익옹호기관(2016년 11월 30일 시행)은 장애인 학대범죄의 예방, 발견과 조치, 사후관리에 초점을 맞추고 있다. 발달장애인지원센터는 발달장애인 유기 등의 범죄의 예방, 발견과 조치, 사후관리에 초점을 맞

추고 있다. 노인보호전문기관 역시 노인학대 범죄의 예방, 발견과 조치, 사후관리에 초점을 맞추고 있다.

이들의 활동은 모두 "형사정책"적 수단 또는 내용의 활동이어서, 위 기관은 형사정책 수단의 집행기관이 더 잘 수행할 수 있을 것이다. 그러나 그 업무를 복지부 소관업무로 하기 때문에 여러 가지 문제가 발생할 수 있다. 복지기관은 범죄 문제에 대해서는 전문성이 없다는 점(현장 활동가들이 느끼는 고충이 클 것이다. 변호사의 조력이 있더라도 변호사는 조력자의 지위에 있기 때문에 한계가 있음), 법무부가 범죄예방과 재범방지를 위한 형사정책에 더 많은 관심을 기울이고 처벌위주의 형사정책을 수정 · 보완할 기회를 상실할 수 있거나 상실하였다는 점에서 국가적으로도 바람직하지 않다.

(2) 찾동서비스 및 읍면동 복지허브화, 희망복지지원단의 업무의 활성화에 따른 권익옹호기관의 현재의 기능 위축의 예측

권익옹호기관과 달리 찾동서비스 등은 복지전달체계의 최일선의 핵심역할을 수행하는 읍면동을 복지사각지대에 놓은 잠재적 수급권자를 발굴하여 사회보장전달체계에 포함시키려는 것으로, 영국 '돌봄법(The Care Act)'의 Safeguarding Adult Board나 미국의 Adult Protective Service Agency와 유사한 기능을 수행할 수 있다.

이 서비스는 학대, 방임, 자기방임, 경제적 수탈 등 취약성인을 발굴하여 학대범죄나 학대위험상황에 처하지 않도록 미리 예방할 수 있다는 점에서 매우 효율적인 서비스이다. 이 서비스는 '사회보장급여법'에 근거를 둔 것으로 향후 더 지속적으로 발전할 수 있고, 위험상황에 처한 정신적 장애인의 보호에 기여할 것으로 예상된다.

그러나 위험으로부터의 보호 서비스의 내용과 전달체계에 대한 법적 근거에 취약함이 있고, 각종 권익옹호기관과의 관계 등도 법적인 근거가 없다는 한계가 있다. 또한 정신병원, 요양시설, 요양병원, 생활시설 등에 거주하는 사회보장급여 수급권자가 위험상황에 처해지지 않도록 하는 서비스는 이 서비스에 포함되지 않는다는 문제도 있다.

7) 패러다임 전환의 필요성

선진국의 경우 정신적 장애인을 독립된 권리주체이자 권리행사의 주체로 인정하면서, 그들이 자신의 권리를 행사하기 어려울 때 어떻게 지원할 것인지, 의사결정을 하기 어렵다는 점 때문에 발생할 수 있는 위험상황으로부터 어떻게 하면 벗어나게 하여 사회보장급여의 전달체계에 포함시킬 것이지, 또 의사결정을 할 수 없을 때 그 의사결정을 어떻게 보완할 것인지에 초점을 맞추고 있다. 권익옹호라는 단어의 뜻처럼 자신의 권리를 행사할 수 있도록 뒷받침하는 것에 초점을 맞추고 있다.

이에 반해 우리나라의 권익옹호체계는 정신적 장애인이 취약한 사람이기 때문에 보호해야 한다는 점에 치중한 나머지, 이들을 권리보유와 권리행사에서의 주체로 인정하는 것에는 매우 소극적이다.

위 두 체계가 동기에 있어서는 정신적 장애인에게 안전한 생활환경을 조성해 주려고 하는 것에서 다르지 않다. 가족, 친족, 가까운 이웃에 의한 정신적 장애인의 학대와 방임은 오늘, 내일의 일이 아니다. 이들을 권리행사의 주체로 인정하지 않기 때문에, 보호에 있어서 주된 관심이 사실상 돌보고 있는 가족, 친족, 이웃, 시설의 편의에 초점을 맞추게 된다. 정신적 장애인의 생활상의 개인적 니즈(needs)는 등한시 되고, 돌보는 이들의 편의를 중심으로 사회보장급여의 전달체계가 발전하게 된다. 또한 정신적 장애인의 자기돌봄의 기회와 가능성을 박탈하거나 줄이는 것으로 나타난다. 가족, 친족, 이웃, 시설 등이 사회보장급여를 더 받기 위해 이들의 재산을 횡령하거나 은닉하는 일이 빈번하게 발생한다는 것이다. 사회보장법상의 부양의무제, 형법상의 친족상도례, 의사결정능력이 없는 사람의 재판청구권 행사의 어려움 등이 이런 환경의 조성에 일조하고 있다. 정신적 장애인을 권리보유와 행사의 주체로 인정하고, 스스로 권리를 행사할 수 있게 지원하는 것으로 패러다임을 바꾸지 않는 한, 가령 사회보장법상의 부양의무제가 없어지게 되더라도 오히려 그것이 가족, 친족에 의한 정신적 장애인과 치매환자의 재산횡령을 가속화시키는 유인환경을 만들게 될 것이다.

정신적 장애인을 권리보유와 행사의 주체로 인정하고, 자기결정권을 행사하도록 지원하는 것을 권익옹호의 핵심으로 삼지 않는 한, 이들을 보호하기 위한 목적의 모든 개혁조치는 다른 부작용을 낳게 될 것이다. 바로 이런 이유 때문에 패러다임의 전환이 필요하다는 것이다.

8) 패러다임 전환의 방향성

정신적 장애인의 권익옹호는 장애인에 대한 돌봄에 대한 관점의 변화를 전제한다. 즉 가족 돌봄에서 사회적 돌봄으로 패러다임을 바꾸어야만 제대로 된 장애인권익옹호가 자리 잡을 수 있다. 사회적 돌봄이란 결코 정신적 장애인에 대해 더 많은 '보호'서비스를 제공해야 한다는 의미가 아니다. 사회적 돌봄의 전제는 정신적 장애인이 자신을 스스로 돌볼 수 있도록 지원하고(자기보호), 동시에 자기보호를 위한 비용도 스스로 부담하도록 지원하는 것에 있다(자기부담). 비용부담의 측면에 국한해 보더라도, 정신적 장애인이 자신의 민사적 권리(고유재산, 상속재산 등)와 공법상의 권리(각종 사회보장수급권)를 충분히 행사한다면 그것으로 자신을 돌볼 재원을 상당부분 마련할 수 있을 것이다. 또한 그 방향으로 나아가야 한다. 물론 자기 돌봄과 거기 소요되는 재원에 부족함이 있을 때 국가가 그 공백을 메워주어야 한다. 바로 이런 이유 때문에 사회적 돌봄은 정신적 장애인의 '자기 권리 행사의 옹호'와 지원에 중점을 둔다는 것을 의미한다.

이런 관점에서 볼 때 정신적 장애인의 권익옹호는 다음 세 가지로 구성되어야 한다. 첫째, 정신적 장애인을 권리보유와 권리행사의 주체로 인정해야 한다. 둘째, 정신적 장애인이 의사결정의 장애로 인해 스스로 권리행사를 하기 어려울 수 있기 때문에, 그 권리행사를 지원하는 의사결정지원서비스가 제공되어야 한다. 의사결정지원서비스는 언제나 이들의 이익과 희망, 현 시점에서의 의욕을 중심에 두어야 하고, 서비스제공자나 돌보는 사람의 자기 이익을 중심에 놓아서는 안 된다. 셋째, 정신적 장애인이 보유하는 권리를 안전하게 보존할 수 있게 하고, 또한 그 권리가 침해되었을 때 침해된 권리의 회복을 지원하는 서비스가 제공되어야 한다. 정신적 장애인은 의사결정에 장애로 인해 가족, 친족, 이웃, 제3자에 의한 권리침해의 위험에 노출되어 있다. 따라서 권리침해의 위험을 줄이고, 침해된 권리를 신속히 회복할 수 있도록 지원하지 않는 한, 위 첫째와 둘째의 요소는 무의미해질 수 있다. 동시에 권리침해의 위험을 줄이고, 침해된 권리를 신속히 회복시키도록 지원하지 않는 한, 정신적 장애인을 돌보기 위한 사회적 비용의 증가는 감당할 수준을 넘어서게 될 수도 있을 것이다. 넷째, 정신적 장애인이 스스로 의사결정을 할 수 없을 경우, 사회보장급여의 전달체계에 벗어나는 위험에 처할 수 있고, 사회보장급여 전달체계 내에 있더라도 자기결정권을 행사할 수 없기 때문에 자기에게 불리한 결정을 감수할 위험이 있다. 이런 위험을 최대한 없애기 위한 서비스가 제공되어야 한다.

이상의 요소가 마련될 때, 비로소 정신적 장애인이 권리의 주체로서 다른 사람들과 동등하게 대우받을 가능성이 생기는 것이다. 그것이 바로 권익옹호가 달성하고자 하는 목표이기도 하다.

9) 권익옹호의 핵심: 사회보장급여 전달체계에서 정신적 장애인의 참여권을 확대할 필요가 있음-의사결정의 지원서비스의 도입

가장 중요한 권익옹호는 장애인을 권리행사의 주체로 인정하는 것이다. 물론 정신적 장애인은 스스로 권리를 행사하는 데 어려움이 있을 수 있다. 바로 그 사회적 장애의 극복을 위해 "정당한 편의제공"이 있어야만 한다. 그 내용은 자기결정권 행사 보장을 위한 의사결정지원서비스 제도이다.

(1) 원 칙

사회보장급여청구권은 수급권자의 개인의 공법상의 권리이다. 보장기관은 사회보장급여를 수급권자에게 지급하거나 수급권자가 지정한 자에게 지급할 의무가 있다. 일반 민사적 채무인 경우에도 채무자는 채권자에게 채무를 이행하여야 하고, 그렇지 않은 경우 채무자는 다시 한 번 채권자에게 채무를 이행하여야 할 의무가 있다. 사회보장급여청구권도 이와 다르지 않다.

그런데 사회보장급여청구권은 재산적 성격이 있는 급여(국민연금 공무원연금, 사학연금, 군인연금 등)를 제외하면 그 내용이 확정되지 않았고, 수급권자의 신청이 있으면 그 때 비로소 성립한다. 뿐만 아니라 사회보장급여는 급여의 명칭이 다르다 하더라도 동일한 목적을 달성할 수 있는 것이라면 중복수혜가 되지 않는다. 가령 산재보험, 건강보험이나 산재상의 연금과 장애연금 등의 중복수혜가 되지 않고 당사자에게 유리한 것을 선택해야 한다. 나아가 사회서비스의 경우 신청을 하더라도 전체 급여량의 제한 때문에 수급권이 인정되지 않는 경우도 있다. 그렇기 때문에 사회보장 수급권자는 보장기관에 대해 사회보장급여에 대한 정보를 요구할 청구권이 인정되어야 하며, 개인에게 맞는 사회보장급여가 제공되도록 하기 위해 '개인별 지원계획'을 수립할 때 본인이 참여할 권리(참여청구권)도 인정되어야 할 것이다. 일반 민사적 채무를 부담하는 채무자는 청구권자에게 채무의 내용에 좇아 채무를 이행할 책임이 있는 것과 유사하게, 보장기관의 경우 수급권자 개인에게 필요한 사회보장급여가 제대로 지급될 수 있게 배려할 의무가 훨씬 더 강하다고 할 수 있다. 사회보장급여는 그 특성상 수급권자의 생존권을 보장하기 위한 것이므로 확실히 수급권자에게 전달되어 수급권자의 인간다운 삶을 보장하기 위한 목적으로 사용되도록 배려할 의무가 보장기관에 있기 때문이다.

그런데 정신적 장애인은 현행의 사회보장급여전달체계에서는 주체로 인정되지 않는다. 또한 현행 사회보장급여체계에서는 보장기관의 전달체계를 통해 사회보장급여가 수급권자에게 확실하게 전달되어 그의 인간다운 삶의 보장에 사용되도록 할 책무를 부담하지 않는다.

이를 가능하게 하기 위해서는 사회보장급여 청구권의 행사와 수령에 있어서 정신적 장애인과 고령자에게는 의사결정지원자(의사능력이 없을 때에는 대행의사결정을 할 수 있는 자)를 두어 그의 지원 하에 사회보장급여를 받을 수 있도록 해야 할 것이다.

(2) 의사결정지원 및 의사결정대행자를 두도록 하는 것(지원자 서비스)

가. 목 적

사회보장급여 신청, 사회보장급여의 내용 확정을 위한 계획의 수립 및 점검, 전달 등의 각 단계에서 수급을 희망하는 자에게 정보제공청구권, 절차참여권, 급여 확정 후 급여수령권 등을 인정해야 한다.

그런데 사회보장급여의 신청, 사회보장급여의 내용 확정을 위한 계획의 수립 및 점검, 전달 등의 각 단계에서 의사능력이 없거나 미약하다고 의심할 만한 사정이 있을 때에는 보장기관의 재원으로 '지원자'를 등록시켜 그로 하여금 정신적 장애인의 의사결정을 지원하고, 합리적으로 볼 때 의사능력이 없다고 판단될 경우에는 대행결정을 할 수 있도록 하는 것이 필요하다. 그렇게 해야만 수급권자(또는 수급을 희망하는 자)가 각 단계마다 가지는 청구권을 제대로 보장할 수 있기 때문이다.

의사결정능력이 의심되는 정신적 장애인으로 하여금 사회보장급여의 신청, 계획수립, 지급, 재평가의 전 과정에 걸쳐 참여하게 함으로써 그의 개인적 욕구에 맞는 사회보장급여가 지급될 수 있게 보장하기 위한 목적으로 지원자를 두는 것이며, 그의 대행결정권은 예외적으로 인정하는 것이다.

지원자는 정신적 장애인에게 속한 여타의 권리에 대해서는 대행결정권이 없음. 오로지 사회보장급여의 신청, 계획수립, 지급, 재평가의 각 단계에서 요구되는 정신적 장애인의 의사결정에서만 지원 및 대행할 수 있다.

정신적 장애인에게 지급되는 사회보장급여가 그의 재산과 신체에 중대한 영향을 미칠 수 있는 사안일 때에는 보장기관과 지원자로부터 독립되어 있는 별도의 권익옹호서비스를 받도록 한다. 이 서비스는 각 서비스제공자로부터 독립된 지위에서 정신적 장애인 당사자의 의사나 선호고, 감정을 충실히 전달할 수 있도록 하는 서비스라 할 수 있다.

나. 의사결정지원자를 둘 필요가 있는 경우

가) 정신장애인과 정신질환자

정신장애인과 정신질환자의 경우 정신병원 입원, 입원 병원에서의 치료, 지역사회에서 있으면서 약물복용 등을 통한 치료, 사회복귀, 직업재활 등 정신장애인과 정신질환자에게 필요한 사회보장급여의 제공에서 이들에게 필요한 정보를 제공하고, 필요한 경우 그의 의사결정을 대행할 수 있도록 해야 한다. 중증정신질환자에게는 지원자 서비스를 제공하는 것을 원칙으로 한다. 지원자가 될 수 있는 사람은 정신장애인과 정신질환자를 실질적으로 돌보아 온 가족이나 친척 중에서 1인으로 하고, 적당한 사람이 없는 경우에는 정신보건증진센터가 지원자의 역할을 하도록 한다. 정신보건증신센터는 가족(친지)지원자를 지원하는 역할도 수행하도록 한다.

나) 발달장애인

사회보장급여 관련 의사능력이 없거나 매우 미약하다고 인정되는 중증 발달장애인을 위해 의사결정지원자서비스를 제공해야 한다. 개인별지원계획에는 부모가 아니라, 발달장애인의 참여가 필수적이어야 한다.

다. 지원자를 선정하는 절차 등

정신적 장애인이 지정하거나 그의 희망, 의지, 의사, 감정 등을 고려할 때 그가 선호하는 사람으로 지원자를 정하고, 지자체에 등록하도록 한다. 지자체에 등록된 지원자는 모든 보장기관에 대해 정신적 장애인의 의사결정을 지원하거나 대행할 수 있다.정신적 장애인이 지정하거나 선호하는 지원자가 없는 경우에는 지자체가 정신적 장애인의 희망, 의지, 의사, 감정, 생활이력 등을 고려하여 적당한 사람을 지원자로 지정할 수 있다. 지원자는 정신적 장애인의 희망과 감정, 선호도를 고려하여 그가 원하는 대로 법적 효과가 생길 수 있게끔 의사결정을 지원한다. 다만, 정신적 장애인의 희망 등이 그의 생명, 신체, 재산에 중대한 영향을 미칠 때에는 그의 최선의 이익에 맞는 내용으로 대행결정을 할 수 있다.

라. 의사결정지원자의 역할

사회보장급여의 신청단계, 지원계획의 수립단계, 사회보장급여 지급단계에서 수급권자(또는 수급희망자)의 자기결정권을 원칙으로 해야 한다. 자기결정권 행사가 가능하지만 본인의 최선의 이익을 위한 판단을 하기 어려울 경우에는 사회보장급여 전달체계에서의 중요한 결정을 할 때에는 의사결정지원자가 본인의 희망, 선호도에 최대한 법적 효력을 부여하도록 한다.

자기결정권 행사가 어려운 중증의 정신장애인과 정신질환자, 발달장애인의 경우 지원자를 선임하여 모든 사회보장급여제공의 각 단계마다 본인의 의사결정을 지원하고, 예외적인 경우 대행결정을 하도록 한다. 이때 그 결정이 수급권자에게 중요한 영향을 미치는 경우에는 권익옹호서비스를 제공하여 수급권자의 희망, 선호도가 최대한 반영될 수 있도록 지원한다.

10) '자기결정권 존중과 위험으로부터의 보호'의 패러다임 하에서의 정신적 장애인의 자기 결정권 행사의 보장과 위험방지서비스(Safeguarding Adult Service)의 체계

(1) 사회보장수급권 행사에서의 자기결정권 행사와 위험방지의 원칙

사람은 자신의 재원과 노력으로 지역사회에서 살아가면서 여러 위험에 직면하게 된다. 개인이 처한 위험에서 구제받거나 위험을 방지하는 데에는 사적 보험이나 여러 상담서비스 등의 지원을 받거나 위험이 범죄피해나 법익침해로 나타날 때에는 경찰 및 검찰, 법원 등의 공권력의 지원을 받게 된다. 그러나 빈곤, 실업, 장애 기타의 사유로 이런 조력을 받기 어려운 사람들은 사회보장급여의 전달체계에 포함됨으로써 위험을 방지하거나 위험에서 벗어날 수 있게 된다. 범죄피해나 법익침해가 있을 때에는 이들 역시 경찰 및 검찰, 법원 등의 공권력의 지원을 받아야 한다.

그런데 정신적 장애인의 자기결정권 존중을 강조할 경우 개인에게 발생한 여러 위험들이 방치될 수 있다. 따라서 위험에 처하거나 위험에 처할 가능성이 있는 모든 장애인에 대한 위험방지조치의 제공이 있어야 한다. 가령 정신적 장애인은 사회보장전달체계에 편입되지 못하거나, 사회보장전달체계 내에 있더라도 급여지급 단계에서 고장으로 말미암아(부실한 급여제공, 급여의 횡령, 급여제공에 수반한 권익침해 등등) 위험방지, 위험에서의 구제를 받지 못하는 일이 생기된다. 특히 사회보장급여청구권이 성인인 개인의 권리로서 그 권리를 행사하여야 하기 때문에, 장애가 있는 정신적 장애인은 사회보장전달체계에 편입되지 못하거나 전달체계상의 고장이 있더라도 이의를 제기하지 못하는 일이 생길 수 있다. 이런 상황이 발생하지 않도록 하기 위해 여러 조치나 서비스가 제공되어야 한다.

'위험으로부터의 보호' 서비스는 넓게 보면 사회보장급여 전달체계에 포섭되지 않는 수급권자를 발굴하고, 전달체계에 포섭된 수급권자가 개인맞춤형 서비스를 제공받지 못할 위험, 전달체계의 오작동으로 인해 발생하는 학대 · 방임으로부터의 보호를 내용으로 해야 할 것이다. 위험으로부터의 보호 서비스, 즉 위험방지서비스는 이를 목적으로 한다.

그림 9 개인별지원계획 수립의 흐름도

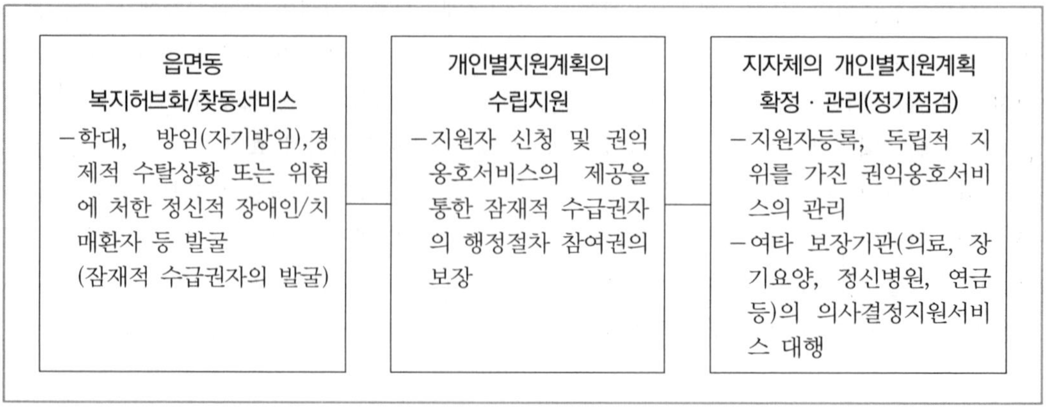

┃그림 10┃ 정신적 장애인 관련 사회보장급여 전달체계 예시

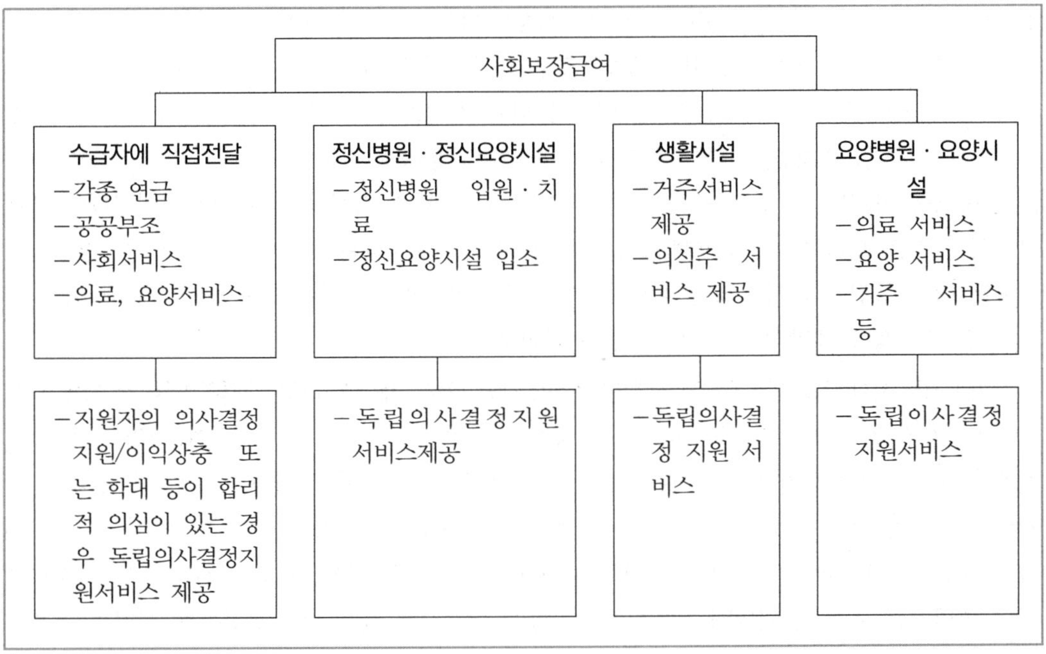

(2) 발굴단계

장기적으로 보면 읍면동이 위험상황에 처한 성인을 발굴하여 그에게 필요로 하는 사회보장급여를 지급하도록 하는 데 중추역할을 수행하도록 한다. 읍면동은 신고를 받아 현장조사를 할 권한을 부여받아야 한다. 위험 상황에 놓여 있는 성인에게 의사능력이 있는 경우 그의 동의를 받아, 그렇지 않은 경우에는 지원자 또는 (지원자가 없는 경우) 권익옹호자에 의한 권익옹호서비스를 통해 성인의 감정, 선호도 등을 고려하여 필요한 개인별지원계획을 수립하도록 지원한다. 신고는 누구라도 할 수 있지만, 일정 범위의 직업군은 신고의무를 부담하도록 한다.

(3) 사회보장급여 지급단계

사회보장급여가 수급권자에게 직접 전달될 경우에는 지원자가 수급권자의 자기결정을 지원한다. 지원자는 수급권자가 스스로 결정할 수 있도록 지원한다. 수급권자가 의사결정능력이 없거나 없어질 수 있다고 의심되는 경우 지급된 공공부조를 안정적으로 사용할 수 있도록 신탁서비스 또는 공공후견서비스를 받을 수 있도록 신청하는 것을 지원하거나 대행할 수 있다.

(4) 위험방지의 특수형태로서의 독립의사결정지원서비스=고유한 권익옹호서비스

정신적 장애인에게 지급되는 사회보장급여가 그의 재산과 신체, 생명에 중대한 영향을 미칠 수 있는 사안일 때에는 보장기관과 지원자로부터 독립되어 있는 별도의 권익옹호서비스

를 제공할 필요가 있다. 이로써 사실상의 '보호자'가 감당하기 어려운 과중한 업무를 사회화시킴으로써 그의 부담을 줄여주고(동시에 권한 남용도 막고), 정신적 장애인의 이익을 최대한 지켜낼 수 있다. 이 서비스는 각 서비스제공자로부터 독립된 지위에서 정신적 장애인 당사자의 의사나 선호, 감정을 충실히 전달할 수 있도록 하는 서비스다. 독립 의사결정옹호 서비스가 제공됨으로써 가족, 후견인, 기타 지원자에 의한 권한남용이나 전문성 결여로 인한 장애인의 권익의 방치를 방지할 수 있게 될 것이다. 동시에 이를 통해 정신적 장애인의 인권침해에 대한 각종의 우려를 불식할 수 있기 때문에 사회적 비용을 절감하는 효과가 있을 것이다. 아래 세 분야는 특히 독립된 의사결정 옹호서비스가 필요하며, 여타의 경우도 포섭하기 위해 이 서비스 제공 필요성을 개방해 둘 필요가 있을 것이다.

(5) 당해 사회보장급여가 정신적 장애인의 신체, 생명, 거주, 재산에 중대한 영향을 미칠 수 있는 사항

이 경우 언제나 권익옹호서비스를 제공할 필요가 있다. 특히 정신병원에 입원, 약물치료, 신체의 자유를 제한하거나 박탈하는 치료 및 요양서비스의 제공, 지원자의 선임과 개임, 신탁서비스의 신청 등 중요한 사회서비스의 신청, 계획, 점검 및 재평가 등이 그것이다. 그 중 시급히 도입이 검토되어야 할 부분이 정신적 장애인의 신체의 자유, 거주 이전의 자유를 제한하거나 박탈하는 조치(정신병원에 비자의입원 포함)를 취할 때 독립 의사결정옹호 서비스가 필요하다. 이들은 가족, 정신과의사 등으로부터 독립하여, 장애인의 의사와 희망, 욕구를 정확히 조사하여 전달하는 역할을 수행하게 될 것이다.

(6) 지원자와 정신적 장애인의 이익이 상충되는 사안이거나 지원자가 부적절한 행위를 한다는 의심이 있는 사안

지원자서비스를 제공할 때 지원자와 정신적 장애인의 이익이 충돌할 우려가 있는 사안이 있을 수 있다. 이때 독립적 지위를 가진 권익옹호서비스가 제공되지 않으면 지원자서비스의 신뢰성을 담보할 수 없을 것이다. 정신적 장애인을 돌보는 가족 등이 정신적 장애를 잘 이해하지 못할 경우 정신적 장애가족으로 인해 큰 심리적, 정서적, 경제적 부담으로 인해 장애인을 위한 결정보다는 자신들을 위한 결정을 내리기 쉽다. 이럴 때 독립 의사결정 옹호서비스는 지원자(가족 포함)와 정신적 장애인의 관계에서 완충 역할을 수행함으로써, 장애인의 권익 향상에 실질적으로 기여할 수 있을 것이다.

(7) 요양시설, 생활시설, 정신병원, 요양병원 등에서 제공되는 서비스의 점검

정신적 장애인이 시설에 있을 경우, 장애인의 입장에서 볼 때 시설에서 제공하는 서비스의 적절성 등을 평가하여 개선 등을 제안할 필요가 있을 것이다. 그런데 정신적 장애인을 실질적으로 돌보는 가족이 없거나 가족이 있더라도 방문이 드문 경우에는 독립적 지위를 가진 권익옹호서비스가 필요할 것이다. 정신질환자가 정신병원 또는 정신요양시설에 비자의입원을 한 경우 가족이 방문하지 않거나, 가족이 방문하더라도 전문성의 부족으로 치료를 제공하는 의사와의 관계에서 장애인의 권익을 충실히 옹호하기 어렵다. 독립 의사결정옹호 서비스가 제공되면 이를 보완할 수 있다.

2. 비자의입원 · 입소 당사자를 위한 의사결정지원

1) 필요성

치료에서부터 퇴원까지 정신질환자의 목소리가 모든 관여자에게 경청될 수 있도록 하고, 그로 하여금 자신의 권리를 충분히 행사할 수 있도록 지원할 수 있는 현행법의 제도는 보호의무자밖에 없다. 그러나 보호의무자의 자격은 부양의무자와 후견인이면 되고 다른 자격요건이나 제한이 없고,[92] 그들은 정신질환에 관한 전문성이 없을 수도 있고, 많은 경우 정신건강복지법 제39조 제1항 각호의 사유 아닌 여타의 이유로 정신질환자 당사자와 이해상충관계가 있거나, 이들의 이익을 제대로 반영하지 못할 가능성도 있다. 이런 위험성 내지 부적절성의 가능성이 있지만 아무런 관리절차도 두지 않은 채 그들에게 전적으로 치료의 전과정에서 정신질환자를 지원하도록 한다.[93] 이들이 할 수 있는 역할의 최대치는 정신질환자를 심리적으로 지지하는 것일 것이다. 그러나 정신질환에 관한 전문성 부족, 치료과정에 내재된 인권침해문제에 대한 전문성 부족으로 이들은 절차보조인으로서의 역할을 수행하기는 매우 부적절하다.

2) 영국의 사례

비자의입원한 정신질환자의 자기결정권 행사를 지원해야 한다는 것은 최근의 새로운 동향 중의 하나이다. 영국은 2007년 정신보건법을 개정하여 정신보건독립옹호서비스를 제공하기로 하였고, 웨일즈는 2008년에, 잉글랜드는 2009년부터 시행되었다. 정신보건독립옹호서비스는 정신장애 당사자의 오랜 기간 동안의 자조적 옹호서비스 제공 운동의 결실이라 할 수 있다. 그 연원은 1985년 네덜란드의 '환자회의(Patients Councils)'였다고 한다.[94]

---

92) 부양의무자도 부양의무가 있다는 판결을 받은 자인지, 아니면 부양의무자의 객관적 범위(민법 제974조의 친족)에 있기만 하면 되는 것인지, 부양의무자 중 1차적 부양의무, 2차적 부양의무자가 다 포함되는 것인지, 민법 제977조에 따라 당사자 간에 협정이 있거나 법원의 판결로 부양의무의 존부와 정도가 확정된 사람에 한정되는 것인지에 대해 아무런 규정이 없다. 후견인도 어떤 유형의 후견인이어야 하는지, 아니면 정신질환치료나 거소결정에 관한 권한이 있어야 하는 것인지에 대해서도 규정이 없다. 공법인 정신건강복지법에서 새로운 의무를 부과한 것이어서 객관적으로 이들 범위에 들기만 하면 정신질환자와 가장 가까운 사람이라고 보았기 때문에 이렇게 규정하였다고 해석할 수도 있다.

93) 누가 최근친인지는 판례에 의해 형성된 기준이 있다. 이에 대해서는 ? 참조. 최근친이 없을 때, 최근친이 부적절할 때 본인은 지방법원(County Court)에 최근친의 임명 또는 변경을 청구할 수 있다. Department of Health, Mental Health Act 1983: Code of Practice, pp. 50 참조. 대만 정신보건법 제19조는 보호자가 비자의입원신청권한을 가지는데, 보호자는 배우자, 부모, 가족 구성원, 법정대리인, 후견인 중에서 보호자를 호선하게 한다. 호주 New South Wales 주의 정신보건법도 최근친이 비자의입원을 신청할 권한을 가지는데 원칙적으로 본인이 지정한다. The Mental Health Act 2007 제34조 이하 참조.

94) 노팅엄 정신질환자 옹호단체의 역사는 그 점에서 흥미로운 시사점을 제공한다. Marian Barnes, A Final Brick in the Wall, A History of Nottingham Advocacy Group, 2007 참조.

(1) 정신질환자에 대한 비자의입원 또는 비자의치료 상황: 비자의입원 여부를 판단할 때의 기준

치료 또는 입원치료의 필요가 있다고 해서 모든 정신질환자를 비자의입원시켜야 하는 것도 아니고 그렇게 할 필요도 없다. 아래 표는 영국에서 비자의입원이 검토되어야 할 상황을 정리한 것이다.

아래 표를 보면 정신질환자가 가족이나 이웃을 상해할 가능성이 높은 경우 비자의입원이 검토될 수도 있지만, 비자의입원을 하지 않을 수도 있다. 정신질환자의 폭력행사 가능성을 낮출 수 있는 다른 지지체계가 있고, 약복용 등을 통해 치료할 가능성이 있다면 비자의입원 대신 외래치료를 하는 것이 더 바람직할 것이다. 물론 이때 본인의 동의 하에 자발적 외래치료가 가장 바람직할 것이다. 자발적 외래치료가 되지 않는다면 외래치료명령(CTO)을 통해 치료를 강제할 수도 있다. 환자의 건강이나 안전 또는 타인의 보호(잠재적 위험)를 위해 비자의입원이 필요하다고 판단하더라도 비자의입원보다는 외래치료명령이, 그것보다는 자발적인 외래치료가 더 나은 대안이라고 판단하고 있다.

| 표 10 | 영국 정신보건법 하에서의 비자의입원에서의 위험성 판단기준

비자의입원 검토 여부	상황
100%	가령 비자의입원을 시키지 않으면 사망사건이 발생할 수 있을 경우
	담당정신과의사(RC)가 볼 때 이 선을 넘었다고 판단할 경우, RC는 최근친이 환자의 비자의입원을 반대하더라도 이를 막아야 할 것임.
매우 높음	환자를 비자의입원 시키지 않고 퇴원 등으로 병원을 나가게 할 경우 자기나 타인에게 위험하게 행동할 것 같은 경우(likely to act)
	이 선을 넘었다고 보여질 경우 비자의 진단입원(28일) 또는 비자의 치료입원(6개월)이 가능함. 최근친이 72시간 전에 사전통지를 한 경우 퇴원을 시킬 수 있음. 그러나 RC가 퇴원을 막을 수도 있음.
높음	환자의 건강이나 안전을 위해 또는 타인의 보호를 위해 비자의입원이 필요한 경우
	이 선을 넘었다고 판단될 경우 지자체에 후견인(치료를 지원하는 사람으로 대부분 지자체이고, 직무는 담당직원이 수행. 기타 사인이 후견인이 될 수 있으나 매우 드묾)을 선임하도록 신청하여 후견인 선임과 동시에 퇴원시킬 수 있음. 또는 최근친의 신청으로 언제든지 퇴원할 수 있음(선택의 여지가 있음)
적음	환자의 복리를 위하여 또는 타인의 보호를 위하여 후견인 선임이 필요한 경우
	이때에는 비자의적 개입이 있어서는 안 됨. 다만 후견인 선임명령을 신청할 수 있는 정도에 이르면 비자의적 개입이 가능
0%	위험이 인식되지 않는 경우

출처: R. Brown, The Approved Mental Health Professional's Guide to Mental Helath Law, 2013, p. 19

또 다른 특징은 그 기준은 언제나 현 상태에서 판단한다는 점이다. 자살위험이 매우 높아 비자의입원을 하였다 하더라도 현재 그 위험성이 매우 높음에서 높음 단계로 내려 왔다면 다른 지지체계가 있을 때 CTO나 자발적 외래진료를 선택할 수 있다는 것이다.

아래 표의 기준이 환자의 관점에서 보면 비자의입원이 강제되지 않아도 되는 상황을 설명하는 것이 된다. 환자가 입원 치료에 대해 본인이 거부하거나 퇴원을 희망한다면 옹호서비스 제공자는 그의 희망이 실현될 수 있게 지원할 수 있다. 반면 위험이 100%라면 환자가 비자의입원을 거부하더라도 본인을 옹호할 수 없다. 그런데 위험이 매우 높고 본인이 비자의입원을 원치 않으면 옹호서비스는 지역사회에서의 지지체계를 마련하는 것을 지원함으로써 본인의 희망이 실현될 수 있게 옹호할 수 있다.

(2) 정신질환자의 입원, 치료, 퇴원 절차에서 정신질환자의 목소리가 반영될 수 있는 장치=치료과정에서의 정신질환자를 위한 옹호 장치

영국에서는 정신질환자의 욕구나 희망이 입원 치료 및 재활 · 회복절차에서 충실히 반영될 수 있도록 하기 위해 다중의 안전장치를 두고 있다. 그 내용을 간단히 표로 정리하면 다음과 같다.

| 표 11 | 영국 정신보건법 하에서의 비자의입원 환자에 대한 권익 보호체계

구분		본인	지방자치단체	병원	사법심사기구
비자의입원	응급입원	• 72시간 동안 응급상황에서의 진단목적 • 최근친이 응급입원 신청 가능	• AMHP[95](지자체가 승인) 응급입원신청(대부분의 사안) • 환자이송권한 있음 • 최근친이 응급입원신청한 경우, 사회조사보고서 작성해서 병원에 전달	• 1인의 의사가 조사 목적의 진단	• MHRT[96]에 퇴원신청가능. • 인신보호법에 따라 High Court에 권리구제 가능
	입원단계	• 최근친이 진단목적 입원(28일) 신청가능 • 최근친은 진찰기록 열람, 퇴원신청가능 • IMHA[97] 서비스(지자체가 제공)로 본인의 희망과 욕구가 의료진에게 충	• AMHP(지자체가 승인)가 본인 거주지 등에 들어가서 조사, 또는 본인 면담－진단목적 입원신청(대부분의 사안) • 최근친신청일 경우 최근친 면담, 사회조사보고서 작성	• 정신과의사의 진단, 제2진단의 확인 • 병원장에 의한 검토: 3인으로 구성된 위원회에서 심사	• 응급입원신청 때 심사청구를 한 경우 진단목적 입원이 이루어진 경우만 심리 계속 • 본인은 언제든지 MHRT에 퇴원청구가능 • 인신보호법에 따라 High Court에

		실히 전달되게 지원; 사법심사가 필요한 경우 변호사에게 의뢰 지원	–병원에 전달 • 사회조사보고서에는 최소침해적 방식의 치료가능성 모색이 포함		즉시 퇴원 신청가능
	계속 입원	• 최근친에 의한 입원(6개월)신청 가능 • 최근친이 퇴원신청 가능–거부될 수 있음 • IMHA 서비스제공자에 의한 정기방문조사, 본인의 희망과 욕구가 반영될 수 있게 지원	• AMHP가 치료입원 신청(대부분의 사안). 최근친이 반대할 경우 AMHP는 신청하지 않고, 최근친 변경을 county court에 신청할지 검토 • AMHP가 치료의 경과 등에 대한 조사; 사회조사보고서 작성(최소침해적 치료가능성의 모색)–병원제출	• 정신과의사의 진단, 제2진단의 확인 • 병원장에 의한 검토: 3인으로 구성된 위원회에서 심	• MHRT에 자동회부(6개월–1년단위) • MHRT는 최소침해적 치료방법을 제안할 수 있음(조건부퇴원, 지역사회치료명령, 후견인에 의한 지원 등등)
	퇴소 단계	• 최근친에 의한 퇴원신청가능 • IMHA 서비스제공자에 의해 재활과 회복절차에 본인의 욕구와 희망 반영	• AMHP가 지역사회치료, 통원치료, 재활 등의 필요서비스 연계지원 • 지자체가 after–care 프로그램 마련	• 담당의(RC)는 언제든지 퇴소를 하게 하거나, 지역사회치료명령(CTO), 또는 CTO 해제를 할 수 있음. • 병원장(manager)도 퇴원시킬 수 있음.	
비공식입원 (자의입원 및 의사무능력자의 입원)		IMCA[98] 서비스 제공을 통해 본인의 희망과 욕구가 반영되도록 지원	• AMHP 서비스에 의해 본인, 가족, 사회환경 등 조사	• DOLS[99] 절차 준수	• Court of Protection(보호법원)에 신청

출처: R. Brown, The Approved Mental Health Professional's Guide to Mental Health Law, 2013에서 재정리

95) Approved Mental Health Professional로 승인된 정신보건전문요원으로 번역할 수 있다.

96) Mental Health Review Tribunal로 정신보건재심위원회로 번역할 수 있다. 법률가, 정신과전문의, 비전문가로 3인이 패널로 심사하여 입원의 적법성을 결정하는 기구이다. 우리나라 정신건강복지법의 입원적합성심사위원회, 지역정신건강심사위원회와 인신보호법상의 지방법원의 중간 정도의 역할을 하는 준사법기구이다.

97) Independent Mental Health Advocate로 독립정신보건옹호자로 번역할 수 있다. 잉글랜드에서는 주로 사회복지사 등이 이 역할을 수행하는데, 비자의입원 된 정신질환자의 의견을 청취하고 그의 의사를 옹호하거나 대변하는 역할을 한다.

98) Independent Mental Capacity Advocate로 독립정신능력옹호자로 번역할 수 있다. 동의능력이 없는 사람을 대상으로 한 치료나 돌봄이 필요할 때 그의 의사, 선호도를 조사하여 그에 맞게끔 치료나 돌봄을 제공할 수 있게 지원하는 역할을 한다.

위 표에서 IMCA는 독립정신능력옹호(Independent Mental Capacity Advocacy) 서비스를 말하는 것인데, 이는 본인에게 중대한 영향을 미치는 치료, 거소의 결정 등을 스스로 할 의사능력이 없다고 의심되는 경우 영국 정신능력법(the Mental Capacity Act) 제36조, 제41조에 따라 제공된다. 특히 자해, 타해의 위험성으로 비자의입원한 것이 아니라, 정신질환으로 정신병원 또는 정신요양시설에 입원한 의사능력이 의심되는 환자에게 제공된다. IMCA와 IMHA제도를 보면 영국 정신보건법에 따른 치료제도는 다음과 같은 특징이 있음을 알 수 있다. 첫째, 비자의입원은 최근친이 신청하든, 정신보건전문요원이 신청하든 이를 결정하는 주체는 정신보건법에 따라 권한을 부여받은 정신병원의 장이라는 점이다. 정신병원의 장은 일종의 행정처분으로서 비자의입원을 결정하게 된다. 행정처분적 성격이 두드러지게 드러나야만 정신질환자의 인권보호의 문제가 정면에서 검토될 수 있다는 장점이 있다. 둘째, 정신질환으로 인한 자해, 타해의 위험이 높더라도 다른 안전장치가 있다면 비자의입원이나 격리병동에의 입원 등은 최소화하고 있다는 것이다. 다른 안전장치에는 최근친에 의한 지역사회에서의 치료지원, 후견인에 의한 지역사회에서의 치료지원 등이 그 예이다. 셋째, 보호입원치료와 퇴원, 회복 절차에 지자체, 특히 정신보건전문요원(AMHP)의 역할이 매우 크다는 것을 알 수 있다. 넷째, 입원과정에 최근친의 개입을 최소화하고, 대신 최근친을 보호자로서의 역할에 충실하도록 지원한다는 것을 알 수 있다. 오히려 최근친이 비자의입원을 신청하면 정신건강전문요원이 최근친을 접촉하여 입원신청에 관한 여러 상황을 점검하게 한다. 이렇게 함으로써 최근친은 비자의입원－치료에서 심리적 지지자의 역할에 충실하도록 하는 장점이 있다. 넷째, 본인의 자기결정권 존중과 자기결정권 행사를 지지하여 정신질환치료 과정에서 있을 자존감, 무력감을 최소화하고, 치료와 회복과정에 당사자를 주체로 참여시키도록 한다는 것을 알 수 있다. 보호자 역시 대부분 정신질환에 문외한이고 또 정신질환 가족으로 인한 심리적 상처 또한 크기 때문에 심리적 지지자로서의 역할을 하기에 불충분하다. 그런 이유로 당사자의 편에 서서 당사자의 권리를 옹호해 주는 별도의 지원체계가 필요하다. 다섯째, 정신과의사는 치료에 전념하되, 병원 자체적으로도 정신질환자의 인권침해방지를 위한 안전장치를 두고 있다는 것을 알 수 있다. 여섯째, 이 모든 절차에 분쟁이 있을 때 행정심판격인 정신보건재심위원회(Mental Health Review Tribunal, MHRT)와 법원의 개입을 가능하게 하고 있다.

(3) 독립정신보건옹호자(IMHA)

독립정신보건옹호자 서비스는 정신보건법의 적용을 받는 정신질환자의 권익침해방지를 위해 제공되는 추가서비스이다. IMHA는 정신보건법이 적용되는 영역에서 활동하기 위해 특별한 훈련을 받은 전문 권익옹호자이다. 이들은 정신질환자로 하여금 정신질환 치료나 요양에 관한 의사결정에 참여하도록 격려하고, 자신의 의사, 선호도, 견해 등을 표현하도록 지원하고, 자신의 견해를 보호자, 정신보건전문가, 정신보건의사에게 표현하도록 지원한다. 이들은 지방

99) Deprivation of liberty safeguard로 자해, 타해의 위험이 없는 정신질환자로서 본인의 의사로 입원 또는 치료를 결정하기 어려운 사람에 대해 자유박탈적 치료 제공을 하기 위한 절차를 말한다.

자치단체로부터 서비스제공을 위탁받아 서비스를 제공하는데, 정신질환자의 정신질환치료에 전문적으로 개입되어 있는 모든 사람으로부터 독립되어 있어야 한다. 이들이 제공하는 서비스는 독립의사능력옹호자, 지속적 대리인, 법정후견인 등이 정신질환자를 위해 제공할 수 있는 서비스로 대체될 수 없는 고유한 서비스영역을 가지고 있다. 다만 IMHA는 이들 서비스제공자와 협력하는 것이 바람직하다고 한다.

IMHA 서비스는 정신병원에 비자의입원을 한 정신질환자, 공동체치료명령을 받은 정신질환자, 정신보건후견인의 지원을 받도록 명령을 받은 정신질환자 등이 정신질환치료에서 자신의 의사나 견해를 충분히 표현할 수 있게 함으로써 권익침해를 최소화하기 위해 제공되는 서비스이다. 이 서비스를 받을 수 있기 위해서는 다음에 해당되어야 한다. 첫째, 정신보건법에 따라 비자의입원을 한 경우, 둘째, 정신보건법에 따라 비자의입원 절차를 밟고 있거나 비자의입원이 될 예정인 경우, 셋째, 비자의입원 상태에서 일시적 또는 조건부 퇴원한 경우, 넷째, 정신보건후견인이 지정된 경우, 다섯째, 지역사회치료명령을 받은 경우, 여섯째, 정신보건법 제57조에 따른 치료가 검토되는 경우 등이 그것이다.

그러나 다음의 사유로 정신병원에 억류되어 있는 경우에는 이 서비스를 받을 수 없다. 첫째, 응급치료로 비자의입원이 되어 아직 정신과의사의 제2소견서를 받을 때 까지(제4조), 둘째, 정신보건의료진이 퇴원환자를 일시 억류하는 경우(제5조), 셋째, 제135조와 제136조에 의해 안전시설에 있는 경우 등이 그것이다.

IMHA는 환자에게 다음과 같은 정보를 제공하면서 환자의 의사결정을 지원한다. 첫째, 정신보건법에서 규정한 정신질환자의 권리, 둘째, 정신보건법에서 규정한 정신질환자를 위한 여타의 관계자(최근친)의 권리, 셋째, 이용가능한 권익옹호 관련 서비스, 넷째, 정신질환자에게 제공될 각종의 처분, 다섯째, 정신질환자가 받고 있거나 받을 가능성이 있는 치료, 여섯째, 치료의 이유, 일곱째, 치료제공의 법적 근거와 그 치료로 인해 권익침해를 방지하기 위한 법적 안전장치 등이다.

IMHA는 정신질환자의 권익옹호를 위해 제공되는 서비스이기 때문에, 환자가 IMHA 서비스를 거부하는 것도 가능하고 다른 서비스(자신의 변호인에게 자문을 구하는 것 등)와 병행하는 것도 무방하다. 다만 정신보건의료진 등은 정신질환자가 IMHA 서비스를 이용할 수 있다는 것, 그들의 역할 등에 대해 정신질환자에게 정보를 제공해 주어야 한다. IMHA 서비스를 이용할 수 있는 의사능력이 없는 경우에는 독립정신능력옹호자를 이용할 수도 있다. IMCA의 개입을 통해 IMHA 서비스를 이용하는 것도 가능하다. IMHA가 선임되면 IMHA는 환자와 정신보건전문가를 면담할 권한이 있으며, 환자에 관한 각종 진료기록을 열람할 수 있다. 다만 정신질환자가 진료기록 열람을 거부할 경우에는 할 수 없다. 그러나 정신질환자가 의사능력이 없을 때에는 IMHA가 요구하면 의료기관은 반드시 관련 서류를 교부해야 한다.

IMHA 서비스에 대한 전국적 통계는 없지만, 몇 몇 샘플조사에 따르면 비자의입원 환자의 50% 가까이가 이를 이용한다고 한다.[100] 비자의입원 또는 비자의치료를 받는 정신질환자는 법률규정에 따른 서비스이용권이 주어지지만, 그렇지 않은 정신질환자는 임의적인 독립옹호서비스(Independent Advocacy Services)가 제공될 수 있다.101) 개별 지자체에 따라 이런 서비스는 무상으로 제공하기도 하고, 무상제공이 없을 경우 본인의 자비부담을 통해 또는 자선단체의 지원에 의해 독립옹호서비스를 제공받을 수 있다. 그런 점에서 정신질환자는 치료의 전 과정에서 독립옹호자 서비스를 받을 가능성이 높다고 할 수 있다.

3) 독일의 사례

(1) 독일의 비자의입원, 비자의치료 등

독일은 자해, 타해의 위험성이 있는 정신질환자의 비자의입원, 비자의치료는 각 주 관할법인 정신보건법에서 입원 등의 요건에 관하여 규율하고, 절차는 가사사건 및 비송사건절차법 제312조 제3호의 사건으로 처리한다.102) 대부분의 주는 비자의입원의 요건은 입원치료가 필요한 정도의 정신질환이 있고, 현저한 자해, 타해의 위험성이 있을 때 비자의입원이 가능하도록 규정하고 있다. 비자의입원을 관할하는 법원은 대개 구법원(Amtgericht)이며, 절차개시는 주에 따라 다르지만 구법원이 직권으로 하는 경우도 있지만, 대부분의 주는 지방자치단체의 신청에 의해 개시된다.103)

한편 의사능력이 없어서 정신질환이 있다거나 정신질환의 치료 필요성을 알지 못하는 자로서 치료를 받지 않으면 본인에게 불이익이 발생할 수 있는 사안의 경우에는 민법 제1906조에 따라 비자의입원을 처리한다. 비자의입원의 요건은 자살 또는 심각한 건강침해의 위험성이 현저하거나 자유박탈적 입원이 없이는 조사나 치료 등이 가능하지 않는데 본인은 정신질환으로 그 필요성을 인식하지 못할 경우이다. 이 절차는 언제나 후견법원(Betreeuungsgericht)의 직권으로 개시되고, 결정은 후견인에게 피후견인을 대신하여 입원동의를 할 권한을 부여하는 형식이다.104) 당연히 그 관할은 후견법원이다. 위 두 번째 사안은 가사소송 및 가사비송사건절차법 제312조 제1호 내지 제2호 사건이다.105)

위 두 사안이 절차적으로도 동일한 법률에 의해 규율되지만, 절차법적으로도 다른 사건

100) Newbigging, pp. 616 참조. Newbigging의 연구에 따르면 IMHA 서비스 제공기간은 설문조사 대상자의 62%가 1~2개월이라고 답하였고, 통상 1인의 옹호자가 24사건을 상시적으로 맡고 있다고 한다. pp. 167 참조.

101) 영국에는 약 1,000개의 옹호단체가 활동하며, 이들 단체는 법률에 의해 제공되는 옹호서비스와 법률적 근거 없이 자발적으로 옹호서비스를 제공한다. IMHA는 법으로 정한 옹호서비스로서 비자의입원과 비자의치료를 받는 정신질환자에게 제공되지만, 지역사회에 있는 여타의정신질환자는 지자체에 따라 다양한 옹호서비스를 제공받는다. 그 개관은 Tim Spencer－Lane, Care Act Manual, 2nd edition(2015), pp. 375 참조.

102) 이를 공법상의 비자의입원이라고 한다. Fröscjle, Praxiskommentar Betreuungs－undUnterbringungsverfahren, 3. Aufl., Bundesanzeiger Verlag, 2014, S. 681 참조.

103) 이 점은 Fröscjle, Praxiskommentar Betreuungs－undUnterbringungsverfahren, 3. Aufl., Bundesanzeiger Verlag, 2014, S. 683 f. 참조. 가령 신청권자는 가령 베를린은 지자체 담당직원(Bexirksämter), 함부르크는 건강담당관청, 브란덴부르크와 튀링엔은 사회정신과요원 등이라고 한다.

104) 후견인만이 아니라 장래대리권을 수여받은 대리인이 직권개시를 촉구하여 진행되는 절차이다. Fröscjle, Praxiskommentar Betreuungs－undUnterbringungsverfahren, 3. Aufl., Bundesanzeiger Verlag, 2014, S. 680 참조.

105) 이를 민사법상의 비자의입원 절차라 한다. Fröscjle, Praxiskommentar Betreuungs－undUnterbringungsverfahren, 3. Aufl., Bundesanzeiger Verlag, 2014, S. 680 참조.

이며, 관할법원이 다르기 때문에 심판절차의 중복계속이 가능하고, 중복문제를 해결하기 위해 가사소송 및 가사비송사건절차법 제313조에서 관할법원의 우선순위를 규정하고,[106] 동조 제4항에는 공법상의 비자의입원 사건이 후견사건 관할법원과 다른 지방법원에 계속된 경우 후견사건이 이미 후견법원에 계속되어 있다면 후견법원에 통지할 의무를 부과하고 있다.

(2) 절차보조인(Verfahrenspfleger) 제도

위의 모든 절차에서 정신질환자를 보호하기 위해 절차보조인(Verfahrenspfleger)을 선임할 수 있다.[107] 절차보조인의 지위는 법적으로 규정되어 있지는 않은데, 요보호성인의 절차법상의 지위와 동일한 지위를 갖는다. 자료를 열람하고, 청문할 수 있고, 항소를 제기할 수도 있다. 절차보조인의 보수 및 지출비용의 상환은 언제나 국고로부터 받는다. 국가는 요보호성인에게 자력이 있다고 판단할 때 그로부터 소송비용에 포함시켜 비용을 지불하도록 한다(비용에 관한 규칙 KostO 제137조 제17호).

(3) 국가의 절차보좌인에 대한 재정지원

정신장애인은 비자의입원절차에서 절차보조인의 지원을 받고, 정신병원 입원 이후에는 지원자(Betreuer－후견인으로도 번역됨)의 지원을 받는다. 따라서 치료의 전 과정에서 지원을 받는다고 이해할 수 있다. 이들 지원자(절차보조인 및 지원자=후견인)의 보수 등은 대부분 국고에서 지급된다.[108]

4) 평 가

우리는 위 영국과 독일의 사례로부터 치료의 전 과정에서 정신질환자의 목소리가 치료절차에 관여하는 관계자들에게 전달되고, 그들의 권리를 옹호하기 위한 제도가 도입되어 있음을 알 수 있다. 이들의 역할수행으로 친족 간의 상호부조의 도덕도 그대로 유지될 수 있는 부수적 효과도 있다. 그에 비하면 우리나라의 보호의무자에게 과도한 공법상의 의무를 부과함으로써 오히려 친족 간의 도덕적 관계마저 훼손시킬 가능성이 농후할 뿐 아니라 정신질환자의 목소리를 대변하고 그의 이익을 주장할 수 있는 역할은 거의 할 수 없다고 할 것이다. 여기에 변화가 있어야 한다.

다른 한편 강화된 비자의입원 요건의 강화로 정신과의사들이 불안해하는 것도 바로 자신의 부담할 막중한 책임을 덜어 줄 사람 내지 장치가 부재하기 때문인데, 이런 우려를 불식시킬 필요도 있다는 점에도 유의해야 한다. 그 점에서 우리나라에서도 시급히 전문성 있고,

---

106) FamFG 제313조 제1항, 제2항은 민사법상의 비자의입원의 관할법원, 제3항은 공법상의 비자의입원의 관할법원을 규율하고 있다. Fröscjle, Praxiskommentar Betreuungs－undUnterbringungsverfahren, 3. Aufl., Bundesanzeiger Verlag, 2014, S. 686 ff. 참조.

107) 절차보조인을 반드시 선임하여야 할 사건, 통상 선임하는 사건, 선임할 수 있는 사건으로 구분할 수 있다. 비자의입원은 선임할 수 있는 사건에 해당된다. 상세한 것은 Fröscjle, Praxiskommentar Betreuungs－undUnterbringungsverfahren, 3. Aufl., Bundesanzeiger Verlag, 2014, S. 515 ff. 참조.

108) Fröscjle, Praxiskommentar Betreuungs－undUnterbringungsverfahren, 3. Aufl., Bundesanzeiger Verlag, 2014, S. 530 ff. 참조.

중립적인 지위에서 정신질환자의 목소리를 전달하고 그들의 이익을 대변할 절차보조제도를 도입하여야 할 것이다.

이렇게 해야만 가까운 친족 간의 도덕적 관계가 정신질환의 치료과정에서 훼손되지 않도록 배려할 수 있고, 정신과의사와 지방자치단체의 우려를 불식시킬 수 있으며, 헌법재판소가 지적한 과잉금지의 원칙 위반의 위험을 해소할 수 있을 것이다.

3. 절차보조시범사업의 실시

1) 방향성

정신질환자가 인간으로서의 존엄성을 향유하면서 생활할 수 있도록 하기 위해 가장 중요한 것은 이들을 경제적 부담, 경제적 지원이 필요한 그룹 내지 집단으로 보지 않고 이들을 나와 같은 한 사람의 인간으로 대우하는 것에서부터 출발하여야 할 것이다. 경제적인 지원 역시 그 연장선상에서 논의되고 검토되어야 할 것이다. 개정 정신건강복지법은 비자의입원의 요건을 엄격하게 하고, 그 절차도 복잡하게 함으로써 정신건강정책의 큰 흐름을 비자의입원에서 자의입원으로, 입원치료에서 지역사회치료로, 폐쇄시설에의 입원 등에서 개방시설에의 입원 등으로 전환시킬 것을 명하고 있다.[109)]

다른 한편 정신질환자의 치료의 전과정에서 정신질환자의 목소리가 경청될 수 있도록 정신질환자를 지원하는 방안, 즉 절차보조제도가 시급히 도입되어야 한다. 그 방법에는 여러 가지가 있을 수 있다. 그 첫째의 방향성은 정신장애인을 심리적으로 옹호해 줄 수 있는 자, 특히 실질적으로 정신질환자와 같이 생활하거나 밀접한 관계를 유지하는 사람에 한정시켜 보호자의 역할을 하게 해야 한다. 민법 제974조의 범위 내의 부양의무자라는 이유만으로, 후견인이라는 이유만으로 당연히 보호의무자가 되도록 해서는 안 된다. 정신질환자의 치료와 퇴원의 절차의 필요성을 현장에서 가장 일찍 발견할 수 있고, 이들을 심리적으로 지원할 수 있는 자를 1인으로 정하여 등록하게 하여 그로 하여금 보호자의 역할을 수행하도록 하는 것이 바람직할 것이다. 물론 그들의 권한은 현행법과 마찬가지로 정신질환치료를 위한 입원신청, 퇴원신청 등의 권한에 한정시켜야 할 것이다. 좋은 가족관계의 유지가 치료에도 회복적 기능을 할 수 있음을 감안하면, 최대한 가족 등을 정신질환자와 대립될 수 있는 위치에 놓아서는 안 될 것이다.

둘째, 보다 중요한 것은 중립적인 지위에서 정신질환자의 목소리를 전달하고 치료와 법적인 측면에서 그들의 권익을 옹호해 줄 수 있는 전문적 절차보조인 제도가 도입되어야 한다. 이들은 입원치료 이외에 다른 대안은 없는지, 특정의 치료방법 이외에 다른 대안은 없는지를 본인의 관점에서 조사하여 본인, 보호자, 의사에게 각각 제안할 수 있는 역할, 치료, 입원, 퇴

109) 이와 더불어 정신질환자 복지서비스가 도입됨으로써 치료만이 아니라 정신장애와 더불어 살아가기에도 더 많은 관심을 기울여야 할 것이다. 이 글의 논의는 치료에 초점을 맞춘 것이므로 이 문제는 다루지 않는다.

원에 관한 본인의 희망을 잘 파악하여 치료에 관여하는 모든 관계자들에게 전달할 수 있는 역할, 정신질환자에게 부여된 각종의 권리(입원적합성심사위원회에 의견을 진술하는 것, 정신건강심의위원회에 본인이 출석하거나 화상으로 의견을 제시하는 것, 인신보호법에 따라 즉시해제의 구제신청을 하는 것, 후견인을 선임하도록 신청하는 것, 위원회나 법원의 결정에 대해 불복하는 것 등등)에 관하여 본인, 보호자, 의료진에게 알려 주고, 그 권리를 행사할 수 있도록 지원하는 역할을 수행하여야 할 것이다. 이 역할은 정신질환자의 인권보호에도 필수적일 뿐 아니라, 정신과의사와 지방자치단체, 국가 공무원이 더 엄격해진 비자의입원의 법적 요건으로 인해 위법행위를 하지나 않을까 하는 두려움에서 벗어나게 해 줄 것이다. 절차보조는 모두의 이익을 위한 제도인 셈이다. 이들의 지위는 보호의무자, 정신과의사로부터 독립되고(중립성), 정신장애와 인권에 대한 전문적 이해가 있는(전문성), 장애인 당사자와 정신질환자의 치료에 개입하는 여러 사람들에게 조언할 수 있는 역할을 수행하는

앞서 살펴본 규범적 기준을 감안한다면, 절차보조사업은 정신질환 치료 환경을 일반 질환 치료 환경과 크게 다르지 않도록 지원하고, 동시에 당사자의 자기결정권 행사를 충분히 보장함으로써 자기존중감, 치료과정에서의 주도성을 회복할 수 있게 지원하는 것에 그 방향성을 맞추어야 할 것이다. 자기결정에 기초한 치료와 입원이어야 설령 치료의 효과가 없더라도 자신의 선택의 결과로 이를 수용할 수 있을 것이고, 스스로를 회복의 주체로 삼을 수도 있을 것이기 때문이다. 나아가 회복되었거나 회복과정에 있는 당사자도 절차지원사업에서 제공하는 서비스 제공과정에 참여하도록 함으로써 동료옹호, 집단옹호를 경험하도록 하는 것도 필요할 것이다. 그렇게 함으로써 자조의식을 함양하고, 사회적 기여에 대한 자부심을 고취할 수 있을 것이다. 즉 절차보조 사업 자체가 자기옹호과정이자 동료옹호, 집단옹호의 과정이 되어야 하고, 그렇게 함으로써 가족에 의한 비자의입원과 치료를 단절하고 자기존중감을 유지하면서 치료와 회복의 과정을 밟을 수 있을 것이다. 동시에 그 과정은 정신적 질환자의 사회적 인식 개선에 기여할 수 있을 것이다. 그렇기 때문에 절차보조사업은 정신질환 치료과정의 스티그마를 최소화하는 것이 될 것이다. 이는 중·장기적으로 정신질환의 조기개입, 조기치료 사회적, 의료적 환경을 조성하여 질환의 만성화=일상생활 역량의 감퇴를 방지하는 효과를 실현할 수 있을 것이다.

2) 절차보조사업의 바람직한 내용

(1) 옹호서비스와 그 원칙

위와 같은 방향성을 가진다면, 절차보조사업은 정신질환 치료, 입원, 퇴원 과정에서의 당사자의 권리를 옹호함으로써 최대한 자기결정권을 행사할 수 있도록 지지하는 것이 사업의 내용이 되어야 할 것이다. 즉 이 사업은 정신질환자의 입원, 치료, 퇴원 절차에서 당사자의 욕구나 희망을 파악하여 지원하는 것이 되어야 할 것이다. 당사자를 옹호하는 서비스란 당사자에게 속한 권리의 범위에서 당사자의 희망과 욕구, 선호도에 따라 그가 원하는 방향으로 치

료, 입원, 퇴원, 회복 과정이 이루어지도록 지원하는 것을 말한다. 옹호서비스제공자는 서비스 이용자의 권리 범위를 넘어서는 영역에서는 서비스를 제공할 수 없다. 그렇기 때문에 서비스 이용자가 자해, 타해의 위험으로 인해 비자의입원이 필요한 시점에서는 설사 본인이 비자의입원을 거부한다고 하더라도 그 거부의사를 지지하고 옹호할 수는 없다. 이 지점이 옹호서비스의 한계지점인 셈이다.[110] 다른 한편 당사자가 만성 정신질환으로 당사자가 의사능력이 극도로 퇴화되어 의사소통이 전연 되지 않는 경우에도 옹호서비스에는 한계가 있다. 이 경우에는 현재 제공되는 정신질환 치료 및 요양 서비스, 이와 연관된 입원 및 입소에 대한 본인의 욕구, 감정, 선호도를 파악하여 그것에 대한 거부 또는 동의의 의사를 서비스제공자 및 입원 결정권자에게 전달할 수는 있을 것이다.[111] 그러나 퇴원을 위한 법적 절차를 밟게 한다든지 하는 등 본인의 지시나 의사가 없는 경우에도 본인의 이익이 될 수 있는 조치를 본인을 대신하여 취하기 위해서는 법률로 별도의 근거가 있어야만 할 것이다. 그 점에서 보면 옹호서비스는 당사자의 명시적 또는 묵시적 지시를 받아 그의 희망을 실현할 수 있도록 지원하는 것, 당사자의 지시가 없는 경우 당사자의 의사를 파악하여 서비스제공자나 당사자를 대신하여 의사결정할 권한을 가진 자에게 전달하는 역할을 수행하게 될 것이다. 옹호서비스는 그 이상도 그 이하도 아닌 역할을 하게 될 것이다.

(2) 절차보조사업으로 제공할 옹호서비스의 내용

정신질환자 자신의 주도 하에 정신질환의 치료, 입원, 퇴원, 회복 과정을 밟을 수 있도록 지원하려는 것이 절차보조사업으로 제공되어야 할 옹호서비스의 내용이다.

이런 때의 당사자 옹호서비스의 직접적 내용은 다음과 같은 영역으로 구성될 수 있다. 첫째, 급성기 정신질환자의 입원 및 치료를 지원하는 것이 있다. 급성기의 정신질환자를 상담하면서 치료와 입원에 대한 이들의 욕구와 희망을 충분히, 제대로 파악함으로써 자기 주도 하에 치료와 입원 과정을 밟을 수 있도록 지원하게 될 것이다. 그러나 자해, 타해의 위험성이 현저하여 옹호서비스제공자조차 접근하는 것이 위험하다거나 옹호서비스제공자의 지원에도 불구하고 자살의 위험이 높다면 비자의입원만이 해결책일 것이다. 이때 옹호서비스제공자는 당사자의 가족생활상의 권리를 존중하여 가족이 아니라 지방자치단체의 장이 정신건강복지법 제44조에 따른 행정입원 절차를 밟을 수 있도록 지원할 수 있을 것이다. 둘째, 입원 중인 정신질환자의 치료환경 개선 욕구를 지원하는 것도 옹호서비스의 일종이다. 비자의입원 정신질환자도 자유롭게 면회하고 외출할 수 있는 자유를 누려야 할 것이다. 이것을 제한하는 것은 치료의 목적에 필요한 최소한의 범위에 한정되어야 한다(정신건강복지법 제74조, 제75조). 따라

110) 물론 옹호서비스를 통해 당사자와의 관계가 잘 형성되어 있다면 다수의 사례에서는 본인이 자의입원을 선택할 수 있게 지원해 줄 수 있을 것이다. 그러나 아무런 사전 관계가 없는 정신질환자로서 자해, 타해의 위험성이 높은 상황에서는 옹호서비스로 제공할 수 있는 영역은 없다는 것이다.

111) 이런 의사가 유엔장애인권리협약 제12조에 대한 장애인권리위원회의 일반평석에서 당사자의 욕구와 선호도(Will and Preference)를 본인의 의사로 파악하여 거기에 법적 효력을 인정해야 한다는 견해에 따르면 치료, 입원, 퇴원에 대한 본인의 동의 내지 거부의 의사는 확인할 수 있을 것이다. 그러나 그 이상으로 입원에 대한 이의제기 등에 대한 의사를 도출하기는 어려울 것이다.

서 본인의 희망과 욕구를 지원하여 치료환경을 개선하는 데 필요한 정보를 제공하고, 본인의 지시가 있으면 정신건강복지법 제55조에 따른 처우개선신청을 지원할 수 있을 것이다. 셋째, 본인의 희망과 욕구를 지원하여 퇴원 및 퇴원 후의 치료 및 회복 계획도 자기주도 하에 수립할 수 있도록 지원할 수 있을 것이다. 비자의입원 후 관리된 상태에서 약물치료가 진행되면 자해, 타해의 위험은 현저하게 떨어지게 된다. 자해, 타해의 위험이 여전히 높다고 하더라도 약물복용과 외래진료를 계속할 환경만 형성되어 있다면 언제든지 퇴원할 수 있을 것이다. 본인의 희망한다면 옹호서비스제공자는 정신건강복지법 제43조 제9항에 따라 정신의료기관의 장에게 퇴원신청을 할 수 있게 지원하고, 정신의료기관의 장이 퇴원을 거부할 경우 또는 행정입원인 경우 동법 제44조 제8항, 제55조에 따라 지역 정신건강심사위원회에 퇴원심사를 청구하도록 지원하게 될 것이다. 그 과정에서 퇴원 후의 계획 등에 대해 본인의 계획 수립을 지원하게 될 것이다.

위와 같은 서비스 제공과 더불어 이에 부수하여 당사자와 가족 간의 네트워크를 형성하고 필요한 경우 옹호서비스제공자와 상시적인 관계 유지를 하는 것도 본인의 권리행사를 지원하는 것과 밀접한 관련이 있다. 정신질환자는 자신과 유사한 질환을 가진 자들과의 집단적 이해관계를 가지고 있기 때문에 집단적 이익을 스스로 옹호할 권리가 있다. 동시에 평온한 가족관계의 형성과 유지라는 권리도 있기 때문에 이를 지원하는 방법으로 이런 네트워크를 형성하는 것을 지원할 필요가 있을 것이다. 더 나아가 옹호서비스제공자는 수차례에 걸쳐 반복될 가능성이 있는 증상의 재발과 입원 절차에서 당사자를 지원하기 위해 상시적인 관계 형성도 필요할 것이다.

위와 같이 본다면 당사자 옹호서비스의 주된 특징은 치료과정에서 당사자가 가진 권리의 범위 내에서만, 그 이상도 그 이하도 아닌 범위 내에서만 당사자를 지지하고 옹호하는 역할을 수행하도록 하는 것이다.

(3) 절차보조사업 참여자와 각 역할

우리나라의 사회보장제도는 정신질환 당사자를 위해 의료서비스만이 아니라 이를 보조하는 정신재활서비스, 정신요양서비스를 제공하고, 양자를 연계하는 정신건강복지센터를 통한 서비스도 제공하고 있다. 절차보조사업은 기왕의 여러 자원을 효과적으로 연계하는 것이 필요할 것이다. 그 점에서 정신건강복지사업중앙지원단의 역할이 중요할 것이다. 중앙지원단은 이 사업의 홍보, 당사자옹호서비스 제공자의 교육 및 보수교육을 지원하는 것, 정신건강복지센터와 정신병원을 연계하는 것 등을 지원하는 역할을 수행하는 것이 바람직할 것이다.

그러나 절차보조사업의 핵심인 당사자옹호서비스는 의료진, 정신재활시설, 가족 등으로부터 전적으로 독립한, 당사자의 관점에 선 별도의 기관이 필요할 것이다. 당사자 옹호서비스를 제공하는 기관을 가칭 “정신장애 당사자 옹호서비스 센터”로 칭할 수도 있을 것이다. 이 사업이 종국적으로는 자기옹호를 할 수 있는 상태로 만들고, 그 전에는 당사자옹호서비스 제공자의 전문가옹호가 있겠지만, 동시에 당사자집단의 옹호의 역할도 해야 할 것이다. 이런 관점에서 보면 이 센터에는 권익옹호자, 동료지원자, 행정인력이 상주하면서 근무하여야 할 것이다. 먼저 동료지원자는 회복되거나 회복과정에 있는 정신장애인 당사자를 중심으로 구성하되, 초급 정신보건전문요원 또는 사회복지사도 포함될 수 있도록 구성하는 것이 바람직할 것이다. 정신병원에 입원하여 치료받을 필요가 있거나 입원치료를 하는 당사자를 만나 그들의 이야기를 듣고, 격려하며, 치료와 재활에 대한 본인의 욕구나 희망을 들어주는 역할을 할 것으로 기대된다. 이들을 통해 정신장애인 당사자의 삶의 이력, 입원 전의 일상생활 패턴 등을 파악할 수 있도록 지원할 것이다.

정신건강 권익옹호자는 당사자가 처한 환경을 이해하고, 치료 및 재활의 절차에서 본인의 욕구나 희망을 실현시킬 수 있는 방안을 본인에게 제시하고, 또 본인이 처한 상황, 그의 욕구나 희망 등을 의료진에게 잘 전달하여 치료에 본인의 의사가 반영될 수 있게 지원하는 것을 역할로 설정하는 것이 적절할 것이다. 당사자로 권익옹호활동의 경험이 있거나 권익옹호가로 양성해야 할 사람과 정신건강전문요원(간호사, 임상심리사, 사회복지사) 등으로 구성하여야 할 것이다.[112] 센터가 유지되기 위해 소정의 행정인력이 있어야 하는 것은 불문가지일 것이다.

3) 절차보조사업은 법률적 근거 없이도 수행할 수 있는가?

(1) 절차보조사업의 법적 근거

정신건강복지법 제2조 제8항은 "정신질환자는 자신에게 법률적 · 사실적 영향을 미치는 사안에 대하여 스스로 이해하여 자신의 자유로운 의사를 표현할 수 있도록 필요한 도움을 받을 권리를 가진다."고 규정하고, 동법 제4조 제3항은 "국가와 지방자치단체는 정신질환자등과 그 가족에 대한 권익향상, 인권보호 및 지원 서비스 등에 관한 종합적인 시책을 수립하고 그 추진을 위하여 노력하여야 한다."고 규정하고 있다. 이 규정에 근거해서도 정부의 정책으로 절차보조사업을 수행하는 것에는 아무런 문제가 없다.

문제는 법률적 근거 없이도 당사자옹호서비스 제공자가 정신질환자를 면담하고 그를 옹호하기 위해 각종의 정보를 제공하고, 필요한 경우 그를 대신하거나 그 스스로 권리를 행사하도록 하는 것이 가능한가이다. 첫째, 당사자옹호서비스제공기관이 당사자의 동의를 받으면 이런 서비스를 제공하는 것에는 아무런 문제가 없다. 당사자의 동의 하에 비자의입원해 있는 정신병원을 방문하여 당사자를 면회하고 필요한 정보를 제공하는 것도 아무런 문제가 없다. 사적 자치가 허용되기 때문이다. 둘째, 당사자의 지시에 따라 당사자를 대신하여 정신의료기관의 장에게 처우개선 또는 퇴원을 신청하거나 정신건강심사위원회에 처우개선 및 퇴원신청을 대신하는 것도 얼마든지 가능하다. 당사자로부터 대리권을 부여받았기 때문이다. 그러나 인신보호법에 따른 즉시해제를 대리하여 신청하는 것은 민사소송법 제88조의 유추적용에 의해 소

---

112) 영국의 IMHA는 필수교육과정이나 자격증은 없지만 National Development Team for Inclusion이 개발한 Advocacy Quality Performance Mark award를 취득하거나, City & Guild 자격증을 취득한다고 한다. 이 교육과정은 City & Guild의 감독 하에 전국적 규모의 옹호서비스 제공기관들이 제공한다. 가령 http://www.inclusiveaccess.org.uk 참조.

송대리를 할 자격이 없을 것이다. 이 경우 옹호서비스 제공자는 본인 스스로 인신보호법에 따른 즉시해제신청을 하도록 지원하는 역할을 하게 될 것이다. 셋째, 당사자가 특정한 행위(퇴원신청, 처우개선신청, 인신보호법에 따른 즉시해제심판신청 등)를 지시를 할 수 있는 의사능력이 없을 때에는 그와 같은 행위를 지원하기 위해서는 별도의 법률규정이 필요하다. 그러나 그 밖에 본인의 의사를 확인하여 본인의 치료, 입원, 퇴원 등에 권한을 가지고 있는 자(보호의무자 또는 지방자치단체의 장, 정신병원의 장 등)에게 전달하는 것은 본인이 당사자옹호서비스 제공자와의 면담을 거부하지 않을 경우 별다른 법적 근거 없이도 가능할 것이다. 이를 보다 확실하게 하기 위해서는 보호의무자나 이들의 입원치료에 관하여 권한 있는 정신병원의 장 또는 지방자치단체의 장의 동의가 있다면 아무런 어려움 없이 본인을 면담하여 본인의 의사를 전달할 수 있을 것이다. 넷째, 당사자와 전연 의사소통조차 가능하지 않는 경우에는 법률에 별도의 규정이 없이는 이들을 위한 옹호서비스를 제공하기는 어려울 것이다.

(2) 절차보조사업 수행의 시점에서 지원을 받을 정신질환자 및 정신병원의 확보 방안

가. 원 칙

절차보조사업의 입법 이전 단계에서는 앞서 언급한 것처럼 당사자의 동의가 있거나, 둘째, 당사자의 동의능력이 없는 경우에는 당사자를 비자의입원시킨 주체의 동의 하에 당사자옹호서비스를 제공하여야 할 것이다. 따라서 당사자옹호서비스를 제공할 당사자 발굴체계를 갖추는 것이 매우 중요할 것이다. 이 목적을 달성하기 위해 당사자단체, 가족단체, 재활시설, 정신건강복지센터 등 기존의 자원과 결합함으로써 사업의 효율성을 높이도록 할 필요가 있다. 한편 당사자옹호서비스는 정신병원 staff의 지원이나 협력이 있으면 마찰 없이 소기의 성과를 거둘 수 있을 것이므로, 이 사업에 참여할 정신병원을 확보하는 것도 매우 중요할 것이다. 그러나 당사자의 동의가 있는 상황에서는 정신병원이 협력하지 않을 경우 당사자의 권리범위 내에서 필요한 지원을 아끼지 않을 것이다. 정신건강복지법에 따른 처우개선, 퇴원신청을 지원하거나 인신보호법에 따른 해제신청의 지원 등이 그 예의 하나가 될 것이다.

절차보조사업의 입법화 이후의 단계, 즉 절차보조사업을 입법하여 당사자옹호서비스를 제공하더라도 당사자의 권리 이상의 권한을 당사자옹호서비스 제공자에게 부여해서는 안 될 것이다. 그 범위에서만 활동하고, 당사자를 지원하거나 옹호하는 역할을 제도화하되, 모든 비자의입원 환자 나아가 자의입원환자가 이 서비스를 당연 이용하도록 하되, 본인이 거부하면 이용하지 않는 형태로 입법하는 것이 필요할 것이다.

나. 구체적 과정

가) 입원 전 단계

당사자옹호서비스가 제공되는 과정을 보면 입원 전단계의 당사자에게도 서비스가 제공되어야 할 것이다. 먼저 "당사자 자조모임 네트워크 및 가족모임 기타 네트워크-(기타의 경우 지역의 정신재활시설 또는 당사자 자조모임에 연계)"를 통해 절차보조 사업단인 "당사자옹호서비스센터"에 옹호서비스가 필요한 사안이 생기면 연락하게 될 것이다. 입원치료가 필요한데 당

사자가 그 필요성을 느끼지 못하는 경우, 치료 문제를 둘러싸고 당사자와 가족 간의 관계가 악화되거나 가족의 관점에서 볼 때 입원치료가 필요하다고 생각하는데 본인이 이를 거부하거나 인지하지 못하는 경우가 그 예일 것이다. 신고를 받은 당사자옹호서비스센터는 정해진 기간 내(1일 이내. 응급상황인 경우 일정한 시간 내)에 당사자 및/또는 가족을 면담하게 될 것이다. 그 후 입원치료가 필요한 경우 병원에 자의입원을 지원하게 될 것이다. 자의입원이 불가능하지만 입원이 필요하다고 판단될 경우에는 지역의 정신건강복지센터와 연계하여 행정입원을 지원하도록 요청하게 될 것이다.

한편 정신건강복지센터 관리 대상 정신질환자 중 가족갈등 또는 본인 거부 등으로 치료가 지체될 위험이 있거나 본인의 욕구나 희망을 파악할 필요가 있는 경우에도 "센터"에 연락할 수 있을 것이다. 당사자옹호서비스센터가 당사자 및 /또는 가족 면담을 통해 입원치료가 필요한 경우 병원 자의입원을 지원하게 될 것이다. 센터 역시 자의입원을 지원하기 어렵고 비자의입원이 필요하다고 판단할 경우 정신건강복지센터와 연계하여 행정입원을 지원하게 될 것이다.

나) 입원치료 중인 경우

당사자옹호서비스센터가 입원신청권자와 접촉한 후 권익옹호자 또는 동료지원자가 가족 또는 당사자를 방문하여 라뽀를 형성하면서 가족이나 당사자의 욕구를 충분히 파악하는 전단계 작업을 하게 될 것이다. 특히 중요한 부분은 치료과정에서의 당사자의 욕구와 희망 파악하는 것이다. 이 과정에서 당사자의 권리가 가장 적게 침해되는 방식의 치료 방법에 대해 당사자를 옹호하여 의료진 및 기타 병원 staff에 말할 수 있도록 지원하게 될 것이다. 이 과정에서 본인의 회복 역량 강화를 위한 동료지원팀의 주기적 방문하게 될 것이다.

다) 퇴원단계

정신병원에서 퇴원을 하여야 하나 보호의무자의 협조가 이루어지지 않는 경우 기타 본인의 욕구나 희망을 확인할 필요가 있는 경우 "센터"에 연락하면 센터의 직원이 당사자 및 / 또는 가족을 면담하게 될 것이다. 그 후 가족이나 당사자의 욕구를 파악하여 개인별 상황을 고려해서 지역사회로 나갈 계획을 가족이나 당사자와 같이 수립하게 될 것이다. 이 과정에서 정신건강복지센터와 협력 또는 정신요양시설이나 여타의 대안을 모색하게 될 것이다. 특히 정신건강복지센터에 연계하여 복지센터의 staff에 의한 퇴원 후 지원이나 계획 수립할 수도 있을 것이다. 이 경우 권익옹호자가 정신질환자의 희망과 욕구를 복지센터에 전달하고, 퇴원 후 계획수립에 당사자 참여를 극대화할 것이다. 이때 공식적 자원이 없는 경우 비공식적 자원과의 연계도 주선하게 될 것이다.

퇴원 후 일정 기간 당사자와의 관계를 유지하면서 지역사회 자원을 잘 활용하는지를 모니터링하게 될 것이다.

위의 전 단계를 포함하여 절차보조사업을 통해 제공할 당사자옹호서비스는 개인당 약 2개월 정도로 예상해도 무방할 것이다.[113]

4) 절차보조사업은 어떤 변화를 가져 올 수 있을 것인가?

(1) 방향성

절차보조 사업이 제대로 정착되면 비자의입원은 없어지거나 최단기간(서구의 예에 비추어 보면 길어도 1~2달)에 그칠 것이며, 정신병원 병실의 대부분은 개방병동으로 운영될 것이라고 예측된다. 특히 그동안의 정신요양시설의 공공후견사업 경험에 비추어 보면 정신병원에도 법상의 자해, 타해의 위험이 없는 다수의 정신질환자가 있을 것으로 예상된다. 향후 이들 중 계속 치료가 필요한 사람은 자의입원으로 전환하도록 최대한 유도하는 것에 많은 관심을 기울여야 할 것이다. 절차보조사업의 당사자옹호서비스제공자가 이들의 자의입원을 지원하고, 적절한 치료환경을 제공하는 병원에 입원치료 받는 것, 요양이 필요한 사람은 요양시설을, 재활이 필요한 사람은 재활시설을 선택하는 것을 지원할 수 있을 것이다. 당사자옹호서비스 제공자가 위와 같은 역할을 수행할 수 있도록 적절한 프로그램을 개발하는 것이 시급하다. 이는 병원을 개방병동화하는 것을 촉진시킬 것임은 재론을 요하지 않는다.

정신건강복지법의 취지는 비자의입원을 극히 예외적인 경우에만 가능하도록 하고 있다. 이렇게 되면 입원적합성심사위원회, 정신건강심의위원회, 인신보호법상의 재판절차 등이 작동할 여지도 최소화될 것이다. 즉 현재 4~5만명이 비자의입원 하는 것에서 연간 수 천건 이내로 비자의입원하는 방향으로 비자의입원을 대폭 줄어든다면, 입원적합성 심사에 소요되는 인력의 역할이 달라질 것이며, 이들을 유지하는 데 소요되는 비용은 권익옹호사업으로 전환할 수 있을 것이다. 이렇게 되면 정신질환에 대한 조기개입, 예방적 치료 등에 무게중심이 넘어갈 수 있음(입원치료에서 수익을 얻던 구조에서 예방적 개입에서 수익을 얻는 구조로 전환하는 것을 의미함). 이는 자살예방등과도 밀접한 관련이 있을 것이다.

혹자는 정신병원에서 퇴원한 환자가 갈 곳이 없기 때문에 퇴원은 현실성이 없다는 얘기를 하곤 한다. 현재 지역사회에 있으면서 외래치료를 하고 회복할 수 있는 환경이 열악한 것은 분명하다. 그러나 이런 당사자 옹호서비스 활동은 정신질환자의 회복 환경개선을 위한 자조적 노력을 배가할 수 있다는 점에서 당사자운동이고, 바로 그러한 당사자운동의 동력 때문에 국가지원을 신속히 이끌어 낼 수도 있을 것으로 기대된다.

(2) 정신건강복지 자원의 재분배

당사자의 관점에서 보면 절차지원사업은 정신질환 치료환경의 구성요소에 변화를 가져오게 될 것이다. 현재의 정신질환자 치료-재활의 환경에서는 보호자는 의료진의 영향력 하에 있으면서 치료를 강요하는 역할을 주로 담당하고 있다. 정신재활시설 역시 의료적 모델에 입각한 의료기관의 영향력 하에 있으면서 정신질환자 당사자에게 재활적 해법을 제안하는 역할을 한다. 정신질환자는 자기 정체성을 찾지 못하고 의료진의 제시한 것에 일방적으로 끌려가

---

113) 영국의 평균 입원기간이 38.9일인 것을 보면(제철웅(위 주 1), 275면 참조), 자해, 타해의 위험성으로 인해 폐쇄병동에 있어야 할 기간이 그렇게 길지 않다는 것을 짐작할 수 있다. 옹호서비스가 제공되면 선진국의 평균 입원기간과 거의 유사한 결과가 나올 것이다. 이런 사실이 옹호서비스제공기간의 예측에도 영향을 미칠 것이다.

는 실정이다. 타자에 의해 결정된 이 과정은 완전히 치료되는 경우만이 아니라 치료가 되지 않는 다수의 정신장애 당사자에게 적지 않은 부작용을 미칠 것이다.

그러나 당사자 옹호서비스가 제공되면 당사자가 사회생활의 주체로서 자기 위상을 명확히 하고, 치료와 회복의 전과정에서 자기결정권을 행사할 수 있는 환경이 조성될 수 있을 것이다. 의료진 아닌 여타의 사람들, 보호자, 사회복지기관 등은 당사자를 지원하고 지지하면서 그들에게 필요한 서비스를 제공해 줄 것이다. 이런 환경 하에서는 의료진은 의료에만 집중할 수 있을 것이다. 당사자 옹호서비스 제공자가 이런 자원 재분의 촉발자의 역할을 하게 될 것이다.

치료, 입원, 퇴원, 회복 과정에서의 당사자의 권리를 옹호함으로써 당사자가 그 과정의 주체로 참여하게 하는 것 자체가 정신건강복지정책의 패러다임 변화를 촉진할 것이다. 당사자의 자기결정권을 존중할수록 개방병동에 입원하고, 단기간 입원할 것이기 때문에, 의료진은 정신병원의 환경을 개선하기 위한 충분한 압력을 받을 것이다. 입원기간이 단축되기 때문에 조기발견, 조기입원을 통한 새로운 수요확충에 더 많은 관심을 가질 것이다. 자연스럽게 정신질환치료의 환경이 바뀌게 될 것이다. 그것이 바로 위 Ⅲ의 1에서 언급한 패러다임의 전환이다.

5) 절차보조사업의 제도화

정신건강복지법상의 비자의입원 등은 의료계약이나 요양계약에 기인한 것이 아니라, 행정처분에 의한 입원 등이기 때문에, 이는 최후의 수단으로 이용하여야 한다.[114] 또한 그 절차에서 인권 침해가 최소화될 수 있도록 여러 유형의 안전장치(safeguard)가 있어야만 한다.[115] 비록 치료 또는 요양이라는 선한 효과를 지향하지만 자유박탈을 수반하기 때문에, 법원의 재판절차 못지않게 피해를 입게 될 당사자인 정신질환자의 치료와 입원 절차에의 참여권이 보장되지 않으면,[116] 치료나 요양의 효과도 달성할 수 없을 것이다. 한편 아무리 인권친화적인 비자의입원절차라 하더라도, 정신질환자의 관점에서 보면 정신의료기관의 장 및 지자체의 장이라는 타자에 의한 결정일 수밖에 없다. 이런 고려 하에서는 정신질환자의 편에 서서 그의 얘기를 끌어내고 그를 심리적으로 지지하고, 그의 희망과 욕구에 부응하는 권리를 행사할 수 있게 지원하는 것, 치료와 회복과정을 비자의가 아니라 자의로 진행하도록 지원하는 것도 필수적일 것이다. 절차보조사업은 바로 이런 목적에 이바지하여야 할 것이다. 이를 제도화하기

---

114) 그렇기 때문에 정신병원에의 비자의입원은 행정입원 중심으로 가야 할 것이다. 영국에서도 비자의입원을 신청할 수 있는 사람은 최근친(the nearest relative)과 승인 정신보건전문요원(the approved mental health professional)인데 전자에 의한 신청은 매우 드물다고 한다. 최근친은 정신보건전문요원과 먼저 협의하고, 전문요원이 전자의 의견을 참조하여 비자의입원을 신청한다고 한다. Gostin ed., Principles of Mental Health Law and Policy, p. 415 참조.

115) McHale/Fox, Health Care Law, pp. 488 이하에서도 영국 정신보건법의 비자의입원이 자유박탈 효과를 수반하기 위해 안전장치가 필수적이라고 하면서 그 내용을 소개한다.

116) 물론 행정처분절차 자체의 적법성을 보장하기 위한 독립성 및 전문성 있는 위원회에서 비자의입원 등을 심사하여야 할 필요가 있을 것이다. 그 개관은 제철웅(위 주 5), 251면 이하 참조.

위해서는 결국 입법적 뒷받침이 있어야만 할 것이다.[117] 아래에서는 절차보조사업의 입법에 필수적으로 수반되어야 할 사항을 지적해 본다.

(1) 가족보호

현행의 보호의무자제도는 별도의 지원이나 관리절차 없이 그들로 하여금 치료의 전과정에서 정신질환자를 지원하도록 하기 때문에 실질은 가족에게 부담을 지우는 것이고, 당사자를 지원하는 기능은 거의 없다.[118] 현실에서는 보호의무자제도는 가족붕괴로 이어지도록 하는 효과만이 있을 뿐이다. 그렇기 때문에 보호의무를 없애는 대신 본인을 심리적으로 지원할 보호자 제도를 도입할 필요가 있다. 이때의 보호자는 본인과 밀접한 관련이 있는 사람으로서 본인 스스로 정한 사람이 우선되어야 할 것이다. 그로 하여금 입원, 입소, 치료 과정에서 정신질환자를 지지할 수 있도록 하는 것이 필요하다. 보호의무자 아닌 보호자제도는 정신질환자의 입원치료에서 본인을 심리적으로 지지하는 역할, 비자의입원과 퇴원에서의 통로역할을 할 권한을 부여함으로써 보호자와 정신질환자의 도덕적 유대관계를 강화하도록 하는 것에 치중하고자 하는 것이다.[119] 정신질환자에게 가장 중요한 권리의 하나인 가족생활 유지의 권리를 제도화하는 셈이다.

(2) 의사결정지원의 원칙

누구라도 19세가 되어 성인이 되면(민법 제4조) 그때부터 누구의 간섭도 없이 스스로 결정하면서 살아가는 주체가 된다. 그 사람이 의사능력이 없다고 한다면 그것을 주장하는 사람이 입증해야 할 것이다. 그렇기 때문에 모든 성인은 의사능력이 있는 것으로 추정된다고 해도 과언이 아니다.[120] 설령 정신질환으로 사무를 처리할 능력이 지속적으로 결여되어 있기 때문에 성년후견이 개시되었다 하더라도 일상생활에 필요한 필요하고 그 대가가 과도하지 않은 일용품의 구입 등의 법률행위는 누구의 간섭도 없이 스스로 할 수 있다(민법 제10조 제4항).[121] 나아가 성년후견이 개시되더라도 자신의 신상에 관한 결정은 스스로 할 수 있다(민법 제947조

117) 절차보조사업의 입법방안과 그 개략적인 안은 제철웅(위 주 8), 585면 이하 참조.

118) 최근친이 될 수 있는 후보자명단은 정신보건법 제26조에 있으나, 그 중 누가 최근친인지를 인증 정신보건전문요원 및 정신의료기관의 장이 합리적으로 판단하여야 한다. 이에 관해 상세한 것은 Brown, the Approved Mental Health Professional's Guide to Mental Health Law, 3rd edition, pp. 47 이하 참조. 최근친이 없을 때, 최근친이 부적절할 때 본인은 지방법원(County Court)에 최근친의 임명 또는 변경을 청구할 수 있다. Department of Health, Mental Health Act 1983: Code of Practice, pp. 50 참조.

119) 보호의무자 제도를 폐지해야 할 필요성은 제철웅(위 주 8), 575면 이하 참조. 보호자에게 입원신청권한도 부여하지 않는 방안(현행 정신건강복지법 제43조의 삭제를 의미)도 고려할 수 있으나, 지자체의 행정입원만 가능하게 됨으로써 소요될 비용이 적지 않을 것이므로 신중한 접근이 필요할 것이다.

120) 영국 정신능력법 제1조 제2항은 이를 명문으로 규정하지만, 이런 규정이 없더라도 모든 법질서가 이를 전제하고 있다고 할 것이다. 영국 정신능력법 제1조 2항을 비롯한 제3항, 제4항은 이미 보통법에서 널리 인정되던 원칙을 규정한 것에 불과하다고 한다. Peter Bartlett The Mental Capacity Act 2005, 2005, pp. 25 참조. 또한 독일 판례도 이와 동일하며, 유럽사법의 일반적 경향이기도 하다. 유언능력과 관련하여 이를 지적하는 것으로 김형석, 유언의 성립과 효력에 관한 몇가지 문제, 민사판례연구 38집(2016), 1027면 이하 참조.

121) 가령 독일 민법 제105조의a는 의사무능력자라 하더라도 일상생활에 필요한 대가가 과도하지 않은 비용은 스스로 법률행위를 할 수 있다고 규정한다. 한편 독일 민법 제1902조는 성년지원법원(Betreuungsgericht)의 판결로 일상생활에 필요한 동의권 유보를 받도록 할 수 있음을 전제한다. 그러나 우리나라는 이 영역에서는 가정법원 판결로 후견인의 동의를 받도록 할 수 없게 한 점에 차이가 있다.

의2 제1항). 이런 원칙이 있기 때문에 정신질환자가 치료, 요양, 퇴원 등에 관하여 어떤 결정을 하였을 때 그 의사가 본인에 대해 피해를 발생시킬 우려가 매우 적다면, 가정적 피해에 대한 안전장치가 마련되어 있다면 그 결정은 스스로의 결정으로 존중되어야 할 것이다. 정신질환자의 희망, 감정, 욕구, 선호도에 따른 서비스 제공이나 선택이 있더라도 본인에게 발생할 피해가 매우 적고, 가정적 피해에 대한 안전장치가 있는 경우도 마찬가지이다.[122] 그럼에도 불구하고 정신질환자가 어떤 의사표시를 한 경우 그 의사표시가 의사능력이 없는 상태에서 한 것이 아니냐는 의문을 제기하면서 의사능력 유무에 관하여 정신감정을 받아야 한다거나 후견인을 선임하여 그가 결정하여야 한다거나 하는 사람들이 적지 않다. 그 부류의 사람 중에는 법률가도 적지 않다. 이런 예는 발달장애인의 경우도 마찬가지이다. 부모가 잘 돌보고 있는 발달장애인을 부모가 같이 은행에 와서 발달장애인 명의로 된 예금 중 생활에 필요한 비용을 인출하려고 할 때 인출을 거부하면서 후견인을 선임해 오라고 요구하는 경우도 적지 않다. 발달장애인이 기관에 제출하기 위해 주민등록등본, 또는 부동산거래용이 아닌 본인 증명용 인감증명서를 발급 신청할 때 후견인을 선임해 오라는 동사무소 직원도 적지 않다. 예금을 인출해주거나 인감증명서를 발급해 주거나 입원 또는 퇴원을 하더라도 그 자체로 당사자에게 피해가 발생하지 않음이 매우 명백함에도 불구하고 위와 같은 주장을 한다는 것이다. 반면 발달장애인이 불량한 친구들과 같이 와서 휴대폰을 여러 대 개설할 때에는 아무런 대응조치 없이 휴대폰을 개설해 준다. 이때 발달장애인이 부당한 영향력 하에서 한 결정이므로 그 의사결정은 무효라는 주장을 하는 것은 매우 어렵다.[123] 장애에 대해 민감성이 있거나, 최소한 같은 공간에서 동시대를 살아가는 사람에 대한 최소한의 예의가 있다면 부당한 영향력이 의심되는 상황에서는 최대한 조심해서 본인에게 불이익이 생기지 않도록 배려하는 것이 자연스러울 것이다. 반대로 지지자나 옹호자가 있는 상황에서 내린 어떤 결정으로서 본인에게 불이익이 발생할 우려가 거의 없는 선택이라면 장애, 치매, 고령 등으로 판단능력이 아무리 훼손되었다 하더라도 성인으로서 의사능력이 있는 것으로 추정하고, 그의 의사결정을 지원하는 것이 타당할 것이다.

---

122) 대판 2014.3.13. 2009다53093의 사안은 2000년부터 혈관성 치매를 앓아 오다가 2006년 한정치산 선고를 받은 피상속인이 1996년부터 2007년에 이르기까지 수차례에 걸쳐 유언을 반복해 왔고, 2005년 신체감정의 결과 피상속인이 혈관성치매가 호전과 악화가 거듭되어 왔으며, 사회적 연령이 약 2.18세로 평가되었는데 그가 한 2007년 한 최종 유언의 효력을 다툰 것이었다. 대법원은 '주치의 작성 진단서에 망인은 "퇴행성 및 혈관성 뇌질환으로 보행장애 및 연하장애, 반복적인 폐질환이 발생하여 장기입원 중인 환자이고, 의식상태는 명료하며 인지능력은 유지되고 있다"고 기재되어 있는 사실, … (중략) 망인은 혈관성 치매 의심환자로서 악화와 호전을 반복하였는데 2007년 여름부터 의식상태가 호전되었고 호전시에는 의사표현이 비교적 가능하였다는 것으로서, 예를 들면 "날씨가 좋네요"라고 인사했을 때 "응, "그래", "아니", "맞다", "아니다", "만지지 마라" 등의 말을 하였다는 사실, …(중략)… 이 사건 유언 내용은 이 사건 각 부동산에 대한 수유자를 정하는 것으로 비교적 간단한 점 등을 종합하여, 제6유언 당시 망인에게 유언의 내용을 이해하고 이를 구수할 능력 자체가 인정되지 아니한다고 단정하기 어렵다'고 판단하였다. 김현진, 치매와 유언능력 그리고 구수요건, 민사판례연구 39집(2017), 833면은 위 판결에 대해 비판적이다. 그러나 이 판결은 성인의 의사능력 추정의 법리를 확고히 한 것으로, 과도한 보호주의 경향에 있는 하급심판결에 제동을 거는 매우 의미 있는 판결이라고 평가하여야 할 것이다.

123) 영국 정신능력법 제3조에 근거하여 판단능력에 장애가 있는 성인에게 알기 쉽게 설명하지 않고 한 어떤 결정은 의사능력 없는 상태에서 한 결정이어서 무효라고 판단할 수도 있다.

그럼에도 불구하고 우리 사회를 살아가는 구성원들은 타인에 대한 따뜻한 배려가 없고, 어떤 왜곡된 심리상태가 특히 전문가 또는 식자층을 중심으로 널리 퍼져 있는 것으로 보인다. 바로 그러한 이유로 자기결정권 존중의 원칙과 의사결정지원의 원칙이 법률로 규정되는 것이 필요할 것이다. 그래야만 옹호서비스가 제대로 수행될 법적 환경이 조성될 수 있을 것이다.

(3) 입법의 방향성의 예시

이상의 고려 하에 절차보조사업의 입법방향이 결정되어야 할 것이다. 먼저 가족보호의 원칙에 관하여는 성년과 미성년을 구분하여야 할 것이다. 둘째, 본인의 자기결정권 존중을 위해 정신질환이 악화되기 전에 자기결정권을 행사할 수 있게 하는 것이 필요할 것이다. 셋째, 의료 및 요양서비스 제공자나 보호자로부터 독립되어 있는 전문가에게 입원, 치료 등에 관한 옹호서비스를 제공하도록 하는 것이 필요할 것이다. 넷째, 자기결정권의 존중과 의사결정지원을 법률에 명문으로 규정함으로써 옹호서비스가 원활하게 수행될 수 있는 법적 환경을 만들어 주어야 할 것이다. 아래는 필자가 이미 제안한 바 있는 입법안을 토대로 일부 수정하고, 일부를 추가하여 제시해 본다. 이것은 그 대강의 방향을 보여주고자 한 것이다. 실제의 입법안은 절차지원사업의 수행성과를 토대로 할 것이지만, 어떤 내용이 입법되어야 할지에 대한 방향성을 가늠할 필요가 있기 때문에 이를 제시해 본다.[124]

┃표 12┃ 절차보조사업의 입법화를 위한 정신건강복지법 개정안의 예시

현행법	개정제안
없음	제2조의2 (자기결정권존중과 의사결정지원) ① 치료, 입원과 퇴원, 입소와 퇴소에 관하여 정신질환자는 스스로 결정할 수 있는 것으로 추정한다. 정신질환자와 의사소통이 어려울 경우 쉬운 언어, 다른 대체 의사소통방법을 활용하더라도 본인의 의사를 확인하기 어렵다는 것이 입증되지 않는 한 그 추정을 깨뜨릴 수 없다. ② 제1항에도 불구하고 스스로 의사결정할 능력이 없다고 판단할 만한 상당한 이유가 있는 때에는 제42조의 옹호서비스제공자가 정신질환자의 욕구, 감정, 선호도, 희망 등을 확인한 경우 이를 정신질환자의 의사로 인정할 수 있다. ③ 이 법에 따르지 않고서는 누구라도 정신질환자의 의사에 반하여 치료, 입원, 입소를 하거나 이를 계속해서는 아니 된다.
제39조(보호의무자) ①「민법」에 따른 후견인 또는 부양의무자	제39조(보호자) ① 정신질환자의 치료와 요양, 그 목적으로 정신병원

124) 여기서 제안된 입법안은 제철웅(위 주 8), 585면 이하를 토대로 하되, 옹호서비스의 관점을 더 보강한 것이다.

는 정신질환자의 보호의무자가 된다. 다만, 다음 각 호의 어느 하나에 해당하는 사람은 보호의무자가 될 수 없다. 1. 피성년후견인 및 피한정후견인 2. 파산선고를 받고 복권되지 아니한 사람 3. 해당 정신질환자를 상대로 한 소송이 계속 중인 사람 또는 소송한 사실이 있었던 사람과 그 배우자 4. 미성년자 5. 행방불명자 6. 그 밖에 보건복지부령으로 정하는 부득이한 사유로 보호의무자로서의 의무를 이행할 수 없는 사람 ② 제1항에 따른 보호의무자 사이의 보호의무의 순위는 후견인 · 부양의무자의 순위에 따르며 부양의무자가 2명 이상인 경우에는 「민법」 제976조에 따른다.	또는 정신요양시설(이하 정신의료기관등이라 한다)에 입원 또는 입소(이하 입원 등이라 한다)하는 것, 정신의료기관등에서 퇴원 또는 퇴소(이하 퇴소 등이라 한다)하는 것, 퇴소 등 후의 치료, 요양, 재활 등에 관한 정보를 얻어 정신질환자의 결정을 지원하기 위해 보호자를 두고 등록하게 할 수 있다. ② 미성년 정신질환자의 보호자는 다음 각 호의 순위로 정한다. 1. 친권자 2. 친권자가 없거나 친권자가 정신과 질병 치료에 관하여 친권을 행사할 수 없는 경우 정신과 질병 치료에 권한 있는 미성년후견인 3. 미성년자와 거주를 같이 하면서 실질적으로 돌보는 자 중 지방자치단체의 장이 정한 자. 단, 미성년자의 의사를 존중하여야 한다. ③ 성년 정신질환자의 보호자는 다음 각 호의 순위로 정한다. 1. 본인이 미리 지정한 자 2. 정신질환자와 거주를 같이 하면서 실질적으로 돌보는 자 중 지방자치단체의 장이 정한 자. 단, 본인의 의사에 반하여 지정할 수는 없다. 3. 제1호, 제2호의 자가 없는 경우, 지방자치단체가 지정한 자. 단, 본인의 의사에 반하여 지정할 수 없다. ④ 정신질환자는 본인이 지정한 보호자에게 입원등과 치료, 퇴원 등에 관한 자신의 동의권을 대리 행사하도록 권한을 부여할 수도 있다. 이때 보호자는 본인의 지시에 좇아 본인의 최선의 이익을 존중하여야 한다. ⑤ 보호자의 지정, 변경, 해임, 보호자의 등록과 증명, 제4항에 따라 보호자에게 부여된 대리권의 증명 등에 관한 세부사항은 대통령령으로 정한다.
제40조(보호의무자의 의무) ① 보호의무자는 보호하고 있는 정신질환자가 적절한 치료 및 요양과 사회적응 훈련을 받을 수 있도록 노력하여야 한다. ② 보호의무자는 보호하고 있는 정신질환자가 정신의료기관 또는 정신요양시설(이하 "정신의료기관등"이라 한다)에 입원 등을 할 필요가 있는 경우에는 정신질환자 본인의 의사를 최대한 존중하여야 하며, 정신건강의학과전문의가 정신의료기관등에서 정신질환자의 퇴원 등이 가능하다고 진단할 경우에는 퇴원 등에 적극 협조하여야 한다.	제40조(절차보조사업) ① 정신질환자가 이 법에서 정한 정신의료기관등에 제43조, 제44조에 따른 입원 또는 입소(이하 비자의입원등이라 한다)를 할 필요가 있을 경우 비자의입원등의 개시, 지속, 퇴원 및 퇴소(이하 퇴소 등이라 한다)의 절차에서 본인의 의사, 희망, 욕구 등이 반영될 수 있게 지원하기 위해 국가와 지방자치단체의 장은 절차보조사업을 수행하여야 한다. ② 제1항의 사업으로 지방자치단체의 장은 돌볼 가족이 없거나 본인이 지정한 보호자 없는 정신질환자로서 자의입원 등을 하거나 자의입원 등을 하려고 하는 자를 위해서도 당사자옹호서비스를 제공하여야 한다. ③ 당사자옹호서비스제공자는 제43조, 제44조, 제52조,

③ 보호의무자는 보호하고 있는 정신질환자가 자신이나 다른 사람을 해치지 아니하도록 유의하여야 하며, 정신질환자의 재산상의 이익 등 권리보호를 위하여 노력하여야 한다. ④ 보호의무자는 보호하고 있는 정신질환자를 유기하여서는 아니 된다.	제63조, 제74조에서 다음 각 호의 권한을 가진다. 본인 및 보호자의 면회. 본인 및 보호자가 거부하는 경우에는 그러하지 않다. 본인으로부터 위임받은 범위에서 본인의 의료 및 기타 신상에 관한 자료열람권 본인이 제2호에 따른 지시를 할 의사능력이 없는 경우에는 치료, 입원 등, 퇴원 등에서의 본인의 권리의 범위에서 의견개진권 ④ 당사자옹호서비스 제공자는 제48조, 제54조, 제55조, 제56조, 제57조에 관련된 절차에서 다음 각호의 권한을 가진다. 1. 정신질환자를 대면심사하도록 요청할 권한 2. 진단, 심사과정에 참여할 권한 3. 의견 진술권 ⑤ 당사자옹호서비스 제공자의 자격, 선발, 비용상환, 보수, 증명 등 절차지원사업에 관한 세부 사항은 보건복지부령으로 정한다.
추가될 사항: 제42조, 제43조, 제44조, 제50조, 제52조, 제55조, 제59조, 제60조, 제63조, 제64조, 제65조, 제66조 제69조, 제73조, 제84조 등에 있는 "보호의무자"라는 용어는 전부 "보호자"로 개정한다.	

4. 새로운 입법을 위한 움직임

정신건강복지법 시행 후 가장 큰 변화는 정신장애인과 정신질환자가 당사자단체를 결성하려는 움직임이 증가하고 있다는 것이다. 이들의 활동이 향후 정신건강서비스의 방향성을 결정하는 데 핵심적인 역할을 할 것이다. 당사자단체는 현행 정신건강복지법이 지나치게 전문가 중심의 서비스제공에 초점을 맞추고 있음을 지적하면서, 당사자의 편에 선 서비스가 제공될 수 있도록 해 달라는 입법청원을 해 왔다. 이런 입법청원은 전해철의원이 대표발의한 정신건강증진 및 정신질환자 복지서비스 제공에 관한 법률 일부개정 법률안으로 국회에 제출되었다. 그 핵심내용을 여기서 간단히 소개한다.

1) 정신질환자 권익옹호기관

| 표 13 | 정신질환자 권익옹호기관의 법률개정안 예시

제15조의4(정신질환자권익옹호기관의 설치 · 운영) ① 국가는 지역 간의 연계체계를 구축하고 정신질환자등의 권익을 증진하기 위하여 다음 각 호의 업무를 담당하는 중앙정신질환자권익옹호기관(이하 "중앙정신질환자권익옹호기관"이라 한다)을 설치 · 운영하여야 한다.
1. 정신질환자등의 권익증진을 위한 정책의 개발 및 제안
2. 정신질환자등의 자기결정권 행사를 지원하기 위한 프로그램의 개발 · 보급
3. 정신질환자등의 권익보호와 권익증진을 위한 교육 및 홍보

4. 제18조의2에 따른 동료지원가 및 제38조의2에 따른 절차보조인의 양성 및 교육
5. 제2항에 따른 지역정신질환자권익옹호기관에 대한 지원
6. 그 밖에 보건복지부령으로 정하는 정신질환자등의 권익증진과 관련된 업무
② 정신질환자 등의 권익을 증진하기 위하여 다음 각 호의 업무를 담당하는 지역정신질환자권익옹호기관(이하 "지역정신질환자권익옹호기관"이라 한다)을 시·도에 둔다.
1. 고용, 주거, 복지, 의료, 요양 관련 분야에서 정신질환자등의 권익증진 활동
2. 정신질환자등의 권익보호와 권익증진을 위한 교육 및 홍보
3. 정신건강증진시설에서 인권침해를 당한 정신질환자등에 대한 상담 지원
4. 그 밖에 보건복지부령으로 정하는 정신질환자등의 권익증진과 관련된 업무
③ 보건복지부장관과 시·도지사는 「공공기관의 운영에 관한 법률」 제4조에 따른 공공기관 또는 정신질환자등의 권익증진을 목적으로 하는 비영리법인을 지정하여 중앙정신질환자권익옹호기관 및 지역정신질환자권익옹호기관의 운영을 위탁할 수 있다. 이 경우 보건복지부장관과 시·도지사는 그 운영에 드는 비용을 지원할 수 있다.
④ 중앙정신질환자권익옹호기관 및 지역정신질환자권익옹호기관의 설치기준·운영, 상담원의 자격·배치기준, 운영 수탁기관 등의 지정, 위탁 및 비용지원 등에 필요한 사항은 대통령령으로 정한다.

2) 동료지원활동

| 표 14 | 동료지원활동 사업 입법 법률안 예시

제18조의2(동료지원가의 등록 등) ① 보건복지부장관은 정신질환자등에 대한 상담 및 교육 등의 역할을 수행할 수 있도록 정신질환자이거나 정신질환자이었던 사람 중 중앙정신질환자권익옹호기관에서 교육과정을 이수한 사람을 동료지원가로 등록할 수 있다.
② 국가와 지방자치단체는 제1항에 따른 동료지원가(이하 "동료지원가"라 한다)의 고용을 지원하고 촉진하기 위하여 고용정보의 제공 및 취업알선 등 필요한 조치를 할 수 있다.
③ 동료지원가의 등록 절차 및 방법 등에 관하여 필요한 사항은 보건복지부령으로 정한다.

3) 절차보조사업

| 표 15 | 절차보조사업 입법 법률안 예시

제38조의2(절차보조서비스) ① 국가와 지방자치단체는 정신질환자등이 정신건강증진시설에 입원 등을 하거나 정신건강증진시설에서 퇴원 등을 할 때 정신질환자등의 의사가 충실히 전달되고 반영될 수 있도록 다음 각 호의 서비스(이하 "절차보조서비스"라 한다)를 제공하여야 한다.
1. 입원 등 또는 퇴원 등 절차와 관련하여 정신질환자등의 의견 개진 보조
2. 입원 등 또는 퇴원 등 절차와 관련한 서류작성 지원
3. 동료지원가의 상담지원
4. 정신질환자등의 통신 및 면회 보조
② 국가와 지방자치단체는 절차보조서비스에 관한 업무를 관계 전문기관 또는 단체에 위탁할 수 있다.
③ 절차보조서비스의 제공 절차·방법, 절차보조서비스를 제공하는 사람(이하 "절차보조인"이라 한다)의 자격 및 업무의 범위, 절차보조서비스 제공의 위탁, 그 밖에 절차보조서비스의 제공에 필요한 사항은 보건복지부령으로 정한다.

4) 입원적합성심사위원회에 절차보조인의 참가

| 표 16 | 절차보조인의 활동 관련 입법 법률안 예시

제47조 ② 입원심사소위원회는 제1항에 따라 회부된 입원 등의 적합 또는 부적합 여부를 심사하여 그 심사결과를 입원적합성심사위원회의 위원장에게 보고하여야 한다. 이 경우 입원 등을 한 사람 또는 입원 등을 한 사람의 절차보조인은 입원심사소위원회에 의견을 진술할 수 있다.

제2부

선진국의 정신건강과 법

제 1 장 정신장애의 치료 및 돌봄에 관한 여러 관점과 역사적 전개

제1절 도 입

정신장애[1]는 오랜 세월 동안 미지의 영역으로 남아있다. 역사적으로 정신장애를 설명하고 해결하려는 다양한 노력이 이루어져 왔으나, 그것을 적절히 이해하여 그로부터 고통 받는 사람들을 구해내는 데에는 성공하고 있지 못하다. 영적인 방법이나 처벌로 정신장애를 잠재우려고 했던 시기도 있었고, 약물 개발에 많은 기대를 걸었던 적도 있었다. 현대사회에 와서는 약물을 통해 외부로 드러나는 정신장애를 어느 정도 완화시킬 수 있다고는 하지만 당사자에게는 여전히 상당한 장애(disability)와 약물 부작용의 고통을 남기고 있다. 『광기와 문명』의 저자 앤드루 스컬은 세상을 향해 드러나는 정신장애인의 모습을 '자신의 감정을 통제하지 못하는 사람들, 우리 대부분이 지각하는 상식적 현실과 우리가 거주하는 정신적 우주를 공유하지 않는 사람들, 자신의 존재에 대해 환각을 느끼거나 주위 사람들이 망상이라고 결론짓는 주장을 하는 사람들, 자기 문화의 관습이나 기대와는 철저히 다른 방식으로 행동하면서 이를 그만두게 하려고 사회가 으레 동원하는 교정 조치에 무관심한 사람들, 낭비와 지리멸렬의 극치를 드러내는 사람들, 치매환자의 기괴하게 박탈된 정신생활을 보여주는 사람들'이라고 묘사한다 (Scull, 2017).

이러한 정신장애의 모습은 신적인 세계가 정신세계에 개입하는 것으로 비추어지기도 하고, 단지 사회적 규율에 따르지 않으려는 비도덕적인 행위로 재단되기도 하였다. 이 현상이 질병으로 이해되기 시작한 것은 비교적 최근의 일이다. 정신장애를 질병으로 인식한다는 것은 생물학적 원인을 추구한다는 의미이다. 역사적으로 정신장애에 대한 다양한 이해에도 불구하고 정신장애인에 대한 치료와 돌봄은 시대를 넘어 격리하고 감금하는 방식에 의존해왔다. 정신장애가 있는 사람을 신의 영역의 존재로 보던 시대에는 마을에서 배를 태워 밀어내었으며, 초기 자본주의 발전시기부터는 정신장애를 비도덕적인 것으로 간주하여 감금과 폭력적 처벌이 뒤따랐다. 또한 정신장애가 병원으로 옮겨진 근래에도 강제적 격리와 감금은 여전히 지속된다.

---

1) 여기서 정신장애는 정신건강문제로 일상생활이나 사회생활을 하는데 어려움을 겪는 상태를 포괄적으로 표현한 것임. 이 표현은 선진국 국내법에서 장애인으로서 복지서비스 수급자격 기준이나 중증정신질환으로 정신보건법의 적용을 받는 기준과는 무관함.

유럽에서 18세기에 최고조로 확산되었던 정신장애인 수용시설은 19세기 들어 새로운 치료와 돌봄의 기미가 나타났다. 수용시설을 담당했던 프랑스 의사 피넬은 정신장애인에 대한 모욕적인 처우를 인간적인 치료와 돌봄으로 전환시키고자 하였다. 즉, 수용시설에서 정신장애인을 제압하던 쇠사슬을 풀어내었으며 온유한 방법으로 그들의 무질서한 행동을 도덕적 행동으로 수정하고자 하였다. 1960년대에는 정신의학이 갈망하던 정신약물이 확산이 되었다. 그러나 정신약물은 그 자체만으로 정신장애인의 치료와 돌봄에 한계를 드러내었으며 당사자들의 저항에 직면하기도 했다. 1980년대 이후 정신장애에 관한 치료와 돌봄은 다양하게 발전하였다. 전통적인 약물치료를 넘어 지역사회에서의 기본적 생존조건이 되는 주거, 취업, 여가 등에 대한 기회가 제공되었으며, 사회생활의 기능개발을 위한 훈련프로그램이 확대되었다. 그리고 정신장애인의 권익을 옹호하고 의사결정을 지원하는 권익옹호프로그램으로 발전하였다.

정신장애인에 대한 치료 및 돌봄의 장소는 점차 수용시설이나 격리병동에서 지역사회로 이동하였으며, 돌봄의 내용은 다양해졌다. 역사적 과정을 통해 정신장애의 치료 및 돌봄문제는 특수성을 가지고 변천해왔다. 다른 소수자와는 달리 정신장애에 대한 치료나 돌봄은 그 자체로 억압적, 학대적 요소를 가진다는 것을 당사자들은 경험하였다. 근대에서 현대까지 출현했던 많은 정신장애에 대한 치료와 돌봄은 억압적인 성질을 가진 경우가 많았고 법적 강제수단과 관련되어 있었다. 그렇기 때문에 현대사회에 이르기까지 당사자들은 치료나 돌봄이라는 명목으로 행해지는 제도화된 억압에 대해 저항해왔다. 그들은 병원이나 수용소 내에서 자신이 경험하였던 비인간적 처우를 기록으로 남겨 배포하기도 하고 국가를 상대로 개선을 요구하는 활동을 전개하기도 하였다. 1960년대 이후에는 당사자단체를 조직하고 국제적 연대를 구축하고 있다.

정신장애의 치료와 돌봄의 역사적 전개는 크게 세 가지의 틀을 통해 살펴볼 수 있다. 첫째, 치료와 돌봄의 물리적 공간이다. 역사적으로 정신장애인은 격리와 감금의 대상이었다. 격리와 감금은 중요한 치료 및 돌봄 환경의 구성요소가 되었으며 1950년까지는 유럽과 북미에서는 이러한 경향이 지속되었다. 지역사회는 정신장애인의 치료와 돌봄의 논의에서 격리와 감금의 반대 의미로 사용된다. 둘째, 치료와 돌봄의 내용이다. 의료적 처치는 신체적 격리 및 감금상황과 더불어 시행되어 왔으며, 의료적 처치 이외 다른 돌봄이 필요하다는 것이 제도화된 것은 매우 최근의 일이다. 지원주거(Supported Housing), 취업훈련, 여가프로그램 그리고 권익옹호 등이 서비스의 내용으로 발전하고 있다. 셋째, 치료와 돌봄의 질적 문제이다. 1950년대 이후 물리적인 지역사회 이동이 진행됨에 따라 정신장애인 당사자활동이 활발하게 전개되었다. 당사자들이 주장하는 정신장애인 자기결정권은 치료와 돌봄의 질적 문제와 교차된다. 역사적으로는 감금장소에서의 쇠사슬 제거에서부터 치료자와 피치료자의 권력적 관계, 치료의 자기결정권 그리고 당사자주도 서비스까지 포괄하는 문제이다.

제2절 정신장애의 치료 및 돌봄의 역사적 전개

1. 고대에서 중세까지

푸코는 고대에서 중세까지 정신장애가 있는 사람들에 대한 치료와 돌봄에 관한 탁월한 성찰을 제공한다. 푸코의 박사학위 논문인 『광기의 역사』의 주된 관심은 정신장애가 있는 사람들에 대한 사회적 처우와 관련된 지식의 시대적 단절성이었다. 즉, 정신장애인의 사회적 처우와 관련된 지식이 어떻게 시대권력에 봉사하는지 그리고 시대권력의 변화는 어떤 지식을 생산하고 정신장애인에 대한 처우를 어떻게 변화시키는지에 관한 것이다. 푸코의 저작은 고대에서 중세까지 정신장애인의 사회적 처우에 관한 상당한 자료를 제공하기 때문에 이를 중심으로 이 시기의 정신장애인의 치료와 돌봄의 역사를 개관해본다.

푸코는 각 시대의 정신장애에 관한 인식과 사회적 실천의 틀은 당시의 권력과 관련되어 있다고 보았다(오생근, 1985). 고대사회에서 중세까지는 종교적 권력이 사회를 주도하였으며, 종교적 시각에서 광기는 신의 처벌 혹은 악령의 침범과 관련된 것으로 인식되었다. 즉 광기는 신의 영역에 남겨져 있었다. 기원전 1550년경 고대 이집트의 파피루스 문서는 정신과적 질환에 대한 언급이 있는데, 정신장애인을 '신의 손에 있는 자'라고 표현하고 있다. 이는 중세까지 이어진 정신장애에 대한 인식을 잘 드러낸다. 푸코는 이러한 인식이 정신장애인에 대한 소극적 배제를 가져왔다고 설명한다. 중세에는 정신장애가 있는 사람을 배에 무리지어 태워 목적지가 없이 떠돌아다니는 항해를 하게 하는 관행이 있었다. 푸코는 이 '광인들의 배'가 당시 사회에서 정신장애인을 어떻게 처우했는지를 보여주는 상징이라고 한다(오생근, 1985). 즉 정신장애는 성/속의 구분에서 성스러운 영역에 속하며 신성 모독의 경우가 아니라면 적극적으로 감금하고 처벌하기보다 소극적 배제의 대상이 되었다는 것이다. 그리고 정신장애에 대하여 질병이라는 인식을 가진 경우에도 그 원인을 금기의 침범이나 부도덕한 행위에 대한 신의 처벌로 보는 원시적 질병관에 입각해 있었다(한국사회복귀시설협회, 2006).

한편 중세에는 현대적 관점에서도 모범이 될 수 있는 정신장애인에 대한 지역사회보호 사례가 전해진다. 13세기 현재 벨기에의 Geel 지역에는 정신장애인을 포용하는 문화를 생성시키는 전설이 전해진다. 왕비의 사후 정신장애가 생기면서 자신의 딸에게 아내가 되어줄 것을 요구하는 왕을 피해 공주는 이 마을로 오게 된다. 여기에서 국왕의 병사들에게 붙들린 그녀는 왕의 요구를 거부하여 결국 참수를 택한다. 그런데 참수와 함께 국왕은 몸에서 악령이 빠져나가 정신을 되찾을 수 있었다. 이러한 전설은 성 Dympna공주가 정신장애가 있는 사람의 수호신이 되게 하였으며, 그 후 많은 정신장애인들이 치유를 위해 이 마을을 찾게 되었다. 이 순례자의 수가 너무 많아지게 되자 교회는 지역사회가 이들을 받아들이도록 호소하게 되었다. 이러한 과정을 통하여 정신장애인의 지역사회 가정보호가 시작되었고, 벨기에 공중보건·가족부의 병원국 소관으로 이관되어 오늘날에 이르고 있다.

2. 근대(16-18세기)

16세기 유럽은 봉건영주에게 해방된 농노들의 빈곤과 부랑생활이 큰 사회문제가 되었다. 1531년 영국에서는 노동능력이 있는 빈민의 구걸을 금지시키고 노동능력이 없는 빈민은 등록을 하고 구걸할 수 있도록 하는 제도를 시행하였고, 1579년에는 구빈세를 부과할 수 있도록 하는 법률을 제정하였다(김융일 등, 2003). 14세기 흑사병 이후 서서히 농노가 봉건 영주로부터 해방되면서 군주의 권력이 강화되는 시기였다. 이른바 절대왕정의 시대는 18세기에 와서 최고조에 달하였다. 절대왕정의 기반은 산업혁명이 시작되면서 부를 축적한 부르주아의 조세였다. 이 시기 왕에 대한 부르주아의 요구는 값싼 노동력의 공급이다. 왕은 조세의 대가로 값싼 노동력에 대한 요구에 응해야 했다. 1601년 제정된 영국의 엘리자베스빈민법에는 이러한 내용이 잘 드러난다. 이 법은 빈민을 노인, 아동 등과 같은 가치 있는 빈민, 신체적 결함이 존재하지 않으나 노동하려 하지 않는 가치 없는 빈민 그리고 빈곤아동으로 분류한다. 이러한 분류에 따라 가치 있는 빈민은 구빈원에서 보호하고 가치 없는 빈민은 강제노역장으로 보내진다. 그리고 빈곤아동은 도제가 되어 기술을 배우도록 하였다. 이때 강제노역장은 계속 펌프질을 하지 않으면 흘러들어오는 물에 의해 익사하도록 고안되었다고 한다. 신체적 결함이 없는 정신장애인들은 노동하지 않는 비도덕인 사람으로 간주되었으며 노역장은 비도덕을 처벌하는 장소였다.

이러한 시대적 상황에서 정신장애인을 비롯한 부랑인에 대한 대규모의 감금과 수용은 16세기에 시작되어 18세기 프랑스 대혁명 직전까지 지속적으로 확대되었다. 빈민법은 빈민구제에 목적이 있었다기보다 통제를 목적으로 한 것이었으며, 빈곤의 책임은 개인에게 있었다. 당시 권력은 정신장애를 이성/비이성, 도덕/비도덕의 틀로 재단하였다(오생근, 1985). 즉, 노동하지 않고 구걸하는 정신장애인은 비이성적이고 비도덕적인 사람으로 단죄되었다. 이는 봉건사회에서의 '광인들의 배'라는 소극적 배제와 비교한다면 훨씬 강력한 배제와 축출이다.

격리와 감금의 시대에 영국에서는 당사자운동의 전조가 나타났다. 17세기 영국 베들레햄 정신병원이 가학적인 처우로 악명이 높았다. 1620년 수용환자들이 상원에 병원환경 개선의 청원을 하였다는 기록이 남아있다. 그리고 1774년에는 Samuel Bruckshaw 등 그리고 1796년 William Belcherh와 같은 퇴원환자들이 병원시스템에 반대하는 팜플렛 제작 및 배포하였다. 1848년 영국, the Alleged Lunatics' Friend Society라는 정신장애인 옹호단체가 온화한 처우와 시설개혁 그리고 학대금지 등을 주장하는 활동을 전개하였다.

3. 19-20세기 초반

정신장애가 질병으로 인식되고 치료적 접근방법이 확산되는 데에는 19세기에 활동한 두 명의 의사가 교두보를 놓았다. 피넬은 1745년 프랑스 타른 주에서 태어나 툴루즈로 가서 의학을 공부하였다. 1792년에는 비세트르 병원장, 1794년에는 살피트리에르 병원장이 되었다. 이

두 병원에서 피넬은 정신장애인들에게 채워진 사슬을 풀어주고 온유한 방법으로 규범적 질서에 따르도록 하는 개혁을 진행하였다. 그는 1798년 질병 분류에 관한 책인 철학적 질병학(Nosographie philosophique)을 출판하였고, 그리고 1802년에는 살피트리에르에서의 경험을 바탕으로 임상의학(La Médecine Clinique)을 출판하였다. 1803년에는 École de Médecine의 교수가 되었다. 그가 정신장애를 치료하는 데 도입한 온유한 치료와 돌봄방법은 도덕치료(moral treatment)라고 명명되는데, 정신장애의 치료와 돌봄에서 도덕적인 방법을 최초로 도입한 사람으로 인정되고 있다. 그는 자신의 접근방법을 광기에 대한 온유한 처우와 마음의 상태에 대한 주의를 통해 육체적 모욕이 없는 도덕적 방식이라고 설명하고 있다(Bloom, 1984). 이와 같은 새로운 정신장애에 대한 접근방법은 기존의 비인간적인 치료법에 반대하는 사람들에게 영감을 주었다. 치료나 돌봄을 제공하는 사람이 강압적인 접근방법이 아니라 인간적이고 온유한 방법으로 정신장애인을 대해야 한다는 것을 강조하면서 치료와 돌봄의 변화를 가져오는 계기를 제공하였다. 그러나 피넬의 개혁이나 19세기의 정신의학은 실제 정신장애인의 억압으로부터의 해방과는 어느 정도 거리가 있는 것이었다. 즉 정신장애인을 병원이나 수용소와 같은 격리된 공간에 그대로 존치시키는 한계를 가지고 있었다.

프로이트(Sigmund Freud, 1856－1939년)는 오스트리아의 의사이자 정신분석학의 창시자이다. 프로이트는 무의식과 억압의 방어 기제에 대한 이론, 그리고 환자와 정신분석자의 대화를 통하여 정신 병리를 치료하는 정신분석학적 임상 치료방식을 창안한 것으로 널리 알려져 있다. 또한 그는 성욕을 인간생활에서 주요한 동기부여의 에너지로 새로이 정의하였으며, 치료관계에서 감정 전이의 이론, 그리고 꿈을 통해 무의식적 욕구를 관찰하는 등의 치료기법을 개발하였다. 이러한 이론과 치료방법의 개발은 정신세계를 종교나 철학의 영역에서 심리학과 정신의학의 영역으로 전환될 수 있도록 하였다. 이러한 치료방법은 정신장애가 신경학적 문제가 아니라 인간의 깊은 내면의 트라우마에서 비롯되었다는 관점을 근거로 한다. 인간 내면의 트라우마를 성찰하여 자각하게 함으로써 정신적 고통에서 해방시키고자 했다는 점에서 매우 인간적인 접근방법이라 할 수 있다.

19세기에 현대적 정신의학의 시초를 마련한 두 사람은 인간의 마음 혹은 내면세계에 대한 주의와 온유한 방법을 제안하였지만, 큰 틀에서 의학적 패러다임을 공유하는 정신의학은 생물학적 원인을 추구하는 방향으로 나아갔다. 19세기 말, 당시 과대망상, 조증, 흥분, 갑작스런 폭력성 그리고 경련 등을 유발하여 정신장애와 유사한 양상을 보이는 신경매독을 '살바르산'으로 치료할 수 있다는 사실이 발견되었다(Scull, 2017). 그리고 박테리아 감염에 유효한 '페니실린'이 신경매독의 효과적인 치료법으로 확인되었다(Shorter, 1997). 이는 정신장애가 미생물 감염과 관련된다는 의학적 가정이 확산되는 계기가 되었고, 20세기부터 정신장애에 대한 생물학적 원인 추구가 활발하게 이루어졌다. 1930－40년대에는 정신장애가 미생물감염에 의해 초래된다는 국소패혈증의 개념이 등장함으로써 치아, 편도선 등을 제거하는 치료방법이 등장하였다(Scull, 2017). 또한 몸에 경련을 발생시킴으로써 정신장애를 치료할 수 있다는 경련이론(convulsion theory)이 나타났으며 오늘날도 사용되는 전기충격치료의 시초가 되었다(Deacon, 2013). 1950년대까지 대뇌의 백질절제술이 사용되었는데 이는 뇌조직을 영구히 파괴하는 방법이 포함되어 있었다(Reaume, 2008). 20세기 초반 정신의학이 추구하였던 정신장애에 대한 생물학적 원인은 정신장애인들에게 잔혹한 것이었으며, 초기 당사자활동은 이러한 가학적인 치료방법을 저항하고자 하는 것이 주요 이슈였다.

19세기에서 20세기 초반까지 정신장애가 정신의학의 영역으로 편입되는 데에 공헌한 피넬과 프로이트의 공헌에도 불구하고 유럽이나 북미에서 정신장애인에 대한 치료나 돌봄은 매우 열악한 상황에 놓여 있었다. 19세기 전반기 동안 미국에는 정신장애인의 치료를 위한 시설이 거의 존재하지 않았다. 정신장애를 가진 사람들은 주로 교도소나 유치장에서 발견되었으며, 그곳에서 나간다고 하더라고 다시 거리로 내몰리는 상황이었다(Bloom, 1984). 미국 주립병원운동은 이러한 상황에서 비롯되었다. 즉, 정신장애인에 대한 지역사회지원의 부재가 정신병원 설립에 대한 요구를 만들었다. 주립정신병원에 참여했던 사람들의 시각에서는 지역사회를 떠돌다가 범법행위를 하여 교도소로 옮겨지는 것보다는 비록 감금상태에 있더라도 최소한의 치료와 의식주가 주어지는 정신병원이 득이 되는 것으로 보았다. 주립정신병원운동을 주도한 사람은 도로시 딕스(Dorothea Dix)였으며, 이 운동을 통하여 1841년부터 40년간 32개의 주립정신병원이 설립되는 성과를 가지고 왔다(Bloom, 1984).

그러나 주립병원운동은 피넬이 주창한 도덕치료를 파괴시키는 결과를 가져왔다(Bloom, 1984). 19세기 말까지 미국에서 주립정신병원은 양적으로 성장해왔지만 치료의 질은 매우 낮았다. 주정부들은 주립정신병원에 재정 지원을 꺼렸으며 인력수준이나 교육체계도 부실하였다. 1845년부터 1945년 사이에 대략 300개의 주립정신병원이 설립되었지만(한국사회복귀시설협회, 2006) 양적 성장의 이면에서 병원 내부의 환경은 매우 열악한 상황이었다. 이러한 상황은 주립정신병원의 처우에 관한 법원의 판결문에서도 드러난다. 1971년 주립정신병원에서의 치료환경에 관한 환자들의 소송에서 법원은 주립병원의 입원은 "치료의 부재뿐만 아니라 불행한 희생자들에게 반치료적이고 유해하다는 것을 의미한다"고 판결하였다(Bloom, 1984).

19세기에서 20세기 초반까지 정신장애인의 치료 및 돌봄의 열악한 상황은 정신보건영역에서의 사회운동이 서서히 싹트는 계기를 마련하였다. 미국에서는 19세기 초 도로시 딕스의 정신병원설립운동을 기점으로 정신병원에 수용되었던 환자들이 The Opal(1851－1860년)이라는 정신병원 실태를 고발하는 잡지를 발간하였다. 그리고 1868년 Elizabeth Packard는 반정신장애인수용시설협회를 창시하고, 일리노이 정신장애인수용시설의 경험을 책과 팜플렛으로 출간하였다. 그리고 1909년 Clifford W. Beers는 전국정신건강협회(the National Mental Health Association) 전신인 전국정신위생위원회(the National Committee on Mental Hygiene)를 설립하고 1908년 시설 경험을 기록한 'A Mind that Found Itself'를 출간하였다. 1940년대 뉴욕에서 당사자들이 'We Are Not Alone(WANA)'이라는 자조집단을 설립하여 환자들이 퇴원하여 지역사회로 돌아오는 것을 지원하였다. 이 단체는 이후 당사자가 주도하는 Fountain House을 설립하여 운영하였으며, 그 모델을 세계적으로 확산시키는 활동을 지속하고 있다. 이 시기의 미국에서의 정신건강영역 사회운동은 주립정신병원을 설립하도록 하면서, 병원의 처우와 치료환경 개선에 초점을 두었다.

4. 1950년대 이후

1950년대부터 정신장애인의 치료와 돌봄에서 격리와 감금의 기조는 점차 변화하기 시작한다. 미국의 경우 1957년을 기점으로 주립병원 입원자 수는 급속히 감소하였다. 즉 1957년 약 84만명에 이르던 입원환자는 1976년까지 17만여명으로 감소하였다(한국사회복귀시설협회, 2006). 1963년에 「지역사회정신건강센터 건립법」이 제정되어 정신병원에의 입원을 대체하는 지역사회서비스의 구심점이 되었으며, 의료서비스뿐만 아니라 상담, 교육 등 간접적인 서비스가 등장하고 지역사회에서의 단기치료와 위기개입이 강조되는 변화가 나타났다. 이렇게 미국에서 정신장애인이 대규모로 지역사회로 이동하여 지역사회정신건강센터를 중심으로 정신장애인의 생활을 지원하는 정책이 본격화된 1960년대 이후 일련의 시기는 지역사회정신보건(community mental health)의 시대로 명명된다. 지역사회정신건강 시대의 중요한 패러다임과 실천전략의 특징은 물리적 공간의 측면에서 병원보다는 지역사회에서의 실천을 강조하며 정신병의 원인을 개인 내부에서 찾기보다 지역사회 생활에서의 스트레스에서 찾는다. 그리고 서비스의 내용에서는 전통적인 정신치료보다 상담, 교육 등을 강조하며, 전통적 정신보건인력뿐만 아니라 준전문가나 토착적 워커와 같은 새로운 인적 자원 포괄하고자 하였다.

정신병상의 감소는 미국뿐만 아니라 유럽에서도 나타났다. 유럽의 정신병상도 1960년대, 적어도 1975년 이전부터 감소하는 추세가 나타났다. 특히 이탈리아는 1979년 12월 31일까지 전체 정신병원의 병상을 폐쇄하는 세계사적 정신보건제도의 혁신을 주도하였다. 이러한 개혁의 주도자는 정신과의사인 프랑코 바자리아(Franco Basaglia)였으며, 그가 주도한 탈원화실행네트워크는 이탈리아에서 정신병원의 문을 닫고 그 자원을 가지고 지역사회서비스를 창조하는 것을 목표로 하였다. 이 개혁운동은 1968년 법률 431의 부분 개정에 성공하였으며, 10년 후에는 의회에서 일반보건법을 개정함으로써 본격적으로 추진할 수 있었다. 현재 이탈리아 정신보건법은 별도의 법률이 아니라 법률 833의 4개 조항(제33, 34, 35, 64조)으로 구성되어 있다. 이탈리아 정신보건법의 핵심내용은 전면적인 정신병원 폐쇄와 지역사회중심 치료 및 재활서비스를 규정하는 것이다. 정신보건법의 세 가지 원칙은 다음과 같다(이용표 · 송승연, 2017). 첫째, 새로운 정신병원의 건립과 정신병원에의 새로운 입원을 금지한다. 그리고 정신병원은 점차 폐쇄하도록 하며 다른 용도로 활용한다. 둘째, 정신질환자의 예방, 치료, 재활은 지역사회서비스로 제공하는 것을 원칙으로 한다. 그리고 종합병원 내에는 최대 15병상을 설치하여 정신과 진단과 치료를 제공한다. 셋째, 불가피한 경우를 대비한 비자의치료(Involuntary Health Treatment(IHT)) 제도를 수립한다는 것이다. 이러한 원칙의 이탈리아 정신보건법에서 비자의입원은 법원의 심사에 의하며 입원기간을 7일 이내로 제한하고 1회에 한하여 연장할 수 있도록 하였다. 1978년 제정된 개혁입법은 제정 이후 현재에 이르고 있으며, 전체 정신과병상수는 1980년 약 90,000병상에서, 2000년까지 약 10,000병상으로 획기적으로 감소하였다(이용표 · 송승연, 2017). 2001년 실시된 조사에서 평균 입원일수는 대학병원 18.5일, 종합병원 정신과 12일로 나타났으며, 비자의입원비율은 12.9%로 유럽국가의 당시 중간값(13.2%)과 유사하지만 주민 1만명당 강제입원비율은 다른 유럽국가들의 1/3 수준으로 조사되었다(Picardi et al, 2014; 이용표 · 송승연, 2017에서 재인용).

이러한 치료와 돌봄장소의 물리적 이동이라는 변화가 어떻게 발생하고 확대되었는가에 대해서는 여러 가지 관점에서 설명되고 있다. 정신의학계는 항정신병약물의 개발과 보편적 사용이 이러한 변화를 이끌었다고 본다(Bloom, 1984). 약물에 의한 증상의 감소가 정신장애인들의 지역사회 생활을 가능하게 했다는 것이다. 그러나 여기에 반론이 있다. Scull(2017)은 1950년대 들어 항정신병약물이 보편되기 전부터 정신병상을 감소하기 시작했으며, 약물 사용의 확대 경로와 정신병상의 감소 경로는 상관이 없거나 오히려 역의 방향으로 진행되었다고 한다. 즉 지역사회정신건강 시대에 항정신병약물이 보급되지 않은 지역에서 오히려 정신병상은 빨리 감소했다는 것이다. 그는 실제 정신병상의 감소는 복지서비스의 발전으로 설명하는 것이 더 설득력이 있다고 주장한다. 미국에서 1960년대 중반 이후 노인들의 퇴원이 이루어지고 1970년대 청년 정신장애인이 대규모로 지역사회로 이동하였다. 이는 1960년대 중반에 수립된 노인의료보호서비스(medicare) 제도와 1970년대 청년들에게 제공되는 보충적 급여제도 구축으로 가능했다는 것이다.

1950년대 이후 세계적인 현상으로 나타난 정신병상 감소를 가져온 동인들을 탐색하기 위하여 정신의학 분야의 변화와 정신건강영역의 사회운동의 흐름을 살펴볼 필요가 있다. 정신의학은 정신장애에 관한 사회적 실천에서 이론적 지식과 기술을 제공한다. 따라서 정신의학이 정신장애 문제를 해결하는 데에 어떤 방식으로 접근하느냐는 정신장애인의 치료와 돌봄의 변화에 중요한 영향을 미친다. 그러나 정신장애에 관한 사회적 실천이 전적으로 정신의학에 맡겨진 것은 아니었다. 역사적으로 정신의학은 감금이나 검증되지 않은 잔혹한 처치를 통해 당사자와 사회적 이성으로부터 감시의 대상이 되고 있었다. 그러므로 정신의학의 변화와 함께 정신건강복지체계에 대항하는 사회운동영역의 시대적 동향을 고찰해 보아야 1950년대 이후 정신질환에 대한 치료와 돌봄의 변화를 균형적으로 이해할 수 있다.

1) 1950년대 이후 정신의학의 변화

1940년대에 프랑스에서 발견되어 1950년대부터 미국을 중심으로 확산된 클로로프로마진이라는 약물은 정신의학을 급속히 생물학적인 접근법으로 이동시키는 결과를 가져왔다. 1970년대에 와서 조현병은 도파민이라는 신경전달물질의 과잉 활성화와 관련되는 기능적 정신병이라고 보는 것이 대세되었다. 이 무렵 만성조현병을 가진 사람은 뇌실이 확장되었다는 것을 밝혀졌지만 정신의학계는 물리적인 뇌의 비정상성은 진정한 조현병일 수 없다고 무시하였다(Murray, 2017). 그러나 이후 30년이 지나서 Ho 등(2003)의 연구는 장기적 항정신성약물 복용이 대뇌피질의 크기를 축소시켜 측면의 뇌실크기를 확장시킬 수 있음을 밝혔다. 1980년대 정신의학은 조현병에 대한 신경발달가설이 급속히 확산되기도 하였다. 이러한 경향은 미국에서 뇌의 연구에 많은 연구비가 투자되도록 하였다. 그러나 최근에는 고용량 항정신성약물은 조현병 출현과 관련된 미묘한 뇌의 변화뿐만 아니라 그 후로 이어지는 '진행성' 변화를 만든다는 것이 점차 드러나고 있다(Murray, 2017). 이러한 정신의학의 경향 속에서 조현병에 관한 사회적 영향은 지속적으로 간과되도록 하였다.

2) 1950년대 이후 정신건강영역 사회운동의 동향

1950년대 이후 다양한 사회운동에 영향을 미친 세계사적 사건은 1948년 UN세계인권선언이다. 세계인권선언은 나치의 유태인과 장애인 학살과 같은 국가에 의한 폭력에 대한 반성에서 비롯되었으며(Freeman, 2005), 인류사회가 인간의 존엄성에 관한 신념을 재확인하기 위하여 기본적인 인간은 천부적으로 자유로우며 그 존엄과 권리에 있어 동등함(제1조)과 고문 또는 잔혹하거나 비인도적이거나 굴욕적인 처우 또는 형벌을 받지 아니한다(제5조)고 선언하고 있다. 세계인권선언은 이후 UN에서 이루어진 다양한 인권규약의 기초가 되었다.

1966년에는 시민적 및 정치적 권리에 관한 국제규약(International Convenant on Civil and Political Rights)이 UN총회에서 채택되었는데, 여기에서도 잔혹한 · 비인도적인 또는 굴욕적인 취급 또는 형벌을 받지 아니할 권리(제7조), 자유를 박탈당한 경우 인도적으로 또한 인간의 고유한 존엄성을 존중하여 취급받을 권리(제10조) 등이 선언되었다. 1975년 UN총회에서 채택된 장애인권리선언(Declaration on the Rights of Disabled Persons)에서는 타인과 동등한 시민권 및 정치적 권리를 누릴 권리(원칙 4), 사회복귀를 위한 각종 재활 서비스를 누릴 권리(원칙 6), 고용될 권리(원칙 7), 특별한 필요가 고려되는 자격을 갖는 권리(원칙 8), 사회적 · 창의적 활동 및 여가활동 그리고 일반인의 생활조건과 유사한 곳에서 생활할 권리(원칙 9), 차별적 · 모욕적이거나 비열한 성질을 가진 모든 착취와 규제, 처우에서 보호받을 권리(원칙 10) 그리고 자신의 인권과 재산을 보호함에 있어 적절한 법적 조력을 받을 권리(원칙 11) 등이 선언되었다. 이렇게 1960-70년대 이루어진 UN 선언과 규약은 정신장애인도 인간으로서의 존엄성을 보장받아야 한다는 당위성을 확인하면서 굴욕적이거나 잔혹한 처우에 대한 저항할 수 있는 근거를 마련하고, 더 나아가 지역사회 삶에서 정신장애가 있는 사람이 요구할 수 있는 다양한 권리를 제시하고 있다.

이와 같은 세계적 인권의식 고양의 분위기는 정신장애인 당사자운동이 발전할 수 있는 계기를 마련하였다. 1950년대 정신건강영역에서의 사회운동은 인슐린쇼크, 전기충격요법 그리고 전두엽 제거술 등 학대적 치료방법에 대한 저항과 반대가 주요 이슈였다. 그리고 1960년대 항정신병약물이 확산됨에 따라 부작용과 오용에 대한 논쟁이 불붙으면서 반정신의학 움직임이 나타나기 시작하였다. 이와 같은 정신의학에 대한 저항적 움직임이 북미에서 본격화되고 당사자들의 행동주의가 크게 발현된 것은 1970년대부터였다. 당시 미국의 흑인, 여성, 소수인종 등의 민권운동과 함께 당사자운동이 구체적인 형태를 띠고 조직화되었다. 1970년 초 미국 포틀랜드 오레건에서 정신장애자유전선(Insane Liberation Front)이 창립되었는데, 이 단체는 미국의 당사자운동에 큰 영향을 미치면서 미국 전역으로 확대되었다. 그들은 강제약물, 강제입원 그리고 쇼크치료에 대하여 격렬하게 저항하였다. 또한 당사자운동가와 진보적 정신건강 전문가들은 1972년 정신장애네트워크뉴스(MNN:Madness Network News)를 창간하였으며, 약물치료와 정신의학에 반대하면서 대안적 치료를 주장하는 포럼을 형성하였다. 1978년에는 주디 챔버린(Judi Chamberlin)이 "우리 스스로: 당사자가 주도하는 정신건강체계의 대안(On Our Own: Patient Controlled Alternatives to the Mental Health System)"을 출판하였는데, 이 책은 현재까지도 당사자운동의 교본이 되고 있다. 이 시기 당사자운동은 강제치료, 낙인 그리고 차별에 대한 저항과 전통적인 정신보건시스템의 대안으로써 당사자가 운영하는 서비스체계 도입 관철을 목표로 활동하였다. 즉 치료에 대한 자기결정에서 서비스체계에 대한 자기결정으로 당사자의 주장을 확장해가고 있다. 이 시기 당사자들은 소송운동에서도 두 개의 중요한 판결을 얻어 내었다. 1971년 Wyatt 대 Stickney 사건에서 미 연방법원은 '일반적이지 않고 위험한 방식의 치료'의 사용을 제한하도록 하였으며, 1975년 O'connor 대 Donalson 사건에서 연방대법원은 정신장애와 치료욕구가 비자발적 감금을 정당화하기에 충분하지 않다고 판결하였다(한국사회복귀시설협회, 2006).

1980년대에 당사자운동은 이전에 자신들을 묶어 놓았던 수동적인 '환자'에서 능동적인 '소비자'로 재규정하고, 자조집단과 옹호집단을 조직하면서 당사자운영 서비스를 확대해 나갔다. 운동은 전통적 정신보건체계를 폐지하기보다 개혁하고 당사자 선택권 확대를 도모하였다. 1985년 전국정신건강소비자연대가 창립되었다. 그리고 1988년 Support Coalition International(SCI)이라는 국제연대가 출범하였는데, 이 단체는 나중에 Mind Freedom International로 명칭을 변경하여 활동하고 있다. 또한 1991년 the World Network of Users and Survivors of Psychiatry(WNUSP)이 출발하였으며, 2003년에 와서 가입단체가 국가를 기준으로 70개가 넘었다. 이 단체들은 고문과 같은 치료, 자유와 고귀함의 소실, 마구잡이 격리, 억압 그리고 항정신성약물에 의한 신경학적 데미지 등에 저항하는 이전 운동의 전통을 이어받으면서, 당사자경험을 중심으로 정신보건체계를 지배하던 정신의학모델에 도전하면서 새로운 패러다임을 구축하였다. 이를 회복(Recovery) 패러다임이라고 한다.

제3절 인권친화적 치료 및 돌봄환경 구축의 좌표들

1. 회복(Recovery)

1980년대 이후 미국과 유럽 등 서구 국가의 정신보건 시스템 내에서는 정신의학이 약물치료 확대를 통하여 정신장애인들의 병리적 증상을 경감시키는 데 기여해왔지만, 정신장애인들의 사회생활의 능력를 회복하거나 삶의 희망을 다시 일구는 데는 뚜렷한 영향을 미치지 못했다는 반성적 움직임이 발생하였다(Anthony, 1993). 전문가집단에서 기존 정신의학 패러다임의 한계를 정리하고, 정신보건의 대안적 패러다임으로 회복 패러다임(recovery paradigm)을 처음으로 제기한 사람은 Anthony이다.

Anthony 등(1998)은 정신의학 패러다임의 문제를 설명하기 위해 실증적 연구결과를 바탕으로 정신건강분야의 15가지 오해를 조목조목 비판하였다. 그 핵심적 내용을 살펴보면, 첫째, 약물치료에 잘 따르더라도 재활의 성과에 영향을 미치지 못한다. 둘째, 약물치료 등을 중심으로 하는 전통적 입원치료는 재활성과에 긍정적 영향을 미치지 못한다. 셋째, 정신과적 증상은 장래의 재활성과와 상관이 없다. 넷째, 개인의 증상과 사회생활의 능력은 상관이 없다. 다섯째, 개인의 재활성과는 정신건강전문가의 자격수준과 상관이 없다는 것이다.

Anthony 등(1998)은 당사자경험에 대한 탐색을 통해 증상문제에 초점을 둔 정신의학접근의 한계를 비판하면서 정신장애인들의 증상보다 지역사회 삶의 문제에 주목하였다. 그들은 정신장애인의 지역사회에서의 삶의 문제가 정신의학적 증상의 문제이기보다 사회기술의 부족에서 연유하는 것으로 이해하면서, 사회생활을 위한 기능적 능력의 향상이 더 나은 삶을 가져다줄 것이라는 신념을 기초로 새로운 치료와 돌봄 프로그램을 구축하고자 하였다. 이들 전문가들이 지향하는 새로운 정신장애인 치료 및 돌봄 프로그램의 내용은 '정신재활(Psychiatric Rehabilitation)'이라는 이름으로 제시되었으며, 정신재활이라는 새로운 치료와 돌봄을 통해 추구하고자 하는 지향점은 '회복(Recovery)'이었다(박경수 등, 2012). 즉, 지역사회 정신보건 프로그램에서 정신재활은 회복을 달성하기 위한 전문가들의 구체적인 실천전략이다.

정신재활을 새로운 치료와 돌봄전략으로 주장하는 전문가들은 그 필요성을 설명하기 위해서 지역사회에서의 삶의 문제는 증상으로만 접근하였던 정신의학모델과 달리 손상(Impairment), 기능적 제약(Dysfunction), 역할 제약(Disability) 그리고 불리(Handicap) 등의 4단계로 설명하였다. 즉, 지역사회에서 살아가기 위해서는 증상에 관한 관리는 물론 일상적 과업수행을 위한 기능 획득, 지역사회에서 일정한 역할 획득과 수행 그리고 차별과 같은 불리 등에 관한 적절한 해결이 요구된다는 것이다. 그리고 기존의 약물치료는 증상 완화에 도움을 주지만 기능, 역할 그리고 불리와 같은 문제는 해결할 수 없기 때문에 다양한 돌봄 방안이 마련되어야 한다는 것이다.

다음의 [표 1]은 지역사회생활에서 재활의 단계에 따라 필요한 지역사회 돌봄서비스의

▌표 1▐ 지역사회 재활의 단계와 돌봄서비스 구성요소

정신보건서비스 (성과)	중증 정신질환의 영향			
	손상 (사고, 정서, 행동상의 혼돈)	기능적 제약 (과업수행 제한)	역할 제약 (역할수행 제한)	불리 (기회 제한)
치료(증상 완화)	○			
위기개입(안전)	○			
사례관리(접근)	○	○	○	○
재활(역할 수행)		○	○	○
강화(자기개발)		○	○	○
권익옹호(기회균등)				○
기본적 지원(생존)				○
자조(임파워먼트)			○	○

출처: Anthony, W. A.(1993). Recovery from mental illness: The guiding vision of the mental health service system in the 1990s. Psychosocial Rehabilitation Journal, 16(4),11–23; 이용표 등(2021)에서 재인용

구성요소를 제시하고 있다.

정신장애가 있는 사람들이 재활과정의 손상단계를 관리하기 위하여 치료, 위기개입 그리고 사례관리 등의 치료 및 돌봄을 필요로 한다. 이러한 손상단계의 치료나 돌봄은 병적 증상의 완화에는 도움을 주지만 기능, 역할 그리고 불리 등의 문제를 해결하지는 못한다. 그렇기 때문에 이후의 단계에서 다른 돌봄전략과 서비스가 개발되어야 한다. 즉 기능상 제약을 해결하기 위한 단계에서는 사례관리뿐만 아니라 사회생활의 기술훈련이나 교육프로그램이 개발되어야 한다. 마찬가지로 역할제약을 해결하기 위한 전략으로는 기존 프로그램 이외 자조활동을 통해 집단 내에서 역할을 부여받고 수행하는 경험을 가지는 것이 중요하다. 차별의 문제와 관련된 불리의 단계에서는 실업, 노숙 등에 대비하는 기본적 생존을 위한 돌봄과 권익옹호서비스가 개발되어야 한다. 이전의 의료패러다임에서는 고려하지 못하였던 다양한 돌봄의 내용을 정신재활을 주장하는 전문가들이 제시하고 있다.

2. 주디 챔버린의 당사자주도서비스

주디 챔퍼린은 자신과 동료들의 정신병원 경험을 토대로 저술한 "우리 스스로"는 1978년에 발간되었다. 이 저술은 전통적인 치료 및 돌봄에 대한 당사자의 경험을 소상하고 생생하게 기록하고 있으며, 정신장애가 있는 당사자들이 주체가 되는 상호 돌봄의 필요성을 주장하고 있다. 그는 전문가가 아니라 당사자에 의해 주도되는 서비스에 대한 요구는 별 도움이 되

지 않았던 정신건강 치료와 돌봄에 대한 직접적인 경험을 가졌던 사람들의 분노와 좌절에서 시작되었다고 한다. 그리고 대안을 실현하기 위해서는 분노와 좌절 그 이상이 필요하며, 그것은 당사자들이 전문가에 의한 정신건강 치료와 돌봄에서 손상된 자신의 능력에 대한 자신감을 가지는 것이라고 하였다. 그리고 이러한 자신감을 세우기 위해서는 스스로 의식화(consciousness-raising) 작업에 참여하는 것이 필요하다고 하였다.

당사자들은 정신장애에 대한 편견이 자신들에게 내면화되어 스스로 유약하고, 무능하며, 신뢰할 수 없는 존재라고 믿게 되는 경험을 한다고 하였다. 특히 정신병원에서의 경험은 당사자들이 스스로를 책망하도록 만든다. 그리고 전문가들의 제도적 치료는 당사자들의 이전 생각이나 신념, 행동이 잘못되었다는 것을 확신시키고자 한다. 예를 들어 정신건강의 상태에 대한 직원의 평가에 당사자가 동의하지 않고는 퇴원이 이루어질 가능성이 거의 없다는 것을 알게 되면 당사자들은 이전에 가졌던 생각이나 행동에 대한 강한 억압을 느끼게 된다. 자신의 사고방식을 고수하려는 당사자들에게 이는 엄청난 심리적 폭행이 될 수 있다. 이러한 경험을 통하여 당사자들이 찾고자 하는 대처방식을 정신의학에서는 찾을 수 없다는 것을 인식하게 된다.

의식화는 특정한 요법이 아니다. 요법은 그 개인을 삶의 현실에 적응시키는 것이 목표가 된다. 그러나 의식화된 당사자들은 타자들에 의해 개인의 문제라고 여겨졌던 많은 것들이 현실의 좌절에 대한 반응이라는 것을 인식한다. 즉 정신장애가 있는 사람들 중 의식화된 사람은 그들의 삶이나 치료에 대한 불만족은 정신병의 증상이 아니라 그들의 삶에서 무엇이 잘못되었다는 것에 대한 정당한 인식이었다는 것을 발견한다. 즉, 변화해야 하는 주체는 당사자가 아니라 사회라는 것을 알게 된다.

주디 챔버린은 사람은 아무 이유 없이 미치지 않는다고 한다. 사람들은 행복한 결혼생활이라고 하는 것이 그들을 비참하게 만들고, 좋은 직장이 스트레스를 가지고 오며, 사랑스런 가족이 긴장을 만든다는 것을 깨닫기를 두려워한다. 이러한 것들은 실제로 사람을 미치게 만드는 억압들이다. 당사자관점에서 그렇기 때문에 정신의학이 두려우면서도 잠재적으로 자유로움을 가져다주는 것을 발견하도록 돕는 경우는 드물다. 정신병원이라는 것은 증상으로 딱지가 붙은 분노와 반란을 편리한 방법으로 가라앉혀 일반적인 삶으로 돌아갈 수 있도록 하는 것이다. 그러나 의식화는 증상이라 불리는 것들이 사실 실재적인 문제에 대한 표현임을 알아챌 수 있도록 사람들을 돕는다. 사람들은 파괴적으로 내부로 방향을 돌린 분노를 깨달음으로써 자유로워질 수 있다. 당사자들은 정신구성에 결함을 가지고 있다고 믿는 대신에 일상적 삶에 놓여 있는 억압적 조건들을 알아채는 것을 배워야 한다고 본다. 이러한 자유로움과 치유는 정신의학이 가져다주지 못한다.

3. MI원칙: 정신질환자의 보호와 정신보건의료 및 돌봄 향상을 위한 원칙

정신질환자의 보호와 정신보건의료 및 돌봄 향상을 위한 원칙(Principle for the Protection of Persons with Mental illness and for the improvement of Mental Health Care, 이하 MI원칙)은 UN 총회에서 1991년 12월 17일 의결되었다. MI원칙은 UN인권위원회가 1978년 처음 연구되기 시작한 후 14년간의 작업이 이루어낸 결실이다. MI원칙은 정신장애로 억압받는 사람들을 보호하기 위한 25개의 원칙으로 구성되어 있으며, 개별 국가에서 정신보건에 관한 법률 제·개정, 정신보건사업 평가지침으로 활용되고 있는 정신질환자의 치료와 돌봄의 국제적인 기준이라고 할 수 있다(세계보건기구 정신보건 및 약물남용예방분과, 2007).

MI원칙의 원칙3.과 원칙7.은 치료 및 돌봄의 물리적인 공간에 대한 기준을 제시하고 있다.

원칙3. 지역사회에서의 삶

모든 정신질환자는 가능한 한 지역사회 내에서 생활하고 일할 권리가 있다.

원칙7. 지역사회와 문화의 역할

1. 모든 환자(정신건강치료를 받거나 정신보건시설에 입원한 모든 사람을 지칭)는 가능한 한 자신이 거주하는 지역사회에서 치료받고 보살핌을 받을 권리가 있다.
2. 정신보건시설에서 치료가 이루어질 때 환자는 가능한 언제나 자신의 거주지 또는 친척이나 친구의 거주지 근처에서 치료받을 권리가 있으며, 가능한 한 치료가 끝나는 즉시 지역사회로 복귀할 권리가 있다.

원칙3.은 치료를 위한 격리 수용을 가능한 한 억제하고 지역사회에서 생활할 수 있도록 주거, 취업 등을 비롯한 돌봄서비스를 제공받을 수 있음을 뜻한다. 원칙7.의 1은 입원치료보다 외래 의료서비스와 돌봄이라는 중요한 원칙을 제시한다. 사회복지서비스를 받을 권리가 있다는 의미이다. 그리고 원칙7.의 2는 입원치료를 받아야 하는 경우에도 거주지역과 근접한 시설에 입원함으로써 가족, 친구들과의 연결을 보장하여 치료 종료 후 즉시 지역사회에 복귀할 수 있도록 지원하여야 함을 뜻한다.

MI원칙의 원칙9. 원칙10. 그리고 원칙11.은 치료 및 돌봄의 질이나 자기결정권에 관한 기준을 제시하고 있다.

원칙9. 치료

1. 모든 환자는 자신의 환자의 건강 관련 필요 및 다른 이들의 신체적 안전을 보호하기 위한 필요의 치료를 받는 경우, 가능한 한 제한적이지 않은 치료를 받을 권리가 있다.
2. 모든 환자들에 대한 치료 및 의료는 환자에 따라 개별적으로 처방된 계획에 기초해야 하며, 환자와 함께 논의하고 정기적으로 심사하며 필요할 때마다 수정을 거쳐 자격을 갖춘 전문가에 의해 제공되어야 한다.

원칙 10. 약물치료

1. 약물치료는 환자의 건강 관련 필요에 최대한 부합해야 하고, 진단상 또는 치료상의 목적을 위해서만 이루어져야 하며, 처벌이나 다른 이들의 편의를 위해 시행되어서는 안 된다.

원칙11. 치료에 대한 동의

1. 환자의 고지된 동의 없이는 환자를 치료할 수 없다. 단, 이 원칙의 6,7,8,13,15항에 제시된 사항은 예외로 한다.

원칙9.의 1은 자해나 타해의 위험으로 인하여 비자발적 치료를 받는 경우 가능하면 입원치료를 최소화하고 자유로운 환경에서 치료받을 수 있도록 해야 한다는 것이며, 원칙9.의 2는 치료과정에서 환자의 치료계획에 참여하도록 하여 치료에 대한 자기결정권을 존하여야 한다는 원칙이다. 원칙10의 1은 정신약물은 환자의 행동을 통제하기 위한 목적으로 사용되어서는 아니 되며, 반드시 치료의 목적으로 사용되어야 한다는 것이다. 그리고 원칙11.의 1은 자타해의 급박한 위험이 있거나 의사결정 대리인이 지정된 경우가 아니면 사전에 환자가 치료에 대한 설명을 충분히 듣고 동의를 한 후 치료해야 한다는 원칙이다.

제4절 맺는 말

정신장애의 치료와 돌봄의 역사적 변화에서 정신장애인 수용시설에의 의료의 개입은 보다 인간적인 처우로 방향을 틀어가는 계기를 제공하였다. 그러나 격리공간에서의 치료나 초기의 의학적 치료방법들은 당사자들이나 옹호자들의 저항에 직면하면서 인권적 요구를 받아왔다. 1960년대 이후 세계적으로 정신장애에 관한 사회정책은 지역사회에서의 치료와 돌봄으로 전환되어 가고 있다. 그렇지만 현 시점에서 강제치료의 문제는 지속적인 이슈가 되고 있으며, 정신의학의 주된 접근방법이 되고 있는 약물치료에 관한 자기결정권이나 치료목적 이외 사용의 억제와 같은 문제들이 새로운 인권문제가 되고 있다. 그리고 정신장애에 관한 과도한 의료의존적 정책경향은 적절한 사회적 돌봄체계 발전의 장애요소로 인식되고 있다. 또한 치료 및 돌봄체계에서 당사자들의 요구나 역할이 강조되고 있다. 즉 강제적 격리 및 감금에 대한 인권적 통제 강화, 정신약물에 대한 자기결정권 확보, 당사자운영 서비스조직 및 동료지원서비스 그리고 권익옹호서비스 등이 점차 치료 및 돌봄체계에서 확대되고 있다. 요약하면, 새로운 치료 및 돌봄 환경은 감금상태가 아닌 지역사회에서 주거, 취업, 여가 등의 다양한 돌봄과 권익옹호서비스를 발전시키면서 당사자주도 서비스를 폭넓게 수용해 나가는 것이라고 하겠다.

제 2 장 미국의 정신건강과 법, 정책 그리고 서비스

미국 연방정부는 정신건강(mental health)을 "개인의 복지, 가족 및 대인 관계 그리고 지역사회 또는 사회에 기여할 수 있는 능력에 필수적인 요소로, 정신 기능을 성공적으로 수행하여 생산적인 활동, 다른 사람과의 관계 이행, 변화에 적응하고 도전에 대처할 수 있는 상태라고 정의하고 있다. 정신질환은 진단 가능한 모든 정신장애(mental disorders)를 총칭하는 용어로, 기분이나 행동의 변화를 일으키고 기능장애(impaired functioning)를 초래할 수 있는 상태"로 정의하고 있다(U.S. Department of Health and Human Services, 2020.). 이러한 정의에 비추어, 2018년 연방정부의 보고서에 따르면 미국 18세 이상 성인의 19.1%(47.6백만명; 성인 5명 중 1명)가 AMI(any mental illness)를 경험했고, 1,140만명(약 4.6%; 성인 25명 중 1명)이 '심각한 중증정신질환인 SMI(serious mental illness)'를 경험한 것으로 나타났다(SAMHSA, 2019a).

정신건강증진을 위한 방대한 미국의 정신건강 관련 법, 정책과 서비스들 중, 이 장에서는 중증정신질환과 관련된, 특히 비자의치료에 관한 내용을 중심으로 살펴볼 것이다.

I. 미국정신건강정책의 변화[1]와 최근 경향: 비자의 치료를 중심으로

미국의 비자의정신치료는 개인의 자유와 권리를 침해하는 행위를 제한하기 위해 광범위한 사회정책을 통해 진화해왔다(Anfang & Appelbaum, 2006). 그 중에서도 시민 정신건강치료의 비자의입원 · 비자의치료에 대한 국가개입의 법적 허용범위는 오랫동안 논란의 대상이 되었다(Gordon, 2016).

19세기 이전 만해도 미국의 정신장애인 보호의 책임은 대부분 가족에게 있었으며, 격리조치 또한 돌봄의 책임을 지던 가족에 대한 자선의 형태를 취했다고 볼 수 있다. 정신적으로 아픈 사람들을 대상으로 치료를 주는 것이 주목적이 아니었기에 일반 수용소에 범죄자나 사회적 부랑자와 구별 없이 수용되는 형태였으며, 그들의 권리나 욕구가 고려된 것이 아니라 공공안전에 크게 좌우되는 결정들이었다고 볼 수 있다. 그러다 1752년 필라델피아에 정신과병원(Private Psychiatric Units and Hospitals)을 설립한 것을 시작으로 지역사회에서 정신질환을 가

1) 포괄적인 역사와 정책변화 및 배경이라기보다는 비자발입원 및 치료와 관련된 내용을 중심으로 정리하였음을 알린다.

진 자들의 치료에 보다 적극적인 역할을 시작하였으며, 각 주 의회에서는 비자발적/비자의 입원을 허용하는 법률들을 통과시키기 시작했다. 이 초기 법령의 내용은 주로 정신질환자가 폭력적이거나 자신이나 지역사회에 위험을 초래할 경우, 그리고 제대로 치료할 수 있는 가족 및 친척이 없는 경우에 감금이나 비자의입원을 허용한다는 내용을 담고 있다(Frank & Glied, 2006; Mechanic, 2008; Miller & Hanson, 2016; Slobogin et al., 2013).

19세기에 접어들면서 진보주의자들을 통해 정신질환자[2)]들의 인간적 대우를 요구하는 "도덕적 치료"의 개념이 등장하였고, 이때부터 국가정책이 치료에 중점을 둔 지침으로 변화하기 시작했다. 1833년 매사추세츠 주 Worcester 주립병원에서 주정부 지원 보호시설이 시작했으며, 전국적으로 국영병원이 확산됨에 따라 그에 따른 규제정책이 요구되었다. 1860년 남북전쟁으로 주정부 수용소를 통해 정신질환자를 돌보도록 하면서 치료결정과 관련하여 환자의 판단력이 없다고 보이는 경우 가족을 통한 비자발적 입원이 가능하도록 하였다. 이후 비자의입원 · 비자의치료에 대한 법적 범위는 더 넓어졌는데, 그 이유는 지방정부의 확대로 지역사회가 정신질환자 보호에 대한 책임을 맡게 되었으며, 또한 정신과 분야의 중요성이 커지면서 정신질환자를 치료하기 위한 정신병원들이 생겨나기 시작했기 때문이다고 볼 수 있다. 그러나 남북전쟁 이후, 부도덕한 가족과 의사들에 의해 정신질환이 없는 사람도 비자의입원을 당하고 비인권적 처우를 받는다는 주장이 제기되면서, 진보개혁주의자들은 정신질환자들의 인권보호를 위한 정신건강정책 개혁을 주장하기 시작했다. 비자의입원에 직면한 자들에 대해 배심원 재판이나 공식적인 사법 청문회와 같은 절차적 안전장치 등을 마련하고자 했으며, 비자의입원 필요성을 검사하는 의사에게는 환자, 가족 등과 아무런 이해관계가 없으며, 금전적으로도 연관이 없음을 증명하도록 하였다(Frank & Glied, 2006; Miller & Hanson, 2016; Slobogin et al., 2013). 이러한 인권중심 정신건강정책 개혁의 움직임은 2차 세계대전 이후 참전용사의 정신건강정책에 대한 정부의 개입, 항정신질환(anti-psychotic) 약물 제공으로 큰 변화를 맞이하였다. 1946년 국가정신건강법(National Mental Health Act)과 1949년 정신건강연구소(National Institute for Mental Health)가 마련되었고 장기입원에 대한 비판적인 의견 등 여러 가지 요인들로 지역사회 정신건강서비스로의 전환을 장려하게 되었다(Appelbaum, 1994).

1950년대 항정신성약물 출현을 시작으로 약물이 발달하면서 비자의입원 치료에 대한 비판의 목소리가 커졌다. 시민단체는 비자발적 입원에 대한 입원 약정 기준이 모호하고 지나치게 광범위함 등의 문제를 지적하였으며(Appelbaum, 1994; Isaac & Brakel, 1992), 인권 변호사 및 정신건강 전문가들은 정신건강개혁을 요구하였다. 1963년 새로운 지식과 약물에 기반을 두어 병원이 아닌 지역사회에서 정신질환자들을 치료하기 위한 새로운 접근방법을 찾기 시작

2) 본장에서 소개되는 미국 정신건강 법, 정책과 서비스들에 대한 내용은 저자가 참고문헌으로 소개된 자료들을 직역 번역을 한 것이다. 이 과정에서 오역을 줄이려 노력하였으나, 좀 더 정확하고 폭넓은 내용을 위해서는 참고문헌을 참고하길 당부한다. 고유명사 중 의미전달을 위해 원어 그대로 표기하였다. 또한 본 장에서 정신질환(mental health disorders)을 가진 자를 간혹 정신질환자라고 칭하였지만, 정신질환을 하나의 아이덴터티(identity)로 보는 것이 아님을 명시하는 바이다. '정신질환을 앓고 있는 자'는 상황에 따라 때론 정신장애인 또는 당사자라는 용어로 사용되기도 하였다.

했으며, 그 결과 "지역사회 정신건강법(Community Mental Health Act)"가 제정되었다(Jaffe, 2017; Steverson, 2018; Torrey, 2014). 이 법은 기존 주립정신병원(State mental hospital)을 대체하기 위한 것으로, 탈시설화의 기본을 구축함으로써 미국 정신의학정책에 큰 획을 그은 정책이라 할 수 있다. 의회는 연방정부 예산으로 총 27억달러(현재기준으로 약 200억 달러가 넘는)를 배정, 총 789개의 '지역사회 정신건강센터'를 설치하도록 하고, 운영보조금을 지급하였으며, 입원환자를 위한 병상, 부분입원, 24시간 동안 진행되는 긴급진단, 외래환자 서비스, 상담 및 교육의 다섯 가지 필수 서비스를 운영하도록 하였다(Torrey, 2014, p.62). 또한 지역 정신건강센터는 정신질환 초기단계에서 진단 및 치료를 통해 병의 악화를 방지하도록 했으며, 지역사회 지도자들과 협력하여, 정신질환을 유발하는 사회적, 경제적, 문화적 요인을 제거하는 노력도 함께 하도록 하였다. 그러나 이러한 노력은 실질적으로 환자 규모 대비 지역센터의 부족문제, 퇴원환자들의 지역사회 자립을 위한 준비 부족 등의 문제점들이 드러났으며, 처음 의도와 다르게 오히려 정신질환자들의 "변형된 시설화(trans-institutionalization)"를 야기한다는 비판을 받게 되었다(Goldman, 1984; Torrey, 2014; Yohanna, 2013).

1980대에 들어서면서 자기옹호서비스를 내용으로 하는 당사자운동(Self-advocacy service recipient movement)이 대두되면서 정신건강의 중요한 발전들이 일어났다. 자조그룹(self-help group)의 설립을 시작으로 1990년대에 주 및 연방정부 내의 조직적인 옹호, 동료서비스, 역할 및 서비스로 확대되었다(Parks et al., 2014). 1999년 Surgeon General 보고서 및 2000년 President's New Freedom Commission Report on Mental Health 보고서에서 정신건강서비스 당사자의 회복을 위해 본인이 치료계획에 참여해야 하는 필요성과 함께, 치료를 받는 당사자와 가족이 자신의 삶에 대한 통제권을 되찾는 것의 중요성에 대해 강조하였다. 2008년 "정신건강 동등 처우 및 중독 형평성에 관한 법률"(Mental Heath Parity and Addiction Equity Act)은 정신질환자 및 약물 사용 장애에 대한 재정 및 치료에 대해 다른 의료적 혜택과 차별을 막기 위해 기준을 설립하였다. 이후에도 2010년 오바마 정부의 Affordable Care Act를 통해 정신건강서비스 이용의 확대, 2016년 21st Century Cures Act를 통한 지역사회기반 정신건강서비스에 대한 주정부의 적극적 지원 등(U.S. Congress Report, 2017) 지역사회를 기반으로 한 환자들의 자율적 의사를 반영한 치료방법으로 그 내용과 지원책이 변화하고 있다.

Ⅱ. 비자의입원(Involuntary Hospitalization)

1. 비자의입원의 배경과 법적 근거

탈시설화 이후 치료를 거부하는 정신질환자를 돌볼 수 있는 방법에 대한 논쟁이 수년간 있어왔다. 시민권 옹호단체, 지역사회 정신건강 옹호단체들은 심각한 정신질환을 앓고 있는 대부분의 사람들이 지역사회에서 치료와 재활이 가능하다고 믿었다. 그러나 이러한 기대는 치료를 거부하는 정신질환자들 중 치료의 필요성을 인지하지 못하고[3] 이로 정신병동 응급실을 이용하는 상황들이 발생하거나 또는 법의 접촉을 받는 상황들이 야기되었다(Amador, 2007; Buckley et al., 2007; Cassidy, 2010; Torrey et al., 2012; Lehrer & Lorenz, 2014; Oreski et al., 2012). 즉 환자들은 병원에 입원하여 치료를 받을 때 호전되지만, 퇴원 후 약물 복용을 중단하여 재발 및 재입원을 하는 경우가 일어나는 "회전문 환자(revolving door patient)" 상황을 초래하였다. 이러한 치료와 자원에 대한 접근성 부족으로 정신질환을 앓고 있는 사람들이 거리에서(becoming homeless) 생활하거나 법의 접촉을 (특히 약물관련) 받게 되거나 범죄 피해자가 되는 경우가 발생하였다(SAMHSA, 2018).

정신질환자의 치료거부 문제의 인식은 비자의입원의 필요성으로 이어졌다고 볼 수 있다. 미국에서는 정신의학(Psychiatry)과 법(Law)의 교차점인 비자의입원을 통해 개인의 자유에 대한 권리와, 자기 및 타인을 보호하기 위해 일시적으로 자유를 제한하더라도 치료를 받게 해야 한다(Civil Commitment)는 두 가지 관점을 함께 고민해왔고, 그 고민은 아직까지도 진행 중이다(Anfang & Appelbaum, 2006). Civil Commitment의 현대적 관행은 1960년대 정신질환자의 탈시설화로 시작되었으며, 각 주들은 엄격한 비자의입원치료 기준을 채택하여 치료모델에 대한 전통적인 필요성을 좁혀 "자·타해 위험성(dangerousness to self or others)"기준으로 전환하기 시작하였다(Testa & West, 2010; Treatment Advocacy Center, 2014).

일반적으로 개인을 Commit할 수 있는 주정부의 권한은 국친사상(parens patriae)와 경찰권(police power)이 두 가지 법이론에 근거한다(Bloom, 2004; Davis, Fulginitti, Kriegel, & Brekke, 2012; Issac & Brakel, 1992; Player, 2015; Stone, 2016). 우선 국친사상이란 "부모로서의 국가"란 의미로 정신적·신체적 장애로 자기부양능력이 없는 시민을 보호할 권한을 주권국가에 제공한다는 것이다. 즉, "심각한 무능력상태(gravely disabled)"이거나 자살 우려가 있는 자들을 포함하여 자신의 삶에 합리적 결정을 내릴 수 없는 자들을 대상으로 주(State)가 개인 최선의 이익을 위해 개입한다는 의미이다. 반면 Police Power란 국가가 사회와 시민의 복지를 보호하는 권한으로써, 사회나 시민에게 위험요소라 판단되는 상황이나 사람들(전염병, 범죄, 타인에게 위협적인 정신질환자들)을 비자의로 구금할 수 있는 권리를 의미한다. 현재 미국의 비자의입원은 "국친사상"과 "경찰권"의 불안한 조합이라 불린다(Melton et al., 2007).

미국의 비자의입원치료법은 정신의학 및 약물치료 진화와 더불어 더 큰 사회정책과 경제적 변화의 맥락에서 이해될 필요가 있다고 본다. 미국의 비자의입원치료가 앞서 말한 국친사상과 경찰권에 근간하고 있긴 하나, 하나의 고정된 틀에 있는 것이 아니라 법적·절차적 기준 모두 사회적 인식을 반영하여, 상황에 따라 유연성을 가지며 변화되어 왔다(Hedman et.al.,

3) "질병불각증"이라 불리는 쇠약증상으로 치료를 받지 않는 조현병(schizophrenia)이나 양극성장애(bipolar disorder)가 있는 사람들에게서 보여지는 증상 중 하나이다(Alia-Klein et al., 2007; Amador, 2011; Lysaker et al., 2018; Grevatt et al., 2004; Torrey, 2014).

2016). 또한 미국은 다른 국가 시스템과는 다르게, 정신질환에 대한 제도적 관리 및 그 과정을 지도하는 규정이 주로 각각의 주정부에 따라 다르게 운영된다는 특징을 가지고 있다고 말할 수 있다. 다시 말해 연방법원(federal court)의 결정과 연방정부의 국가 보건 및 복지 프로그램(national health and welfare programs)이 civil commitment에 기본적인 영향을 미쳤지만 각 주마다 비자의입원에 관한 법률 및 규정이 고안되어 있고, 각각 자체적으로 특정 시스템 및 규정을 갖고 있다. 따라서 비자의입원의 기준과 절차는 주마다 다소 차이가 있으며, 주로 다음의 3가지 유형[4]의 법적 비자의입원이 포함된다고 볼 수 있다(Burley & Morris, 2015). 이때 수정헌법제 5조(Fifth Amendment[5])와 수정헌법 제14조(Fourteenth Amendment[6]) 의거하여, 주정부의 제도는 최소한 비자발적 입원치료를 위한 기준(the criteria for commitment)과 과정(the process of commitment) 둘 다를 반드시 다루어야 한다(Appelbaum, 1994). 다음은 비자발적 입원의 세 가지 종류에 대한 간략한 설명이다(Burley & Morris, 2015, pp. 5－6).

응급입원(Emergency detention): 현재의 위협이나 위험한 상황을 방지하기 위해 개인을 임시로 구금 할 수 있는 응급입원은 일반적으로 병원 응급실 또는 승인받은 정신의료기관(approved mental health treatment facility)에서 발생한다. 구금기간은 단기간으로 제한하며, 최소 24시간에서 최대 20일(뉴저지 주의 경우)까지 이를 수 있지만 보통 3－5일이라고 볼 수 있다.

비자의입원(Involuntary treatment commitment): 비자발적 입원은 의료전문가의 평가 및 법원 청문회를 통해 그 자격에 부합하는지 여부를 결정해야 한다. 주마다 그 기간이 다르고(예, 알래스카에서는 48시간이고 웨스트버지니아에서는 6개월까지 가능) 또한 응급입원(Emergency detention)과 비자발적 입원(Involuntary treatment commitment)에 대한 기준과 동일한 주도 있다.

비자의입원 연장(Extended commitment): 환자가 초기 입원 및 치료명령을 받은 후 치료를 지속할 필요가 있는 경우에 장기 비자발적 입원을 추진한다. 이때 일반적으로 담당의사가 환자가 계속해서 commitment 기준을 충족하고 추가 치료가 필요하다고 주장하면 법원에 신청서를 제출하여야 하며 양측(환자와 의사)은 공식 법원 청문회에서 연장된 commitment가 필요한지 여부를 결정할 수 있다. 전형적인 기간은 6개월이다.

2. 비자의입원에 대한 의견

정신질환자들의 시민적 자유를 보장하기 위한 비자의입원의 기준에 대해서는 옹호와 비판의 목소리가 공존한다. 예를 들어 Darryl Treffert(1974)는 “권리 위에서 죽어 가고 있다

4) 소개되는 3가지 유형은 조윤화 & 한미경 외(2020)(장애인복지법 제도권 밖 소수자의 복지욕구에 관한 연구 II: 포괄적 정신장애를 중심으로. 한국장애인개발원 정책보고서 20－04, p. 152) 보고서에 간략하게 설명하였다.

5) “어떤 사람이라도 적법 절차가 없이는 생명, 자유 또는 재산을 박탈당하지 않을 것이다”(“…nor shall any person…be deprived of life, liberty, or property without due process of law…”).

6) “어느 주도 적법한 절차 없이 (시민의) 생명, 자유 또는 재산을 박탈 할 수 없다”(“…nor shall any State deprive any person of life, liberty, or property without due process of law…”).

(Dying with their Rights On)"라는 책을 통해 중증정신질환을 가지고 있고 자생할 수 없는 당사자들이 비자의입원기준에 미치지 못하여 적절치 못한 삶을 사는 사람들의 모습을 묘사하였다. 하지만 이런 의견에 반대하는 학자들도 많았는데, 특히 호프만(Hoffman, 1976)은 "환자들은 자신의 권리만을 위해 (치료를 받지 못하고) 죽어서도 안 되지만, (부득이한 경우를 제외하고는) 권리를 박탈당하고 살아서도 안 된다"(p. 68)고 하였다.

다양한 비자의입원치료에 대한 입장은 미국 내 정신질환자의 대변 및 옹호를 담당하는 대표적인 민간단체들 간의 입장에서도 차이가 있다. 예를 들어 '치료옹호센터'(TAC, Treatment Advocacy Center)와 전미정신질환자연맹(NAMI, National Alliance on Mental Illness)7)을 포함한 일부 단체는 때로는 필요할 수 있는 비자의입원에 대해 옹호하는 입장을 취하고 있다(Bloom, 2004; Miller & Hanson, 2016). 반면에 시민권위원회, 인권위원회, 국제마인드프리덤(MindFreedom International, 진보적 당사자단체), 전미임파워먼트센터(NEC,National Empowerment Center, 당사자단체), 정신건강회복을 위한 전미연합(NCMHR, National Coalition for Mental Health Recovery)와 같은 당사자 옹호단체, 그리고 바젤론 정신건강법률 센터(Bazelon Center for Mental Health Law, 미국 내 정신장애인 인권옹호단체) 등은 필요한 비자의입원치료에 대해 TAC나 NAMI보다는 좀 더 완강한 입장을 취하고 있다(Miller &Hanson, 2016). 특히 1971년 정신장애인 권리영역에서의 중요한 소송인 Wyatt v. Stickney에 참여한 변호사 그룹에 의해 설립된 Bazelon Center for Mental Health Law는 "응급상황을 제외하고는 비자의적 입원에 반대하며, 오직 자신이나 타인에게 중대한 신체적 상해가 발생할 수 있는 절박한 위험성이 있는 경우에만 비자의입원이 가능하고, 그 상황에서도 덜 제한적인 대안을 고려해야 한다고 주장한다. 또한 비자의치료입원이 시행된다면 그땐 개인의 권리를 보호하기 위한 의미 있는 사법 절차가 반드시 필요하다"(cited in Bloom, 2004, p. 430)는 입장이다.

한편, 미정신의학회(APA, American Psychiatric Association)는 비자발적 치료에 대한 공식 입장은 없지만, 2015년 이사회에서 비자발적 치료확대를 위한 인센티브를 포함하는 연방법을 지지하고 12월 APA 이사회는 비자발적 외래치료명령제도(outpatient involuntary hospitalization)에 대한 지지의 입장을 표했다(APA, 2015).

3. 비자발적 응급입원(Emergency Commitment)과 비자발적 비자의입원(Inpatient Commitment) 기준

미국은 연방국가의 특성상 주(State) 마다 각기 다른 civil commitment 법령을 가지고 있지만, 모든 주에서 공통적으로 다음 두 가지 기준은 준수하고 있다.

첫째 기준은 "당사자가 정신질환(mental health disorders)을 앓고 있어야 한다"는 것이다.

7) NAMI는 1979년 정신질환 환자들의 가족구성원들이 만든 미국에서 가장 큰 grassroots organization으로, 가족들과 환자들에 교육을 제공하고, 정책입안에 큰 역할을 하고 있는 기관으로, 전역에 걸쳐 대부분의 카운티에 affiliated office를 두고 있는 민간단체이다. http://www.nami.org/About-NAMI.

여기서 말하는 정신질환은 대부분의 경우 "생각, 기분, 지각(perception), 지남력(orientation) 또는 기억의 실질적인 장애로서 판단, 행동, 현실을 인지할 수 있는 능력 또는 일상생활의 요구를 충족시키는 능력을 크게 손상시키는 질환"이라고 정의한다(Melton et al., 2007, p. 335). 또한 "Significant, severe, substantial, or gross"와 같은 용어는 정신질환으로 인한 장애의 정도를 설명하는 데 사용된다(Winick, 2005, p. 48).

두 번째 기준은 "자신 또는 타인에 대한 위험이 있어야 한다"는 것이다. '자 · 타해 위험성(Dangerousness to self or others)'이란 스스로 일상의 기본생활을 충족시키지 못하거나 의도적인 자살 또는 자해의 위험에 처할 가능성 있거나 타인의 안전에 위협이 되는 경우를 말한다(Evans & Salekin, 2014; Melton et al., 2007; Winick, 2005). 또한 여기서 "위협"은 일반적으로 자신이나 타인에게 상해를 입힐 수 있는 폭력적인 행동을 의미한다(Swanson, 2016; Swanson & Van Dorn, 2010). 한때 대부분의 주에서는 개인이 다른 사람들에게 위험을 초래한다는 것을 입증하기 위해 명백한 위협이나 행동의 증거가 필요했으나, 현재는 최근의 행동을 기반으로 미래의 위험에 대한 예측(predictions of future dangerousness)도 기준에 포함시키고 있다. 각주의 비자의입원에 대한 기준은 부록 A를 참조 바라며, 좀 더 자세한 자료는 Mental Health Policy Organization[8]에서 제공하는 내용을 참조하기 바란다.

미국의 비자의입원법(Inpatient commitment law)은 정신질환(mental illness) 외에 다음과 같은 다른 구성요소들도 포함하고 있다(SAMHSA, 2019.):

- 심각한 무능력(gravely disabled): 대부분의 주에서 채택되어 있으며 기본적으로 자발적으로 삶을 유지할 능력이 없다고 일반적으로 정의되어 있다.
- 치료의 필요성(Need for treatment): 거의 모든 주에서 명시적 기준(explicit criterion)으로 또는 정신질환의 정의의 일부로, 치료에 필요성을 인정한다. 그러나 위험성과 더불어 비자의입원의 조건이며, 치료의 필요성만으로는 비자의입원되지 않는다.
- 악화(Deterioration): 일부 주에서는 비자의입원의 기준에 악화를 독립적 요건으로 포함시키고 있으며, 또는 심각한 무능력(gravely disabled)의 일부로 질병과 증상의 악화를 조건으로 인정하기 시작하였다.
- 무능(Incompetence): 당사자가 치료에 대해 정보에 입각한 선택(informed-decision)을 할 수 없는 경우를 말하는데, 몇몇 주에서 기준으로 사용하고 있다.

이러한 기준 이외에도 대부분의 주에서는 연방 장애법에 기반을 두어 내려진 Olmstead v L.C.(527 U.S. 581(1999))(옴스테드 판결) 대법원의 결정을 근거로, 외래치료 명령 같은 덜 제한적인(least restrictive) 환경에서 자신의 욕구가 충족될 수 있는 경우 정신병원 입원을 하지 못하도록 하고 있다. 즉, 현재 미국에서 비자의입원은 모든 주에서 행해지고 있지만, 비자의입원의 대상은 상당히 적은 편이다. 예를 들어, 주마다 격차가 큰 비자의입원 비율을 보여주고 있는데(하와이의 경우 1,000명당 0.23부터 위스콘신의 43.8명에 이르는), 2015년 기준으로 평균적으

8) https://mentalillnesspolicy.org/national-studies/state-standards-involuntary-treatment.html.

로 1,000명 중 9명 정도만이 비자의입원의 대상이 되고 있다(SAMHSA, 2019, p. 8).

4. 비자의입원의 세부 내용

비자의입원을 결정짓는 몇 가지 기준 및 중요한 법원결정들(Inpatient Commitment Criteria and Important Court Decisions)을 소개하고자 한다.

1) 위험성(Dangerousness)과 적법절차(Due Process)

"위험성"에 대한 법적 근거는 1964년 워싱턴 DC(District of Columbia)의 civil commitment를 통제 한 Ervin Act에서 찾을 수 있다(D.C. Code Secs. 21－501 to 21－591(Supp. V. 1966)). 이 Ervin Act은 비자의입원에 있어 중요한 역할을 하는데, 이는 위험에 대한 기준을 수립하는 것뿐만 아니라, 덜 제한적인 대안(less restrictive alternatives)을 옵션으로 인정한 법안이라는 것에 의의가 있다(Appelbaum, 1992). 또한 1972년 미국 대법원의 Jackson v. Indiana(406 U.S. 715, 738) 결정은 형사재판 절차에 있는 지적장애인에게 적법절차 보호를 확대하여 비자의입원의 목적, 성격 및 기간에서 합리적 한계를 설정할 것을 요구했다(Stone, 2012).

1972년 위스콘신 동부연방지방법원은 Lessard v. Schmidt(349 F. Supp. 1078, 1093) 케이스를 통해 civil commitment법에 획기적인 획을 그었다고 할 수 있다. Lessard 이전의 위스콘신 법은 판사나 배심원이 '당사자가 정신질환이 있거나(증거에 근거한/합법적인) 구금 및 치료를 위한 적절한 대상'이라고 판단하면 비자의입원을 허용하였다. Lessard는 정신질환과 위험성에 대한 명확한 증거 없이, 타당한 의심이 있다는 것만으로 비자의입원을 허용하는 것은 위법이라고 판결했다. 또한 비자의입원에 대해 사전 통보를 하고 배심원 재판을 받을 권리, 자문 받을 권리 및 자기부죄금지특권(privilege against self－incrimination), 절차법상 적법절차의 보장(procedural due process protections)이 필요하다고 결정했다(Gordon, 2016; Jaffe, 2017; Player, 2015; Testa & West, 2010).

정신질환 환자의 권리보호에 대한 확장은 1975년 미국 대법원의 O'Connor v. Donaldson(422 U.S. 563, 575) 판결에서 잘 나타났다. 당시 대법원은 플로리다 주립 병원에서 치료를 받지 않은 상태에서 15년간 비자의입원을 하고 있던 Kenneth Donaldson에 대해, (자신 혹은 타인에게) 더 이상 위험하지 않고, (지역사회에서) 기꺼이 책임 있는 가족이나 친구의 도움을 받아 살아갈 수 있으면 더 이상 비자의입원을 유지할 수 없다고 판결하였다(Burley & Morris, 2015). 이 판결로 전국에 걸쳐 commitment에 대한 기준과 절차에 대한 재조명이 가속화되었다(Erickson et al., 2005; Gordon, 2016; Jaffe, 2017; Player, 2015; Stone, 2012; Testa & West, 2010).

그 후, 1979년 Addington v. Texas(441 U.S. 418, 433) 대법원에서 이루어진 판결도 중요한 법적 근거를 제공하였다. 여기에서는 합리적인 의심을 넘어, (비자의입원이 필요하다) 증거가 확실하지 않음에도 비자의입원을 시키는 것은 실체적 적법 절차에 대한 권리를 침해하는 것이며 예측의 불확실성과 진단의 오류 가능성을 감안할 때 "명확하고 설득력 있는 증거("clear and convincing evidence")가 있어야 비자의입원을 허용해야 한다고 판결하였다(Gordon, 2016; Jaffe, 2017; Player, 2015; Testa & West, 2010).

위의 Lessard, Donaldson, 그리고 Addington의 판결문을 토대로 이후 주정부들은 civil commitment 법률을 수정했고, 1970년대 말 무렵, 모든 주가 정신질환으로 인한 비자의입원 치료를 집행할 수 있는 조건들의 기준을 강화하였다. 그 후 몇몇 주에서는 "최근의 명백한 행위(recent overt act)" 또는 "임박한 해악(imminent harm)"처럼 실질적인 긴급한 위험에 근거하여 자신이나 다른 사람에게 위험하다는 증거를 요구하기 시작하였다. 또한 주정부는 통지, 변호인의 조력을 받을 권리, 증인 대면 및 반대 심문의 권리, 항소권을 포함하는 절차법상 적법절차 보장을 요구하였다(Gordon, 2016; Testa & West, 2010).

2) 심각한 무능력(grave disability)과 치료의 필요성(needs for treatment)

앞서 설명했듯이, 탈시설화 이후 "자 · 타해 위험성"은 비자의입원에 가장 일반적인 비자의입원의 법적근거가 되었다고 할 수 있다. 많은 주에서 국친사상에 근거한 정부의 역할에 기반을 두어 스스로 생활을 할 수 없는 정도로 무력화된 개인에 대한 비자의입원의 필요성을 인식하기 시작하였다. 여기서 중요한 점은 국가가 국친사상을 사용하여 개인을 비자의입원하는 경우 반드시 대상자는 스스로 결정을 내릴 수 있는 능력이 없기 때문에 국가가 대신 판단을 내려준다는 점이다(Menninger, 2017). 이렇듯 대부분의 주에서는 '무능력"의 "심각성"을 기본으로 요구하는데, 비자의입원은 주로 자신과 타인에 대한 위험성에 더 큰 무게를 싣고 있고, 많은 경우 "심각한 무능력 상태"를 자신의 기본적인 욕구를 돌볼 수 없으므로 자신에게 절박한 위험을 제기한다는 것으로 해석할 때가 많다고 볼 수 있다.

심각한 무능(gravely disabled)을 비자의입원에 포함하는 경우와 더불어 최근 일부 주에서는 자신이나 타인에게 임박한 위험이 없지만 치료를 필요로 하는 경우에도 비자발적 입원을 허용하도록 법령을 개정하였다. 이는 중증정신질환자가 치료를 받지 않는 경우 초래되는 다양한 부정적 결과들(예를 들어 자신 혹은 타인에게 위험할 수 있으며, 건강의 악화, 정신질환적 손상(psychiatric damage) 및 독립적으로 기능할 수 있는 능력의 상실(loss of ability to function independently) 등)을 고려하고 있으며, 비자의입원을 통한 입원치료의 문을 확대시켰다고 할 수 있다(SAMHSA, 2019).

〈역사적으로 중요한 정신건강 관련 판결들[9]〉

-앞서 설명한 Lessard, Donaldson, Addington의 판결 외에 비자의입원치료와 관련 중요한 법원판결들-

I. Wyatt v. Stickney(1971): 치료받을 권리 – 입원된 환자가 치료받을 현실적인 기회를 제공받고 상태를 개선할 수 있는 개인적인 치료를 받을 수 있는 권리

II. Rennie v. Klein(1979): 비자발적으로 입원된 개인은 법원 명령 없이도 항정신질환 약물을 거부할 수 있는 헌법상의 권리(constitutional right)

III. 정신의료기관에 입원한 환자들이 정신과약물치료와 관련하여 이의를 제기할 수 있는 권리(Medication over objection of hospitalized patients):
- Rennie v. Klein(1978) [뉴저지]
- Rogers v. Okin(1979) [매사추세츠]
- Rivers v. Katz(1986) [뉴욕]
- Riese v. St. Mary's(1989) [캘리포니아]
- Jurasek v 유타 주립병원(Utah State Hospital)(1998)[유타]: 심각한 무능력으로 비자의입원 된 환자 사람에게 병원이 환자의 치료를 위해 약물치료가 필요하다고 판단된 경우 약물투여를 할 수 있게 하는 병원의 권리에 대한 판결

I. Youngberg v. Romeo(1982): 강박(restraints)으로부터의 자유로울 권리, 제한적이지만 치료에 대한 권리(Freedom from restraints and a limited right to treatment)–적법절차(the due process clause) 조항은 합리적으로 안전한 조건의 수감, 비합리적인 신체제약으로부터의 자유에 대한 판결

II. Washington v. Harper(1990): 중증정신질환을 앓고 있는 수감자(a prison inmate)가 자신 및 타인에게 위험하거나 심각하게 무능한 경우나, 치료가 환자의 최선의 선택이라고 판단된 경우, 환자의 의지에 반하여 항정신질환 약물로 치료할 수 있다고 판결

III. Zinermon v. Burch(1990): 중증정신질환을 앓고 있는 환자가 병원에서 자발적으로 입원치료에 참가할 때 동의할 능력(a person is competent to give consent)이 있다는 것을 증명하게 하여야만 한다는 판결

IV. Kansas v. Hendricks(1997): 캔사스(Kansas) 주의 성폭력범 법안(the Sexually Violent Predator Act)으로 정신이상 또는 성격장애가 있고 정신적 치료를 받지 않으면 반복적인 성범죄를 저지를 가능성이 있는 사람들에게 비자발적 입원을 허용

V. Olmstead v L.C.(1999): 미국 장애인법(ADA)에 의거하여 주 정부는 정신장애인들에게 (비자의 입원 대신) 가장 제약이 없는 환경에서 치료와 자원을 제공해야 한다는 판결

VI. Sell v. United States(2003): (위험하지 않은) 정신질환을 가진 중범죄를 저지른 자로서 판단능력이 없다고 인정되는 사람을 정부가 재판을 받을 능력을 갖도록 치료하는 것은 –"치료가 의학적으로 적절하고, 재판의 공정성을 훼손할 수 있는 부작용이 거의 없고, 침해성이 적은(less intrusive) 대안일 때 한정해서 허용된다는 판결

3) 절차상 고려사항 및 자의입원 기회(Procedural Considerations and an Opportunity for Diversion)

1970년대 이후부터 모든 주의 비자의입원법(inpatient commitment law)은 비자의입원에 직면한 사람들에게 절차상의 보호(procedural protections)를 제공하고 있다. 절차는 일반적으로 가족 구성원, 정신건강서비스 제공자, 법집행관 또는 법원공무원이 시작할 수 있다. 비자의입원 대상이 되는 개인에 대한 일차적인 대응절차도 주마다 조금씩 다른데, 응급시설로 먼저 이동하여 비자의입원을 위한 추가 절차가 진행될 때까지 안정화(stabilization) 및 추가 평가를 받아야 하는 주들이 있는 반면, 또 다른 주들에서는 청원을 신청한 법집행관(law enforcement

9) Jaffe, 2017, "Insane Consequences"를 참조.

officer)이나 다른 특정기관으로부터 탄원서를 받은 경찰관이 추가조치 없이 직접 구금하고 평가를 위해 시설(응급정신병원)로 이송할 수 있다. 또한 개인의 "비자의입원 필요성"을 판결하기 위한 청문은 일반적으로 구금 후 몇 시간 또는 며칠 내에 이루어진다고 볼 수 있는데 모든 주마다 청문회(hearing)가 필요하지는 않으며, 청문회가 이루어질 경우 다양한 인권 존중 절차(예를 들어 청문회를 통보 받을 권리, 변호인의 도움을 받을 권리, 비자의입원에 이의를 주장하기 위해 증인 및 기타 증거 제시 권리(to present witnesses and other evidence contesting commitment) 등)가 있다. 모든 주에서 명확하고 설득력 있는 증거로 그 주의 비자의입원 기준을 충족시켜야만 개인을 비자의입원할 수 있고, 이러한 결정은 판사 또는 기타 사법(또는 준사법) 공무원에 의해 결정되는데, 일부 주에서는 개인이 배심원을 요청할 수도 있다. 아울러 개인이 commitment 요건에 부합하지 않으면, 이상적으로는 커뮤니티에서 서비스를 제공받는 "애프터케어(after care)" 계획과 함께 귀가조치를(be released) 받을 수 있다. 얼마나 많은 당사자들이 자발적 치료서비스 또는 다른 방식의 개방적 치료서비스를 받음으로써 비자의입원을 면하는지에 대한 정보는 없지만, "응급입원(emergency holds)" 자체는, 치료받지 않아 증상이 악화된 많은 중증질환 환자들을 위한 서비스의 중요한 관문이 되고 있다(SAMHSA, 2019, pp. 12–13). 각 주마다 구금시간을 표시해 놓은 것으로 구금될 수 있는 기간도, 23시간(노스다코타에서)부터, 10일(뉴햄프셔와 로드아일랜드) 및 60일(뉴욕에서)까지 각 주마다 다양하다. 사전검토보류(pre–review hold)의 가장 일반적인 기간은 72시간이다. 이 기간 동안 개인은 치료를 받을 수 있으며 일반적으로 자발적 입원 또는 기타 지역사회 기반 서비스를 수락할 수 있다(Hedman et al., 2016).

5. 비자발적 환자의 권리와 치료(The rights of and treatment for an involuntary patient)

비자의로 입원한 환자들에게 주어지는 권리는 환자들의 권익을 보호하는 데 중요한 역할을 한다. 일반적으로 헌법소송절차(commitment proceedings)와 적법한 절차(the rubric of due process)를 통해 이루어지며, 대부분 아래의 권리들을 포함한다(Menninger, 2017, p. 3).

X.	비자의입원치료(commitment) 통지(notice of commitment)
XI.	변호사 선임(representation by an attorney)
XII.	청문 참석(presence at the commitment hearing)
XIII.	배심원 재판(trial by jury)
X.	독립된(비자의입원에 관계되지 않은) 정신과적 검사(independent psychiatric examination) 및 자의입원으로의 변경(change to voluntary status)
X.	인도적 케어와 치료(humane care and treatment)
XI.	가장 제한이 적은 환경에서의 치료(in the least restrictive)
XII.	전화나 우편을 통해 외부와 자유롭게 소통하는 것(free and open communication with the

outside world via telephone or mail)
X. 방문자, 특히 그들의 변호사, 의사 또는 성직자와의 만남
XI. 기록의 비밀보장(confidentiality of records)
XII. 자신의 옷과 돈의 소지 및 병원에서 한 일에 대한 지불
XIII. 부재자 투표권한
XIV. 그리고 환자로서의 권리를 알림

이러한 권리들은 환자가 구속되거나 고립되어 있을 때와 같이 부득이한 경우를 제외하고 모든 주가 환자의 권리를 존중하는 것은 법으로 명시되어 실천하고 있다. 대다수의 주에서는 비자의입원된 환자들이 법정에서 법률적으로 의사무능력으로 밝혀지지 않는 한, 정신과약물 복용 여부에 대해 당사자가 결정할 능력이 있다고 간주한다. 이에 비자의입원환자가 약물을 거부할 경우, 법원심리(court hearing)를 통해 판결을 받아야 약물투여가 시행될 수 있다. 인간적인 돌봄 및 치료를 받을 권리와 더불어 환자들은 치료를 거부할 권리 또한 있다. 이때에는 치료적 동맹(therapeutic alliance)을 통해 환자가 자발적으로 치료를 받는 것으로 전환하도록 하는 노력이 강조되고 있다(Dixon, Holoshitz, & Nossel, 2016; McCabe & Priebe, 2004; Osborn & Stein, 2019).

Ⅲ. 캘리포니아 주의 비자의입원 · 비자의치료 관련 법령과 절차 (California Inpatient Civil Commitment)

각 주마다 비자의입원법령에 조금씩 차이가 있는 가운데, 여기에서는 캘리포니아 주를 예로 좀 더 자세히 살펴보도록 하겠다.

1. Lanterman Petris Short(LPS) 법 제정 및 진화

캘리포니아 주의 비자의입원은 1967년 로널드 레이건 주지사(Governor Ronald Reagan)가 법률로 서명한 “Lanterman−Petris−Short[LPS]”법의 적용을 받는다. 이 법안은 캘리포니아 주 전체에 적용되는 제도로 지역 정신건강국장(Local Mental Health Director)의 권고에 따라 카운티[10] 감독관(County Board of Supervisors)이 지정하고 캘리포니아 주 정신보건부(California State Department of Mental Health)의 인가를 받은 특정병원에서 비자발적 구금을 할 수 있도록 하고 있다(California Department of Behavioral Health, 2020.). 구체적으로 이 법은 불명확한 비자의입원 기준에서 벗어나 자의적 치료를 강조하였고, 비자발적 치료가 필요한 사람에 대한

10) 카운티(County)는 미국에서 행정 또는 정치적 세분화에 사용되는 지리적 영역으로 캘리포니아는 58개의 카운티로 이루어져 있다. 미국의 행정체계는 주(State), 카운티(County), 시(City)로 이루어져 있다고 볼 수 있다.

결정은 행동기준(예를 들어 "자 · 타해 위험성(dangerous to self or others)", "심각한 무능력(grave disability)")에 근거하여 비자의입원 절차를 수립하면서, 적법절차 권리를 결합하였으며, 이를 통해 당사자는 자신의 의사에 반하여 이루어진 비자의입원에 이의를 제기할 수 있게 되었다(RAND, 2001). 1967년 당시 이 법은 위험한 정신질환자에 대한 civil commitment의 필요성과 당사자의 권리에 균형을 맞추는 데 기여하였으며, 미국 전체 civil commitment법에 큰 영향을 주었다고 평가받고 있다(Appelbaum, 1994).

캘리포니아의 비자의입원은 복지 및 기관 코드(Welfare & Institutions Code, WIC)의 규정(requirements)을 받으며, 아래와 같은 일곱 가지 목적을 가지고 있다(Ridgely, Borum, & Petrila, 2001, pp. 81-82).

XXIII.	첫째, 정신장애인, 발달장애인 및 만성 알코올중독으로 인한 장애가 있는 사람들의 부적절(inappropriate)하고, 불명확(indefinite)하며, 비자의적인 비자의입원을 종결하고, 대행의사결정을 법으로 강제하는 상태를 제거하기
XXIV.	둘째, 중증정신질환을 앓고 있거나 만성 알코올중독에 걸린 사람을 신속하게 평가하고 치료하기
XXV.	셋째, 공공안전 보장 및 보호하기
XXVI.	넷째, 사법심사를 통한 개인의 권리 지키기
XXVII.	다섯째, 심각한 무능력 상태의 개인을 위한 후견인(conservatorship) 프로그램을 통해 개별화된 치료, 감독 및 배치서비스 제공하기
XXIII.	여섯째, 이러한 목적을 달성하고 서비스의 중복 및 불필요한 지출을 방지하고 기존의 모든 기관, 전문인력 및 공적 자금의 효율적인 사용을 장려하기
XXIII.	일곱째, 정신질환자 및 발달장애인이 범죄에 연류 되는 것으로부터 보호하기

다음의 표는 WIC의 주요 코드와 그 내용을 간략히 정리한 것이다.

| 표 1 | 캘리포니아 비자의입원 및 치료 주요 코드 및 내용

Type	WIC 코드	최대기간	간략한 설명
정신질환자의 평가와 구금	5150	72시간	정신적 장애로 인해 자신이나 타인에게 해를 입힐 수 있거나 심각한 무능력상태에 있다는 법적 기준을 충족시킨다고 판단되는 사람의 경우 72시간 동안 구금할 수 있다.
집중치료	5250	14일	앞서 5150 이후 정신장애로 인해 자신 또는 타인에게 위험하거나 심각한 무능력상태에 있다는 기준을 충족시키는 것으로 의심되는 사람들은 14일간의 비자의입원을 허용한다.
자살 충동에 대한 추가 집중치료	5260	14일	정신장애로 인해 자살의 위험성이 높다고 의심되는 사람들을 위해 WIC 5250(처음 14일)을 초과하여 14

			일간 추가 비자의입원을 허락한다.
추가 집중치료	5270.15	30일	정신장애로 인해 첫 14일(WIC 5250－최초 14일) 동안 심각한 무능력(gravely disabled)한 상태로 있다고 판단된 사람들에 대해 추가 30일간의 비자의입원을 허용한다.
임박한 위험이 있는 사람에 대한 절차	5300	180일	심각한 신체적 상해 위협을 가한 사람 또는 정신질환으로 다른 사람에게 신체적 상해를 입혔거나 가하는 것으로 의심되는 사람을 위해 WIC 5250(첫 14일간의 보류) 이후 180일간의 비자의입원을 인증한다.

자료: 캘리포니아 입법정보 사이트를 참조하여 정리하였다.
https://leginfo.legislature.ca.gov/faces/codes_displaySection.xhtml?sectionNum＝5332&highlight＝true&lawCode＝WIC&keyword＝5150.

LPS법은 2014년에 "상원법안(Senate Bill) 364[11]"을 통해 다음과 같이 일부 내용이 수정되었다(San Francisco Health Network－Behavioral Health Services, 2016, pp. 4－5).

XXX.	지정 시설에 대한 낡은 인력요건 제거
XXXI.	23시간 위기 개입 시설 및 정신보건시설의 유형 확장
XXXI.	모든 지정시설은 주 정부의 승인을 받은 정신건강 치료시설로 제한
XXXIII.	지정 시설이 아닌 곳에 입원한 환자의 사정(assessment) 및 평가절차 제공 (예: 지정시설로 먼저 이송하지 않은 사람으로 더 이상 비자의입원 · 비자의치료가 필요하지 않은 사람들을 구금으로부터 해제하는 절차－참고로 72시간 구금은 구금될 때 시작된다.)
XXXIV.	적절한 경우 자발적으로 서비스가 제공되도록 하는 것의 중요성 강조
XXXV.	낙인을 부여하는 언어를 제거하기(예: 정신이상을 정신건강/정신질환(mental disorder to mental health disorder으로 바꾸기)
XXXVI.	구금 대상자의 권리보호를 강화
XXXVII.	비자의입원 · 비자의치료 시설에 개연성 있는 원인을 적도록 하는 완성된(complete) 5150/5585 신청서 요구
XXXVIII.	5150/5585 비자의입원 권고에 적절한 언어 추가(예: 개인이 말을 이해하지 못하는 경우, 서면조언을 제공하기)
XXXIX.	당사자가 선택할 수 있는 치료 옵션들의 정보를 제공하고, 환자 권리 옹호관[12]에게 연락할 권리, 그들이 이해할 수 있는 언어 또는 양식으로 입원상담을 받을 권리

이 후 2015년 10월 주의회가 승인한 수정안 1194(Assembly Bill 1194, AB 1194)은 LPS법의 5150을 수정하고 명확히 하였다. 여기에서는 비자발적인 보류에 대한 평가를 수행할 때, LPS 기준이 충족되는지 여부를 결정하는 사람들은 임박한 상태(imminent presentation)와 더불

11) 상원법안(Senate Bill) 364에 대한 좀 더 자세한 설명은 다음의 사이트를 참조하기 바란다. http://www.leginfo.ca.gov/pub/13－14/bill/sen/sb_0351－0400/sb_364_bill_20131004_chaptered.pdf.

12) 정신질환자가 법률과 헌법에 규정된 자신의 권리를 지킬 수 있도록 주법에 의해 지정된 사람.

어 정신적인 장애의 역사적 과정(historical course of the person's mental disorder) 또한 고려해야 한다고 정의하였다. 이 AB 1194는 2016년 1월 1일에 발효되었고, 이 변경사항의 주요 내용은 다음과 같다(San Francisco Health Network－Behavioral Health Services, 2016, p.5).

XL. 제5150항에 따라 개연성 있는 원인은 해악의 발생이 임박할 위험에 국한되는 것은 아니다.
XLI. 상당한 근거(probable cause)가 있는지 결정할 때 합당한 정보가 있는 경우 정신질환에 정신질환 병력 관련 정보가 포함되어야 하고 5150/5585 신청서에 기록되어야 한다.

2. LSP법의 구체적 내용

LPS법에 따르면 정신장애를 가진 사람들은 연방헌법 및 연방법뿐만 아니라 캘리포니아 주의 법에 따라 다른 모든 사람들에게 보장되는 법적 권리 및 책임을 지니고 있다(Section 5325.1). LPS는 치안관(peace officer)이나 5150에서 지정한 시설의 전문가(authorized professional)나, 카운티에서 지정한 전문가(other professional persons designated by the County)가 중증정신질환이나 만성 알코올중독으로 인해 자·타해 위험성 또는 심각한 무능력으로 판단할 만한 근거가 충분하다고 판단될 경우 '5150'으로 알려진 비자발적 정신과적 평가신청서를 작성하도록 하고 있다. 이때 심각한 무능력(Gravely disabled)은 정신장애로 이해 기본적인 의식주를 스스로 해결할 수 없는 상태로 정의된다(W & IC § 5008(h)). 이 법은 평가(evaluation)와 치료를 위한 초기 72시간 구금으로 시작하고 추가구금을 허용하고 있다(West, 1997, cited in RAND, 2001, p.82).

1) 72시간 구금

일명 코드 5150로 불리는 이 법령은 한 개인이 정신장애로 인해 타인 또는 스스로에게 위협이 되거나 심각한 무능력상태에 있는 경우, 본인의 의지에 반하여 사정 및 평가(assessment and evaluation)를 위해 최대 72시간까지 구금시킬 수 있도록 하는 제도이다. 다음은 캘리포니아 Department of Health Care Services(2014)에서 소개한 내용을 정리한 것이다.[13] 비자발적 구금에 대해 상당한 근거(probable cause)가 있는 경우, 개인을 구금시킬 수 있는 권한이 있는 사람들은 치안관(peace officer), 평가 및 치료를 위해 카운티에서 지정한 시설을 책임지는 전문가, 병원 소속 담당의, 위기지원팀(mobile crisis team)의 지정 팀원, 그리고 카운티에서 지명한 전문가이다. 또한 구금되어 있는 동안, 평가 및 치료를 위해 위기개입(crisis intervention) 또는 비자의입원 관련 지정시설로의 배치조치가 개시될 수 있다. 5150 신청서가 작성되면 구금시간이 시작되며, 평가 및 치료 대기 기간은 최대 72시간까지 허용된다. 하지

13) 자세한 정보는 다음을 참조하기 바란다: https://www.dhcs.ca.gov/services/Documents/DHCS_Handbook_English.pdf

만, 72시간 내에라도 언제든지 기준을 충족하지 못하면 그 사람은 반드시 퇴원(released) 시켜야 한다. 72시간이 지난 후, 시설은 개인을 퇴원(released)시키거나, 자의적 치료를 안내하거나, 집중적인 치료 필요성이 증명되어 입원치료를 지속하거나 후견인을 임명하는 절차를 시작해야 한다.

2) 집중치료를 위한 14일 자격검정(14-day certification for intensive treatment)

이 법령(코드 5250)은 72시간 동안 감금된 사람 중 중증정신질환이나 만성알코올 중독으로 인해 자·타해 위험성이 있거나, 심각한 무능력으로 판단되는 상당한 근거가 있음에도 자발적 치료를 거부하는 사람에게 최대 14일 동안 구금·비자의입원이 연장할 수 있음을 법적으로 명시하고 있다. 그러나 만약 더 이상 비자의입원 조건이 충족하지 않을 시에는 언제든지 퇴원하도록 해야 한다. 14일의 기간이 끝날 때, 환자는 퇴원할 수도 있고, 자의적으로 치료를 유지하기 위해 더 체류할 수 있다. 그리고 아래의 4가지 경우에는 비자의적 입원·치료가 계속 진행될 수 있다.

(1) 재자격 검정(5260)

14일간의 자격 검정 기간 동안 당사자가 자살을 시도하거나 그러한 조짐을 보인 경우, 그리고 지속적으로 자살 징후가 계속 남아 있는 경우, 당사자의 담당의사는 환자를 14일 구금(14-day hold)상태에 추가로 더 둘 수 있다.

(2) 심각한 무능력일 경우 30일 추가집중치료(5270)

시설직원(facility staff)이 환자가 심각한 무능력 상태라고 판단하거나 "자의치료를 받지 않거나 받을 수 없다는 사실을 발견할 경우" 추가로 30일 동안 비자발적 입원/치료를 받을 수 있다. 30일의 치료조치가 끝나면 환자에게는 퇴원조치가 취해지며, 본인이 원할 경우 자발적으로 추가치료를 위해 남게 되거나, 또는 후견인(conservatorship) 청원서가 제출될 수 있다.

(3) 임박한 위험환자(imminently dangerous persons)를 위한 180일 추가집중치료(5300)

14일간의 집중치료가 끝날 때 다른 사람에게 "신체적인 해를 입히려고 했거나 심각한 위협을 가한 사람의 경우 추가로 최대 180일을 더 비자의입원할 수 있다.

(4) 임시 및 LPS 후견인(Conservatorship) 지정(5352)

평가와 치료 또는 집중적인 치료를 제공하는 시설의 직원은 "정신질환 또는 만성 알코올 중독에 의한 장애로 심각한 무능력으로 인해 후견인(conservator)의 도움을 받는 것이 환자에게 이로울 수 있다고 판단되면 후견인(conservator)을 임명하도록 법원에 청원할 수 있다. 당사자는 최장 30일 동안 임시후견인(T-con) 지정조치 대상이 될 수 있다. 30일의 기간이 끝날 때 심의가 열리는데, 이 심의에서 당사자가 계속해서 심각한 무능력상태에 있는지 여부와 1년간의 후견인 지정조치가 필요한지 여부를 결정한다. 후견인지정(conservatorship hearing) 과정 동안 담당 옹호관이나 변호사의 도움을 받을 수 있다. 후견인은 개인이 무능력한 상태서 벗어나면(no longer gravely disabled) 법원에 통보하여 법원이 후견인 지정을 종료할 수 있도록 해야 한다.

3) 인신보호 신청(Petition for writ of Habeas Corpus)

집중치료를 위한 14일 자격검정(5250)을 통해 정신질환자들은 본인 스스로 또는 변호사, 옹호관 또는 시설 직원의 도움을 받아 인신보호를 신청할 수 있다. 이 요청이 받아들여지면, 환자는 심리를 받을 자격이 부여된다(W&I Section 5275). 당사자가 인신보호 영장에 대한 청원서를 제출할 것을 요청하면 병원 직원이 환자를 도와야 하며, 법원은 인신보호 청원서를 접수한 2일 이내에 청문회를 열어야 한다. 이때 판사는 환자가 심각한 무능력이거나 자신이나 타인에게 위험할 수 있다고 믿을 만한 원인이 있는지 결정해야 한다(W&I Section 5276)(San Francisco Health Network, 2020).[14]

4) 비자의입원환자의 권리(Involuntary Patients Rights)

비자발적인 환자의 권리는 복지 및 기관 법(Welfare and Institutions Code) 제5325.1조에 명시되어 있다. 정신질환자는 언제든지 환자권리 옹호관(Patient's Rights advocate) 또는 변호사와 연락을 취할 권리가 있으며, 정신건강서비스 시설[15]에서 환자권리 옹호관과 면담 및 서비스를 받을 권리가 있다. 그리고 이때 당사자의 권리는 부모, 보호자(guardian) 또는 후견인(conservator)에 의해 철회되어서는 안 된다. 환자들이 가지는 "양도할 수 없는 권리(undeniable rights)"의 예로는 다음이 포함된다(San Francisco Health Network–Behavioral Health Services, 2016, p. 6.).

XLII.	품위, 사생활 및 인도적 보살핌/케어를 받을 권리
XLIII.	불필요하거나 과도한 신체적 구속, 격리, 약물치료, 학대 또는 방임 등 해를 입지 않을 권리
XLIV.	신속한 진료 및 치료의 권리
XLV.	지원되는 적절한 교육 프로그램에 참여할 권리
XLVI.	사회적 상호 작용 및 지역사회 활동에 참여할 수 권리
XLVII.	신체 운동 및 레크리에이션 기회에 대한 권리
XLVIII.	위험한 절차로부터 자유로울 권리
XLIX.	치료를 거부할 수 있는 권리

환자의 권리를 거부할 경우에는 그 이유가 합당해야 한다. 환자의 권리가 거부되는 것은

14) https://www.sfdph.org/dph/files/CBHSdocs/Involuntary_Detention_Manual_April2020.pdf

15) 주립병원(State Hospital), 급성 정신질환자 치료 병원(Acute Psychiatric Hospital), 일반 급성환자 치료 병원의 정신과(Psychiatric Unit of a General Acute Care Hospital), 전문 요양시설(Skilled Nursing Facility), 특수치료 프로그램(Special Treatment Program), 인가 그룹홈(Licensed Group Home), 성인 입소시설(Adult Residential Facility), 사회 재활시설(Social Rehabilitation Facility), 허가 받은 패밀리홈(Licensed Family Home), 성인 데이케어 시설(Adult Day Care Facility), 정신보건 시설(Psychiatric Health Facility), 정신건강 재활센터(Mental Health Rehabilitation Center), 커뮤니티 치료시설(Community Treatment Facility)과 23–시간 치료시설(23–Hour Treatment Facility)이 이에 해당된다.

매우 신중한 상황이기 때문에, 각 권리의 거부는 반드시 치료기록에 문서화되어야 하고, 권리가 거부된 날짜와 시간, 거부된 특정 권리에 대한 설명, 권리를 부인하는 합당한 이유(Good cause for denial of right), 그리고 권리를 부인하는 권한을 가진 시설전문가 또는 권리의 부인을 승인하는 지명자의 서명이 있어야 한다. 여기서 권리를 거부할 수 있는 정당한 사유란 특정한 권리를 허용하는 것이 본인이나 타인의 부상 또는 상황을 초래할 것이라고 판단되거나, 타인의 권리에 대한 중대한 침해나 시설에 대한 심각한 피해가 우려될 경우, 또한 이러한 일들이 일어나는 것을 막기 위한 다른 방법이 없는 경우라고 책임 있는 전문가가 판단할 만한 충분한 이유를 뜻한다.

5) 약물복용 사전 동의권

정신질환 치료를 위해 처방되는 정신과약물에 대해 개인에게 서면 및 구두 정보를 제공해야 한다. 환자는 이러한 정보에 기반하여 의사가 권장하는 치료를 받아들일지 여부를 결정한다(W&I Section 5152). 이 정보에는 다음이 포함되어야 한다(San Francisco Health Network, 2020).

L.	약물의 가능한 효과 및 가능한 부작용
LI.	약물 복용이 권장되는 원인이 되는 정신질환 또는 행동에 대한 정보
LII.	약물 없이 개선되거나 개선되지 않을 가능성
LIII.	합당한 대안 치료에 대한 정보
LIV.	약의 이름과 유형, 빈도, 양, 그리고 투약방법, 투약 예정시간에 대한 정보
LV.	또한 위의 정보가 주어졌거나 아직 주어지지 않았는지에 대한 기록

6) 정신과약물치료를 거부할 권리

환자가 약물에 관한 정보 및 약물을 거부할 권리에 대해서 들은 후 약물을 거절하지 않으면 치료약이 투여된다(W&I Section 5332). 하지만 환자가 구두로 거부하거나 거부하고자 하는 의사를 표시할 경우에는, 첫째 환자가 약물을 거부하는 이유로 개최된 청문회에서 치료를 거부할 능력이 없다는 결정이 있거나 둘째, 자기 및 타인의 안전을 위해 즉각적인 조치가 필요한 상황으로 판단된 비상사태의 경우일 때만 비자의적으로 약을 투여할 수 있다(W&I Section 5008m). 이러한 결정은 1987년 정신능력 심리(capacity hearing) 또는 Riese[16] 심리라고 불리는 사법결정을 기반으로 하고 있다. 정신질환자는 정신능력 심리에서 옹호관 또는 변호사에게 본인을 대리하도록 할 권리가 있고, 상급 법원이나 상소 법원에 해당 결정에 대해 이의를 제기할 수 있다(San Francisco Health Network, 2020).

---

16) Riese는 LPS에 따라 구금 된 사람들이 치료를 위해 처방된 약에 대한 동의를 제공하거나 거부할 권리가 있다는 것을 인정한 사법 결정이었다. 1987년 Riese재판의 핵심은 환자가 비자의입원만으로 인해 무능한 것으로 추정될 수 없다는 가정하에, 구금된 사람들이 치료를 위해 처방 된 약에 대한 동의를 제공하거나 거부할 권리가 있다는 것이다(출저: https://www.disabilityrightsca.org/system/files/file−attachments/501801.pdf).

7) 그 외의 권리

환자는 종교적 자유 및 실천의 권리가 있고, 인종, 피부색, 종교, 성별, 국적, 혈통, 연령, 혼인 여부, 신체 또는 정신적 장애, 질병 또는 성적 지향에 근거한 차별 없이 정신건강서비스를 받을 권리가 있다. 일부 주립병원에서 법률상 금지된 경우를 제외하고는 본인 소유의 의복을 착용할 권리가 있으며, 사소한 물품 구매를 위해 본인 소유의 돈이나 개인자금 소유 및 소비할 권리가 있으며, 방문객을 만날 권리가 있다. 또한 비밀보장이 유지되는 전화를 걸거나 받을 수 있는 권리와 우편물 및 개봉되지 않은 서신을 받을 권리, 그리고 편지 쓸 때 필요한 물품들을 사용할 권리가 있다.

Ⅳ. 외래치료 명령제도(Outpatient Commitment)

1. 등장배경

외래환자 치료(assisted outpatient treatment; AOT)는 전통적인 비자의입원의 대안으로 시작되었다(NASMHPD, 2014). 외래치료 명령제도란 정신질환을 앓고 있는 성인환자들 중 치료가 필요한 환자들에게 법원이 외래치료를 명령하는 제도로, AOT(Assisted Outpatient Treatment), IOC(Involuntary Outpatient Commitment) 또는 MOT(Mandatory Outpatient Treatment)라고도 불린다(Esposito, Geller, & Ragosta, 2012; Swartz et al., 2003, 2009, 2010). 외래치료명령제는 민사소송절차(Civil legal procedure)로 정신질환을 앓고 있으나 적절한 치료를 거부하는 개인들을 보호하고 치료를 통해 그들의 복지를 증진시키고자 하는 취지에서 비롯되었다. 그렇기 때문에 단순히 정신질환자에게만 외래치료를 받으라고 명하는 것이 아니라, 정신건강시스템(치료제공자 및 정신건강 관련 기관 등)에게 (외래치료가 필요한 당사자에게) 적절한 치료를 제공하도록 함께 명령하고 있다(Treatment Advocacy Center, 2012). 즉, 외래치료 명령은 병원보다 제한이 적은 곳에서 정신질환자가 자율성(autonomy)을 증진하는 동시에, 서비스 제공자(the provider)가 환자의 서비스 준수를 모니터링하고 조기재발 또는 재발징후를 감지하고 개입할 수 있도록 도와준다는 목적을 지니고 있다(Player, 2015; RAND, 2001).

외래치료 명령은 법적 관점에서 볼 때 주정부의 비자의입원 권한을 지역 커뮤니티로 확대하여 법원이 환자에게 커뮤니티 치료명령(community treatment order)을 내리는 것이지만, 단순한 치료명령이 아니라 높은 수준(high-need)의 정신치료/서비스가 필요한 중증정신질환자가 정신건강기관(the mental health authority)에서 보다 질 좋은 서비스를 받아야만 하는 그 중요성을 명시하고 있다고 할 수 있다. 또한 실용적인 측면에서 볼 때, 외래치료 명령 법률은 치료에 적극적으로 참여하지 않았던 중증 질환자들에게 회복의 길로 유도하는 데 목적이 있다. AOT의 대표적인 서비스로 적극적인 지역사회 치료(Assertive Community Treatment; ACT),

집중 사례관리(intensive case management), 주거지원, 약물치료 및 잦은 빈도의 개인상담 치료 등이 포함된다(Swanson et al., 2010, 2017).

외래치료에 대한 연구는 활발히 진행되고 있으며, 비자발적 입원제도와 마찬가지로 각 주마다 자격요건, 실행방법 및 절차, 프로그램 관리 책임기관, 치료과정에 대한 모니터링 절차 등이 다르다. 그 중 Meldrum의 연구에 따르면 보다 '적극적인' 지역사회치료명령제를 진행하는 주들은 대체적으로 다음의 세 가지의 유형으로 구분된다(Meldrum et al., 2016). 첫 번째 유형은 AOT를 치료를 위한 "커뮤니티 게이트웨이(community gateway)"로 커뮤니티에 거주하면서 치료받지 않은 정신질환자를 대상으로 한다. 두 번째 유형은 '병원에서 지역사회로의 전환'으로 이 유형에서 AOT는 비자발적으로 입원한 환자들 중 지역사회로 돌아오는 사람들을 위한 한 단계 덜 제한적인 프로그램으로 사용되고 있다. 세 번째 유형은 중증정신질환을 앓고 있는 사람들이 치료를 거부 · 중단하는 위험군에 있는 사람들을 모니터링하는 "감시(surveillance)" 또는 "안전망(safety net)" 모델이다(Meldrum et al., 2016).

2. 외래치료 명령제도의 역사와 현재 위치(Burgeon of AOT and Effectiveness)

미국의 첫 번째 AOT는 1972년 워싱턴 D.C.의 St. Elizabeth's Hospital에서 찾아볼 수 있다. 이 케이스는 퇴원을 앞둔 환자 중 지역사회로의 안전한 복귀와 치료의 지속성에 의구심을 품었던 정신과의사들이 다른 정신건강 관련 전문가 및 검사(public defender)의 동의를 얻어, 외래치료를 명령함으로써 시작되었다(Geller, 2006; Torrey, 2011; Watnik, 2001).[17]

AOT가 소개된 이후 다양한 연구들을 통해 그 효과성을 확인할 수 있다(Esposito et al. 2008; Gilbert et al., 2010; Lera-Calatayud et al., 2014; Player, 2015; Schneeberger et al, 2017; Stettin, 2014; Phelan et al., 2010; Swanson et al., 2000; Swanson et al., 2003; Swartz et al., 2002; Zanni & Stavis 2007). 그 중 뉴욕 정신건강국(NYHC)의 데이터에 따르면 켄드라 법(뉴욕 외래치료명령제 법률) 시행 후 5 년 동안 외래치료명령을 받은 사람 중 77%가 입원 경험이 감소한 것으로 나타났다(New York: Office of Mental Health, 2005). 또, 노스캐롤라이나 주의 연구는 법원명령 없이 집중적인 외래환자 서비스만으로는 입원을 줄일 수 없다는 것을 입증했는데, 같은 수준의 집중적인 외래환자 서비스가 6개월 이상의 장기 AOT와 병합되면서 병원 입원이 57% 감소했음을 보여줬다(Swartz et al., 1999). 이 외에도 Washington D.C.에서 외래치료를 전후로 매년 1.81에서 0.95로 감소했고(Zanni & DeVeau, 1986), 오하이오 주에서는 1.5에서 0.44로(Munetz et al, 1996), 그리고 아이오와에서는 1.3에서 0.3으로 병원 입원이 감소한 것으로 보고되었다(Rohland, 1998).

외래치료 명령제도는 입원률 감소 이외에도 노숙자(New York: Office of Mental Health, 2005), 체포 및 구금(Swanson et al, 2001), 희생 및 폭력 사건의 발생 및 기간을 줄이는 데

17) 자세한 AOT의 역사는 박인환 · 한미경(2018)에서 찾아볼 수 있다.

(Hiday et al., 2002; Swanson et al., 2000) 효과적이라는 것이 증명되고 있다. 이러한 AOT 효과성에 대한 연구는 현재까지 꾸준히 진행되며, 몇몇의 연구를 제외하고는(El-Mallakh, 2011; Kisely, Campbell, & Preston, 2011), 증거 기반 개입실천 서비스(evidence-based practice)로 인식되면서, 다양한 연령(18세 이상의 성인대상), 성별, 주거지역(도시와 농촌지역), 인종, 그리고 질환의 종류에 그 효과성에서 일반화와 대표성을 만족한다는 것을 입증하고 있다, 이는 전반적으로 AOT로 인해 환자들이 지속적인 치료를 받음으로써 삶의 질의 향상에 기여한다는 것을 보여주는 결과들이라 할 수 있다.

이러한 다양한 효과성에 힘입어 AOT는 미국정신과협회(APA; American Psychiatric Association), 미국정신과간호사협회(American Psychiatric Nurses Association), 전국보안관협회(National Sheriffs Association), 전국범죄방지위원회(National Crime Prevention Council)들과 정신질환 환자와 가족들을 대표하는 NGO단체인 전미정신질환자연맹(NAMI, National Alliance on Mental Illness, 미국 정신장애인 가족이 주축이 되어 활동하는 단체) 그리고 Treatment Advocacy Center(TAC)들의 지지를 받고 있다. 특히 1999년 미국정신과협회는 "의무적인 외래치료"라는 문서에서 외래치료명령(비자발적 외래치료)은 중증 정신질환을 앓고 있고 법원명령 없이는 치료받을 가능성이 없는 환자를 위해 법원이 지역사회에서 환자에게 치료를 받을 것을 명령하는 것으로, 비자의입원 기준을 충족시키지 못하지만, 계속적으로 치료를 받지 않으면 비자의입원의 대상이 될 수 있는 환자를 위한 예방적 치료라고 정의하였다(Mandatory Outpatient Treatment: A resource document of the APA, 1999). 이렇게 많은 단체 및 사람들은 AOT가 치료를 거부하는 중증 정신질환자를 커뮤니티 환경에서 관리하는 데 잠재적으로 유용한 중요한 도구라고 주장한다.

그러나 AOT 제도에 부정적 입장을 보이는 이들도 있다. 이들은 비자발적 입원과 마찬가지로 외래치료 명령 또한 비자의성이 있기에 이는 환자 개인의 자유를 침해하는 것이라고 지적한다. 이미 위기에 처한 정신건강 시스템에 대한 재정적인 낭비로 간주하며, AOT처럼 강압적인 치료방법보다는, 효과성이 입증된 집중적인 커뮤니티 치료방법(intensive community treatment methods)에 더욱 적극적으로 투자해야 한다고 주장한다. 대표적인 예로 Bazelon센터는 AOT는 강압적인 이유로 개인의 헌법상의 권리를 침해한 것으로 간주하는데, 개인에게 강압적으로 치료를 명하는 것은 인권에 반한다고 보고 있다(Bazelon center cited in Broom 2004).

이와 같은 입장 차이에도 불구하고 외래치료 명령을 통해 치료를 거부하는 정신질환자에게 치료를 명함으로써 폭력행위를 방지할 수 있다는 아이디어는 예방적 차원의 비자발적 외래치료법을 제정함에 있어 대중의 지지를 얻는 중요한 계기가 되었다. 이러한 외래치료 명령제도의 공공안전 기능(public safety function)은 1990년대 후반에 중요한 주제가 되었고, 일부 주에서는 외래치료 명령 법률이 치료를 중단한 정신질환을 가진 사람들과의 사고로 죽음을 맞이한 사람들의 이름으로 명명되기도 하였다(Torrey, 2008): 그 예로, 뉴욕의 켄드라 법(Kendra's Law), 캘리포니아의 로라 법(Laura's Law), 미시건 주의 케빈 법(Kevin Law) 등이 있다.

각 사건마다 약간의 차이는 있지만, Kendra, Laura 및 Kevin의 사건은 비자발적 외래치료법의 제정에 결정적인 역할을 했다(Swanson, Swartz & Moseley, 2017). 2016년 Policy Surveillance Program(Law Atlas, 2016)의 조사에 따르면, 미국 내 47개 주에서 다양한 형태로 비자발적 외래치료를 허용하는 법률이 있고, 어떤 주에서는 "예방" 유형의 차원에서 비자발적 외래치료가 필요하다는 결정이 포함되어 있는 것으로 확인되었다.

3. 전국 차원의 외래치료 명령을 위한 법률기준

비자발적 외래치료에 대한 특정 메커니즘 및 규정은 주마다 다양하다. 그러나 많은 주에서 정신병원에 비자발적으로 입원되어 있는 환자들 중 외래치료를 조건으로 퇴원(conditionally released)을 허락하고 있다. 외래치료명령을 조건으로 퇴원한 당사자가 이 명령에 순응하지 않는 경우, 이전의 입원 명령이 유효하기 때문에 추가적인 법원의 명령 없이 정신의료기관으로 다시 (비자의)입원될 수 있다.[18] 비자발적 외래치료의 대상자는 치료계획을 따르도록 의무화되어 있는데, 비준수에 대한 법적 제재는 약하다고 할 수 있다. 대부분의 외래 비자의입원 규정에 따르면, 비준수 개인은 법집행관이나 경찰만이 평가를 위해 의료시설로 이송시킬 수 있으며 환자가 치료를 거부하거나, 비자발적 입원기준을 충족시키지 않는다고 판단되면 퇴원시켜야 한다(SAMHSA, 2019).[19]

중증 정신질환을 앓고 있는 사람이 치료를 받지 않아 위험한 상황까지 증상이 악화되거나 또는 심각한 무능력 상태에 놓일 가능성이 있다고 판단될 경우 외래치료 명령을 통해 지역사회에서 치료받을 것을 법원이 명령할 수 있다. 1985년 노스캐롤라이나(North Carolina, N.C.)법은 예방적 외래치료명령법(preventive outpatient commitment law)을 잘 보여주는 예라 할 수 있다. 이 법은 정신질환자가 현재는 비자의입원의 기준에 부합될 정도로 위험하지 않아 병원에 합법적으로 입원치료를 할 수 없는 자 중 다음의 기준에 부합할 경우 예방적 외래명령을 취할 수 있도록 하고 있다(N.C. General Statutes, 122C-261.). 그 기준은 정신질환을 앓고 있고, 가족 · 친구 또는 다른 사람들의 관리 하에 지역사회에서 안전하게 생존할 수 있으며, 정신질환 병력(psychiatric history)을 바탕으로 치료를 받지 않으면 증상 악화 및 자신 및 타인에 대한 위협이 야기되는 것을 방지하기 위해 치료가 필요하고, 현재 정신상태(mental status)나 정신질환의 특성상 자발적으로 치료를 받거나 또는 권고된 치료(recommended treatment)를 스스로 결정(informed decision)하지 못하는 상황에 있는 자를 의미한다. 이러한 예방적 외래치료 명령(preventive outpatient commitment law)은 환자에게 비자발적 약물치료나 입원 또는 다른 개입을 집행할 권한을 제공하지는 않는다. 따라서 환자가 치료를 준수하지 않으면 정신건강의 제공자는 보통 법집행관에게 환자를 치료센터로 이송하도록 요청할 수는 있

18) Arkansas, Colorado, Delaware, Hawaii와 Rhode Island의 주들은 비순응(Non-compliance)에 대한 특별한 법령은 없다(Washington State Institute for Public Policy, 2015).

19) 각 주의 외래치료 명령에 대한 법령은 워싱턴 주의 2015년 연구자료를 통해 확인할 수 있다(Washington State Institute for Public Policy, 2015).

지만 환자는 병원에 자동으로 입원 또는 재입원될 수 없고 반드시 비자발적 입원에 대한 새로운 청원이 시작되어야 하며, 이때 환자는 그 청원서에 대한 새로운 청문회를 가질 권리가 있다(RAND, 2001).

4. 캘리포니아 주의 외래치료 명령제도

캘리포니아 주의 외래치료 명령제도인 로라법(Laura's Law)를 바탕으로 AOT가 어떻게 진행되는지에 대해 좀 더 자세히 살펴보고자 한다. California's Laura's Law는 2001년 Laura Wilcox의 죽음으로 시작되었다. 이 사건을 계기로 2002년 캘리포니아에서는 AOT 시범 프로젝트법을 제정한다(Assembly Bill [AB] 1421, Thomson, Chapter 1017, 2002 법령). 뉴욕처럼 주 내에 있는 모든 카운티(County)에 적용되는 켄드라 법과는 다르게, Laura's Law는 California 주 카운티(County)의 감독위원회(Board of Supervisors)들이 각자의 카운티에서 Laura's Law를 인정하느냐 하지 않느냐에 따라 비자의외래치료 명령의 실행 여부에 차이가 있다(Nevius, 2010). 이러한 원칙에 의해 2021년 6월 기준으로 총 58개의 카운티들 중 22개의 카운티들이 Laura's Law를 실행하고 있다. 2020년 캘리포니아 법안 AB1976는 2021년 7월부터 카운티가 "적용배제(opt out)" 하지 않는 이상 Laura's Law를 실행해야 한다고 하고 있다(California Department of Health Care Services, 2021). 이러한 법안에 기반하여 Laura's Law를 시행하지 않고 있던 카운티(예로 산타클라라 카운티)도 "당연적용(opt-in)"을 결정한 상태이다. 각 카운티마다 세부내용에는 차이가 있겠지만, 주 전반에 걸쳐 행해지는 기본 틀은 주정부의 규정을 따르게 되어있다. 다음에서 소개되는 외래치료명령제도의 내용은 캘리포니아 주정부기관 보고서와 웹사이트에서 소개하는 내용을 부분적으로 선택하여 직역한 것이다.[20)]

1) 절차 및 세부 내용

(1) AOT 적격 검사/조사

카운티 정신건강 국장 또는 그의 피지명자만이 카운티의 상급법원(superior court)에 청원서를 제출할 수 있다. 하지만 청원서를 제출할 자격이 있는 사람들의 폭은 비교적 넓은 편인데 아래와 같은 사람들이 해당된다.

LVI. 해당 사람과 거주하는 성인
LVII. 해당 사람의 성인 부모나 배우자, 형제 및 성인 자녀
LVIII. 해당 사람이 입원환자 인 경우 병원 원장
LIX. 해당 사람에게 정신건강서비스를 제공하는 기관 책임자
LX. 자격이 부여된 정신건강 치료 제공자

20) https://www.dhcs.ca.gov/Search/Pages/Search.aspx?q=Assisted%20Outpatient%20Treatment%20Program.

LXI.	가석방 또는 보호관찰관

청원서를 제출할 자격이 있는 사람으로부터 요청을 받으면 카운티 정신건강국장이 조사를 해야 하고, 청원서에 필요한 모든 요소가 명확하고 설득력 있는 증거로 입증될 가능성이 있다고 결정하면 청원을 제기한다. 이때 치료기간(최대 6개월)에 대한 가용성은 AOT를 명령하기 전에 법원에 의해 설정되어야 하는데, 필수자격을 갖춘 서비스가 지역사회에서 가능하지 않다고 판단되면, 카운티 정신건강국장은 청원서를 제출할 수 없다.

(2) AOT 자격조건

청문회 후에 법원에서 자격요건이 모두 충족되었다고 판단한 경우에만 외래치료 명령을 내릴 수 있다. 대부분의 카운티에서 AOT 자격요건을 다음과 같이 지정하고 있다.

LVII.	18세 이상 성인
LVIII.	정신질환을 앓고 있는 자
LIX.	임상심사결과(clinical determination) 감독 없이 지역사회에서 안전하게 생존할 가능성이 낮은 자
LX.	중증정신질환자가 치료 비준수로 인해 지난 36개월 이내 병원, 감옥, 구치소 등에 최소한 2번 이상 입원하였거나 지난 48개월 동안 자신이나 다른 사람들에 대한 심각한 폭력적 행동을 시도 또는 위협함을 초래한 적이 있어야 한다. 참고로 대상자가 병원이나 구금시설에서 청원 접수 직전에 보낸 시간은 36개월 또는 48개월 제한시간에 포함되지 않는다.
LXI.	지역사회에서 치료계획에 자발적으로 참여할 수 있는 기회를 제공 받았지만 지속적으로 치료에 참여하지 않은 자
LXII.	상태가 (적절한 치료를 받지 않는 결과로) 악화되는 자
LXIII.	치료기록 및 현재 행동을 고려하여, (치료를 받지 않으면) 캘리포니아의 입원약정 표준인 본인 또는 타인에게 해를 끼칠 수 있는 심각한 위험에 있거나 심각한 무능력 상태에 처할 수 있는 자
LXIV.	외래치료를 받는 것이 도움이 될 수 있는 자
LXV.	외래치료에 참여하는 것은 사람의 회복과 안정성을 보장하는 데 필요한 가장 제한이 적은 배치(placement)이다.

(3) AOT의 청원(Petition)과 심사통지서(Notice of Hearing)

청원서의 대상자는 반드시 청원서가 접수된 카운티 내에 거주해야 한다. 또한 AOT에 필요한 모든 기준을 충족시킨다는 것을 뒷받침하는 증빙자료들이 있어야 한다. 그리고 청원서에는 카운티 정신건강국장이 지정하여 자격이 부여된 정신건강서비스 제공자의 진술서가 첨부되어야 하는데, 자격이 부여된 정신건강서비스 제공자는 청원서를 제출하기 10일 이전에 대상자를 검사하고, AOT에 대한 기준을 충족한다는 사실을 명시하고 청문회에서 증언해야 한다. 법원은 청원서를 받으면 5일 안에 청문회 날짜를 정해야 한다.

청원자는 청원서의 복사본과 청문통지서를 당사자에게 개별적으로 전달해야 한다. 청원자는 또한 청문통지서와 청원서 사본을 카운티의 환자권리 사무실(The county office of patient rights)과 당사자의 현재 보건의료 담당자(health care provider)에게 보내야 한다.

(4) 합의서(Settlement Agreement)

AOT 청원서가 접수된 후 청문회가 끝나기 전에 청원의 대상자는 청문회의 권리를 포기하고 치료에 대한 합의안을 체결할 수 있다. 법원이 그것을 승인하면, 이 합의서(settlement agreement)는 외래치료에 대한 법원 명령과 동일한 효력을 180일까지 지니게 된다. 합의서는 자격이 부여된 정신건강서비스 제공자가 그 사람이 지역사회에서 안전하게 살아남을 수 있음을 조건으로, 지역사회 프로그램에 기반한 치료계획을 포함해야 한다. 법원만이 합의안을 수정할 수 있지만 청원자나 청원대상자는 180일 동안 언제든지 수정을 요청할 수 있다.

(5) 변호 받을 권리(Right to Counsel)와 AOT 심리 · 청문회

합의서가 불가능한 경우, AOT 심리/청문회가 실시된다. 법원은 청원자의 증언을 듣고 적절한 경우 그 사람을 법정에서 또는 법정 밖에서 조사할 수 있다. 청원의 대상자는 AOT 법원 진행의 모든 단계에서 변호사나 법률고문인(counsel)의 변호를 받을 권리가 있다. 대상자가 변호사나 법률고문인(counsel)을 원하는 경우, 법원은 국선변호인을 즉시 임명해야 한다.

당사자가 청문회에 나타나지 않은 경우, 법원은 당사자 부재에도 청문회를 실시할 수는 있다. 다만 이때 법원은 청원서를 제출하기 10일 전에 환자 치료기록을 검토하고 대상자를 진료한 의사가 청문에서 진술해야 한다. 청문회에 출석하지 않았지만 AOT를 수행하도록 명령받은 환자는 법원에 즉시 인신보호영장(writ of habeas corpus)을 제출할 수 있으며, 다른 청문회에서 청원서가 해결될 때까지 치료를 시작할 수 없다. 당사자가 청문회에 출석했으나, 진료/심사를 계속해서 거부하는 경우에는 법원이 청원서의 진술이 사실이라고 믿을 만한 합당한 근거

가 있으면 당사자를 구금 및 병원에 이송하도록 명령할 수도 있다. 해당자가 AOT 기준을 충족시키지 못한다고 판결하면 법원은 청원을 기각하지만, AOT에 대한 기준을 충족시키는 경우라면 6개월간 외래치료 명령을 할 수 있다.

(6) 치료계획(The Treatment Plan)과 갱신(Renewals)

법원은 AOT 명령에 따라 당사자가 받을 서비스를 명시해야 하고, 제출된 치료계획에 포함되지 않은 치료를 명령할 수는 없다. 법원은 카운티 정신건강국장과 협의하여 카운티가 승인한 민간 지역사회서비스 기관에서 명령기간 동안 명령된 서비스가 가능한지를 확인해야 한다.

AOT를 받는 대상의 상태를 모니터링하여, 외래치료의 추가기간이 필요하다고 판단되면 AOT프로그램의 책임자는 첫 치료명령 기한(최대 6개월)이 만료되기 전에 치료연장을 법원에 신청할 수 있고, 그 심의절차 및 요구사항은 첫 명령을 얻는 절차와 동일하다.

(7) AOT 명령 무효화(Early Release from Assisted Outpatient Treatment)

AOT 명령을 무효화시키는 두 가지 방법이 있다. 첫째, 최소 60일마다 AOT 프로그램 책

임자는 환자가 프로그램 배정기준을 충족하고 있다는 진술서를 제출해야 하는데 이때 당사자는 청문회에서 평가에 이의를 제기할 권리가 있다. 법원이 환자가 외래치료를 명령할 조건을 더 이상 충족시키지 못하는 것으로 판단되면 법원은 AOT 명령을 무효화시켜야 한다. 둘째, AOT 대상자/당사자는 언제든지 인신보호영장(writ of habeas corpus)에 대한 청원서를 제출할 수 있다. 이 청원에 대한 청문회에서 법원은 해당 AOT 자격요건을 여전히 충족시키는지 여부를 결정하고, 충족하지 않는다고 판단되면 AOT 명령을 무효화한다.

(8) AOT 명령 비준수에 대한 규제(Remedy for Non-Compliance with AOT)

정신건강서비스 제공자가 AOT 명령 대상자로 하여금 치료계획을 준수하도록 노력했음에도, 법원명령에 따라 치료를 받지 않았거나 지속적으로 거부하여, 병원에 비자의입원해야 할 것 같다는 판단이 서면 72시간 동안 검사를 위해 병원 입원을 요청할 수 있다. 이때 초기 72시간을 초과하여 평가시설에서 계속적으로 비자발적으로 머무르게 되는 경우 캘리포니아 비자의입원환자 입원규정에 따라야 한다. 평가기간 동안 비자발적 입원기준을 충족시키지 못하거나, 병원에 자발적으로 머물 것을 동의하지 않는 사람은 반드시 퇴원(released)되어야 한다. 환자가 AOT의 명령에 따르지 않는 것만으로는 비자의입원을 위한 충분한 근거가 되지 못한다.

(9) AOT 대상자의 권리(Right of Persons Subject to Petitions and Orders for AOT)

외래치료 명령의 대상자는 다음과 같은 권리가 있다.

LXXI.	법원이 지정한 국선변호사의 조언을 유지하거나 서비스를 활용할 수 있다.
LXXII.	당사자는 (또는 당사자가 지정한 대리인은) 청문회에 대한 적절한 통지를 받은 권리가 있다.
LXXIII.	법원명령평가서(court-ordered evaluation) 사본을 받을 수 있다.
LXXIV.	증거를 제시하고, 증인을 부르고, 반대 증인을 교차 검토할 수 있다(Present evidence, call witnesses, and cross-examine adverse witnesses).
LXXV.	인신보호영장에 의한 사법심사 권리에 대해 알 권리가 있다(Be informed of his or her right to judicial review by habeas corpus).
LXXVI.	당사자가 권리를 포기하지 않는 한 청문회에 참석할 수 있다.
LXXVII.	결정에 항소할 수 있다.
LXXVIII.	적절하고 실현 가능한 것으로 간주되는 가장 제한이 적은 치료를 받을 권리가 있다.

2) 캘리포니아 AOT 프로그램 샌프란시스코의 AOT 모델을 중심으로

다음은 2015년에 시작된 샌프란시스코의 AOT 사례를 통해 그 절차에 대해 조금 더 자세히 살펴보고자 한다. 캘리포니아 내 많은 카운티들이 다양한 AOT를 시행하고 있는데, 그 중 샌프란시스코는 동료지원가(peer specialist)와 가족 중 지원자(family liaison) 그리고 전문가로 이루어진 케어 팀의 "아웃리치(outreach: 지역사회에 전문가들이 적극적으로 개입/홍보하는 방법)"와 환자들과의 "긴밀한 공조(engagement)"를 강조하면서, 30일 동안 이루어지는 자의치료를 이용하게끔 노력한다는 점에서 다른 카운티에 비해 혁신적이라고 평가할 수 있다.

샌프란시스코의 AOT는 기본적으로 주정부의 지침을 수행하고 있는데, 여기서는 샌프란시스코만의 특징과 AOT 진행절차를 소개한다. 여기서 소개하는 내용들은 샌프란시스코 정신복지국의 문서들을 중심으로 정리한 것이다.[21)]

먼저, AOT 자격요건이 충족되면 5일 이내에 추천받은 당사자를 면담하고, 모든 기록을 검토하며, 치료계획을 세우고 외래치료명령(AOT) 후보자와 만나서, 환자의 권리에 관한 정보를 제공하고, 사전 동의작업을 거친 후에(with informed consent) 정신상태를 평가한다. 외래치료 명령(AOT) 후보자가 자발적인 치료를 받거나 AOT 기준을 충족하지 못한다면 적절한 서비스를 받을 수 있도록 지역사회 내 정신건강서비스를 받도록 연결시켜 준다. 이 때 AOT 기준을 충족하는 당사자가 자발적으로 서비스를 이용하더라도, 첫 개입 이후 6개월 이내에 서비스를 거부하게 되면 조사가 시작될 수 있다.

법원 심리 및 청문(Court Petition Filed & Court Hearing)에 관해서는 AOT 후보자가 평가 및 치료계획에 동의하지 않는 경우, AOT 팀은 당사자에게 법원청원 이전 최소 30일 동안 이러한 과정에 참여하도록 요청한다. 그러나 만약 후보자가 자발적인 치료를 거부하는 경우 국장은 외래치료 명령 청원서를 제출한다. 이 경우 5일 이내에 심리가 열리게 되고, 치료계획은 최대 180일이며 60일이 경과하는 시점마다 결과를 법원에 업데이트해야 하며 부적합 심리(Hearing of noncompliance)를 열어야 한다. 당사자가 180일이 경과된 이후에도 지속적으로 AOT 기준에 충족한다고 판단되면 AOT 국장(Director)은 법원명령 만료 30 전에 명령 만료일 이후에도 AOT 지속 필요성에 대한 탄원서를 제출할 수 있다. 아래 [그림 1]은 샌프란시스코 AOT 모델의 진행절차를 설명한 것이다.

외래치료명령에서의 '치료'는 개별적으로 이루어지며, 일반적으로 클라이언트 중심이고, 지역사회 기반이며, 자유를 가장 덜 제한하는 환경 속에서 이루어지고, 통합적이면서 사람중심 회복 원칙을 활용하고, 당사자의 문화적 상황, 역량, 트라우마 기반, 젠더 등을 고려하여 적절한 치료 및 돌봄의 수준을 결정한다. 앞서 보았듯이 이때 비자발적 약물 투약을 포함되지 않으며 입원, 감금 및 희생 감소를 목표로 한다.

샌프란시스코는 외래치료 명령이 실행된 이후 AOT 케어 팀은 2015년 11월부터 2016년 3월까지 약 4개월 간 총 113건의 연락을 받은 것으로 보고되었다, 그 중 AOT 요청 건은 52%에 해당하는 59건에 이르렀고, 약 48% 정도인 54건은 AOT를 신청하기에 앞서 이 AOT 프로그램에 대한 정보를 얻고자 하는 문의전화였다. 59건 중 약 48%가 AOT의 적용요건에 해당하는 문의였고, 문의 온 당사자들을 연락 온 시점을 기준으로 파악하였을 때, 이전 36개월 동안 정신병원에 평균적으로 2.5회 입원 경험이 있었으며, 법을 위반하여 구금된 경험이 평균 2.2회 정도 있는 것으로 나타났다.

외래치료 명령 케어 팀의 방문지원과 AOT 케어팀이 진행한 아웃리치, 그리고 명령을 받

21) https://www.sfdph.org/dph/comupg/oservices/mentalHlth/AOT/default.asp).

| 그림 1 | 캘리포니아 샌프란시스코의 AOT 절차

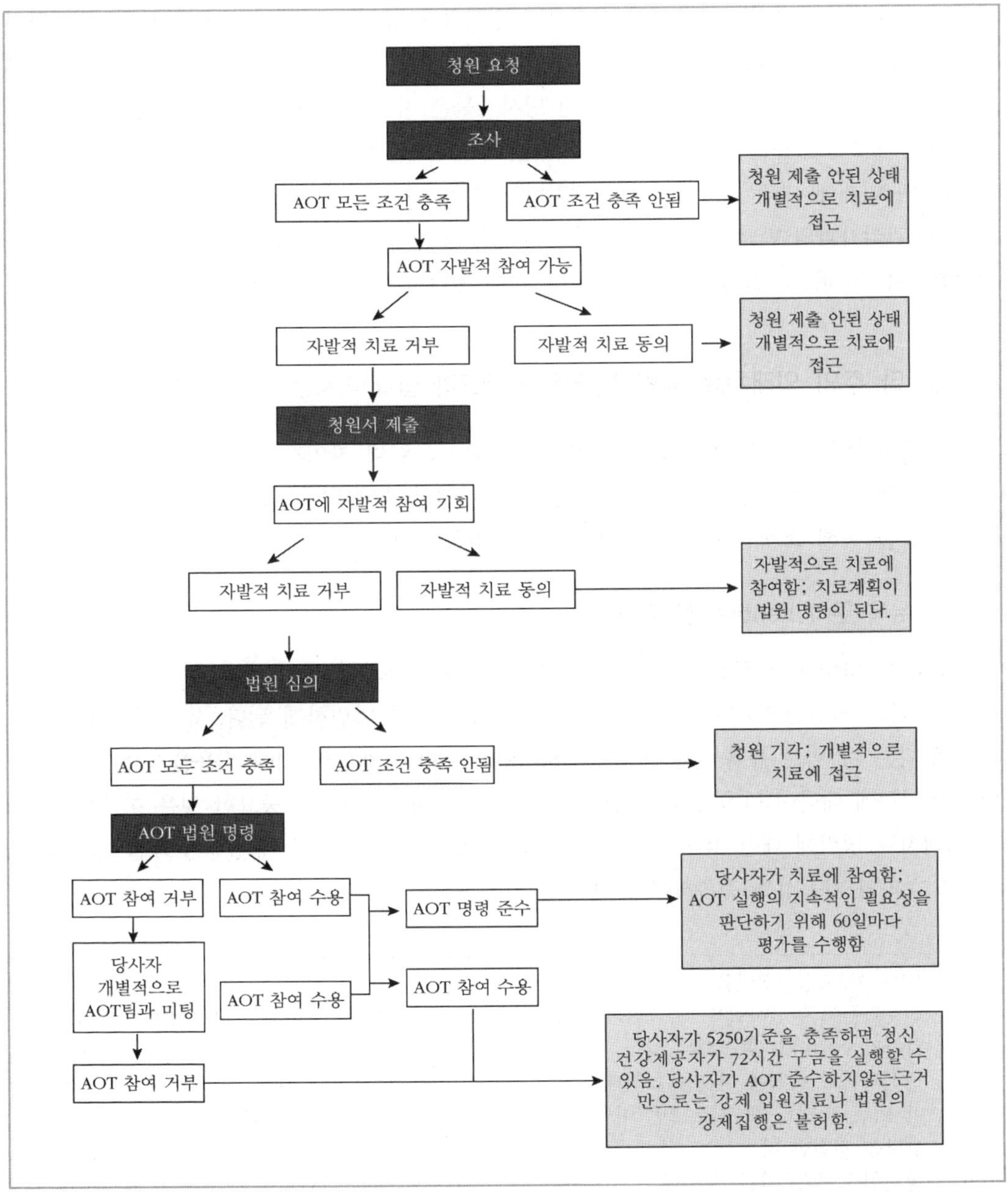

출저: 샌프란시스코 카운티 AOT(2018)
https://www.sfdph.org/dph/files/AOT/SanFranciscoAOTReport–Year3_2018.pdf, p. 36

은 당사자와의 교류는 효과적이었다는 평가를 받고 있다. 샌프란시스코 외래치료 명령(AOT) 프로그램의 2018년 평가서에 의하면, 2017년 한 해 동안 총 182건의 전화 문의가 접수되었고, 그 중에서 82건은 주로 서비스 제공업체 및 가족 구성원으로부터의 전화 요청이었으며, 100

건은 AOT 정보 요청에 관한 문의였다. 중요한 것은 외래치료 명령 참가자들의 입원 및 재입원이 76%나 감소했으며, 약 60%의 당사자는 정신과에 입원된 기간이 감소하거나, 아예 입원을 하지 않았으며, 79%는 자유박탈 기간을 줄이거나 자유박탈 상황을 피할 수 있었던 것으로 보고되었다. 또한 이 프로그램에 참여했던 당사자들은 자신의 미래에 대하여 긍정적인 기대감을 표현한 것으로 조사되었다. 이들 중 74%는 치료목표를 달성할 수 있다고 확신했으며, 81%는 자신의 미래에 대해 희망적이라고 생각하고 있는 것으로 나타났다. 또한 62%는 정기적으로 사례 관리자와의 만남을 통해 안정적인 주택을 찾거나 생활을 유지하는 데 도움이 된다고 생각했으며, 65%는 그들이 원하는 삶을 누릴 수 있다고 믿었다.

5. 타 주의 외래치료 명령 법(뉴욕의 켄드라 법과 미시간의 케빈 법)

연방국가인 미국 특성상 AOT 또한 각 주마다 조금씩 차이가 있다. 여기에서는 뉴욕과 미시간 주의 AOT를 간략히 설명하고자 한다. 여기에서 소개되는 내용은 각 주의 웹사이트나 보고서 등을 통해 소개된 내용들을 바탕으로 정리한 것이다.

1) 뉴욕 주의 Kendra(켄드라) 법

2004년 Matter of K.L.에서, 뉴욕 주 항소 법원은 켄드라 법이 연방 및 주 헌법 요건을 충족시켰다고 판결함으로써 외래치료 명령의 법적 근거를 마련하게 된다. 뉴욕 주 전역에 걸쳐 시행되는 이 법은 뉴욕 정신건강법의 Section 9.6항에 캔드라 법에 적용을 받는 당사자들의 적용기준에 대하여 다음과 같이 설명하고 있다(Carpinello, 2005). 중요한 것은 이 법은 환자가 외래치료 명령에 대한 효과를 거둘 가능성에 초점을 두고 있기 때문에 AOT를 청원할 경우, 그 효과의 가능성을 충족하여야 한다.

IX. 18세 이상 정신질환을 앓고 있는 자

X. 전문가들이 판단하였을 때, 적절한 보호 및 감독 없이 지역사회에서 잘 융합하여 안전하게 생활하기 어렵다고 판단되는 자

XI. 정신과치료 방침에 비순응한 전례가 있는 자: 심각한 정신질환에 대해 적절한 치료를 받지 않아 이전 36개월 중 최소 2번 이상 법적인 조치를 받았거나 혹은 정신과병동에 비자의입원된 상황을 경험한 자

XII. 장기입원 또는 다른 자료에 근거하여 자발적 치료에 응하지 않을 것이라 판단된 자로서 AOT의 실행으로 효과를 거둘 것으로 판단되는 자

켄드라 법에 따르면 AOT 청원은 가족과 친척, 당사자에게 치료를 제공하던 의사, 심리학자나 사회복지사, 그리고 함께 거주하는 동료(roommate) 등 당사자 주변의 다양한 지인들이 청원 자격에 포함되어 있다.

청원(petition)이 접수되면 카운티 지역사회서비스 책임자(County Director of Community

Services [DCS])가 지정한 의사(physician), 당사자의 가족 및 치료에 가담했던 전문가들과 함께 '치료계획(treatment plan)'을 준비하게 된다. 이때 다양한 서비스를 조직화(coordination)할 수 있도록 사례관리(case management)가 반드시 포함되어야 한다. 만약 당사자의 지난 기록(history) 중에 음주나 약물을 이용한 경험이 있으면 이에 대한 대응과 주기적인 검사도 포함시킨다. 이 "치료계획(treatment plan)"이 법원에 제출되면 의사[앞서 치료계획(treatment plan)을 작성한 의사와 동일인일 수도 있으며, 다른 의사가 개입할 수도 있음]가 현재 구축된 '치료계획(treatment plan)'이 당사자에게 자유의 최소 제한(least restrictive; 개인의 인격과 자유가 최대한 존중되어야 함)을 적용하고 있다는 것을 판사에게 설명하여야 한다.

청원이 접수된 이후 3일 이내에 법원 재판일정을 정한다. 법원은 접수된 청원과 치료계획을 고려하여 지시를 내리게 된다. 이때 판사는 외래치료명령에 해당하는 기준에 당사자가 맞지 않거나 '치료계획(treatment plan)'이 제대로 작성되어 있지 않다면 명령 신청을 기각한다. 이와 달리 외래치료명령이 적절하다고 판단되면 판결일부터 1년까지 AOT를 적용 받도록 명령을 내릴 수 있다. 이 초기 명령이 내려진 후, 당사자의 상태에 따라 법원에 연장을 신청할 수 있다.

만약 외래치료 명령(AOT)이 판결되어 명령된 후 당사자가 이를 따르지 않을 경우 비자의 입원이 강행될 수 있는데, 이런 경우에는 반드시 경찰관이나 치안관 등 반드시 법적 집행관(e.g., 경찰관, 치안관 등)이 환자를 병원으로 이송하게 되어 있다. 이후엔 비자의입원 이후 72시간의 구금기간 절차에 따라 진행된다(New York Office of Mental Health, 2006).

뉴욕에서 외래치료 명령(AOT)이 실행된 후 이 켄드라 법(Kendra's Law)의 효과성을 증명하는 연구들이 꾸준히 진행되고 있다(Phelan et al., 2010; Swartz et al., 2010a, 2010b; Van Dorn et al., 2010). 그 중 2010년 Robbins과 동료들에 의해 평가된 외래치료 명령(AOT) 연구에 따르면, 1999년과 2007년 사이 총 8,752건의 AOT가 명령되었으며, 그 중에서 5,684건은 재명령 및 연장이 승인되었다. 켄드라 법 실행 후 2000년에서 2005년의 기간 동안 정신장애인들을 위험한 상황으로 내몰 수 있는 노숙이 70% 이상 줄었고, 법률을 위반하는 사례가 약 85%로 현격히 감소하였다.

2) 미시건 주의 케빈(Kevin) 법

뉴욕 외에 여러 주들은 현재 실행중인 외래치료명령(AOT)의 효과성을 평가하여 부족한 부분을 보완하면서 중증정신질환자들과 그들의 가족들이 보다 더 신속하게 회복(recovery)의 길로 들어설 수 있도록 노력하고 있다. 미시간 주는 2016년 11월 16일 10년 넘게 시행되고 있던 외래치료 명령인 케빈 법을 대폭 수정 및 보완하는 법안을 통과시켰다(Treatment Advocay Center, 2016a).

이 법은 뉴욕 주나 캘리포니아 주와 마찬가지로 비극적인 사건이 계기가 되어 실행된 외래치료 명령 프로그램으로 정신장애인들이 지역사회에서 함께 생활하도록 하고 당사자들의 사회적 기능을 수행하게 도와야 한다는 여론과, 타주들의 AOT 실행의 효과성을 본보기로 하여, 미시간 주는 2005년 3월에 Kevin의 이름을 딴 케빈 법을 외래치료 명령으로 채택하였다. 케빈 법은 다른 외래치료 명령과 유사하게 당사자가 치료를 거부하여 자 · 타해 위험성이 있다고 판단될 경우 180일까지 외래치료를 명령할 수 있게 하였다(Mahlmeister, 2007).

그러나 케빈 법 제정 이후 이 법의 실효성에 대해 비판을 받아왔고(Jones & Mullen, 2015; Reinstein, 2015), AOT 실행을 강화해야 한다는 목소리에 힘입어 미시간 주는 2016년 11월 케빈 법을 대폭 강화하는 법안을 통과시켰다. 케빈 법의 수정 · 보완된 내용은 다음과 같다(Michigan Legislature, 2016).[22]

LXXXIII.	외래치료 명령에 대한 정의: 단순히 외래치료를 받아야 한다는 것 이외에도 사례관리 서비스를 통한 다양한 서비스(약물치료, 상담, 지도적 생활(supervised living), 교육, 자활 등)를 제공받도록 하고 있다. 8세 이상 정신장애를 앓고 있는 자
LXXXIV.	법원과 연관된 사항들: 수정된 케빈 법은 외래치료명령 신청서가 제출된 후 28일 안에 법원심의를 열어야 했던 종전의 신청 과정을 보다 단순화하였다.
LXXXV.	응급상황에 대한 재정의: 기존의 외래치료 명령 대상자 범위를 확대, ① 자신이나 다른 사람에게 해를 끼칠 우려가 있을 경우와; ② 일상생활을 스스로 영위하지 못할 경우(예를 들어, 스스로 의식주 해결이 불가능할 정도의), ③ 판단력이 흐려져 본인이 치료를 받아야 한다는 사실을 인지하지 못한다고 판단되는 경우를 포함하고 있다. 여기서 3번째 사항이 새 법안에 첨가된 부분인데, 이때 전문가의 의견이 증거로 제출되어야 한다.

이 수정 및 보완된 법안은 당사자의 인권을 침해하지 않는 범위 내에서 케빈 법이 보다 더 실용적으로 실행될 수 있도록 하는 데 목표를 두었다. 당사자가 위험한 상황에 처해 있지 않더라도 치료를 통해 예방적 효과가 클 것이라 예상되는 사례에 대해서 판사가 외래치료를 명령할 수 있도록 대상의 범위를 확대시킬 수 있다는 긍정적인 평가를 받고 있다(Treatment Advocacy Center, 2016).

V. 정신건강정책 향상을 위한 노력과 다양한 서비스들

1. 비자발적 입원/치료제도 향상을 위한 정부의 지침

미국의 비자의입원 치료법(civil commitment)은 지난 200년 동안 시민권 및 인권에 대한 민감성과 존중, 정신의학에 대한 국민의 인식, 자원의 확보 및 경제적 자원 등 다양한 요인에 의해 형성되었다. 미국의 연방정부의 특성상 50개 이상의 법적 관할권 및 자원문제에서 기인한 지역적 다양성과 각 주마다 매우 다양한 법령의 실질적 절차와 세부 내용들이 존재한다.

22) https://www.legislature.mi.gov/documents/2017-2018/billanalysis/house/htm/2017-HLA-5810-C1E36232.htm

그러나 일반적으로 '자신과 타인에게 위협이 될 수 있기 때문에 격리 및 치료 필요로 하는' 개인을 비자의구금(commit)할 수 있는 방법을 찾았다고 볼 수 있다. 비자의치료(비자의입원, 지역사회치료명령제 등)는 형사사법 제도와 유사하게 인간의 자유를 제한할 수 있으므로, 한 사람의 자율성과 자기결정에 높은 가치를 부여하는 회복지향적인 정신건강 이해 관계자들은 문제제기를 한다. 이러한 이유로 인권친화적인 비자의입원 제도를 구축하기 위한 노력이 끊임없이 진행되고 있고 앞으로도 계속 논의가 필요한 상황이다.

SAMHSA의 보고서(2019)는 정신건강정책과 서비스를 개발 및 보급할 때, 기본적으로 유익하고(beneficial), 유해하지 않으며(not harmful), 사람중심적(person-centered)이고 공정한(fair) 서비스를 언급하며 Thomas Beauchamp와 James Childress가 제시 한 네 가지 주요 윤리원칙을 고려해야 한다고 제시하고 있다. 이 원칙은 첫째, 자기결정권 존중(respect for autonomy), 둘째, 무해성의 원칙(non-maleficence); 셋째, 유익성(beneficence providing benefits and balancing benefits against risks), 넷째, 정의의 실현(justice)이다. 이러한 원칙들은 비자의 입원치료(commitment)가 실행되는 경우 환자의 자기결정권을 가능한 최대로 높이고 가장 제한이 적은 환경에서 서비스를 보장하는 등 안전하고 효과적인 치료를 제공하는 것뿐만 아니라 환자의 상해를 최소화하고, 입원치료(commitment)의 기간을 최소화하기 위해 모든 노력을 기울여야 함을 강조하고 있다고 볼 수 있다. 좀 더 구체적인 윤리적 원칙에 부합되는 비자발적 입원치료(involuntary civil commitment) 정책 및 실천에 대한 구체적인 목표 중 중요 내용은 다음과 같다(SAMHSA 2019, pp.32-33).

LXXXVII.	비자의입원의 목적은 치료여야 하며, 치료의 필요성은 비자의입원을 위한 필수요건이어야 한다. 자발적으로 치료를 원하는 당사자들에게 비자의 입원치료가 강행되어서는 안 되며, 이를 통해 치료 가능성이 있는지에 대해서도 심사숙고해야 한다.
LXXXVIII.	비자의입원을 결정할 때는 '비자의입원을 통해 치료를 받지 않을 경우, 가까운 미래에 자신이나 타인에게 해를 끼칠 수 있다'라는 판단이 필수적으로 적시되어 있어야 한다. 이때 해를 입힐 위험은 단순한 폭력이 아닌 중증 정신질환 증상으로 인해 부상, 질병, 사망 또는 기타 중대한 손실이 발생할 위험이 있는 경우를 포함한다. 또한 외래치료 명령을 포함하여 자유를 덜 제약하는 대안적 방법이 가능하면, 비자의입원명령을 최소화하여야 하며, 최대한 지역사회에서 치료받는 것을 원칙으로 하여야 한다.
LXXXIX.	법적 절차는 당사자의 권리에 대한 즉각적인 통보, 변호인의 임명, 이의를 제기할 수 있는 기회를 포함하여 반드시 합법적인 절차에 대한 보호를 제공해야 한다.
XC.	비자의 입원치료가 결정되면, 개인의 사생활과 존엄성을 존중해야 하고, 비자의 입원치료에 관련된 트라우마를 최소화하기 위해 모든 노력을 기울여야 한다. 예를 들어 가능한 한 정신병원 및 시설 표시가 없는 차량에 일상복을 착용한 관리자와 동행하고, 구속장치는 반드시 필요한 경우에만 사용해야 한다. 또한 형사상의 범죄로 기소되지 않는 한, 교도소나 다른 교정시설에 억류되어서도 안 되며, 치료서비스를 목적으로 교정시설에 배치되어서도 안 된다. 그리고 정신장애인들 중 불법적 행위로 수감되는 경우에는, 치료적인 환경을 갖춘 공간으로 옮겨 치료받을 수 있도록 모든 조치를 취해야 한다.

XCI.	비자의 입원치료는 지역사회 내에서의 통제를 목적으로 사용되어서는 안 되고, 비자의입원 요건이 더 이상 충족되지 않는 당사자에 대해서는 빠른 시일 내에 그 치료명령을 해지하여야 한다. 이때 치료담당 직원은 당사자의 비자의 입원명령을 취소하기 전에 해당 당사자가 지역사회에서 적절한 서비스와 지원을 받을 수 있도록 조치를 취해야 한다.

이러한 원칙 하에 정신건강정책을 개선하고자 하는 연방정부의 노력은 최근 발표된 SAMHSA 전략적 계획 FY2019－FY2023에서 잘 나타나고 있다. 이 전략계획서는 정신건강 전반에 걸쳐 SAMHSA의 5가지 우선순위 영역에 대해 설명하고 있는데, 이 다섯 가지[23] 우선순위들 중 두 번째가 '심각한 정신질환 및 심각한 정서적 장애의 영향을 줄이고, 치료 및 회복 지원 서비스를 향상시키는 것'이다. 이를 위해 "학제 간 중증정신질환조정위원회(Interdepartmental Serious Mental Illness Coordinating Committee, ISMICC)"에서는 다음과 같은 구체적인 실천방향을 제시하고 있다.[24]

XCII.	위기관리, 초발 정신증, 자살, 트라우마, 홈리스, 범죄화, 아웃리치와 관여와 같은 문제를 해결하기 위한 증거 기반의 예방, 치료 및 회복 지원 등 핵심 서비스 목록을 포함하여 포괄적인 치료의 연속성을 개발함으로써 정신질환 환자의 전체 삶(across the lifespan)을 향상시킨다.
XCIII.	정신과적 사전의료의향서(Psychiatric Advanced Directives)에 대한 이해와 인식 및 사용 확대, 비자의 입원치료의 표준 및 과정의 재평가를 포함하여 위기관리를 위한 국가표준지침을 정의하고, 이행하며 보급하도록 한다.
XCIV.	진료의 질을 향상시키기 위해 실무자들을 위한 지침을 개발하고 보급하기 위하여 치료계획 실무를 검토하고 평가한다.
XCV.	외부자원 연계와 파트너십을 통해 정신보건 인력의 양과 질을 확대하여 전문성을 향상시킨다.
XCVI.	학교직원, 최초 대응자, 법 집행기관, 종교단체 및 1차 진료기관을 대상으로 정신질환의 징후 및 증상을 파악하고 이에 대응하고 당사자를 돌보는 방법에 대해 교육하여 대중의 정신건강에 대한 인식과 이해를 향상시킨다.
XCVII.	정신병원 입원, 노숙, 수감, 그리고 형사제도의 기소 발생률과 기간을 줄이기 위해, 근거 기반의 서비스들을 면밀히 확인하고 증진한다.

ISMICC의 주요 임무 중 하나는 중증정신질환에 관련된 연방 프로그램이 공중보건에 미치는 영향을 평가하고, 정신건강 서비스 운영을 보다 잘 연계하고 조정하기 위해 연방 정부의 관련 부서들이 취할 수 있는 조치에 대한 구체적인 권고안을 작성하는 것이다. 2017년 12월 ISMICC는 심각한 정신질환 및 심각한 정서적 장애 당사자와 가족 및 간병인의 욕구를 성공적으로 충족시키는 정신건강 시스템을 지원하기 위한 다섯 가지 중점 분야 및 권고사항을 요약한 보고서를 의회에 제출했다. 다음은 ISMICC가 제시하는 5가지 중요 부분들이다.

---

23) 다섯 가지 우선순위: 1. 예방, 치료 및 회복 지원 서비스 확대를 통한 아편류(opioid) 위기 퇴치 2. 심각한 정신장애와 심각한 정서적 문제(emotional disturbances) 해결 3. 약물 사용을 위한 사전 예방 · 치료 및 회복 지원 서비스 4. 데이터 수집 · 분석 · 보급 및 프로그램 및 정책평가 개선 5. 건강 실무자 훈련 및 교육 강화.

24) https://www.samhsa.gov/sites/default/files/samhsa_strategic_plan_fy19－fy23_final.pdf).

첫째, 관리 개선을 위한 연방 조정을 강화한다. 부서 간 협력체계 개선 및 현 연방정부의 다양한 서비스를 평가 그리고 데이터 및 연구자료를 활용하여 치료결과의 질을 향상시킨다. 둘째, 접근성 및 참여의 향상(좋은 치료를 쉽게 이용할 수 있도록 만들기)에 노력한다. 정신질환 증상을 보이는 청소년을 위한 조기 발견 및 개입과, 위기 개입 서비스를 개발하고, 입원치료의 대안으로서 외래치료서비스가 함께하는 치료의 연속성에 초점을 맞추고, 비자의 입원치료의 표준 및 프로세스를 재평가하며, 서비스의 이용을 증가시키기 위해 원격의료(telehealth)와 같은 새로운 기술을 사용하는 방안을 제시한다. 셋째, 치료와 회복에 초점을 맞추고 제공되는 치료서비스와 효과를 측정하는 시점 사이의 간격(between what works and what is offered)을 줄인다. 넷째, 범죄 및 청소년 형법제도에 기소된 정신질환을 가진 사람들을 위한 전환(diversion) 및 개선된 관리를 제공할 수 있는 기회를 확대한다. 응급상황에 가장 먼저 대응하는 사람들을 교육하고, 감금된 당사자의 정신질환, 약물사용 장애 및 행동건강 욕구에 대

| 그림 2 | 인증된 지역사회 행동 · 건강 치료(CCBHC; certified community behavioral health clinics) 모델

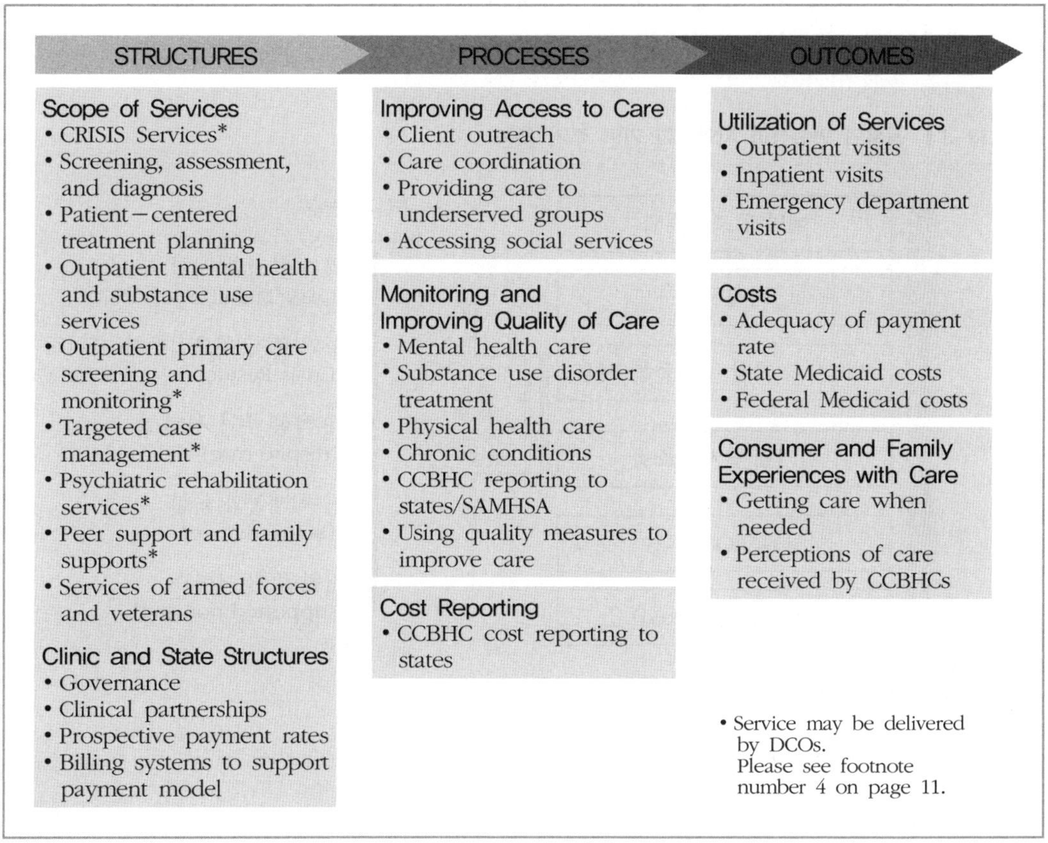

Conceptual Model for CCBHC Demonstration Evaluation (p.16) (SAMHSA, 2017: https://www.samhsa.gov/sites/default/files/ccbh_clinicdemonstrationprogram_081018.pdf).

한 일반적인 검사를 실시하며, 퇴소시 치료 및 회복 서비스에 대한 즉각적인 접근을 방해하는 장애요소들을 감소시키도록 한다. 마지막 다섯째, 치료와 돌봄의 활용 가능성과 경제성을 높이기 위한 재정전략을 개발한다. 정신건강 관리를 차별하는 재원조달의 장벽을 제거하고, 이와 관련된 법적 평등성을 강화한다. 정신과 및 기타 행동 건강에 관련한 서비스 비용 지불을 신체건강 관련 서비스 재정지출과 비슷한 수준으로 맞추고, 정신건강 치료와 관련된 아웃리치 서비스에 대한 수당을 제공하며 전국으로 '공인된 지역사회 행동건강 치료모델'을 확대한다 (SAMHSA, 2018).

2014년 PAMA(Public Access to Medicare Act) 법은 지역사회 정신 · 행동 건강 서비스 개선을 위하여 8개주에서 실험 프로그램(demonstration programs)에 의해 인증된 지역사회 행동 · 건강 치료(CCBHC; certified community behavioral health clinics)를 작성 및 평가를 승인했고 현재는 확장 운영 중이다. CCBHC는 포괄적이고 조율된 서비스(coordinated care)를 제공하도록 설계되었으며, 24시간 위기관리 제공, 증거 기반 실천 활용, 돌봄 조정 및 신체 건강관리와의 통합에 중점을 두고 9가지 유형의 서비스를 직접 제공(또는 파트너 조직과 계약)한다. 또한 CCBHC는 이전의 서비스를 통합하여 회복(recovery), 복지(wellness), 트라우마 치료(trauma-informed care) 및 신체-정신건강의 통합을 강조한다. 앞의 [그림 2]는 2017년 의회에 제출된 CCBHC 프로그램에 대한 전반적인 프레임을 볼 수 있다.

| 그림 3 | 돌봄의 연속성과 지역사회 기반 주거 돌봄

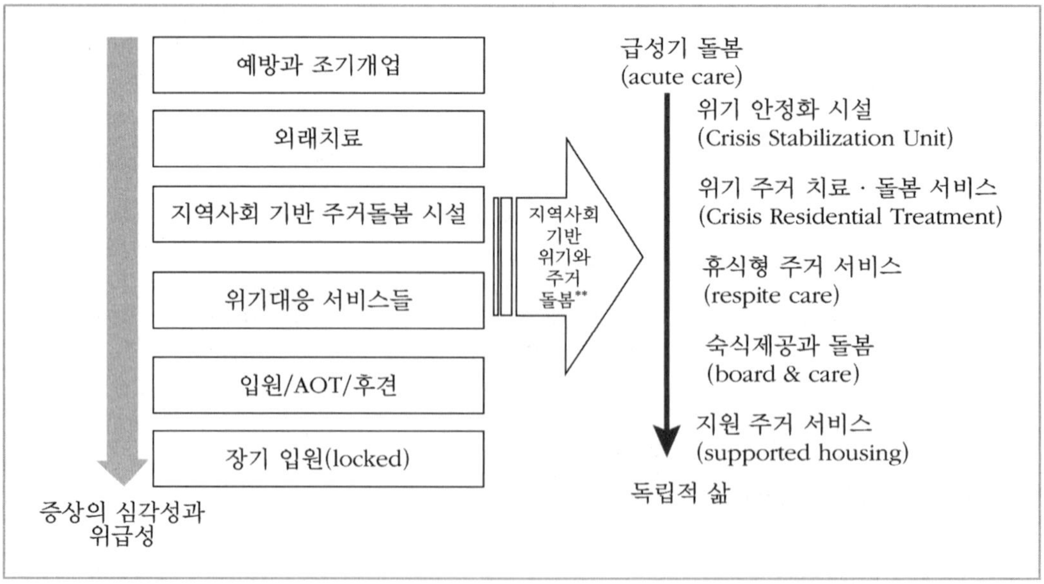

자료: 조윤화 외(2020). P.170 인용; San Francisco Department of Public Health(2016). p[25].3.

25) 이외에 다양한 주거 돌봄시설이 있으며 명칭과 종류도 주(state)에 따라 다를 수 있다. 또한 지원주거 서비스는 주거 돌봄시설에 포함되지 않는다.

2. 정신장애 치료와 회복을 위한 실천방법

연방정부의 다양한 중증 정신질환자의 치료와 회복을 위한 노력은 돌봄의 연속성(continuum of care), 회복중심(recovery-focused) 치료 모델, 트라우마에 기반을 둔 돌봄(trauma-Informed care), 동료 지원(peer support)의 중요성 등 연방정부의 기본가치에 근거를 두고 있다고 볼 수 있다.

1) 돌봄의 연속성(Continuum of Care)

돌봄의 연속성은 정신건강 개입 스펙트럼(Mental Health Intervention Spectrum)을 기반으로 한다. 비자의입원부터 예방에 이르기까지 정신질환에 대한 모든 개입의 중요성을 인식하는 모델로 각 단계마다 필요로 하는 요소들이 있다.

우선 예방을 위한 세 가지 요소는 보편성(universal), 선택성(selective), 지시성(indicated)을 포함하여야 한다. 치료와 중재의 두 가지 요소로 미래의 질병 가능성을 줄이기 위한 사례 식별(case identification)과 알려진 질환에 대한 표준치료법(standard treatment for the known disorder)이 포함되어야 한다. 마지막으로 유지 · 보수와 개입을 위한 두 가지 요소로 환자의 재발을 줄이기 위한 장기간 치료 및 애프터케어 서비스 제공 등이 있다(National Institute of Mental Health, 1998).

앞의 [그림 3]은 캘리포니아 주의 샌프란시스코 카운티/시의 지역사회 기반 주거 돌봄에 대한 것이다. 여기에는 정신질환 심각성 수준에 따라 비자의입원부터 자발적 입원치료, 위기 프로그램, 지역사회 기반의 주거돌봄시설, 외래치료 그리고 예방 중점의 프로그램들이 있다.

❙그림 4❙ 2017 미 전역의 정신건강 관련 시설들(N-MHS 결과)

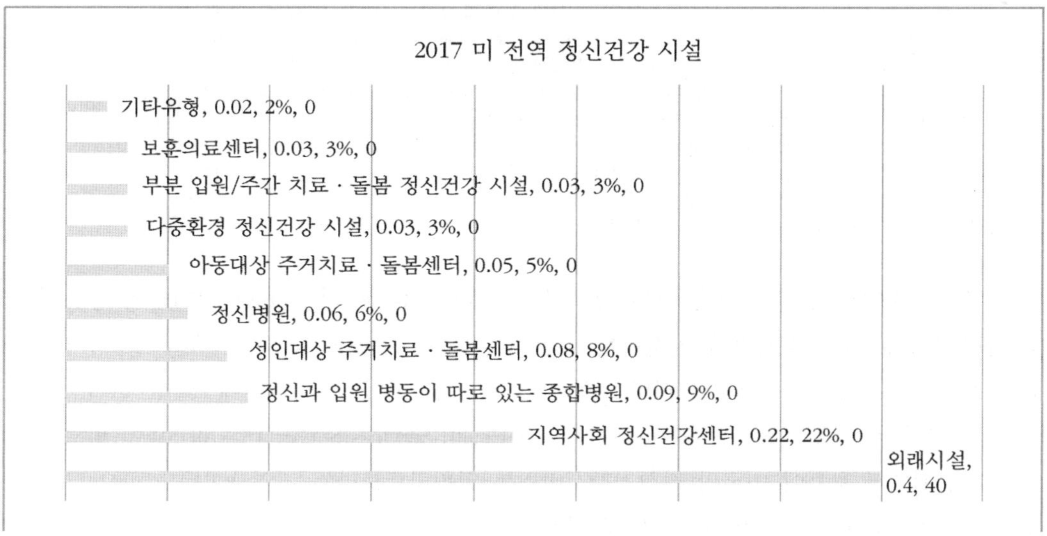

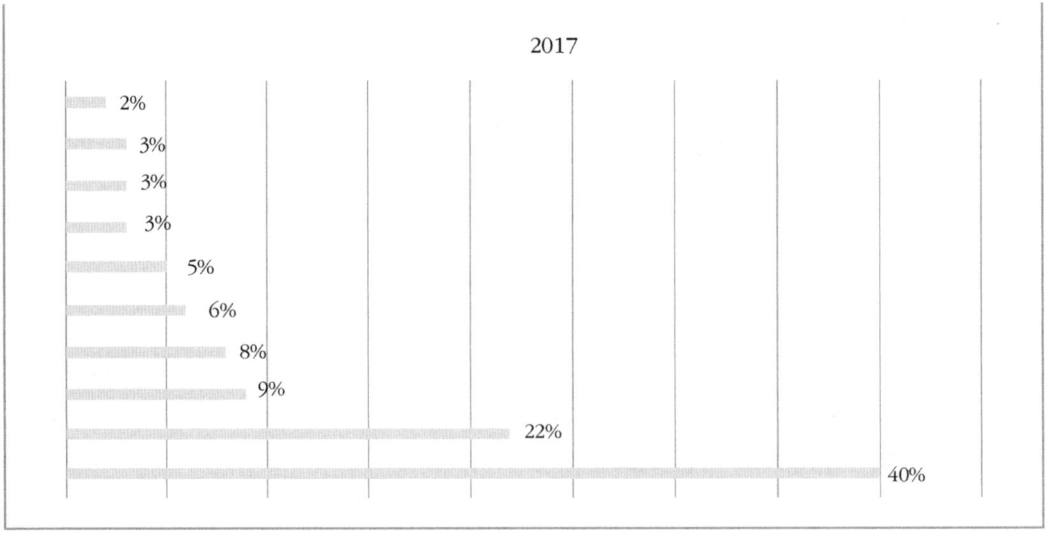

자료: SAMHSA, 2018b, Figure 1. pp. 4−5 & 9, 직접인용으로 저자가 재구성함.

Note: 외래 정신건강시설(outpatient mental health facility): 거동 가능한 고객에게 외래 정신건강서비스만 제공하며, 서비스 이용 시간은 보통, 1회 방문당 3시간 미만이다. 정신과 의사는 일반적으로 정신질환을 가진 사람들의 정신건강 치료 · 돌봄 방향에 때한 책임을 진다; 지역사회 정신건강센터(Community mental health centers, CMHCs): CMHC로 분류되기 위해서는 시설이 위치한 주(State)의 CMHC에 대한 해당 면허 또는 인증 요건을 충족해야 하는데, 주로 다음의 서비스를 제공한다; (1) 아동, 노인, 만성 정신질환을 앓고 있는 자, 정신건강 시설에 입원 치료 · 돌봄을 받고 퇴원한 지역 주민을 위한 전문 외래진료 서비스를 포함한 외래 서비스; (2) 24시간 응급 돌봄 서비스; (3) 주간 치료 · 돌봄, 기타 부분 입원 서비스 또는 정신사회 재활 서비스; (4) 주립 정신건강 시설 입원을 고려 중인 환자에 대한 선별검사를 실시하여 입원의 적절성을 판단한다; 정신과 입원 병동이 따로 있는 종합병원(general hospital): 별도의 정신과 병동에서 입원환자 정신건강 서비스를 제공하는 허가받은 (공공 또는 민간) 종합병원이다. 정신과 병동은 정신질환을 앓고 있는 자의 치료 · 돌봄을 위해 별도로 배정된 스태프와 공간이 있어야 한다. 병원 자체에 있을 수도 있고 병원이 소유한 별도의 건물에 위치할 수도 있다; 아동대상 주거치료 · 돌봄센터(RTC for children): 정신병원은 아니지만 18세 미만 아동을 위한 주거 돌봄 환경에서 개별 정신건강치료 · 돌봄 프로그램을 주로 제공하는 곳이다. 아동 대상 RTC는 반드시 임상(clinical) 프로그램을 가지고 있어야 한다; 성인대상 주거치료 · 돌봄센터(RTC for adult): 주로 성인을 위한 주거 돌봄 환경에서 개별 정신건강 치료 · 돌봄 프로그램을 주로 제공하는 곳을 의미한다; 정신병원(psychiatric hospital): 주/공립 정신병원 또는 주 인가를 받은 민간 정신병원으로 허가받은 시설로, 주로 24시간 입원 돌봄을 제공한다. 상황에 따라 24시간 미만 돌봄(예: 외래, 부분 입원)을 제공할 수 있다; 복합정신건강 시설(multi−setting mental health facility): 두 개 이상의 서비스 환경(비병원 주거, 그리고 외래 또는 주간 치료 · 돌봄/부분입원)에서 정신건강 서비스를 제공하며, 정신병원, 종합병원, 의료센터나 주거치료 · 돌봄 센터로 분류되지 않는다. (예로 기관은 Continuum of Care에서 설명된 예방, 조기개입, 외래치료, 위기 안정화, 주거 돌봄시설 등을 제공할 수 있다); 부분 입원/주간 치료 · 돌봄 정신건강 시설(partial hospitalization/day treatment facility): 거동 가능한 정신질환을 앓고 있는 자에게 주간(partial day) (외래) 정신건강 서비스가 제공하며, 일반적으로 정규 일정에 따라 3시간 또는 그 이상의 세션(session)에서 이루어진다; 보훈의료센터(Veterans Administration medical center): 미국 보훈처가 운영하는 시설로, 정신과 입원 병동이 따로 있는 종합병원, 주거치료 · 돌봄 프로그램 및 정신과 외래 진료소 등이 있다.

전문기관에서 주거 돌봄을 받는 경우에도, 질환의 심각성과 필요한 서비스의 종류에 따라 위기대응에 있는 질환자의 안정화를 위한 단기거주 치료를 제공하는 곳부터, 숙식 제공(board and care), 또는 주거지원 서비스 등 다양한 종류가 있다. 2017년에 SAMHSA가 실시한 '전국 정신건강 서비스 설문조사(National Mental Health Services Survey [N−MHS])'에 따르면 앞의 [그림 4]에서 보듯이 미국의 정신건강서비스는 입원치료보다는 지역사회를 기반으로 한 정신건강서비스가 훨씬 큰 비중(85%)을 차지함을 알 수 있다. 시설들은 사례관리, 개인/그룹상담, 가족심리교육, 자살예방서비스, 동료지원, 증상관리, 신체건강 통합 서비스, 다양한 교육 프로그램, 직업/재활 프로그램, 주거지원, 식품과 운동, 만성질병 관리, 옹호서비스 등 매우 다양한 서비스들이 복합적이고 상호연계성 있게 제공하고 있다(SAMHSA, 2018, pp. 43-44).

2) 회복 중심 치료모델(Recovery-Focused)

현 정신건강 패러다임의 중심에 있는 회복 중심(Recovery-focused) 치료모델에서 회복은 개별적이며 정상인 상태로의 복귀보다는 '회복되어 가는 과정'에 의미를 두고 있다(Roberts & Wolfson, 2004). 이는 정신과적 증상으로 간주될 수 있는 것이 더 이상 존재하지 않는다는 것을 의미하는 것이 아니라, 어려운 감정과 행동을 완화하고 이러한 어려움에도 불구하고 삶을 영위하기 위하여 진행되는 학습을 의미한다(Ralph & Corrigan, 2005; Roberts & Wolfson, 2004).

SAMHSA는 다음과 같은 지침에 관련한 원칙을 포함하는 회복에 대해 다음과 같이 설명하고 있다[26](NASMHPD, 2014, pp. 1-3 요약 및 재구성).

- 회복은 희망에서 나온다. 회복에 대한 믿음은 보다 나은 미래를 위하여 필수적이고 동기부여가 되는 메시지를 제공하는데, 당사자들은 이 메시지를 통하여 자신이 직면한 내부적, 외부적 어려움들과 다양한 장벽 및 장애를 극복할 가능성이 있다. 희망은 내면화되어 있어 동료, 가족, 제공자, 동맹자 및 다른 사람들이 도와줄 수 있으며, 회복과정의 촉매제이다.
- 회복은 사람 중심적이다. 자기결정 및 자기주도는 당사자 개인이 자신의 삶의 목표를 정의하고 그 목표를 성취하기 위하여 자신의 고유한 경로를 설계하면서 회복의 토대를 마련한다. 그리고 개인은 자신의 회복을 지원하는 서비스와 지원에 대하여 스스로 선택하고 이용함으로써 최대한의 자치권과 독립성을 최적화한다.
- 회복은 여러 경로를 통해 발생한다. 당사자 개개인은 각각 독특한 욕구, 강점, 선호도, 목표, 문화 및 회복 경로에 영향을 미치고 결정할 수 있는 경험을 가지고 있기 때문에 회복은 여러 가지 역량, 강점, 재능, 대처 능력, 자원 및 각 개인의 가치를 기초로 하고, 회복과정은 고도로 개별화되어 있다. 이 회복과정에 필요하다면 약물 사용, 가족 및 학교의 지원, 종교를 기반으로 한 접근, 동료 지원 등의 다양한 접근방법이 포함되고, 전문적인 임상치료 또한 포함될 수 있다. 퇴보(setbacks) 또한 자연스러운 회복과정의 일부이기 때문에 당사자와 그의 가족들은 탄력성(resilience)을 키우는 것이 필요하다.
- 회복은 총체적이다. 회복은 마음, 몸, 정신 및 공동체를 포함하여 개인의 전체 생활을 포함한다, 여기에는 자기관리(self-care practices), 가족, 주택, 직장 및 고용, 교육, 정신장애 및 약물 사용 장애에 관련된 임상치료, 각종 서비스 및 지원, 1차 의료, 치과진료, 보완 대체 서비스, 신앙심, 영성(spirituality), 창의력, 사회적 네트워크, 교통 및 지역사회가 포함된다. 이때 중요한 것은 이러한 다양하고 이용 가능한 서비스 및 자원

---

26) https://www.naadac.org/assets/2416/samhsa_workingdefinition_of_recovery.pdf).

배열은 통합되고 조정되어야 한다.

- 회복은 동료들의 지원을 받는다. 동료들의 경험적 지식, 기술의 공유와 사회학습을 포함한 상호지지 및 상호원조 단체는 회복에 중요한 역할을 한다. 또한 회복단계에서는 임상치료 및 기타 서비스를 제공하는 임상전문가들을 포함하여, 동료가 주도하는 지원 및 서비스가 중요한 역할을 한다. 이러한 동료지원은 당사자뿐만 아니라, 그들의 가족에게도 도움이 된다.
- 회복은 관계 및 사회적 네트워크를 통해 지원된다. 회복과정에서 중요한 요소는 그 사람의 회복능력을 믿고, 희망, 지원과 격려를 제공하고, 변화를 위한 전략(strategies)과 자원을 제안하는 사람들의 존재와 참여이다. 가족, 동료, 서비스 제공자, 종교단체, 지역사회 구성원들은 당사자를 위한 중요한 지원 네트워크를 형성하는데, 이러한 관계를 통해 당사자들은 삶에 부정적인 영향을 끼치는 상황들을 멀리하면서, 소속감, 개성, 임파워먼트, 자율성, 사회적 포용과 지역사회 참여 등으로 이어지는 새로운 역할(예: 파트너, 간병인, 친구, 학생, 직원)로 진입하게 된다.
- 회복은 당사자의 문화적 배경에 영향을 받는다. 가치, 전통 및 신념을 포함한 문화는 개인의 회복의 여정과 경로를 결정하는 중요한 역할을 하기 때문에, 서비스는 각 당사자 개인의 문화적 배경을 고려하여 맞춤화되어야 한다.
- 회복은 트라우마 치료에 기반을 둔다. 다양한 트라우마의 경험은 종종 정신건강 문제와 알코올 및 약물 사용의 원인이 된다. 또한 치료과정에서도 트라우마(입원치료, 특히 비자의입원)를 겪게 된다. 따라서 정신질환 치료서비스와 지원은 당사자의 육체적·정서적 안전과 신뢰를 증진하고, 선택권을 주면서, 임파워먼트 및 협업을 촉진하면서 트라우마를 치료하는 데 초점을 맞춰야 한다.
- 회복에는 개인, 가족 및 지역사회의 강점과 책임이 포함된다. 모든 개인, 가족 및 지역사회는 회복의 기반이 되는 강점과 자원을 가지고 있다. 당사자는 자기 관리와 회복의 여정에 대한 개인적인 책임이 있고, 스스로의 회복과정에 대해 자신의 의견을 제시해야 하고 옹호능력을 가져야 한다. 지역사회는 정신장애를 가진 주민들에 대한 차별을 금하고, 사회적으로 포용(social inclusion)하며 회복을 도모할 수 있는 기회와 자원을 제공해야 할 책임이 있다.
- 회복은 존중을 기반으로 한다. 당사자들이 자기 수용과 긍정적이고 의미 있는 정체성을 개발하며, 자기 자신에 대한 믿음을 갖는 것이 회복에 있어서 매우 중요한데, 이를 위해 정신건강 및 약물사용 문제의 영향을 받는 사람들에 대한 지역사회, 시스템 및 사회적 수용과 인식(즉, 권리 보호 및 차별철폐 포함)은 회복을 달성하는 데 중요하다.

회복에 대한 정부의 정의는 당사자들을 중심으로 한 연구들에서도 뒷받침되고 있다. 여러 연구들에서 회복은 지속적 성장(continual growth)을 통해 향상된 삶에 대한 통제, 회복과정에서의 자아에 대한 재정립 또는 재구성이라는 측면으로 정의되고, 매우 개별화된 과정이며 역동적이고, 비선형적(nonlinear)이라고 밝혔다. 또한 당사자들은 자신의 경험, 필요 및 자신의 회복에 관한 주제에 관한 한 그 누구보다 그들 스스로가 전문가이며, 희망은 필수요소이고, 재발 또한 회복과정의 일부이지 실패가 아니라는 것이다(Davidson & Strauss, 1992; Loveland, Randall, & Corrigan, 2005; Ralph et. al., 2000; Strauss & Carpenter, 1981; Young & Ensing, 1999).

다시 한번 강조하는데 이러한 회복 중심 치료는 모든 장신질환 치료의 근본이 되고 있다. 주립정신의료기관(State psychiatric hospitals)과 그들이 제공하는 서비스는 회복을 기반으로 하고 있으며, 병원에 있는 모든 사람들은 회복과정에 있는 것으로 간주되어야 한다고 본다.

3) 트라우마에 기반을 둔 케어(Trauma-Informed Care)

회복중심과 더불어 모든 치료의 핵심 원칙 중 하나는 트라우마에 기반을 둔 서비스이다. 중증 정신장애를 가진 많은 사람들은 정신병원 치료나 비자발적 입원을 통해 트라우마를 경험한다. 이러한 트라우마는 종종 당사자들과 가족들에게 고통의 주요 원인이 된다. SAMHSA (2014)는 환자와 전문가의 의견을 통해 개인의 트라우마는 개인이 신체적 또는 정서적으로 해를 입거나 생명에 위협을 당하는 사건 또는 일련의 상황에서 비롯된 것이며, 개인의 기능과 정신, 신체적, 사회적, 정서적 또는 정신적 건강에 영구적인 악영향을 미친다고 정의한다. 그리고 트라우마를 최소화하기 위해 주(state) 정신병원은 다음과 같은 SAMHSA의 기본 6가지 핵심 지침을 따르도록 한다(SAMHSA, 2014).

- 안전(Safety): 서비스를 제공받는 사람들의 안전이 최우선시 되어야 하며, 기관 전반에 걸쳐 서비스 이용자들과 직원 모두가 육체적 · 정신적으로 안전하다고 느끼도록, 물리적 환경을 안전하게 설정하고, 대인 관계에서의 상호작용에서 안전감을 증진시킬 수 있도록 지원한다.
- 신뢰성 및 투명성(Trustworthiness and Transparency): 조직 운영 및 결정은 당사자들과 가족 구성원, 그리고 조직에 관련된 직원과의 신뢰 구축 및 유지라는 목표로 투명하게 수행되어야 한다.
- 동료 지원 서비스(Peer Support Services): 동료 지원 서비스와 자조모임(mutual self-help)은 안전성과 희망을 수립하고, 신뢰를 구축하고, 협업을 강화하며, 회복과 치유를 촉진하기 위해, 본인들 스스로의 이야기와 경험을 활용하는 핵심수단이다. '동료(Peer)'라는 용어는 또한 '트라우마 생존자(trauma survivors)'라고도 불리며 동료지원은 트라우마기반 서비스의 핵심요소 중 하나이다.
- 협업 및 상호성(Collaboration and mutuality): 트라우마-기반 서비스는 서비스를 받는 당사자와 서비스를 제공하는 전문가 사이의 파트너십 관계로 권력과 의사결정 공유의 중요성을 강조하고, 이 관계 속에서 당사자들이 치유를 경험하게 된다고 본다.
- '임파워먼트'와 '목소리', 그리고 '선택권'(Empowerment, Voice, and Choice): 트라우마 중심의 서비스를 제공하는 기관은 서비스를 제공하는 사람들 간에 개인의 강점과 경험이

인정되고 구축되는데, 모든 인간은 회복력이 있고, 트라우마로부터 치유가 가능하다고 믿는다. 역사적으로 당사자들이 우대받지 못하고 차별받아 왔으며, 본인들의 '목소리'를 내지 못해서 또 다른 트라우마를 경험하게 되었다는 것에 이해가 필요하다. 그리고 당사자들 모두에게 임파워먼트를 촉진시켜 당사자들이 치유와 회복을 위한 치료과정의 서비스 선택 및 목표 설정에서 의사결정에 참여하고, 당사자의 자기옹호(self-advocacy) 기술을 연마하는 데 도움을 준다. 당사자 회복 과정에서 치료자는 서비스를 결정하는 자가 아니라 '회복의 촉진자'가 되어야 한다.

- 문화, 역사 및 성적 지향에 관한 문제(Cultural, Historical, and Gender Issues): 정책, 규정(protocols) 및 전달체계 전반에 걸쳐 과거의 문화적 고정관념 및 인종, 민족, 성적 취향, 연령, 종교, 성 정체성, 지리 등에 대한 편견을 적극적으로 없애야 한다. 직접 · 간접적으로 성과 젠더에 적절히 대응하는 서비스를 제공하며, 전통적 · 문화적 치유를 동반하는 실천을 활용하여, 개개인의 인종적, 민족적 및 문화적 욕구에 부응하는 서비스를 제공한다.

현재 미국에서는 트라우마의 보편성과 트라우마가 신체 및 행동 건강 및 복지에 미치는 악영향에 대한 이해가 높아짐에 따라 트라우마를 경험한 사람들에게 서비스를 보다 신속하게 제공할 수 있는 방법을 모색하는 조직 및 서비스 시스템이 늘어나고, 증거 기반의 트라우마 치료(Evidence-based trauma interventions)가 행동 · 정신건강 관리 치료(behavioral health treatment care) 전달 시스템에 통합되었다. 트라우마-기반 서비스들은 신체적 · 정서적 안전을 강조하고 신뢰와 협동 관계를 촉진하는 치유 환경을 조성한다. 이를 위해 트라우마-기반 서비스는 지위나 역할에 상관없이 서비스에 관련된 모든 사람들이 이에 관한 교육을 받아야 하며, 이 과정에서 서비스들을 계획하고 실행하는데 동료지원가(peers)들의 역할이 매우 중요하다.

4) 동료 지원(Peer Support)

정신건강 분야에서 동료 지원은 역사적으로 비자의 입원치료와 관련하여 강제성, 고립, 강박, 권리 침해, 과도한 정신과약물 투여, 트라우마 역사에 대한 무시 등 부정적인 치료경험을 공유하는 당사자들의 시민권 및 인권 운동에서 비롯되었다는 점에서 단순히 경험을 공유하는 차원을 넘어선다(Mead & MacNeil, 2004). 동료는 정서적 · 심리적인 고통의 경험을 공유하며, 당사자의 현 상황을 공감하고 이해하고, 정신건강서비스를 경험한 적이 있거나 현재 경험하고 있으며, 스스로를 동료라고 인지하고 있는 사람이라 할 수 있다(Jacobson et al., 2012; Solomon & Draine, 2001). 즉, '동료 지원을 받는다는 것은 정신장애인들이 운영하는 클럽에 가입하는 것이 아니다(It is not about joining a club for the mentally ill)'(Mead, Hilton, & Curtis, 2001, p. 135)라는 말처럼 동료 지원은 사회적으로나 개인적으로 변화를 가져올 목적으로 비슷한 정신건강 문제를 가진 사람들이 제공하는 서비스로 정의된다(Solomon, 2004).

1970년대 지역사회 정신건강 시스템의 발전 이후 동료 지원은 그 효과성을 인정받아 왔다(Repper & Carter, 2011, Solomon, 2004). 기존의 정신의료모델(psychiatric models)이나 병리진단기준(diagnostic criteria)에 근거하지 않고, 존중, 공유된 책임 및 도움이라는 상호합의의 원칙(mutual agreement)에 기초하여 도움을 주고받는 시스템으로 공식적으로 동료지원이 제도화되기 전부터 비의료적이고 비공식적인 영역에서 이미 존재하고 있었다(Mead & MacNeil, 2004; Salzer, 2002; Solomon, 2004).

동료 지원은 특히 평소에 도움이 되는 친구 및 가족 구성원이 없는 사람들, 의존할 대상이 적은 사람들 그리고 서로의 욕구를 충족시키기 위해 함께 일할 수 있는 사람들에게 제공된다(Mead et al., 2001; Sarason et al., 1983). 정신건강 시스템을 사용하는 것에 반대하는 사람들도 동료지원은 이용하는 경향이 있으며, 전문가들이 관여하기 어려운 당사자에게 동료지원가들은 더 쉽게 교류할 수 있다(Segal & Silverman, 2002). 이러한 동료 지원은 유사한 경험을 가진 사람들에게서 얻을 수 있는 고유한 지식, 정보, 안내 등이 포함된 피드백, 소속감, 향상된 자부심, 인정, 희망, 임파워먼트, 자기결정권과 자신감 등을 높일 수 있다고 보고하고 있다(George, Blazer, Hughes, & Fowler, 1989; Walsh & Connelly, 1996; Salzer, 2002). 그러나 동료 지원만으로는 회복과 치유에서 장기적인 효과를 얻는 데 한계가 있으며, 숙련된 의료 전문가와 협력하여 서비스를 제공하는 것이 중요하다(Rappaport, 1993).

동료 지원은 여러 사람이 모이는 경우 자연스럽게 비공식적으로 일어날 수 있으며, 자조그룹(self-help groups), 동료 주도 서비스(peer-delivered services), 웜라인(warm lines), 핫라인 교류(hot line), 동료 프로그램(peer programs), 옹호 프로그램(advocacy programs), 봉사활동, 기동성을 갖춘 위기지원팀(mobile crisis teams) 및 위기쉼터(respite) 등의 형식으로 나타날 수 있다(Mead et al., 2001).

2015년 SAMHSA[27]는 정신건강 또는 약물 사용 상태로 회복중이거나 회복중인 사람들에게 동료 지원 서비스를 제공하는 '동료'가 필요로 하는 핵심 지식, 기술 및 능력 즉, 핵심 역량으로 이끄는 기술을 파악하기 위한 노력을 주도하였다. 이러한 동료 지원 서비스의 근간은 (1) 회복중심, (2) 사람중심, 그리고 (3) 관계중심을 기반으로 한다. 현재 동료 지원가들은 주로 주와 카운티의 공공기관과, 카운티와 계약을 맺고 있는 민간기관들에서 근무하고 있다. 하지만 교육과 인증을 받은 동료의 숫자는 현저히 부족하다는 평가를 받고 있고, 이를 해결하기 위해 한 예로 Mental Health America(MHA)[28]는 플로리다 인증위원회와 협력하여 '국가 동료지원 전문가 자격인증'(National Certified Peer Specialist) 프로그램을 만들었다. 이 인증 프로그램을 통해 공식적인 동료로 인증받기 위해서는 다음의 요건을 충족해야 한다. 당사자가 속해

27) https://www.samhsa.gov/recovery-to-practice.
28) 1909년에 설립된 MHA는 정신질환자에게 필요한 사항을 해결하고, 모든 미국인의 전반적인 정신건강을 증진하기 위해 헌신하는 지역사회 기반 비영리단체이다. SAMHSA는 MHA를 "정신 및 물질 사용조건의 모든 스펙트럼을 다루고, 질적 행동/정신 건강서비스에 대한 정보를 제공하고 옹호하며 접근할 수 있도록 노력"하는 단체로 소개하고 있다.

있는 주에서 제공하는 최소 40시간의 교육과정을 보유하고 있거나 MHA가 승인한 교육을 이수한 자, 슈퍼비전을 받고 직접 동료지원을 제공하거나 자원봉사하는 시간이 최소 3,000 시간 이상인 자, 전문성을 증명하는 서류와 추천서를 제출해야 한다. 이러한 기본조건을 충족한 후 프로그램에서 제공하는 평가를 통과하면 동료 전문가가 될 수 있다.

3. 정신질환자들을 위한 다양한 사회서비스

1) 위기대응 서비스

최소한의 자유 제한적 접근(least restrictive approach)의 원칙에 기반하여, 비자의 입원 치료 (또는 자의의 입원치료)로까지 가는 증상의 악화를 중재하는 목적인 위기대응 서비스들은 각 주나 카운티마다 다양한 형태가 존재하는데, SAMHSA(2014)는 여러 임상 결과들을 바탕으로 크게 23시 위기 병상, 단기위기거주 서비스, 기동성을 갖춘 위기지원서비스, 24시간 핫라인, 웜라인, 정신과적 사전의료의향서, 그리고 동료위기 서비스 등 7가지의 위기서비스를 소개하고 있다. 이 외에도 위기상황을 겪게 될 때, 비자의 입원치료를 최소화시키고 위기상태를 감소시키기 위하여 다양한 서비스들을 이용할 수 있다. 여기에는 휴식지원(Respite Care)과 부분입원(Partial Hospitalization or Day Hospitaliza`ion)과 같은 서비스들이 있다.[29]

- 23시 위기안정/관측 침상(23−hour crisis stabilization/observation beds): 짧은 시간 내에 집중적인 치료를 통해 24시간 내에 위기상황이 안정될 수 있다는 판단이 서는 경우에 사용하는 서비스다. 23시간 동안 병원 같은 시설에서 위기대응 서비스를 제공한다. 이를 통해 비자의입원이나 입원치료가 현격히 줄어들었다는 연구결과들이 이 서비스의 효과성을 입증하고 있다.
- 단기위기거주 서비스와 위기안정쉼터(Short term crisis residential services and crisis stabilization): 병원입원은 아니지만 24시간 동안 보호(observation and supervision) 서비스를 제공하는 주거형태의 위기대응 서비스다. 주로 한 번에 여러 명의 환자를 수용할 수 있으며, 급성증상(acute symptoms)을 치료함으로서 더 이상의 위험상태로 가는 것을 방지하는 것을 목표로 한다.
- 기동성을 갖춘 위기지원서비스(Mobile crisis intervention/services): 위기상황 신고를 받으면 그곳으로 방문하여 최소한 빠른 시간에 상태를 조사하고 개입하여 위기를 해결하고자 하는 서비스다. 위기 서비스 중 많은 관심을 받고, 그 효과성이 입증되어 있는 서비스이다.
- 24시간 위기 핫라인(24/7 crisis hotlines): 특별한 정신질환의 여부와 상관없이 극심한 스트레스에 시달리거나 자살충동을 느끼는 모든 사람들이 이용할 수 있는 무료(toll−free)

29) 위기대응 서비스의 원칙에 대한 자세한 설명은 박인환과 한미경(2018, pp. 19−21)을 참고하길 바란다.

서비스로, 365일 24시간 이용이 가능하다. 교육을 받은 전문가의 상담 서비스를 통해 위기상황을 극복 할 수 있는 서비스를 제공한다.

- 웜라인(Warm lines): 정신질환을 겪었거나 현재 겪고 있는 동료 즉, 일정 교육을 받은 "정신건강 동료 스페셜리스트(peer specialists)"가 위기상황에 있는 사람들에게 전화로 여러 가지로 정신적, 감정적 지원을 제공하는 서비스다. 본인들의 경험을 바탕으로 전화를 건 환자의 위기상황을 점차 줄이도록 하고 그들이 적절한 선택을 할 수 있도록 돕는 서비스다.
- 정신과적 사전의료의향서(Psychiatric advanced directive statements): 주로 임종을 앞둔 사람들이 이용하는 "사전의료의향서"를 정신질환자에게 적용하는 방법이다. 정신질환자들이 자신이 위기상황을 겪게 되면 올바른 판단을 할 수 없었다는 기존의 경험을 바탕으로, 건강하게 사회생활을 하고 있는 동안에 앞으로 닥칠지 모를 위기상황, 즉 인지적 능력을 상실하게 될 경우를 대비하여 환자 스스로 적절한 치료방법에 대하여 미리 지정해 놓는 방법이다. 1991년 미네소타 주에서 시작하여 현재 많은 주에서 이 "정신과적 사전의료의향서(Psychiatric advanced directive statements)"가 이용되고 있다.
- 동료가 주도하는 위기쉼터(Peer crisis services): 앞선 웜라인(warm lines)처럼 정신질환을 스스로 경험했고 회복한 동료전문가들이 주거서비스를 제공하는 방법으로, 전문가가 아닌 교육받은 당사자들에 의한 안정적이고 지지적인 환경을 제공함으로서 위기상황을 감소시키는 역할을 하고 있다. 주로 24시간 이내 서비스를 제공하며, 상황에 따라 1주일까지 이 서비스를 이용할 수 있다.

2020년 SAMHSA는 위기대응에 대한 국가가이드(National Guidelines for Crisis Care)를 발표했는데, 이 새로운 가이드는 "no-wrong-door integrated crisis system"을 강조하며 다음 위기관련 서비스에 관련된 서비스들의 연계, 전문인력 양성, 집 같은(home-like) 안정감을 제공하는 공간에서의 접근을 강조하고 있다. 앞서 설명한 트라우마와 회복중심 그리고 최소한제한의 원칙이 적용됨을 볼 수 있다.

2) 적극적인 지역사회 치료(Assertive Community Treatment, ACT)

적극적인 지역사회 치료란 위기 서비스가 필요한 환자 및 외래진료를 받는 환자 중 증상이 심하거나 집중적인 치료가 필요한 사람들을 대상으로 제공되는 집중적인 사례관리(intensive case management)를 의미한다. ACT는 정신질환을 가진 사람들 중 복잡하며 지속적인 문제로 지역사회 기반 기관에서 기본적으로 제공되는 사례관리(case management)나 기존의 접근방식으로는 욕구를 충분히 채울 수 없는 경우에 다양한 전문분야의 전문가들로 구성된 팀이 평가, 치료 계획 및 치료에 집중적으로 개입하는 프로그램이다. ACT는 단순히 사례관리 프로그램이 아닌 서비스제공 모델(service-delivery model)로 지역사회 치료 및 재활을 통한 회복이 주요 목적이 된다. 다음은 SAMHSA에서 제시하는 ACT의 주요 특징은 다음과 같다

(SAMHSA, 2008, p.11).

- 다양한 전문교육과 기술을 갖춘 실무자들이 당사자 회복을 위해 팀(team) 접근방식으로 협력한다.
- 필요한 장소와 상황에서 '현장(in vivo)' 서비스를 제공한다.
- ACT 팀은 약 10명에서 12명의 직원으로 구성되어 약 100명의 당사자에게 서비스를 제공함으로써 전문가 · 서비스제공자 대 당사자 비율이 약 1에서 10 사이인 소규모 사례를 담당한다(small caseload).
- 시간제한이 없는 서비스를 제공한다.
- 정신장애인 당사자들이 지역사회에서 생활하고 개인적으로 회복까지의 목표에 도달할 수 있도록 전문가들이 개별적으로 사례관리를 하는 것이 아니라, 공유된 사례관리를 통해 팀 전체가 함께 총체적으로 필요한 서비스를 제공한다.

ACT 팀은 매일 각 당사자의 상황을 의논하고, 팀 구성원 간 당사자의 욕구(needs) 변화에 신속하게 대응하여 서비스를 조정하도록 하며, 불가피한 의료서비스와 같은 상황을 제외하고는 서비스 이용자의 다양한 욕구(needs)를 팀 내에서 해결하도록 한다. 또한 당사자들이 위기상황에 있을 경우를 대비해 하루 24시간 서비스를 제공한다. 이러한 ACT의 핵심 서비스로는 위기평가 및 개입, 종합평가, 질병관리 및 회복기술, 개별 지지 요법, 약물 남용 치료, 고용지원 서비스, 일상생활 지원, 지원 네트워크(가족, 친구, 집주인, 이웃 사람 등)와의 개입, 의료 · 주거 · 복리 후생 · 교통지원 서비스 제공, 일반 사례관리, 약물 처방 · 관리 및 모니터링 등 포괄적이고 총체적인 서비스를 제공한다.

이러한 ACT는 효과성은 여러 연구에서 그 효과성이 입증되었다(Allness, & Knoedler, 2003; Bromley et al., 2017; Drake, Merrens, & Lynde, 2005; Marquant et al., 2018; Phillips et al., 2001). SAMHSA의 연방 성과지표 시스템에서 정신질환을 치료하는 효과적인 서비스 중 최상의 방법 중 하나라고 명시하고 있으며, 정신건강에 관한 Surgeon General's Report에서 심각한 정신장애의 필수 치료로 승인되었다(U.S. Department of Health and Human Services, 1999).

3) 기동성을 갖춘 위기지원서비스(Mobile Crisis Intervention Services)와 경찰의 위기개입 팀

'기동성을 갖춘 위기지원서비스'는 ACT 서비스 전달 모델의 하나로 위기대처와 관련하여 그 효과성 또한 꾸준히 확인되고 있다(Hails & Borum, 2003; Kisely et al., 2010; relined, 2010; Young, Fuller, & Riley, 2008).

모바일 위기개입 서비스(MCI)의 이해를 돕기 위해 매사추세츠 주의 내용을 살펴보면 다음과 같다. 대체적으로 모바일 위기서비스는 긴급전화 911 센터에서 전화를 받음으로 시작된다. 911 담당자가 전화의 내용이 심각한 정신장애 관련 위기상황이라 판단되면, 모바일 위기서비스팀이 소속되어 있는 카운티의 응급서비스 프로그램(Emergency Services Programs [ESP])

으로 연락을 한다. ESP는 연락을 받으면, 다양한 분야의 전문가로 구성된 MCI팀에게 연결하고 연락을 받은 MCI팀이 대응에 나선다. 이때 MCI팀은 주로 심리치료사, 사회복지사, 동료 전문가나 정신장애를 겪는 환자를 둔 가족 등으로 구성되어 있다. 이 조사 결과에 따라 MCI 팀은 적절한 조치를 당사자와 가족에게 소개하고 서비스와의 연결을 시켜준다. 한 가지 짚고 넘어갈 중요한 점은 MCI에 동료(당사자와 가족멤버 포함)의 역할이 점차 강조되고 있고, 위기대응을 community response로 필요한 서비스로 연계하는 것이 목적이라는 것이다.

각 주나 카운티마다 MCI 전담팀을 구성하는 데 차이가 있지만 대부분의 경우 경찰들이 함께 출동하게 된다. 정신질환 환자와 관련된 위기상황에 처음으로 대응하는 경찰들의 정신건강에 대한 지식과 위기상황을 대처하는 능력은 상당히 중요한 역할을 한다. 경찰들에 대한 Crisis Intervention Services(CIS) 서비스는 경찰들에게 정신장애와 관련된 위기상황을 어떻게 대처해야 하는지를 교육하는 서비스다(Watson, 2012). CIT(Crisis Intervention Training)는 경찰과 정신건강서비스 제공자들 간의 긴밀한 협조를 통해 이루어지는 것을 기본으로 한다. 정신건강서비스 제공자들은 교육을 신청한 경찰들에게 정신건강 관련 지식과 기술을 교육시킨다. 이러한 교육을 통해 경찰들은 자신이 가지고 있던 정신장애에 대한 인식을 수정하고, 당사자들에 대한 불필요한 무력행사, 비자의 입원 또는 구속 등의 개입을 최소화 시킬 수 있게 되었다. 즉 교육을 받은 경찰들은 위기 상태의 정신장애 당사자와 어떻게 대화를 하고, 어떠한 조치를 취함으로써 위기가 더 악화되는 것을 방지할 수 있으며, 당사자에게 적절한 서비스를 제안하고 연결하는 방법에 대하여 배우게 된다. 이 CIT 훈련 프로그램은 각 주와 카운티에 따라 조금씩 내용이 다르지만, 대부분의 경우 자발적으로 신청하는 경찰관이 교육대상이 된다. 그러나 CIT의 효과성을 인정하는 샌프란시스코 카운티에서는 2015년 7월부터 신규 경찰 교육과정에 CIT training을 의무화하였다. 경찰관 이외에도 소방관, 고속도로 순찰대, 대학경찰, 교도관 등 정신장애 당사자들과 접촉하는 다양한 전문가들이 이 CIT 훈련을 받을 수 있다(California Institute for Behavioral Health Solutions, 2015). CIT는 미국 전역에 걸쳐 정형화되어 있는데, 40시간에 걸쳐 다양한 정신장애에 대한 지식과 대화기술과 위기 대응방법을 제공하는데 주요 내용들은 다음과 같다(Watson, 2012).

XCVII.	정신질환 징후와 증상(signs & symptoms of mental illness)
XCVIII.	위기상황을 완화시키는 기술(de－escalation techniques)
XCIX.	위기대응을 위한 자원과 적절한 자원을 선택할 수 있는 방법(resources & options)
C.	당사자, 가족, 정신건강 전문가들과의 대화(consumer, family member and provider panels)
C.	지역사회에 있는 정신건강 관련 기관 방문(visits to providers in the community)
CII.	역할극을 통한 연습(role play exercise)

위에 설명한 내용 중, 역할극은 다양한 형식으로 실행되는데 정신장애의 경험이 있는 당

사자가 역할극에 함께 하고 참여 대상인 경찰에게 직접적인 피드백을 주고 서로 논의하면서 역할극의 효과를 높이려고 노력하고 있다(Comptaon et al., 2014).

이렇듯 위기대응 서비스들은 비자의치료에 대한 예방차원으로 최대한 지역사회에서 최소한의 제한적 환경에서 회복을 향한 노력이라 할 수 있다. 여기서 한 가지 더 설명하고자하는 서비스는 동료가 주도하는 위기쉼터(Peer-run crisis respites, PRCR)이다. 동료가 운영하는 위기쉼터(PRCR)는 전문적으로 훈련된 정신건강 동료 당사자가 정신건강의 위기에 있는 동료 당사자를 위해 운영하는 새로운 형태의 주거용 위기 서비스이다. 이 서비스는 고비용이고 종종 트라우마를 동반하는 응급 및 입원치료 서비스에 대한 대안으로 위기에 처한 당사자들이 스트레스를 처리하고 단기 해결책을 모색하며 위기에 대한 취약성을 줄이기 위한 장소로 제공되고 있다. 기본적으로 당사자들이 가정과 같은 안전한 장소에서 위기대응을 하여 자발적·비자발적 입원을 줄이고 회복의 길로 들어설 수 있도록 하는 데 목적이 있다(NCHMCSO, 2008; Stefan, 2006).

PRCR는 응급실 방문 및 정신과 입원 중에 종종 발생하는 트라우마를 예방하는 데 도움이 되는 것으로 알려져 있다. 이곳에 거주하는 동안 동료 전문가로부터 위기에 대처하는 기술을 배우게 되며, 이를 통해 회복, 응급실 사용 감소 및 향후 정신건강 서비스 사용 감소 등이 있다(MPOWER, 2008). PRCR은 종종 정신의학적(medical-psychiatric) 서비스를 제공할 수 있는 전문가는 없지만, 동료를 돕기 위해 훈련받고 인증 받은 동료 전문가(certified peer specialists)가 함께 거주하며 동료들의 위기대응을 돕는다(Levin, 2009). PRCR는 회복, 역량강화, 자가-주도성, 존중, 책임감, 그리고 인간중심으로 전인적인 접근으로, 위기에 처한 당사자의 강점에 초점을 맞춘다(SAMHSA, 2004). PRCR의 효과성 및 다양한 정보는 국가역량강화센터(National Empowerment Center)에서 확인할 수 있다.[30]

4. 위기개입 효과를 높이기 위한 6가지 전략

위기대응과 더불어 중증 정신질환을 가진 사람들의 상황이 악화되는 것을 미연에 방지하는데 효과적인 것으로 입증된 다양한 서비스들이 존재한다. 그 중 여기서는 대표적인 6가지 서비스에 대해 간략히 살펴보도록 하겠다.

1) 조기개입과 치료(Early Intervention and treatment) 서비스

조기개입과 치료에 대한 연구는 중증정신질환의 경과를 개선할 수 있는 가능성을 제시한다(Correll et al., 2018 등). 특히 위험성이 높은 사람들을 확인하고, 지역사회 정신 건강센터에서 고위험군 사람들에 대한 돌봄(care)을 개선하고, 청년 및 성인 치료에 대한 새로운 접근법을 개발함으로써 '초발 정신증 치료(first episode psychosis)'를 통해 치료 지연을 줄이고자 하

30) https://power2u.org/evidence-for-peer-run-crisis-alternatives/

는 것이다. 대표적인 프로그램으로 '첫 조현병 증상 발현 이후의 회복(Recovery After an Initial Schizophrenia Episode, RAISE)'이 있다. 이 RAISE 프로그램은 정신요법, 가족교육 및 지원, 지원 고용, 교육, 약물치료를 포함하여 중증정신질환의 초기 사건을 경험한 당사자를 돌보는 통합된 접근방식으로 다음에서 설명할 통합 · 조정된 특별한 치료(coordinated specialty care)를 제공하는 것이 특징이다.

2) 조율된/연계된 전문적 케어(CPC: Coordinated Specialty Care)

CSC는 1차 위기상황을 거친 중증 정신장애(FEP) 환자를 위한 회복 중심 치료 프로그램을 설명하는 데 사용되는 일반적인 용어로 이 개념 안에도 여러 가지 프로그램이 있다. 대표적인 CSC의 예로는 NAVIGATE, 연결 프로그램(the Connection Program), OnTrackNY, 중증 정신장애 초기 대응 전문치료 프로그램(the Specialized Treatment Early in Psychosis program) 및 초기 사정 및 지원 연합(the Early Assessment and Support Alliance) 등이 있다. CSC는 다양한 분야의 전문가들로 팀을 구성, 당사자와 협력 · 파트너 관계를 형성하여 개별화된 치료 · 서비스 계획과 실행을 추진하며, 팀원들의 공동의사결정(shared decision)을 촉진한다. CSC의 목표는 중증 정신장애 증상이 시작된 후 최대한 빨리 CSC 팀과 FEP 당사자가 연결되어 치료들 받는 것이다. CSC 참여 전문가들은 개인의 필요와 선호에 따라, 각종 심리치료(psychotherapy), FEP 당사자를 위한 약물관리, 가족교육 및 지원, 사례관리, 직장 또는 교육지원 등을 제공한다. 이때 가능한 한 치료결정을 내리고 서비스를 제공하는 과정에서 당사자의 가족을 포함하여 함께 노력한다. 이러한 CSC의 효과성은 2008년부터 NIMH 연구 결과로 입증되었다.[31)]

3) 정신과적 사전의료의향서(Psychiatric Advance Directives)

정신치료 사전 의료의향서(PAD)는 환자의 판단능력이 있을 때 작성한 법률문서로, 정신건강 위기로 인해 결정을 내릴 수 없을 때, 그를 돌볼 수 있는 방법이다. 급성 정신장애 증상의 발현(Acute episodes)으로 치료과정에서 필요한 정보에 동의하는 데 필요한 능력이 일시적으로 발휘하기가 힘들어지거나, 본인들이 심한 장애를 앓고 있다는 사실을 인식하지 못하게 될 경우 시기 적절하게 개입을 못할 위험이 있다. 특히 당사자가 치료를 거부하여, 증상이 심해져 본인이나 타인에게 위협이 될 정도가 되면 치료방법은 비자의 입원치료가 될 것이다. 율리시즈 약정(Ulysses arrangement)이라고도 불리는 PAD는 환자가 급성 정신장애 증상의 발현으로 인해 필요한 개입을 거부할 경우, 당사자가 치료받을 수 있는 예방조치로 사용되는 정신건강 치료지침의 한 유형이다. 당사자가 치료를 받아 판단능력이 있을 때 본인 스스로 급성 정신장애 증상이 발현될 때 사전에 자신에게 필요한 치료와 서비스를 미리 지정해 놓는 것이다. PAD은 중증정신장애 증상이 발현 · 재발될 때, 사전에 치료방법을 지정해 두면, 증상으로 인해 당사자가 치료를 거부하더라도 의사가 당사자를 치료할 수 있다(Bielby, 2014; Clausen,

31) https://www.nimh.nih.gov/health/topics/schizophrenia/raise/published-articles.shtml.

2015; Olsen, 2017; Swanson et al., 2008; Van Dorn, Swanson & Swartz, 2009; Widdershoven & Berghmans, 2001).

PAD는 정신장애 상태에 있는 사람이 의사결정을 내릴 수 없는 경우 치료방법의 기본적인 설정을 기술하거나 치료결정을 내리는 사람의 이름을 지정할 수 있는데, PAD의 사용은 강압적인 치료의 필요성을 낮추고(Henderson et al., 2004; Swanson et al., 2008), 환자 자신의 통제력를 높이고(Elbogen et al., 2007), 환자 선호도와 일치하는(Wilder et al., 2010) 치료결과를 가져온다. PAD는 현재 미국의 모든 주에서 허용하는 법이 존재하는 것은 아니다. 그러나 PAD가 법령으로 제정하지 않은 주에서도 당사자들은 건강관리지침이나 정리의향서(Living Wills)에 PAD를 작성할 수 있다(NAMI, 2019). PAD이 구체적인 내용들은 국가자료센터(National Resource Center) 및 Bazelon Center 자료를 통해 확인할 수 있다.[32]

4) 가족심리교육(Family Psychoeducation, FPE)과 가족참여(Family Involvement)

가족심리교육(FPE)은 심각한 정신장애를 치료하기 위해 당사자와 가족이 협력하는 가족중심 접근방식이다. FPE를 제공하는 전문가는 당사자와 그들의 가족과 함께 동맹관계를 형성한다(Dixon et al., 2001). 즉, FPE의 목표는 실무자, 당사자 및 가족이 함께 협력하여 당사자의 회복을 지원하는 것이다.

FPE 모델의 치료기간은 환자 참여 및 위치, 가족의 형태에 따라 다양할 수 있다. SAMHSA는 FPE의 효과를 높이기 위해서 준수해야 할 다음의 6가지 원칙을 제시하고 있다[33]:(SAMHSA, 2009, p.12)

- 원칙 1. 당사자가 본인의 가족이 누구인지를 정의한다. 가족이라는 용어에는 회복하는 과정에서 도움이 되는 것으로 단순히 생리학적 가족의 개념을 벗어난다.
- 원칙 2. 서비스 제공자–당사자–가족 간의 동맹은 필수적이다. FPE는 중증 정신장애를 겪으며 생활하는 당사자와 그들의 가족의 강점, 경험 및 전문성을 인정한다. FPE 서비스 제공자는 당사자 및 가족과 협력하여 당사자를 보다 잘 이해하고 개인적인 회복의 목표를 지원하는 역할을 해야 한다.
- 원칙 3. FPE가 제공하는 교육과 자원은 가족이 당사자가 회복을 할 수 있도록 지원하고 지지하는 데 도움을 준다. 가족 구성원이 정신질환에 대해 교육을 받으면 가족뿐만 아니라 당사자 또한 혜택을 얻는다. 교육받은 가족 구성원들은 증상을 식별하고, 재발의 징후를 인지하며, 당사자의 치료과정과 목표, 회복을 지원할 수 있다. 위기상황을 겪는 기간 및 극심한 정신장애 증상이 발현되는 기간에 당사자와 가족에게 정보 및 자원을 제공한다.

---

32) https://www.nrc–pad.org/
http://www.bazelon.org/wp–content/uploads/2017/04/PAD–Template.pdf.
33) https://store.samhsa.gov/sites/default/files/d7/priv/buildingyourprogram–fp_0.pdf.

- 원칙 4. FPE은 의사소통을 개선하며 스트레스를 극복하는 기술을 교육하는데, 이를 통해 당사자와 가족은 관계를 강화하는 효과를 볼 수 있다.
- 원칙 5. 문제해결 접근은 당사자와 가족이 문제와 현재 상황을 정의하고, 구조화된 문제해결 접근법(structured problem-solving approach)을 통해 복잡한 문제들도 작고 관리 가능한 단계로 나눌 수 있는 기술을 배운다.
- 원칙 6. 사회적 · 정서적 지원은 경험을 검증(validates experiences)하고 문제해결을 용이하게 한다.

5) 정신건강 응급처치(Mental Health First Aid, MHFA)

앞서 소개된 서비스들이 당사자와 가족 그리고 서비스주체들에 관한 것이라면, 이 정신건강응급처치는 커뮤니티에 대한 교육이라 볼 수 있다. 많은 연구들이 보여주는 것처럼 급성 정신질환이 진행될 경우 질병에 대한 인식 불능, 즉 병식의 결여를 겪게 된다(Amador, 2007; Buckley et al., 2007; Cassidy, 2010; Torrey et al., 2012; Lehrer & Lorenz, 2014; Oreski et al., 2012). 이러한 이유로 가족, 지인, 직장동료, 전문가, 지역주민들처럼 정신질환을 가진 자들과 접촉을 하는 사람들을 대상으로 초기증상을 빨리 알아차리고, 조기 개입과 함께 예방 프로그램의 제공에 힘을 기울이고자 하는 목적으로 2001년 호주에서 '정신건강 응급처치(MHFA)'가 개발되었다. 참여자들은 상대적으로 짧은 시간(12시간) 동안 ALGEE라는 기준에 근거한 매뉴얼에 따라 (1) 자살 또는 해를 미치는 요인 평가(A; Assess for risk of suicide or harm), (2) 판단과 편견 없이 듣기(L; Listen nonjudgmentally), (3) 안심시키고 정보주기(G; Give reassurance and information), (4) 전문가 도움을 받도록 격려하기(E; Encourage appropriate professional help), 그리고 (5) 자조 및 기타 외부지원 전략을 장려하기(E; Encourage self-help and other support strategies) 교육을 받는다. MHFA는 환자의 조기개입 효과 외에 정신질환에 대한 낙인을 낮춰주고 있다는 평가도 받고 있다(Kitchener & Jorm, 2002). 미국에서도 2008년부터 실행하기 시작하였으며 현재 전국에 걸쳐 활발하게 제공되고 있다. 2015년에는 미 정부의 적극적인 지원을 받아 정신건강 응급처치 법안(Mental Health First Aid Act)이 통과되었다.

6) 웰니스 회복 실천 계획(Wellness Recovery Action Plan, WRAP)

정신질환을 가진 당사자들이 스스로 위기상황을 겪게되는 상황을 최소화하고 회복을 추구하는 것을 목표로 하는 웰니스 회복 실천 계획(WRAP)은 전문가들과 협력을 강조했던 다른 프로그램과 달리 정신장애를 가진 사람들을 중심으로, 그들의 강점과 자원 그리고 역량을 최대한 활성화하여 스스로 회복할 수 있도록 고안된 개입방법이다(Cook et al., 2009; Gilburt et al., 2013; SAMHSA, 2014). 1997년 미국에서 Mary Ellen Copeland가 당사자들과 함께 개발된 WRAP은 당사자들에게 (a) 회복은 가능하며, (b) 스스로에 대한 긍정적인 정체성을 성립하도록 도우며, (c) 스스로의 강점과 자원 등을 스스로 최대한 이용하여 어려움과 문제해결을 하고, (d) 스트레스를 받는 상황에 스스로 긍정적이고 건설적으로 대처할 수 있는 대처전략을 강구하도록 하며, (e) 스스로 회복의 의미를 찾고 스스로의 복지 증진에 주인공이 되도록 돕는다(Copeland, 2002).

현재 WRAP은 대부분의 지역사회 기반 정신건강서비스 기관이나 시설들에서 당사자의 치료과정에 활발하게 이용 중이며 미국에서 뿐만 아니라(Cook et al., 2012; Onley & Emerly−Flores, 2016), 유럽 국가들(Pratt et al., 2012)과 아시아를(Mak et al., 2016) 포함한 다양한 인종들의 개별화된 회복을 효과적으로 돕는 유용한 환자중심의 접근법으로 알려져 있다. 이 WRAP와 함께 다양한 서비스들은 당사자의 회복을 돕고, 위기상황을 방지하며, 사회복귀를 할 수 있도록 제공되고 있다.

5. 정신병원의 조직문화 및 환경개선을 위한 노력

지역사회를 중심으로 최소한의 제한적인 개입을 우선시하지만, 부득이한경우 자의든 타의든 입원치료가 필요한 상황이 있다. 입원치료가 이루어질 경우 병원환경을 개선하는 노력을 통해 앞서 소개한 다양한 서비스원칙들(회복중심과 트라우마중심 등)을 실천하고자 하는 노력을 하고 있다. 주립 정신병원의 열악한 상황과 인간적인 치료(humane treatment)의 필요성은 정신건강 정책의 개혁을 이끄는 근본적인 주제였다. 특히 1990년대 후반부터 전국정신건강감독협회(National Association of State Mental Health Program Directors)는 강압적인 환경을 줄이고 많은 주립 정신병원에 존재했던 비인간적인 문화를 바꾸기 위한 국가적 노력에 초점을 맞추어 왔다. 문화적 변화를 통해 많은 주(State) 소속 정신병원의 문화가 개선되었고, 격리와 제지·감금이 줄어들었다(Parks & Redke, 2014). 주립 정신병원의 문화와 환경의 변화는 효과적인 치료를 제공하는 중요한 요소라 할 수 있다. 주립 정신병원의 문화는, 지역사회의 안전과 주정신과 병원에서 근무하는 사람들의 욕구를 충족시키면서, 회복 지향적이어야 하고, 트라우마중심이어야 하며, 문화적으로나 언어적으로 당사자의 욕구에 부합되어야 한다. 투명성이 있고, 희망적이며, 서로를 존중하고, 전인적(holistic)인 문화 속에 동료지원서비스가 포함된다면 서비스를 이용하는 당사자는 치유될 수 있고 정신건강영역의 종사자도 번성하는 환경이 조성될 수 있다(Goetz & Radke, 2013; New Jersey Department of Health, 2018). 이외에도 변증법적 행동치료(Dialectical Behavior Therapy, DBT[34])와 직업지원(Vocational/occupational Support)[35]과 같은 다양한 프로그램을 제공하여, 약물치료 이외에 환자들이 스스로 자신의 치료에 대한 결정을 내릴 수 있도록 권한을 부여하고 자신의 질병을 관리 할 수 있도록 도와, 회복/자립하는

---

34) 감정조절이 어려우며 자해 및 침략과 같은 위험한 행동 패턴을 변경해야 하는 사람들을 위해 고안된 이 프로그램은 개인의 기술습득을 강조하여 환자가 위험한 행동을 유발하는 유발요인을 인식하고 자신이나 다른 사람들에게 해를 끼치는 행동을 줄이기 위해 적응력 있는 대처 기술을 개발할 수 있도록 한다.

35) 개인이 회복과 공동체 생활에 필수적인 새로운 일 기술을 활성화하거나 개발하도록 돕고, 기술 구축 활동을 제공하고 지원 및 기타 취업에 대한 다양한 서비스를 제공한다.

데 궁극적인 목표를 두고 있다.

그러나 병원환경 개선을 위한 노력에 비해 여전히 병상의 숫자는 부족한 것이 현실이다. 1955년에는 550,000개가 넘는 주 및 카운티의 정신과 병동이 있었던 것에 비해 2005년엔 50,509개, 그리고 2016년엔 37,679개가 있으며, 이는 평균 10만명당 11.7개의 침상만이 제공된다는 것이다(Treatment Advocacy Center, 2016b). 좋은 환경의 병원을 적절한 수준[36]까지 높여 입원치료가 필요한 사람들이 충분히 인권친화적인 공간에서 치료를 받고 지역사회로 복귀할 수 있게 환경을 조성하는 것은 매우 중요하다(NASMHPD, 2014). 정신병원 침상이 부족할 경우 급성 정신장애를 치료하기 위해 병원에 자발적으로 입원 치료받을 수 있는 기회가 줄어들고, 제대로 치료받지 못한 환자들이 법의 접촉을 받아 교정시스템으로 보내지는 또 다른 형태의 변형된 시설화(trans-institutionalization)를 초래한다고 보는(Fuller et al., 2016) 의견에 귀를 기울여야 할 것이다.

앞서 소개한 다양한 위기대응 서비스들, 적극적인 지역사회치료(Assertive Community Treatment, ACT), 모바일 위기대응(Mobile Crisis Intervention) 등 미 전역에 걸쳐 시행되는 다양한 서비스들 외에도 각 주에서 제공하는 다양하고 효과적인 서비스들이 많다. 예로 캘리포니아 주 산타클라라 카운티에서 공공기관(카운티 정신건강)과 민간기관들의 협조를 통해 중증 정신질환을 가지고 있는 성인에게 다양한 서비스를 제공하는 Full Service Partnership라는 프로그램이 있다. 서비스의 이름처럼, 다양한 전문인들의 협력과 서비스 간의 연계를 통해 회복으로 나아갈 수 있도록 하고 있다. 이 FSP는 커뮤니티 아웃리치 (예방)부터 사례관리, 동료지원, 24시간 평가 및 위기대응 서비스, 다양한 자조 및 가족 지원그룹, 교육과 직업 지원 서비스, 임시숙소(housing), 다양한 사회부조혜택(benefits) 등을 제공하는데, 이러한 서비스들은 지역사회 기반 민간기관을 통해 제공되고 있다.

Ⅵ. 마무리

정신건강정책은 그 사회의 다양한 문화와 가치관, 인식, 재정상황 등이 고려되어야 하기에, 미국의 정신건강정책이 한국에 반드시 적절하다고는 볼 수 없다. 특히, 1963년 '지역사회정신건강법(Community Mental Health Act)' 이후 여러 차례에 걸친 정책 개정과 수정을 거치며 (때로는 진보적이고 발전적이라는 평가를, 또 때로는 부정적인 평가를 받으며) 지역사회 기반 정신건강서비스가 상대적으로 자리 잡은 미국에서 비자발적 치료와 입원에 관해 친인권적인 정책과 서비스를 제공하고자 끊임없이 노력하는 미국의 현 시점이 시사하는 부분을 살펴보는 것은 중요하다고 볼 수 있다.

첫째, 미국의 정신건강에서 비자발 입원은 가장 제한적인 접근으로, 지극히 제한적으로

---

36) 이 숫자는 평균 10만 명당 68개의 침대를 가지고 있는 34개 OECD국가들 중 29위를 차지하고 있다.

만 사용하고 있다. 외래치료명령 또한 비자의적인 치료를 제공하는 입장에서 치료대상이 되는 조건들이 앞서 살펴본 것처럼 이러한 비자발 비자의치료와 입원에 도달하기 전 자발적 치료를 종용하는 다양한 정책과 서비스가 주를 이루고 있다고 볼 수 있다. 즉 예방, 조기치료, 외래치료, 주거 돌봄 치료, 위기상황 서비스 등 서비스가 연속적이고 연계적이며 총체적으로 즉 증상이 악화되기 전 조기 개입과 함께 예방 프로그램의 제공에 힘을 기울이고 있으며, 당사자의 회복을 위한 정책과 서비스들이 제공된다. 물론 이러한 정책과 서비스들도 분명 개선해야 할 부분이 있지만, 정신질환을 앓고 있는 자가 정책이나 제도로 인해 필요한 서비스와 지원을 받지 못하는 경우를 줄이고자 노력하고 있고, 정신질환의 개입 시 증상의 정도에 따라 최소한의 제한(least restrictive)을 기준으로 서비스가 제공된다. 그 중 외래치료 명령제도는 비자의성이 있고 그에 따른 우려도 있지만, 지역사회 내에서 개인의 자율성을 최소한으로 제한한다는 원칙하에 증상이 더 악화되어 입원을 해야 하는 상황으로 갈 수 있는 것을 예방한다는 점에서 시사점이 있는 제도라 할 수 있다. 이 외래치료 명령제도를 반대하는 목소리들은 다른 다양한 위기 서비스들, 특히 동료지원의 웜라인(warm line)과 적극적인 지역사회치료인 ACT, 또한 ACT의 한 분야인 모바일위기개입(mobile crisis intervention) 프로그램, 그리고 '23시 위기 안정/관찰 침상'과 '단기 위기 거주 서비스와 위기 안정' 등에 더 적극적인 지원을 해야 한다고 주장하고 있다.

둘째, 비자발적 치료나 입원을 비롯하여 위기대응 및 지역사회 기반 다양한 서비스들은 실천원칙들－사람중심, 트라우마 기반, 강점중심, 증거기반, 총체적 접근, 기관 간의 연계성, 다학문적 접근, 동료지원, 가족교육과 지원 등－에 기반이 되어 회복을 위해 실질적으로 이루어지고 있는 점 또한 시사점이 될 수 있다. 이 원칙들은 지역사회 기반 외래치료 서비스뿐만 아니라 정신병원에 이르기까지 정신건강 전반에 적용되고 있다. 특히 정신병원같이 증상의 악화로 입원치료가 불가피한 상황에 있는 정신질환을 앓고 있는 자들에 대한 인간적인 치료(humane treatment)의 필요성은 미국의 정신건강정책의 개혁을 이끄는 근본적인 주제였다. 위의 실무원칙들은 정신과 병상수 증가[37]와 함께 정신병원 환경개선의 원동력이 되고 있다(Parks & Radke, 2014, pp. 26－36). 미국에서 회복중심의 패러다임은 갑자기 이루어진 성과가 아닌 꾸준한 사회운동과 정신질환에 대한 인식전환 그리고 회복중심과 연계하여 다양한 서비스를 제공할 수 있는 전문가 양성 그리고 당사자 옹호단체들의 적극적인 참여 등과 공존하며 이루어진 성과다. 이러한 의미에서 회복중심의 정신건강이 자리를 잡아가기 시작하는 현 한국 상황에, 미국의 회복중심 원칙들과 그와 연결된 사회서비스들을 좀 더 깊이 이해하는 것은 중요하다고 본다.

셋째, 통합적이고 연계적인 정신건강의 흐름과 더불어 최근에는 행동(behavioral) 및 정신(mental)건강서비스를 전체 "건강/의료(healthcare)" 시스템에 통합하려는 노력이 진행되고 있

37) 2016년 미국의 정신과 침상은 10만명(100,000)당 11.7인데 이는 일반적으로 적절하다고 추정되는 10만명당 340 침상에 심각하게 밑도는 숫자라는 비판이 있다(Treatment Advocacy Center, 2016b).

으며(Centers for Disease Control and Prevention, 2017), 이에 통합적 건강(integrated health)이라는 용어가 점차 널리 사용되기 시작했다. 또한 앞서 주와 카운티의 부서명과 자료에서 보듯이 behavioral health라는 정신건강뿐만 아니라 행동과 관련된 건강(예로 식단, 운동 및 알코올과 substance와 관련된)을 통합하는 행동건강(behavioral health)이란 용어가 점차 보편화 되어가고 있다고 본다. 이로 인해 정신건강 관리(behavioral healthcare)를 차별하는 재정적/제도적 요소를 제거하고, 정신건강 치료와 관련된 외부 접근 치료(outreach) 서비스에 대한 보상(reimbursement)을 제공하며, 이와 관련된 동등한 법률(existing parity laws)을 강화하고자 노력하고 있다. 또한 통합적이고 포괄적이고 연계되어 있으며 조율화된 서비스의 중요성이 강조되면서 전국으로 '공인된 지역사회 행동건강 치료(Certified Community Behavioral Health Clinic [CCBHC]) 모델을 확대하는 것 또한 최근 정책목표 중 하나로 제시하고 있다(Interdepartmental Serious Mental Illness Coordinating Committee, 2017). 이러한 정신건강의 일반의료와의 통합 그리고 행동건강의 통합은 정신질환에 대한 편견, 낙인과 차별을 희석할 수 있고, "전인적 인간(whole person)"을 위한 한걸음 더 나가는 움직임이라 생각한다.

2021년 3월을 기준으로 미국은 American Rescue Plan 법안을 통과하였다. 코로나로 인한 다양한 상황을 겪는 자국민을 위한 포괄적인 법안으로 이 법안에는 정신건강에 대응하는 내용들도 포함되어 있다. 예를 들어 911이 모든 위기상황에 대한 것이라면 988이란 새로운 세자리 번호를 자살예방 및 정신건강을 위한 핫라인으로 시행한다는 것이다. 988으로 접속된 상황에 모바일 위기대응같은 전문가들 팀이 위기상황을 평가하고 최소한의 제한을 기준으로 적절한 서비스를 제공하는 것을 목표로 하고 있다. 이러한 위기대응은 비자의적인 치료나 입원들을 최소한 하고자 하는 노력으로 볼 수 있다.

이 장에서 소개한 미국의 정책과 서비스들 외에 많은 정책과 효과적인 다양한 서비스들이 있다는 것을 다시 한 번 강조하며, 여기서 소개된 내용들이 한국정신건강에, 특히 친인권적인 정신건강정책을 위해, 도움이 되길 바라는 바이다. 특히 자치권 존중(respect for autonomy), 무해성의 원칙(non-maleficence-'do no harm'), 환자의 이익을 최우선시(beneficence)하며 정의(justice)로워야 한다는(Beauchamp, 2009, pp. 33-38) 원칙이 지켜지길 바라는 바이다.

[부록 A]

각 주의 civil commitments의 기준

State	Danger to self	Danger to others	Danger to self due to mental illness	Danger to others due to mental illness	Recently attempted suicide	Gravely disabled	Unable to meet basic needs
AK			✔	✔		✔	
AL			✔	✔			
AR	✔	✔					
AZ			✔	✔			
CA			✔	✔		✔	
CO			✔	✔		✔	
CT			✔	✔		✔	
DC			✔	✔			
DE			✔	✔			
FL			✔	✔			✔
GA							
HI	✔	✔					
IA			✔	✔			
ID			✔	✔		✔	
IL	✔	✔					
IN			✔	✔			
KS			✔	✔			✔
KY			✔	✔			
LA			✔	✔		✔	
MA			✔	✔			
MD	✔	✔					
ME			✔	✔			
MI			✔	✔			✔
MN			✔	✔		✔	

MO			✔	✔	✔		✔
MS			✔	✔			
MT			✔	✔			✔
NC			✔	✔	✔		✔
ND			✔	✔			✔
NE			✔	✔			
NH			✔	✔	✔		✔
NJ			✔	✔			
NM			✔	✔	✔		
NV			✔	✔			
NY	✔	✔					
OH			✔	✔			
OK			✔	✔			
OR			✔	✔			
PA			✔	✔	✔	✔	
RI			✔	✔			
SC			✔	✔			
SD			✔	✔			
TN			✔	✔			
TX			✔	✔			
UT			✔	✔			
VA			✔	✔			✔
VT			✔	✔			
WA			✔	✔		✔	
WI			✔	✔			✔
WV			✔	✔			
WY			✔	✔			

Source: LawAtlas data set(laws effective in 2016): Retrieved on March 2019 from http://lawatlas.org/datasets/short-term-civil-commitment

참고로 2016년 이후 현재 일부 주에서는 변경되었을 수 있다.

비상 감금 기간 및 법원 명령 없이 보류를 연장할 수 있는 정부법령이 있는 주들
(Duration of emergency holds and states' ability to extend holds without a court order)

Duration	No court order required	Court order required(to extend holds)
23 hours		ND
24 hours		AZ, DE, IL, ME, MI, MT, NC, SC, UT
30 hours		MD
48 hours	GA, HI, IA	DC, TX
72 hours	LA, NY, TN, VT, WA	AK, AR, CA, CO, CT, FL, IM, KY, MA, MN, MS, NJ, NV, OR, VA, WI, WY
96 hours		MO, OH
5 days		ID, OK, PA, SD
7 days		AL, NM
10 days		NH, RI
Unspecified		KS, NE, WV

자료: Hedman et al. (2016). *State Laws on Emergency Holds for Mental Health Stabilization*, Table 1.
https://ps.psychiatryonline.org/doi/full/10.1176/appi.ps.201500205
참고로 2016년 이후 현재 일부 주에서는 변경되었을 수 있다.

제3장 프랑스의 정신보건과 법

제1절 비자의입원과 비자의치료 프로그램

Ⅰ. 서론: 프랑스 비자의 정신치료의 특징과 연혁

프랑스의 비자의 정신치료는 우리나라와 비교하여 크게 두 가지 점에서 차이가 있다. 첫째는 입원치료와 외래치료의 관계이다. 우리 「정신건강 증진 및 정신질환자 복지서비스 지원에 관한 법률」(정신건강복지법)에 따르면 비자의 치료는 입원치료가 원칙이고, 비자의입원이 개시된 환자 중에서 일정한 요건을 충족한 극히 일부에 대하여만 지방자치단체장이 외래치료 명령을 할 수 있다.[1] 반면에 프랑스에서는 입원치료가 외래치료와 마찬가지로 비자의 정신치료의 한 유형일 뿐이다. 법에 정한 비자의 정신치료의 요건을 충족하는 환자에게 적절한 치료 방법 중의 하나로서 '완전입원' 또는 '치료 프로그램'이 결정되고, 치료과정에서 완전입원에서 치료 프로그램으로 또는 그 반대로 치료형식의 변경도 가능하다. 둘째는 비자의치료에 있어서 법원이 수행하는 역할이다. 우리나라는 인신보호법에 따른 구제청구가 있을 때에만 법원이 치료 개시의 적법성과 치료 필요성에 대한 심사를 진행한다. 프랑스에서는 적어도 완전입원에 대하여는 법원이 모든 사건에 대하여 정기적으로 사후심사를 진행한다. 이른바 '사법입원' 제도에는 두 가지 유형이 있다. 하나는 독일과 같이 법원이 비자의 치료의 결정 단계에서부터 사전적으로 개입하여 결정하는 방식이다. 다른 하나는 치료의 개시 및 연장을 행정청이 결정하되 모든 개시 및 연장 결정에 대하여 의무적으로 법원의 사후심사를 받도록 하는 것인데, 프랑스가 바로 후자의 방식을 취하는 나라이다.

프랑스에서 비자의 정신치료에 관한 최초의 근대법은 일반적으로 '에스뀌롤 법'(Loi Esquirol)이라고 불리는 1938.6.30.자 「광인에 대한 법률」[2]이다. 이 법은 치료대상자를 보호하기 위하여 정신질환자 치료시설에 대한 행정기관의 정기적 방문 및 감독, 환자 등록부 작성 및 유지, 환자와 가족 등의 불복제도 마련 등을 규정하고 있으나, 기본적으로는 정신질환자의 격리를 통해 사회를 보호하는 데에 주된 목적이 있었다.[3] 단적으로, 이 법은 '자의에 의한 수

---

1) 정신건강복지법 제64조 및 같은 법 시행령 제31조 참조.

2) Loi n° 7443 sur les aliénés du 30 juin 1838.

3) Sophie Théron, Les soins psychiatriques sans consentement, DUNOD, 2017, p. 19; Jean-Louis Gautier,

용'(le placement volontaire)과 '행정기관의 명령에 의한 수용'이라는 두 가지 입원 유형을 두고 있었는데, 전자는 그 표현과는 달리 부모 등 제3자의 신청에 따라 이루어지는 것이었다(제8조 이하). 이 시기만 하더라도 정신질환자의 격리수용에 환자의 동의가 필요하다는 생각이 이루어지지 않았다.

1938년 법률은 1990.6.27.자 법률로 공중보건법전이 개정될 때까지 폐지되지 않고 남아 있었다. 그러나 그 동안 정신질환자 치료에 관한 실무는 많은 변화를 겪었다. 정신질환자에 대한 강제 격리가 아니라 대상자의 동의를 받은 입원치료(l'hospitalisation libre)가 점차적으로 이루어지기 시작하였고, 1930년대에 들어서는 이를 규율하기 위하여 훈령이 제정되었다.[4] 1960년부터는 국가가 소규모 지역단위로 정신의료시설을 지정하여 정신질환자 치료를 담당도록 하였다. 프랑스는 이러한 조직 재편을 통해 주간병원이나 작업치료지원센터 등 외래치료를 위한 시스템을 개발하고 새로운 치료법을 도입하는 등으로 입원기간을 단축하고 자의입원 비율을 높이는 성과를 거두었다.[5] 1990년 법률은 1938년 법률의 내용을 완전히 뒤엎은 것은 아니나, 위와 같은 실무 변화를 반영하였으며 비자의 정신치료제도 전반에 상당한 개선을 가져왔다. 이 법률로 정신질환자에 대하여도 다른 질환이 있는 환자와 마찬가지로 치료에 동의할 권리가 원칙으로 인정되었다.[6] 또한 위 법률은 '광인'(aliéné)이라는 용어 대신 "정신질환을 이유로 입원한 사람"이라는 표현을 사용하였으며, '자의에 의한 수용'을 '제3자의 신청에 의한 입원'으로 변경하고 입원치료를 위한 내용상 요건을 구체화 하였다.[7]

2011.7.5.자 법률[8]을 통해 공중보건법전이 개정되면서 현재와 같은 비자의 정신치료 시스템이 구축되었다. 앞서 프랑스 제도의 특징으로 들었던 치료 프로그램과 법원에 의한 전면적 사후심사가 이 법을 통해 제도화되었다. 2013.9.27. 한 차례 더 법개정을 통해 치료 방식과 비자의 정신치료 결정 절차 등에 관한 개선이 이루어졌으나[9] 기본적인 틀은 변함이 없다고 볼 수 있다. 2011년 법 개정은 2008년 말 사르코지 대통령이 조현병 환자의 살인사건 직후 정신병원을 방문하여 의료진을 위로하고 격리병동 증설, 병원보안 강화, 법개정 등을 약속한 것을 계기로 이루어졌다.[10] 그러나 그 개정은 그동안의 다양한 연구와 고민을 반영하여 정신

Hospitalisation psychiatrique sous contrainte et droits fondamentaux, Les Editions du Menhir, 2012, p. 16.

4) Sophie Théron, Les soins psychiatriques sans consentement, p. 6.

5) Jean-Louis Gautier, préc., p. 16.

6) 공중보건법전(Code de la santé publique) L.326-1조 및 L.326-2조에 편입되었으며, 현재는 L.1111-4에서 환자의 동의권을 원칙으로 선언하고 있다.

7) 1990년 법률(Loi n° 90-527 du 27 juin 1990 relative aux droits et à la protection des personnes hospitalisées en raison de troubles mentaux et à leurs conditions d'hospitalisation)에 대한 설명으로, Sophie Théron, préc., pp. 21-23.

8) LOI n° 2011-803 du 5 juillet 2011 relative aux droits et à la protection des personnes faisant l'objet de soins psychiatriques et aux modalités de leur prise en charge.

9) LOI n° 2013-869 du 27 septembre 2013 modifiant certaines dispositions issues de la loi n° 2011-803 du 5 juillet 2011 relative aux droits et à la protection des personnes faisant l'objet de soins psychiatriques et aux modalités de leur prise en charge.

10) Déclaration de M. Nicolas Sarkozy, Président de la République, sur la réforme de l'hôpital psychiatrique, notamment la prise en charge des patients à risque, à Antony le 2 décembre 2008(http://discours.vie-publique.fr/notices/087003805.html).

질환자의 권리를 강화하고 절차를 개선하는 방향으로 이루어졌다는 평가를 받고 있다.[11]

Ⅱ. 비자의 정신치료 절차와 내용

프랑스의 비자의 정신치료는 공중보건법전(Code de la santé publique)에 그 법적 근거를 둔 공공의료서비스의 하나이다. 2011.7.5.자 법률은 병원 밖에서의 치료를 활성화하고 비자의 치료의 대상이 된 환자의 권리를 강화하기 위하여 입원치료와 비입원치료를 포괄하는 '비자의 정신치료'(les soins psychiatriques sans consentement)라는 개념을 도입하였다. 비자의 정신치료는 그 치료를 승인하는 최초의 결정을 한 다음에 완전입원(l'hospitalisation complète) 또는 치료 프로그램(le programme de soins) 중에서 치료의 구체적인 형식을 결정하는 순서로 이루어진다.

1. 비자의 정신치료 절차

1) 비자의 정신치료 승인(l'admission)

비자의 정신치료 승인은 승인권자에 따라 의료시설장에 의한 승인과 국가행정기관인 '데빠르뜨망 지사'(le préfet)[12]에 의한 승인으로 나뉜다. 형사소송법전에 따라 형사처벌을 대체하는 비자의 정신치료 승인이 이루어지기도 하고(형사소송법전 706-135조), 공중보건법전에서 수형자에 대한 비자의 치료에 대한 특별규정을 두고도 있으나(L.3214-1조[13] 이하), 이 글의 논의 대상에서는 제외하였다.

의료시설장은 대상자가 정신질환으로 치료에 동의할 수 없는 상태에 있고, 그 정신상태에 비추어 완전입원 또는 치료 프로그램 형식에 의한 즉각적인 치료가 필요한 경우에 대상자의 정신치료를 결정할 수 있다(L.3212-1조 I항). 의료시설장이 비자의 치료를 승인하기 위해서는 ① 가족구성원 등 환자의 이익을 위해 행위할 수 있는 자격이 있는 제3자[14]의 신청이 있거나(제3자의 신청에 따른 승인), ② 환자의 건강에 긴박한 위험이 있고 제3자의 신청을 얻는 것이 불가능[15]하여야 한다(긴박한 위험상황에서의 승인, L.3212-1조 II항). 환자의 정신상태나 치료 필요성 등에 대한 판단은 진단서에 의한다. 원칙적으로 서로 다른 2명의 의사[16]가 15일

11) Mathias Couturier, «La réforme des soins psychiatriques sans consentement : de la psychiatrie disciplinaire à la psychiatrie de contrôle», RDSS 2012, p. 97.
12) 프랑스의 중간단계 자치단체인 데빠르뜨망(le département, 전국 101개)에서 국가를 대표하는 국가행정기관이다.
13) 이하 법령의 명칭이 제시되지 않은 경우는 모두 공중보건법전을 의미한다.
14) 배우자나 부모, 동거계약의 상대방 등을 들 수 있다. 환자의 후견인이나 보좌인(le curateur, 우리 민법상 한정후견인 또는 특정후견인과 유사한 역할을 수행한다)은 신청인이 될 수 있으나 환자를 보호하는 시설에서 치료업무를 담당하는 직원은 신청인 적격이 없다(정신보건법전 L.3212-1조 II항).
15) 비자의 치료 승인을 신청할 제3자가 부존재하거나 지리적 거리 등을 이유로 즉시 신청할 수 없는 경우를 의미한다. 다만 이 경우에도 의료시설장은 승인을 신청할 제3자가 존재하는지 여부를 확인해야 한다(Anne Darmstädter-Delmas, Les soins psychiatriques sans consentement, LexisNexis, 2017, p. 65).

이내에 각각 작성한 2건의 진단서가 필요하지만 긴박한 위험상황에서의 승인 또는 제3자의 신청이 있더라도 환자의 온전성에 대한 심각한 침해의 위험이 있을 때의 승인은 1건으로도 가능하다(L.3212-1조 II항, L.3212-3조).

데빠르뜨망 지사는 대상자의 정신질환이 치료를 필요로 하는 것이고 그로 인해 타인의 안전이 위협받거나 공공질서가 중대하게 침해되는 경우 환자를 보호할 시설을 지정하여 비자의 정신치료를 명할 수 있다. 이 경우에는 의료시설장의 승인과는 달리 1건의 진단서[17]로 족하다(L.3213-1조 I항). 꼬뮨장(le maire)[18] 또는 경찰서장(파리의 경우)은 타인의 안전에 긴박한 위험이 발생한 경우에, 정신질환에 의한 것임이 명백한 행동을 보이는 사람에 대하여, 의료소견서 1건에 근거하여 필요한 모든 임시조치를 취할 수 있다. 꼬뮨장 등은 48시간 안에 사건을 이송하여야 하고, 데빠르뜨망 지사는 즉시 이에 대해 판단하여 필요한 경우 위에서 본 요건에 따른 승인을 하여야 한다. 48시간 안에 데빠르뜨망 지사의 결정이 없으면 임시조치는 실효된다(L.3213-2조).

2) 최초의 진단 및 치료

의료시설장 또는 데빠르뜨망 지사의 치료 승인이 있으면 대상자는 최초의 관찰 및 진단을 위해 72시간 동안 완전입원 형태로 수용된다(L.3212-4조 제3항, L.3213-1조 I항). 이후에 진행되는 최초의 진단 및 치료 절차는 세 가지 유형이 모두 같다. 먼저 치료승인 시로부터 24시간[19] 내에 대상자 수용시설의 정신과전문의가 승인요건에 따른 치료의 필요성에 대한 판단을 상세히 기재한 진단서를 작성한다. 진단서에서 치료필요성이 인정된다면 72시간 내에 수용시설의 다른 정신과전문의가 같은 요건에 따라 두 번째 진단서를 작성한다. 두 건 모두 치료 유지의 필요성을 인정하는 경우 두 번째 정신과전문의는 진단서에 치료의 구체적인 형식을 같이 제안한다.[20] 전문의는 완전입원 이외에 통원치료나 자택입원치료, 부분입원, 방문상담 등의 치료를 제안할 수 있으며, 이 경우 치료의 유형, 기간, 치료가 행해지는 장소를 특정한 치료 프로그램을 작성하여 진단서에 첨부한다(L.3211-2-2조).

3) 치료조치 해제 또는 치료방식 결정

진단서 중 하나라도 비자의 치료의 타당성을 부인하는 경우 의료시설장은 즉시 치료조치[21]를 해제한다. 진단서 두 건 모두 치료의 타당성을 인정하는 경우 의료시설장은 1개월의 기간을 정하여 조치의 유지를 결정하며, 치료 프로그램에 의한 치료조치의 경우 정신과전문의

16) 첫 번째 진단서는 환자를 수용하는 시설에 근무하지 않는 의사가 작성한 것이어야 한다.
17) 다만 수용시설에서 근무하는 정신과 전문의는 진단서 작성자가 될 수 없다.
18) 프랑스의 기초단위 지방자치단체인 꼬뮨(la commune, 2021년 현재 34,965개)의 집행기관이다.
19) 꼬뮨장 등에 의한 임시조치에 이어 치료 승인이 이루어진 경우 위 기간은 임시조치가 발효된 때부터 기산한다(L.3213-2조).
20) Anne Darmstädter-Delmas,, préc., pp. 71-72.
21) 비자의 정신치료 승인과 유지, 치료방식의 결정을 아우르는 표현으로 사용하였다.

가 제안한 치료 프로그램을 결정서에 첨부한다(L.3212-4조). 데빠르뜨망 지사도 의료시설장으로부터 의료증명서를 받은 때로부터 3일 내[22]에 조치를 해제하거나[23] 유지하는 결정을 한다. 데빠르뜨망 지사가 비자의 치료를 유지하는 경우 정신과전문의의 제안 내용 및 타인의 안전과 공공질서 침해 요건을 고려하여 치료형식을 결정하며, 필요한 경우 정신과 전문의가 제안한 치료 프로그램을 결정서에 첨부한다(L.3213-1조 I, II항).

치료 프로그램에 의한 치료는 비자의 치료의 한 유형이지만 대상자에게 치료를 직접 강제하는 어떠한 조치도 허용되지 않는다는 점에서 완전입원과 다르다(L.3211-2-1조 III항).[24] 즉, 의료시설장 등은 치료 프로그램에 따른 치료를 환자에게 명할 수 있으나 환자가 여기에 응하지 않는다고 하여 이를 직접적으로 강제할 수는 없다. 환자에게 치료의무를 부과하고 이에 응하지 않을 때 완전입원으로 치료형식을 변경함으로써 제재를 가할 수 있을 뿐이다.[25] 이는 환자가 정신치료에 동의할 수 없는 상태에 있더라도 명령된 구체적인 치료의 내용을 적어도 묵시적으로 받아들일 수 있는 가능성이 있음을 염두에 둔 것이다.[26] 비자의 치료 유지 결정에 앞서 대상자의 정신상태가 허락하는 한 그 상태에 따라 적절한 방식으로 그 내용을 미리 알리도록 하거나(L.3211-3조), 정신과전문의가 치료 프로그램을 작성하기에 앞서 대상자의 의견을 듣도록 하는 규정(L.3211-2-1)도 그러한 점에서 의미가 있다.[27]

4) 치료의 연장과 변경

의료시설장의 승인결정에 따라 치료가 시작된 경우, 치료조치는 한 달 단위로 갱신될 수 있다. 첫 번째 치료기간 만료 전 3일 동안 환자를 수용하는 시설의 정신과전문의가 환자를 진단하고 치료의 필요성과 치료형식의 적절성 등에 관하여 상세한 진단서를 작성한다.[28] 의료시설장은 진단서의 제안에 따라 치료갱신 또는 치료형식의 변경을 결정한다(L.3212-7조 제1, 2항). 치료가 최초의 승인 시로부터 1년을 초과하는 경우 1년을 주기로 환자의 의견을 듣고 환자의 정신상태에 대하여 정밀진단이 시행되며, 그 결과에 따라 치료의 유지, 변경 또는 해제가 결정된다(L.3212-7조 제3항).[29] 의료시설장은 시설에 소속된 의료진 중에서 해당 환자의 치료를 담당하는 정신과전문의, 환자의 치료를 담당하지 않는 정신과전문의, 환자의 치료를 담당하는 기타 전문인력들의 대표 1인으로 구성된 의료팀을 소환하며, 위 의료팀이 정밀평가를

---

22) 우리 민법에서와 같이 기산일 24시부터 계산한 3일을 말한다(초일불산입)..
23) Sophie Théron, Les soins psychiatriques sans consentement,, pp. 84-85.
24) 완전입원의 경우에는 지정의료시설에의 이송 및 입원을 강제할 수 있는 근거규정이 별도로 있다(L.3221-1-1).
25) Denis Robiliard, Rapport fait au nom de la commission des affaires sociales sur la proposition de la loi relative aux soins sans consentement en psychiatrie, doc. Assemblée nationale, n° 1284, 17 juill. 2013, p. 17.
26) Denis Robiliard, préc., p. 17.
27) Mathias Couturier, «La contrainte et le consentement dans les soins ordonnés par l'autorité publique : vers une aporie juridique?», RDSS 2014, p. 120.
28) 진단서(un certificat médical)는 환자를 직접 검사하고 작성하는 문서이다. 환자가 행방불명이 되는 등으로 직접 검사가 불가능 한 경우에는 기존의 진료기록을 검토하여 소견서(un avis médical)를 작성하게 된다.
29) 환자의 행방불명으로 검사가 불가능한 경우 의견청취와 정밀평가는 검사가 가능하게 될 때까지 연기된다.

진행한다(L.3211-9조).

데빠르뜨망 지사의 승인결정에 따라 치료가 시작된 경우에는 이와 달리 최초 승인 시로부터 1개월의 기간이 종료한 때부터 3개월 동안, 그 다음부터는 6개월 이하의 기간을 정하여 치료조치가 갱신될 수 있다. 다만 의료시설장의 승인에 의한 치료와 마찬가지로 승인 시부터 한 달 단위로 환자에 대한 진단서가 작성되며, 데빠르뜨망 지사는 필요한 경우 위 의견서를 받아들여 치료형식을 변경할 수 있다(L.3213-3조, L.3213-4조).

환자 담당 전문의는 언제든지 진단서를 작성하여 치료형식의 변경을 제안할 수 있으며, 치료 프로그램으로는 더 이상 환자의 상태에 필요한 치료를 제공할 수 없다고 판단하면 즉시 진단서를 작성하여 완전입원으로의 변경을 제안한다(L.3211-11조). 이에 따른 치료형식 변경은 위 갱신기간과 관계없이 언제든지 이루어질 수 있다.

5) 치료조치의 종료

정기검사에 따라 치료가 종료되는 외에도 치료조치는 다음의 사유로 종료될 수 있다. 예를 들어, 정기검사기간 내에 진단서가 제출되지 않거나(L.3212-7조), 데빠르뜨망 지사의 결정이 이루어지지 않는다면(L.3213-4조), 치료조치는 자동으로 해제된다. 의료시설장의 결정에 의한 치료의 경우 환자를 수용한 의료시설의 정신과전문의가 승인의 요건이 더 이상 충족되지 않음을 확인하여 진단서를 작성하거나(L.3212-8조), 감독기관인 데빠르뜨망 정신치료 위원회가 요구하는 경우(L.3212-9조) 치료조치를 종료하여야 한다. 비자의 치료를 신청할 자격이 있는 제3자의 해제신청이 있을 때에도 의료시설장은 치료조치를 종료하여야 한다. 다만 의료시설장은 수용시설 소속 정신과전문의가 24시간 내에 작성한, 치료 중단이 환자의 건강에 긴박한 위험을 야기할 것임을 확인하는 의료증명서를 근거로 해제를 거부할 수 있다. 같은 경우에 데빠르뜨망 지사는 의료시설장의 사전 통지를 받아 타인의 안전 또는 공공질서 침해를 이유로 한 비자의 치료 승인 절차에 나아갈 수 있다(L.3212-9조). 데빠르뜨망 지사도 치료 승인 요건이 더 이상 충족되지 않는다는 환자담당 전문의의 의견이 있으면 언제든지 치료조치를 종료할 수 있다(L.3213-4조 제3항).

2. 비자의 정신치료 담당기관, 결정기관, 감독기관

1) 치료 담당기관과 치료현황

의료시설(l'établissement de santé)은 질병 등의 진단과 치료, 예방과 교육, 치료 협업 등의 역할을 수행하는 시설의 총칭이다. 의료시설에는 공공의료시설, 비영리 민영의료시설, 영리의료시설이 있으며, 각 시설이 차지하는 비율은 병상수를 기준으로 62%, 14%, 23%이다.[30] '사

30) <http://www.vie-publique.fr/decouverte-institutions/protection-sociale/etablisse-ments-sante/qu-est-ce-qu-etablissement-sante.html>(2019.4.7. 최종 방문)

회복지 및 의료－사회복지 시설'(l'établissement social et médico－social)[31]은 장애인 등에 대하여 숙소 제공, 사회복귀 지원 등의 서비스를 제공하는 시설을 말한다(L.321－1). 사회복지 및 의료－사회복지 시설은 의료시설과 별개의 시설이며 비자의 정신치료를 담당하는 기관에 포함되지 않는다. 다만 의료시설이 사회복지 및 의료－사회복지시설을 설립 · 운영하는 것은 허용된다(L.6111－3조).

프랑스는 1960년대부터 지역주민에 대한 정신치료의 접근성과 영속성을 확보하기 위하여 지역별 및 분야별(일반정신과, 아동－청소년 정신과, 교정시설 내 정신과)로 세분된 섹터를 조직하고 위 섹터별로 정신치료 서비스를 제공해왔다.[32] 그러나 최근에는 정신치료 영역에서 섹터가 가지는 지역적 의미가 약화되고 정신치료 의무를 수행하는 다양한 전문가들의 협력체로서의 의미가 강화되었다.[33] 민영의료시설도 정신과 치료를 허가받고 공공 정신의료 서비스에 참여할 수 있게 되었다.[34] 레지옹 보건청장[35]은 비자의 정신치료를 담당할 의료시설을 데빠르뜨망 별로 하나 이상 지정하며, 섹터별 공공 정신의료 서비스 구조를 고려하여 해당 시설이 임무를 수행하는 지역 범위를 특정한다(L.3222－1조). 지정된 정신의료시설은 반드시 공영시설에 한정되지 않으며, 해당 시설이 공공의료 서비스를 담당하지 않더라도 비자의 정신치료 대상이 된 환자에 대하여는 법에서 정한 공공의료 서비스를 보장해야 한다(L.3222－1조 제Ⅲ항).[36]

2016년을 기준으로 프랑스에서 정신과치료를 하는 의료시설은 총 568개이며 그 중 62%는 정신과 치료만을 전문으로 하고 있다.[37] 한편 2016년도를 기준으로 현업에 활동 중인 정신과전문의의 수는 15,171명이다.[38] 2015년을 기준으로 한 번 이상 정신과 치료를 받은 외래환자는 총 2,100,000명이고 그 중 입원환자는 417,000명이다. 입원환자 중 342,000원은 완전입원 형태로 평균 58.5일 입원하였다. 2015년을 기준으로 한 번 이상 비자의 치료를 받은 사람은 92,000명이다.[39] 그 중 80,000명은 완전입원 형태로 치료를 받았고, 37,000명은 치료 프

31) 사회복지 및 의료－사회복지 시설은 장애인 등에 대하여 숙소제공, 사회복귀지원 등의 서비스를 제공하는 시설을 말한다(L.312－1). 사회복지 및 의료－사회복지 시설은 의료시설과 별개의 시설이나, 두 가지 서비스가 동시에 필요한 사람이 늘어남에 따라 공중보건법전에서 의료시설이 사회복지 및 의료－사회복지시설을 설립 · 운영할 수 있도록 허용하고 있다(L.6111－3조).

32) Circulaire n° 340 du 15 mars 1960.

33) 정신치료 섹터에 관하여 자세히는 Marc Dupont, «Que reste－il de la sectorisation psychiatrique?», RDSS 2017, p. 890.

34) 정신과 치료를 허가받은 588개 의료시설 중 300개의 시설만이 섹터 시스템에 속해 있다. Assemblée－nationale, Étude d'impact sur la projet de loi relatif à la santé, 14 oct. 2014. <http://www.assemblee－nationale.fr/14/projets/pl2302－ei.asp>(2019.4.9. 최종방문).

35) 레지옹보건청(l'Agence régionale de santé)은 광역자치단체인 레지옹(Région, 전국 18개) 별로 조직된 지역단위 국가행정청이다.

36) Sophie Théron, Les soins psychiatriques sans consentement, p. 89.

37) <https://www.atih.sante.fr/sites/default/files/public/content/2554/atih_chiffres_cles_psychiatrie_2016.pdf>(2019. 4. 7. 최종방문).

38) <https://fr.statista.com/statistiques/500521/nombre－medecins－actifs－france/>(2019. 4. 7. 최종방문)

39) 데빠르뜨망 지사의 결정에 의한 입원이 16,140명, 제3자의 신청에 따른 입원이 58,319명, 긴박한 위험을 이유로 한 입원이 19,518명이다. 비자의 치료를 받은 환자 수는 2012년보다 15% 증가하였는데, 2011년부터 새로이 도입된 긴박한 위험을 이유로 한 입원사건이 증가한 점이 주요 원인이 되었다. 그 밖에 치료 프로그램 형식의 환

로그램 형식으로 치료를 받았다.[40] 비자의 치료를 담당하는 의료시설의 수는 확인하지 못하였으나 프랑스의 데빠르뜨망 수에 비추어 101개 이상일 것으로 추측된다.

2) 치료 결정기관

비자의 치료 승인 및 유지 등을 결정할 권한이 있는 의료시설장은 앞서 본 바와 같이 레지옹보건청장이 특별히 비자의 치료 임무를 부여한 의료시설장을 의미한다. 정신과 전문 공공의료시설이 주가 되지만 민영의료시설도 위 임무를 맡을 수 있다. 그러나 그 법적 성격이 무엇이든 공중보건법전에 따라 수행하는 비자의 정신치료는 공공의료서비스로서 공역무(un service public)에 속한다. 또한 이 임무를 수행함에 있어서 의료시설장은 대상자에 대하여 공권력을 행사하여 의무를 부과한다.[41] 따라서 의료시설장의 비자의 치료에 관한 결정은 행정결정(une décision administrative)[42]이고, 행정결정으로서의 형식과 절차를 갖추고 내용상의 한계를 준수하여야 한다.[43]

데빠르뜨망 지사는 데빠르뜨망(le département)에서 국가를 대표하여 국익을 보호하고 행정감독권을 행사하는 지역 단위의 국가행정기관이다. 데빠르뜨망 지사는 중앙집권적 성격이 강한 프랑스에서 국가사무를 지역별로 처리하는 임무를 맡고 있으며 공중보건법전에서 부여한 비자의 치료에 관한 임무도 그 중 하나이다. 따라서 데빠르뜨망 지사가 행하는 비자의 치료에 관한 결정은 국가가 행하는 공공의료 서비스의 일환이자 공권력의 행사로서 행정결정에 해당한다.[44]

의료시설장과 데빠르뜨망 지사는 모두 치료의 승인, 유지, 변경, 종료권을 행사하나 그 권한의 크기는 같지 않다. 의료시설장은 정신과전문의 등의 진단서 또는 소견서에 따라 결정을 하여야 한다. 즉 소견서의 내용에 기속된다.[45] 의료시설장과의 관계에서 의사의 판단권은 확실하게 존중되며, 이는 비자의 치료의 의료적 성격, 즉 치료 승인이 환자 본인의 건강과 치료를 위해서만 인정된다는 점과도 연결된다.[46] 반면에 데빠르뜨망 지사의 비자의 치료 승인은 타인의 안전이나 공공질서를 위한 것이므로 경찰행정작용으로서의 성격이 강하다. 따라서 데빠르뜨망 지사에게는 일정한 재량이 부여되어 있다. 데빠르뜨망 지사는 진단서와 타인의 안전과 공공질서에 관한 상황들을 '고려하여' 결정을 하여야 하나(L.3213-3조 III항) 진단서의 내

자가 증가한 점에서도 원인을 찾을 수 있다.

40) 비자의 치료에 관한 통계는 Magali Coldefy, Sara Fernandes, avec la collaboration de David Lapalus, « Les soins sans consentement en psychiatrie : bilan après quatre années de mise en oeuvre de la loi du 5 juillet 2011 », Questions d'économie de la santé, n° 222 - février 2017, pp. 1-7.

41) Cécile Castaing, « La réforme du droit des soins psychiatrique : le droit en folie ? » AJDA 2010, p. 1393.

42) 우리 행정법상의 행정처분과 유사한 용어이다.

43) CE, 24 septembre. 2012, n° 339110.

44) Cécile Castaing, préc., p. 1393.

45) 예를 들어 L.3212-4조 제4항은 의료시설장이 정신과전문의의 치료 프로그램 제안을 따라야 한다고 명시하고 있다.

46) Anne Darmstädter-Delmas, préc., p. 7; Sophie Théron, Les soins psychiatriques sans consentement, pp. 81-82.

용에 기속되지는 않는다.[47] 다만 공중보건법전은 데빠르뜨망 지사와 의사의 판단이 서로 일치하지 않을 때 결정에 앞서 추가진단 절차를 거치도록 하고 있다.

3) 감독기관

비자의 정신치료에 대하여는 여러 기관에 의한 감독이 이루어진다. 데빠르뜨망 지사는 의료시설장의 비자의 치료조치에 대한 일반적인 감시 · 감독권이 있고, 지방법원장이나 그 대리인, 지방검사장(le procureur de la République)도 의료시설을 방문하고 관련 자료를 검사하여 필요한 경우 관계자를 형사소추하거나 법원에 치료조치의 해제를 청구할 권한이 있다(L.3222－4조, L.3211－12조 등).[48] '자유박탈장소 조사관'(Contrôleur général des lieux de privation de liberté)은 자유박탈장소 방문 및 대상자 면담 등의 조사활동을 수행하고 매년 조사결과 보고 및 권고를 하는 임무를 맡은 독립행정청이다. 조사관의 주된 감독대상은 수형시설이나 완전입원 형태의 비자의 정신치료를 하는 정신의료시설도 대상에 포함된다.[49] 이들 외에 공중보건법전에서 비자의 정신치료 감독을 위해 특별히 설치한 기관으로 '데빠르뜨망 정신치료위원회'(la Commission départementale des soins psychiatriques)가 있다. 위원회는 환자의 존엄성과 인신의 자유를 수호하기 위하여 데빠르뜨망 단위로 설치되는 합의제 행정기구로서, 비자의 정신치료 임무를 수행하는 정신의료시설에 대한 조사 및 감독 등의 업무를 수행한다(L.3223－1조). 위원회는 조사 결과에 따라 데빠르뜨망 지사나 인신보호판사에게 조치의 해제 등을 청구할 수 있으나 우리 정신건강복지법의 입원적합성심사위원회나 정신건강심의위원회와 같이 비자의 치료의 유지나 연장에 대한 심사권을 행사하는 기관은 아니다.

3. 비자의 정신치료의 요건과 대상자의 권리

1) 비자의 정신치료의 실체적 요건

의료시설장의 결정에 의한 비자의 정신치료는 ① 대상자가 정신질환으로 치료에 동의할 수 없는 상태에 있을 것과 ② 대상자의 정신상태에 비추어 즉각적인 치료가 필요한 경우일 것을 요건으로 한다. 대상자가 정신질환으로 치료에 동의할 수 없는 상태에 있다는 것은 대상자가 정신질환 자체를 부인하거나 인지할 수 없는 상태에 있어서 동의가 불가능함을 의미한다.[50] 이는 기본적으로 의학적 판단의 문제인데, 보건청(la Haute Autorité de santé)이 진단서 작성에 관하여 권고한 내용을 살펴보면 다음과 같다. 의사는 어떤 부분에서 대상자의 인지력에 손상이 있는지, 어떤 부분에서 동의능력이 있거나 없는지를 밝혀야 한다. 이를 판단하기 위해 대상자가 적절한 정보를 받아들일 수 있는 능력, 이해하고 들을 능력, 논리적으로 사고

47) Anne Darmstädter－Delmas, préc., p. 9; Sophie Théron, Les soins psychiatriques sans consentement, p. 82.
48) Anne Darmstädter－Delmas, préc., pp. 42－46.
49) Loi n° 2007－1545 du 30 octobre 2007 instituant un Contrôleur général des lieux de privation de liberté.
50) Anne Darmstädter－Delmas, préc., p. 5.

하는 능력, 자신의 결정을 자유롭게 표현할 능력, 일정한 기간 동안 결정을 유지할 능력 등의 기준을 고려한 검사를 시행할 수 있다.[51] 즉각적인 치료가 필요하다는 것은 정신질환의 상태가 적어도 그 질환을 즉시 치료하지 않으면 자신의 온전성이 직접 침해될 정도에 이르렀음을 의미한다. 이러한 정신질환의 심각성과 즉각적인 치료의 필요성을 판단하기 위해 대상자에게 자살 위험, 자신이나 타인에 대한 상해위험, 알코올이나 약물중독 동반, 망상 또는 환각증세, 기분장애의 유무와 정신질환으로 인한 무기력증의 정도 등을 확인할 것이 권유된다.[52]

데빠르뜨망 지사에 의한 비자의 정신치료는 대상자의 정신질환이 치료를 필요로 하는 것이고 그로 인해 타인의 안전이 위협받거나 공공질서가 중대하게 침해될 것을 요건으로 한다. 많은 경우 대상자가 치료에 동의할 수 없는 상태에 있음이 인정되겠지만, 의료시설장에 의한 치료와 달리 치료에 동의할 수 없는 상태에 있음은 요건이 아니다.[53] 정신질환으로 인해 타인의 안전이 위협받거나 공공질서가 중대하게 침해되었는지 여부는 기본적으로 법적 판단의 대상이다. 데빠르뜨망 지사는 진단서를 통해 의학적으로 확인된 사실관계를 바탕으로 위 요건 충족 여부를 판단하지만, 판단에 대하여 재량권이 있다.[54] 다만 데빠르뜨망 지사의 판단과 의사의 판단이 다를 때에 의견 차이를 해소하기 위한 별도의 절차가 공중보건법전에 마련되어 있다.[55]

2) 비자의 정신치료 대상자의 권리

정신보건법전은 우리 정신건강복지법에 비하여 비자의 정신치료 대상자의 권리를 명시적이고 상세하게 규정하고 있다. 정신보건법전은 먼저 비자의 정신치료 대상자에 대한 인신의 자유 제한은 그 정신상태와 요구되는 치료의 시행에 적절하고, 필요하고, 비례하는 한도 내에서만 가능하며, 어떠한 경우에도 대상자의 존엄을 존중하고 대상자의 사회복귀를 위해 노력하여야 함을 명시하였다(L.3211-3 제1항). 정신보건법전은 다음으로 비자의 정신치료 대상자에게 인정되는 절차적 권리로 ① 자신의 상태가 허용하는 한 결정 내용을 사전통지 받고 그 상태에 적절한 방법과 수단을 사용하여 자신의 의견을 제출할 권리, ② 그 상태에 적절한 방식으로 결정 이유를 제시받을 권리, ③ 감독기관 등에 연락하거나 구제를 청구할 권리, ③ 자신이 선택하는 의사나 변호사의 자문을 받을 권리, ④ 서신을 교환할 권리, ⑤ 시설내부규정을 문의하고 그에 관한 설명을 들을 권리, ⑥ 투표할 권리, ⑦ 자신이 선택하는 종교활동이나 사상활동을 할 권리 등을 열거하였다(L.3211-3 제2항, 제3항). 정신질환을 이유로 치료의 대상이

---

51) Haute Autorité de santé, Fich mémo, Aide à la rédaction des certificats et avis médicaux dans le cadre des soins psychiatriques sans consentement d'une personne majeure à l'issue de la période d'observation de 72 heures, mars 2018, p. 4.
https://www.has-sante.fr/portail/upload/docs/application/pdf/2018-04/fiche_memo_-_aide_a_la_redaction_des_certificats_et_avis_medicaux_dans_le_cadre_des_soins_psychiatriques_sans_consente.pdf

52) Haute Autorité de santé, préc., p. 4.

53) Anne Darmstädter-Delmas, préc., p. 8.

54) Anne Darmstädter-Delmas, préc., p. 8.

55) 공중보건법전 L.3213-8조 등.

된 사람은 민법전에 따라 성년보호의 대상이 되지 않는 한 시민으로서의 권리와 의무 전체를 유지한다(L.3211-5조).

그 밖에 정신건강복지법은 치료 프로그램 대상자에 대하여 어떠한 강제조치도 불가능함을 선언하고 있으며(L.3211-2-1조), 완전입원의 경우에도 격리와 구속은 최후수단으로만 사용할 수 있음을 명시하고 있다(L.3222-5-1조 제1항). 이에 따르면 격리와 구속은 환자나 제3자에 대한 임박한 침해를 예방하기 위해서만 이용될 수 있으며, 정신과정문의의 결정에 따라 제한된 기간 동안만 행해질 수 있다. 격리와 구속은 정신의료시설이 지정한 보건전문가의 엄격한 감시 하에 이루어지며, 그 밖에 대장 작성 및 보존, 감독기관에의 제출, 정기적 보고서 작성 등의 감독이 행해진다(같은 조 제2항 이하).

3) 중증 정신질환자 치료실에서의 치료

'중증 정신질환자 치료실'(l'unités pours malades difficiles, UMD)이란 타인에게 중대한 위험을 끼쳐서 일반 병실에서는 대상자의 치료, 감시 및 필요한 안전조치가 이루어질 수 없을 때 대상자를 수용하기 위해 마련된 특별한 병실을 말한다.[56] 2011년 개정으로 공중보건법전 L.3222-3조에 그동안 행정입법에만 근거를 두고 행해지던 UMD에서의 치료에 대한 법적 근거가 마련되었으나, 2013년 법 개정시에 위 조문이 삭제되었다. 현재 UMD는 명령(le décret) 규정에만 근거를 두고 행해지고 있다.[57] UMD는 비자의 정신치료 담당시설로 지정된 정신의료시설에 설치되는데, 정신의료 섹터 제도에 따르지 않고 레지옹 단위를 넘어서는 광범위한 지역을 담당한다(R.3221-6조). 2018년 현재 UMD는 프랑스에 10곳이 설치되어 있으며, 530여 명의 환자를 수용하고 있다.[58]

UMD 입원은 환자의 상태에 비추어 집중치료 프로토콜과 특별한 안전조치의 이행이 필요한 경우에 치료를 목적으로 하여 이루어지며, 데빠르뜨망 지사의 결정이나 형사법원의 재판에 따라 완전입원치료를 받는 환자만을 대상으로 한다(R.3222-1조). 의료시설장의 결정에 따라 완전입원된 환자는 대상이 아니다. UMD 입원 및 퇴원은 데빠르뜨망 지사의 결정에 의해 이루어진다. 데빠르뜨망 지사는 환자가 입원하고 있는 정신의료시설 소속 정신과전문의의 진단서, UMD 소속 정신과전문의의 동의서 등을 검토한 후 UMD로의 이송 여부를 결정하며, 환자가 주변인들과의 관계를 유지 또는 회복할 수 있도록 환자 및 가족의 이익을 고려하여 이송될 장소를 결정한다(R.3222-2조).

UMD를 운영하는 정신의료시설이 소재하는 데빠르뜨망에는 UMD를 감독하는 독립기관으로 '의료추적위원회'(la commission du suivi médical)를 둔다. 의료추적위원회는 레지옹 보건

56) 2013년 개정 전 공중보건법전 L.3222-3조.
https://sante.fr/unite-pour-malades-difficiles-umd

57) UMD의 법적 연혁에 관한 설명으로 Sophie Théron, Les soins psychiatriques sans consentement,, pp. 84-85.

58) https://sante.fr/unite-pour-malades-difficiles-umd.
UMD 입원환자 수는 2014년을 기준으로 1,000명을 약간 밑도는 수준이었으므로, 그동안 상당한 감소가 있었던 것으로 보인다. 2014년 통계는 Denis Robiliard, préc., p. 46.

청장이 임명하는 4명의 위원으로 구성되는데, 그 중 1인은 레지옹보건청을 대표하는 의사, 나머지 3명은 UMD에서 근무하지 않는 정신과전문의가 된다. 의료추적위원회는 최소 6개월마다 UMD에 입원한 모든 환자의 기록을 조사하고, 최소 분기별로 UMD를 방문하며, UMD 담당 정신과전문의의 요청에 따라 대상자의 입원조건 충족 여부를 판단하여 UMD 소재 데빠르뜨망 지사에게 퇴원을 요청하는 등의 임무를 수행한다.

UMD는 타해 위험이 큰 중증 정신질환자를 수용하여 치료하는 시설이지만 대상자의 자유 제한이 어디까지 가능한가라는 측면에서 일반 병실과 UMD에 차이가 있는 것은 아니다. 즉, 법적 측면에서 볼 때, UMD에서 허용되는 자유 제한 조치는 동일한 조건에 따라 일반 병실에서도 허용되며, 일반 병실에서 허용되지 않는 조치가 UMD라고 하여 특별히 허용되는 것은 아니다. 다만, UMD 입원 요건을 강화하고 UMD에서의 치료에 대하여 추가적인 감독조치가 이루어질 뿐이다.[59] 이는 구 정신보건법전 L.3222-3조의 폐지를 둘러싼 두 건의 헌법재판소 결정에서 명확히 드러난다.

헌법재판소는 2012년에 2011.7.5.자 법률로 공중보건법전에 편입된 UMD 입원환자의 퇴원 요건에 관한 법률 조항들이 다른 완전입원 환자에 비하여 더 엄격한 절차를 거칠 것을 요구하고 있다는 등의 이유로 관련 조항이 위헌임을 확인하면서 2013.10.1.까지 해당 조항의 효력을 유지하는 결정을 하였다.[60] L.3222-3조는 위 헌법재판소 결정에서 심판대상이 아니었음에도 2013년 법개정시에 함께 삭제되었는데, 그 취지는 위헌 확인된 조항들이 삭제된다면 L.3222-3조의 내용을 법률로 둘 필요가 없이 행정입법에만 근거를 두더라도 충분하다고 판단하였기 때문이었고, UMD 제도 자체를 폐지하고자 한 것은 아니었다.[61] 헌법재판소도 이후 UMD에 입원하는 환자들을 규율하는 법제도가 다른 비자의 입원환자들에 대한 법제도와 다르지 않고, 특히 환자의 권리에 관한 규정이나 불복에 관한 규정이 다르지 않기 때문에, UMD 입원 요건이나 절차에 관한 근거규정을 행정입법 차원에만 두는 것이 위헌이 아니라고 판단하였다.[62]

---

59) Jacky Le Menn, Rapport fait au nom de la commission des affaires sociales (1) sur la proposition de loi, adopté par l'Assemblée nationale après engagement de la procédure accélérée, visant à modifier certaines dispositions issues de la loi n°2011-803 du 5 juillet 2011 relative aux droits et à la protection des personnes faisant l'objet de soins psychiatriques et aux modalités de leur prise en charge, Sénat, n°835, 11 septembre 2013., pp. 9-10.

60) CC, 20 avril 2012, n° 2012-235 QPC.

61) 2013년 입법과정에 관한 상세한 설명으로, Denis Robiliard, préc., pp. 46-49.

62) CC, 14 février 2014, Consorts L., n° 2013-367 QPC.

Ⅲ. 인신보호판사에 의한 사법심사

1. 사법심사제도 개관

1) 제도개혁의 계기

프랑스는 행정소송에 대한 재판관할이 행정부 내부에 설치된 별도의 조직인 행정법원에 있는 한편, 헌법에서 "인신의 자유의 수호자"(le gardien de la liberté individuelle)로서 임의구금 금지원칙을 보장할 임무를 행정법원이 아닌 일반법원에 부여하고 있다.[63] 그에 따라 행정결정인 비자의입원 조치의 외적 적법성(처분권의 유무, 절차 또는 형식의 준수 여부)에 대한 재판권은 행정법원이, 그 내적 적법성(입원치료의 타당성)의 재판권은 일반법원이 각각 행사하게 되었고, 재판관할 분산으로 재판절차가 복잡해지고 절차가 지연되는 문제가 발생하게 되었다.[64] 예를 들어 행정법원은 절차상 하자 등을 이유로 입원조치를 취소하더라도 입원의 즉시 해제를 명하는 데까지 나아가지는 않았다.[65] 한편, 당사자가 취소판결로 입원조치가 취소되었음을 이유로 일반법원에 입원의 해제를 청구하더라도 재판절차 진행 중에 새로운 입원조치가 행해지면 법원은 원고의 청구를 기각하였다.[66] 유럽인권재판소는 2010.11.18. 비자의입원의 대상이 된 청구인이 관할 분산으로 인한 위와 같은 문제로 적절한 구제를 받지 못함으로써 재판청구권이[67] 침해되었다고 판단하였다.[68]

유럽인권재판소의 위 판결이 관할 분산에 따른 문제점을 유권적으로 확인한 것이라면, 그로부터 얼마 지나지 않아 선고된 헌법재판소의 판결은 구 공중보건법전에 따른 사법심사제도 자체가 임의구금을 금지한 헌법 제66조와 재판청구권이라는 헌법상 원리를 침해하였음을 선언한 것이었다. 헌법재판소는 이전부터 인신의 자유가 보호되었다고 하려면 법원이 가능한 최단기간 내에 개입할 수 있어야 한다고 판시해왔다.[69] 즉 일정한 기간(예를 들어 보호유치

---

63) 이를 "이중의 불신"으로 설명하기도 한다. 구체제(l'Ancien régime)하에서의 법원에 대한 불신으로 최고행정법원인 국사원(Conseil d'État)이 설치되었지만, 행정재판 또한 공권력작용이라는 한계 때문에 1958년 헌법에서 자유수호 임무를 일반법원에 부여하게 되었다는 것이다. Aude Farinetti, «L'unification du contentieux des soins psychiatriques sans consentement par la loi du 5 juillet 2011», RDSS 2012, p. 111.

64) Anne Darmstädter－Delmas, préc., pp. 134－135; Katarzyna Blay－Grabarczyk, «Le régime de l'hospitalisation sous contrainte», RFDA 2012, p. 629.

65) 프랑스의 행정소송에서는 행정결정을 취소하는 판결이 확정되면 법원이 그 기판력에 따라 행정청에게 이행명령 및 간접강제 명령을 할 수 있는데, 비자의 정신치료 결정이 취소된 경우에는 행정법원이 원고의 입원해제 명령 신청을 인용하지 않았다. Claire Landais, «Le maintien en hospitalisation d'office doit être précédé d'une procédure contradictoire», AJDA 2011, p. 1786.

66) 의료시설 등을 상대로 불법행위책임을 묻는 데에도 비슷한 문제가 발생하였다. 손해배상청구소송의 관할은 일반법원에 있었으나 입원조치상의 과실 판단을 하기 위해서는 먼저 행정법원에 입원조치의 취소를 구하는 소를 제기하여 승소 확정판결을 받거나 선결문제에 대한 판단을 구하는 소를 제기하여 확정판결을 받아야 했기 때문이다. 이에 대하여는 이미 2000년에 유럽인권법원이 유럽인권협약의 재판청구권 보장 규정(제6조 제1항)에 반한다는 판결을 선고한 바 있다(CEDH, 3e sect., 29 août 2000, Jose Francisco c/France, n° 38945/97).

67) 유럽인권협약 제5조 제4항은 "체포나 구금에 의하여 자유를 박탈당한 사람은 누구나 법원에 제소하여 단기간에 구금의 적법성을 판단하여 구금이 위법한 경우 석방을 명할 것을 청구할 수 있다"고 규정하고 있다.

68) CEDH, 18 novembre 2010, Baudoin c/France, n° 35935/03(프랑스에 대한 손해배상청구 일부 인용).

69) CC, 9 janvier 1980, n° 79－109, Loi relative à la prévention de l'immigration clandestine et portant

의 경우 48시간)을 초과하는 자유박탈은 법원의 결정 없이는 불가능하다는 것이다.[70] 헌법재판소는 비자의입원의 목적이 치료에 있음을 감안하더라도 구법상의 심사제도가 입원조치로부터 15일 이상 법원의 개입 없이 자유박탈이 지속되도록 함으로써 위 헌법규정을 위반하였다고 보았다. 헌법재판소는 또한 입원조치의 해제를 구하는 소송도 최단기간 내에 법원의 결정이 이루어지도록 강제하는 규정이 없어 유효한 재판상의 구제를 받을 권리를 침해하였다고 판단하였다.[71] [72]

2011.7.5.자 법률은 위 두 판결을 받아들여 기존의 해제청구 소송절차를 보완하고 두 가지 새로운 소송절차를 도입하였다. 또한 이들 소송의 관할을 일반법원으로 통일하였다(L.3216-1조). 그러나 2011년 법개정으로 비자의 정신치료에 관한 모든 소송의 관할이 한 곳으로 통일된 것은 아니다. 공중보건법전에 규정된 소송은 지방법원에 속한 인신보호판사가 담당하고, 손해배상청구소송은 일반 민사소송으로서 지방법원에 관할이 있으며, 비자의 정신치료 승인 거부 등에 관한 소송, 그리고 비자의 정신치료에 관한 결정과 직접 관계없는 의료서비스의 역무과실을 이유로 한 국가배상청구소송은 행정법원에서 담당한다.[73] 그 밖에 정신치료 자체를 문제 삼는 것이 아니라 특정 약물의 사용 등 치료방법이나 입원과정에서의 격리와 구속 등 자유침해에 불복하는 소송은 여전히 재판권의 귀속에 관하여 해석상 다툼이 있다.[74]

2) 소송유형별 개관[75]

(1) 해제청구소송(임의적 소송)

해제청구소송은 치료형식이나 결정권자를 불문하고 모든 종류의 비자의 정신치료 조치의 즉시해제를 청구하는 소송이다. 아래의 두 소송과 달리 당사자 등의 청구가 있을 때 개시되는 임의적 소송으로, 제소기간의 제한이 없고 원고적격 인정 범위가 넓다는 특징이 있다. 비자의 정신치료 대상자와 친권자, 후견인 외에도 배우자, 동거계약의 상대방, 비자의 정신치료 신청인 또는 신청인 자격이 있는 자, 그리고 지방검사장에게도 원고적격이 인정된다. 인신보호판사도 언제든지 직권으로 소송절차를 개시할 수 있으며, 이해관계 있는 모든 사람은 인

---

modification de l'ordonnance n° 45-2658 du 2 novembre 1945 relative aux conditions d'entrée et de séjour en France des étrangers et portant création de l'office national d'immigration.

70) Olivier Renaudie, note sous CC 26 novembre 2010, n° 2010-71 QPC, «L'hospitalisation sans consentement devant le juge constitutionnel», RDSS 2011, p. 304.

71) 프랑스 헌법에 명시되어 있지는 않으나 1789년 인간과 시민의 권리 선언 제16조를 근거로 인정된다.

72) CC, 26 novembre 2010, Melle Danielle, n° 2010-71 QPC.

73) Aude Farinetti, préc., p. 111; Cécile Castaing, préc., AJDA 2010, p. 1393.

74) 이러한 분쟁이 소송의 대상이 되는지부터 재판권의 귀속, 본안판단의 기준에 이르기까지 많은 논의가 특히 최근에 이루어지고 있다. 이에 대한 연구로 Olivier Renaudie, «Conseil constitutionnel, liberté d'aller et venir et protection des personnes souffrant de trouble mentaux», RDSS 2015, p. 963.

75) 아래의 소송들은 판결(le jugement)이 아닌 결정(l'ordonnance)의 형식으로 재판이 행해지고 그 결정에 기판력이 인정되지 않는다는 점에서 우리의 민사 본안소송과 다르고, 사건에 대한 종국판단을 목적으로 행해진다는 점에서 보전소송과 다르며, 당사자 사이의 대심구조가 유지된다는 점에서 후견 등 비송사건과도 다르다. 다만 프랑스에서는 소송사건에서 당사자의 명칭(원고/신청인/청구인 등)이나 불복절차(항소/항고 등)에 차이를 두고 있지 않으므로, 이하에서는 당사자를 '원고' 또는 '피고', 불복절차를 '항소'로 통일하여 사용하기로 한다.

신보호판사에게 관련 정보를 제공하여 직권으로 절차를 개시할 것을 촉구할 수 있다(L.3211-12조 I항).

(2) 완전입원 유지청구소송(의무적 소송)

유지청구소송은 완전입원 형식으로 진행되는 비자의 정신치료 승인 또는 유지 결정에 대하여 제기되는 소송으로, 결정권자에게 원고가 되어 제소기간 내에 결정의 유지를 청구할 의무가 부여되고 소송절차가 신속하게 진행된다는 특징이 있다. 의료시설장 또는 데빠르뜨망 지사는 최초의 정신치료 승인일(완전입원 형식으로 치료하는 경우에 한한다) 또는 완전입원으로 치료형식을 변경하는 결정일로부터 8일 이내에 관할 인신보호판사에게 소를 제기하여야 하며, 인신보호판사는 결정일로부터 12일 이내에 결정을 하여야 한다. 인신보호판사가 공중보건법전에 따른 각 소송에서 완전입원의 유지를 인정한 이후 대상자가 완전입원 형식으로 계속하여 치료를 받는다면, 의료시설장 또는 데빠르드망 지사는 법원 결정일로부터 6개월의 기간이 만료되기 15일 이전에 관할 인신보호판사에게 다시 소를 제기하여야 하며, 인신보호판사는 위 6개월의 기간 만료 전에 결정을 하여야 한다(L.3211-12-1조 I 항).[76]

(3) 의견불일치에 따른 해제청구소송(의무적 소송)

환자를 담당하는 정신과전문의는 언제든지 치료형식의 변경이나 완전입원의 해제를 제안할 수 있다. 그런데 의료시설장은 담당의의 제안에 기속되지만 데빠르뜨망 지사에게는 판단의 재량이 부여되므로 담당의의 제안을 거부할 수 있다. 공중보건법전은 대신 담당의와 데빠르뜨망 지사 사이에 의견불일치가 있는 경우에 환자를 수용하는 의료시설의 장이 해당 조치의 해제를 청구하는 소를 제기하도록 강제하는 규정을 마련하였다(L.3213-9-1조).[77] 위 규정은 담당의가 완전입원 환자에 대한 입원 조치의 해제 또는 치료 프로그램으로의 전환을 제안하는 경우에만 적용된다. 또한 데빠르뜨망 지사가 입원연장 등을 결정하여 그 결정이 적법성 심사소송의 대상이 되는 경우에는 위 규정은 적용되지 않는다.

3) 관할법원(인신보호판사)

비자의 정신치료의 해제에 관한 위 소송들은 1심법원인 지방법원(le tribunal judiciaire)[78] 소속 법관인 인신보호판사(le juge des liberté et de la détention)[79]가 담당한다. 인신보호판사는

---

76) 다만 인신보호판사가 소송에서 감정을 명하는 경우 판결의 선고기한은 감정명령일로부터 14일까지 연장된다. 위 6개월의 기간이 만료되기 전에 완전입원을 선언하는 법원의 판결이 있으면 그 판결시부터 다시 6개월의 기간이 진행된다(L.3211-12-1조 I항).

77) 데빠르뜨망 지사가 담당의의 의견에 따른 결정을 거부하는 경우 두 번째 정신과전문의의 진단을 거친다. 두 번째 전문의의 의견이 담당의와 같다면 데빠르뜨망 지사는 그 의견에 따른 결정을 해야 한다. 두 번째 전문의의 의견이 담당의와 다른 경우 데빠르뜨망 지사는 완전입원을 유지할 수 있으며, 이때 의료시설장에게 제소의무가 부과된다.

78) 두 가지 유형의 제1심 법원(les tribunaux de grande instance et les tribunaux de l'instance)이 2020.1.1.부터 단일한 지방법원(les tribunaux judiciaire)으로 통합되었다(la loi n° 2019-222 du 23 mars 2019 de programmation 2018-2022 et de réforme pour la justice).

79) 원어를 그대로 번역하면 "자유 및 구금에 관한 판사"가 된다.

원래 구속과 그 연장 또는 석방에 관한 재판 담당을 위해 2000년 형사소송법전에 신설된 직책인데,[80] 그 권한이 점차 확대되어 현재는 형사절차에서의 구금 외에도, 가택수색, 감청, 불법체류자의 유치 등 인신의 자유에 관한 여러 사건들을 재판하는 "인신의 자유에 대한 수호자"로서의 역할을 수행하고 있다. 비자의 정신질환의 해제에 관한 사건이 민사사건임에도 형사사건을 주로 담당하는 인신보호판사에게 재판관할을 부여한 것은 자유 박탈에 관한 사건들의 관할을 통일한다는 점을 입법자가 우선적으로 고려한 결과이다.[81]

인신보호판사는 1급 또는 고위법관 직위에 있는 자 중에서 대통령령으로 임명된다.[82] 원래 해당 지방법원장이 사무분담 결정의 일환으로 인신보호판사를 지명하였으나, 인신보호판사가 맡은 임무의 중요성에 비추어 이것이 적절치 못하다는 비판이 있어 왔다. 이에 2016년 법률 개정으로 대통령령의 형식으로 승진임용하는 방식으로 변경되었다.[83] [84]

2019년 인신보호사건으로 접수된 비자의 정신치료 관련 사건은 총 81,618건이고 그 중 79,163건이 정기적으로 완전입원 조치의 유지를 청구하는 소송(제2유형)이다. 같은 해 인신보호판사가 처리한 사건은 총 79,721건이고 그 중 보호조치가 해제된 사건은 4,149건(5.2%)이다.[85] 2012년부터 2019년까지 인신보호사건으로 접수된 비자의 정신치료 관련 사건의 접수 추이는 아래 표와 같다.[86]

---

80) Loi n° 2000−516 du 15 juin 2000 renforçant la protection de la présomption d'innocence et les droits des victimes.

81) 환자 등이 위 소송을 형사소송으로 오해할 우려가 있다는 이유로 사건을 후견판사의 관할로 두자는 의견이 있었으나 받아들여지지 않았다. Sophie Théron, Les soins psychiatriques sans consentement, p. 275.

82) 법무부장관의 제청과 최고사법관회의(Conseil Supérieur de la Magistrature, 법관인사를 담당하는 기관)의 동의에 따라 대통령령으로 임명하며, 임명된 판사는 같은 법원에서 10년 이상 인신보호판사의 직을 수행할 수 없다(Articles 28 et 28−3 de l'ordonnance du 22 décembre 1958 portant loi organique relative au statut de la magistrature).

83) 2017.9.1.부터 적용된다(Article 50 du loi organique no 2016−1090 du 8 août 2016 relative aux garanties statutaires, aux obligations déontologiques et au recrutement des magistrats ainsi qu'au Conseil supérieur de la magistrature).

84) Communiqué de presse du Syndicat de la magistrature du 12 juillet 2016, «JLD nommé par décret : un combat victorieux, une avancée pour les libertés!» <http://www.syndicat−magistrature.org/le−JLD−par−decret−un−combat.html> (2018.6.27. 최종방문).

85) 유지청구 사건의 5.0%, 당사자 등의 해제청구 사건의 9.9%에서 보호조치가 해제되었으므로 사건유형별로 보호조치가 해제된 비율에 차이가 있다. 한편, 2011년 외국인에 대한 행정구금 사건은 법 개정 전까지 인신보호판사가 담당하는 민사사건(형사사건은 제외)의 절대다수를 차지하였으나 2019년에는 접수건수가 48,578건(처리건수로는 42,054건)으로 비자의 정신치료 사건의 59%에 불과하였다. 비자의 정신치료 사건이 인신보호판사 담당 사건에서 차지하는 비중이 상당함을 알 수 있다. 통계자료는 Ministère de la Justice, Référence statistiques justice Année 2019, pp. 26, 27).

86) Ministère de la Justice, Référence statistiques justice Année 2015, p. 22; Référence statistiques justice Année 2017, p. 23; Référence statistiques justice Année 2019. p. 27

비자의 정신치료 관련사건 접수 건수

	2012	2013	2014	2015	2016	2017	2018	2019
유지청구	57,182	62,400	67,171	75,490	75,653	77,668	78,227	79,163
해제청구	3,314	3,408	3,592	2,402	2,293	1,908	1,908	2,455
합계	60,496	65,808	70,763	77,892	77,946	79,576	80,524	81,618

2. 사법심사의 특징과 한계

공중보건법전에 규정된 해제청구소송과 유지청구소송[87]은 소송의 대상과 판결의 내용, 소송절차, 심사기준의 측면에서 월권소송(le recours pour excès de pouvoire), 즉 행정결정의 취소를 구하는 소송과 차이가 있다. 그러나 해제청구소송과 유지청구소송 모두 치료조치의 위법성 판단을 전제로 하므로,[88] 해제 여부를 결정함에 있어서 행정법의 법리에 영향을 받게 된다.

1) 행정소송과의 비교

(1) 소송의 대상과 판단의 기준시점

월권소송이 행정법원에 위법한 처분의 취소를 구하는 것이라면, 해제청구소송은 치료의 형식을 불문하고 치료조치의 해제(le mainlevée)를 구하는 소송이고, 유지청구소송은 완전입원 또는 그 연장 조치가 적법함을 이유로 완전입원의 유지를 구하는 소송이다. 인신보호판사는 행정결정인 이들 결정의 위법성을 독자적으로 판단할 수 있고 이를 근거로 입원 등의 해제를 명할 수 있으나, 결정 자체를 취소할 권한은 없다.[89]

인신보호판사는 비자의 정신치료 결정 등 치료조치의 외적 적법성과 치료조치의 타당성을 심판하여 그 해제 또는 유지를 결정한다. 그런데 치료조치의 타당성은 그 근거가 되는 결정의 내적 적법성(실체적 위법성)과 의학적 요건들을 살펴 따져 법원이 재판하는 시점에서의 치료의 필요성을 모두 포함하는 것이다.[90] 따라서 월권소송에서 처분시를 기준으로 행정결정의 위법성을 판단하는 것과 달리 해제청구 및 유지청구 소송에서 법원이 해제여부를 판단하는 기준시는 해제의 이유가 무엇인가에 따라 행정결정이 행해진 시점이 될 수도 있고 법원의 결정이 이루어지는 시점이 될 수도 있다.

87) 의견불일치에 따른 해제청구소송도 임의적 해제청구소송의 절차에 따르므로 이하에서는 별도로 살펴보지 아니한다.

88) 판결 시점에 더 이상 치료의 필요성이 인정되지 않음을 이유로 치료조치가 해제되는 경우를 제외하면 그러하다.

89) Cass. 1re Civ., 11 mai 2016, n° 15-16.223. 행정소송이 단순히 사법부 내부의 특별법원인 행정법원의 관할인 우리나라와 달리 행정재판권과 일반재판권이 분리된 프랑스에서는 일반법원이 행정처분의 효력을 부인할 수 없음은 물론이고 위법성도 판단할 수 없음이 원칙이다.

90) Anne Darmstädter-Delmas, préc., p. 161.

(2) 비자의 정신치료 결정의 위법성 판단과 해제의 관계

월권소송에서는 위법한 행정결정으로 인하여 원고의 권익이 침해되었을 것을 요건으로 요구하지 않는 것이 원칙이다. 그러나 공중보건법전은 행정결정이 위법하더라도 그 위법성으로 인하여 치료대상자의 권리가 침해되었음이 인정될 때에만 치료조치가 해제될 수 있음을 명시하고 있다(L.3216-1조). 아래에서 보는 것과 같이 제소기간 등 일정한 요건이 충족되지 않았을 때 치료조치가 자동 해제되는 규정이 별도로 있을 뿐이다. 따라서 인신보호판사는 법정의 해제요건이 충족되면 치료조치가 해제되었음을 확인하고, 그렇지 않은 경우 대상자의 권리가 침해되었을 때에만 치료조치의 해제를 명하게 된다. 이는 위법성이 순전히 형식적이고 결정의 타당성에 어떠한 영향을 주지 않는데도 치료조치의 해제라는 결과를 낳는 것을 피하기 위한 것이다.[91] 그러나 우리 항고소송과 달리 월권소송에서는 절차상 하자가 결정의 내용에 영향을 주거나 그로 인하여 당사자에게 보장된 권익의 침해가 없다면 취소청구를 인용하지 않으므로[92] 행정소송과의 차이는 크지 않다고 볼 수도 있다.[93]

(3) 결정의 효력

법원은 비자의 치료 결정 등의 해제 또는 유지를 명령(l'ordonnance)하거나 결정이 해제되었음을 확인하며, 변론 후에 공개법정에서 이를 선고한다.[94] 법원의 결정은 당사자에게 고지됨으로써 효력을 발생하며, 그에 대한 항소는 집행정지효가 없다(L.3211-12-4조 제2항).[95] 법원의 해제결정은 치료형식을 정하는 결정의 해제를 명하는 것일 수도 비자의 치료 승인 자체의 해제를 명하는 것일 수도 있다.[96] 법원이 완전입원 대상자에게 입원조치를 해제하더라도 치료 프로그램에 따른 치료가 필요하다고 판단하는 경우에는 완전입원의 해제를 명하되 24시간까지 그 효력발생을 유예할 수 있다.[97] 유예기간 동안 대상자를 수용하는 의료시설 소속 정신과전문의가 치료 프로그램에 따른 치료의 요건 충족 여부를 판단하여 치료 프로그램을 수립하며, 치료 프로그램이 수립되거나 유예기간이 만료되면 완전입원 조치는 종료된다(L.3211-12조 Ⅲ항, L.3211-12-1조 Ⅲ항, L.3211-12-5조).[98]

---

91) Guy Lefranc, Amendement n° 50, JOAN CRI, 2nd séance du 23 mai 2011 Assemblée nationale. <http://www.assemblee-nationale.fr/13/amendements/3445/344500050.asp> 2019.4.7. 최종방문)

92) CE. Ass., 23 décembre 2011, n° 335033, Danthony.

93) 대상자가 자유를 박탈당한 상태에 있기 때문에 비자의 정신치료 조치의 위법성이 대상자의 권리를 침해하지 않는 경우를 상상하기 어렵다는 견해로(Jean Hauser, « Hospitalisation d'office : certificat médical et dommage réparable(Cass. 1re Civ 6 décembre 2012, n° 11-24.527, inédit.) », RTD Civ. 2013 p. 92; 인권협정 제5조 제4항의 해석상 인신구속에 대해 심판하는 법원이 적법성을 보장하기 위해 필요한 절차의 준수에 대한 통제를 할 것이 요구되므로 위 규정에 인권협정 위반의 우려가 있다는 견해로, Aude Farinetti, préc., p. 111.

94) 결정은 법정에 참석한 당사자에게 그 자리에서 고지되며, 불출석 당사자에게는 수령을 확인할 수 있는 가능한 모든 방법으로 신속하게 이루어져야 한다(R.3211-16 제1항).

95) 지방검사장은 완전입원 형식의 치료결정이 해제되는 경우 환자나 타인의 신체에 대한 중대한 침해의 우려가 있음을 이유로 집행정지를 신청할 수 있다(L.3211-12-14조 제3항).

96) 처분권주의의 원칙상 해제청구소송의 원고가 완전입원 형태의 치료형식의 해제만 구하는 경우에 법원이 치료조치 자체의 해제를 명할 수는 없다. Anne Darmstädter-Delmas, préc., p. 155.

97) Cass. 1re civ., 15 janvier 2015, n° 13-26.758(비자의 치료결정 또는 치료형식 결정의 위법 여부 또는 위법 사유와 관계없이 해제를 유예할 수 있다).

98) 월권소송에서는 판례상 행정입법이 취소되는 경우에만 취소판결의 효력이 유예되며, 개별결정에 대하여는 그러

결정에는 기판력이 인정되지 않는다. 대신 인신보호판사가 선행 소송절차에서 치료조치의 위법성에 대하여 판단하였다면, 그 변론 전부터 존재하는 위법사유를 이유로 인신보호판사에게 다시 소를 제기하여 다툴 수 없다. 법원이 치료조치의 유지를 명함으로써 문제된 결정이 유효하게 확정되며 이에 대해 더 이상 다툴 수 없다는 것이다.[99] 그러나 법원이 인신보호판사의 선행 결정 이전에 존재하던 어떤 사정을 이유로 후행 절차에서 치료조치의 해제를 명하는 것은 여전히 가능하다.[100]

2) 절차상의 특수성

(1) 절차의 신속성

유지청구소송의 절차상 가장 큰 특징 중의 하나는 단기간 내에 제소와 법원의 결정이 강제된다는 점이다. 치료의 승인 또는 완전입원으로의 전환 조치를 행한 의료시설장 또는 데빠르뜨망 지사는 결정일로부터 8일 이내에 소를 제기하여야 하며, 법원도 치료조치로부터 12일 이내에 결정을 선고하여야 한다.[101] 다만 소송절차에서 감정이 이루어지는 경우 추가로 14일의 재판기간이 허용된다(L.3211-12-1조 Ⅰ항).[102] 유지청구의 소가 기한을 도과하여 제기된 경우 법원은 변론 없이 해당 결정이 해제되었음을 확인하는 결정을 하여야 한다. 법원이 판결기한을 준수하지 않으면 12일의 기한이 만료된 시점에 해당 행정결정이 해제된다(L.3211-12-1조 Ⅳ항).[103] 해제청구소송은 법률에서 '단기간 내'에 결정할 것만을 요구하고 있으나 행정입법으로 유지청구소송에서와 동일하게 12일의 재판기간을 허여하고 있다(R.3211-30조).[104] 항소심에서의 재판기간 및 감정에 따라 연기되는 기간도 위와 동일하다(R.3211-22조).

(2) 대심구조와 변호사대리

인신보호판사가 직권으로 치료조치의 해제 절차를 진행하는 경우를 제외하면, 모든 소송은 원고의 청구가 있어야 개시된다.[105] 다만 공중보건법전은 정신질환을 앓는 대상자의 특수

한 유예가 인정되지 않는다.

99) Cass. 1re civ., 19 octobre 2016, n° 16-18.849.

100) Mathias Couturier, «Contrôle judiciaire des mesures de soins psychiatriques sans consentement : attention à l'autorité de la chose jugée», L'éditions législatives 14 novembre 2016. <http://www.editions-legislatives.fr/content/contr%C3%B4le-judiciaire-es-mesures-de-soins-psychiatriques-sans-consentement-attention-%C3%A0-lautor> (2018.5.27. 최종방문).

101) 완전입원에 대한 계속심사의 경우 6개월의 기간만료 15일 전에 소가 제기되어야 하며, 기간만료 전에 결정이 선고되어야 한다. 위 기간계산에는 민사소송법전의 초일불산입 규정과 말일이 공휴일인 경우의 특례 규정이 적용되지 않는다(R.3211-25조).

102) 초일이 산입되므로 총 기간은 25일이 된다.

103) 완전입원에 대한 6개월 단위의 계속심사의 경우도 제소기간 및 판결기간이 준수되지 않았을 때의 효과는 이와 동일하다. 위 규정은 감정절차의 진행으로 재판기간이 연장된 경우에는 적용되지 않는다.

104) 12일의 기간이 도과하면 법원이 해당 조치의 해제를 명할 수밖에 없다는 견해로, Anne Darmstädter-Delmas, préc., pp. 238-239. 2011.7.5.자 법률 발효 이전의 사건에서 행정입법으로 정한 재판기간이 도과된 경우 행정결정의 해제를 명하여야 한다고 본 판결로 Cass. 1re Civ., 27 février 2013, n° 11-20.405.

105) Cass. 1re civ., 22 février 2017, n° 16-13.824.

성을 감안하여 환자 본인이 소를 제기하는 경우에 대한 특칙을 두고 있다. 환자는 수용시설을 통해 서면 또는 구두로 해제를 청구할 수 있으며, 의료시설장은 지체 없이 청구서 또는 환자의 진술을 담은 진술서를 지방법원에 제출하여야 한다(R.3211－28).

해제청구소송에서도 유지청구소송에서도 민사소송의 일반원칙과 마찬가지로 원고와 피고 사이의 대심구조가 유지되며(R.3211－7) 변론을 거쳐야 한다. 비자의 치료 대상자는 소송의 당사자가 되거나 그렇지 않더라도 재판결과에 중요한 이해관계가 있으며,[106] 아래에서 보는 바와 같이 법정에 출석하여 심문을 받아야 한다. 이에 공중보건법전은 대상자가 반드시 변호사의 조력을 받도록 규정하고 있다. 대상자는 스스로 변호사를 선임할 수 있고, 그렇지 않은 경우 법원이 국선대리인 선임 또는 소송구조의 방식으로 변호사를 지정한다(L.3211－12－2조 I항). 대상자가 법정에서 심문을 받는 경우 변호사의 조력을 받을 권리가 있으며, 대상자가 실종상태에 있거나 건강상 출석할 수 없거나 출석을 거부하는 경우에는 변호사가 대상자를 대리하여야 한다(R.3211－8).[107]

(3) 대상자심문 원칙

법원은 결정에 앞서 원칙적으로 비자의 정신치료 대상자를 심문하여야 한다(L.3211－12－2조 I항). 대상자 본인에 대한 심문은 법원으로 하여금 환자의 의사와 치료의 근거가 된 의학적 고려사항들을 대조하고 감정을 진행할 것인지 여부를 판단할 수 있도록 해준다는 점에서 중요하다.[108] 그러나 대상자가 실종상태에 있거나, 치료 프로그램 형식으로 치료 중인 환자가 불출석하거나, 완전입원상태에 있는 환자가 출석을 거부하는 경우에는 환자의 심문이 이루어질 수 없다. 또한 대상자가 출석하여 심문받는 것이 건강상 악영향을 끼친다는 취지의 의사의 소견서가 제출된 경우에는 환자의 심문 없이 소송을 종결할 수 있다(L.3211－12－2조 I항, R.3211－12조).[109]

(4) 공개변론 원칙과 변론장소에 대한 특칙

일반적인 민사소송과 마찬가지로 변론은 공개장소에서 이루어져야 한다. 다만 공개변론으로 대상자의 사생활이 침해되거나 재판의 정숙성이 저해될 우려가 있는 경우, 또는 당사자 일방이 신청하는 경우에는 비공개장소에서 변론이 진행될 수 있다(L.3211－12－2조 I항). 법원은 환자를 수용하는 의료시설, 또는 필요한 경우 해당법원 관할지역 내에 위치한 다른 의료시설에 위치한 장소로서 법무부장관이 지정한 장소에서 변론을 진행한다. 즉, 의료시설 내에서 변론을 진행하는 것이 원칙이며, 시설 내 변론장소가 법정의 요건을 충족하지 못하는 등 예외

106) 환자는 해제청구를 직접 제기할 수도, 제3자가 제기한 소송의 이해관계인이 될 수도 있다. 유지청구의 경우에는 의료시설장 등이 원고가 되고 환자가 피고가 된다.

107) Anne Darmstädter－Delmas, préc., p. 232.

108) Anne Darmstädter－Delmas, préc., p. 147.

109) 공중보건법전은 환자 담당의가 아닌 정신과전문의가 의학적 근거를 제시한 소견서를 작성할 것을 요구하고 불출석시에 변호사의 대리를 강제하고 있다. 이는 손쉽게 대상자의 출석을 배제하려는 의료진의 유혹을 막고 환자의 권리를 실질적으로 보장하고자 한 것이다. Sophie Théron, «La loi du 27 septembre 2013 : une révision partielle du régime des soins psychiatriques», RDSS 2014 p. 133.

적인 경우에만 법정에서 변론이 진행된다(L.3211－12－2조 Ⅰ항). 2011년 법개정 당시에는 법정에서의 변론이 원칙이었고, 예외적으로 시설내 변론과 화상변론도 허용되었으나 2013년 법개정으로 위와 같이 변경되었다. 프랑스에서 화상변론이 대상자의 방어권을 침해한다는 비판이 제기되어 왔기 때문에[110] 화상변론의 폐지는 2013년 법률의 큰 성과 중의 하나로 평가되었다.[111] 그러나 2020. 11. 18.자 독립명령(l'ordonnance)에 의한 개정으로 당사자의 명시적인 동의가 있고, 당사자의 동일성이 보장되고 전송의 질 및 대화의 기밀유지가 확보되는 것을 요건으로 화상변론(화상변론이 불가능함이 확인된 경우에는 전화통화 방식의 변론)이 허용되게 되었다(L.3211－12－2조 Ⅲ항). 이는 코로나－19의 영향으로 비대면 변론이 필요하게 된 데 따른 것이나 자유박탈장소 조사관과 전국 의료시설위원회장 및 특수병원장 회의(la Conférence natonale des présidents de CME et CHS)는 환자의 기본권 보장을 위하여 기존의 제도를 유지할 것을 요구하였다고 한다.[112]

3) 사법심사의 기준

(1) 비자의 정신치료의 형식적 · 절차적 적법성

비자의 치료를 승인하거나 유지하는 결정 또는 그 치료형식을 정하는 결정이 권한 없는 자에 의하여 행해지거나 형식 또는 절차의 하자가 있는 경우, 그 위법성으로 인하여 치료대상자의 권리가 침해되었다면, 법원은 그 결정의 해제를 명할 수 있다.[113] 이는 결국 행정결정의 위법성에 대한 판단의 문제이므로 그 내용은 월권소송에서의 위법성 판단과 다르지 않다.[114] 앞에서 살펴본 바와 같이 공중보건법전은 승인결정 등이 일정 기간 안에 행해질 것을 요구하고 있으며, 특히 결정에 필요한 진단서의 수와 작성자의 자격 등을 엄격히 규정하고 있으므로 이를 위반한 결정은 형식 또는 절차상의 하자가 있는 위법한 결정이다. 그 밖에 중요한 것으로 이유제시의 하자와 사전통지의무를 위반한 하자를 들 수 있다. 이는 행정법상 일반적으로 인정되는 절차적 하자인데, 공중보건법전에서도 명문의 규정을 별도로 두고 있다(L.3211－3조).

의료시설장 등은 비자의 치료의 승인, 유지 또는 치료형식을 정하는 행정결정이 있으면

---

110) Rapport Jacky Le Menn, Rapport, Sénat, n°835, p. 20(화상변론의 요건이 엄격하여 사실상 시행이 어렵고, 변호사의 조력을 받기 어렵다는 점을 폐지의 이유로 지적); CGLPL, Avis du 14 octobre 2011 relatif à l'emploi de la visioconférence à l'égard des personnes privées de liberté(환자가 자신의 의사를 말로 표현할 수 없는 경우가 많기 때문에 환자를 직접 대면하는 것이 중요하다는 점, 화상변론시에 변호사가 법정에서 대상자를 대리하거나 조언하는 경우에 적절한 조언을 하기 어렵다는 점 등을 단점으로 제시); Rapport Blisko－Lefrand, Assemblée nationale, n°4402(화상변론 장소가 재판의 독립성과 공정성을 확보하기 어려운 실정에 있음을 지적).

111) Sophie Théron, «La loi du 27 septembre 2013: une révision partielle du régime dees soins psychiatriques», p. 133.

112) Santé mentales.fr, «Les visio－audiences en psychiatrie autorisée durant l'état d'urgence sanitaire», 26 novembre 2020<https://www.santementale.fr/actualites/les－visio－audiences－en－psychiatrie－autorisees－durant－l－etat－d－urgence－sanitaire.html> (2021.3.28. 최종방문).

113) 공중보건법전은 소제기의 형식과 제소기간도 엄격하게 규정하고 있으며, 이를 준수하지 않은 소는 부적법하여 각하되거나 경우에 따라서는 앞에서 본 바와 같이 치료결정이 자동적으로 해제되는 결과를 낳는데, 이 부분은 여기서 살펴보지 않는다.

114) Anne Darmstädter－Delmas, préc., p. 166.

치료대상자의 상태가 허용하는 가장 빠른 시일 내에 행정결정과 그 이유를 치료대상자에게 고지해야 한다(L.3211-3조 제3, 4항). 충분한 이유제시가 있다고 하기 위해서는 결정의 근거가 되는 법령조항이 제시되어야 하고, 치료의 필요성 등 의학적 요건을 제시하거나 진단서의 내용을 첨부해야 한다. 데빠르뜨망 지사가 타인의 안전이 위협받거나 공공질서가 중대하게 침해된다고 판단한 근거가 된 사정도 제시되어야 한다.[115)]

비자의 정신치료를 유지하는 결정을 할 때마다 의료시설장 등은 결정에 앞서 치료대상자에게 대상자의 상태가 허용하는 범위 내에서 처분의 초안을 고지하고 대상자가 자신의 상태에 적당한 모든 방식으로 의견을 제출할 수 있도록 하여야 한다(L.3211-3조 제2항). 다만 사전통지 및 의견제출기회 제공 의무는 대상자에 대한 비자의 정신치료를 승인하는 최초의 결정에는 적용되지 않는다.

그러나 행정결정이 이루어진 후 그 집행과정에서 발생한 절차의 누락은 행정결정 자체의 위법사유가 아니므로 치료결정 해제의 이유가 될 수 없다. 예를 들어 비자의 치료의 승인, 유지 및 치료형식을 정하는 결정이 있으면 치료대상자에게 자신의 법적 지위와 권리, 불복방법 등을 고지하여야 하는데(L.3211-3조), 위 절차는 결정의 집행에 관계되는 것이므로 그 적법성에는 영향을 주지 않는다는 것이 파기원(Cour de cassation)의 입장이다.[116)]

(2) 비자의 정신치료의 타당성

비자의 정신치료의 타당성은 행정결정의 내용상 적법성과 재판시점에 인정되는 치료의 필요성 모두를 포함하는 것이다. 비자의 정신치료 결정에 내용상 하자가 있는 경우로 의료시설장 등의 권한남용이 인정되는 경우나 데빠르뜨망 지사가 공공질서에 대한 침해나 타인의 안전에 대한 침해를 인정한 근거가 된 사실관계를 오인하였거나 그에 대한 법적 평가를 잘못한 경우를 들 수 있다.[117)] 권한남용이나 사실오인, 사실에 대한 법적 평가의 착오 등에 대한 판단은 제출된 진단서 등 의료기록과 행정문서가 주된 근거가 될 것이고 변론에 나타난 모든 의학적 · 비의학적 사정을 고려하여 판단이 이루어진다. 그러나 치료의 필요성이나 대상자가 치료에 대해 동의할 수 없는 상태에 있는지 여부에 대한 판단에 있어서는 법원에 제출된 진단서에 대한 검토가 매우 중요하게 된다. 앞에서 본 바와 같이 치료대상자에 대하여 매달 진단서가 작성되고 진단서에 자세한 내용이 기재되어야 하므로 소송단계에서는 필요한 경우에 한하여 감정이 이루어진다.[118)] 감정은 재판시점을 기준으로 완전입원 또는 치료 프로그램을 유지할 필요성 등을 판단하는 데에 이용된다.[119)] 결국 비자의 정신치료 결정에 대한 사법심사

115) Anne Darmstädter-Delmas, préc., p. 167.
116) Cass. 1re civ., 11 mai 2016, n°15-16.233; Mathias Couturier, «La réforme des soins psychiatriques sans consentement : de la psychiatrie disciplinaire à la psychiatrie de contrôle», p. 97.
117) Anne Darmstädter-Delmas, préc., p. 199(법원이 치료를 계속할 필요가 없다는 이유로 비자의 치료 승인의 해제를 명하였는데, 즉시 새로운 비자의 치료 승인 절차로 나아간 경우를 권한남용의 예로 들고 있다).
118) 형사절차에 따라 비자의 치료의 대상이 된 경우에는 감정을 실시할 의무가 있는데(L.3211-12조 Ⅱ항, L.3211-12-1조 Ⅱ항), 이러한 유형의 비자의 치료는 이 글의 논의 대상에서 제외하였다.
119) Anne Darmstädter-Delmas, préc., p. 148.

에 있어서 가장 중요한 것은 진단서의 적법성과 타당성에 대한 심사라고 할 수 있다.

4) 진단서에 대한 사법심사의 기준과 한계

(1) 진단서의 적법성에 대한 판단

진단서와 소견서는 자격 있는 의사가 공중보건법전에 규정된 요건을 준수하여 작성해야 한다. 의료시설장이나 데빠르뜨망 지사가 행정결정에 요구되는 진단서나 소견서를 제출하지 못한 경우, 진단서 등이 허위로 작성된 경우, 작성기한이나 작성자의 자격을 갖추지 못한 경우 그에 근거한 치료결정 등은 위법하게 된다. 특히 중요한 것은 진단서 등의 기재내용이다. 진단서에 치료의 필요성 등을 확인할 수 있는 의학적 근거가 상세히 기재되지 않았다면 진단서를 근거로 행해진 결정을 해제할 수 있다. 즉, 진단서에 ① 정신질환이 존재함을 확인할 수 있도록 해주는 증상들, 즉 행동장애나 기분장애, 지적능력의 장애, ② 적절한 치료가 이루어지지 않았을 때 발생할 결과와 그 근거가 될 수 있는 사정들, ③ 비자의 치료 승인의 법적 근거에 따라서 자살이나 타인에 대한 공격 위험 등 환자 자신이나 타인의 안전에 대한 위협이나 공공질서에 중대한 침해를 가져올 수 있는 환자의 상태, ④ 의료시설장에 의한 승인결정의 경우 대상자가 정신질환으로 인하여 치료에 동의하는 것이 불가능함을 보여주는 의학적으로 확인된 상황, ⑤ 완전입원으로 치료형식을 변경하는 경우 치료 프로그램에 의한 치료가 더 이상 대상자에게 적절한 치료가 될 수 없다고 판단한 근거 등이 상세히 설명되어야 한다.[120)]

(2) 진단서의 내용에 대한 심사의 한계

비자의 정신치료에 관한 결정의 타당성에 대한 심사에 있어서 가장 중요한 쟁점은 전문가가 작성한 진단서의 내용을 의료전문가가 아닌 판사가 어느 정도까지 심사할 수 있는가라는 문제이다. 이에 대하여 판례상 제시되는 기준은 다음과 같다. 판사는 진단서에 제시된 의학적 소견을 왜곡하여서는 안 되며, 의학적 소견을 판사 자신의 판단으로 대체해서도 안 된다는 것이다.[121)]

진단서에 제시된 의학적 소견을 왜곡하여서는 안 된다는 말은 진단서에 기재되지 않은 내용을 기재된 것처럼 판단하거나 분명하게 기재된 내용을 기재되지 않은 것으로 판단하지 않아야 함을 의미한다.[122)] [123)] 의학적 소견을 판사 자신의 판단으로 대체해서는 안 된다는 말은 치료의 필요성이나 동의의 불가능성 등에 대한 판단이 진단서나 소견서를 근거로 이루어져야 하며, 이를 배제하고 판사가 직접 당사자를 심문하여 내린 판단으로 대체할 수 없음을

---

120) Anne Darmstädter-Delmas, préc., pp. 199-200.

121) Cass. 1re Civ., 27 septembre 2017, n°16-22.544, note Paul Véron, RDSS 2018, p. 125.

122) Paul Véron, note sous Civ. 1re, 27 septembre 2017, n°16-22.544, «Les limites du contrôle du juge des libertés et de la détention sur les décisions d'admission en soins psychiatriques sans consentement», RDSS 2018, p. 125.

123) Cass. 1re Civ., 27 septembre 2017, n°16-22.544(환자가 공격적 발언을 하고 환청을 듣고 있어 스스로를 위험에 빠뜨릴 우려, 자해의 우려가 있다는 기재가 있음에도 자살이나 자해에 대한 언급이 없다는 이유로 완전입원 조치를 해제한 항소심의 결정을 파기하였다).

의미한다.[124] 법에서 판사에게 부여한 권한은 비자의 치료의 법적 요건이 충족되었는지를 확인하는 것이지만 의학적 판단 자체는 의사의 전권사항이다. 판사에게는 이를 스스로 확인할 전문성이 없다.[125] 또한 변론에서의 대상자 심문은 의학적 판단을 내리기에 불충분한 조사방식이다. 일반적으로 변론시에는 비자의 치료가 개시된 때보다 증세가 완화되는 경우가 많고, 당사자의 동의도 일정한 시점에 치료에 응하겠다는 의사를 표시하는 것만으로는 부족하고 그러한 동의를 일정기간 지속할 수 있는 능력을 필요로 하는 것이기 때문에, 변론에서 잠시 심문한 결과로 의사의 판단을 뒤집는 것은 경솔하다는 것이다.[126]

진단서의 내용에 대한 사법심사에 위와 같은 한계가 있다고 하여, 법원이 제출된 진단서의 내용에 무조건 기속되어 치료의 타당성에 대하여 다른 판단을 할 수 없는 것은 아니다. 또한 사법심사의 범위가 행정결정의 형식과 절차상의 위법성에 대한 것으로 한정되는 것도 아니다. 의사의 역할은 일반인이 이해할 수 있는 언어로 치료의 필요성 등에 대한 판단의 근거를 설명하는 것이며, 법원은 진단서에 판단의 근거가 불충분하게 제시되었거나, 제시된 근거에 모순이 있음을 이유로 진단서의 내용을 배척할 수 있다는 것이다.[127] 변론에서 대상자를 심문한 결과 진단서에 기재된 내용의 타당성에 대한 의심이 생긴 경우 법원은 대상자에 대한 감정을 명할 수도 있다.[128] 경우에 따라서는 대상자 심문의 결과를 근거로 재판시를 기준으로 더 이상 대상자를 완전입원 상태로 치료할 필요성이 인정되지 않는다는 판단이 가능할 수도 있다.[129]

Ⅳ. 프랑스 비자의 치료제도의 과제

2011년 및 2013년 법개정 이후 프랑스에서는 제도 자체의 개선보다는 정신치료를 둘러싼 제반 환경을 개선함으로써 비자의 치료가 차지하는 비중을 줄이려는 노력이 이루어지고 있는 것으로 보인다. 이것은 마크롱 대통령과 '연대 및 보건부 장관'(le ministre des Solidarités et de la Santé)이 2018.9.18. 발표한 보건 전략인 '나의 건강 2022'(Ma santé 2022)와 위 장관이 그에 앞선 2018.6.28. 제시한 정신건강 로드맵에 잘 드러나 있다.[130] 정신건강 로드맵은 ①

124) Natalie Giloux, «Le psychiatre et le juge face à la protection de la personne dans les soins contraintes», RDSS 2015, p. 973
125) Natalie Giloux, préc., p. 973.
126) Paul Véron, préc., p. 125.
127) Natalie Giloux, préc., p. 973
128) Anne Darmstädter－Delmas, p. 200.
129) 그러한 예로 CA Douai, 4 mai 2014, n° 15/00006.
130) 아래 각 사이트에서 "Ma santé 2022"의 요약본과 언론배포자료, 그리고 정신건강 로드맵 자료를 다운로드할 수 있다.
https://solidarites－sante.gouv.fr/systeme－de－sante－et－medico－social/ma－sante－2022－un－engagement－collectif/https://solidarites－sante.gouv.fr/actualites/presse/communiques－de－presse/article/sante－mentale－et－psychiatrie－agnes－buzyn－presente－sa－feuille－de－route－pour

정신건강 증진 및 예방, ② 양질의 정신치료 보장, ③ 정신질환자의 삶의 질 향상과 사회통합(inclusion sociale) 및 시민으로서의 권리 향상이라는 세 가지 축을 중심으로 37가지 이행과제를 제시하고 있으며, '나의 건강 2022'는 위 로드맵에 따라 지역별 치료 네트워크 개선, 일반의 수련 과정에서 정신의학 및 정신건강 관련 연수 강화, 전문인력 우선충당, 정신질환으로 인한 낙인 효과를 없애기 위한 대국민 홍보 등의 목표를 정신치료 정책으로 제시하고 있다.[131] 특히 로드맵에서는 비자의 정신치료와 관련하여 2011년 법개정 이후 비자의 정신치료 건수가 증가하고 있음을 지적하고, 비자의 정신치료 건수를 감축하고 격리(l'isolement) 또는 구속(le contention) 방식의 사용을 줄이기 위한 계획을 수립할 것을 과제로 제시하고 있다. 그 밖에 정신장애인의 사회통합을 위한 제안으로서 '정신질환자 상호간의 부조'(le pair-aidance), 특히 상호부조단체(les groupements d'entraide mutuelle)를 통한 활동과 개입의 확대, '동료 조정자'(les médiateurs pairs) 활용 방안 모색 등을 주요 과제로 제시하고 있다는 점도 주목할 만하다.[132]

131) Ministère des solidarités et de la santé, Ma santé 2022, Un engagement collectif, dossier de presse du 18 septembre 2018, p. 29.

132) Ministère des solidartiés et de la santé, Feuille de route, Santé mentale et psychiatrie, 28 juin 2018, p. 24 et 28.

제2절 프랑스의 비자의 정신치료
– 치료프로그램(Programme de soins)을 중심으로–

Ⅰ. 프랑스 정신치료의 입법연혁

1. 1838년 6월 30일 법률

정신질환자에 대한 1838년 6월 30일 법률은 두 가지 이념 즉 정신질환자가 자신이나 타인에게 위해를 가하는 것을 방지하여야 한다는 점과, 정신질환자를 관리(치료)하기 위하여 그들에게 적합한 치료를 제공하여야 한다는 점에 기초를 두고 있었다. 이를 실현하기 위하여 이 법률은 최초로 각 도(le département)마다 정신질환자를 수용하여 치료하거나 관리할 수 있는 공공시설을 의무적으로 두도록 규정하고 있었다(동법 제1조).[133] 또한 이 법률은 처음으로 본인의 동의 없이도 정신질환자를 의료시설에 수용하는 것을 허용했는데, 그 방법으로는 가족의 청구에 의한 경우와 공권력에 의한 경우를 인정하였다.[134]

2. 1990년 6월 27일 법률

1838년 법률 제정 이후, 다양한 역사적 사건과 정신치료에 있어서의 논쟁 및 개혁의 움직임이 있었음에도 불구하고 1838년 법률은 1990년까지 유지되고 있었다. 그러나 2차 세계대전 이후 유럽에서는 인권(Droits de l'Homme)을 가장 중요한 가치 중의 하나로 인식하게 되었고, 이에 따라 본인의 동의 없이 정신질환자를 입원시키는 것은 자유를 박탈하는 수단이 될 수 있다는 점에서 문제가 제기되었다. 이러한 비판을 반영하여 '정신질환으로 인하여 입원된 자의 권리 및 보호와 정신질환자에 대한 입원의 요건에 대한 1990년 6월 27일 법률(La loi n° 90–527 du 27 juin 1990 relative aux droits et à la protection des personnes hospitalisées en raison de troubles mentaux et à leurs conditions d'hospitalisation, 이하 1990년 법률이라고 한다)'이 제정되었다.

---

133) Article 1er – Chaque département est tenu d'avoir un établissement public, spécialement destiné à recevoir et soigner les aliénés, ou de traiter, à cet effet, avec un établissement public ou privé, soit de ce département, soit d'un autre département. Les traités passés avec les établissements public ou privés devront être approuvés par le ministre de l'intérieur.

134) Anne Laude, Bertrand Mathieu et Didier Tabuteau, Droit de la santé, 3e ed, puf, 2012, p. 47; Magali Coldefy, Tonya Tartour, "De l'hospitalisation aux soins sans consentement en psychiatrie: premiers résultats de la mise en place de la loi du 5 juillet 2011", IRDES, n. 205, janvier 2015, p. 6.

이 법률은 입원한 정신질환자의 권리에 대해서는 규정하지 않은 1838년 법률을 완전히 개정한 것으로서, 환자의 기본권을 존중하고 보호하기 위한 것이었다. 이에 따라 정신치료에 있어 입원(l'hospitalisation)의 범위를 재정립하면서 3가지 입원 방법을 규정하였다: 먼저 이 법률에 의하여 환자의 의사에 의한 입원(l'hospitalisation libre)이 처음 도입되었고, 그 밖에 제3자의 청구에 의한 입원과 공권력에 의한 입원이 규정되었다.[135)]

3. 2011년 7월 5일 법률

1) 입법배경

(1) 정신질환자 치료에 있어서의 탈기관화 및 탈입원화

유럽에서는 1960년대부터 본인이 동의하지 않는다고 하더라도 치료가 필요한 정신질환자에 대한 치료를 탈기관화(la désinstitutionalisation) 또는 탈입원화(la déshospitalisation)의 방법으로 할 필요가 있다는 움직임이 나타나고 있었다.[136)] 2000년 이전에는 몇몇 아메리카 국가와 벨기에, 룩셈부르크, 포르투갈, 스위스 등에서 정신질환자에 대하여 그의 동의가 없는 경우에도 외래치료를 인정하였다.

(2) 정신의학 실무의 변화

1990년대는 정신의학 실무에 있어서도 혁명적인 시기로 기록되고 있다. 이 시기에는 점차 정신분석학(la psychanalyse)이 쇠퇴하고 '인지-행동요법(les thérapies cognitivo-comportementales)'와 같은 새로운 유형의 정신심리요법(la psychothérapies)이 생겨나고 있었고, 정신적 문제의 예측(진단) 및 통계(DSM: diagnostic et statistique des troubles mentaux)와 같은 질병분류학이 발전하고 있었다. 이러한 움직임은 정신질환자에 대한 치료에 있어서도 완전입원이 아니라 외래치료와 같은 다양한 형태의 치료방법이 필요하다는 인식을 제고시켰다.

(3) 앙또니 담화(le discours d'Antony)

프랑스에서 일어났던 한 정신질환자의 범행도 1990년 법률에 대한 개정 필요성을 촉발시켰다. 2008년 11월 12일 그러노블(Grenoble) 병원에서 도주한 56세의 정신분열증 환자(이 환자는 과거 극심한 공격적 성향으로 인하여 형사책임이 면제된 바 있었다)가 거리에서 26세의 대학생을 무자비하게 칼로 찔러 죽이는 사건이 발생하였다.[137)] 이 사건이 발생하자 당시 프랑스 대통령이었던 사르코지 대통령은 2008년 12월 2일, 앙또니 정신병원(l'hôpital psychiatrique d'Antony)

135) Anne Laude, Bertrand Mathieu et Didier Tabuteau, Droit de la santé, 3e ed, puf, 2012, p. 47; Magali Coldefy, Tonya Tartour, "De l'hospitalisation aux soins sans consentement en psychiatrie: premiers résultats de la mise en place de la loi du 5 juillet 2011", IRDES, n. 205, janvier 2015, p. 6.

136) Magali Coldefy, Tonya Tartour, "De l'hospitalisation aux soins sans consentement en psychiatrie: premiers résultats de la mise en place de la loi du 5 juillet 2011", IRDES, n. 205, janvier 2015, p. 4.

137) Le Monde, 2008, 12, 3, "Le président de la République engage l'hôpital psychiatrique dans un tournant sécuritaire".

을 방문한 이후 1990년 법률에 대한 개정 필요성을 역설하면서, 의료기관의 안전성, 공권력에 의한 입원절차의 개정, 치료의무의 필요성을 주요한 쟁점으로 하여 법을 개정할 필요가 있다고 주장하였다.[138)]

(4) 유럽인권재판소의 판단과 프랑스 헌법재판소의 판단

프랑스에서의 비자의 입원에 있어 행정법원과 일반법원의 재판관할 분산으로 재판절차가 복잡해지고 지연되는 문제가 발생하자, 유럽인권재판소는 비자의 입원 대상자의 재판청구권이 침해되었다고 판단하였고(CEDH, AFFAIRE BAUDOIN c. FRANCE, 18 novembre 2010, 35935/03), 프랑스 헌법재판소에서도 구 공중보건법에 따른 사법심사가 헌법상 임의 구금 금지와 재판청구권을 침해하였다고 판시하였다(Décision n° 79−109 DC du 9 janvier 1980).

2) 2011년 7월 5일 법률이 제정

이상에서 설명한 입법적 배경을 기초로 '정신적 치료에 있어 환자의 권리 및 보호와 치료방법에 관한 2011년 7월 5일 법률(Loi n° 2011−803 du 5 juillet 2011 relative aux droits et à la protection des personnes faisant l'objet de soins psychiatriques et aux modalités de leur prise en charge 이하 2011년 법률이라고 한다)이 제정되어 2011년 8월 1일부터 시행되었다. 이 법률의 주요 개정내용은 항을 바꾸어 설명한다.

Ⅱ. 2011년 법률의 주요 개정내용[139)]

1990년 법률의 내용 중 다음의 세 가지 즉 본인의 의사에 의한 치료(les soins libres)와 정신질환자의 치료를 위한 절차 부분(제3자의 청구에 의한 경우와 도지사의 청구에 의한 경우) 그리고 긴급규정(les dispositifs d'urgence)에 대한 것은 그대로 유지되었다. 2011년 법에 의하여 개정된 주요 8가지 내용은 다음과 같다.

1. 제3자의 청구가 없는 경우에도 정신질환자에 대한 치료가 가능함: 긴박한 위험(péril imminent)이 있는 경우

정신질환자에 대한 치료가 필요함에도 불구하고 환자가 동의할 수 없는 상태에 있는 경우, 제3자가 청구하는 것이 불가능하고 긴박한 위험이 있으면 의료기관의 장은 승인할 수 있다. 또한 의료기관의 장은 치료를 중단하면 환자에게 긴박한 위험이 계속되는 경우에는 제3자에 의하여 청구된 치료의 철회에 반대할 수 있다.

---

138) Discours de Mr. le Président de la République. L'hospitalisation en milieu psychiatrique. Antony 2008.
139) www.loipsy2011.sante.gouv.fr. La réforme de la loi psychiatrie de 1990, 8 points−clés pour vous guider.

2. 완전입원에 대한 대안적 방법의 접근: 치료프로그램(le programme de soins)

이 부분은 이하 Ⅲ. 프랑스 공중보건법전의 치료프로그램에서 자세히 설명한다.

3. 관찰 및 치료를 위한 최초의 시간: 최초 72시간

의료기관의 장 또는 도지사의 치료에 대한 승인이 있으면 치료대상자에 대한 관찰 및 진단을 위하여 대상자를 72시간동안 완전입원의 형태로 수용한다. 정신과의사는 치료 승인시로부터 24시간 이내 치료 필요성을 확인하는 의학증명서를 작성하고, 이 의학증명서에서 치료 필요성이 인정되면 72시간 내에 두 번째 의학증명서가 작성되는데, 두 번째 의학 증명서에서 완전입원이나 그 이외의 방법 그리고 필요한 경우 치료프로그램 등 구체적 치료방법을 기재한다. 관찰 및 진단을 위한 완전입원은 특별한 병원으로 이송되기 전에 일반병원에서 이루어진다.

4. 인신보호판사(JLD)에 의한 완전입원 컨트롤 시스템

인신보호판사(le juge des liberté et de la détention, JLD)는 완전입원 결정으로부터 15일 이내 그리고 기간 만료일로부터 6개월 이내, 모든 임의적 청구에 대하여 사법심사를 한다. 인신보호판사는 현재 이행되고 있는 치료에 대한 유효성 여부를 판단할 수 있지만, 그것을 변경할 수는 없다. 완전입원의 해제 결정을 하는 경우, 인신보호판사가 환자에 대하여 치료프로그램이 필요하다고 인정하는 경우에는 의료팀(l'équipe médicale)이 이를 준비(이행)할 수 있도록 최대 24시간의 범위 내에서 그 결정(완전입원 해제)의 효력 발생을 유예할 수 있다.

인신보호판사는 절차의 적법성(la régularité de la procédure)에 대해서도 심사하지만(청구기간, 승인조건, 제3자의 청구 등), 개인적 자유의 침해 여부, 즉 환자의 동의 없이 이루어진 완전입원이 필요성(la nécessité)의 원칙과 비례성(la proportionnalité)의 원칙에 따라 적법하게 인정되었는지에 대해서도 심사한다.

5. 도지사에 의한 입원의 경우, 일부 환자에 대한 특별규정

도지사에 의한 입원의 경우, 형사책임이 없는 환자나 UMD(Unité pour malades difficiles) 환자에 대하여 정신과의사가 완전입원을 청구하고자 하는 때에는 치료를 담당한 기관(le collège de soignants)은 도지사에 대하여 의견을 제시한다. 이 때 이 기관은 해당 환자를 담당한 정신과 의사, 그 외의 정신과 의사, 그리고 해당 환자에 대한 치료를 담당한 여러 분야의 관계자(간호사, 심리학자 등)로 구성된다.

6. 도지사와 정신과의사 사이의 의견이 불일치하는 경우에 대한 규정: 두 가지 의견불일치에 대한 특별규정

(1) 정신과의사는 완전입원을 치료프로그램으로 변경할 것을 청구할 수 있다. 만일 도지사가 이에 동의하지 않는다면 의료기관의 장은 즉시 다른 정신과의사의 의견을 청구한다. 두 정신과의사의 의견이 일치한다면 도지사는 이에 따라야 하지만, 일치하지 않는 경우에는 도지사는 완전입원을 유지할 수 있다.

(2) 정신과 의사는 치료프로그램 없이 완전입원의 중단을 청구할 수 있다. 만일 도지사가 이에 동의하지 않는다면 의료기관의 장은 즉시 다른 정신과의사의 의견을 청구한다. 두 정신과의사의 의견이 일치한다면 도지사는 이에 따라야 한다. 정신과의사의 의견이 일치하지 않고 도지사는 완전입원이 유지되기를 원하는 경우, 도지사는 인신보호판사에 대하여 소송을 제기하는 의료기관의 장에게 이러한 사실을 알려야 한다.

7. 환자의 권리강화

치료대상자에게 환자의 권리와 각 치료별 절차에 대하여 고지할 의무를 부과하여 환자의 권리를 강화하였고, 치료대상자에 대한 관찰을 한 이후에 치료결정을 하도록 하였다. 또한 제3자의 청구에 의한 입원의 경우 단기외출(les sorties de court durée)의 요건을 완화하되, 환자는 외출기간동안 가족구성원이나 신뢰할 자(la personne de confiance)를 동반하도록 하였다.

한편 정신과 입원에 대한 도위원회(les commissions départementales de l'hospitalisation psychiatrique(CDHP))가 정신과 치료에 대한 도위원회(les commissions départementales des soins psychiatrique(CDSP))로 변경되면서 그 임무가 보다 세분화되었고, 제3자의 청구에 의한 경우이든 긴박한 위험에 의한 경우이든, 의료시설 장에 의한 치료결정은 3개로 나누어진 위원회에 의한 관찰의 대상이 되도록 하였다. 또한 정신과 치료에 대한 도위원회(CDSP)는 환자의 권리에 대한 연간보고서를 관계기관(le contrôleur général des lieux de privation de liberté)에 매년 제출하도록 하였다.

8. 지역기관(l'organisation territoriale)에 대한 규정

지역보건기구(l'agence régionale de santé, ARS)는 각각의 보건담당지구마다 정신질환과 관련하여 발생한 응급상황에 대하여 대처할 수 있는 장치를 구비하도록 하였다(이 때 응급상황이 발생한 지역은 문제되지 않는다). 지역보건기구(ARS)는 다른 연관기관, 예를 들어 의료기관(les établissements de santé), 경찰(les services de police), 응급의료구급서비스(Service d'Aide Médicale d'Urgence, SAMU) 등과 협력체계를 구축한다.

Ⅲ. 프랑스 공중보건법전의 치료프로그램

1. 치료프로그램의 제도적 취지

2011년 법률에 의하여 정신질환자에 대한 비자의 정신치료의 내용으로 기존의 완전입원 외에 치료프로그램(le programme de soins)이 도입되었다. 이 제도는 공중보건법상 의료시설에의 완전입원 외 정신질환자에 대하여 행해지는 모든 형식의 치료 예를 들면 외래치료, 의료시설치료, 주거입원, 부분 또는 단기입원 등을 말한다.[140)]

치료프로그램은 완전입원이 더 이상 유일한 치료방법이 아니라는 점을 명확히 함으로써 비자의 정신치료에 있어 진화와 개혁을 가져왔다고 평가받고 있다.[141)] 이 제도는 정신질환자를 계속적으로 추적하는 것을 가능하게 하고, 정신과 치료에 있어 탈시설화(la désinstitutionalisation)를 가능하게 하는 것으로서, 기존의 완전입원에 대한 대안을 제시하는 것이다.[142)]

한편 치료프로그램은 2011년 개정법 이전 실무상 인정되어 왔던 '시험외출(les sorties d'essai)'[143)]을 법적으로 제도화한 것이라는 평가를 받고 있다. 기존의 시험외출은 비자의적으로 완전입원된 정신질환자를 치유하고 사회에 복귀시키기 위하여 실무상 인정된 것이었는데, 사실상 수개월 또는 수년에 걸쳐 인정되기도 했으며, 2010년 통계에 의하면 비자의 정신치료의 25%를 차지하고 있었다.[144)] 이것이 2011년 개정법의 치료프로그램에 의하여 내용 및 절차가 법적으로 구체화되고 정비됨으로써 법적 제도로 인정된 것이다.[145)]

2. 치료프로그램의 내용 및 절차

2011년 법률에 따라 개정된 공중보건법전에서는 완전입원과 치료프로그램을 포괄하는 비자의 정신치료라는 개념을 도입하였고, 비자의 정신치료는 치료를 승인하는 결정을 한 이후, 완전입원 또는 치료프로그램 중에서 구체적인 치료내용을 정하게 된다.

다만, 본인 스스로 동의할 수 없거나, 경우에 따라서는 본인에 대하여 법정대리인이 없는 자는 공중보건법전 제2권, 제1편, 제2장 내지 제4장 규정이나[146)] 형사소송법 제706-135

140) 공중보건법전 L.3211-2-1 제1항 제2호: Soit sous toute autre forme, pouvant comporter des soins ambulatoires, des soins à domicile dispensés par un établissement mentionné au même article L. 3222-1 et, le cas échéant, une hospitalisation à domicile, des séjours à temps partiel ou des séjours de courte durée à temps complet effectués dans un établissement mentionné audit article L. 3222-1.

141) Magali Coldefy, Tonya Tartour, "De l'hospitalisation aux soins sans consentement en psychiatrie: premiers résultats de la mise en place de la loi du 5 juillet 2011", IRDES, n. 205, janvier 2015, p. 1.

142) Magali Coldefy, Tonya Tartour, "De l'hospitalisation aux soins sans consentement en psychiatrie: premiers résultats de la mise en place de la loi du 5 juillet 2011", IRDES, n. 205, janvier 2015, p. 6.

143) 'les sorties d'essai'에 대한 번역과 관련하여, 이 제도는 2011년 개정법 이전 동의 없이 완전입원된 정신질환자에 대하여 실무상 단기간의 외출을 허용한 것이므로 '시험외출'로 번역하기로 한다.

144) Magali Coldefy, Tonya Tartour, "De l'hospitalisation aux soins sans consentement en psychiatrie: premiers résultats de la mise en place de la loi du 5 juillet 2011", IRDES, n. 205, janvier 2015, p. 5.

145) 프랑스의 시험외출제도는 우리나라 정신건강복지법 제63조의 임시퇴원 제도와 유사하다고 볼 수 있을 것이다.

에 의하지 않고는 정신적 치료(les soins psychiatriques)의 대상이 될 수 없다(공중보건법전[147] 제L3211-1 제1항). 치료프로그램을 포함하여 정신적 치료의 대상이 된 모든 자나 그 가족은, 정신치료구역의 내이든 외이든, 그의 선택에 따라 자신의 거주지에 해당하는 사적 또는 공적인 정신보건과 관련된 실무가나 기관에 정신치료의 대상이 된 사실을 알릴 권리가 있다(제L.3211-1조 제2항).

이하 치료프로그램의 내용 및 절차에 대하여 살펴보면 다음과 같다.

1) 치료프로그램의 종류 및 내용

(1) 공중보건법전이 인정하는 치료프로그램이란 완전입원 이외의 모든 형태의 비자의 정신치료로서, 법규정상으로는 그 종류로, 외래치료(les soins ambulatoires), 제L3222-1조에 규정된 의료기관에서 처분한 주거치료(les soins à domicile), 주거입원(l'hospitalisation à domicile), 제L3222-1조에 규정된 의료기관에서 행해지는 부분체류(des séjours à temps partiel) 또는 단기체류(des séjours de courte durée à temps complet)를 규정하고 있다(제L3211-2-1조 제2항 제2호). 이 밖에 치료프로그램의 내용으로는, 부분입원(l'hospitalisation à temps partiel), 상담(les consultations), 아뜰리에 치료요법(l'ateliers thérapeutique), 주거 방문(les visites à domocile), 단기치료요법 센터활동(le centre d'activité thérapeutique à temps partiel(CATTP)), 의학-심리 센터 상담(la consultation au centre médico-psychologique(CMP)) 등을 들 수 있다.

이 중 부분입원(l'hospitalisation à temps partiel)의 방법으로는 주간이나 야간에 입원하고 그 외에는 일상적인 생활을 하는 방법을 예로 들 수 있고, 외래치료(les soins ambulatoires)의 방법으로는 병원에 정기적으로 방문하거나 정신과전문의에게 정기적으로 방문하는 방법을 예로 들 수 있다. 그리고 주거치료(les soins à domicile)의 예로는 치료팀(l'équipe soignante) 구성원의 주거에 정기적으로 방문하는 방법을 예로 들 수 있다.

(2) 환자가 부담하는 치료프로그램은 제L3211-2-1조 제2항 제2호에 규정된 방법 중의 한 개 또는 수 개와 정신치료카드에 기재된 약물치료(l'existence d'un traitement médicamenteux)로 한다(공중보건법전 시행령[148] R3211-1-II).

(3) 프랑스에서는 현재 치료프로그램 서식이 마련되어 있는데 이 서식에 의하면, 치료프로그램의 내용으로 부분입원(une hospitalisation à temps partiel), 단기간의 완전입원(une hospitalisation de courte durée à temps complet), 주거입원(une hospitalisation à domicile), 외래치료(des soins ambulatoires), 주거치료(des soins à domicile)가 제시되어 있고 해당란에 체크하도록 되어 있다.

---

146) 공중보건법전 제2권 (Livre II: Lutte contre les maladies mentales) 제1편(Titre Ier: Modalités de soins psychiatriques) 제2장 내지 제4장(Chapitre II: Admission en soins psychiatriques à la demande d'un tiers ou en cas de péril imminent(Articles L3212-1 à L3212-12, Chapitre III: Admission en soins psychiatriques sur décision du représentant de l'Etat(Articles L3213-1 à L3213-11, Chapitre IV: Admission en soins psychiatriques des personnes détenues atteintes de troubles mentaux (Articles L3214-1 à L3214-5)) 규정.

147) 이하 공중보건법전(Code de la santé publique)의 조문 내용은 법명의 표기 없이 인용한다.

148) 이하 공중보건법전 시행령의 조문 내용은 시행령으로 표기한 후 조문을 인용한다.

해당 서식에는 구체적으로 명시되어 있지 않지만 공중보건법전 시행령 R3211-1-II에 의하면 복수로 체크하는 것도 가능하게 되어 있다. 이 중 부분입원의 경우에는 구체적으로 부분입원의 형식을 기술하도록 되어 있고, 주거치료의 경우에도 상담 또는 방문 횟수를 구체적으로 기재하도록 되어 있다. 한편 약물치료를 병행하는 경우에는 약물치료 여부를 묻는 란에 체크하도록 되어 있다.

또한 이 서식에는 이를 작성한 의사와 환자 그리고 환자의 상거소지를 기재하여야 하며(시행령 R3211-1 I 제2항), 치료프로그램의 내용뿐 아니라 예상 가능한 경우에는 소요기간과 치료가 행해지는 장소를 함께 기재하여야 한다(시행령 R3211-1 II 제2항). 구체적으로는 환자에 대한 사항(성명, 주소, 출생지, 소속 지역, 치료 개시일, 번호)을 기재하고 의사가 서명하도록 되어 있으며, 비자의 정신치료의 승인방법과 치료 실시방법에 대해서는 해당란에 체크하도록 되어 있다.

(4) 한편 치료프로그램에는 환자가 겪고 있는 정신적 문제의 성질과 표시(la nature et les manifestations des troubles mentaux), 의학적 관찰(l'observation clinique), 보충적 검사에 의한 설명이나 결과(la mention ou les résultats d'examens complémentaires)에 대한 사항이 포함되지 않는다(시행령 R3211-1 II 제3항). 치료프로그램이 약물치료에 대한 것인 경우에는 이 조치의 성질이나 세부사항, 특히 특징, 약의 배합, 생약의 형식, 약의 용량, 승인방법, 기간에 대해서는 기재하지 않는다(시행령 R3211-1 II 제4항). 해당 서식을 보더라도 약물치료는 실시 여부에 대해서만 체크하도록 되어 있다.

2) 치료프로그램 대상자의 법적 지위

(1) 2011년 개정법에 의하여 도입된 치료프로그램은 완전입원에 대한 대안을 제시하였다는 점에서 긍정적인 평가를 받고 있지만 치료프로그램 대상자의 법적 지위와 관련해서는 많은 문제점이 제기되고 있었다. 예를 들면, 환자에 대하여 완전입원이 아니라 치료프로그램의 일환으로서 부분입원이 결정되었을 때 환자의 법적 지위는 어떠한가? 즉 완전입원은 원칙적으로 환자의 거주이전의 자유 등을 박탈하는 것이지만, 치료프로그램으로서의 부분입원은 치료프로그램임에도 불구하고 부분적으로 입원된 한도에서는 완전입원과 같이 환자의 자유가 박탈되는 것이므로 환자의 법적 지위와 관련하여 문제가 있다는 점이 지적되었다.[149)]

이에 헌법위원회는 치료프로그램에 의해서는 환자의 거주이전의 자유를 박탈할 수 없을 뿐 아니라 어떠한 제한도 부과할 수 없다고 판시하였다. 즉 이 결정에서 헌법위원회는 공중보건법전 제L.3211-2-1조에 규정된 치료프로그램에 의해서는 환자에 대하여 제한을 가하는 어떠한 의무도 부과할 수 없으므로, 치료프로그램의 대상자인 환자를 강제적인 방법으로 관리해서는 안 될 뿐 아니라, 치료프로그램에 의하여 의료기관에 체류하는 것이 결정되었다고 하

149) Eric Péchillon, "Programme de soins: quel statut juridique pour le patient?", Santé mentale, 198, mai, 2015, p. 12.

더라도 이를 위해 강제적인 방법이 동원될 수 없다고 판시하였다.[150)]

이후 입법자들은 헌법위원회의 결정을 수용하여 2013년 9월 27일 법률에 의하여 공중보건법전 제L.3211-2-1조 III에 "이 조항 I의 2°에 의하여 치료프로그램을 받는 환자에 대해서는 어떠한 제한도 부과할 수 없다"는 조항을 새로 신설하였다.[151)]

이러한 헌법위원회의 결정과 입법에 대해서는 완전입원에 대한 대안으로서 치료프로그램을 부과하는 것을 어렵게 함으로써 결과적으로 정신과 의료계의 일반적인 현실과 괴리가 있는 엄격한 법적 논리를 치료프로그램에 적용하였다는 비판이 가해지고 있다.[152)]

(2) 그런데 헌법위원회의 결정에 따른 공중보건법 제L.3211-2-1조 III에 의하면 치료프로그램을 부과하기 위해서는 환자가 최소한 묵시적으로 동의할 것을 요구한다. 그러나 공중보건법상으로 치료프로그램은 '환자의 동의가 없는 경우에 대한 치료방법'이고, '환자가 자신의 정신적 상태로 인하여 동의할 수 없는 경우'에 대한 치료수단이다. 법이 본질적으로 동의의 존재를 부인하고 있는데 이러한 동의에 대하여 법적 유효성을 부여하는 것이 타당한가?[153)]

환자가 의사로부터 치료프로그램을 부과 받으면서 프로그램 내용에 위반하는 경우 완전입원으로 변경될 수 있다는 사실을 통지받았다는 것은, 환자의 입장에서 보면, '치료프로그램을 받아들이든지 아니면 치료를 거부하고 자유를 박탈당하든지' 하는 양자택일적 상황에 놓이게 되는 것이다.[154)] 2013년 개정법 도입 당시 관련 국회위원회 문서에서도 "정신질환자에게 치료프로그램을 부과하는 것은 제재가 부과된 의무를 부과하는 것이라는 점, 다시 말해 이것이 실패한 경우에는 완전입원으로 복귀될 수 있기 때문에 치료프로그램을 부과하는 것은 환자에게 법적이고 도덕적인 의무를 부과하게 되는 것이라는 점을 숙고하여야 한다"는 점을 지적하고 있다.[155)]

그러나 헌법위원회의 결정에 따른 2013년 입법 내용은 제한의 폐지를 의미하는 것이 아니라, 제한에 있어 진보를 의미하는 것으로 보아야 한다.[156)] 2011년 개정법에 의한 치료프로그램의 도입이 병원 담장 밖으로 제한이 확대된 것을 의미한다면, 2013년 법률은 이러한 제한을 명백하게 약화시킨 것이다. 사실, 치료프로그램에 협조하는 것을 거부하였을 때에는 자유를 박탈하여 완전 입원될 수 있다고 환자에게 고지하는 것은 긍정적 의미의 제한이라고 볼

---

150) Décision du Conseil constitutionnel 2012-235 QPC du 20 avril 2012.

151) 공중보건법전 제L.3211-2-1조 III: Aucune mesure de contrainte ne peut être mise en œuvre à l'égard d'un patient pris en charge sous la forme prévue au 2° du I.

152) Eric Péchillon, "Programme de soins: quel statut juridique pour le patient?", Santé mentale, 198, mai, 2015, p. 12.

153) Mathias Couturier, "Les paradoxes de la contrainte et du consentement dans les programmes de soins en psychiatrie", Rhizome, n. 53, p. 1.

154) Mathias Couturier, "Les paradoxes de la contrainte et du consentement dans les programmes de soins en psychiatrie", Rhizome, n. 53, p. 2.

155) D. Robiliard, Rapport fait au nom de la commission des affaires sociales sur la proposition de loi relative aux soins sans consentement en psychiatrie, doc. Ass. nat. n° 1284, déposé le 17 juillet 2013, p. 17.

156) Mathias Couturier, "Les paradoxes de la contrainte et du consentement dans les programmes de soins en psychiatrie", Rhizome, n. 53, p. 2.

수 있다. 결과적으로 환자는 본인 스스로를 통제하여야 하는 의무를 지게 됨으로써 위반행위를 하지 않게 될 것이고, 종국적으로는 치료효과도 볼 수 있게 될 것이다.[157]

(3) 치료프로그램의 절차

(1) 의료기관의 장 또는 도지사에 의한 비자의 정신치료에 대한 승인이 있으면 이후 최초의 진단 및 관찰을 위하여 72시간동안 완전입원의 형태로 수용된다. 먼저 치료 승인시로부터 24시간 내에 대상자 수용시설의 정신과의사가 치료필요성을 인정하는 상세의학진단서를 작성한다. 이 증명서에서 치료필요성이 인정된다면 수용시설의 다른 정신과의사가 진단서를 작성하는데 이 때 치료프로그램을 부과할 수 있다.

(2) 치료프로그램의 결정과 변경은 환자에 대한 면접을 통해 이루어지며, 면접시 정신과의사는 환자의 의견을 들어야 한다. 또한 정신과의사는 면접시 환자에게 공중보건법 제 L3211-2-1의 II에 규정된 정보를 제공하여야 하고, 환자에게 그의 정신 상태를 평가하여 언제든지 치료프로그램을 변경할 수 있다는 것과, 특히 치료프로그램의 불이행으로 인하여 정신상태가 악화된 경우에는 완전입원을 제안할 수 있다는 것을 알려야 한다. 면접에서 행해진 진술은 치료프로그램에 수반되어야 하고 환자에 대한 의료 문서에도 기재되어야 한다(시행령 R3211-1 III 제1항). 치료프로그램은 해당 서류에 기재된 대로 이행된다는 점과 환자의 건강상태를 고려하여 치료프로그램을 변경할 수 있다는 점, 그리고 치료프로그램의 불이행으로 인하여 정신 상태가 악화된 경우에는 담당의사는 완전입원을 제안할 수 있다는 점을 환자에게 고지하였다는 문구는 치료프로그램 서식 하단에 부동문자로 기재되어 있다.

(3) 환자를 담당한 정신과의사는 환자의 정신상태에 적합한 치료를 하기 위하여 언제든지 치료프로그램의 변경에 관여할 수 있고, 치료프로그램의 변경을 제안할 수 있는데, 이때의 의견은 상세의학증명서(le certificat médical circonstancié)에 의한다(L. 3211-11 제1항, 시행령 R.3211-1 III 제2항).

환자를 담당한 의사는, 특히 환자의 행동을 고려할 때, 다른 형태의 치료프로그램으로는 환자의 상태에 적합한 처분을 할 수 없다는 점을 확인한 경우에는 즉시 의료기관의 장에게 완전입원을 제안하는 상세의학증명서를 제출할 수 있다. 담당의사가 환자를 관찰할 수 없는 경우에는 그 환자에 대한 의학적 문서에 기초하여 의견을 제시할 수 있다(L. 3211-11 제2항).

치료프로그램의 결정과 변경이 환자에 대한 치료방법을 본질적으로 변경하는 것일 때에는 정신과의사는 의료기관의 장에게 이를 보고하여야 한다(시행령 R3211-1 III 제3항).

(4) 이상의 일련의 절차를 고려할 때, 치료프로그램 절차 내에서 완전입원으로 치료방법을 변경할 수는 없다. 치료프로그램을 완전입원으로 변경하기 위해서는 치료프로그램의 결정과 변경을 위한 환자와의 면접 과정에서 앞서 설명한 내용을 고지하여야 하고, 환자가 준수사

157) Mathias Couturier, "Les paradoxes de la contrainte et du consentement dans les programmes de soins en psychiatrie", Rhizome, n. 53, p. 2.

항을 위반하여 담당의사가 환자의 건강상태를 고려할 때 완전입원이 필요하다고 판단한 때에는 상세의학증명서에 의하여 의료기관의 장에게 보고하여야 한다. 이는 '치료프로그램을 받는 환자에 대해서는 어떠한 제한도 부과할 수 없다'는 L.3211－2－1조 III을 반영한 결과라고 보고 있다.

3. 치료프로그램의 문제점

치료프로그램은 완전입원이라는 일종의 구속방법을 시스템적으로 회피할 수 있도록 하는 것이므로 정신질환자들을 보호하기 제도로 볼 수 있지만, 다른 한편으로는 잠재적으로 위험성이 있는 정신질환자에 대한 제재수단으로 인식될 수도 있다. 이러한 양면성으로 인하여 다음과 같은 문제점이 제기되고 있다: 즉, 비자의 치료프로그램 특히 외래치료프로그램은 자유의 장치인가 아니면 공공의 안전을 위한 조치인가? 이 제도는 환자에게 유익한 것인가? 이 제도는 병원이라는 장벽을 해방시키는 것인가? 사회를 통제한다는 목적 하에 정신질환자에 대한 치료를 도구화시키는 것은 아닌가? 이러한 점들로 인하여 정신질환자들은 새롭고 하이브리드적인 상황에 처하게 되었고, 환자에 대한 자치권의 부지와 상대적 자유 사이의 중도수단(mi－chemin)으로 인식되게 되었다.[158)]

물론 치료프로그램은 완전입원과는 다르므로 환자와 의료팀 사이의 신뢰를 구축하는데 있어 훨씬 용이한 방법이고, 양자의 관계에 있어 완전입원보다 적은 트라우마를 일으키게 된다는 점에서 완전입원보다는 환자에게 긍정적인 제도로 평가될 수 있다. 그러나 환자가 자유로운 상태 또는 최소한 구금된 상태는 아니기 때문에 치료프로그램에서 인정되고 있는 다양한 치료방법은 복잡한 문제를 야기 시킬 수도 있다. 일부 학자는 2011년 법률에 의하여 도입된 외래치료프로그램이 이와 관련된 자들 예를 들면 치료대상자인 정신질환자, 그의 가족, 치료 담당자들 사이에 대립의 장이 되었다고 강하게 비판하고 있다.[159)] 또 다른 학자들은 위험성이 추정되는 환자에 대하여 재범(재발, récidives)을 예고하는 수단이 되었다고 비판하고 있고, 병실의 부족을 대체할 수 있는 '주거구금(l'internement au domicile)이라는 새로운 형태의 제한이 가능하게 되었다고 비판하고 있다.

---

158) Sophie Theron, "De quelques remarques sur une évolution attendue de la prise en charge de la maladie mentale : l'instauration de soins ambulatoires sans consentement", Revue de droit sanitaire et social (RDSS), n. 6, 2010, pp. 1088－1101.

159) Mathieu Bellahsen, Victor Brunessaux et Serge Klopp, "Peut－on réellement se soigner sans consentement?", Soins Psychiatrie Volume 33, n° 281, juillet 2012, pp. 18－21.

Ⅳ. 비자의 정신치료에 대한 통계

2011년 개정법이 시행된 이후인 2012년 통계에 의하면, 77000명 이상(개정법 시행 이전인 2010년에는 74000명)의 환자들이 최소한 한 번 비자의 정신치료를 받았는데 이것은 2010년에 비하여 4.5% 상승한 것이다. 그런데 이 상승률은 의료시설에서 집계된 자료에 의한 것이므로 2012년에 비자의 치료를 받은 환자는 2010년에 비하여 거의 5% 상승률을 보이고 있다고 할 수 있다.[160)]

2011년 개정법이 시행된 이후 비자의 정신치료에 있어 나타난 변화에 대한 통계를 개정법 시행 전인 2010년과 비교해서 살펴보면 다음과 같다([표 1]과 [표 2]는 [그래프 1]과 [그래프 2]의 내용을 번역하여 나타낸 것임).

1. 2011년 개정법 전후 비자의 정신치료 방법에 따른 환자의 분포

▌그래프 1▐

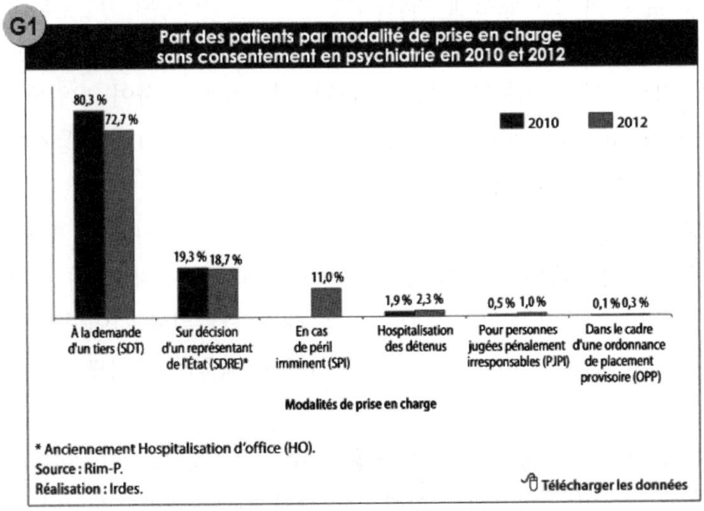

160) Magali Coldefy, Tonya Tartour, "De l'hospitalisation aux soins sans consentement en psychiatrie: premiers résultats de la mise en place de la loi du 5 juillet 2011", IRDES, n. 205, janvier 2015, p. 1.

▌표 1▐ 2010년과 2012년의 비자의 정신치료 방법에 따른 환자의 분포

	2010년	2012년
제3자의 청구(SDT)	80.3%	72.7%
도지사의 결정(SDRE)	19.3%	18.7%
긴박한 위험(SPI)		11.0%
정신병원수용	1.9%	2.3%
형사책임 면제판결을 받은 자(PJPI)	0.5%	1.0%
임시 배치 명령(OPP)	0.1%	0.3%

* 도지사의 결정(SDRE)은 이전 법률(1990년 법률)의 직권에 의한 입원(HO)에 해당.
– 자료출처: Rim–p (Recueil d'informations médicalisées en psychiatrie, 정신의학정보수집)
– 실행기관: Irdes (Institut de recherche et documentation en économie de la santé, 보건 경제문헌조사 연구소)

<그래프 1>은 개정법 이전인 2011년과 개정법 이후인 2012년의 비자의 정신치료 방법에 따른 환자의 분포에 대한 통계이다. 제3자의 신청에 의한 경우는 2010년 80.3%, 2012년 72.7%로 감소하였고, 도지사의 결정에 의한 경우는 각각 19.3%와 18.7%로 큰 변화가 없다. 그런데 비자의 정신치료의 대부분을 차지하고 있는 제3자의 신청에 의한 경우, 개정법 시행 이후에 유의적인 감소세를 보이는데 이는 2011년 개정법에 의하여 도입된 긴박한 위험(les soins en cas de péril imminent: SPI)에 의한 경우와 연관이 있다. 2012년 통계에 의하면 긴박한 위험에 의한 청구가 11%를 나타내고 있다.

2011년 개정법이 긴박한 위험이 있는 경우를 새로 도입한 이유는, 환자가 동의할 수 없지만 환자 건강에 긴박한 위험이 발생하여 치료가 필요한 경우, 제3자의 서명이 있어야만 치료를 개시할 수 있었던 기존의 실무상의 어려움을 해결하기 위한 것이다. 이 경우 환자의 긴박한 위험을 입증하는 의학증명서 한 부를 의료기관에 제출하면 되므로 절차적으로도 간단하다.

실무가들은 이 방법을 다양한 경우에 이용할 수 있을 것으로 전망한다: 예를 들어 환자의 건강상의 긴급한 위험이나 환자의 긴박한 주변상황에 대한 해결 수단이 될 수 있고, 실제 환자에 대하여 치료를 청구할 제3자가 없거나(예를 들어 이 서비스를 모르거나 혼자 지내고 있는 등 비사회화된 환자의 경우), 환자의 친족 등이 청구를 거부하는 경우에 활용될 수 있을 것으로 전망한다.[161] 특히 이 제도는 응급서비스에서 훨씬 더 자주 쓰일 것으로 예상되는데, 기존의 실무에 의하면 이때의 응급서비스 상황이란 해당 환자에 대한 치료가 시급한 상황임에도 불구하고 그 환자에 대한 정보가 부족하다든지, 환자에 대하여 치료를 청구할 제3자와 연락하는 것이 어렵다든지 하는 상황을 들 수 있다고 한다.[162]

161) Magali Coldefy, Tonya Tartour, "De l'hospitalisation aux soins sans consentement en psychiatrie: premiers résultats de la mise en place de la loi du 5 juillet 2011", IRDES, n. 205, janvier 2015, p. 3.

2. 2011년 개정법 전후 비자의 정신치료 유형 비교

| 그래프 2 |

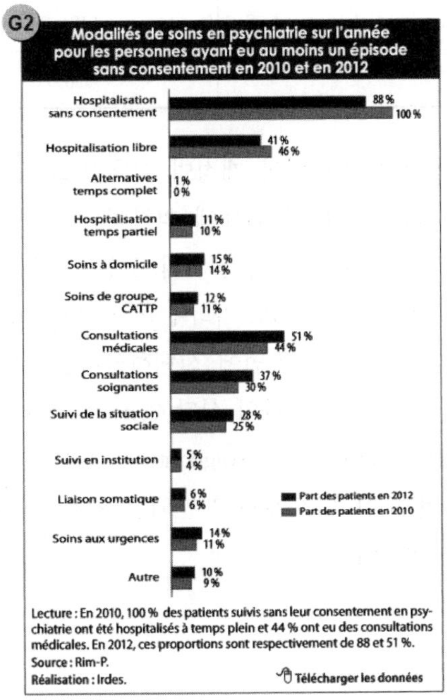

| 표 2 | 2010년과 2012년의 비자의 정신치료 유형

	2010년	2012년
비자의 입원	100%	88%
자의에 의한 입원	46%	41%
전일 선택제	0%	1%
부분입원	10%	11%
주거치료	14%	15%
그룹치료(단기치료요법 센터활동(CATTP))	11%	12%
의사 상담	44%	51%
기타 치료인 상담	30%	37%

162) Magali Coldefy, Tonya Tartour, "De l'hospitalisation aux soins sans consentement en psychiatrie: premiers résultats de la mise en place de la loi du 5 juillet 2011", IRDES, n. 205, janvier 2015, p. 3.

직장 추적	25%	28%
기관 추적	4%	5%
연락	6%	6%
긴급치료	11%	14%
기타	9%	10%

[그래프 2]는 개정법 이전인 2010년과 개정법 이후인 2012년의 비자의 정신치료 유형에 대한 통계이다. 이 그래프는 특히 2011년 법률에 의하여 치료프로그램이 도입된 이후 치료유형의 변화를 잘 나타내고 있다. 먼저 환자의 동의가 있든 없든 간에 완전입원의 비율은 감소하였다(비자의입원은 2010년 100% 2012년 88%, 자의에 의한 입원은 2010년 46% 2012년 41%). 이는 많은 환자들이 완전입원에 대한 대안적 방법에 선택하였다는 것을 나타낸다.

또한 가장 많이 증가한 부분은 의사와의 상담(Consultations médicales)이나 치료인(예를 들어 간호사나 심리학자)과의 상담(Consultations soignantes) 부분인데, 2010년에 비하여 2012년에는 7% 정도 증가하였다. 이것 또한 환자에게 제안되는 치료방법이 2011년 법률에 의하여 개선되고 다양화되었다는 것을 보여주고 있다.[163]

163) Magali Coldefy, Tonya Tartour, "De l'hospitalisation aux soins sans consentement en psychiatrie: premiers résultats de la mise en place de la loi du 5 juillet 2011", IRDES, n. 205, janvier 2015, p. 5.

V. 치료프로그램 서식

MODELE 22 – Version relue et consolidée
Décembre 2014

ASSISTANCE PUBLIQUE HÔPITAUX DE PARIS

Hôpital :

Programme de soins psychiatriques
(articles L. 3211-2-1 et R.3211-1 du Code de la santé publique)

Patient(e) : ....
Né(e) le : ....
Domicilié(e) : ....
Délégation territoriale :
Date de début de la prise en charge initiale :
Entrée n° :

Régime d'admission en soins psychiatriques sans consentement :
☐ à la demande d'un tiers
☐ en cas de péril imminent
☐ à la demande d'un tiers en urgence
☐ sur décision du représentant de l'Etat

Forme actuelle de prise en charge :
☐ période d'observation de 72h
☐ hospitalisation complète

Je, soussigné .... psychiatre de l'établissement d'accueil, demande à ce que les soins psychiatrique de M, Mme, Mlle...
se poursuivent selon les modalités définies par le programme de soins suivant (*préciser les lieux de prise en charge*) :

☐ Une hospitalisation à temps partiel
Sous la forme suivante :...
....

☐ Une hospitalisation de courte durée à temps complet

☐ Une hospitalisation à domicile

☐ Des soins ambulatoires

☐ Des soins à domicile
Fréquence des consultations ou visites :
....

☐ L'existence d'un traitement médicamenteux prescrit dans le cadre des soins psychiatriques :
☐ oui
☐ non

Durée, si prévisible, du programme de soins :
....

☐ le patient a été informé, de manière adaptée à son état, le................du projet programme de soins sous la forme définie par le présent document et a été mis à même de faire valoir ses observations par tout moyen adapté et de manière appropriée à cet état. Il lui a été indiqué qu'il peut être modifié à tout moment pour tenir compte de l'évolution de son état de santé et qu'une hospitalisation complète peut être proposée notamment en cas d'une inobservance de ce programme susceptible d'entraîner une dégradation de son état de santé.

Le ....à .... h............................

Signature

정신치료프로그램
(공중보건법전 제L.3211-2-1, 제R.3211-1)

환자 성명: ....
출생지: ....
주소:
소속 지역:
치료 개시일:
번호:

비자의 정신치료 승인방법:
□ 제3자의 신청
□ 긴박한 위험이 있는 경우
□ 응급환자에 대한 제3자의 신청
□ 도지사의 결정에 의한 경우

치료 실시 방법
□ 72시간 관찰
□ 완전입원

아래 서명한, 의료기관의 정신과 전문의인 본인 ....는..................씨(M, Mme, Mlle)에 대한 정신 치료가 이하 치료 프로그램에 의하여 정해진 방법에 따라 시행될 것을 청구합니다.(*치료 장소 기재*)

□ 부분입원
다음의 형식에 의함 ....
....

□ 단기간의 완전입원
□ 주거입원
□ 외래치료
□ 주거치료
상담 또는 방문 횟수:
....

□ 정신치료의 범위 내에서 정해진 약물치료의 존재여부
　　□ 예
　　□ 아니오

치료 프로그램 기간(예상 가능한 경우에 한함)
....

□ 상기 환자에 대하여 이 서류에 정해진 방법에 따라 치료프로그램이 이행된다는 점을 환자의 건강상태에 적합한 방법으로 고지하였고, 이를 환자의 건강상태에 적합하고 비례적인 방법으로 환자에게 고지하였습니다. 상기 환자에 대한 치료 프로그램은 환자에 대한 건강 상태를 평가한 것을 고려하여 언제든지 변경될 수 있다는 점을 고지하였고, 특히 환자 본인이 치료프로그램을 준수하지 아니하여 건강 상태가 악화된 경우에는 완전입원이 제안될 수 있다는 점을 고지하였습니다.

날짜..................... 장소....................

서명

Ⅵ. 프랑스 비자의 정신치료 개요*

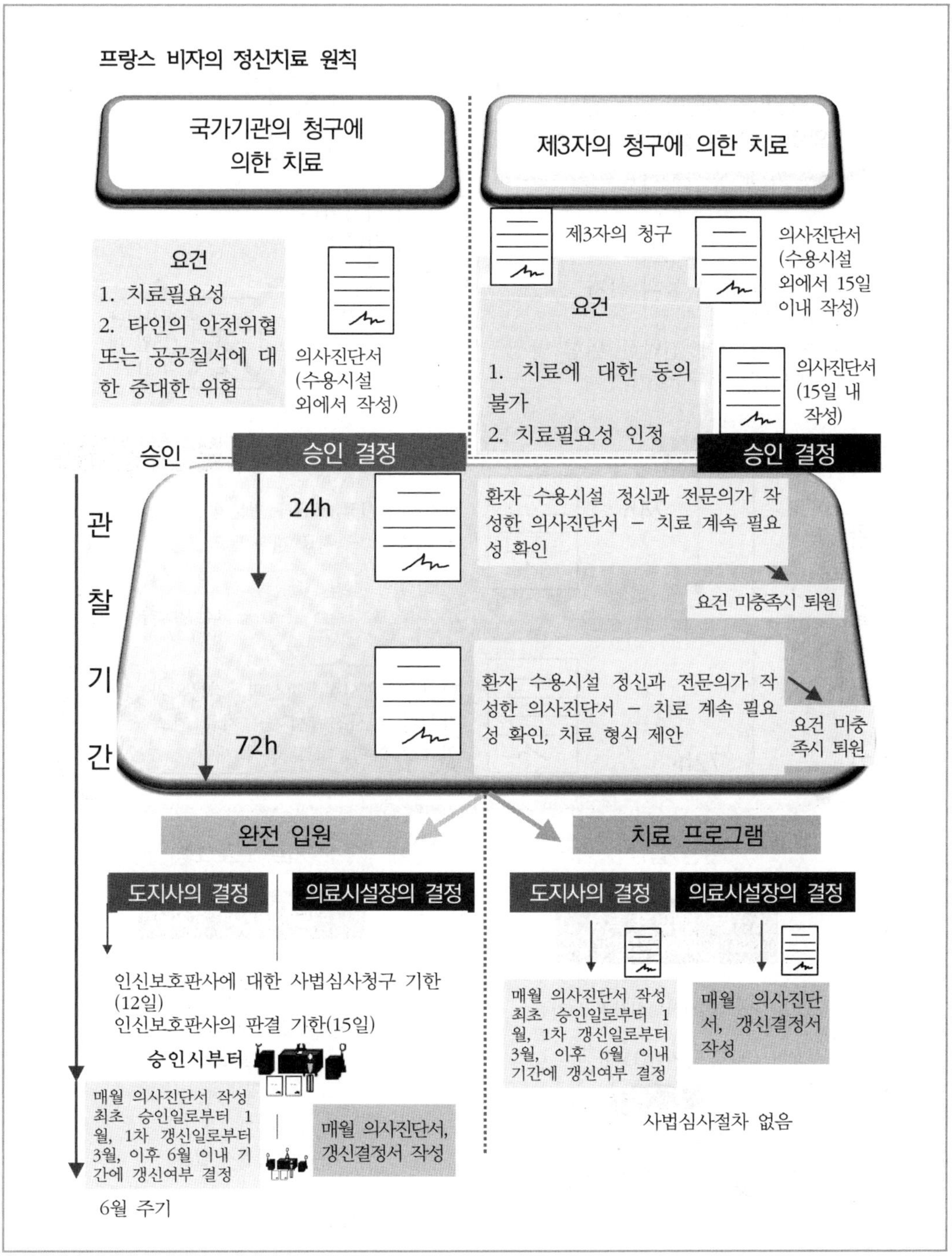

* 출처: Soins psychiatriques sans consentement, ENA(école national de la magisture), A jour de la loi no 2013–869 du 27 septembre 2013.

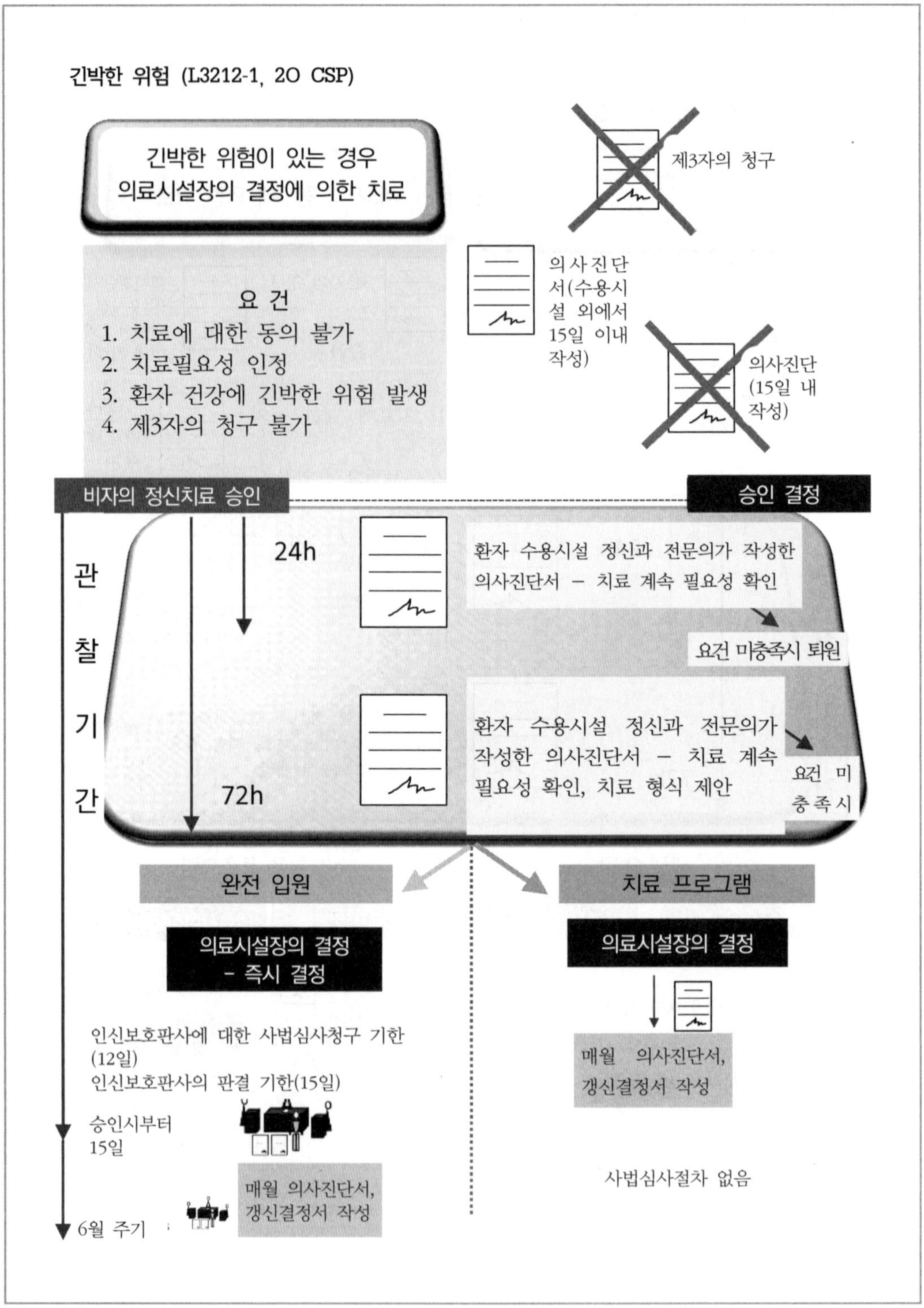
긴박한 위험 (L3212-1, 2O CSP)
긴박한 위험이 있는 경우
의료시설장의 결정에 의한 치료
제3자의 청구
요 건
1. 치료에 대한 동의 불가
2. 치료필요성 인정
3. 환자 건강에 긴박한 위험 발생
4. 제3자의 청구 불가
의사진단서(수용시설 외에서 15일 이내 작성)
의사진단 (15일 내 작성)
비자의 정신치료 승인
승인 결정
관찰기간
24h
환자 수용시설 정신과 전문의가 작성한 의사진단서 - 치료 계속 필요성 확인
요건 미충족시 퇴원
72h
환자 수용시설 정신과 전문의가 작성한 의사진단서 - 치료 계속 필요성 확인, 치료 형식 제안
요건 미충족시
완전 입원
의료시설장의 결정
- 즉시 결정
인신보호판사에 대한 사법심사청구 기한 (12일)
인신보호판사의 판결 기한(15일)
승인시부터 15일
매월 의사진단서, 갱신결정서 작성
6월 주기
치료 프로그램
의료시설장의 결정
매월 의사진단서, 갱신결정서 작성
사법심사절차 없음

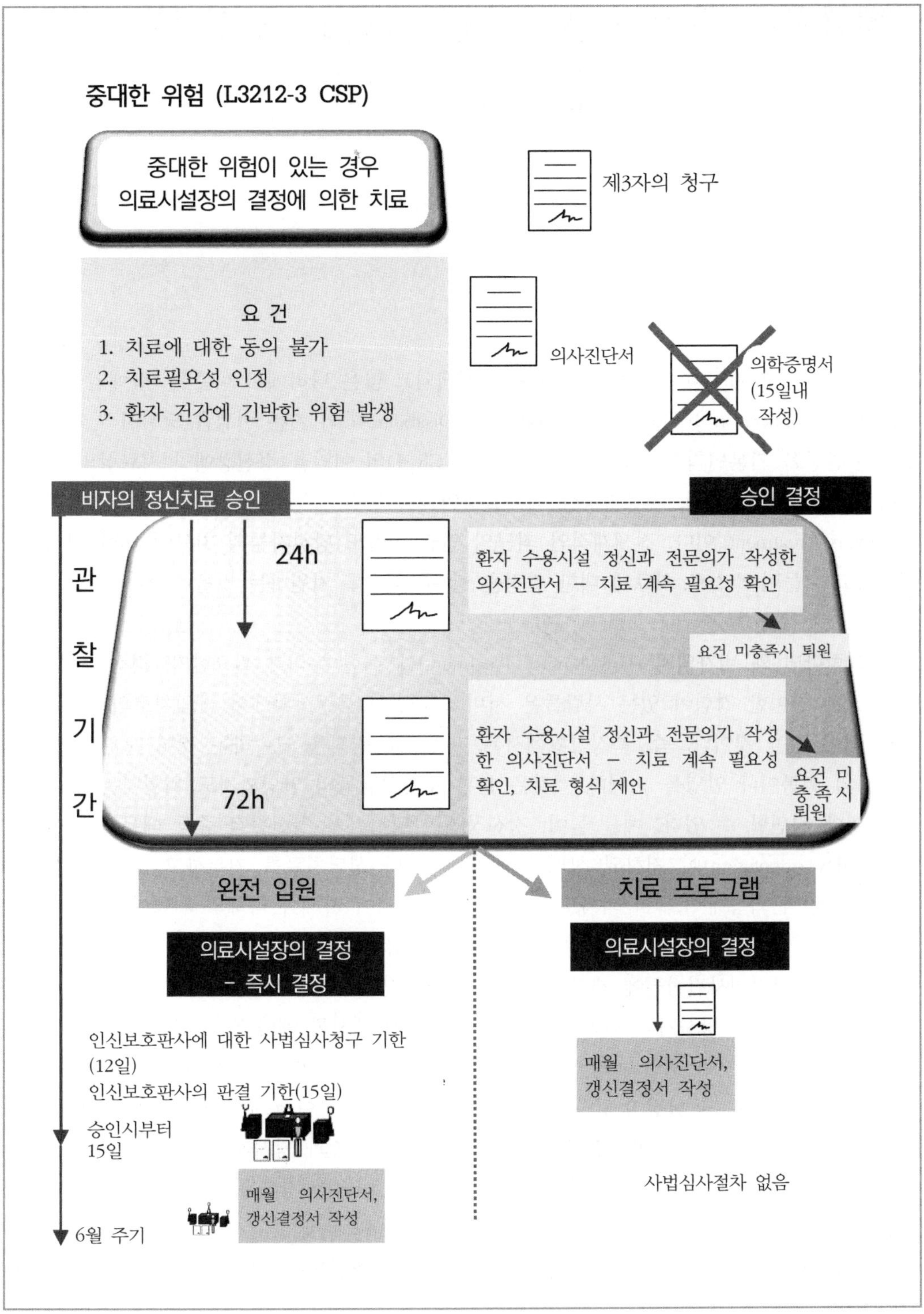
중대한 위험 (L3212-3 CSP)
중대한 위험이 있는 경우 의료시설장의 결정에 의한 치료
제3자의 청구
요 건
1. 치료에 대한 동의 불가
2. 치료필요성 인정
3. 환자 건강에 긴박한 위험 발생
의사진단서
의학증명서 (15일내 작성)
비자의 정신치료 승인
승인 결정
관찰기간
24h
환자 수용시설 정신과 전문의가 작성한 의사진단서 – 치료 계속 필요성 확인
요건 미충족시 퇴원
72h
환자 수용시설 정신과 전문의가 작성한 의사진단서 – 치료 계속 필요성 확인, 치료 형식 제안
요건 미충족시 퇴원
완전 입원
치료 프로그램
의료시설장의 결정 – 즉시 결정
의료시설장의 결정
인신보호판사에 대한 사법심사청구 기한 (12일)
인신보호판사의 판결 기한(15일)
승인시부터 15일
매월 의사진단서, 갱신결정서 작성
6월 주기
매월 의사진단서, 갱신결정서 작성
사법심사절차 없음

제 4 장 호주 비자의치료제도의 입법 및 실무: 한국에의 함의

United Nation(UN) 총회에서 2006년에 채택되고 많은 나라에서 비준한 "장애인권리협약(CRPD: Convention on the Rights of Persons with Disabilities)"의 기본 이념은 당사자의 자기의사결정권 존중을 기본원칙으로 하고 있다. 이러한 CRPD의 이념을 정신장애인 치료상의 의사결정과정에 접목을 한다면, 치료과정상 의사결정의 기본원칙은 두 말할 필요도 없이 '자의치료(Voluntary Treatment)'이다. 전세계적인 최근의 인권 동향도 당사자들의 치료에 대한 결정권을 인정하고 그들이 스스로 치료에 대한 결정을 할 수 있도록 지원하는 것을 기본원칙으로 하고 있다.

그렇다면 왜 비자의치료(Involuntary Treatment)에 대한 논의가 필요한가? 정신장애인서비스 과정에 참여한 경험이 있는 사람들은 서비스 과정의 특정상황에서 자의치료의 한계를 경험한 적이 있을 것이다. 즉, 특정상황에서는 자의치료 원칙을 고수하는 것이 오히려 장애인 당사자의 회복이나 안녕을 저해하는 것은 물론 주변사람들의 안녕까지도 위협하는 아이러니한 상황에 직면할 수 있다. 예를 들어, 정신장애인 당사자가 정신증적 증상 때문에 현실지각능력(reality orientation)이 저하된 상태에서 약물치료나 상담치료를 거부하고 있고, 당사자의 행동이 본인의 회복에 도움이 되지도 않을 뿐더러 심지어 자해나 타해의 위험이 된다고 판단될 때도 당사자 자기의사결정권을 존중하는 것이 타당한가?

당사자 자기의사결정권에 대한 존중도 중요하지만, 정신장애인을 위한 보건복지적 개입의 궁극적인 목적은 당사자의 회복과 안녕이다. 위에서 제시한 예와 같은 상황처럼 당사자 의견을 존중해 주는 것이 오히려 당사자의 안녕을 저해할 수 있다면, 아무리 자기의사결정권을 존중해 준다고 해도 그 결정이 당사자를 위한 최선의 선택이 아닐 수 있다. 이러한 예처럼 정신장애인을 위한 서비스 제공과정에서 자기의사결정의 존중과 당사자의 안녕과 회복이 항상 일치하지는 않고 서로 상충되는 경우도 있을 수 있다. 이러한 경우를 위해서 자기의사결정에 기반한 자의치료제도를 기본원칙으로 삼고 있는 많은 나라들에서 당사자의 자기의사결정에는 반하지만 당사자의 회복과 안녕을 위해서 필요하다고 판단되는 경우에는 비자의치료제도를 보충적으로 실시하고 있다.

이러한 국제적 동향을 반영하여 우리나라도 기본적으로 자기의사결정권을 존중하면서 상황에 따른 비자의서비스 제공을 법적으로 규정하고 있다(정신건강복지법, 2016). 개정 정신건강복지법(2016) 제2조 기본이념에 나타난 것처럼 우리나라도 당사자의 자기의사결정권을 존중하는 것을 기본 원칙으로 하고 있다.[1] 동 법의 제39조[2]의 보호의무자 규정과 제42조의 동의입원,[3] 제43조의 보호의무자에 의한 입원,[4] 제44조의 특별지치시장 · 특별자치도지사 · 시장 · 군수 · 구청장에 의한 입원,[5] 등의 규정은 자기의사에 반하는 입원치료에 대해서 규정하고 있다. 또한 동법에서는 이러한 비자의 입원의 오남용을 막고 최대한 당사자 인권이 존중되면서 비자의 입원치료제도가 작동할 수 있도록 입원적합성심사위원회를 설치하여 운영하도록 규정하고 있다.[6] 비자의입원의 경우 퇴원을 할 때도 자의에 의한 퇴원은 불가능하고 정신보건법 제6장 "퇴원 등의 청구 및 심사 등"에 규정된 것처럼 정신건강심의위원회[7]를 통한 심의를 거쳐서 퇴원이나 지속입원에 대한 결정이 이루어진다. 이러한 비자의 입원치료에 대한 규정 외에도 동법 제64조에서는 외래치료 명령 등[8]에 대해서 규정하고 있다. 요약하면 우리나라의 정신건강복지법상에서도 자의치료를 원칙으로 하면서 특정상황 하에서는 비자의 입원치료 및 외래치료명령을 통한 비자의 지역사회치료에 대한 규정 및 운영을 명시하고 있다.

개정된 정신건강복지법은 위에서 살펴본 바처럼 자의치료 원칙을 기반으로 하고, 자해나 타해의 위험이 있거나 당사자 회복과 안녕을 위해 필요하다고 판단되는 경우에는 예외적으로

---

1) 제2조. 제7항. "정신질환자는 원칙적으로 자신의 신체와 재산에 관한 사항에 대하여 스스로 판단하고 결정할 권리를 가진다. 특히 주거지, 의료행위에 대한 동의나 거부, 타인과의 교류, 복지서비스의 이용 여부와 복지서비스 종류의 선택 등을 스스로 결정할 수 있도록 자기결정권을 존중받는다."

2) 제39조. 제1항. "민법에 따른 후견인 또는 부양의무자는 정신질환자의 보호의무자가 된다." 제2항. "제1항에 따른 보호의무자 사이의 보호의무의 순위는 후견인·부양의무자의 순위에 따르며 부양의무자가 2명 이상인 경우에는 민법 제976조에 따른다."

3) 제42조. 제1항. "정신질환자는 보호의무자의 동의를 받아 보건복지부령으로 정하는 입원 등 신청서를 정신의료기관등의 장에게 제출함으로써 그 정신의료기관등에 입원 등을 할 수 있다."

4) 제43조. 제1항. "정신의료기관등의 장은 정신질환자의 보호의무자 2명 이상이 신청한 경우로서 정신건강의학과 전문의가 입원 등이 필요하다고 진단한 경우에만 해당 정신질환자를 입원 등을 시킬 수 있다. 이 경우 정신의료기관등의 장은 입원 등을 할 때 보호의무자로부터 보건복지부령으로 정하는 바에 따라 입원 등 신청서와 보호의무자임을 확인할 수 있는 서류를 받아야 한다."

5) 제44조. 제1항. "정신건강의학과전문의 또는 정신건강전문요원은 정신질환으로 자신의 건강 또는 안전이나 다른 사람에게 해를 끼칠 위험이 있다고 의심되는 사람을 발견하였을 때에는 특별자치시장 · 특별자치도지사 · 시장 · 군수 · 구청장에게 대통령령으로 정하는 바에 따라 그 사람에 대한 진단과 보호를 신청할 수 있다." 제2항. "경찰관은 정신질환으로 자신의 건강 또는 안전이나 다른 사람에게 해를 끼칠 위험이 있다고 의심되는 사람을 발견한 경우 정신건강의학과 전문의 또는 정신건강전문요원에게 그 사람에 대한 진단과 보호의 신청을 요청할 수 있다.

6) 제46조. 제1항. "보건복지부장관은 제43조 및 제44조에 따른 임원 등의 적합성을 심사하기 위하여 제21조에 따른 각 국립정신병원 등 대통령령으로 정하는 기관 안에 입원적합성심사위원회를 설치하며, 각 국립정신병원의 심사대상 관할 지역은 대통령령으로 정한다. 제2항. "입원적합성심사위원회는 입원심사소위원회를 설치하여 제43조 및 제44조에 따른 입원 등에 대한 적합성 여부를 심사하여야 한다. 제3항. "입원적합성심사위원회는 위원장을 포함하여 10명이상 30명 이내의 위원으로 구성하고, 위원장은 각 국립정신병원등의 장으로 하며, 위원은 위원장의 추천으로 보건복지부장관이 임명 또는 위촉하되 다음 각 호에 해당하는 사람 중 각각 1명 이상을 포함하여야 한다 - 1. 정신건강의학과 전문의, 2. 판사 · 검사 또는 변호사의 자격이 있는 사람, 3. 정신건강복지센터 소속 정신건강전문요원, 4. 정신질환자의 보호와 재활을 위하여 노력한 정신질환자의 가족 등.

7) 제53조 및 제54조(정신건강심의위원회의 설치 · 운영), 제55조(퇴원 등 또는 처우개선 심사의 청구), 제57조(퇴원 등 또는 처우개선의 심사), 참고

8) 제64조 제1항. "정신의료기관의 장은 제43조와 제44조에 따라 입원을 한 정신질환자 중 정진병적 증상으로 인하여 입원을 하기 전 자신 또는 다른 사람에게 해를 끼치는 행동을 한 사람으로서 대통령령으로 정하는 사람에 대해서는 보호의무자의 동의를 받아 특별자치시장 · 특별자치도지사 · 시장 · 군수 · 구청장에게 1년의 범위에서 외래치료 명령을 청구할 수 있다." 외 제2~7항 참고.

비자의 치료를 가능하여, 최대한 정신장애인의 자기의사결정권을 존중하면서 당사자의 회복과 안녕을 추구해 나가는 법이념을 반영하고 있다. 하지만 2000년에 50,990명이던 입원환자 수가 2016년에는 79,401명으로 증가하였고, 2010년에 248일이던 입원일 수의 중간값이 2016년에는 303일로 늘어났다(보건복지부 · 국립정신건강센터, 2017). 이러한 통계는 우리나라 정신장애인들의 상당수가 입원치료를 받고 있고, 입원하고 있는 기간이 거의 1년 가까이 된다는 것을 의미한다. 과연 이러한 입원병상의 증가와 장기입원 현상이 자의입원 원칙이 제대로 지켜지고 비자의 입원치료와 관련된 입 · 퇴원 관련된 심의 절차가 제대로 이루어진다면 가능한 일인지 의문이다.

당사자의 회복과 안녕을 위해서 비자의 치료가 필요할 수 있다는 당위성이 인정되더라도 구체적으로 어떤 상황에서 자기의사결정에 우선하여 비자의 치료서비스를 제공하고, 그 판단을 누가 어떻게 할 것인지는 단순하지 않다. 비자의 치료제도의 왜곡과 남용을 통한 당사자 인권침해 발생가능성을 최소화 하고 당사자의 회복과 안녕에 기여하기 위해서는 어떤 상황에서 비자의 치료를 제공하고 그 판단을 누가 어떻게 할 것인지를 구체적으로 법제화도 필요하지만, 더 중요한 것은 당사자의 필요와 환경적 특성에 따라 자의치료서비스 이용과 비자의 치료서비스 이용을 가능하게 하는 지속가능한 서비스 전달체계와 운영구조를 제도적 안프라를 갖출 필요가 있다. 호주의 경우 자의치료를 원칙으로 하고 있지만, 자해나 타해의 위험이 있거나 정신장애인 당사자의 회복과 안녕에 도움이 된다고 판단되는 상황에서는 보충적으로 비자의 치료제도를 도입해서 실시하고 있고, 관련된 법과 제도적 인프라가 안정적이라고 평가받고 있다. 호주의 비자의 치료제도를 알아보기 위해서는 호주의 비자의 입원 규정과 관련된 정신보건법을 살펴보고, 이러한 규정을 작동가능하게 하는 제도, 서비스 전달체계 및 운영에 대한 이해가 선행되어야 한다.

호주의 현재 인구는 약 25,326,000명 정도로 추정되며(Australian Bureau of Statistics, 2019), 남한 인구의 약 절반 정도이다. 호주의 보건복지부(Australian Institute of Health and Welfare: AIHW) 통계자료에 따르면 호주의 정신건강서비스 현황은 다음과 같다(AIHW, 2018). 2016년에서 2017년 사이에 정신건강 응급실 이용자 수는 276,954명이고, 입원병원 이용자 수는 258,302명이었다. 2015–2016년 현재 총 9,812개의 정신과 병상이 있었다. 2016–2017년 현재, 약 240만명이 국민건강보험 지원의(Medicare–subsidized) 정신건강서비스를 이용하였고, 약 405만명이 정신건강 관련 약 처방전을 받은 것으로 나타났다. 또한 2015–2016년 현재 약 $9조AUD가 정신보건서비스 예산으로 지출된 것으로 나타났다. 2016년 기준으로 3,244명의 정신과의사, 21,558명의 정신과간호사 그리고 24,522명의 심리치료사가 정신보건서비스 전달에 참여하고 있었다. 호주는 연방정부제로 운영이 되며본 연구의 주 대상지역인 New South Wales(NSW)주는 호주연방을 구성하는 8개의 주(state)와 준주(territory) 중의 하나이다.

본 장은 호주의 NSW주의 비자의치료제도에 대한 이해를 바탕으로 우리나라 바자의치료의 한계를 고찰하고 향후 발전방향에 대한 논의를 하는 것을 주목적으로 한다. 이러한 목적을 달성하기 위해 본 장은 다음과 같이 구성되어 있다. 첫째, 자의치료와 비자의치료와 관련된 호주의 정신보건법 규정에 대한 고찰이다. 구체적으로 호주의 2007년 정신보건법(Mental Health Act 2007)상에 나타난 (1) 치료의 일반원칙을 살펴보고, 일반원칙의 예외 규정인 (2) 병원에서의 비자의적 치료와 관련된 법규정 및 (3) 지역사회에서의 비자의치료의 법규정을 살펴본다. 정신보건법에 대한 고찰은 정신보건법 대상의 문헌연구를 통해서 이루어졌고, 치료의 일반원칙의 도출은 법규정을 기반으로 호주의 NSW주의 시드니 지역의 기관 방문 및 관계자 인터뷰[9]를 통해서 도출하였다. 둘째, 비자의입원 법적 규정과 관련되어서 나타나는 실제 비자의입원 절차 및 이와 관련된 서비스 전달체계 및 운영구조에 대한 고찰을 한다. 셋째, 비자의 지역사회 치료와 관련된 법적 규정에 기반하여 시행되고 있는 외래치료명령제도의 이해 및 서비스 전달체계 및 운영구조에 대해 고찰한다. 비자의입원 및 비자의 지역사회치료의 서비스 내용, 및 전달체계에 대한 이해를 위해서는 관련사항에 대한 문헌연구와 실제 관련 기관 방문을 통한 인터뷰 및 자료수집을 통해서 이루어졌다.

Ⅰ. 호주 NSW주의 비자의치료제도와 관련한 법제도 현황

호주에서 정신보건치료의 기본은 자의치료이다. 비자의치료는 CRPD 및 당사자 인권주의에 위배되는 것으로, 비자의치료는 최후의 방편으로 사용된다. 따라서 비자의치료를 살펴보기 위해서는 자의치료를 기본으로 천명하고 있는 치료의 일반원칙에 대해서 먼저 고찰할 필요가 있다. 호주의 정신보건제도는 정신보건법에 기초하고 있으므로 본 장에서는 NSW주의 정신보건법(Mental Health Act 2007)에 나타난 치료의 일반원칙을 고찰하고, 병원에서의 비자의치료 및 지역사회에서의 비자의치료와 관련된 규정을 살펴본다.

1. 정신보건법(mental health act 2007)에 나타난 치료의 일반원칙

호주 NSW주의 정신보건법상에 나타난 정신보건치료의 일반원칙을 살펴보기 위해서는 정신보건법 제3조의 정신보건법의 목적,[10] 제68조의 정신보건 돌봄이나 치료적 개입의 원칙,[11] 및 제105조의 NSW 공중보건 시스템의 목적[12]에 관한 조항을 살펴볼 필요가 있다.

---

9) 호주의 New South Wales(NSW)주의 시드니 시(City of Sydney) 소재 관련기간 및 관련자를 2019년 3월 12일과 13일에 걸쳐서 방문 인터뷰하였다. 방문기관은 ① NSW Civil and Administrative Tribunal－Guardianship Division (NCAT－GD), ② Mental Health Review Tribunal (MHRT), ③ Office of the Public Guardian (OPD), ④ NSW Trustee and Guardian (NTG) 등 총 4개 기관이다.

10) Section 3. Objects of Act.

11) Section 68. Principles for care and treatment.

12) Section 105. Objectives for the New South Wales public health system.

1) 정신보건법 제3조(NSW MHA Section 3)

정신보건법 제3조에서는 법의 목적을 다음과 같이 규정하고 있다.

첫째, 정신질환자나 정신장애인들을 위해 돌봄 및 치료를 제공하고 이들의 회복을 촉진하기 위함이다.

둘째, 지역사회 돌봄시설을 통해서 정신장애인의 돌봄과 치료를 촉진하기 위함이다.

셋째, 원칙적으로 자의입원한 사람들을 위해서 또는 제한적으로 비자의입원한 사람들을 위해서 적절한 입원치료를 제공하기 위함이다.

넷째, 정신장애인[13]의 권리를 보장한 상태에서 필요한 경우에 적절한 서비스에 대한 접근의 기회를 제공하면서 당사자 자신이나 타인을 보호하기 위한 치료를 제공하기 위함이다.

다섯째, 치료의 의사결정과정에서 당사자와 부양의무자의 참여를 촉진하기 위함이다. 정신보건법 제3조에서는 법의 일반원칙을 파악하기 위해서 각주를 통하여 제68조 조항과 제105조 조항을 함께 참고할 것을 권고하고 있다.[14]

2) 정신보건법 제68조(NSW MHA Section 68)

정신보건법 제68조에서는 정신보건 돌봄이나 치료의 원칙에 대해서 다음과 같이 규정하고 있다.

첫째, 정신질환자나 정신장애인들(이하 정신장애인)은 효과적으로 치료받을 수 있고 어떠한 제약도 없이 최대한 자유로운 환경 하에서 가능한 한 최선의 돌봄과 치료를 받아야 한다.

둘째, 정신장애인들은 전문적이고 인정된 기준에 부합하는 시기적절하고 질 높은 수준의 치료를 제공받아야 한다.

셋째, 치료 및 돌봄의 제공은 가능한 한 정신장애인들이 지역사회에서 생활하고 일하고 참여하는 것을 지원할 수 있게 설계되어야 한다.

넷째, 정신장애인에 대한 약물처방은 타인의 편의나 처벌로써가 아니라 정신장애인 당사자의 필요에 부합하고 치료나 진단상 필요하다고 판단된 경우에만 가능하다.

다섯째, 정신장애인들은 치료, 대안적 치료의 효과에 관한 관련된 정보를 제공받아야 하고, 모든 치료는 당사자 회복을 지원하는 것이어야 한다.

여섯째, 정신장애인의 자유에 대한 제한, 그들의 권리에 대한 제한, 존엄과 자기존중에 대한 제약은 반드시 최소 수준이어야 한다.

일곱째, 정신장애인 당사자의 연령, 성별, 종교, 문화, 언어, 장애 또는 성정체성과 관련

13) 여기서 '정신장애인'이라는 표현은 뉴사우스웨일즈(NSW)주의 정신보건법(the Mental Health Act 2007)의 적용대상이 되는 동법 제4조, 제14조, 제15조의 정신질환자(Mentally ill persons)와 정신질환으로 인한 기능상의 장애를 경험하는 사람을 총칭할 때 사용한다. 이 표현은 호주 뉴사우스웨일즈주의 정신건강 치료와 돌봄을 법률과 정책에 근거하여 설명하기 위한 것이지, 정신건강문제 또는 이를 겪고 있는 사람의 정체성(identity)에 관한 것은 아니다.

14) Note. See also section 68 which contains principles for care and treatment and section 105 which sets out objectives for the New South Wales public health system.

된 특수한 욕구들은 반드시 인정되어야 한다. 18세 미만의 미성년 정신장애인은 성장과정에 부합하는 적절한 서비스를 제공받아야 한다. 또한 호주의 원주민이나 토레스 해협의 정신장애인 주민들의 문화적 · 정신적 신념을 이해해야 한다.

여덟째, 정신장애인들이 자신의 치료 및 회복계획을 수립과정에 참여하고 그들의 의견이 그 치료 및 회복계획 개발과정에 최대한 반영될 수 있도록 합리적이고 실현가능한 모든 노력을 취해야 한다. 즉 치료나 회복계획을 수립할 때 정신장애인의 동의를 얻기 위해 모든 노력을 기울여야 하고, 더불어 당사자의 동의능력을 파악하기 위해 합리적이고 실행가능한 모든 노력을 해야 한다.

아홉째 정신장애인은 본 법상의 법적 권리 및 기타의 모든 권리에 대해서 고지를 받아야 하고, 이 과정에서 당사자가 이해하기 쉬운 언어, 의사소통방식, 용어 그대로 정보를 제공받을 수 있도록 합리적이고 실행가능한 모든 노력을 기울여야 한다.

열 번째, 정신장애인을 위한 간병인에게도 그들의 역할과 본법에 따른 정신장애인의 고지 받을 권리, 참여할 권리 등에 대한 고지가 이루어져야 한다.

3) 정신보건법 제105조(NSW MHA Section 105)

정신보건법 제105조에서는 NSW 공공보건제도의 목표에 대해서 다음과 같이 규정하고 있다.

본 정신보건법 하에서 정신보건서비스와 관련된 NSW 공공보건제도의 목적은 다음과 같은 정신건강서비스를 형성하고(establish), 발전시키고(develop), 증진하고(promote), 지원하고(assist), 격려(encourage)하는 데 있다:

첫째, 정신장애인들의 돌봄, 치료, 관리 및 재활을 위해서 제공이 필요하다고 확실시되는 서비스들, 그리고

둘째, 정신질환으로 인해 고통 받고 있는 정신장애인들이 가능한 한 지역사회에서 치료받는 것을 가능하게 하기 위하여 지역사회 정신보건서비스의 확립을 증진시킬 수 있는 서비스들, 그리고

셋째, 실현가능한 한 정신장애인들을 위한 돌봄과 치료의 표준(standards)과 조건(conditions)을 발전시킬 수 있는 서비스들, 그리고

넷째, 정신장애인들의 다양한 종교적, 문화적, 언어적 욕구를 반영할 수 있는 서비스들, 그리고

다섯째, 포괄적이고 접근 가능한 서비스들, 그리고

여섯째, 정신질환의 초기단계에서 적절한 개입을 가능하게 하는 서비스들, 그리고

일곱째, 정신장애인들이 지역사회에 살 수 있도록 지원하는 직접적인 지원서비스나 지역사회 서비스의 돌봄 제공자나 서비스 제공자들이 제공할 수 있는 중개자(liaison)들을 위한 서비스들.

결론적으로 NSW 정신보건 관련한 공공보건제도의 목적은 위 사항들을 가능하게 하는 서비스들을 형성 발전시키는 것을 주요 목적으로 한다.

4) 이들 법조항을 통해서 본 치료의 일반원칙

지금까지 살펴본 정신보건법 제3조의 정신보건법의 목적, 제68조의 정신보건 돌봄이나 치료적 개입의 원칙, 및 제105조의 NSW 공중보건 시스템의 목적에 관한 조항들과 NSW 주의 시드니 지역의 기관방문 및 관계자 인터뷰를 토대로 호주 NSW주의 정신보건법상에 나타난 정신보건치료의 일반원칙을 도출해 보면 다음과 같다.

첫째, 자의치료 우선원칙이다. 정신보건법상에서 규정하고 있는 비자의치료는 자의치료를 고수하는 것이 당사자의 회복이나 안녕을 위해서 도움이 되지 않거나 또는 자의에 따른 치료가 당사자나 타인을 심각할 위험에 놓일 가능성이 있어서 당사자와 타인에 대한 보호가 필요한 예외적인 상황에서 최후의 대안적 수단으로써 비자의치료를 인정하고 있다. 즉 비자의치료는 법조인, 정신과의사, 정신보건전문요원(예, 사회복지사, 심리사, 간호사) 등의 최소한 3인의 전문가들로 구성된 Mental Heath Review Tribunal(MHRT)의 엄정한 판단을 통해 정신장애인 당사자의 회복과 안녕에 도움을 주는 최선의 방법이라고 판단될 때 인정한다.

둘째, 치료에 대한 선택권 고지를 통한 자기의사결정권 존중의 원칙이다. 호주의 정신보건법 및 실제 운영에 있어서 당사자의 치료에 대한 선택권은 반드시 고지되는 것을 원칙으로 하고 있다. 만약 인지능력에 제한이 있어서 고지에 대한 자발적 이해가 한계가 있다고 판단되는 경우에는 후견인이나 보호의무자 등 조력자를 통해서라도 반드시 고지하고 어떠한 경우라도 최대한 당사자 스스로 치료를 선택하게 해야 한다. 인지능력의 한계로 당사자 자기결정이 한계가 있다고 판단되는 경우 예외적으로 가족이나 간병인 또는 후견인에 의해서 의사결정을 대리 또는 지원을 받을 수 있다. 이러한 의사결정 대리 또는 지원이 필요가 있을 경우에도 그 판단은 MHRT, Office of the Public Guardian(OPD), NCAT－GD 등 관련기관 및 전문가들의 엄정한 심사를 통해서 이루어진다.

셋째, 지역사회 치료의 우선 원칙이다. 입원이나 입소는 정신장애인의 신체를 구속하므로 정신장애인의 회복이나 안녕을 저해할 위험이 크다. 따라서 호주의 NSW주에서는 치료의 궁극적인 목적은 정신장애인 당사자가 지역사회에서 생활하고, 일하고 참여하면서 통합과 정상화를 이루어나가는 것을 지원해야 하는 것으로 규정하고 있다.

넷째, 당사자 중심주의원칙이다. 당사자에 따라서 필요로 하는 서비스에 대한 욕구는 다양하다. 따라서 약물치료뿐 아니라 당사자가 필요로 하는 심리치료서비스나 교육, 고용, 신체건강서비스 등 당사자 맞춤형의 다양한 서비스가 제공되어야 한다. 또한 호주는 문화적으로 다양한 국가이기도 하여서 당사자의 문화차이에 따른 다양한 욕구도 충족될 수 있도록 당사자가 필요로 하는 서비스를 제공해야 한다. 또한 성별, 연령대, 지역 등에 따른 특수한 욕구도 서비스 전달에 반드시 반영되는 것을 원칙으로 하고 있다.

위의 원칙들에서 미루어 짐작할 수 있는 것처럼, 호주에서 대부분의 정신건강치료는 정신장애인 당사자들이 지역사회에서 가정에 거주하면서 자발적 의사결정에 의한 자의치료방법으로 이루어지고 있다(AIHW, 2018). 하지만 치료가 효과가 없거나 자해 · 타해의 위험이 있을 때는 예외적으로 비자의치료를 고려할 수 있고, NSW에서 비자의치료는 병원과 지역사회에서 이루어질 수 있다. 비자의치료가 예외적으로 이루어지는 만큼, 비자의치료에 대한 기준이 법적으로 엄격하게 규정되어 있고, 비자의치료의 필요성에 대한 판단을 함에 있어서도 관련 기관 및 전문가들의 의견을 수렴하여 심사 및 절차가 매우 엄격하게 진행되고 있다. 호주의 비자의치료 진행상황을 고찰하기 이전에 병원에서의 비자의치료 및 지역사회에서 비자의치료와 관련된 법규정을 살펴볼 필요가 있는데, NSW 정신보건법 Chapter 3[15]에 자세하게 규정되어 있다.

2. 병원에서의 비자의적 치료와 관련 법

호주 NSW주의 입원이나 병원 내에서의 비자의적 치료와 관련한 사항은 정신보건법 제12조부터 제49조에 걸쳐서 상세하게 규정되어 있다.[16] 병원 입원과정과 관련된 법규정과 정신장애인으로서 비자의 입원치료를 하게 되는 기준요건에 대한 법규정을 중심으로 호주 병원에서의 비자의적 치료에 대해서 살펴보면 다음과 같다.

1) 비자의입원 과정 관련 법조항

정신장애인의 비자의입원 과정 및 기준에 대한 사항은 다음과 같다. NSW주에서 정신장애인은 다음과 같은 몇 가지 방법들 중의 하나의 경로에 의해서 병원에 입원할 수 있다.[17]

첫째, 상당수의 정신장애인들은 가족이나 친구들을 동반하여 병원의 응급실을 찾고, 이들에 대한 비자의 입원 필요성에 대한 평가는 의사나 기타 자격이 있는 정신보건전문가들에 의해서 이루어진다. 평가자가 해당 정신장애인의 상태가 비자의 입원을 위한 법적 검사의 대상자에 해당한다고 판단하면 이 판단에 대한 증명서가 발급된다. 즉 첫 번째 비자의입원의 과정은 가족이나 친구에 의한 의뢰 및 정신건강 전문가들의 판단에 의해서 행해지는 과정이다.

둘째, 상황에 따라서는 정신장애인 당사자가 구급차에 의해서 병원에 이송이 되거나 경찰에 의해서 병원으로 이송될 수도 있다. 이러한 경우에도 정신보건전문가들이 정신장애인 당사자의 상황이 아래의 비자의입원을 위한 조건 부합한다고 판단될 때 비자의입원 필요성에 대한 증명서가 발급될 수 있다.

셋째, 정신장애인 당사자의 진료담당의사 등 지역사회에서 자격이 있는 정신보건전문가

---

15) NSW MHA 2007 Chapter 3. Involuntary admission and treatment in and outside facilities.

16) NSW MHA 2007. Section 12~Section 49 참고.

17) NSW MHA 2007. Section 19 참고.

들에 의해서도 비자의입원 평가를 위해 정신장애인 당사자를 병원으로 데려올 것을 승인하는 증명서가 발급될 수 있다.

요약하면 비자의입원을 가능하게 하는 최초의 과정은 가족이나 친구의 의뢰에 따른 정신보건전문가의 평가, 구급차나 경찰관, 정신장애인 당사자 진료를 담당하는 지역사회 정신보건전문가 등에 의해서 이루어지고, 아래의 비자의입원 조건이 충족될 때 비자의입원이 이루어질 수 있다.

2) 비자의입원을 위한 정신장애인 조건 관련 법조항

비자의입원 대상자로 고려될 수 있는 정신장애인의 조건에는 다음과 같은 기준이 있다.[18]

첫째, 대상 정신장애인은 정신질환을 앓고 있는 당사자이어야 한다. 당사자가 반드시 특정한 정신과적 진단을 받았어야 할 필요는 없지만 비자의입원 대상자는 반드시 일시적 또는 영구적으로 정신기능 상의 심각한 손상을 입은 사람이어야 한다. 즉, 정신장애인 당사자가 망상, 환각, 중증 인지장애, 중증 정서장애 등과 같은 정신과적 증상을 경험한 사람이어야 하고, 해당 정신장애인 당사자는 지속적이고 반복적으로 이러한 증상을 나타내고 비이성적 방식으로 행동하고 있어야 한다.

둘째, 정신과적 증상이 있더라도 자해나 타해의 위험이 없으면 비자의입원 조치를 할 수 없고 정신장애인 당사자의 정신과적 증상으로 인해 당사자나 타인을 심각한 위험에 처하게 하는 경우에만 비자의입원이 가능하다.

셋째, 비자의입원을 제외하고는 달리 대안으로 적용할 만한 안전하고 효과적인 치료적 대안이 없어야 한다. 즉 비자의입원에 앞서 의사와 관련 전문가들은 자의입원의 가능성이나 지역사회에서 치료를 지속하는 효과적인 대안이 없다는 점을 사전에 확인해야 한다.

3) 병원에서의 비자의 입원치료 관련 법조항

위의 과정을 거쳐서 정신장애인 당사자의 상황이 비자의 입원치료가 가장 최선이라고 판단되는 경우 입원이 이루어지고 병원에서 비자의치료가 진행될 수 있다. 이처럼 비자의적으로 시설이나 병원에 입원이 되면 의사는 필요하다고 판단되는 약물치료를 비롯한 가능한 정신보건치료를 승인할 수 있다. 비자의 입원기간 중에는 정신장애인 당사자의 상태가 비자의입원을 지속해야 하는 법적인 기준을 충족하고 있는지에 대해서 지속적인 평가와 확인이 필요하다. 즉, 비자의입원 당사자가 지속적으로 정신질환 및 정신과적 증상을 가지고 있는지, 자해나 타해의 위험이 있는지, 또는 비자의입원 방법 대신에 해당 정신장애인을 위한 보다 나은 대안적 치료방법이 있는지 등에 대해서 지속적인 평가와 확인을 해야 한다.[19]

---

18) NSW MHA 2007. Section 12~Section 14 참고.
19) NSW MHA 2007. Section 14 참고.

비자의입원 후에도 정신장애인의 증상이 완화되지 않거나, 자타해 위험이 여전히 있고 다른 대안적인 치료방법이 없을 때는 비자의입원이 연장될 수 있다. 또한 이러한 비자의입원의 정신과적 요건들이 완화되었다고 하더라도 지역사회에서의 치료계획이나 지원체계가 없을 경우처럼 준비되지 않은 퇴원으로 인해 증상이 악화될 수 있다고 판단되는 경우에도 비자의입원을 연장할 수 있다. 하지만 이러한 연장은 임의적 판단에 의해서 이루어지는 것이 아니라 법조인, 정신과의사, 정신보건전문가들로 구성된 MHRT[20]에 의해서 이루어진다. MHRT에서 처음으로 비자의입원 정신장애인에 대한 심의를 할 경우 최장 3개월의 수용을 명할 수 있다. 3개월이 지난 후에도 정신장애인이 여전히 입원이나 입소상태로 있는 경우 비자의입원 시점에서 최초 첫 12개월 동안은 매 3개월마다 MHRT의 재심의를 받고, 비자의입원이나 입소가 12개월이 지난 경우에는 계속 수용 여부를 매 6개월마다 심의 받아야 한다.

3. 지역사회에서의 비자의적 치료와 관련 법

호주 NSW주의 지역사회에서의 비자의적 치료와 관련한 사항은 정신보건법 제50조부터 제67조에 걸쳐서 상세하게 규정되어 있다.[21] 지역사회 치료명령은 정신장애인 당사자가 지역사회에 살면서 회복에 필요한 치료를 받을 수 있도록 하는 것으로, 지역사회 치료명령은 MHRT에 의해서만 내려질 수 있다. 치료의 내용은 정신과적 증상완화를 위한 약물치료일 수도 있고 심리적 치료를 위한 정신과의사나 상담사에 의한 상담치료일 수도 있으며, 정신장애인 당사자의 회복에 필요하다고 판단되는 재활서비스 이용에 관한 것일 수도 있다. NSW주의 정신보건법상에 나타난 지역사회 치료명령을 위한 신청결정 조건은 다음과 같다.

1) 지역사회 치료명령 신청결정 조건 관련 법조항

MHRT의 심의결과 지역사회 치료명령을 내릴 수 있는 법적 기준은 다음과 같다.[22]

첫째, 정신장애인 당사자가 지역사회 치료명령에 따른 치료를 받음으로써 당사자의 회복 및 안녕증진에 혜택이 있다고 판단되는 경우에 치료명령을 내릴 수 있다.

둘째, 지역사회나 지방정부의 정신보건팀이 해당 정신장애인의 지역사회 치료명령과 관련된 구체적이고 시행 가능한 계획을 가지고 있을 때 지역사회 치료명령을 내릴 수 있다.

셋째, 정신장애인 당사자를 위해서 지역사회 치료명령 이외에 다른 대안적 치료가 없거나 효과가 없다고 판단될 때 지역사회 치료명령을 내릴 수 있다.

넷째, 해당 정신장애인 당사자가 이전에 정신질환으로 진단받은 적이 있는 경우에는 MHRT는 다음과 같은 조건들이 충족되는 경우에만 지역사회 치료명령을 내릴 수 있다. 예를

20) 실질적으로 우리나라에는 존재하지 않지만, 형식적으로는 정신보건심의위원회와 유사하다고 판단됨.
21) NSW MHA 2007. Section 50~Section 67 참고.
22) NSW MHA 2007. Section 53 참고.

들어, 해당 정신장애인이 기존에 치료를 거부한 이력이 있고, 이러한 기존 치료거부가 정신질환을 악화시키는 결과를 초래하였으며, 그러한 재발로 인해서 정신장애인 당사자가 비자의 입원을 한 경험이 있는 경우에 MHRT는 지역사회 치료명령을 내릴 수 있다.

2) 지역사회에서의 비자의치료 관련 법조항

지역사회 치료명령은 정신장애인 당사자를 위한 약물치료가 도움이 될지 아직까지 확신하지 못하고 있거나, 정신장애인이 정신과적 증상이나 기타 이유로 약복용을 해야 한다는 것을 기억하기 힘든 경우에 내려질 수 있다. 이러한 경우에 지역사회 치료명령이 내려지게 되면 정신장애인 당사자는 정해진 시간에 맞추어 약물 복용을 하기 위해서 지정된 시간에 지정된 장소에 참석해야 할 의무가 있다.

지역사회 치료명령은 지역사회나 지방정부의 정신보건팀이 해당 정신장애인의 지역사회 치료명령과 관련된 구체적이고 시행 가능한 계획을 가지고 있을 때 내려지는 조치이므로[23] 지역사회 치료명령은 정신장애인 당사자와 지역 및 지방정부 정신보건팀과의 치료관계를 구축하는 데 도움이 될 수 있다. 또한 정신장애인 당사자가 치료뿐 아니라 교육이나 고용과 같은 재활목표를 구체화하고 이러한 목표달성을 위해 정신장애인 당사자와 정신보건팀이 협업해 나갈 수 있는 중요하고 효과적인 기회를 제공할 수 있다.

지역사회 치료명령은 지역사회에 있는 정신장애인을 대상으로 내려질 수도 있고, 입원이나 입소상태에 있는 정신장애인을 대상으로 내려질 수도 있다. 지역사회 치료명령이 입원이나 입소 정신장애인을 대상으로 내려지는 경우에는 MHRT에 의한 지역사회 치료명령 자체가 정신장애인을 퇴원이나 퇴소시키는 결과를 가져온다. 지역사회 치료명령에 의해서 지역사회에서 치료 및 서비스를 받고 있는 정신장애인 당사자를 위해서 필요하다고 판단되는 경우에는 MHRT의 판단에 따라 지역사회 치료명령을 연장하는 것이 가능하다. 지역사회 치료명령은 대체로 6개월 단위로 이루어지지만, 필요에 따라서는 12개월 동안의 지역사회 치료명령을 하는 것도 가능하다.

Ⅱ. 호주 NSW주의 비자의치료제도와 관련 실무현황

지금까지 호주 NSW주의 정신보건법상에 나타난 비자의치료 관련한 법조항들을 살펴보았다. 여기서는 이러한 법조항이 실제 어떻게 실무에 반영되어서 작동되고 있는지를 살펴본다. 구체적으로 비자의 입원치료 및 비자의 지역사회치료 실무현황을 실무절차와 절차상 반영된 인권보호조치를 중심으로 살펴본다.

---

23) 3-2) 지역사회 치료명령 신청결정 조건, 둘째 항목 참고.

1. 비자의 입원치료 실무현황

1) 비자의 입원치료 절차

위에서 병원에서의 비자의입원과 관련된 호주 NSW주의 정신보건법상에 나타난 법조항에 대해서 살펴보았다. 법에 명시된 주요 관계 법조항들을 중심으로 비자의입원 치료과정의 절차를 그림으로 표현하면 [그림 1]과 같다.

일반적으로 비자의 입원치료의 시작은 몇 가지 유형으로 분류될 수 있다. 첫째, 가족, 친구 또는 후견인과 같은 정신장애인의 보호의무자가 응급상황에서 정신장애인 당사자를 정신과병원의 응급실로 데리고 오는 경우이다. 둘째, 응급상황에서 응급의료팀이나 경찰에 연락이 되어서 응급차나 경찰에 의해서 정신과 입원병원으로 연계되는 경우이다. 셋째, 지역사회에서 정신장애인을 돌보는 담당 정신과의사나 정신보건전문가가 응급상황임을 인지하고 입원병원으로 연계하는 경우이다.

위와 같은 과정을 거쳐서 정신장애인이 입원 병원에 연계가 되는 경우에는 정신과 의사

| 그림 1 | 비자의입원치료 과정

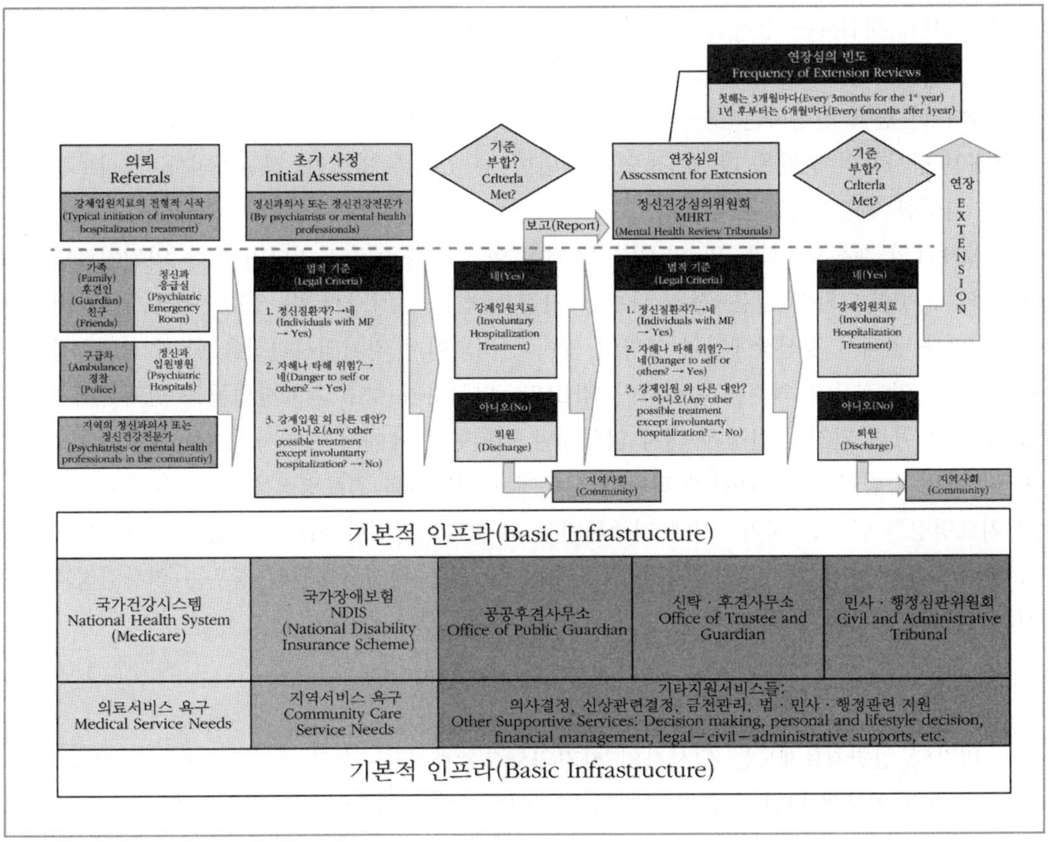

나 정신보건전문가에 의해서 정신장애인의 상황이 입원을 필요로 하는 응급상황인지 아닌지에 대한 판단이 이루어진다. 앞에서 법조문을 보면서 간략하게 설명한 것처럼 호주 NSW주 정신보건법상에 나타나는 비자의 입원치료를 위한 법적 기준에 따르면 정신장애인의 상황이 다음의 세 가지 조건을 모두 충족시켜야 비자의 입원치료가 가능하다. 첫째 기준은 '당사자가 정신장애인이고 현재 정신증적 증상이나 기타 정신과적 증상을 나타내고 있는가?'이다. 둘째 기준은 '당사자가 자신이나 타인에 대한 위험성을 보이는가?'이다. 세 번째 기준은 '비자의 입원치료 외에 다른 대안적인 치료방법이 있는지 여부'이다. 만약 정신장애인을 위해 더 나은 대안이라고 판단되는 제3의 치료방법(예, 자의입원, 지역사회치료 등)이 있다면 그것을 선택해야 한다. 이러한 세 가지 조건이 모두 충족될 때 연계된 정신장애인을 위한 비자의 입원치료가 가능하다.

비자의 입원치료가 시작되면 병원에서는 정신과의사 및 정신보건전문가의 판단에 의해 효과적이고 필요하다고 생각되는 약물치료, 상담치료 등 다양한 치료가 당사자의 동의 없이 진행될 수 있다. 호주 NSW주의 치료의 기본원칙은 자의치료이고 비자의치료는 본질적으로 인권침해의 소지가 있기 때문에 비자의 입원치료가 시작된 후 매 3개월마다 MHRT에서 재심사를 진행한다. 재심사의 법적 기준은 앞에서 살펴본 세 가지 상황과 동일하여서 세 가지 조건이 모두 충족되는 경우에는 계속 입원치료를 진행하지만 그렇지 않은 경우에는 다른 대안을 강구한다. 재심사는 장기입원을 예방하고 정신장애인 당사자의 인권을 존중할 수 있는 중요한 단계이기 때문에 첫 1년 동안은 매 3개월마다 한 번씩 진행하고, 1년이 지난 이후에는 6개월마다 한 번씩 진행하는 것을 원칙으로 하고 있다. 재심사를 진행하는 MHRT의 구성도 정신장애인 당사자의 상황을 다차원적으로 진단할 수 있도록 법조인, 정신과의사, 정신보건전문가 등 다양한 전문가들로 구성된다.

MHRT의 재심사 결과, 위 세 가지 조건이 아직도 충족되고 있다면 계속 입원치료명령을 내린다. 하지만 그렇지 않은 경우 다른 대안적 방법들을 강구할 수 있다. 예를 들어 비자의 입원치료를 통해서 정신장애인의 상황이 많이 안정되어서 자기의사결정을 할 수 있는 정도라면, 당사자 및 전문가 의견을 수렴하여 MHRT는 당사자가 향후 치료방법들을 선택하게 할 수 있다. 또한 아직 완전히 안정은 되지 않았지만 어떠한 이유에서 지역사회에서 치료를 받는 것이 더 나는 방법이라고 MHRT가 판단한 경우에는 지역사회 치료명령을 내릴 수 있다. 지역사회 치료명령을 받으면 지역사회에 거주하면서 MHRT가 명령한 치료, 재활, 상담 등의 서비스를 받아야 한다. 이러한 일련의 과정에서 후견인이 있는 정신장애인의 경우는 의사결정과정에서 후견인의 도움을 받을 수 있다.

2) 비자의 입원치료 인권보호조치

비자의 입원치료제도는 당사자의 자기의사결정에 따른 것이 아니라 비자의적으로 이루어지고, 지속 여부의 판단도 위원회에 의해서 이루어지기 때문에 잠재적으로 인권침해의 소지가 있다. 따라서 잠재적 인권침해 가능성을 최소화하기 위해서 다음과 같은 다양한 조치가 이루어진다.

첫째, 비자의 입원치료는 주로 가족, 친구 또는 후견인과 같은 정신장애인의 보호의무자나 응급의료팀이나 경찰 또는 담당 정신과의사나 정신보건전문가 등의 제3자에 의해서 시작된다. 이러한 경우 인권침해의 소지가 있기 때문에 해당 기관의 의사(authorized medical officer)는 12시간 이내에 해당 정신장애인의 상황에 대한 사정을 하여야 하며, 만약 입원이 필요하다고 판단되어 입원을 시키는 경우에는 반드시 MHRT에 입원사실을 알려야 한다.[24] 고지받은 MHRT가 필요하다고 판단되는 경우에는 정신장애인을 소환하여 심의를 할 수 있으며, 이는 주로 정신장애인 비자의 입원 후 7~21일 이내에 이루어진다. 공공평가의료인의 심사결과 또는 MHRT 심의결과 비자의 입원치료 상황이 아니라고 판단되면 자의입원으로 전환한 후 당사자 의견에 따라서 원하는 경우 즉시 퇴원시켜야 한다.[25]

둘째, 비자의입원을 한 사람들을 포함하여 모든 입원환자들에게 환자의 권리에 대한 표준안내서가 제공되어야 하고, 구두로도 설명되어야 한다.[26] 처음 입원 당시에 설명을 하였더라도 정시보건담당자가 보기에 정신장애인 당사자가 충분히 이해하지 못하였다고 판단되는 경우에는 입원 후 24시간 이내에 다시 설명해 주어야 한다.

셋째, 비자의입원을 하였더라도 정신장애인 당사자는 퇴원을 요구할 권리가 있다. 입원된 정신장애인은 퇴원을 원할 경우 담당의사에게 퇴원을 요구할 권리가 있다. 담당의사에게 퇴원 조치를 요구한 후 의사의 대응이 만족스럽지 않을 경우에는 정신장애인 당사자는 MHRT에 이의를 제기할 수 있다.[27]

넷째, 당당의사나 MHRT의 요구가 만족스럽지 않을 경우 NSW의 대법원에 최원 청구를 할 수 있는 권리 또한 인정된다.[28] 즉 의사나 심의위원회의 판결에 불복종하는 경우 대법원에 청구를 할 수 있는데, 이러한 과정에서는 후견인 등 보호의무자의 도움을 받을 수 있다.

다섯째, 정신장애인 당사자가 반대하지 않는 이상 가족 등 주 보호의무자들은 환자의 입원 치료과정에 직간접적으로 참여할 수 있어야 한다.[29] 구체적으로 살펴보면 정신장애인 당사자 구금 후 24시간 이내에 보호자에게 정신장애인 입원병원 구금사실을 알려야 한다. 입원 정신장애인이 허가 없이 병원이나 시설을 벗어났을 때도 보호자에게 반드시 알려야 한다. 입소 정신장애인의 퇴원 전 준비와 지원에 관한 정보를 보호자와 공유하여야 하고, 퇴원을 할 경우에 반드시 보호자에게 알려야 한다. 또한 MHRT 심리 날짜와 시간에 대해서도 보호자에게 알려야 한다. 또한 담당의사나 정신보건전문가는 보호자로부터 받은 정신장애인에 대한 정

24) NSW MHA 2007. Section 27 참고.
25) NSW MHA 2007. Section 8 참고.
26) NSW MHA 2007. Section 74 참고.
27) NSW MHA 2007. Section 44 참고.
28) NSW MHA 2007. Section 166 참고.
29) NSW MHA 2007. Section 71~Section 79. 참고.

보를 환자를 퇴원시키는 결정을 할 때 참고해야 한다.

정신장애인의 비자의 입원치료는 자기의사에 반하는 치료방법의 결정이고 지역사회와 격리를 가져온다는 점에서 인권침해의 소지가 매우 크다. 위에서 살펴본 것처럼 현재 호주의 정신보건법상에는 이러한 인권침해의 가능성을 최소화하기 위하여 입원적절성 심사 강화, 입원 정신장애인에 대한 권리 고지, 치료과정에의 보호자 참여, MHRT 심사 등 다양한 후속 조치가 취해지고 있다.

2. 비자의 지역사회치료(외래치료명령) 실무현황

1) 외래치료명령제도 절차

위에서 지역사회에서의 비자의치료와 관련된 호주 NSW주의 정신보건법상에 나타난 법조항에 대해서 살펴보았다. 법에 명시된 주요 관계 법조항들을 중심으로 지역사회치료명령제도의 작동과정 및 절차를 그림으로 표현하면 [그림 2]와 같다.

▌그림 2▌ 지역사회 비자의치료(지역사회치료명령제도) 과정

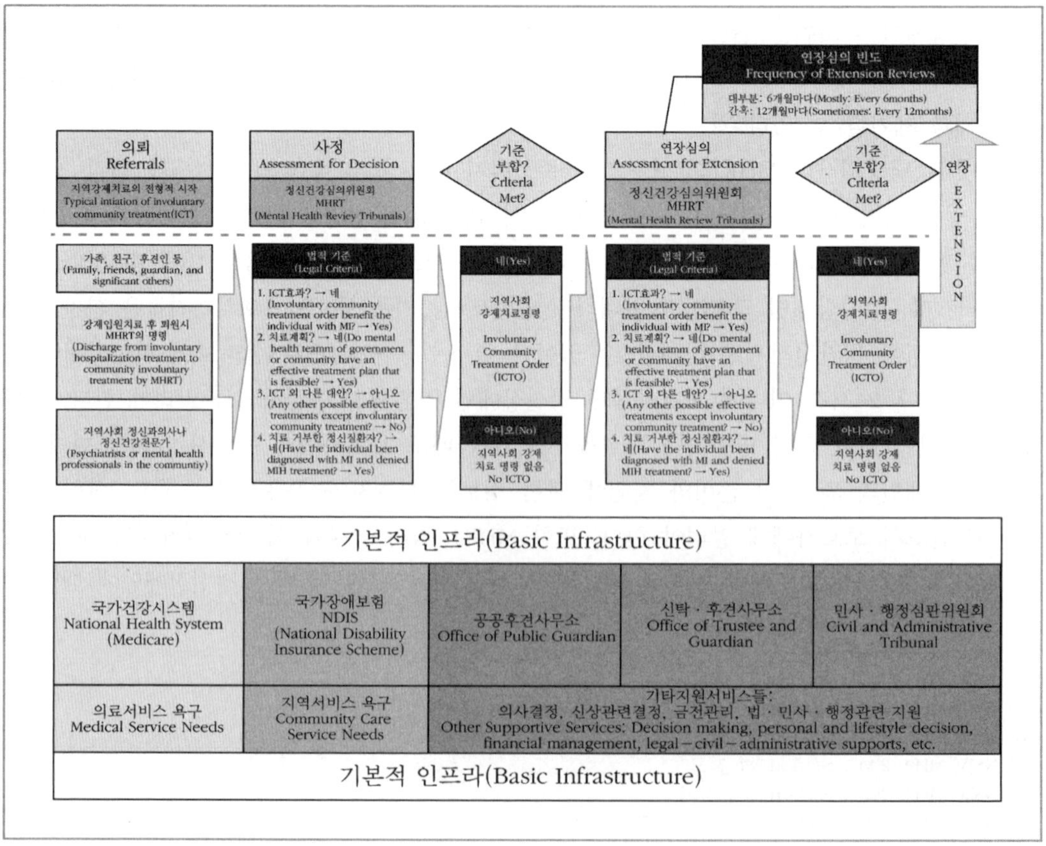

지역사회에서의 비자의치료는 '지역사회치료명령제도(Community Treatment Order)'라고 불리기도 한다. 지역사회치료명령의 시작은 다양한 경로를 통해서 시작될 수 있다. 예를 들어 정신장애인 당사자가 치료를 거부하는 경향이 있거나 여러 가지 이유로 정기적으로 치료받는 것이 한계가 있다고 판단될 때, 가족이나 친구 또는 후견인 등의 보호의무자의 생각에 지속적인 치료가 필요하다고 판단될 때 외래치료명령을 신청할 수 있다. 또한 정신장애인 당사자의 지역사회의 담당 정신과의사나 정신보건전문가가 정신장애인이 치료를 거부하거나 여러 가지 이유로 필요한 치료를 정기적으로 받는 것이 불가능하다고 판단될 때, 의사나 정신보건전문가에 의해서 외래치료명령이 신청될 수도 있다. 또한 앞에서 살펴본 것처럼 비자의 입원치료를 받던 정신장애인이 MHRT의 심사결과 지역에서 치료를 계속하는 것이 당사자를 위해서 최선이라고 판단될 때, 퇴원과 동시에 MHRT가 외래치료명령을 내릴 수 있다.

이러한 과정을 통한 신청이 있을 때 외래치료명령에 대한 판단은 MHRT에 의해서만 이루어질 수 있다. 앞에서 법조문을 보면서 간략하게 설명한 것처럼 호주 NSW주의 정신보건법상에는 외래치료 명령을 내릴 수 있는 법적 조건에는 다음과 같은 것들이 있다. 첫째, 외래치료명령이 정신장애인 당사자를 위해 도움이 된다고 판단될 때 외래치료명령이 내려질 수 있다. 둘째, 지역사회 및 정부의 정신보건전문가들이 해당 정신장애인을 위해 구체적이고 효과적이며 실행 가능한 치료계획을 가지고 있을 때에 외래치료명령이 내려질 수 있다. 셋째, 비자의 지역사회치료 이외에 해당 정신장애인을 위한 대안적인 치료접근법을 찾을 수 없을 때만 외래치료명령이 내려질 수 있다. 넷째, 해당 정신장애인이 정신과적 진단이 있고 과거에 치료를 거부하거나 정기적으로 받지 못한 경험이 있을 때 외래치료명령이 내려질 수 있다. 즉 이러한 조건들이 충족될 때 외래치료명령이 내려진다. MHRT는 외래치료명령이 지속적으로 필요한지 중단해도 되는 상황인지에 대해서 정기적으로 반복적 심사를 진행한다. 지속 및 중단 여부에 대한 심사는 대부분의 경우 6개월마다 정기적으로 이루어지지만, 예외적으로 12개월마다 진행되기도 한다. 후자의 경우 장기적으로 외래치료명령제도를 이용한 정신장애인 중 효과가 있다고 판단된 경우에 적용되는 경우가 많다.

2) 외래치료명령제도 인권보호조치

외래치료명령제도는 당사자의 자기의사결정에 따른 것이 아니라 MHRT의 판단에 의해서 이루어지는 것이기 때문에 잠재적으로 인권침해의 소지가 있다. 따라서 잠재적 인권침해 가능성을 최소화하기 위해서 다음과 같은 다양한 조치가 이루어진다.

첫째, 심리에 대한 사전 고지이다. 정신장애인 당사자는 MHRT로부터 지역사회치료명령 계획서의 사본을 받아야 하고, MHRT로부터 위원회 심리가 열리는 일정 및 시간을 사전에 고지 받아야 한다. 보통의 경우 정신장애인 당사자는 14일 전에 통보를 받아야 하지만, 예외적으로 MHRT에 의해 이 기간이 단축되어 고지기간이 짧아 질 수도 있다.[30)]

---

30) NSW MHA 2007. Section 52 참고.

둘째, 보통의 다른 심의위원회와 달리 MHRT는 정신장애인 당사자의 참여가 없는 상황에서도 지역사회 치료명령은 이루어 질 수 있는데, 이 경우에는 반드시 사전에 당사자에게 신청서 및 심의에 관한 고지가 취해져야 한다.[31] 얼핏 보면 이 절차는 정신장애인 당사자의 인권을 침해하는 것으로 보일 수 있지만, 지역사회치료명령을 심의 받는 정신장애인은 신체·사회·심리적으로 불안정한 상태이거나 주어진 약속을 지키는 것이 기능상 한계가 있는 경우가 대부분이어서 참석하는 것이 불가능한 경우가 많다. 사전 고지가 취해졌고 정신장애인 당사자는 참여하지 못하더라도 담당 의사나 정신보건전문가 또는 가족이나 후견인 등 보호의무자의 참여가 가능하므로 최대한 당사자 인권을 존중하는 방향으로 노력한다.

셋째, 외래치료명령이 내려졌음에도 불구하고 정신장애인이 내려진 치료를 정기적으로 받는 것을 하지 못하는 경우에는 감정을 위해 병원에 입원시키기 전에 반드시 명령준수불이행에 대한 고지를 하고 정신장애인이 지역에서 치료를 받을 수 있는 기회를 최대한 부여해야 한다.[32] 입원보다는 지역사회치료를 우선시하고, 입원 전에 최대한 정신장애인 당사자가 지역사회치료명령에 부응할 수 있도록 노력한다는 점에서 인권보호조치로 볼 수 있다.

외래치료명령제도는 자기의사에 반하는 치료방법의 결정이라는 점에서 인권침해의 소지가 있다. 위에서 살펴본 것처럼 현재 호주의 정신보건법상에는 이러한 인권침해의 가능성을 최소화하기 위하여 외래치료명령은 반드시 MHRT를 통해서만 이루어지게 하고 있다. 또한 MHRT 심리를 사전에 고지하고, 그 과정에 가족이나 후견인 등 보호의무자가 참여할 수 있도록 하는 등 다양한 후속조치가 취해지고 있다.

Ⅲ. 호주 NSW주의 정신건강법상의 관련 법조항 및 실무의 특징

지금까지 호주 NSW주의 정신건강법상에 나타난 정신건강치료의 일반원칙에 대해서 살펴보고, 정신장애인 당사자의 회복과 안녕을 위해서 필요하다고 판단될 때 시행하는 병원 및 지역사회에서의 비자의치료와 관련된 법조항 및 실무현황을 살펴보았다. 호주의 이러한 비자의입원제도가 어떻게 작동하는지를 이해하고 우리나라에 주는 함의를 도출하려면 호주 정신보건시스템의 법제도에 대한 국부적인 이해가 아니라 이러한 법을 기반으로 형성된 다양한 전달체계, 서비스, 위원회 등이 실무 및 운영차원에서 어떻게 작동하고 있는지를 호주 전체 정신보건시스템 측면에서 통합적으로 분석하고 이해할 필요가 있다. 여기서는 지금까지 살펴본 법제도 및 실무현황을 기반으로 이러한 시스템이 어떻게 작동가능한지에 대해서 통합적 분석을 시도해 본다.

---

31) NSW MHA 2007. Section 55 참고.
32) NSW MHA 2007. Section 58 참고.

1. 호주 NSW주의 정신보건시스템의 특징

1) 정신보건법

호주의 정신보건법은 치료의 일반원칙을 명확하게 규정하고 있다. 앞에서 살펴본 것처럼 정신보건법 제3조의 정신보건법의 목적에 나타난 것처럼 당사자의 안녕과 당사자의 인권을 최우선으로 규정하고 있다. 따라서 정신보건법 제68조의 돌봄이나 치료의 원칙 및 제105조의 공공보건제도의 목표와 관련된 법조항에서도 모든 돌봄이나 치료는 당사자의 인권 및 안녕을 증진하기 위하여 가능한 최대한 비자의치료보다는 자의치료를 우선시하고, 입원이나 입소치료보다는 지역사회 치료를 우선시하며, 당사자의 회복 및 치료를 위해서 예외적으로 비자의 치료나 입원 및 입소치료를 실시하기는 하지만, 이 경우에도 당사자의 자유나 권리에 대한 제한을 최소화되어야 하고 당사자의 존엄과 자기존중에 대한 제약은 없거나 최소화하여야 한다고 규정하고 있다. 이러한 원칙이 실무현장에서 지켜질 수 있으려면 이에 부응하는 실질적 운영구조가 확립되어 있어야 한다. 즉 정신보건법이 표방하는 당사자 우선주의원칙이 실무 및 운영과정에서 실질적으로 반영될 수 있도록 하기 위해서는 법규정을 실행할 수 있는 전달체계 및 운영구조가 필요하다. 앞으로 살펴볼 호주의 NSW주의 정신보건전달체계 및 운영현황은 이러한 법조항의 실현을 가능하게 하는 기초체계(Infrastructure)가 된다.

2) 정신보건 전달체계

호주는 정신장애인의 욕구에 따라 다양한 서비스를 이용할 수 있는 정신보건 전달체계를 갖추고 있다. 아래 [표 1]은 2018년에 발간된 호주의 정신건강서비스 통계자료의 표를 옮긴 것이다(AIHW, 2018, 4페이지). 호주의 정신건강서비스는 전문적 정신건강영역에서의 서비스체계(예, 병원, 지역사회, 주거기반 정신보건서비스)와 보조적 정신건강서비스로 나누어 볼 수 있

[표 1] 호주의 정신건강 전달체계[33)]

Medicare-subsidized services		
General practitioners	Psychiatrists	Psychologists
Specialized mental health care setings		
Public and private hospitals	Community mental health care	residential mental health care services
Support services		
Disability support services	Homelessness support services	Mental health programs

33) AIHW, 2018의 4페이지에서 발췌.

다. 즉 정신건강서비스의 영역이 다양하고 광범위하다.

위의 서비스를 전달하는 인력은 의사, 심리사, 사회복지사, 치료사 등 다양하고 광범위한 전문 인력군(群)이 참여하고 있어서 서비스 선택의 폭이 넓다. 또한 이러한 전문가들에 의해서 전달되는 모든 서비스는 호주정부의 공적 재원으로 지원되며 모든 서비스 이용이 무료이다(AIHW, 2018, 4페이지). 결론적으로 광범위한 스펙트럼의 다양한 정신보건서비스 전달체계와 다양한 정신보건서비스 인력이 참여하고 있으며, 모든 서비스가 무료로 이용되기 때문에 정신장애인 당사자 측면에서는 서비스의 선택권이 넓고 본인이 원하는 서비스를 최대한 이용할 수 있는 전달체계가 갖추어져 있다.

또한 최근에는 정신장애를 포함한 65세 이하의 모든 장애인들이 개인의 욕구에 따라서 다양한 서비스를 이용할 수 있도록 NDIS(National Disability Insurance Scheme)를 실시하였고 확장해 나가고 있다(NDIS, 2019). NDIS 하에서는 모든 장애인 각자가 고유한 욕구 및 목표에 기초하여 맞춤형 서비스 계획을 설정할 수 있도록 하여서 정신장애인들이 이용할 수 있는 서비스의 폭은 한층 넓어지고 있다.

2. 호주 NSW주의 정신보건시스템 운영상의 특징

아무리 법이 잘 정비되어 있고 서비스 전달체계가 잘 확충되어 있어도 의사결정능력에 제약이 있는 사람들은 본인들의 욕구를 파악하고, 스스로 욕구에 맞는 서비스를 찾고, 이용을 위해서 접근하는 것이 한계가 있다. 특히 정신장애인의 경우는 정신증적 증상으로 인한 인지능력의 한계로 서비스 이용에 어려움을 겪을 수 있고, 이러한 정신장애인의 특성은 인권적 측면에서 자기의사결정권의 침해를 가져올 수 있으며, 나아가 회복 및 안녕증진을 저해할 수 있다. 호주의 정신보건체계는 신상보호와 관련된 의사결정에 도움을 받을 수 있고 재산관리와 관련된 의사결정에 도움을 받을 수 있는 후견제도를 실시하고 있다.

또한 정신장애인의 경우 의사결정능력의 한계로 당사자에게 가장 필요한 서비스가 무엇인지 결정하는 것이 한계가 있어서, 앞에서 살펴본 것처럼 본인의 의사와 관계없이 비자의적으로 입원치료나 지역사회치료를 받는 경우가 있다. 특히 비자의입원이나 지역사회치료의 경우, 자기의사결정권을 침해할 소지가 크기 때문에 최대한 당사자 중심의 의사결정을 위해서 호주의 NSW주에서는 MHRT를 운영하고 있다. MHRT는 Mental Health Review Tribunal의 약자로 '정신보건심의위원회' 성격이 강하다. 관련 자료와 기관방문을 통한 인터뷰 결과를 바탕으로 호주 정시보건시스템이 작동하는 과정에서 당사자의 인권을 최대한 보장하기 위한 이러한 장치들을 후견제도와 MHRT 중심으로 살펴본다.

1) 후견제도

NSW주는 다양한 위원회들을 통합하여 2014년부터 NCAT(NSW Civil and Administrative

Tribunal)을 운영하고 있다(NCAT, 2019). NCAT는 행정 및 기회균등 분과(Administrative and Equal Opportunity Division), Consumer and Commercial Division(소비자 상업 분과), Guardianship Division(후견분과) 및 Occupational Division(직업분과) 등의 4개의 분과로 구성되어 있다. 후견분과는 의사결정 장애가 있는 사람들에 대해 후견명령, 재산관리명령, 치료동의 등 다양한 사항에 관련한 결정을 내린다. 후견인 선임도 NCAT에 의해서 가능한데, 후견인은 신상보호인과 재산관리인을 각각 선임한다.

NCAT의 후견분과가 모든 후견에 대한 결정을 하지만, 정신장애인 후견은 공공후견영역으로 OPG(Office of Public Guardian: 공공후견 사무소)에서 운영한다. 공공후견은 후견활동, 옹호, 교육 등을 통해서 장애인의 권익과 이익을 증진하는 것을 주목적으로 한다. 공공후견인은 1987년 후견법(Guardianship Act 1987)에 근거하여 NCAT의 후견분과에서 임명한다. 임명된 공공후견인은 정신장애인을 위한 의사결정을 대신하거나 지원하여 정신장애인의 자기결정권 및 인권을 증진하는 것을 주목적으로 한다. 이러한 후견제도는 의사결정 장애가 있는 정신장애인 당사자의 인권과 자기결정권을 최대한 존중할 것을 표방하는 정신보건법의 원칙이 최대한 서비스 운영과정에서 실현될 수 있도록 하는 보조적 운영체계이다. 만약 후견제도가 없다면 호주 정신보건법의 기본이념인 정신장애인 당사자의 의견이 치료과정에 반영되는 것은 한계가 있을 것이다.

2) MHRT(Mental Health Review Tribunal)

MHRT는 2007년 정신보건법에 기반하여 구성된 유사 사법심의기관으로, 정신건강 요구사항 처리, 이의제기에 대한 심의, 정신장애인의 돌봄 및 치료에 대한 심의 등 다양한 업무를 수행하고 있다. MHRT는 한 명의 위원장과 두 명의 전일제 부위원장 및 8명의 시간제 부위원장, 한 명의 행정기록관 및 약 100명의 시간제 위원들로 구성되어 있다. 시간제 부위원장 중 한 명은 전직 판사이다. 대부분의 경우 위원회는 법조인, 정신과의사, 사회복지사나 심리사 등 전문가 등의 3명의 위원으로 구성이 되는데 대체로 변호사가 심의위원회의 위원장이 된다. 모든 심의위원들은 정신보건 관련 분야에 장기간의 경험을 가지고 있고, 위원들 중의 상당수는 당사자이거나 정신장애인 돌봄의 경험이 있는 사람들이다. 앞에서 언급한 약 100명가량의 시간제 위원들은 정신건강 관련한 각 분야에서 다양한 경험을 가진 각 분야의 전문가들로 구성되어 있다. MHRT는 민사 또는 형사 관련된 광범위한 정신보건 영역에 대한 심사를 진행한다.

민사관련 심의위원회는 다음과 같은 주제들을 다룬다.[34)]

첫째, 앞에서 살펴본 것처럼 MHRT는 심의를 통해 비자발적 입원치료의 필요 여부에 대한 판단을 한다.

둘째, 비자발적 입원치료를 받고 있는 정신장애인을 대상으로 정기적으로 6개월에 한번씩, 또는 경우에 따라서 12개월에 한 번씩 비자발적 입원치료 연장에 대한 심의를 한다.

34) MHRT Website에서 발췌.

셋째, 자발적 입원치료를 받고 있는 입원 정신장애인을 대상으로 입원 연장 및 퇴원 여부에 대해서 심의한다.

넷째, 입원 병원의 담당 정신과 의사가 비자의입원치료 정신장애인의 퇴원신청을 거부한 것에 대한 이의제기가 있을 경우, 정신과의사의 퇴원거부 결정의 적정성 여부에 대한 심의를 한다.

다섯째, 지역사회치료명령(CTO)에 대한 결정, 수정 및 철회하는 것을 심의한다.

여섯째, 치안판사의 지역사회치료명령 결정에 대한 이의제기에 대해서 심의한다.

일곱째, 비자발적 치료환자를 대상으로 전기충격치료요법 사용에 대한 심의를 한다.

여덟째, 입소나 입원 정신장애인 대상의 의료적 수술 실시 타당성에 대해서 심의한다.

아홉째, 정관수술 등 특별한 의료적 수술 시행에 대한 심의를 한다.

열 번째, 특정인의 재산관리를 NCAT 재산관리 분과에서 관리하게 결정하거나 결정을 취소하는 것에 대한 심의를 한다.

형사 관련 심의위원회는 정신질환으로 인해서 면책을 받았거나, 재판을 하는 것이 불가능하거나 정신질환 때문에 교도소에서 정신병원으로 이송된 형사 관련 정신장애인의 사례에 대해서 심의한다.

MHRT의 결정은 다양한 이슈들에 대한 고려를 필요로 하며, 결정자체가 정신장애인 당사자의 삶, 건강, 자유에 직접적으로 영향을 미친다. 따라서 심의를 할 때 심의위원회는 몇 가지 상충적일 수 있는 권리들 간 균형을 추구한다. 즉, 당사자의 자유와 안전에 대한 권리, 불필요한 치료로부터 자유로울 권리, 치료받을 권리, 돌봄과 보호를 받을 권리, 지역사회가 보호받을 권리, 등 다양한 권리들 간에 최대한 균형을 추구하는 것을 목적으로 심의를 한다.

위에서 살펴본 것처럼 MHRT는 심의위원회 역할을 하는 사법심의기구로 정신장애인의 입원 및 퇴원의 적정성 심사와 비자의 입원치료나 비자의 지역사회 치료 등 다양한 부분에 대한 심의를 하는 기관이다. MHRT는 호주 정신보건법상에 규정하고 있는 기본원칙인 자의치료원칙을 최대한 고수하면서 정신장애인 당사자의 회복과 안녕증진에 기여할 수 있도록 주어진 상황에서의 최선의 치료를 고민하고 심의하고 결정하는 기관이다. 특히 법조인, 정신과의사, 기타 정신보건관련 전문가 등 최소 3인의 다수로 구성된 기관이므로 심사의 전문성, 공정성 및 치료와 직접 연계될 수 있는 실효성을 가진 기구로 평가된다. 이러한 점에서 MHRT는 호주 정신보건법의 기본 이념인 당사자 중심의 자기의사결정원칙의 범위 내에서 호주의 비자의치료제도가 작동할 수 있게 하는 중요한 운영조직 중의 하나이다.

Ⅳ. 결론: 호주 NSW주의 비자의치료제도의 한국적 함의

지금까지 호주 NSW주의 비자의치료제도 관련한 법제도 현황과 실무현황에 대해서 고찰하였다. 호주의 법은 당사자 주의 및 자기의사결정권 이념을 기본이념으로 하는 자의치료를 기본원칙으로 하고, 예외적으로 당사자의 회복과 안녕증진을 위해 필요하다고 판단되는 경우에 비자의치료를 보충적으로 가능하게 하는 구조이다. 따라서 호주법은 비자의적 치료를 위한 기준을 명확하게 규정하고 최소 제약의 원칙에 따라 비자의치료는 당사자를 위해 필요하다고 판단될 때 최후의 수단으로 사용하고 있다. 이러한 호주법의 원칙은 정신보건체계 및 다양한 운영지원시스템에 의해서 그 효력을 발휘한다. 즉, 호주의 정신보건서비스는 (1) 다차원적 광범위한 정신보건전달체계의 확립, (2) 입원 및 지역사회에서 다양한 정신보건서비스, (3) 정신보건서비스 체계를 지원하는 후견제도나 MHRT와 같은 의사결정 및 심의 관련 지원시스템, 그리고 (4) 이러한 서비스 이용이 무료이거나 전액 국가에서 지원한다는 점에서 소비자 욕구에 따라 필요한 서비스를 이용할 수 있는 소비자 선택권을 극대화를 추구하는 운영구조라고 판단된다.

앞의 서론부분에서 우리나라의 2016년 개정 정신건강복지법에서 간략하게 살펴본 것처럼, 우리나라 정신건강복지법도 기본적으로 자기의사결정권 존중을 원칙으로 하고, 상황에 따른 비자의치료를 보조적으로 규정하고 있다(정신건강복지법, 2016). 또한 비자의치료의 오남용을 막고 최대한 당사자 인권이 존중되면서 비자의 입원치료제도가 작동할 수 있도록 입원적합성심사위원회를 설치하여 운영하도록 규정하고 있다. 퇴원을 할 때도 정신건강심의위원회를 통한 심의를 거치도록 하고 있다는 점에서 우리나라도 형식적으로는 호주의 MHRT와 유사한 운영구조를 갖추고 있다고 판단된다. 또한 우리나라 정신건강복지법 제64조에서는 외래치료명령 등에 대해서도 규정하고 있다. 요약하면 우리나라의 정신건강복지법도 자의치료를 원칙으로 하면서 특정 상황 하에서는 비자의 입원치료 및 외래치료명령을 통한 비자의 지역사회 치료에 대한 규정 및 운영을 명시하고 있다. 호주와 우리나라의 가장 큰 차이는 법제도에 있는 것이 아니라 기본적인 정신보건 인프라의 차이 및 운영상의 차이에서 기인한다고 판단된다. 호주와 차이가 나는 우리나라 정신보건시스템 및 운영상의 특징을 살펴보면 다음과 같다.

첫째, 두 나라 간에는 정신보건시스템의 기본적 인프라의 차이가 나타난다. 예를 들어, 호주의 인구는 우리나라 인구의 약 절반에 불과한데, 호주의 정신과의사 수는 인구 10만명당 13명이 넘고 우리나라는 5명에 불과해 호주가 우리나라보다 정신과의사가 2.5배 이상 많다. 앞에서 살펴본 것처럼 호주의 정신보건 전달체계는 입원 및 지역사회서비스 전반적으로 다차원적으로 촘촘히 구성되어 있다. 우리나라의 경우 지역사회 정신의료시설이나 입원병원은 촘촘히 구성된 반면, 지역사회 정신재활시설 등의 실질적인 지역사회 정신보건서비스 체계는 온전하게 구축되어 있지 않은 지자체가 많다. 이러한 비대칭적인 정신보건서비스 인프라 불균형은 두 나라 간 입원일 수의 차이에서도 나타난다. 호주의 경우 평균입원일 수가 16일 정도인데, 우리나라의 경우 평균 재원일 수가 116일을 상회한다. 즉 우리나라 정신건강복지법상에는 지역사회정신보건 이념을 표방하고 당사자 주의에 기반한 자기의사결정권을 규정하고 있지만, 실제 정신장애인들의 정신보건서비스는 의료 및 입원위주의 편향적으로 이루어지고 있다는 것을 보여준다.

둘째, 그러면 과연 이러한 의료 및 입원위주의 정신보건서비스 이용은 왜 일어나는가? 한마디로 얘기하면 우리나라 정신보건서비스 재원의 불균형적인 편재에서 기인한다고 생각된다. 안정적인 의료보험이나 급여 재정은 의료서비스나 입원서비스 이용의 경우에만 적용이 된다. 지역사회 정신보건서비스를 이용하려면 자부담이 있거나 이용정원이 있어서 서비스를 받지 못하고 대기하는 시간이 있을 수도 있다. 이러한 재원의 불균형적 편재는 서비스 이용자들이 의료 및 입원서비스로 편향되는 주요 요인이 된다. 서비스 이용의 편향은 수요가 많은 곳에 공급이 늘어나는 시장원리에 따라 정신보건 전문인력들의 편재현상으로 연결된다. 우리나라 정신보건 전문인력의 근무현황을 보면 정신과의사들과 정신보건전문요원의 상당수가 의료기관이나 입원병원에 근무하고 있고, 상대적으로 지역사회 정신보건서비스 전달체계 영역에서 근무하고 있는 정신보건 전문인력은 작다. 이러한 인력의 불균형은 앞에서 살펴본 지역사회 인프라 부족과 상승적으로 작용하여 서비스를 이용하려는 정신장애인이나 보호의무자들이 지속적으로 의료 및 입원서비스 이용을 선택하게 하는 기제로 작동한다. 하지만 호주의 경우 입원 및 지역사회 서비스를 포함해서 심지어는 변호사의 이용이나 후견제도의 이용 등 모든 정신보건서비스 이용이 무료이거나 전액 국가에서 제공된다. 따라서 서비스 이용자는 본인의 욕구에 맞는 서비스를 선택할 수 있다. 즉 한국의 재원구조보다 호주의 재원구조가 당사자 중심의 자기의사결정권을 증진에 기여하는 것으로 판단된다.

셋째, 우리나라 정신보건법상에도 외래치료명령제도에 대한 규정이 있다. 하지만 외래치료명령이 가능하려면 외래치료명령이 당사자를 위해서 가장 적합한 치료적 대안인지에 대한 공정한 심의가 이루어질 수 있어야 한다. 우리나라에서도 법제상에는 심의위원회가 규정되어 있고, 실제 입·퇴원 심사를 위한 심의위원회가 열리고 있다. 하지만 심의위원회가 상시적이지 않고 일시적으로 열리고, 다루어야 할 사례 수를 너무 많아서 대면으로 심사하지 않고 서면으로만 심사하고 있어서 실질적 효과를 가져 오기 어려운 구조이다. 호주의 경우는 앞에서 살펴본 것처럼 법조인, 정신과의사, 정신보건전문가가 참여하는 MHRT에서 상시적으로 입·퇴원, 비자의 치료명령, 기타 이의제기 등의 상황에 대해서 실질적 심사를 할 수 있는 상설제도적 장치가 마련되어 있다. 즉 호주의 MHRT는 당사자 회복과 안녕증진을 위한 최선의 선택을 할 수 있는 기제가 되어있지만, 한국의 경우 심의위원회에 대한 법적 명문화는 되어 있지만 운영상의 실효성은 갖기 어려운 구조이다.

넷째, 치료선택과정에서 당사자의 의사결정권은 존중되어야 하고, 당사자의 의사결정 능력에 제약이 있을 때는 후견제도 등을 통한 의사결정 지원을 해주어야 한다. 호주의 경우 NCAT의 후견부서와 OPG를 통해서 공공후견제도가 시행되고 있다. 필요에 따라 지원되는 무료서비스라서 이용자 부담이 없다. 우리나라도 2017년부터 정신장애인 공공후견제도를 시행해 오고 있다. 우리나라 공공후견의 대상이 정신요양시설 입소자이고 그 목적이 준비되지 않은 퇴소를 발생하지 않도록 사전 조치를 취하기 위한 것이었다. 즉 우리나라 정신장애인 공공

후견은 후견제도 원래의 이념을 반영하고 있지 못하고 있어서 목적 및 대상에 있어서 전면적 개편이 필요하다.

다섯째, 우리나라 심의위원회 기능이 정상화 된다고 하더라도 당사자 중심의 서비스에 대한 선택은 한계가 있을 것으로 판단된다. 심의위원회에서 당사자를 위해서 비자의 입원치료 명령을 내리는 경우는 명령이행이 가능할 것이다. 하지만 심의위원회가 당사자를 위해 지역사회치료명령이 필요하다는 심의를 한 경우에는 그 결정을 실행에 옮기는 것은 상당한 한계가 있다. 그 이유는 앞에서 살펴본 것처럼 입원치료서비스는 공공재원을 토대로 운영이 되어서 당사자의 부담이 적지만, 지역사회치료는 서비스 인프라가 부족할 뿐 아니라 당사자가 서비스 이용료를 부담해야하기 때문이다. 또한 공공재원에서 지원이 된다고 하더라도 추가적으로 재원을 찾아서 지원해야 하는 절차를 밟아야 하기 때문에 당사자와 가족들이 정보를 찾아서 적절한 재정지원을 받는 것은 한계가 있기 때문이다. 이러한 재원의 문제와 더불어 지역사회 정신보건서비스 인프라의 부족 때문에도 지역사회치료명령은 실효성을 갖기 어려운 상황이다.

지금까지 호주의 비자의 치료제도와 관련된 법제도 및 운영현황을 살펴보았다. 호주 법제도의 특징은 당사자 중심의 자기의사결정권을 기본으로 하고, 자기의사결정이 제약이 있는 경우에는 후견제도와 심의제도 등을 통해서 당사자 권리와 이익을 최대한 보장하는 것이다. 이러한 원칙을 고수할 수 있도록 호주에서는 다양한 운영시스템이 작동하고 있다. 즉, 정신보건시스템 확충, 전달인력의 확보, 공공재정 확보, 의사결정지원을 위한 후견제도의 운영 등은 정신보건법에 반영된 이념을 실천하기 위한 것으로 이해된다. 호주와 비교할 때 법제도상에서는 우리나라도 호주의 이념과 유사하고, 법상에 규정된 서비스와 제도도 유사하다고 판단된다. 하지만 법에서 지향하고 있는 이념을 실천에 옮기는 것에서는 두 나라 간 차이가 크다. 즉 우리나라의 정신보건시스템이아 운영체계를 위에서 살펴본 것처럼 법이념을 실현하는 데 한계가 있다. 호주의 사례를 통해서 도출할 수 있는 함의는 다음과 같다. 우리나라에서도 호주처럼 당사자를 위한 비자의치료를 가능하게 하기 위해서는 지역사회 정신보건전달체계 확충, 재원구조의 공공화, 심의위원회 및 후견제도의 현실화 등 운영 측면에서 변화와 발전이 필요하다.

제 5 장 캐나다 온타리오 주의 정신보건과 법: 비자의치료제도의 이해와 개선을 중심으로[1)2)]

1. 정신건강정책 및 관련 법령

1) 캐나다 정신건강정책 방향

캐나다는 건강 및 사회서비스 전달에 대해서는 주정부가 주요 권한을 가지며 연방정부와 상호협력 하에 정책을 추진하고 있다. 연방정부는 캐나다보건법(Canada Health Act, 1984)에 보편적 건강서비스 보장 및 건강보험에 관한 내용을 명시하고 주정부와의 상호협력 하에 국민건강서비스 보급을 추진하고 있다.[3)] 2001년, 캐나다 건강관리미래위원회(Commission on the Future of Health Care in Canada)는 국가의 건강관리체계를 검토하고 장기적으로 지속가능한 권고안을 제시한 바 있다. 'Romanow Report(2002)'로 알려진 위 권고안에서 정신건강은 캐나다 보건체계의 '고아'로 묘사되었다. 보고서에서 정신건강 영역은 보다 적극적인 정책추진이 요구되며, 나아가 가정기반서비스(home care services)로 전환되어야 하는 주요한 영역 중 하나로 권고되었다(Romanow, 2002). 이후 2007년에 캐나다 정신건강위원회(Mental Health Commission of Canada, MHCC)에 Michael Kirby 의장이 선출된 후 2009년에 캐나다 정신건강전략의 기본 틀을 완성하고(MHCC, 2009), 그에 기반하여 2012년에 6개 전략, 26개 우선 과제를 제시하며 캐나다 정신건강체계 개편의 로드맵을 제시하였다. 그것이 캐나다 최초의 정신건강 전략보고서인 'Changing Directions Changing Lives: A Mental Health Strategy for Canada'이다(MHCC, 2012). 전략의 핵심은 정신장애인에 대한 인식의 패러다임 전환으로, '그들'과 '우리'의 구분이 없는 평등한 정신건강체계 구축의 지향점이 되었다.

2) 온타리오 정신건강전략

온타리오 주정부는 연방정부와 정책노선을 공유하며 동시에 독자적인 보건의료정책을 추진해오고 있다. 2015년부터 추진해온 'Patients First: Action Plan for Health Care'의 환자중

---

1) '캐나다 비자의치료제도의 현황과 한국적 함의: 온타리오주를 중심으로(김낭희, 2020)' 연구를 수정보완하였다.

2) 온타리오 정신질환 관련 법률, 온타리오 보건장기요양부 홈페이지, PPAO(Psychiatric patient Advocate Office) 홈페이지, CMHA(Canadian Mental Health Association) 홈페이지, CMHA Ontario(Canadian Mental Health Association, Ontario) 홈페이지, Ontario Hospital Association(2016) 자료를 주로 참고하였다.

3) Canada's Health Care System[Government of Canada 홈페이지: https://www.canada.ca. 최종수정일 2018.2.26. 최종방문일 2021.3.28.

심 전략을 통해 보건의료체계의 통합성과 보편성 증진, 책임성 강화의 노력을 꾸준히 기울여 오고 있다(OMHLTC, 2015). 위와 같은 보건의료체계의 전략 추진을 배경으로 정신건강체계 개선을 위한 주정부의 관심과 투자도 증가하였다.

온타리오는 1960년대 초 캐나다의 정신건강체계 변화에 발맞추어 의료기술 발전과 병원 개혁, 재정적 이슈가 복합적으로 맞물리면서 정신과시설 중심의 치료를 탈피하여 가정과 지역사회기반의 서비스를 확대하는 정책이 꾸준히 추진되어 왔다(Hartford et al., 2003). 이후 1960~70년대는 지역사회기반서비스, 종합병원 내 정신과병동 설치 등의 논의가 이어져 정신과시설 중심의 서비스가 점차 감소하였다. 1980~90년대에는 'Towards a Blueprint for Change: Heseltine Report(OMH, 1983)', 'Building Community Support for People: Graham Report(PCMHC, 1988)', 'Putting People First(OMH, 1993)', 'Making it Happen(OMHLTC, 1999)'의 정신건강 전략을 순차적으로 발표하며 지역사회 정신건강서비스 개혁을 이어갔다.

2011년 6월, 온타리오 주정부는 보건장기요양부(Ministry of Health and Long-Term Care), 아동청소년부(Ministry of Children and Youth Services), 교육부(Ministry of Education) 공동으로 향후 10년간의 포괄적 정신건강·중독 전략, 'Open Minds, Healthy Minds'를 발표하였다(OMHLTC, 2011). Open Minds, Healthy Minds 전략[4]은 주로 예방과 조기개입강화, 서비스격차 해소, 서비스 접근성 향상 등을 강조하며 정신건강서비스체계 전반의 광범위한 개혁을 지향하였다. 예방과 조기개입을 강조하는 전략적 특성으로 초기 3년은 아동·청소년에 대한 서비스 확대에 초점을 맞추고 이후 청소년-성인 간 서비스 전환이 원활하게 이루어지는 체계를 마련하고자 하였다. 후속적으로 온타리오의 모든 주민이 일반적인 만성질환을 관리하듯 정신건강서비스의 접근성을 향상시키는 전략을 제시하였다.[5] 2014년 11월에는 Open Minds, Healthy Minds 두 번째 단계를 발표하고 정신건강증진 및 조기개입 전략 이외에 주거 및 고용지원 확대, 사법체계와의 연계, 시의적절한 서비스 제공, 주민 욕구와 서비스 품질에 기반한 재정개혁을 추진하였다(OMHLTC, 2014).

온타리오의 포괄적 정신건강 전략은 정신질환자에 대한 접근방식에도 반영되어 있다. 2018년 온타리오의 '정신건강증진사업지침(Mental Health Promotion Guideline 2018)'은 정신건강과 정신질환의 개념을 구분하여 설명하고 있는데, 두 개념은 각각 명확히 구분되기도 하지만 지역사회 내에서 상호 교차하며 공존하고 있으므로 정신건강 증진-예방-치료의 포괄적 스펙트럼 내에서 정신질환을 다루어야 한다고 명시하고 있다. 특히 정신질환을 당뇨, 고혈압과 같은 만성질환과 동일하게 취급하도록 하였다(OMHLTC, 2018).

온타리오의 정신건강정책은 보건장기요양부(Ministry of Health and Long-Term Care, MHLTC)

---

4) Open Minds, Healthy Minds 4개 전략목표: 1) 모든 온타리오 거주민의 정신건강 및 웰빙 향상, 2) 건강하고, 탄력적이며, 포용적인 지역사회 구축, 3) 정신건강 및 중독 문제에 대한 조기 개입, 4) 시기적절한, 고품질의, 통합적인, 사람중심의 서비스제공

5) Mental Health and Addiction[Ontario Ministry of Health and Long-term Care 홈페이지: http://www.health.gov.on.ca]. 최종수정일 2018.12.12. 최종방문일 2021.3.28.

에서 관할하고 있다. 정신장애인의 권리와 관련하여 심의를 하는 행정조사위원회는 두 개가 있는데 하나는 동의 · 능력심사위원회(Consent and Capacity Board, CCB)이며, 또 다른 하나는 온타리오심의위원회(Ontario Review Board, ORB)이다. 동의 · 능력심사위원회(CCB)는 정신건강법, 보건의료서비스동의법, 대리의사결정법, 개인건강정보보호법, 강제혈액검사법에 관한 사안을 심의하며, 온타리오심의위원회(ORB)는 캐나다 형법과 관련한 사안을 심의한다.

3) 온타리오 정신장애인 치료 관련 법률

온타리오 정신건강정책의 법적 근거는 연방정부의 캐나다보건법(Canada Health Act)과 주정부의 건강증진법(Health Protection and Promotion Act), 환자우선법(Patients First Act), 환자억제최소법(Patient Restraints Minimization Act), 장기요양원법(Long－term Care Home Act) 등 일반 보건체계 관련 법률과, 범죄와 관련된 정신장애인의 구금, 석방에 관한 캐나다 형법(Criminal Code of Canada)을 기반으로 한다. 정신장애인의 치료와 관련한 온타리오 주의 법령은 정신건강법(Mental Health Act), 보건의료서비스동의법(Health Care Consent Act), 대리의사결정법(Substitute Decisions Act), 개인건강정보보호법(Personal Health Information Protection Act)이 대표적이다.

(1) 정신건강법(Mental Health Act, MHA)

온타리오 모든 정신과시설에 적용되는 정신건강법(MHA)은 1967년에 제정되었으며 몇 차례 주요한 법 개정을 거쳐 왔다. 처음 법을 제정할 때는 정신장애인의 복지보다 '위험성(dangerousness)'에 근거하여 환자와 타인의 안전을 지키는 데 목적을 두었다. 때문에 강제 정신감정이나 강제 수용에 초점이 맞추어져 정신장애인이 권리보장절차에 관한 규정은 법에 명시되어 있지 않았다. 이후 비자의입원 기준의 모호함이 지적되면서 1978년에 정신장애로 인한 자타의 '심각한 신체적 위해(serious bodily harm)'와 '당사자의 긴박하고 심각한 육체적 손상(imminent and serious physical impairment of the person)'이 초래될 경우에만 비자의입원이 가능하도록 법이 개정되었다.[6] 이후에도 소소한 법 개정이 있기는 하였으나 위 기준은 큰 변화 없이 90년대 말까지 지속되었다. 1990년대에는 정신장애인에게 권리자문을 제공하고, 병원 행정가에게 비자의 입원절차 준수의무를 부과하는 등 환자의 법적권리 보호를 위한 법 개정이 추진되었다(Hartford et al., 2003).

2000년에 온타리오 정신건강법에 획기적인 개정이 이루어졌다. 1995년 오타와의 스포츠 방송 캐스터였던 Brian Smith가 정신장애인에 의해 살해된 사건을 계기로 온타리오에서 정신장애인의 강제치료가 강화되는 방향으로 정신건강법 및 보건의료서비스동의법이 개정된 것이다(Caulfield & Von Tigerstrom, 2002, p. 215). 2000년 법 개정으로 가족이나 경찰, 사회복지사 등의 의한 정신장애인 치료의뢰가 보다 용이해지고, 지역사회치료명령(Community Treatment Order, CTO) 제도가 법적으로 명문화되었다. 동시에 CTO 대상자가 권리옹호가와 접촉해야 한다는 점도 법으로 명시하여 권리옹호서비스가 온타리오 정신건강서비스의 한 영역으로 자리

6) 심각한 신체적 손상에 있어 '긴박한(imminent)'의 시간적 개념은 2000년 법 개정시 삭제되었다.

매김하는 계기를 마련하기도 하였다(Hartford et al., 2003).

온타리오 정신건강법은 정신감정, 비자의입원, CTO 대상 기준과 절차를 상세히 규정하고 있으며, 보호자나 재산관리대리인이 없는 입원환자에 대해서는 재정관리능력까지 신속하게 사정하고 필요한 경우 공공후견 · 신탁사무소(Public Guardian and Trustee, PGT)에 환자의 재산관리권한 위임을 요청하는 절차도 명시하고 있다. 당사자의 권리옹호 차원에서 의사가 판정한 결과(정신감정, 비자의입원, CTO 대상 판정 등)에 대해 심의를 요청할 수 있는 규정도 마련하였다.

(2) 보건의료서비스동의법(Health Care Consent Act, HCCA)

보건의료서비스동의법(HCCA)은 1992년 제정된 치료동의법(Consent to Treatment Act)이 1996년에 개정된 것으로, 온타리오 전체 보건의료시설에 보편적으로 적용되며, 16세 이상 환자의 치료서비스 동의 요구에 관한 규정을 명시하고 있다. 의사결정 무능력 환자의 치료를 보다 용이하게 하고, 치료, 입원, 개인지원서비스(일상생활지원 등) 이용에 대해 환자 본인 또는 대리의사결정자로부터 치료동의를 구하는 데 필요한 준수사항을 마련해 두었다.[7] 구체적으로 누가 환자의 대리의사결정자가 되어야 하는지, 대리의사결정자가 언제 환자를 대리하여 의사결정을 해야 하는지, 그리고 대리의사결정자가 환자를 대신해 의사결정을 할 때 적용되는 원칙은 무엇인지 규정하고 있다. 응급상황이 발생하면 환자 동의 없이 치료를 할 수 있는 근거도 명시되어 있다. 보건의료서비스동의법에 의사결정 무능력 환자의 의사결정을 대신할 대리의사결정자 목록이 규정되어 있는데 위계적 순서에 따라 의사결정대리권이 부여된다. 대리의사결정자는 환자의 희망사항과 최선의 이익을 고려하여 대리권을 행사해야 한다. 대리의사결정자가 아무도 없을 경우 최종적으로 공공후견 · 신탁사무소(PGT)가 대리의사결정자가 될 수 있다. 환자의 자율성을 보장하기 위해 환자는 치료동의 의사결정 무능력 판정결과에 이의가 있거나 동의하지 않은 치료가 시행된 경우 동의 · 능력심사위원회(CCB)에 심의요청을 할 수 있다. 위원회의 심의판정 결과에 불복할 경우에는 법원에 항소를 할 수 있는 근거도 법에 명시되어 있다.

(3) 대리의사결정법(Substitute Decision Act, SDA)

대리의사결정법(SDA)은 1992년에 제정되었으며, 의사결정 무능력자의 재산관리와 신상관리(건강관리, 의식주, 위생안전 등)에 필요한 의사결정 권한 위임과 대리인 지정에 관한 사항을 규정하고 있다. 개인이 재산관리나 개인신상관리 의사결정능력을 상실했을 때 발생가능한 상황을 대비하기 위한 법이다. 재산관리와 관련한 대상은 18세 이상이며, 개인신상과 관련한 대상은 16세 이상이다. 법에 의해 재산관리 및 개인신상관리 무능력 정신장애인의 의사결정을 대신하는 대리의사결정자를 지정하는 절차에 대해 명시하고 있으며, 대리의사결정자의 책임과

---

7) 캐나다는 의사결정 무능력자의 치료동의에 대해 두 가지 모델을 적용하고 있다. 첫 번째, 주정부모델(State model)은 주정부가 병원행정가, 의사, 준사법재판소 또는 법원에서 치료동의 의사결정을 하도록 위임 · 지정하는 것이다. 두 번째, 민간모델(Private model)은 정신질환자의 대리의사결정자가 치료동의 결정을 한다. 브리티시컬럼비아(정신과책임자), 퀘벡(법원)은 주정부모델에 해당하며, 온타리오는 민간모델에 해당한다(Gray et al., 2016; O'Reilly & Gray, 2014).

의무, 그리고 공공후견 · 신탁사무소(PGT)의 역할에 대해 명시하고 있다.

대리의사결정자 지정 방법은 세 가지가 있다. 첫 번째는 당사자가 의사결정 능력을 상실하기 전에 법률적 문서를 통해 지속적 대리권을 위임하는 경우이며, 두 번째는 의사결정능력 상실 전에 지속적 대리권을 위임하지 않았을 때 일정자격을 갖춘 평가자가 당사자의 재산관리 및 신상관리능력을 평가하고 그 결과에 따라 법정후견인을 지정한다. 세 번째는 다른 대안이 없을 때 법원에서 대리인을 지정하는 것이다(Ontario Ministry of Attorney General, 2000).

(4) 개인건강정보보호법(Personal Health Information Protection Act, PHIPA)

온타리오 정신건강 관련 법체계는 2004년 개인건강정보보호법(PHIPA)이 도입되면서 또 한 번 변화의 계기를 맞이하였다. 개인건강정보보호법은 병원을 포함한 건강서비스제공기관의 건강정보관리자가 환자에 대한 개인건강정보를 수집, 활용, 공개할 때 고려해야 하는 사항에 대해 규정하고 있다. 개인건강정보보호법 역시 기본적으로 당사자의 '동의'에 기반한다. 법에 따라 응급상황 등 법에 규정된 예외상황을 제외하면 당사자의 개인건강정보를 수집, 활용, 공개하기 위해서는 당사자의 동의를 구해야 하며 당사자는 언제든 개인건강정보 수집, 활용, 공개 동의를 철회할 수 있다. 심각한 위험을 초래하는 상황이 아니라면 모든 환자는 개인건강정보보호법에 의해 자신의 의료기록에 접근할 수 있으며, 내용을 검토하고 부정확한 정보를 수정할 수 있다. 개인건강정보보호법보다 정신건강법, 형법 조항이 우선하므로 정신장애인에 대한 비자의 검진과 사정평가, 구금과 관련하여 당사자 동의 없이 개인건강정보의 수집, 활용, 공개가 가능하다.

2. 온타리오의 정신질환자 비자의입원

온타리오 주의 정신질환자 비자의입원은 정신감정신청, 입원치료 여부 평가, 환자 또는 대리의사결정자의 동의, 입원 그리고 재진단, 재입원 또는 퇴원의 절차로 진행된다. 정신질환자의 입원절차는 앞서 살펴본 정신건강 관련 법률에 근거를 두고 있는데, 특히 정신건강법에 입원 절차와 관련한 주요 규정이 명시되어 있다. 온타리오 정신건강법은 정신질환의 개념을 '마음의 어떠한 질병이나 장애'로 광범위하게 정의하고 있으며, 정신과시설은 '정신질환자의 관찰, 돌봄, 치료를 위해 보건장기요양부 장관이 지정한 기관'으로 정의하고 있다. 환자의 개념은 '정신과시설에서 관찰, 돌봄, 치료가 필요한 사람'으로 정의하고, 환자의 입원동의에 따라 자의환자, 비공식환자, 비자의환자로 구분한다. 가능한 한 환자의 동의를 구하도록 권고하고 있으나, 당사자가 지속적으로 입원을 거부할 경우 의사는 정신장애인의 입원치료 필요성을 평가하고, 법에서 정한 기준을 충족하면 비자의환자로 강제입원치료를 할 수 있다.

정신질환자의 정신감정의뢰, 정신감정진단, 입원절차 등과 관련한 법적 근거의 내용은 입원절차와 관련한 다양한 '양식(Form)'에 그 내용이 반영되어 있다. 예를 들면, 의사가 대상자의 정신감정을 신청할 때 [양식 1]을 작성하며, 관할구역 치안판사의 명령으로 강제구인이

| 그림 1 | 온타리오의 정신질환자 비자의입원 절차

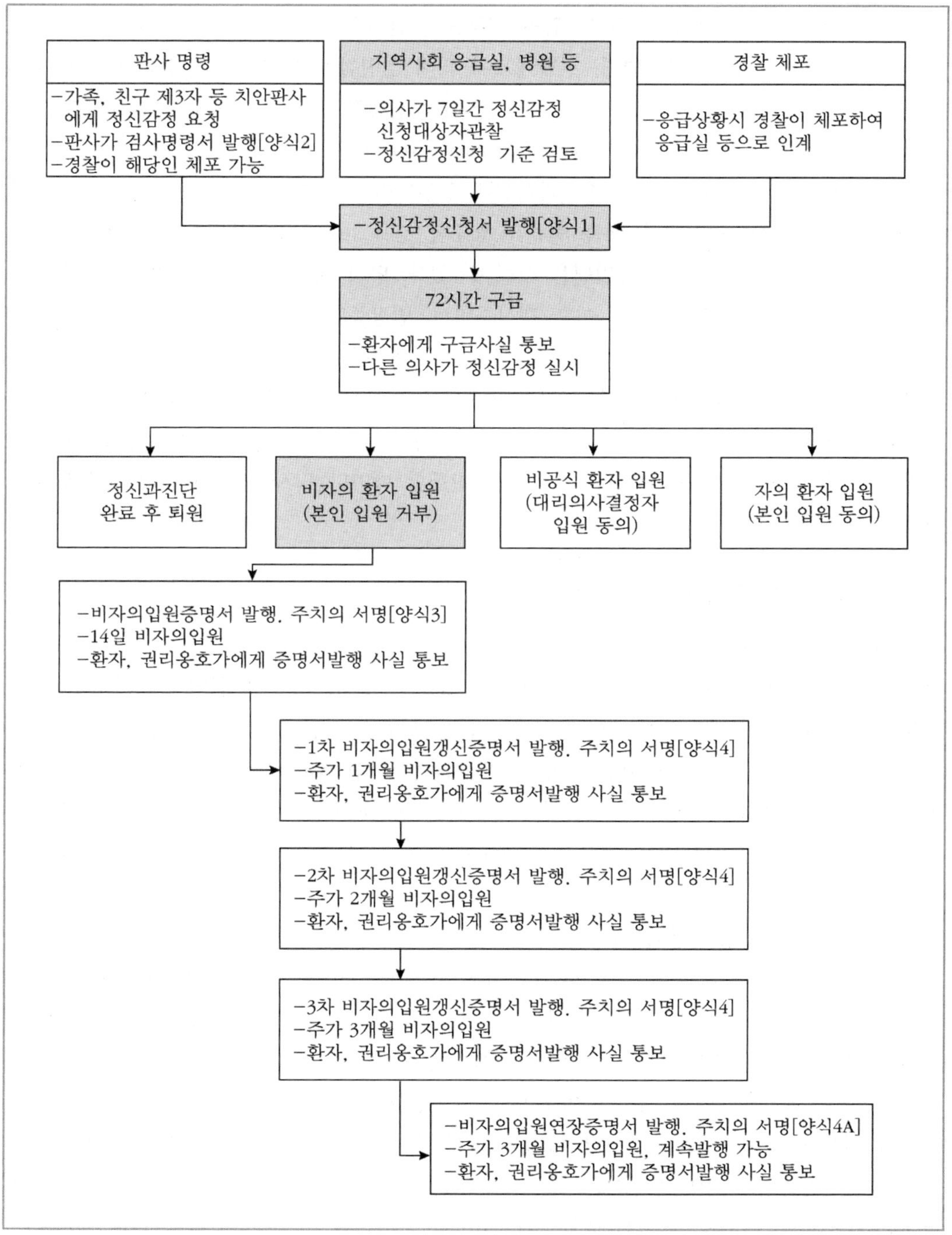

필요한 경우 [양식 2]가 활용된다. 또한 정신질환자인의 비자의입원 과정에서는 [양식 3], [양식 4], [양식 4A]가 활용된다. 해당 양식에는 정신질환자가 강제로 정신감정이나 입원치료를

받아야 할 필요가 있을 때 충족해야 하는 기준이 체크리스트로 명시되어 있다.[8)]

정신질환자의 정신감정과 비자의입원 절차를 개괄적으로 살펴보면 [그림 1]과 같다. 지역사회 응급실이나 병원, 판사명령, 경찰체포에 의해 정신감정신청이 되면 정신과시설에서는 당사자를 72시간 동안 구금하고 정신감정을 한다. 정신감정 결과, 입원치료가 필요하다고 판단되면 당사자는 본인동의 하에 자의환자(voluntary patient)로, 또는 대리의사결정자의 동의하에 비공식환자(informal patient)로 정신과시설에 입원한다. 그러나 의사가 판단하기에 입원이 필요함에도 불구하고 당사자가 계속 퇴원을 요구할 경우 비자의입원증명서를 발행하고 비자의환자(involuntary patient)로 강제입원을 시킬 수 있다. 당사자는 최초 비자의입원증명서 발행 후 14일간 강제입원을 하게 되며, 이후 갱신증명서, 연장증명서를 발행하며 강제입원 기간을 연장할 수 있다. 갱신증명서는 3차까지 발행이 가능하지만, 연장증명서는 횟수의 제한 없이 발행할 수 있다. 비자의 입원, 갱신, 연장 증명서를 발행하기 위해서는 반드시 의사가 직접 환자를 진단해야 하며, 진단 결과에 따라 자의입원이나 비공식입원으로 환자지위를 변경하거나 퇴원을 시킬 수 있다. 정신과시설은 증명서를 발행할 때마다 당사자와 권리옹호가에게 해당 내용을 통보해야 한다.

1) 입원 대상 및 절차

(1) 정신감정신청

정신질환자의 비자의입원은 정신감정신청으로 시작된다. 의사, 법원명령, 경찰체포 등에 의해 정신감정신청이 가능하며, 정신감정신청서 발행 후 72시간 동안 대상자를 구금할 수 있는 권한이 정신과시설에 부여된다. 만약 정신과시설이 아닌 기관에서 정신감정신청서를 발행한 경우 법에서 규정한 정신과시설로 즉시 당사자를 이송해야 한다. 정신감정은 정신감정신청서를 발행한 의사가 아닌 다른 의사가 수행해야 하며, 정신감정 후 입원치료의 필요 여부를 결정한다.

가. 정신감정신청: [양식 1]

정신감정신청서(Application by Physician for Psychiatric Assessment)는 일반적으로 [양식 1]로 불린다. 정신감정신청서 작성을 위해서는 의사가 신청서 발행 전 7일 동안 환자를 직접 검사해야 한다. 검사는 지역사회, 지역병원, 임상클리닉, 응급실 어디서나 가능하다. 대개는 병원응급실이나 지역병원에서 검사가 이루어지는데, 정신감정신청서를 발행하는 의사가 반드시 정신과 의사일 필요는 없다. 정신감정신청서를 발행하는 의사는 본인이 관찰한 내용과 다른 사람들의 의견을 참고하여 신청서를 작성한다. 이때 직접 관찰한 내용과 타인의 의견을 참고한 내용을 명확히 구분하여 명시해야 한다. 의사가 신청서에 서명함으로써 정신감정신청서가 발행되면, 서명한 날로부터 7일간 특정인에게, 대개는 경찰에게 대상자를 정신과시설에 구인

8) 각 양식은 'Ontario Central Forms Repository' 홈페이지(https://www.forms.ssb.gov.or.ca)에서 검색 후 다운로드가 가능하다.

할 수 있는 권한이 부여된다. 한 번 발행된 정신감정신청서의 유효기간은 7일이므로 7일이 경과하면 신청서를 재발행해야 한다. 대상자가 구인된 후 정신과시설은 대상자를 72시간 동안 구금, 제지, 관찰, 검사 할 수 있는 권한을 부여받는다.

나. 법원명령: [양식 2]

치안판사 명령을 통해서도 정신감정신청을 할 수 있다. 가족, 친구 또는 제3자 누구라도 관할지역 법원에 구두 또는 서면으로 정신감정이 필요한 사람에 대한 정보를 제공할 수 있다. 법원은 제공된 정보에 합리적인 근거가 있다고 판단하면 정신감정을 위한 검사명령서(Order for Examination, [양식 2])를 발행하고 경찰에 강제구인 명령을 내린다. 검사명령서가 접수되면 경찰은 7일 이내에 해당인을 '즉각(forthwith)', '적절한 장소(appropriate place)'로 구인할 수 있는 권한을 부여받는다. 적절한 장소는 대개 병원 응급실이지만 경우에 따라 지역병원도 가능하다. 하지만 검사명령서로 해당인을 병원에 구금할 수 있는 권한이 부여되는 것은 아니므로, 필요할 경우 병원은 정신감정신청서를 발행하여 대상자를 72시간 동안 구금할 수 있다.

다. 경찰 체포

정신건강법에 따라 경찰관은 별도의 양식 작성이나 법원 명령 없어도 대상자를 체포하여 정신감정 신청을 할 수 있다. 법원을 통해 검사명령서을 발행하는 동안 위험한 상황이 초래될 수 있다고 판단되는 경우 경찰관은 해당인을 체포할 수 있다. 대상자가 이상하게 행동한다는 합리적인 근거가 있고, 정신감정신청 기준을 충족한다고 판단될 때 체포가 가능하다. 정신감정을 위해 대상자를 병원으로 데려간 경우 경찰은 대상자가 시설에 안전하게 보호 또는 구금될 때까지 현장에 남아 있어야 한다.

라. 그 외 법원 명령

범죄와 관련하여 정신질환이 있는 것으로 보일 경우 판사는 대상자를 병원으로 보내 정신감정을 받도록 명령할 수 있다. 이를 위해 판사는 '정신감정을 위한 출석명령서(Order for attendance for examination, [양식 6])'를 발행하거나 '입원명령서(Order for admission, [양식 8])'를 발행한다.

(2) 정신감정신청 기준

정신감정신청 기준은 정신건강법 제15조에 규정되어 있으며, 정신감정신청서 [양식 1]에도 명시되어 있다. 의사가 대상자를 직접 검진해야 하고 진단소견에 대한 합리적인 이유를 제시해야만 한다. 정신감정진단 기준은 크게 두 가지로 구분되는데, 정신감정신청서에 명시되어 있는 그대로 「박스 A」, 「박스 B」로 불린다. 「박스 A」는 '심각한 위해성 검사(serious harm test)'로 알려져 있다. 1) 과거나 현재, 그리고 2) 미래를 구분하여 평가한다. 대상자가 자신과 타인에게 심각한 위해를 가하거나 자신을 돌볼 능력이 부족하다고 보이는 경우(과거나 현재 상태) 그리고 대상자가 정신질환으로 인해 자신과 타인에게 심각한 신체적 위해를 가할 가능성이 있거나 자신에게 신체적 손상을 가할 가능성이 있는 경우(미래 가능성)가 해당된다. 과거나 현재의 위험 평가, 미래의 위험 가능성 평가영역에서 각각 한 가지씩 해당되면 「박스 A」 '심각한 위해성 검사' 기준을 충족한 것으로 본다. 「박스 B」는 2000년 정신건강법이 개정되면서 추가된 내용으로, 의사결정 무능력 및 기타 세부기준으로 구성되어 있다. 1) 자타에 심각한 위해나 손상을 초래하는 정신질환으로 과거 치료를 받은 경험이 있고, 2) 치료로 증상이 호전된 적이 있으며, 3) 치료경험이 있는 정신질환으로 지금 현재 고통 받고 있고, 4) 자타의 심각한 위해 가능성이 있고, 5) 치료동의 의사결정 무능력자로 판단되는 경우, 위 다섯 가지에 모두 해당되면 「박스 B」 기준을 충족한다고 본다. 핵심은 당사자가 과거 치료로 호전된 경험이 있는 정신질환을 치료하지 않고 방치하여 현재 고통을 받고 있다는 것이며, 심각한 자타해 위험은 반드시 정신질환과 관련이 있어야 한다는 것이다. 또한 현재 당사자에게 치료동의 능력이 없어 대리의사결정자가 치료동의를 대신하고 있어야 한다.

정리하면, 「박스 A」와 「박스 B」 두 가지 중 한 가지만 충족하면 정신감정 대상이 된다. 「박스 A」의 심각한 위해성 검사 기준은 과거나 현재의 위험, '그리고' 미래의 위험가능성 기준에 모두 한 가지씩 충족해야만 하며, 「박스 B」는 「박스 A」와 달리 다섯 가지 기준을 모

┃표 1┃ 정신감정신청 기준(정신건강법 15조)

「박스 A」 또는 「박스 B」 기준 충족 시 정신감정신청 대상
「박스 A」 기준: 심각한 위해성 검사 기준
15조(1) 의사가 합리적인 근거를 가지고 다음과 같이 판단한 경우 (a) 자신에게 심각한 신체적 위해를 가했거나, 위해를 가하는 경우 (b) 타인에게 심각한 신체적 위해를 가했거나, 위해를 가하는 경우, 또는 (c) 자신을 스스로 돌볼 수 있는 능력이 부족했거나, 부족한 경우 그리고 추가로 정신장애로 인해 다음의 결과가 초래될 가능성이 있다고 판단한 경우 (d) 자신에게 심각한 신체적 위해를 가할 가능성 (e) 타인에게 심각한 신체적 위해를 가할 가능성, 또는 (f) 자신에게 심각한 육체적 손상을 가할 가능성
「박스 B」 기준: 치료동의 의사결정무능력 및 기타 구체적 기준
15조(1.1) 의사가 합리적인 근거를 가지고 다음과 같이 판단한 경우 (a) 치료하지 않을 때, 자신이나 타인에게 심각한 신체적 위해를 초래할 수 있거나, 상당한 정신적 · 신체적 악화나 심각한 육체적 손상을 초래하는 지속적이고 반복적인 정신질환으로 치료를 받은 경험이 있음. 그리고 (b) 치료를 받으면 임상적인 향상의 결과를 보여 왔음 그리고 추가로 의사가 다음과 같은 견해를 보이는 경우 (c) 이전에 치료를 받은 적이 있는 정신장애나 이전과 유사한 정신질환을 겪고 있는 것이 분명해 보임 (d) 정신질환 이력과 현재 상태를 감안할 때, 자신이나 타인에게 심각한 신체적 위해를 가하거나 상당한 정신적 · 신체적 악화, 또는 심각한 육체적 손상을 입할 가능성이 있는 것으로 보임 (e) 보건의료서비스동의법(HCCA)에 따라, 정신과시설 치료에 대한 동의가 불가능하여 대리의사결정자로부터 치료동의를 받았음

두 충족해야만 한다. 정신감정 대상자는 정신감정신청서가 발행된 것에 대해서는 이의신청을 할 수 없다.

(3) 입원환자 유형

대상자가 정신감정신청 기준「박스 A」,「박스 B」중 한 가지를 충족하면 의사 1인의 서명으로 정신감정신청서가 발행된다. 정신감정신청서가 발행되면 정신과시설에서는 72시간 동안 대상자를 구금할 수 있다. 72시간 동안 정신과의사는 대상자를 검진하고 정신과시설에서 치료나 감독을 받아야 할 필요가 있는지 결정한다. 의사가 72시간 내에 정심감정을 완료하지 않으면 대상자를 퇴원시켜야 한다. 정신감정을 위해 구금하고 있는 시간은 치료에 해당되지 않는다. 정신감정을 위한 구금기간에도 치료를 할 수 있기는 하지만, 당사자 동의 없이는 치료를 할 수 없다.

정신감정 결과 입원치료가 불필요하다고 판단되면 구금 해제되어 지역사회로 되돌아가고, 입원치료가 필요하다고 판단되면 다양한 환자지위를 가지고 입원치료를 받게 된다. 입원치료가 필요한 환자는 비공식환자, 자의환자, 비자의환자로 구분한다. 환자가 병원에 입원하게 되면 규정된 양식을 통해 환자가 어떠한 경로로 입원한 것인지 환자지위에 대해 알려주어야 하며, 개인건강정보에 환자지위와 동의 여부 등 관련 내용을 기록해야 한다.

정신건강법에 의하면 '비공식환자(informal patient)'는 보건의료서비스동의법에 의해 본인이 아닌 타인의 동의 하에 정신과시설에 입원한 환자를 말한다. 비공식환자의 개념에는 환자의 치료동의 의사결정능력이 제한적이라는 점이 반영되어 있다. 따라서 환자가 아닌 다른 사람, 즉 대리의사결정자가 환자 대신 치료동의를 한다. 대리의사결정자는 대부분 친인척이다. 병원관리자는 비공식환자에게 3개월마다 환자지위에 대해 규정된 양식으로 통지해야 하며 권리옹호가에게도 해당 내용을 통보해야 한다.

정신건강법에서는 '자의환자(voluntary patient)'의 개념을 정의하고 있지는 않지만 비공식

표 2 자의환자 예시

1. 환자 스스로 병원치료가 필요하다고 생각하여 입원한 것으로 보여지는 경우(예: 환자 스스로 병원을 찾고 의사가 병원치료가 필요하다고 동의한 경우)
2. 정신감정신청서 [양식 1], 비자의입원증명서 [양식 3], 비자의입원갱신증명서 [양식4] 효력이 만료된 경우(예: 병원입원 72시간이 경과하여 정신감정신청서의 효력이 만료될 때까지 의사가 비자의입원증명서를 작성하지 못한 경우, 의사가 비자의원증명서 또는 갱신증명서를 갱신하지 않은 경우)
3. 비자의입원증명서가 만료되기 전에 의사가 환자의 지위를 비자의환자에서 자의환자로 변경한 경우(예: 비자의입원증명서가 만료되기 전, 의사가 환자상태가 더 이상 비자의환자 기준을 충족하지 않는다고 판단하여 비자의입원증명을 취소하고 환자지위변경서를 발행하여 환자지위를 자의환자로 전환한 경우)
4. 의료환자로 병원에 입원하였으나 정신과치료가 필요하다고 판단되는 경우(예: 환자가 가슴통증으로 심장외과 환자로 병원에 입원했으나 의사가 정신과치료가 필요하다고 판단하여 이를 환자에게 알리고, 환자도 정신과환자로 입원하는 것에 동의한 경우)

환자, 비자의환자와 대비되는 개념으로 설명하고 있다. 자의환자는 병원입원치료가 필요한 환자 중 본인이 입원치료에 동의한 경우가 해당된다. 따라서 자의환자는 정신과시설의 입·퇴원을 스스로 의사결정할 능력이 있는 환자이다. 자의환자는 정신과시설에서 관찰, 돌봄, 치료에 대해 선택할 수 있다. 자의환자가 되기 위해서는 병원입원에 동의해야 하는데 [표 2]의 예시에 제시된 바와 같이 강제구금이 가능한 여러 증명서의 효력이 만료된 경우에는 환자동의가 있으면 자의환자로 병원입원치료를 계속할 수 있다.

'비자의환자(involuntary patient)'는 정신과의사의 정신감정 결과에 따라 특정기준을 충족하여 구금·입원된 환자를 의미한다. 비자의환자는 병원에 강제구금되지만 비공식환자나 자의환자는 병원에 구금할 수 없도록 정신건강법에 명시되어 있다. 따라서 비공식환자, 자의환자는 본인 의사에 따라 병원을 나갈 수 있다. 하지만 병원을 나가고자 할 때는 병원을 나가도 된다는 의사의 소견이 있어야 하며, 그에 따라 비자의환자로 지위가 변경될 수 있다. 자의환자가 병원을 나가려고 할 때 정신과시설은 환자를 구속할 법적 권한은 없지만 환자가 비자의환자 조건을 충족하지 않음을 확인하기 위해서는 퇴원을 저지할 수 있다. 자의환자임에도 불구하고 의사, 간호직원과 사전 논의 없이 병원을 나가려고 하면, 의사는 환자가 지속적인 진단 기준에 부합하는지 판단하기 위해 정신감정신청서를 발행할 수도 있다. 또한 병원정책에 따르지 않고 퇴원할 경우 의사소견에 반해 퇴원한다는 서류에 서명을 요구받을 수 있으며, 이후 동일 병원에서 서비스를 이용하기 어려울 수 있다. 자의환자는 자신이 자의환자임에도 불구하고 병원에서 퇴원을 저지하는 것에 대해 동의·능력심사위원회(CCB)에 심의를 요청할 수는 없지만, 퇴원이 저지되는 것에 대해서는 변호사와 상담하거나, 옹호단체에 도움을 요청할 수 있으며, 정신건강법에 따라 소송도 가능하다. 또한 의사가 비자의환자로 전환하는 것에 대해서도 심사위원회 심의를 요청할 수 있다.

(4) 비자의환자 기준

비자의환자 기준은 정신건강법 제20조에 명시되어 있으며, 비자의입원증명서(Certificate of Involuntary Admission, [양식 3])에 반영되어 있다. 비자의환자 기준의 충족 여부를 판단하기 위해서는 반드시 의사가 검사를 해야 하며, 정신과시설에서 환자를 비공식환자, 자의환자로 보호하기 어렵다는 의사소견이 있어야 한다.

비자의환자증명서에 제시된 기준은 「박스 A」 심각한 위해성 검사, 「박스 B」 치료동의 의사결정무능력 및 기타 구체적 기준이다. 전반적으로 정신감정신청기준과 유사하지만 환자가 비공식환자, 자의환자로 치료받는 것이 더 이상 적합하지 않다는 의사판단 기준이 「박스 A」, 「박스 B」에 모두 추가로 포함되어 있다는 점에 차이가 있다. 또한 「박스 A」 심각한 위해성 검사에서 미래의 위험 '가능성'만을 판단기준으로 하고 과거나 현재 위험에 대한 판단 기준을 제외한다는 점에서도 차이가 있다. 정신감정신청 기준과 마찬가지로 비자의환자 기준의 「박스 B」도 2000년 법 개정시 추가되었다. 이것은 정신감정 및 비자의입원의 근거로 '치료'가 중요한 판단기준으로 포함되었다는 것을 의미한다.

| 표 3 | **비자의입원 기준(정신건강법 20조)**

「박스 A」 또는 「박스 B」 기준 충족시 비자의입원 대상
「박스 A」 기준: 심각한 위해성 검사 기준
20조(5) 환자가 정신과 시설에서 치료를 받지 않으면, (a) 정신장애로 인해 다음의 결과가 초래될 가능성이 있다고 판단한 경우 (ⅰ) 환자에게 심각한 신체적 위해를 가할 가능성 (ⅱ) 타인에게 심각한 신체적 위해를 가할 가능성, 또는 (ⅲ) 환자에게 심각한 육체적 손상을 가할 가능성 그리고 (b) 환자가 비공식환자, 자의환자로 치료받기에 더 이상 적합하지 않은 경우
「박스 B」 기준: 치료동의 의사결정무능력 및 기타 구체적 기준
20조(1.1) 의사가 다음과 같이 판단한 경우 (a) 치료하지 않을 때, 자신이나 타인에게 심각한 신체적 위해를 초래할 수 있거나, 상당한 정신적 · 신체적 악화나 심각한 육체적 손상을 초래하는 지속적이고 반복적인 정신장애로 치료를 받은 경험이 있음 (b) 치료를 받으면 임상적인 향상의 결과를 보여 왔음 (c) 이전에 치료를 받은 적이 있는 정신장애나 이전과 유사한 정신장애를 겪고 있는 것이 분명해 보임 (d) 정신장애 이력과 현재 상태를 감안할 때, 자신이나 타인에게 심각한 신체적 위해를 가하거나 상당한 정신적 · 신체적 악화, 또는 심각한 육체적 손상을 입할 가능성이 있는 것으로 보임 (e) 보건의료서비스동의법에 따라, 정신과시설 치료에 대한 동의가 불가능하여 대리의사결정자로부터 치료동의를 받았음 (f) 환자가 비공식환자, 자의환자로 치료받기에 더 이상 적합하지 않음

「박스 A」와 「박스 B」 두 가지 중 한 가지만 충족하면 비자의환자 대상이 된다. 즉, 「박스 A」의 심각한 위해 가능성과 비공식환자, 자의환자로 더 이상 적합하지 않다는 기준을 충족하거나, 또는 「박스 B」의 여섯 가지 기준을 모두 충족해야만 비자의환자로 치료를 할 수 있다([표 3]).

(5) 비자의환자 입원, 갱신, 연장

정신감정증명서와 비자의입원증명서를 발행하는 의사는 반드시 각각 다른 의사여야 한다. 이것은 비자의입원 과정 중 다른 의사의 견해를 반영함으로써 환자의 자유를 보호하고 비자의입원 절차가 규정에 의해 운영되도록 하는 보호장치의 일환이다. 비자의입원증명서를 발행하면 환자는 비자의환자의 지위로 입원하게 된다. 비자의입원증명서 기간이 만료되기 전에 비자의입원 갱신증명서(Certificate of Renewal, [양식 4])를 발행하여 기관장에게 제출하면 비자의입원을 계속할 수 있다. 갱신증명서의 효력이 만료되기 전에 추가적으로 연장증명서(Certificate of Continuation, [양식 4A])를 발행하면 입원연장을 할 수 있다. 의사는 비자의입원, 갱신, 연장증명서를 작성할 때마다 환자를 재진단해야 한다. 비자의입원 기준 「박스 A」, 「박

스 B」 중 하나만 충족하면 입원, 갱신, 연장이 가능하다.[9]

연장증명서를 발행하면 환자는 계속 비자의환자로 강제입원이 되기 때문에 정신건강법에 연장증명서를 처음 발행할 때와 이후 매 4회차 발행 때마다 동의 · 능력심사위원회(CCB)에 자동으로 심의요청이 된 것으로 간주하는 보호조치가 마련되어 있다. 동의 · 능력심사위원회(CCB)는 비자의입원 연장과 관련한 사항을 심의한 후 정신과시설에 조치명령을 내릴 수 있다. 예를 들면, 환자를 다른 정신과시설로 이송 조치하도록 명령하거나 상황에 따라 다른 수준의 보안조치를 취하도록 명령할 수 있으며, 그 외 직업교육 등을 제공하도록 명령할 수 있다.

의사는 비자의입원증명서를 발행한 이후, 환자가 비자의입원 요건에 충족하지 않는다고 판단하면 비자의입원증명서를 취소할 수 있다. 비자의환자를 비공식 또는 자의환자로 전환하고자 하면 의사는 '비공식 · 자의 환자 변경서(Change to informal or voluntary status, [양식 5])'를 작성함으로써 환자지위를 변경한다.

(6) 비자의환자 입원기간

비자의입원증명서에 따른 비자의환자 입원 기간은 2주 이내이다. 이후 의사의 진단 결과에 따라 증명서의 갱신, 연장 절차를 거치면 비자의환자 입원기간을 연장할 수 있다. 갱신 1차시 추가 1개월, 갱신 2차시 추가 2개월, 갱신 3차시 추가 3개월까지 입원기간을 갱신할 수 있다. 3차 갱신증명서가 만료되기 전에 연장증명서를 발행하면 비자의입원을 연장할 수 있다. 연장증명서의 유효기간은 3개월이며 연장증명서 발행 횟수의 제한은 없다. 비자의입원 기간이 만료된 비자의환자는 비공식, 자의환자로 간주되어 입원치료를 계속 받을 수 있다.

(7) 재산관리능력 평가

정신건강법은 정신과시설 입원환자에 대해 즉시 재산관리능력을 평가하도록 규정하고 있다. 재산관리능력 평가는 법으로 의무화되어 있기 때문에 입원환자에게 거부권이 없다. 다만 대리의사결정법에서 정한 후견인이 있거나, 환자의 재산관리에 대해 지속적 대리권을 위임받은 대리인이 있는 경우는 재산관리능력 평가 규정의 적용을 받지 않는다.

대리의사결정법에 의하면 '재산관리 무능력'이란 첫째, 환자가 재산관리에 필요한 의사결정에 관한 정보를 이해할 수 없고, 둘째, 재산관리 의사결정에 대해 합리적으로 예측 가능한 결과를 인식하지 못하는 것을 의미한다. 환자에게 재산관리능력이 없다고 판단되면 의사는 재산관리무능력증명서(Certificate of incapacity to Manage One's Property, [양식 21])를 발행하고, 기관장은 증명서발급 사실을 공공후견 · 신탁사무소(PGT)에 통보한다. 만약 공공후견 · 신탁사무소(PGT)가 환자 재산관리권을 인수해야 할 상황이라면 기관장은 규정된 양식에 따라 환자의 재산상황을 공공후견 · 신탁사무소(PGT)에 제공한다.

정신과시설은 권리옹호가에게도 재산관리무능력증명서 발행 사실을 통보해야 한다. 권

9) 과거에는 갱신증명서로 비자의입원을 계속할 수 있었으나 2015년 12월 정신건강법이 개정되면서 연장증명서 내용이 추가되었다. 3차에 걸쳐 갱신증명서를 발행한 이후에도 계속해서 환자에게 비자의입원이 필요하다고 판단되면 연장증명서를 발행하여 강제입원을 지속할 수 있다.

리옹호가는 해당 사실을 통보받은 후 환자가 거부하지 않는 한 환자를 만나 재산관리무능력 증명서에 대한 내용을 설명한다. 또한 동의 · 능력심사위원회(CCB)에 이의를 제기할 권리가 있음을 알리고, 환자가 이의신청을 하거나 법적 서비스를 이용하고자 할 때 도움을 제공해야 한다.

의사는 환자 퇴원 전 21일 이내에 환자의 재산관리능력에 대해 재검사하고 여전히 재산관리무능력자로 판단되면 연장증명서를 발행하며, 재산관리 능력이 호전된 것으로 판단하면 증명서 발행을 취소할 수 있다.

(8) 외출, 퇴원, 무단이탈[10)]

비공식환자, 자의환자가 퇴원 후 다시 정신과시설로 복귀할 의도가 있다면 의사는 최대 3개월 동안 퇴원을 허가할 수 있다. 의사는 퇴원기간 동안 환자가 준수해야 하는 조건을 제시할 수 있으며, 환자는 주어진 퇴원기간과 복귀 조건을 따라야 한다. 이러한 방법은 입원환자가 외래환자로 전환되는 것을 돕는 방법으로 사용된다. 처음에는 낮시간 외출로 시작하여 하루 외박, 주말 외박 등을 통해 퇴원을 준비하도록 돕는다. 경우에 따라 지역사회치료명령(Community Treatment Order, CTO)보다 덜 제한적인 대안으로 이러한 방법을 사용하기도 한다.

비공식환자, 자의환자는 언제든 퇴원이 가능하지만, 비자의환자는 구금대상이기 때문에 무단으로 병원을 나갈 수 없다. 만약 병원을 무단이탈할 경우 1달 이내로 경찰 체포 등에 의해 시설, 또는 거주지 주변의 정신과시설로 보내질 수 있다. 무단이탈 후 1달 이내의 기간 동안 환자 구인이 어려운 정신과시설에서는 환자가 퇴원한 것으로 간주한다.

2) 환자 처우 및 서비스 내용

(1) 억제(Restrain)

온타리오 정신건강법은 '억제(restrain)'란 힘(직원이 누름), 물리적 방법(의자나 침대에 묶음, 격리), 화학적 방법(경구 또는 주사 약물투여)을 사용함으로써 환자나 타인에 대한 심각한 신체적 위해 발생을 방지하기 위해 필요한 경우 통제를 가하는 것으로 개념정의하고 있다. 정신건강법에 의하면 억제는 치료에 포함되지 않으며 자의환자, 비공식환자에 대해서는 정신과시설에서 억제를 할 수 없도록 하였다.

온타리오는 환자억제최소법에 근거하여 최소 억제정책을 시행하고 있다. 그러나 환자가 자타의 안전을 심각하게 위협할 가능성이 있을 때 억제가 이루어질 수 있으며, 위급상황일 경우 정신과시설은 즉각적으로 환자 억제를 수행할 의무가 있다. 정신질환자에게 억제를 가한 경우 억제방법, 환자상태, 억제장치 시작 및 종료 시간, 억제 중 관찰 횟수 등 관련사항을 의료차트에 기재해야 하며, 화학적 억제를 가했을 경우는 약물유형, 사용방법, 용량 등을 반드시 기록해야 한다.

---

10) 캐나다 정신장애인의 지역사회치료는 대체로 조건부퇴원(conditional leave)과 지역사회치료명령(CTO)의 두 가지 방식으로 운영되는데, 온타리오는 두 가지 방식을 모두 실시하고 있다(Gray et al., 2016).

억제가 이루어진 후 의사는 환자가 비자의환자 기준을 충족하는지 즉시 평가해야 하며, 환자가 비자의환자 기준을 충족하지 않으면 억제는 중단되어야 한다. 환자는 정신과시설에서 자신이 과도하게 억제를 당했다고 생각하면 변호사를 만날 수 있도록 권리옹호가 또는 관련 자와의 면담을 요청할 권리가 있다.

(2) 정신과수술(psychosurgery)

정신건강법은 비자의환자나 대리의사결정자에 의해 입원한 비공식환자, 그 외 형법에 의해 강제 구금된 환자에 대해서는 정신과수술(psychosurgery)을 시행할 수 없다고 규정하고 있다. 정신과수술은 뇌에 직 · 간접적으로 접근하여 뇌조직의 정상적인 연결을 제거, 파괴, 차단하거나 행동조절 및 정신질환 치료 목적으로 맥동전기자극(pulsed electrical stimulation)을 위해 전극을 삽입하는 수술로 정의할 수 있다. 뇌상태 진단 및 치료, 그 외 간질 등 신체적 고통을 해결하기 위한 신경학적 수술은 정신과수술에 포함되지 않는다.

(3) 입원 중 통신

정신건강법은 환자가 송수신하는 통신정보의 열람이나 보류에 대해서도 규정하고 있다. 환자가 어떤 사람에게 비합리적으로 모욕적인 언사를 하거나, 통신내용이 환자에 대한 최선의 이익을 침해하는 경우, 또는 외부에서 보내온 통신 내용이 환자의 치료를 방해하거나 환자에게 고통을 준다고 보여지는 경우 정신과시설의 기관장이나 관리자는 환자의 통신수단을 열람하거나 내용전달을 보류할 수 있다. 대리인, 동의 · 능력심사위원회(CCB) 위원, 국회의원으로부터 전달된 정보는 통신정보의 열람이나 보류 규정에 포함되지 않는다.

(4) 치료시설 이송

환자는 의사 소견에 따라 다른 치료시설로 이송될 수 있다. 이때 환자의 개인건강정보 기록을 함께 이관할 수 있으며, 환자에 대한 구금 권한도 해당 시설로 이관된다. 환자가 현재 입원해 있는 정신과시설에서 제공하지 않는 치료를 요구하면 법률에 위배되지 않는 범위 내에서 치료가 가능한 병원으로 이송할 수 있다.

3) 환자의 권리보호

(1) 환자의 권리

정신건강법, 보건의료서비스동의법, 대리의사결정법, 개인건강정보보호법 곳곳에 정신장애인의 권리보호를 위한 규정이 마련되어 있다. 정신질환자가 정신건강법이나 캐나다 형법에 의한 강제구금 요건에 충족하지 않으면 정신과시설에 강제로 구금되지 않을 권리가 있으며, 자의환자나 비공식환자라면 구금되지 않고 퇴원할 수 있는 권리가 있다. 만약 비자의환자로 구금이 되었다면 정신건강법에 따라 구금사유에 대해 통보받을 권리가 있고, 의사가 발행한 관련 서류 사본을 수령할 권리도 있다. 정신건강법은 비자의입원증명서를 작성하는 이유와 비자의입원환자로의 지위 변화에 대해 환자에게 고지해야 한다고 명시하고 있다. 환자가 재산관리능력이 있으면 돈과 소지품에 대한 의사결정 권리도 있다.

정신과시설은 응급상황을 제외하고 환자동의 없이 치료를 해서는 안 된다. 보건의료서비스동의법에 의해 온타리오의 모든 건강서비스기관은 치료를 시작하기 전에 당사자 또는 대리의사결정자에게 치료동의에 대해 고지해야 할 의무가 있다. 환자는 치료를 결정하기 전에 치료동의에 필요한 정보를 제공받을 권리가 있으며, 개인건강정보보호법에 의해 개인건강정보의 수집, 활용, 공개에 대해 동의하고 자신의 정보에 접근하고 수정을 요구할 수 있는 권리도 있다.

(2) 치료동의

의사는 응급상황을 제외하면 치료를 개시하기 전에 환자로부터 치료동의를 받아야 한다. 법에서 정의한 치료동의 능력이란 1) 치료, 입원, 개인지원서비스(일생생활지원 등)에 관한 결정을 내리는 데 관련한 정보를 이해할 수 있고, 그리고 2) 그 결정으로 인한 결과를 예상할 수 있는 능력을 의미한다. 의사의 별도 판단이 없으면 모든 정신장애인은 치료동의 의사결정 능력이 있는 것으로 간주된다. 보건의료서비스동의법에서 환자동의를 필요로 하는 '치료'란 처치, 증상완화, 진단, 미용, 기타 건강관련 목적을 위해 행해지는 모든 것을 의미하며 치료과정, 치료계획, 지역사회치료계획을 포함한다. 구체적인 예로는 투약, 검진(엑스레이, 혈액 및 소변검사), 심리치료, 전기경련요법, 행동변화프로그램, 보조치료 등이 될 수 있다. 치료, 입원·입소를 위해 환자의 의사결정능력, 재산관리능력을 평가하는 등 그 외 여러 목적을 위해 환자의 '능력'을 평가하는 것은 치료로 간주하지 않는다.

정신질환자권리옹호사무소(Psychiatric Patient Advocate Office, PPAO)는 여러 가지 상황에 따른 치료동의 이슈를 설명하고 있다. 예를 들어 건강전문가팀의 치료를 받으며 전문가팀의 대표로부터 치료계획을 제안받은 환자는 '예', '아니오'만이라도 의사를 표현할 능력이 있다면 언제든지 치료를 동의 또는 철회할 수 있다. 환자는 구두, 서면 또는 행동으로도 의사표시를 할 수 있다. 예를 들어 주사 치료시 환자가 소매를 걷어 올리는 것만으로도 치료동의 의사를 전달할 수 있다. 이것을 '묵시적 동의(implied consent)'로 간주한다. 치료를 받는 동안 복용약물의 양을 조절하는 등 당초 치료계획을 크게 벗어나지 않으면 치료방법은 변경, 조정될 수 있으며 치료환경이 변경되어도 동일한 치료법에 대해서는 환자의 치료동의 효력이 유지된다. 예를 들어 정신과입원 치료에서 정신요양원으로 치료시설이 변경되어도 동일치료법을 사용하면 치료동의 효력이 유지된다. 환자가 자신 또는 타인에게 심각한 신체적 손상을 입히는 것을 예방하기 위해 환자 동의 없이 강제 약물투여가 이루어질 수 있다. 이때 약물투여는 화학적 억제이므로 치료로 간주되지 않는다. 응급 상황에서는 의사가 환자보호를 위해 환자 동의 없이 처치를 할 수 있다.

'고지된 동의(informed consent)'는 보건의료서비스동의법 하에서 규정한 치료동의 필수요소 중 하나이다. 이를 위해 의사는 치료성격, 기대효과, 치료의 물리적 위험과 부작용, 행동대응방안, 비치료시 예상가능한 결과 등 치료와 관련한 모든 정보를 환자에게 제공해야 한다. 환자가 제공된 정보를 이해하기 어려울 경우 의사에게 추가정보를 요구하거나 관련 자료제공을 요청할 수 있다. 또한 환자는 제공된 정보를 이해하는 데 도움을 얻기 위해 친구, 가족, 권리옹호가와의 면담을 요구할 수도 있다. 동의는 반드시 치료와 관련이 있어야 하며 환자에게 고지되어야 한다. 또한 동의는 자발적이어야 하며 속임이나 잘못된 설명을 통해 구해서는 안 된다.

(3) 대리의사결정자

정신질환자가 치료동의 의사결정 무능력자로 판단되면, 의사는 대리의사결정자(Substitute Decision Makers, SDMs)를 찾아 치료동의를 받아야 한다. 보건의료서비스동의법에 대리의사결정자 목록이 제시되어 있는데 가장 우선순위가 높은 사람 순으로 대리의사결정자를 결정한다. 대리의사결정자가 동일한 우선순위에 두 사람 이상이 있을 때는 두 사람이 함께 의사결정을 하거나, 둘 중 한 사람이 대리의사결정자가 될 수 있다. 두 사람이 대리의사결정을 할 때 의견이 상충되면 공공후견 · 신탁사무소(PGT)의 의견을 구할 수 있다.

정신건강법 하에서 '능력'이 있다는 것은 당사자가 첫째, 의사결정과 관련한 정보를 이해하고, 둘째, 의사결정 후 합리적으로 예상되는 결과에 대해 이해할 수 있는 상태를 의미한다. 만약 합리적인 판단근거가 없으면 당사자에게 치료동의 의사결정능력이 있는 것으로 간주한다. 당사자는 일부 사안에 대해서는 치료동의가 불가능하지만 또 다른 사안들에 대해서는 치료동의 능력이 있는 것으로 판단되기도 한다. 따라서 당사자의 '능력'은 시간에 따라 유동적인 것으로 간주된다.

대리의사결정자는 법률에 명시된 대리의사결정 관련 규정을 준수해야 한다. 당사자가 16세 이후에 의사결정능력이 있을 때 자신의 치료에 대해 바라는 바를 표현했다면 대리의사결정자는 그 의사를 존중하여 의사결정을 해야 한다. 이때 과거 희망사항은 구두나 문서, 변호사를 통해 표현된 것일 수 있다. 만약 희망사항을 표현하지 않았다면 당사자에게 최선의 이익을 도모하는 방법으로 의사결정을 해야 한다. 대리의사결정자는 만약 당사자가 의사결정능력이 있다면 가지고 있을 것으로 보이는 가치와 신념을 고려하고, 현재 확인가능한 당사자의 소망, 그리고 당사자의 삶의 질을 더욱 악화시키지 않는 방법은 무엇인지 등을 고려하여 대리의

| 표 4 | 대리의사결정자 우선순위(보건의료서비스동의법 20조(1))

1. 치료동의 권한을 부여받은 후견인
2. 치료동의 권한을 위임한 개인신상관리 대리인
3. 치료동의 권한이 부여된 동의 · 능력심사위원회(CCB) 위촉 위원
4. 배우자나 파트너
5. 자녀(16세 이상) 또는 부모
6. 접근권이 있는 부모
7. 형제 · 자매
8. 기타 친척 (혈족, 결혼, 입양 등에 의한 친척)

※ 그 외 적합한 대리의사결정자가 없는 경우, 공공후견 · 신탁사무소에서 지정한 법정후견인

사결정을 해야 한다.

만약 대리의사결정자가 법에 명시된 의사결정 규정을 따르지 않으면, 의사는 동의 · 능력심사위원회(CCB) 심의를 요청할 수 있다. 또한 대리의사결정자나 의사가 과거에 표현한 당사자의 희망사항을 명확히 파악하기 어렵거나 다른 대안이 필요하다면 동의 · 능력심사위원회(CCB)에 심의를 요청할 수 있다. 대리의사결정자나 의사가 환자의 희망사항을 이해하지 못했거나 그에 반하는 결정을 하려고 하면 환자는 동의 · 능력심사위원회(CCB)에 심의를 요청할 수 있다. 의사와 대리의사결정자가 심사위원회에 심의를 요청할 때 당사자 역시 심의에 참여할 수 있다. 당사자는 심사위원회가 지침을 내리는데 필요한 정보를 제공하기 위해 심의회에서 발언을 할 권리가 있다. 당사자가 대리의사결정자의 결정에 동의할 수 없다면, 당사자는 의사가 자신을 의사결정무능력자로 판단한 것에 대해 심사위원회에 심의를 요구할 수 있으며, 다른 대리의사결정자 선임을 요구할 수도 있다. 당사자가 스스로 개인신상관리에 대한 권한위임장을 작성할 수 있다면, 당사자는 위임장을 작성하고 다른 사람을 '대리인'으로 선임할 수 있다.

(4) 권리옹호

정신건강법에는 의사가 비자의입원증명서를 작성한 후 환자의 법적지위가 변화된 것에 대해 권리옹호가에게 '즉각' 통지하도록 규정하고 있다. 온타리오에서는 정신질환자권리옹호사무소(Psychiatric Patient Advocate Office, PPAO)와 같은 기관에서 권리옹호서비스를 제공하고 있다. 권리옹호가는 병원에 고용되지 않은 사람이며, 환자 치료에 관여하지 않는다. 권리옹호가는 안내문 수령 후 즉시 환자를 만나 환자의 법적 권리와 선택사항에 대해 논의해야 한다. 예를 들어 입원환자 지위 변화에 대해 설명하고, 동의 · 능력심사위원회(CCB)에 이의를 신청할 수 있는 권리가 있음을 알려준다. 또한 환자에게 변호사를 선임할 권리가 있으며 법적 지원을 신청할 권리가 있음을 설명한다. 만약 환자가 이의제기, 변호사 선임, 법적 지원을 희망하면 권리옹호가가 그 과정을 돕는다.

권리옹호가는 환자와 나눈 대화에 대해 의사에게 전달하지 않는다. 다만 환자가 자신 또는 타인을 해할 위험이 있거나 병원탈출 계획이 있는 등 위기상황의 경우는 예외이다. 권리옹호가는 규정된 양식으로 권리자문이 수행되었다는 것만 의사에게 통보하고, 환자가 동의 · 능력심사위원회(CCB) 심의를 요청할 경우 이를 의사에게 알린다.

(5) 동의 · 능력심사위원회(Consent and Capacity Board, CCB) 심의

동의 · 능력심사위원회(CCB)는 개인의 권리와 공공안전의 균형, 그리고 당사자의 동의와 능력평가와 관련한 사안을 심의하기 위해 설립된 독립적 조사위원회이다. 동의 · 능력심사위원회(CCB)는 정신건강법, 보건의료서비스동의법, 대리의사결정법, 개인건강정보보호법, 강제혈액검사법에 근거하여 심의를 개최한다. 심의신청서가 접수되면 7일 이내에 심사위원회를 소집한다. 심사위원회의 위원은 변호사, 정신과의사, 간호사, 의사, 공익 위원 등이다.[11)] 심사위원

11) How do I Become a Member of the Consent and Capacity Board? [CCB 홈페이지: http://www.ccboard.

회는 1명, 3명 또는 5명으로 구성될 수 있는데, 만약 1명이 위원으로 구성하면 변호사가 심사위원회를 개최한다. 3명이 심사위원회를 구성할 경우에는 변호사, 의사(정신과의사 포함) 또는 간호사, 그리고 그 외 공익위원이 참여하며, 5명이 심사위원회를 구성하면 변호사, 의사 또는 간호사, 그 외 다른 3명의 공익위원이 참여한다. 심사종료 후 1일 내에 심사내용에 대한 결정을 내린다. 당사자가 심사를 요청하면 관련 사안에 대한 입증 책임은 서비스 제공자, 즉 정신과시설에 있다. 동의 · 능력심사위원회(CCB)는 공정한 역할 수행을 할 수 있도록 'Rules of Practice and Policy Guidelines' 지침을 마련해 두었다.[12)]

정신질환자는 치료동의 의사결정, 재산관리, 개인건강정보활용 의사결정 등에 무능력자로 판단될 경우, 그리고 비자의환자로 정신과시설에 구금되거나 지역사회치료명령 대상이 될 경우 등 이의가 있을 경우 동의 · 능력심사위원회(CCB)에 심의요청을 할 수 있다. 관련 사항에 대해 권리자문을 받을 권리도 있으며, 필요한 경우 '온타리오 법률지원서비스(Legal Aid Ontario)'로부터 법률적 지원을 받을 수도 있다. 비자의입원환자는 비자의 입원, 갱신, 연장증명서가 발행될 때마다 이의신청을 할 수 있다. 심사위원회 심의는 당사자(또는 대리의사결정자), 주치의, 기관장, 장관(보건장기요양부) 등이 참여할 수 있다. 심사위원회 심의 결과 만약 비자의입원 결정이 무효화되면 환자는 자의환자가 된다. 심사위원회 결정은 서면으로 환자에게 통보된다. 환자가 심사위원회 심의 결정에 대한 사유를 알고 싶으면 30일 내에 관련 사항을 요청해야 하며, 심사위원회는 4일 내에 서면으로 심사위원회의 결정 사유를 제공해야 한다. 심사위원회 심의 결과에 이의가 있을 경우 환자는 법원에 항소할 수 있는데, 위원회 결정을 통보받은 후 7일 내에 법원에 관련 서류를 제출해야 한다. 항소가 진행되는 동안에는 치료가 진행되지 않는다. 다만 항소 이전에 이미 치료조치가 된 경우는 계속해서 치료가 가능하지만, 새로운 치료시작은 불가능하다. 심사위원회 심의를 개최하더라도 환자가 자신과 타인에게 심각한 신체적 위해의 가능성이 있을 경우 기관장은 임의조치로 심사위원회 명령을 따르지 않을 수 있다. 임시조치가 취해질 경우 환자의 개인건강정보 기록에 명확히 기재하고 환자에게 즉시 서면통지하며, 임시조치 7일이 경과하면 심사위원회에 신청하여 심사위원회 명령을 변경 또는 취소해야 한다.

동의 · 능력심사위원회(CCB) 심의 결정 후 정신과시설에 조치 명령을 내릴 수 있는데, 정신건강법에는 이때 고려해야 하는 몇 가지 사항을 규정하고 있다. 가장 우선적인 고려사항은 대중의 안전이다. 그 외 정신과시설의 역량, 환자의 정신건강상태와 사회재통합, 환자의 욕구 등을 고려해야 한다. 또한 환자의 자유가 최소한으로 제한되어야 한다는 점도 고려해야 한다.

(6) 개인건강정보 보호

개인건강정보는 개인의 신체적, 정신적 건강을 포함한 개인건강력, 가족건강력, 건강서

on.ca]. 최종방문일 2021.3.28.

12) 온타리오 동의 · 능력심사위원회(CCB)는 모의 심의과정 동영상을 홈페이지에 게시하여 심의과정에 대한 이해를 돕고 있다.
출처: Mock Hearings [CCB 홈페이지: http://www.ccboard.on.ca]. 최종방문일 2021.3.28.

비스 이용력, 건강카드번호, 대리의사결정자 등에 대한 정보가 포함된다. 기관의 건강정보관리자(health information custodians)는 환자의 개인건강정보를 구두, 서면, 인쇄물, 전자물, 사진 등의 형태로 수집, 관리할 수 있다. 개인건강정보는 기본적으로 당사자 동의하에 수집, 활용, 공개할 수 있다. 그러나 경찰요구가 있거나 응급상황일 때, 그 외 법률에 정한 예외상황에서는 당사자 동의 없이 개인건강정보를 활용할 수 있다. 정신건강법에 따라 정신질환자의 정신감정, 진단, 관찰, 구금을 하는 경우, 형법에 따른 명령 준수를 위해서도 당사자 동의 없이 개인건강정보 활용이 가능하다.

개인건강정보보호법에 명시되어 있는 건강정보관리자가 환자의 건강정보 활용 동의 의사결정 능력을 평가한다. 입원환자의 경우 대개 의사가 개인건강정보 활용 동의 의사결정 능력을 평가하며, 그 외 서비스기관에서도 건강서비스제공자들이 정신질환자의 의사결정능력을 평가한다. 이때 개인건강정보 활용 동의 능력이란 첫째, 개인건강정보의 수집, 활용, 공개에 대한 동의결정과 관련한 정보를 이해할 수 있고, 둘째, 개인건강정보 활용 동의, 미동의, 동의철회에 따른 예측가능한 결과를 인식할 수 있는 능력을 말한다. 당사자가 개인건강정보 활용 동의 의사결정 무능력자로 판단될 경우 대리의사결정자가 개인건강정보 활용 동의를 대신한다. 의사결정 능력이 있는 정신질환자는 개인건강정보에 '잠금상자(Lock box)'를 정하여 특정 상황에서 자신의 정보를 비공개하도록 요구할 수 있다.

개인건강정보 활용 동의 의사결정 무능력자로 판단된 경우, 당사자에게 관련 내용을 통보하고, 권리옹호가와 면담을 할 수 있도록 해야 한다. 당사자가 개인건강정보 활용 의사결정 무능력자 판단 결정에 동의하지 않을 경우, 평가자에게 재결정을 요구하거나 동의 · 능력심사위원회(CCB) 심의를 요청할 수도 있다. 6개월마다 위 결정에 대해 재검토 신청을 할 수 있다.

환자는 자신의 건강정보에 접근할 권리가 있지만 정보이용을 통해 당사자의 치료회복에 심각한 해를 일으키거나, 자타에 심각한 위해 가능성이 있는 등 특정한 상황에서는 자신의 건강정보 접근권이 제한될 수도 있다. 건강정보관리자는 개인건강정보이용 요청을 받은 후 30일 내에 요청자료 제공, 자료존재여부, 자료제공거부 등의 답변을 해야 한다. 제공받은 정보가 정확하지 않을 경우 당사자는 정보수정을 요청할 수 있다. 만약 당사자가 제기한 정보수정요구가 거부될 경우 온타리오 정보기밀감독관(Information and Privacy Commissioner of Ontario, IPC)에 심의 요청을 할 수 있다. 정보기밀감독관(IPC) 심의 개최 전 환자가 자신의 건강정보기록을 검토하기 원하면 필요한 준비를 위해 건강정보관리자에게 사전통보해야 한다.

3. 온타리오의 정신질환자 지역사회치료명령

캐나다의 정신질환자 외래치료명령은 지역사회치료명령(Community Treatment Order), CTO로 운영되고 있다. 캐나다에서 CTO는 서스캐처원(1995)에서 가장 먼저 시행되었으며, 뒤이어 매니토바(1997), 브리티시콜롬비아(1999), 그리고 온타리오에서는 2000년 정신건강법 개정시 도입되었다. 온타리오 보건장기요양부는 CTO의 목적에 대해 '정신질환을 앓고 있는 사람에 대해 종합적인 치료계획을 수립하여 정신과시설보다 지역사회 내에서 치료 및 관리감독을 받을 수 있도록 하는 것'이라고 설명하고 있다. 심각한 정신질환이 있는 개인이 병원의 '회전문'을 오가는 병원기반치료(hospital-based treatment)를 받기보다 지역사회기반치료(community-based treatment)를 받도록 함으로써 덜 제약적인 치료환경에서 치료를 받을 수 있도록 하는 것으로 제도시행의 취지를 설명하고 있다.

정신건강시설에 배치되어 있는 CTO 코디네이터 또는 사례관리자가 CTO 진행과정을 조정하는 역할을 한다. 캐나다 중독정신건강센터(Centre for Addiction and Mental Health, CAMH)에 소개되어 있는 CTO 코디네이션의 서비스 내용을 보면, CTO에 필요한 양식 및 문서 작성, 권리옹호가 접촉, 종합적인 지역사회치료계획 수립, 그리고 후속적 지원서비스 연계 등의 업무를 수행하는 것으로 명기되어 있는데, 이때 중추적인 역할을 CTO 코디네이터가 담당한다.[13] CTO의 구체적인 치료내용은 정신과시설마다 다양하지만 대체로 정신과 약물 및 주사처방 이행, 정기적 검진이 포함된다. CTO는 비자의입원환자 중 지역사회 내 치료·감독에 동의한 사람을 대상으로 한다. 그러나 비자의입원환자라고 하더라도 일정기간 정신과시설에 입원한 적이 있어야 한다. CTO는 권리옹호 차원에서 기본적으로 당사자 동의를 기반으로 시행하며, CTO 시행·갱신에 이의가 있을 경우 동의·능력심사위원회(CCB)에 심의요청을 할 수 있도록 권리보호규정을 마련해 두었다.

1) 지역사회치료명령(CTO) 대상 및 절차

(1) 지역사회치료명령(CTO) 대상 기준

CTO 대상은 정신과시설에 입원하면 안정적인 상태가 되는 사람, 퇴원하면 치료나 관리감독을 중단하는 사람, 상태가 나빠지면 정신과시설에 재입원을 해야 하는 사람이다. CTO 대상에 대한 세부기준은 정신건강법 33.1조(4)에 명시되어 있다([표 5]).

지역사회치료명령서는 의사가 발부한다.[14] CTO 실행을 위해 의사는 먼저 환자가 CTO 대상 기준을 충족하는지 검토한다. 비자의입원증명서 발행과 마찬가지로 CTO 개시 전 72시간 동안 대상자를 검사해야 한다. 궁극적으로 CTO는 적절한 치료를 받지 않아 병원 입원을 반복하는 정신질환자가 충분한 치료와 감독을 지원받으며 지역사회에서 건강하게 생활할 수 있도록 하는 것이 목적이기 때문에 CTO 대상은 과거 일정기간 정신과시설에 입원했던 경험이 있어야 하며 대상자에 대한 지역사회치료계획이 사전에 수립되어 있어야 한다, 또한 대상자도 CTO를 이행할 수 있는 능력을 갖추고 있어야 하고, 지역사회 역시 CTO 실행을 위한 자원이 마련되어 있어야만 CTO를 개시할 수 있다. 이와 같이 대상자에게 치료가 필요하며,

---

13) Community Treatment Order Coordination. [CAMH 홈페이지: https://www.camh.ca]. 최종방문일 2021.3.28.

14) 정신건강법 전반에 의사(physician)라는 용어를 사용하고 있는데, 지역사회치료명령 증명서를 발부할 수 있는 의사의 범주는 정신과의사, 정신건강분야 의사, 또는 정신과시설 의사가 포함된다(출처: Mental Health Act, Regulation 1조(1) 개념정의.

| 표 5 | 지역사회치료명령(CTO) 대상 기준(정신건강법 33.1조(4))

모든 기준 충족시 CTO 대상
33.1조(4항) 아래 기준을 충족할 때 의사는 CTO를 발부 또는 갱신할 수 있음 (a) 대상자가 과거 3년 동안 다음의 상황에 있었음 (i) 과거 3년 동안 2회 이상, 또는 총 30일 이상 정신과시설에 입원한 적이 있음. 또는 (ii) 과거 CTO 대상이었던 적이 있음 (b) 대상자 또는 대리의사결정자, 의사, 그 외 치료와 관련된 사람들이 대상자에 대한 지역사회치료계획을 수립하였음 (c) 지역사회치료계획 시행 전 72시간 동안 의사가 대상자 검사를 완료하고 기타 관련 자료를 검토한 후 다음의 소견을 제시하였음 (i) 지역사회에서 생활하는 동안 지속적 치료, 관리, 감독이 필요한 정신장애로 고통받고 있음 (ii) 현재 정신과시설 환자가 아닌 경우, 정신감정신청서 [양식 1]의 조건을 충족함 (iii) 지역사회에서 지속적인 치료, 관리, 감독을 받지 않으면 정신장애로 인하여 자신이나 타인에게 심각한 신체적 위해를 가하거나 정신적, 육체적으로 상당히 악화되거나, 육체적 손상을 입을 가능성이 있음 (iv) 대상자가 CTO의 지역사회치료계획을 준수할 수 있음 (v) 대상자가 지역사회 내에서 지역사회치료명령에서 요구하는 치료, 관리, 감독을 이용할 수 있음 (d) 의사가 지역사회치료계획에 참여하는 다른 치료진과 치료계획에 대해 논의하였음 (e) 의사는 대상자 또는 대리의사결정자가 권리옹호가와 상담하고 그들의 법적 권리를 고지받았음을 확인하였음(권리옹호가가 대상자의 위치를 파악하지 못하는 경우, 또는 대상자가 권리옹호가와 상담을 거부하는 경우, 공공후견 · 신탁사무소(PGT)가 대리의사결정자인 경우는 예외로 함) (f) 대상자 또는 대리의사결정자가 지역사회치료계획에 동의하였음

그에 따른 지역사회치료계획이 수립되고 대상자 및 지역사회 모두 CTO 시행을 위한 준비가 되었을 때 CTO 개시가 가능하다.

(2) 지역사회치료명령(CTO) 절차와 기간

CTO 과정은 대상자의 의사결정 능력을 평가하는 것으로 시작된다. 평가는 개인건강정보보호법, 정신건강법 등에 명시되어 있는 개인건강정보활용, 재산관리, 치료동의 등에 관한 의사결정능력 평가결과를 기반으로 한다. 만약 의사가 판단하기에 대상자에게 의사결정능력이 없다고 판단되면 의사는 규정된 양식에 따라 대상자에게 의사결정 무능력 판단 결과를 통보하고 대리의사결정자를 찾는다. 대상자의 능력 판정을 완료한 후 의사는 지역사회치료계획(Community Treatment Plan, CTP)을 수립한다. 당사자(의사결정능력이 있는 경우) 또는 대리의사결정자(의사결정능력이 없는 경우)도 지역사회치료계획에 참여한다. 당사자가 의사결정 무능력자라고 하더라도 당사자는 자신의 치료, 감독과 관련한 사항에 대해 대리의사결정자 및 의사와 상의할 수 있다. 의사는 또한 사회복지사, 다른 의사, 지역사회서비스 관련자 등 치료계획에서 언급되는 누구와도 치료계획에 대해 논의할 수 있다. 지역사회치료계획이 수립되면, 대상자에게 'CTO 발부 및 갱신의사 통지서(Notice of Intention to Issue or Renew a Community Treatment Order, [양식 49])'와 지역사회치료계획 사본을 전달한다. 권리옹호가는 대상자와 만나 치료계획에 따른 환자의 권리와 의무를 설명하고, 당사자가 치료계획에 대해 심의를 요구하는 경우 관련 내용에 대해 설명한다. 의사결정 무능력자의 대리의사결정자도 치료계획에 동의하면 권리자문을 받을 수 있다. 이후 의사는 환자가 CTO 대상 기준에 충족하는지 여부를 결정하기 위해 검진을 실시하고, CTO 대상자 또는 대리의사결정자에게 CTO 참여 동의를 구한다. 그리고 '지역사회치료명령서(Community Treatment Order, [양식 45])'를 발부함으로써 CTO를 개시한다. CTO가 개시되면 의사는 '지역사회치료명령 발부 · 갱신통지서(Notice to Patient of Issuance or Renewal of Community Treatment Order, [양식 46])'를 당사자 또는 대리의사결정자에게 전달해야 한다. 또한 지역사회치료명령서 및 지역사회치료계획서 사본을 당사자, 대리의사결정자, 기관장 및 그 외 지역사회치료계획에 참여하는 치료진에게 전달한다.

CTO의 기간은 6개월이다. 6개월의 지역사회치료명령 기간이 만기될 때까지도 대상자가 여전히 지역사회치료명령 대상 기준에 해당되면 CTO 시행 중 또는 만료 후 한 달 이내에 CTO를 갱신할 수 있다. CTO를 갱신하면 6개월 간 기간연장을 할 수 있다.

(3) 지역사회치료명령(CTO) 종료

6개월의 CTO 기간이 종료되는 시점에 의사가 대상자를 재검사하고 더 이상의 CTO가 불필요하다고 판단할 경우 CTO를 종료한다. CTO는 중도에 종료될 수도 있는데, 첫째, 대상자가 더 이상 정신건강법에 의한 CTO 요건을 충족하지 않는다고 판단될 경우, 둘째, 대상자가 CTO에 따른 환자의 의무를 준수하지 않는 경우, 셋째, 대상자나 대리의사결정자가 지역사회치료계획 동의 의사를 철회한 경우 CTO는 조기 종료된다.

당사자 또는 대리의사결정자가 CTO 조기종료를 요청하는 경우 CTO를 발부한 의사는 당사자가 지역사회에서 치료명령 없이 생활할 수 있는지 검사하고 조기종료 여부를 검토한다. 검사 결과 지역사회에서 생활할 때 지속적 치료가 필요하지 않거나, 비자의입원의 필요성도 없으며, 치료를 하지 않아도 심각한 신체적 위해 가능성이 없다고 판단되면, 즉 CTO 기준 (c)항의 (ⅰ), (ⅱ), (ⅲ)항을 충족하지 않으면, CTO를 종료한다. 그리고 CTO 종료 사실을 당사자, 대리의사결정자 및 지역사회치료계획에 참여한 치료진에게 통보한다.

대상자가 CTO를 이행하기 어려울 경우에도 CTO는 종료될 수 있는데, 이 경우 의사는 먼저 당사자나 대리의사결정자에게 CTO 이행의 책임이 있음을 설명한다. 그래도 CTO 이행이 어렵다고 판단될 경우 의사는 법에서 정한 검사명령 발행기준의 충족여부를 판단하고 대상자에 대해 '검사명령서(Order for Examination, [양식 47])'를 발부한다. 의사가 검사명령서를 발부하면 경찰에게 30일간 대상자를 구인할 수 있는 권한이 부여된다. 대상자가 정신과시설로 구인되어 오면 의사는 정신감정신청 기준에 따라 환자를 검사하고 CTO 재개시 또는 종료에 대해 판단한다. 이전에는 검사명령서가 발부되면 CTO가 자동 종료되었으나, 2000년 법 개정을 통해 CTO가 자동종료 되지 않도록 규정하여 의사들의 행정부담을 줄일 수 있도록 하였다.

CTO는 보건의료서비스동의법의 치료동의원칙에 따라 당사자 및 대리의사결정자에게 치료동의를 요구하고 있기 때문에 CTO 대상자 및 대리의사결정자가 지역사회치료계획에 대한

❙표 6❙ 지역사회치료명령(CTO) 대상자 검사명령 기준(정신건강법 33.3조(2))

CTO 대상자 검사명령 기준: (a)와 (b) 기준 모두 충족시 검사명령 대상
33.3(2) 의사는 다음의 경우 검사명령서를 발행할 수 있음 (a) 당사자가 지역사회치료명령 대상 기준(정신건강법 33.1(4) (c) (ⅰ) (ⅱ) (ⅲ))을 지속적으로 충족하는 합리적인 사유가 있는 경우, 그리고 (b) 다음의 노력이 충분히 이루어진 경우 (ⅰ) 당사자 소재 파악을 위해 노력하였음 (ⅱ) 당사자 또는 대리의사결정자에게 치료순응에 실패하였음을 통보하였음 (ⅲ) 의사가 대상자에게 검사명령을 내릴 수 있으며 그에 따라 발생가능한 상황에 대해 당사자 또는 대리의사결정자에게 통보하였음 (ⅳ) 지역사회치료명령을 준수할 수 있도록 당사자에게 도움을 제공하였음

동의 의사를 철회할 때에도 CTO가 종료될 수 있다. 의사는 지역사회치료계획 동의 철회 의사를 통보받은 후 72시간 동안 대상자를 검사하고 CTO 재개시 또는 종료에 대해 평가한다. 환자가 검사를 거부하면 검사명령서를 발부하여 강제 구인을 할 수 있다.

(4) 지역사회치료명령(CTO) 시행과정 예시

CTO는 정신과시설 입원경험이 있는 정신질환자가 체계적인 치료계획에 따라 지역사회 자원을 활용하여 생활할 수 있도록 지원하는 것이다. 따라서 CTO 시행의 전체 흐름은 CTO 개시를 위한 준비, 그리고 지역사회에서의 개입으로 구분해 볼 수 있다. [표 7], [표 8]에 온타리오 St.Joseph's Healthcare의 CTO 시행 예시가 제시되어 있다. St.Joseph's Healthcare의 사례를 보면 CTO 개시를 위한 준비단계와 지역사회 내에서 치료개입의 구체적인 과정과 각각의 단계에서 대상자 및 대리의사결정자, 코디네이터, 의사, 권리옹호가 등의 역할이 어떠한지 파악할 수 있다.15)

❙표 7❙ 온타리오 St.Joseph's Healthcare CTO 집행 예시: (1) CTO 준비 및 개시

단계	주요 내용
1. 도입	• CTO 대상 여부 확인 • CTO 개시를 위한 회의(대상자, 대리의사결정자/가족, 사회복지사, CTO 팀원 등 참여) • 대상자 및 대리의사결정자의 CTO 참여의사 확인 • CTO 의뢰(의뢰양식작성 및 IPC 송부) • CTO 의뢰 완료
2. 준비	• 퇴원 계획 수립 • 평가사정, 지역사회치료계획 수립

15) Ontario St.Joseph's Healthcare의 'CTO 개시 및 지역사회 개입' 흐름도 요약·보완. [St.Joseph's Healthcare 홈페이지: https://www.stjoes.ca] 최종수정일 2013.8.23. 최종방문일 2021.3.28.

	• CTO 회의 준비
3. 계약 협의	• 지역사회치료계획 최종 확정 및 CTO 회의 개최 통보 – CTO 코디네이터(위원장), 대상자, 대리의사결정자/가족, 사회복지사, 지역사회치료 협력자 등 참여: 법령 및 CTO 과정 검토, 지역사회치료계획 확정, 관련자 역할 및 서명, 대상자 퇴원일 확인 – 검진 의사: CTO 발부 이전 72시간 동안 검진, [양식 49] 작성 • PPAO 권리옹호가 접촉 – 대상자, 대리의사결정자(전화), PPAO 대표자가 함께 법률 및 당사자 권리 검토. [양식 50] 작성하여 CTO 코디네이터에게 송부. 당사자의 CCB 심의 신청 여부 확인 • CTO 코디네이터가 [양식 50] 검토. CCB 관련 사항 검토
4. CTO 발부	• CTO 발부 회의 – CTO 코디네이터(위원장), 대상자, 대리의사결정자, 사회복지사, 의사 등: 법령 및 CTO 과정 검토, [양식 45], [양식 46], [양식 48] 서명. CCB 지침 확인, 사회복지사가 대상자의 지역사회 후속치료, 퇴원일 등 확인 ※ 대상자가 CCB 위원회 심의요청을 할 경우 심의 절차 준비(의사는 CTO 요약 내용을 CCB에 송부, CTO 코디네이터는 모든 관련 정보, 서류를 CCB에 팩스/이메일 송부하고 CCB 면담 예약) • CTO 코디네이터가 지역사회치료계획(CTP) 불참자 전원에게 CTO 발부 회의 자료 송부, 재정부/보건부에 관련 자료 입력 • CTO 행정지원: 자료입력 (퇴원, CTO 갱신 자료 표기 등) • 정신과시설 기관장 검토 – 수간호사는 [양식 45] 검토. 기관 담당자는 관련 서류 관리 • CTO 전환 및 후속관리 개시 – 환자퇴원

주) [양식45] Community Treatment Order
[양식46] Notice to Person of Issuance or Renewal of Community Treatment Order
[양식48] Application to Board to Review Community Treatment Order and Notice to Board by Physician of Need to Schedule Mandatory Review of Community Treatment Order
[양식49] Notice of Intention to Issue or Renew Community Treatment
[양식50] Confirmation of Rights Advice

| 표 8 | 온타리오 St.Joseph's Healthcare CTO 집행 예시: (2) 지역사회 내 치료 개입

단계	주요 내용
1. 치료계획 시행	• CTO 치료대상 지원 – 커뮤니티팀의 지원: 지역사회치료계획 이행, CTO 코디네이터의 치료계획 변경 반영(입원, 서비스제공자변경, 거주지변경 등) – CTO 코디네이터의 지원: 지역사회치료계획 기록 수정 ※ 지역사회치료계획에 따른 치료가 원활하지 않을 경우 치료팀 지원 ※ 재정신감정이 필요한 경우 [양식 47] 작성하여 정신감정 명령 요청 ※ 재입원이 필요한 경우 지역사회치료팀, CTO 코디네이터, 입원기관 사회복지사가 CTO 상황 변경에 대해 논의

2. CTO 갱신 준비	• CTO 만료 전 재발부 준비 – CTO 만료 2개월 전 커뮤니티팀 대표 사회복지사와 정신과 의사가 CTO 갱신 준비 만남 • 커뮤니티팀, 대리의사결정자의 CTO 재발급 의지 확인 • CTO 미팅 준비: 최소 1주 간격으로 2회 미팅 계획. 대상자 및 대리의사결정자 참석 확인. 지역사회치료계획 변경사항을 CTO코디네이터에게 송부 • 갱신 준비 – CTO 코디네이터가 PGT, 주거, 보호관찰상황 등 CTO 갱신에 필요한 자료 정리, 지역사회치료계획 수정보완 및 최종계획 확정, 관련자 서명, 그 외 CTO 필요양식 작성 완료
3. CTO 갱신	• CTO 회의 개최 통보 – 검진 의사: CTO 발부 이전 72시간 동안 검진, [양식 49] 작성 – CTO 코디네이터(위원장), 대상자 및 대리의사결정자, 치료진, 의사 등: CTO 관련자 모두 지역사회치료계획(CTP) 서명. 의사는 [양식 49] 서명 • PPAO 권리옹호가 접촉 – 대상자, 대리의사결정자(전화), PPAO 대표자가 함께 법률 및 당사자 권리 검토. [양식 50] 작성하여 CTO 코디네이터에게 송부. 당사자의 CCB 심의 신청여부 확인 • CTO 코디네이터가 [양식 50] 검토. CCB 관련 사항 검토
4. CTO 재발부	• CTO 발부 회의 – CTO 코디네이터(위원장), 대상자, 대리의사결정자, 치료진, 의사 등: 법령 및 CTO 과정 검토, [양식 45], [양식 46], [양식 48] 서명, CCB 지침 확인 ※ 대상자가 CCB 위원회 심의요청을 할 경우 심의 절차 준비(의사는 CTO 요약 내용을 CCB에 송부, CTO 코디네이터는 모든 관련 정보, 서류를 CCB에 팩스/이메일 송부하고 CCB 면담 예약) • CTO 코디네이터가 지역사회치료계획(CTP) 불참자 전원에게 CTO 발부 회의 자료 송부, 재정부/보건부에 관련 자료 입력 • CTO 행정지원: 자료입력(퇴원, CTO 갱신 자료 표기 등) • 정신과시설 기관장 검토 – 수간호사는 [양식 45] 검토. 기관 담당자가 관련 서류 관리 • CTO 후속관리 개시

주) [양식45] Community Treatment Order
[양식46] Notice to Person of Issuance or Renewal of Community Treatment Order
[양식47] Order for Examination
[양식48] Application to Board to Review Community Treatment Order and Notice to Board by Physician of Need to Schedule Mandatory Review of Community Treatment Order
[양식49] Notice of Intention to Issue or Renew Community Treatment
[양식50] Confirmation of Rights Advice

2) 지역사회치료명령(CTO) 서비스 내용 및 권리보호

(1) 지역사회치료계획(Community Treatment Plan, CTP) 수립

CTO는 당사자의 욕구에 기반하여 약물처방, 진료, 그 외 필요한 사항을 규정한 지역사회치료계획(CTP)에 따라 시행된다. 지역사회치료계획은 의사, 당사자 또는 대리의사결정자, 그리고 지역사회에서 대상자를 지원할 사람 또는 기관이 함께 참여하여 수립한다. 지역사회치료계획에는 대상자의 이름, 치료명령과 관련된 상황, 대상자 및 대리의사결정자의 의무, 그리고 치료계획을 책임지는 의사와 치료계획에 참여하는 모든 치료진의 이름과 그들의 의무를 반드시 명시하도록 법으로 규정하고 있다. CTO 기간이 만료되어 후속 지역사회치료계획을 수립할 때는 다른 새로운 치료진이 지역사회치료계획에 참여할 수 있다.

(2) 지역사회치료명령(CTO) 대상자의 권리보호

CTO 역시 다른 치료서비스와 마찬가지로 당사자 동의에 기반을 두고 있다. 정신질환자의 지역사회치료계획도 법률에서 규정한 치료에 해당되므로 의사는 당사자의 동의를 구해야 한다. 또한 CTO 대상자 권리보호를 위한 방편 중 하나로 CTO 발부 기준에 당사자에게 권리자문을 제공하도록 법으로 규정하고 있다.[16] CTO가 개시되기 전에 권리옹호가는 당사자 및 대리의사결정자에게 환자의 권리와 의무에 대해 알려주어야 한다.

당사자는 CTO 증명서 발부 및 갱신, 의사결정무능력 판정, 동의하지 않은 치료 등에 대해 동의 · 능력심사위원회(CCB) 심의를 요구할 수 있다. CTO가 발부 · 갱신된 시점에 심의 요청 자격이 부여된다. 당사자가 심의 신청 의사가 없다고 하더라도 동의 · 능력심사위원회(CCB)는 이후 두 번째 CTO 갱신 시점마다 의무적으로 CTO 갱신에 대해 심의를 하게 된다. 따라서 의사는 CTO 2차 갱신 시 동의 · 능력심사위원회(CCB)에 해당사실을 통보할 의무가 있으며, 당사자는 심의요청을 포기할 권리가 없다.

지역사회치료명령서를 발행한 의사는 CTO를 관리, 감독해야 할 책임이 있다. 만약 해당 의사가 책임수행이 어려울 경우 다른 의사를 지명해서 지역사회치료계획의 책임을 다하도록 한다. 지역사회치료계획에 참여하는 치료진 역시 치료계획에 따라 치료를 해야 할 책임이 있다. CTO 당사자 역시 약속된 진료시간에 치료진을 만나야 하고 지역사회치료계획의 내용을 따라야 할 의무가 있으며, 그 외 지역사회치료계획서에 포함되어 있는 모든 사람, 즉 대리의사결정자 역시 치료계획 수행에 대한 책임이 있다.

4. 치료환경 개선을 위한 과제

캐나다 온타리오의 정신장애치료 패러다임은 병원기반에서 지역사회기반으로의 전환이 지난 수십 년에 걸쳐 진행되어 왔다. 정신장애의 개념을 광범위하게 정의함으로써 정신질환에 대한 낙인을 줄이고, 정신건강 문제가 있는 사람들이 보다 용이하게 치료를 받을 수 있도록 서비스 접근성 향상을 위한 전략을 추진하고 있다. 온타리오의 비자의입원, 지역사회강제치료명령제도는 캐나다의 다른 주정부와 유사한 면도 있지만, 개인의 자유와 권리 보장의 측면에

16) 당사자의 소재를 찾기 어렵거나 당사자가 권리자문을 거부하는 경우, 공공후견 · 신탁사무소(PGT)가 CTO 대상자의 대리의사결정자인 경우에는 권리자문을 제공하지 않아도 CTO 발부가 가능하다.

서 비교적 전향적인 경향을 보인다. 캐나다 준주 및 주정부의 정신건강법을 비교분석한 연구에 의하면 대부분의 주에서 비자의입원 기준을 확대하는 방향으로 정신건강법이 개정되는 것으로 나타나고 있다(Gray et al., 2016). 2016년 앨버타를 포함한 8개 주에서 정신건강법을 개정했는데, 정신과시설 입원의 '위해' 기준을 '현재의 위험'에서 '위해 가능성'으로 확대하였다. 그러나 정신질환의 개념정의에 있어서는 주마다 차이를 보이고 있는데, 온타리오와 퀘벡은 정신질환 개념을 광범위하게 규정하고 있는 반면, 브리티시콜롬비아를 포함한 다른 주정부에서는 정신질환 개념을 상당히 구체적으로 정의하고 있다. 일례로, 노바스코샤는 정신질환을 '판단력, 행동, 현실인식능력 또는 일상생활을 영위하기 위한 능력이 심각하게 손상되어 행동, 사고, 기분, 인식, 지향성 또는 기억에 상당한 장애가 나타나 치료가 필요한 경우'로 정의하고 있다. 노바스코샤의 정신질환 개념과 비교했을 때 마음의 어떠한 질병이나 장애로 정신질환을 정의하는 온타리오는 정신질환에 대한 낙인을 감소시키려는 주정부의 의도가 반영된 것이라 할 수 있다.

당사자의 치료거부권 부여에 대해서도 캐나다 주정부 간에 차이를 보인다. 온타리오는 정신질환자의 입원동의와 치료동의를 분리하고 있다. 온타리오에서는 정신질환자가 입원에 동의했다 하더라도 그것이 치료에 동의한 것을 의미하지는 않는다. 즉 입원 후 자신에게 가장 도움이 되는 최선을 고려하여 치료거부권을 행사할 수 있음을 의미한다. 하지만 브리티시컬럼비아는 온타리오와 다르게 입원환자에 대한 치료거부권을 인정하지 않는다. Gray 등(2016)은 이에 대해 비자의입원의 궁극적인 목적이 무엇이냐에 따라 차이가 나타난다고 설명하고 있다. 비자의입원은 위험상황을 최소화하기 위해 것이지만, 궁극적으로 타인의 보호를 우선으로 하는지, 또는 환자치료를 우선으로 하는지에 따라 치료거부권에 대한 접근방식이 달라진다는 해석이다. 온타리오는 환자의 권리를 존중하는 차원에서 치료거부권을 인정하고 있기는 하지만, 가치의 관점에서 보면 대중의 안전에 보다 가치를 부여하고 있는 것으로 볼 수 있다. 그러나 온타리오 주정부가 환자를 정신과시설에 입원만 시키고 방치하는 것은 아니다. 정신질환자의 권리보장을 위해 치료를 수행하기 전 치료동의를 구하도록 법으로 규정하고 있으며, 응급상황일 경우는 정신질환자의 동의 없이 치료를 할 수 있기 때문이다.

지역사회치료는 의료기술발달, 병원예산 절감 요구, 정신건강제도 개혁, 권리문화 확산이라는 사회환경의 변화와 맞물려 축적된 결과물이라 볼 수 있다. 온타리오에서는 1995년 한 유명인이 정신질환자에 의해 죽음을 맞으며 지역사회치료명령이 제도로서 등장하였다. 지역사회치료명령의 취지는 정신질환자들이 지역사회에서 치료, 관리, 감독을 받으며 비교적 덜 제약적인 환경에서 치료를 받을 수 있도록 하는 것에 있다. 캐나다에 지역사회치료명령제도가 도입되면서 정신질환자의 입원율이 감소하고 외래치료 및 주거서비스 등이 증가하는 등 긍정적인 효과가 있다는 연구결과가 보고되기도 하였다(Kisely, 2016). 하지만 일각에서는 지역사회치료명령제도가 여전히 개인의 자유를 상당 부분 침해하고 있다는 지적도 있다. 예를 들면, 정신질환자에게 아무런 통보 없이 갑자기 집으로 찾아와 구인해 가거나, 자신이 정신감정대상자가 되었다는 것을 알지 못한 채 정신과시설로 구인되기도 한다. 게다가 한번 CTO 대상이 되면 그 굴레에서 벗어나지 못하고 계속해서 정부당국의 관리감독을 받게 되어 자유를 침해 당한다. CTO가 과도하게 발부되고 있으며 그것이 사회적 통제의 수단으로 활용되고 있다는 지적이다.[17)]

캐나다 정신건강협회(Canadian Mental health Association, CMHA) 역시 위와 같은 지역사회 강제치료의 양가적 이슈에 대해 오랫동안 논쟁을 이어왔다.[18)] CMHA는 지역사회 강제치료는 병원입원보다 덜 제약적인 대안이라는 점에는 동의하지만, 그것이 정신질환자의 생활통제 능력을 더욱 감소시키고, 보호자와의 장기적인 관계를 위협한다고 보고, 지역사회 정신건강체계가 적합하게 작동한다면 강제치료가 불필요하다고 지적하였다. 가족의 입장에서 보면 강제치료가 필요하다는 주장에 대해 충분히 공감하지만, 당사자 인권보호의 측면까지 고려해 봤을 때 현재 캐나다의 정신건강체계가 가족의 욕구와 당사자 욕구를 해결하기에는 충분하지 않다는 결론이다. 그에 대한 대안으로 포괄적인 지역사회 정신건강체계 구축을 첫 번째로 꼽았다. 이것은 지역의 급성 환자 치료병원, 정신장애에 대한 조기개입을 포함한다. 또한 당사자 욕구에 기반하여 단순한 치료를 넘어 주택, 소득, 직업과 같은 삶의 질 문제 해결을 위한 정신건강체계 개편이 필요하며, 마지막으로 당사자와 가족 스스로 돌봄과 도움을 제공할 수 있도록 그들의 역량을 강화하는 자원이 제공되어야 한다고 주장하고 있다. 즉, 지역사회에서 정신질환자들이 자신들의 정신질환을 스스로 관리하며 생활할 수 있는 지원체계가 충분히 마련되어 있다면 강제치료는 불필요하다는 것이다.

'집중적 지역사회 치료(Assertive Community Treatment, ACT)' 프로그램은 치료순응의 책임을 정신질환자에서 치료서비스제공자로 전환시킨 프로그램의 예라고 할 수 있다. 온타리오의 ACT 프로그램은 일관된 건강서비스제공자로부터 24시간 정신건강 서비스를 지원받을 수 있는 서비스로 당사자의 욕구에 기반해 서비스를 제공한다(Kidd et al., 2011; Krupa et al., 2005; OMHLTC, 2005). 정신질환자의 책임이 아닌 지역사회의 책임을 강조하는 이러한 노력은 정신건강체계에서만 이루어지는 것이 아니다. 정신질환 증상이 발현되었을 때 가장 먼저 당사자와 대면하는 첫 번째 대응인(first responder)의 중요성을 강조하며, 일반인, 경찰, 소방관, 교정공무원, 응급요원 등에 대한 교육프로그램의 개발도 추진되고 있다. 정신질환자에 대한 인식개선을 위해 캐나다 정신건강위원회(Mental Health Commission of Canada)는 일련의 TWM(The Working Mind) 교육프로그램 시리즈를 개발하여 보급하고 있다. 또한 TEMPO(Training and Education about Mental Illness for Police Organization) 프로그램을 통해 캐나다 경찰총회(Canadian Association of Chiefs of Police, CACP)와 협력하여 경찰이 정신질환자에 대해 공감하며 적절히 대응할 수 있도록 정신건강 문제 및 정신질환에 대한 인식교육 프로그램을 실시하

17) CTVNews. (2016.2.26.). Forced－treatment orders sparks growing controversy. [CTV news 홈페이지: https://www.ctvnews.ca] 최종방문일 2021.3.28.

18) Community Committal [CMHA 홈페이지: https://cmha.ca]. 최종수정일 2012.2.3. 최종방문일 2021.3.28.

고 있다(MHCC, 2014).

지역사회에서 충분한 지원이 부족한 상황에서는 강제치료가 대안으로 떠올릴 수밖에 없지만, 개인의 자율성을 보장하지 않는 강제치료는 장기적으로 봤을 때 정작 정신질환자가 치료가 필요할 때 도움을 찾지 않게 만들 수 있다. 캐나다는 오랜 기간 지역사회기반 서비스 확대를 위해 노력해왔다. 그러나 정신장애인의 인권보장과 가족의 웰빙을 위하여 장기적 관점에서 당사자가 정신질환을 스스로 관리하며 지역사회에서 건강하게 삶을 영위할 수 있도록 하기 위해서는 지금보다 지역사회에 더 많은 투자가 필요하다는 주장이 이어지고 있다.

5. 온타리오 비자의치료제도의 한국적 함의

1995년 캐나다 온타리오에서 발생한 사건이 2018년 12월 31일 한국에서 재연되었다. 고인이 정신질환자를 치료하던 의사였던 사실은 우리 사회를 더욱 흔들어 놓았다. 위 사건 이후 정신장애인의 강제입원, 강제치료를 용이하게 하는 법안들이 속속 발의되었다.[19] 이러한 현상은 1995년 오타와에서 Brian Smith 사건이 발생한 이후 비자의치료 의뢰가 보다 용이하도록 온타리오 정신건강법이 개정된 과정과 유사하다. 온타리오에서는 자의입원, 비공식입원, 비자의입원으로 정신의료시설 입원환자의 영역을 구분하고 있는데 한국은 자의입원, 동의입원, 보호입원, 행정입원, 응급입원으로 입원형태를 구분하고 있다.[20] 보호입원, 행정입원, 응급입원이 비자의입원에 해당된다. 지역사회 내 강제치료에 대해 온타리오는 지역사회치료명령(CTO)을 시행하고 있으며 한국은 외래치료지원제도를 운영하고 있다. 비자의치료제도의 전반적인 틀은 온타리오와 한국이 유사한 면을 보이지만, 몇 가지 주요한 차이점을 통해 한국의 제도개선에 대한 시사점을 도출해 볼 수 있다.

먼저 정신건강서비스 이용자에 대한 관점을 살펴볼 수 있다. 온타리오는 정신건강법의 개념정의에서 정신질환에 대해 설명하며 법적용의 대상을 포괄적으로 정의하는 반면, 한국의 정신건강복지법은 정신질환자의 개념을 '망상, 환각, 사고나 기분의 장애 등으로 인하여 독립적으로 일상생활을 영위하는 데 중대한 제약이 있는 사람'으로 정의하며 치료서비스 이용대상에 대한 범위를 구체적으로 개념화하고 있다.[21] 온타리오에서 서비스 이용대상의 개념을 포괄적으로 정의한 취지는 낙인과 관련이 있다. 서비스 이용대상을 마음에 어떠한 질병이나 장애가 있는 사람으로 포괄적으로 범주화함으로써 정신건강서비스의 접근성을 향상시키고 정신건강서비스 이용자에 대한 사회적 낙인을 해소하려는 의도를 정신건강정책 전반에 반영하려 하였다. 다른 한편으로, 시설이 아닌 지역사회 내에서의 비자의치료에 대해 온타리오는 '명

19) 2019년 한 해 동안 정신건강복지법 개정 발의 건수는 총 24건이다. 윤일규, 김재경, 송기헌, 김영춘, 윤재옥, 박대출, 송석준, 이찬열, 정춘숙 의원 등이 관련 개정안을 발의하였다. 출처: [국회입법예고 홈페이지: https://pal.assembly.go.kr] '정신건강증진 및 정신질환자 복지서비스 지원에 관한 법' 법률안명 검색. 검색일 2021.3.28.

20) 정신건강복지법 제41조 자의입원 등, 제42조 동의입원 등, 제43조 보호의무자에 의한 입원 등, 제44조 특별자치시장 · 특별자치도지사 · 시장 · 군수 · 구청장에 의한 입원, 제50조 응급입원.

21) 정신건강복지법 제3조(정의) 제1항.

령'(지역사회치료명령, CTO)이라는 용어를 사용하고 있지만, 한국은 2019년 법개정을 통해 외래치료 '명령' 제도를 외래치료 '지원' 제도로 변경하였다(보건복지부, 2019). 한국의 이러한 시도 역시 명칭 변경을 통해 지역사회 내 비자의치료에 대한 인식변화를 꾀하려는 것이라 할 수 있다. 하지만, 이는 강제치료에 대한 정신질환자의 인식을 유연하게 만들려는 의도로 보여질 수 있다. 보다 궁극적으로 정신건강서비스에 대한 낙인을 해소하고 자발성에 기초한 서비스 이용의 접근성을 향상시키기 위해서는 온타리오의 사례처럼 일반 국민을 대상으로 정신건강 서비스 이용대상을 포괄적으로 적용하도록 정책방향을 설정하는 거시적 논의가 필요하다.

비자의치료제도와 관련하여 온타리오는 당사자의 권리보호, 권리옹호에 관한 규정을 법으로 의무화하고 권리옹호가의 역할을 구체적으로 규정하고 있다는 점은 보건복지부에서 시행하고 있는 절차보조사업에 시사하는 바가 크다. 온타리오는 정신질환자가 비자의치료 대상이 될 경우 반드시 권리옹호가를 대면하도록 법으로 의무화하고 있다. 2000년 법개정 이전에는 정신과시설에 강제입원한 정신질환자에 대해서만 권리옹호가를 대면하도록 하였으나, 법개정 이후에는 CTO 대상자도 권리옹호가를 대면하도록 의무화하였다(Hartford et al., 2003). 권리옹호가는 병원시설에 소속되지 않은 사람으로, 위기상황이 아닌 경우 환자와 나눈 대화를 의사에게 전달하지 않으며 의사에게 권리자문이 이루어졌다는 사실만을 규정된 양식으로 통보한다. 그 외 비자의입원환자의 권리 실현을 위해 필요한 절차를 돕는다는 점에서 치료진과 독립적으로 분리된 권한을 갖는다. CTO 역시 개시 전에 권리옹호가가 환자를 만나 그들의 권리와 의무에 대해 설명하고 동의 · 능력심사위원회(CCB) 심의 절차에 대해 안내한다. 온타리오에서 비자의치료 환자에 대한 권리옹호를 의무화하도록 권리옹호가의 권한과 역할을 법으로 규정하고 있는 것은 우리나라 절차보조서비스의 제도적 기반 형성에 함의를 제공해 준다. 보건복지부는 2018년 12월, 비자의입원환자를 대상으로 하는 절차보조사업 시범운영을 개시하였다(제철웅 외, 2018). 절차보조사업은 일반적인 사회복지사업과 달리 폐쇄성이 강한 정신과입원시설 내 비자의입원환자와 접촉해야 하기 때문에 무엇보다 법제화가 선행되어야 한다. 또한 그 실효성을 확보하기 위해서는 시설과 지역사회를 연계하는 단계까지 제도화가 이루어져야 하며, 효과적인 사업추진을 위해 동료지원가 중심의 사업이 추진되어야 한다. 법제화를 통해 비자의치료과정에서 의사결정지원 서비스가 권리로서 인정되는 정책전환기를 마련하고, 동료지원가의 지지적 권리옹호 및 절차보조 활동을 통해 정신질환자 역시 서비스이용 과정에서 자신의 권리뿐만 아니라 의무까지도 명확히 이해하며 제도정착에 보다 적극적으로 동참할 수 있을 것이다.

비자의치료에 있어 정신질환자의 의사결정능력(decision-making capacity) 평가와 관련한 사안에 대해서도 온타리오 제도의 시사점이 있다. 온타리오는 비자의입원환자에 대해 즉각적으로 재산관리, 개인정보관리, 치료동의를 위한 의사결정 능력을 각각 평가하고 그에 따른 조치를 하도록 구체적으로 규정하고 있다. 정신질환자의 재산관리능력을 예를 들면, 의사결정능력이 있을 때 대리인을 지정하거나 대리의사결정자가 있다면 재산관리능력 평가를 생략할 수 있지만, 그렇지 않을 경우 훈련받은 평가자들이 이들의 재산관리능력을 평가하고 환자의 재산관리를 공공에서 수탁하여 지원할 수 있도록 법으로 정해 두었다. 한국도 공공의 후견·신탁사무소 설치 방안을 고려해 볼 시점이 되었다. 거시적인 관점에서 모든 국민은 언제든지 정신질환이 발병할 수 있고, 노화에 따라 치매 등 인지장애가 나타나 의사결정능력이 제한되는 시기가 올 수 있으므로 이를 대비하기 위해 신뢰할 만한 공공의 신탁관리기구 설립을 논의해 볼 필요가 있다. 비자의치료와 관련하여서도 사전의향지시서를 작성하여 공공후견·신탁사무소에 위탁함으로써 향후 의사결정능력이 제한되어 비자의치료 상황에 처할 때 본인의 의사가 충분히 반영된 치료를 받을 수 있을 것이다.

온타리오는 정신건강법 이외에 당사자 권리옹호를 위해 다양한 법률이 제정되어 있는 점도 주목할 만하다. 정신건강법을 포함하여 보건의료서비스동의법, 대리의사결정법, 개인건강정보보호법 등을 통해 치료서비스 제공시 반드시 당사자의 동의를 받아야 한다는 점을 의무화하고 있으며, 지역사회치료명령을 시행할 때도 지역사회치료계획에 당사자 동의가 필요하다는 점을 법으로 명시하고 있다. 시설 내 의사나 서비스 제공자를 건강정보관리자로 지정하여 환자의 개인건강정보를 관리할 수 있도록 하고 있다. 또한 '잠금상자(Lock Box)'를 통해 특정한 상황에서 개인의 건강정보 비공개를 요구할 수 있도록 하여 개인의 사생활을 보호하려는 세심함도 갖추고 있다. 한국도 정신건강복지법, 의료법, 응급의료법, 장애인차별금지법 등에서 치료동의, 개인정보보호에 관한 법률이 마련되어 있으나 의사결정능력이 부족한 사람들에 대한 별도의 법률은 마련되어 있지 않다. 의사결정능력이 부족하여 사회적으로 취약한 정신질환자의 권리보호를 위해 보다 세밀한 법규정이 마련될 필요가 있다.

온타리오와 한국은 서로 유사한 사회적 배경 속에서 정신질환자의 비자의치료 의뢰를 좀더 용이하게 하는 방향으로 제도가 변화되고 있다. 그러나 온타리오는 비자의치료의 용이성을 도모하면서 다른 한편으로 정신질환자의 권리옹호를 위한 제도 역시 발전시켜왔다. 그럼에도 불구하고 비자의치료는 여전히 개인의 자유를 침해하고 장기적으로는 당사자의 생활통제능력을 감소시킬 수 있음이 지적되고 있다. 대안으로 단순한 정신질환 치료를 넘어 주거, 소득, 직업 안정 등 삶의 질의 문제를 해결할 수 있는 포괄적인 지역사회정신건강체계 구축의 필요성을 제기하고, 정신건강치료체계 뿐만 아니라 일반인, 경찰, 소방관, 교정공무원, 응급요원에 대한 교육프로그램 시리즈를 체계적으로 개발·보급하는 노력은 현재 한국에서 추진하는 정신건강서비스 체계 개편이 장기적인 관점에서 어떠한 지향점을 가져야 하는지에 대한 시사점을 제공해 준다.

제 6 장 일본의 정신보건복지법제의 동향

Ⅰ. 일본의 정신보건복지법제의 역사와 변천

1. 근대정신의학의 도입

일본에서 근대적 정신보건의 역사는 1873년 문부성의 의무과가 의무국이 되고 그 다음 해에 의제(醫制)를 창설하면서 의제의 하나로 전광원(癲狂院)의 설립에 관한 규정이 마련되면서부터 시작되었다.[1] 이 규정에 의하여 일본 최초의 정신과병원이라고 일컬어지는 교토전광원(京都癲狂院)이 교토의 남선사(南禪寺) 경내(境內)에 설치되었고, 1879년에는 도쿄전광원(東京癲狂院)이 설치되었다. 그 사이 1878년에는 사립정신병원인 가토(加藤)병원도 설립되었다. 그러나 전광원의 설립은 재정적 이유로 쉽게 확대되지 못하였고 대다수의 정신병자는 사택(私宅)에 감금되어 가족의 돌봄에 맡겨져 있었다. 그즈음 서양의 정신의학이 일본에 도입되어 1882년 독일 정신의학자 Baelz가 도쿄대학에서, Rolentz가 애지(愛知)의학교에서 근대정신의학을 강의하고 1883년에는 애지의학교에 정신병사(病舍)가 설치되었다. 1889년에는 제국대학 의과대학에 정신병학교실이 개설되어 베를린대학에서 정신병학을 전공한 사가키 하지메(榊俶) 교수가 일본인 최초로 정신의학을 강의하였고, 1900년부터는 유럽에서 유학한 쿠레슈우조(吳秀三)교수가 사택감금에 대한 연구 등으로 일본의 근대정신의학의 기초를 다졌다.[2]

2. 1900년 정신병자감호법(精神病者監護法)

소우마(相馬)사건[3]을 계기로 1894년 경찰청은 정신병자취급심득(精神病者取扱心得)을 발포하여 모든 감치에 대하여 경찰의(警察醫)의 진단에 따른 허가를 받도록 하였다. 1899년에는 서구열강과의 불평등조약 개정을 위한 국내법 정비 필요성 등의 영향으로 1900년 드디어 정신장애자의 감독 보호에 관한 일본 최초의 법률인 정신병자감호법(精神病者監護法)이 제정 공포되었다.

---

1) 이하의 기술은 大谷實, 新版精神保健福祉法講義, 成文堂, 2010, 15면 이하 및 精神保健福祉研究會監修, 精神保健福祉法詳解(四訂), 中央法規, 2018, 3면 이하 등을 참고하여 정리한 것임을 밝혀 둔다.

2) 大谷實, 16면.

3) 후쿠시마(福島) 소마번(相馬藩) 번주(藩主)의 가독상속(家督相續)을 둘러싸고 가독상속인을 정신병원에 감금하였다는 이유로 10년 이상 고발과 소송이 계속된 사건으로 정신장애자의 사택감금, 정신병원의 부당처우 등에 대한 사회적 관심이 높아지게 된 계기가 되었다.

동법의 골자(骨子)는 다음과 같다. ① 후견인, 배우자, 친권을 행사하는 부모, 호주, 4촌 이내의 친족 순서로 감호의무자가 되고, 감호의무자가 없는 경우에는 시정촌장(市町村長)이 감호의무를 진다. ② 감호의무자는 정신병자를 병원 내지 사택에 감치할 수 있다. 단, 감호의무자가 김치를 하기 위해서는 진단서를 첨부하여 가장 가까운 경찰서를 거쳐 지방장관에게 신청하여 허가를 받아야 한다. ③ 행정관청에 시택감금을 감독하는 권한을 부여한다. ④ 감호의 비용은 피감호자의 부담으로 하고, 그 능력이 없는 때에는 부양의무자가 부담한다.

정신병자를 법률상 감독 · 보호하는 것만을 염두에 두고 의료상의 감독보호에 관한 규정이 없다는 점에서 동법의 법적 성질은 치안유지, 사회적 방위 또는 경찰상의 단속목적에서 정신장애자를 감독 · 구속하는 절차를 정하는 것으로 정신장애자의 치료나 정신보건을 목적으로 하는 것은 아니라고 평가되고 있다.[4] 그 결과 동법 시행 후 부유한 자는 병원에서 치료를 받을 수 있었지만 그렇지 않은 대부분의 환자는 치료를 받지 못하고 장기간 창살에 갇혀 지냈고 공립병원에 감치된 사람들에게도 충분한 의식주가 제공되지 않아 치료 없는 감금의 비참한 상태에 있었다.[5]

3. 1919년 정신병원법(精神病院法)

1901년 유럽에서 유학하여 동경제국대학 교수로 취임한 쿠레 수우조(吳秀三) 교수는 비구속치료 및 작업요법 등 인도적 의료를 도입하는 한편, 1910년부터 6년간 전국 364건의 사택감금의 실태조사를 실시하여, 정신병자감호법은 비참한 사택감금을 허용할 뿐 정신병자의 의료적 보호에는 도움이 되지 않는다는 조사 결과(精神障害者私宅監置の実況及びその統計的観察)를 발표하였다. 여기서 쿠레교수는 "일본의 수만명의 정신병자는 병에 걸렸다는 불행 이외에도 이런 나라에 태어났다는 또 다른 불행을 겪고 있다고 할 수 있다"는 자성(自省)의 탄식으로 일본의 정신의료보건복지에 경종(警鐘)을 울렸다.

이후 사택감금의 폐지와 정신병자의 의료보호를 목적으로 하는 관립(官立) 정신과병원의 설립이 제안되어 1919년 정신병원법이 제정되었다.

정신병원법의 골자는 다음과 같다. ① 내무대신은 도도부현(都道府縣)에 정신병원의 설치를 명할 수 있고, 공사립병원을 '대용(代用) 병원'으로 지정할 수 있다. ② 지방장관은 의사의 진단에 따라, 정신병자감호법에 의해 시정촌장이 감호할 자, 죄를 지은 자로 사법청장이 특히 위험이 있다고 인정한 자, 요양할 길이 없는 자로 지방장관이 입원의 필요를 인정한 자 등을 정신병원에 입원시킬 수 있다. ③ 정신병원 건설 및 설비의 2분의 1 및 운영비의 6분의 1을 국가가 보조한다. 지방장관은 입원한 본인 또는 부양의무자로부터 입원비의 일부 또는 전부를 징수할 수 있다.

---

4) 大谷實(주 1), 17면.
5) 大谷實(주 1), 18면.

동법은 정신병원에 대한 국가의 책임을 인정하였다는 점, 정신병자 대책을 감호에서 의료로 전환하였다는 점에서 획기적인 법률로 평가를 받았다. 그러나 병상 수가 부족하여 1916년 정신병자 65,000명 가운데 입원자 수는 5,000명, 1931년 환자 총수 70,000명 가운데 입원자는 15,000명으로 당시 인구당 정신병상(病床) 수는 서구제국에 비하여 10분의 1에 지나지 않았고, 지방에서는 공립병원 설립 대신 대용병원을 만드는 경우도 많았다. 다른 한편으로는 사택감치를 인정하는 정신병자감호법이 치료보호를 목적으로 하는 정신병원법과 병존하는 것은 정신의료법제의 모순된 상황으로 일본 정신과의료의 후진성을 보여주고 있다고 평가되었다.[6)]

4. 1950년 정신위생법

1) 정신위생법의 제정

제2차대전 패전 후 일본에서는 물자부족 등으로 많은 정신장애인이 영양실조 등으로 사망하였다. 특히 공비(公費)입원환자의 사망률은 사비(私費)입원환자의 3배에서 4배에 달하였다. 이러한 비참한 상황에서 전후 서구의 정신과의료 지식의 도입과 공중위생의 향상을 국가의 책임으로 정한 신헌법(제25조 제2항) 성립에 의하여 1947년부터 새로운 법률 제정의 요구가 높아졌다. 그리하여 1950년 정신병지감호법 및 정신병원법을 폐지하고 새롭게 정신위생법(精神衛生法)이 제정되었다.

동법은 "정신병, 정신박약, 정신병질 등의 정신장애인의 의료 및 보호의 방법을 개선하고 나아가 그 발생을 예방하기 위한 시책을 강구할 것을 목적으로" 내세웠다. 이를 위하여 ① 정신과병원의 설치를 도도부현에 의무지우고, 지사는 도도부현이 설치한 정신과병원을 대신하는 시설을 지정병원으로 지정할 수 있고, ② 일반인이 진료 · 보호를 신청하는 제도와 경찰관, 검찰관, 교정보호 시설의 장의 통보제도, ③ 보호의무자제도, ④ 자상타해(自傷他害)의 우려가 있는 정신장애인에 대한 강제입원으로서 공비(公費) 부담의 '조치입원(措置入院)제도', ⑤ 보호의무자의 동의에 기한 강제입원으로서 '동의입원' 및 '가(假)입원제도'를 두었다. 그리고 ⑥ 정신과병원 등 법률에 의하여 수용이 인정되는 시설 이외에 정신장애인을 수용하는 것(사택감치)을 금지하고, ⑦ 법의 적용대상을 정신장애인으로 하고, 여기에서 정신병자뿐 아니라 정신박약자 및 정신병질자를 포함하였으며, ⑧ 정신장애인의 발생예방, 국민의 정신적 보건의 유지와 향상을 위한 정신위생상담소 및 방문지도제도, ⑨ 정신보건 행정을 추진하기 위한 정신위생심의회 제도, ⑩ 정신장애인 구속 요부를 결정하기 위한 정신위생 감정의(鑑定醫)제도를 마련하였다.

---

6) 大谷實(주 1), 19면.

2) 입원치료중심의 체제와 정신병상 수의 급증

정신위생법 시행 이후 정신보건행정상에 두 가지 중대한 사태가 발생하였다. 하나는 정신과병원에 있어서 병상부족 사태이다. 1954년 일본의 전국정신장애인 실태조사에 의하면, 정신장애인의 전국 추정 수는 130만 명에 달하고 그 중 입원을 요하는 환자는 35만 명인 데, 비하여 병상 수는 그 10분의 1에도 미치지 못한다는 것이 밝혀졌다. 또 하나는 전후 청소년 사이에 각성제(필로폰 등), 마약, 아편의 만성중독을 원인으로 하는 정신장애인이 증가하여 각성제중독자에 대해서는 정신장애인이 아닌 사람도 정신위생법의 대상으로 하는 개정이 이루어졌다. 이러한 두 가지 사태를 배경으로 정신과병원의 보급을 위하여 정신위생법을 개정하여 종래 도도부현 설립 정신과병원에 대한 국가보조 외에 비영리법인이 설치하는 정신과병원의 신설 및 운영에 필요한 경비에 대해서도 국고보조를 하도록 하였다. 이 국고보조 규정의 도입과 장기저리의 융자에 의해 병원의 설립을 용이하게 하는 정책{1954년 의료금융공고(醫療金融公庫)의 설립}의 영향으로 6년 후인 1960년에는 85,000병상에 달하였고 이후에도 지속적으로 증가하여 1970년에는 250,000병상, 2005년에는 353,000병상에 이르렀다. 이와 같은 정신병상 수는 조치입원 및 강제입원에 의한 것으로 강제입원을 중심으로 하는 일본 정신과의료의 특징을 반영한 것이다.[7)]

한편 정신과병원의 보급과 병상수의 급증에 의하여 정신보건상 3가지 특징이 나타났다. 첫째는 정신과병원의 경우 일반병원에 비하여 의료인력요건을 낮추어 의사는 3분의 1, 간호사는 3분의 2로 충족하는 것으로 하여 인건비를 억제하고 병원가동률을 높여 장기입원화의 경영조건이 마련되었다. 둘째는 1961년 정신위생법 일부개정으로 조치입원비의 국고부담률을 2분의 1에서 10분의 8까지 인상함으로써 조치입원환자의 급증을 초래하였다(입원중심주의의 강화). 셋째로 1950년대 중반부터 전기경련요법, 인슐린요법, 수술요법에서 향정신성약물에 의한 약물요법과 작업요법 등이 널리 보급되어 정신과치료법이 극적으로 변화하였다.[8)]

이러한 강화된 입원중심주의에 대하여 후생성은 1963년 정신위생실태조사를 하고 입원중심주의 의료체제에 대한 반성에 기초하여 정신장애인의 조기발견, 조기치료, 사회복귀, 애프터케어 등 정신장애인의 발생예방, 치료, 사회복귀까지의 일관된 시책을 내용으로 하는 정신위생법의 전면개정이 준비되었다. 이는 환자의 의사에 기한 입원의 확대, 지역정신과 의료체계의 확립 등 탈시설화를 위한 법개정 요구에 따른 것이다.

그런데 1964년 주일 미국대사 라이샤워(E. O. Reischauer)가 정신과입원 병력이 있는 소년의 칼에 찔려 부상을 입는 사건이 발생하였다. 이 사건으로 인하여 정신장애인의 보안문제가 부각되어 정신장애인의 수용체제 강화, 가족, 학교, 의료기관 등에 정신장애인의 보고의무를 부과하는 등 치안강화 문제가 부상하였다. 그러나 사회 각계의 비판으로 치안강화 시책은 대폭 후퇴하여 1965년 정신위생법의 개정이 이루어졌다.

---

7) 大谷實(주 1), 21면.
8) 大谷實(주 1), 22면.

그 내용은 우선 지역사회 정신의료 체제를 강화하기 위하여 ① 통원의료비의 2분의 1을 공비부담으로 하는 통원공비부담제도를 창설하고, ② 지역에 정신위생센터를 신설하는 한편, ③ 재택 정신장애인에 대한 방문지도 및 상담사업을 강화하였다. 그리고 라이샤워 피습사건의 영향으로 ① 경찰관, 검찰관, 보호관찰소장 및 정신병원의 관리자에 대하여 정신장애인에 대한 통보 · 신고를 강화하여 조치입원된 환자가 무단퇴거하는 경우 경찰 신고를 의무화하고, ② 긴급입원제도를 신설하였다.[9)]

3) 지역사회 통원중심의료로의 전환 추진

1965년 법 개정에 따라서 입원중심의 의료체계 개혁을 위하여 1966년과 1969년에 걸쳐 지역정신보건활동의 강화를 목적으로 정신장애자 지원기관으로서 보건소 및 정신위생상담원의 기능강화 및 통원의료비 공비부담제도 등이 신설되는 등 지역사회에서의 통원중심 의료로 전환하기 위한 조치가 강구되었다. 특히 1969년에는 정신장애인 회복 및 사회복귀시설 및 데이케어시설의 운영요령, 1970년에는 정신위생 생활적응시설 운영요령이 제시되는 등 사회복귀제도 및 시설의 충실화가 진행되었고, 1974년에는 작업요법, 데이커어의 점수화, 1982년에는 통원환자 재활사업이 실시되었고, 1986년에는 집단정신요법, 나이트케어, 방문간호 등에 대한 점수화가 이루어졌다.[10)]

그럼에도 불구하고 이즈음 정신과의료의 실태를 보면, 병원 입원환자는 1966년 197,000명에서 1975년 281,000명, 1980년 340,000명에 달하여 1985년에 정점에 이르게 된다. 한편 조치입원환자는 1965년 67,000명, 1971년 76,000명으로 정점에 이르렀다가 이후 점진적으로 감소하여 1975년 66,000명, 1985년 31,000명으로 감소하였다.[11)]

1965년 이미 정신위생법의 개정을 통하여 입원의료중심에서 지역의료체제를 강화하고 정신장애인의 사회복귀를 촉진하는 정책과 조치를 취하였음에도 불구하고 1960년대, 70년대를 거쳐 80년대에 이르기까지 정신과입원환자의 수가 급증하게 된 배경에는 다음과 같은 점들이 지적되고 있다. 즉, 무엇보다도 일본에서는 의료복지 등 정신장애인의 지역생활을 뒷받침하는 자원이 불충분하였다는 점, 게다가 1961년 정신위생법 개정으로 조치입원비의 국고보조율이 2분의 1에서 10분의 8로 증가하였다는 점 등이 주요한 요인이 되었다고 한다.[12)]

다른 한편 1965년경 형법상 보안처분을 창설하는 문제가 제기되어 논의되는 과정에서 정신위생법에 내재하는 인권침해적 성격이 부각되었다. 즉, ① 정신장애의 정의 및 진단기준이 모호한 점, ② 조치입원에서의 자상타해(自傷他害)의 '위험'과 강제입원과의 연관근거가 분명하지 않은 점, ③ 입원 · 퇴원의 절차가 불비하여 강제입원의 절차적 보장이 결여되어 있고

9) 大谷實(주 1), 23면.
10) 大谷實(주 1), 24면.
11) 大谷實(주 1), 24면.
12) 厚生勞働省 今後の精神保健医療福祉のあり方等に関する検討会, 「精神保健医療福祉の更なる改革に向けて」, 2009.9.4´ 3면<https://www.mhlw.go.jp/shingi/2009/09/dl/s0924－2a.pdf>

병원 내의 치료 및 행동제한에 대한 환자의 인권보호가 무시되고 있는 점이 지적되었다.[13] 이러한 상황에서 일본에서는 간호직원의 폭행 등으로 입원환자 2명이 사망하는 우츠노미야(宇都宮) 병원사건이 발생하였다. 사건 조사과정에서 정신병원에서의 의료진 부족, 환자의 과잉수용, 무자격진료, 무허가해부, 환자예치금의 유용 등 비리가 폭로되어 커다란 사회문제가 되었다. 이 사건으로 인하여 일본 정신의료계는 유엔의 차별방지 및 소수자보호위원회로부터 일본의 정신병원환자는 학대를 받고 있으며, 부당한 입원조치를 막을 수단이 없고 시민적 및 정치적 권리에 관한 국제조약 제9조 제1항 등에 위반한다는 비판을 받았다. 결국 보건 및 법률전문가로 구성된 국제조사단에 의하여 일본의 정신병원과 정신장애인의 인권상황에 대한 조사를 받고, 정신장애인의 인권이 보장되고 있지 않은 점에 대한 비판과 함께 정신위생법의 개정, 정신보건서비스의 개선, 정신보건 분야의 교육과 트레이닝의 개선 등에 관한 권고를 받았다.[14]

5. 1988년 정신보건법[15]

1) 정신보건법으로의 법명 변경 및 개정

국제사회로부터 비판을 받은 일본정부는 정신장애인의 인권을 배려한 적정한 의료 및 보호의 확보와 정신장애인의 사회복귀를 촉진하기 위한 법개정을 추진하여 1987년 정신위생법을 정신보건법으로 법명을 변경 개정하여 1988년 7월 1일부터 시행하였다.

개정 정신보건법은 지역중심의 의료보호체제와 환자의 인권보호라는 이념에 기초하여, 정신장애인의 인권에 배려하면서 적정한 의료 및 보건을 실시하고 정신장애인의 사회복귀를 도모하기 위하여, 입원절차의 적정성 확보를 위하여 정신의료심사회의 설치, 정신보건지정의 제도를 도입하는 한편, 임의입원제도를 창설하고 정신장애인 사회복귀시설에 관한 사항 등에 관한 규정을 신설하고, 그 밖에 입원환자의 처우개선을 위하여 입원시의 고지, 환자의 퇴원청구, 처우개선청구, 정기병상보고 등에 관한 제도를 도입하였다.[16]

2) 1993년 개정

정신보건법은 그 부칙에서 시행일로부터 5년째에 개정하는 것을 예정하여 시행 이후 여러 차례 개정되었다. 1993년 개정에서는 ① 지역생활원조사업의 법정화, 정신장애자 사회복귀센터 창설 등 사회복귀시설의 충실화를 도모하였고, ② 보호의무자를 보호자로 수정, ③ 정신장애인 정의의 수정이 이루어졌다. 그리고 1993년에는 장애인기본법이 제정되어 동법의 적용대상으로 정신장애자인 명확히 규정됨에 따라 정신장애인에 대해서도 그때까지의 의료대책

13) 大谷實(주 1), 24면 이하.
14) 大谷實(주 1), 25면 이하.
15) 종래의 '정신병자(중독성 장애인 포함) · 정신박약자 및 정신병질자'에서 '정신분열병 · 중독성정신병 · 정신박약 · 정신병질 그 외 정신질환을 가진 자'로 수정되었다.
16) 大谷實(주 1), 26면 이하.

이외에 복지대책의 대상으로도 적극적인 지원을 받게 되었다.[17]

6. 1995년 정신보건 및 정신장애인복지에 관한 법률

1) 정신보건복지법으로의 법명 변경 및 개정

그리고 1995년에는 복지정책의 위상을 강화하기 위하여 법률명을 정신보건법에서 다시 '정신보건 및 정신장애인복지에 관한 법률(精神保健及び精神障害者福祉に関する法律, 이하 정신보건복지법)'로 변경하고, 법률의 목적에 '자립과 사회경제참가의 촉진을 위한 원조'를 추가하였다. 그리고 정신장애인복지수첩제도의 창설, 사회복귀시설 및 사업의 충실을 위한 개정이 이루어졌다. 특히 보건복지대책을 법률상 명확히 위치지움으로써 새롭게 '보건 및 복지'의 장을 두어 '의료 및 보호'의 장과 함께 의료와 복지 두 개의 지주(支柱)에 의한 법체계를 확립하였다.[18]

2) 1999년 개정

1999년에는 다시 ① 정신장애인의 정의 중 중독정신병을 정신작용물질에 의한 급성 중독 및 의존증으로 수정하고, ② 가입원제도를 폐지하고 의료보호입원을 위한 이송제도를 규정하고, ③ 보호자의 자상타해 방지의무를 폐지하는 한편, ④ 정신의료심사회의 조사권한 등을 강화하는 개정을 하였다. 그리고 정신장애인의 복지에 대하여 사회복귀시설로서 지역생활지원센터를 추가하고 재택복지사업으로서 정신장애인 지역생활원조사업(Group Home)에 거택개호등사업(Home Helper) 및 정신장애인단기입소(Short Stay)를 추가하여 시정촌 단위에서 사업을 실시하도록 하였다.[19]

3) 2005년 개정

2005년에는 장애인자립지원법[20]의 성립으로 사회복귀시설과 정신장애인 통원의료가 동법의 대상이 됨에 따라 통원료 공비부담제도가 자립지원의료제로 변경되고 의료보호입원이나 응급입원의 진찰에 대하여 부득이 한 경우에는 지정의(指定醫) 이외의 의사의 진찰로도 입원할 수 있도록 하였다. 그 밖에 정신의료심사위원회의 구성을 변경하고 정신분열증을 통합실조증으로 수정하고 정신병원을 전문적인 의료를 제공하는 시설이라는 취지에서 정신과병원으로 수정하였다.[21]

---

17) 大谷實(주 1), 28면.
18) 大谷實(주 1), 28면 이하.
19) 大谷實(주 1), 29면.
20) 장애인자립지원법(현재 장애인종합지원법)의 성립을 계기로 신체 · 지적 · 정신 3장애 일원화 관점에서 정신보건복지법의 홈헬프서비스 등 다른 장애와 공통되는 서비스를 규정하는 조항이 삭제되었다(厚生勞働省HP「情神保健福祉法にづて」).
21) 大谷實(주 1), 29면 이하.

4) 2010년 개정

2010년에는 장애인자립지원법 부칙 제3조 제1항에 의하여 동법 시행 3년 후 개정안이 국회에 제출되었다가 2010년에 동법 개정이 이루어졌고 동법 개정과 함께 정신보건복지법도 일부 개정되었다. 즉, 「精神保健醫療福祉の改革ビジョン」의 중간점에서 개최된 금후 정신보건의료복지의 바람직한 모습에 관한 검토회(精神医療福祉のあり方などに関する検討会) 보고서에 기초하여 도도부현에 의한 정신과 구급의료체제의 확보에 관한 규정이 마련되었고 그 밖에 정신보건지정의 부족을 고려하여 정신보건지정의의 공무원으로서의 직무에 관한 의무규정이 마련되고 장애인자립지원법의 개정에 기하여 지역이행지원, 지역정착지원이 개별급부화되는 것에 따라 정신과병원의 관리자와 장애복지서비스사업자 사이의 연계 등에 대하여 규정이 마련되었다.[22]

5) 2013년 개정

개정 법률의 개요는 다음과 같다.[23]

개정법률은 정신장애인의 지역생활로의 이행을 촉진하기 위해 정신장애인의 의료에 관한 지침(대신 고시) 책정, 보호자제도의 폐지, 의료보호 입원시 입원절차 등의 수정을 목적으로 한다.

① 정신장애인의 의료 제공을 확보하기 위한 지침의 책정

후생노동대신이 정신장애인의 의료 제공을 확보하기 위한 지침을 정하기로 한다.

② 보호자제도의 폐지

주로 가족이 되는 보호자에게는 정신장애인에게 치료를 받게 할 의무 등이 부과되어 있으나 가족의 고령화 등에 따라 부담이 커지는 등의 이유로 보호자에 관한 규정을 삭제한다.

③ 의료보호입원의 재검토

의료보호입원의 보호자 동의 요건을 제외하고, 가족 등 가운데 한 사람의 동의를 요건으로 한다. 배우자, 친권자, 부양의무자, 후견인 또는 보좌인. 해당자가 없는 경우 등은 시정촌장이 동의의 판단을 한다.

정신과병원관리자에게 의료보호 입원자의 퇴원 후 생활환경에 관한 상담 및 지도를 하는 자(정신보건복지사 등)를 두도록 하고, 지역원조사업자(입원자 본인이나 가족의 상담에 응해 필요한 정보제공 등을 하는 상담지원사업자 등)와의 연계퇴원 촉진을 위한 체제정비를 의무화한다.

④ 정신의료심사회에 관한 재검토

정신의료심사회 위원으로서 "정신장애인의 보건 또는 복지에 관하여 학식과 경험이 있는 자"를 규정한다. 정신의료심사회에 퇴원 등의 청구를 할 수 있는 자로서 입원자 본인과 함

22) 精神保健福祉法詳解(주 1), 49면.

23) 精神保健及び精神障害者福祉に関する法律の一部を改正する法律の概要<https://www.mhlw.go.jp/seisakunitsuite/bunya/hukushi_kaigo/shougaishahukushi/kaisei_seisin/dl/hou_gaiyo.pdf>.

께 가족 등을 규정한다.

⑤ 그 밖에 검토규정으로 정부는 시행 후 3년을 목표로 시행 상황과 정신보건 및 정신장애인의 복지를 둘러싼 환경변화를 감안하여 의료보호 입원에서의 이송 및 입원 수속 방식, 의료보호 입원자의 퇴원을 촉진하기 위한 조치 방식, 입원 중의 처우, 퇴원 등에 관한 정신장애자의 의사결정 및 의사표명 지원방식에 대해서 검토하고, 필요하다고 인정한 경우 그 결과에 기초하여 필요한 조치를 강구한다는 규정을 두었다.

Ⅱ. 일본의 정신보건복지법제

1. 현행 정신보건복지법의 주요 내용

현행 일본의 정신보건복지법의 주요 내용은 다음과 같다.[24)]

1) 정신보건복지법의 적용대상

정신보건복지법의 대상이 되는 정신장애자는 통합실조증, 정신작용 물질에 의한 급성중독 또는 그 의존증, 지적장애, 정신병질 기타 정신질환이 있는 자이다(제5조).

2) 정신보건복지서비스의 전달체계

동법은 정신보건복지서비스 전달체계로 전국에 정신보건복지센터를 설치하고 있다. 즉, 광역자치단체는 정신보건 향상 및 정신장애자의 복지 증진을 도모하기 위해 정신장애에 관한 상담이나 지식 보급 등을 실시하는 정신보건복지센터를 설치하여야 한다(제6조).

3) 정신보건복지 및 입퇴원에 관한 심의기관

정신보건 및 정신장애인의 복지에 관한 사항을 조사 심의하게 하기 위해 도도부현은 조례로 지방정신보건복지심의회를 둘 수 있다(제9조).

그리고 조치입원환자 등의 정기 병상보고나 입원환자 또는 가족 등의 퇴원 등의 청구에 대한 응낙 여부 등을 심사하게 하기 위해 광역자치단체에 정신의료심사회를 설치하도록 되어 있다(제12조).

4) 정신보건 지정의사

후생노동대신은 신청에 기초하여 조치입원이나 의료보호입원의 필요 여부, 행동제한 등의 판정을 하는 데 필요한 지식 및 기능을 가졌다고 인정되는 자를 정신보건 지정의로 지정

24) 厚生勞働省HP<https://www.mhlw.go.jp/kokoro/nation/law.html>, 精神保健福祉法詳解(주 1), 51면.

한다(제18조).

5) 정신과병원

도도부현은 정신과병원을 설치하여야 하고(제19조의7). 필요한 경우 조치입원환자를 입원시키고 적절한 치료를 할 수 있는 병원을 지정병원으로 지정할 수 있다(제19조의8).

6) 의료 및 보호

정신장애인의 입원 형태로서 다음과 같은 입원형태를 규정하고 있다.

① 임의입원: 스스로의 의사에 의한 입원이다(제21조).

② 조치입원: 도도부현 지사가 정신보건지정의사에게 진찰을 받고, 정신장애인으로 자상타해의 우려가 있다고 인정된 경우에 실시하는 입원이다(제29조).

③ 의료보호입원: 정신보건 지정의의 진찰 결과 정신장애인으로 의료 및 보호를 위해 입원이 필요한 경우 가족 등의 동의로 입원하는 것이다(제33조).

7) 정신과병원에 대한 처우 등

정신과병원의 관리자는 입원 중인 사람에 대하여 그 의료 또는 보호에 필수적인 한도에서 그 행동에 대해 필요한 제한을 할 수 있다(제36조). 정신과병원의 관리자는 정신과 병원에 입원 중인 사람의 처우에 대하여 후생노동대신이 정하는 기준을 준수하여야 한다(제37조). 정신과병원에 입원 중인 사람 또는 가족 등은 도도부현 지사에 대하여 당해 입원 중인 환자를 퇴원시키거나 정신과병원의 관리자에게 퇴원이나 처우개선을 명할 것을 청구할 수 있다(제38조의4). 이러한 청구가 있는 경우 도도부현지사는 정신의료심사회에 심사를 요청해야 한다(제38조의5). 후생노동대신 또는 도도부현지사는 정신과병원에 입원 중인 사람의 처우가 현저히 적당하지 않다고 인정될 경우 해당 정신과병원의 관리자에게 개선계획을 제출하거나 처우개선을 위해 필요한 조치를 취할 것을 명할 수 있다(제38조의7).

8) 정신장애인 보건복지수첩[25)]

정신장애인(지적장애인 제외)는 거주지의 도도부현 지사에게 정신장애인 보건복지수첩의 교부를 신청할 수 있다. 도도부현 지사는 신청자가 정령(政令)으로 정하는 정신장애상태에 있다고 인정될 경우, 신청자에게 정신장애인 보건복지수첩을 교부해야 한다(제45조).

---

25) 정신장애인 보건복지수첩은 1급, 2급, 3급으로 구분된다. 수첩을 소지한 자는 공공요금 및 세금감면 등의 혜택을 받을 수 있다. 자립지원의료(정신통원의료)에 따른 의료비 조성 및 장애인종합지원법에 근거한 장애인복지서비스는 수첩 유무와 상관없이 이용가능하다. 장애인복지서비스 이용을 희망할 경우, 지자체의 '인정조사원'과의 면접을 통해 장애지원구분인정(구분 1－6, 비해당)을 받은 후, 해당자는 '서비스 등 이용계획안'을 제출하면 서비스 지급 결정이 이루어진다(厚生勞働省HP「精神障害者保健福祉法律」).

9) 상담지도등

도도부현 및 시정촌은 정신장애에 대한 올바른 지식 보급을 위한 홍보계발활동을 통해 정신장애자의 사회복귀 및 자립과 사회경제활동 참가에 대한 지역주민의 관심과 이해를 심화하도록 노력한다(제46조). 또한 도도부현 및 시정촌은 정신보건복지센터 · 보건소 등에 정신보건 및 정신장애자의 복지에 관한 상담에 응하거나 정신장애자 및 그 가족 등을 방문해 지도할 수 있도록 한다. 정신보건 복지상담원은 정신보건복지사 기타 정령(政令)으로 정하는 자격을 갖춘 자 중에서 도도부현 지사 또는 시정촌장이 임명한다(제48조).

Ⅲ. 정신보건복지법상 입퇴원절차

1. 일본 내 자의입원과 비자의입원의 종류

일본의 정신질환 치료를 위한 입원 형태는 1. "자의입원"인 '임의입원'과 2. "비자의입원"인 1) '의료보호 입원'과 그 긴급 형태인 2) '응급인원', 그리고 3) '조치입원'과 그 긴급 형태인 4) '응급조치입원'의 5 종류로 규정된다. 이러한 입원 종류는 정신보건복지법에 근거하며 [표 1]과 같다.[26)]

1) 자의입원-임의입원

"자의입원"인 임의입원은 환자 본인의 동의에 의한 입원으로 서면으로 본인의 의사를 확인할 필요가 있다. 본인 스스로 입원한 환자가 퇴원을 희망할 경우, 바로 퇴원이 가능하다. 다만, 지정의사의 진찰 결과에 따라 계속 입원할 필요가 있다고 판단될 경우, 정신과병원 관리자는 72시간까지 퇴원을 제한할 수 있다.

2) 비자의입원

"비자의입원"은 (1) 의료보호입원과 그 긴급 형태인 (2) 응급인원, (3) 조치입원과 그 긴급 형태인 (4) 응급조치입원의 4종류가 있으며, 크게는 의료보호입원과 조치입원으로 나눌 수 있다.

(1) 의료보호입원

환자 본인의 의지와 관계없이 지정의사의 진찰 결과, 정신장애인으로 의료 및 보호를 위한 입원이 필요하다고 판단될 경우, 가족 등의 동의를 얻어 입원시킬 수 있다. 다만, 가족 등이 없는 경우 혹은 가족 등 전원이 의사표시가 어려울 경우, 본인이 거주하고 있는 지역을 관

---

26) 醫療情報科學研究所(編)『公衆衛生がみえる 2018－2019』メディックメディア.

| 표 1 | 일본 정신보건복지법에 근거한 입원형태

<table>
<tr><th></th><th>명칭</th><th>개요</th><th>입원요건</th><th>입원
장소</th><th>입원
기한</th><th>비고</th><th>권
한</th></tr>
<tr><td>자의입원</td><td>임의입원
(제20조)</td><td>환자 본인의 동의에 의한 입원</td><td>• 환자 본인의 동의
• 서면으로 의사확인</td><td>정신과병원</td><td>없음</td><td>• 지정의사 판단에 의해 72시간까지 퇴원 제한 가능</td><td rowspan="3">정신과병원관리자(통상병원장)</td></tr>
<tr><td rowspan="4">비자의입원</td><td>의료보호
입원
(제33조)</td><td>임의입원이 어려운 경우로 가족 등의 동의에 의한 입원</td><td>• 1명의 정신보건지정의[1] 진찰
• 본인 동의를 받을 수 없는 상태
• 가족 등 중 누군가의 동의</td><td>정신과병원</td><td>없음</td><td>• 입원·퇴원후 10일 이내에 지사에게 제출</td></tr>
<tr><td>응급입원
(제33조7)</td><td>급속한 대응이 필요하며, 가족 등의 동의를 받지 못하는 경우, 본인 동의가 없어도 72시간 이내로 입원</td><td>• 1명의 정신보건지정의 진찰
• 본인 동의를 받을 수 없는 상태
• 의료 및 보호 의뢰가 있으나 가족 등의 동의를 받을 수 없는 상태</td><td>정신과병원(지사지정)</td><td>72시간</td><td>• 거식, 의식장애 등에 적용
• 입원 후, 바로 지사에게 제출
• 퇴원 후 10일 이내에 지사에게 제출</td></tr>
<tr><td>조치입원
(제29조)</td><td>자상이나 타해의 위험이 인정된 환자를 대상으로 한 입원</td><td>• 2명 이상의 정신보건지정의 진찰
• 자상이나 타해 위험</td><td rowspan="2">국립·도도부현립 정신과병원 혹은 지정병원</td><td>없음</td><td>• 지정의사 진찰 결과, 자상이나 타해 위험이 없다고 여겨질 경우, 바로 퇴원시키지 않으면 안 된다.</td><td rowspan="2">도도부현지사</td></tr>
<tr><td>긴급조치
입원
(제29조2)</td><td>급속한 대응이 필요하며, 시간적 여유가 없는 경우 적용되는 조치 입원</td><td>• 1명의 정신보건지정의 진찰
• 자상이나 타해 위험이 큼
• 급속한 대응이 필요</td><td>72시간</td><td>• 지정의사 2명을 확보하지 못하는 등 소정의 절차를 취할 시간이 없는 경우</td></tr>
</table>

인용: 厚生労働省HP「精神保健指定医とは」<https://www.mhlw.go.jp/content/000412951.pdf> & 『公衆衛生がみえる2018－2019』, p.263를 참고로 필자가 작성함.

주: 1) 정신보건지정의:5년 이상 임상경력, 3년 이상 정신과진료 경험, 소정의 연수과정 수료 등의 요건을 충족한 자 중에서 후생노동대신이 지정하며, 5년마다 연수 이수 의무가 있다(이하, 지정의사). 참고로 그 외에도 특정의사 제도가 있다.

할하는 시정촌장(특별구장 포함)의 동의가 있으면 본인의 동의가 없어도 입원시킬 수 있다. 참고로 가족 등이란 배우자, 친권을 행할 수 있는 자, 부양의무자 및 후견인 혹은 보좌인을 가리킨다.

정신과병원 관리자는 의료보호입원 조치를 취할 경우, 4주 이내에 해당 환자를 대상으로 입원 이유와 퇴원 등의 청구와 관련된 사항 등을 서면으로 알리도록 되어 있으나, 증상에 따라 의료 및 보호상 지장이 있다고 판단될 경우는 그렇지 않다. 또한 정신과병원 관리자는 의료보호로 입원한 환자의 증상과 함께 후생노동성령으로 지정된 사항을 해당 입원에 동의한 자의 동의서를 첨부하여 10일 이내에 인근의 보건소장을 거쳐 도도부현 지사에게 제출해야 한다. 또한, 해당 환자를 퇴원시킨 후에는 10일 이내에 마찬가지로 보건소장을 거쳐 도도부현 지사에게 제출해야 한다.

(2) 응급입원

후생노동대신이 지정한 기준에 적합하며 도도부현 지사가 지정한 정신과병원 관리자는 의료 및 보호 의뢰가 있는 환자의 신속한 대응이 필요하나 가족 등의 동의를 받지 못한 경우, 정신보건지정의사(이하, 지정의사) 진찰 결과 즉시 입원시킬 필요가 있다고 판단되면 본인의 동의가 없어도 72시간 이내에 한하여 입원시킬 수 있다. 또한, 긴급한 상황이거나 어쩔 수 없는 이유 등으로 지정의사를 대신하여 특정의사가 의료 및 보호 의뢰가 있는 자의 진찰을 할 수 있다. 이러한 경우 진찰 결과, 해당 환자가 정신장애자로 즉시 입원할 필요가 있다고 판단될 경우, 본인의 동의가 없어도 12시간에 한해서 입원시킬 수 있다.

정신과병원 관리자는 응급입원 조치 이후, 즉시 해당 조치를 취한 이유와 관련 사항을 정리하여 인근의 보건소장을 거쳐 도도부현 지사에게 제출해야 한다.

(3) 조치입원

경찰관 등으로부터 통보 혹은 신고 등을 받은 도도부현 지사는 해당 환자를 2명 이상의 정신보건지정의사의 진찰을 받게 하여 자상 혹은 타해의 위험이 있다고 판단될 경우, 국립·도도부현립 정신과병원 혹은 지정병원에 입원시킬 수 있다. 도도부현 지사는 이러한 조치입원을 취할 경우, 해당 환자를 대상으로 조치 입원에 이르게 된 이유와 퇴원 등의 청구에 관한 사항 등을 서면으로 알려야 한다.

(4) 긴급조치입원

자상 혹은 타해의 위험이 있다고 판단되며, 신속한 대응이 필요하나 2명 이상의 정신보건지정의사의 진찰을 받게 하는 등 관련 절차를 취할 시간적 여유가 없는 경우에 적용된다. 다만, 입원기간은 72시간을 초과할 수 없다.

2. 자의입원과 비자의입원의 서비스 내용

일본의 자의입원과 비자의입원의 서비스 내용을 살펴보기 위하여 먼저 1. 자의입원의 판단기준과 전달체계, 2. 비자의입원의 판단기준과 전달체계를 소개한다. 그리고 비자의입원 환자의 입퇴원과 관련한 주요 심사기관인 3. 정신보건의료심사회의 주요 기능을 소개한다.

| 그림 1 | 임의입원 절차

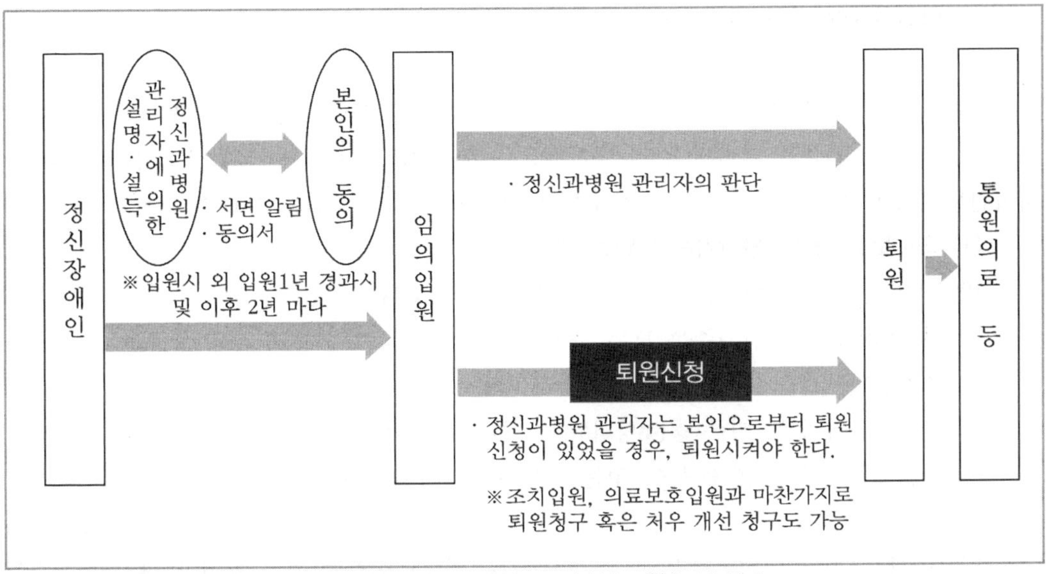

인용: 厚生労働省精神・障害保健課(2011)第1回保護者制度・入院制度に関する作業チーム 平成23年1月7日参考資料 1「入院制度について」

1) 자의입원의 판단기준과 전달체계

일본정신과구급학회가 작성한 정신과 구급의료 가이드라인 2015년 버전(이하, 2015년구급의료 가이드라인)은 자의입원(임의입원)의 판단기준으로 다음의 3가지를 제시하고 있다.[27]

① 정신질환을 앓고 있다고 진단됨.

② 입원치료가 최적의 치료형태로 판단됨.

③ 입원치료에 대한 사전동의가 성립됨.

자의입원인 임의입원은 본인의 동의에 의한 입원으로 입원 절차는 [그림 1]과 같다.

2) 비자의입원의 판단기준과 전달체계

2015년 구급의료 가이드라인은 비자의입원((1) 의료보호입원, (2) 응급인원, (3) 조치입원, (4) 응급조치입원)의 판단기준을 다음과 같이 제시하고 있다.

① 정신보건복지법에 규정하는 정신장애로 진단 받음.

② ①의 정신장애를 이유로 판단능력이 현저히 저하된 상태임(정신병상태, 중증의 조울증 혹은 우울상태, 섬망 등).

③ 이러한 상태 때문에 사회생활상 자타에 불이익이 되는 사태가 발생함.

④ 의학적 개입 없이는 이러한 사태가 지체 혹은 악화될 가능성이 높음.

⑤ 의학적 개입으로 이러한 사태의 개선이 기대 됨.

27) 日本精神科救急學會 監修『精神科救急醫療ガイドライソ 2015年版』.

⑥ 입원치료 이외에는 의학적인 개입의 수단이 없음.

⑦ 입원치료에 관한 사전동의가 성립하지 않음.

2015년 구급의료 가이드라인은 (1) 의료보호입원, (2) 응급인원, (3) 조치입원, (4) 응급조치입원의 판단 기준을 다음과 같이 구체적으로 제시하고 있다. (1) 의료보호입원과 (3) 조치입원은 후생노동성이 제시하고 있는 입원절차도 함께 살펴보도록 한다.28)

(1) 의료보호입원의 판단기준과 입원절차

비자의입원인 의료보호입원의 판단기준은 다음과 같다.

① 비자의입원의 진단기준을 모두 충족함.

② 조치입원 · 긴급 조치입원에 해당되지 않음.

③ 판단능력이 있는 가족 등(부양의무자나 후견인 등)이 입원에 동의함.

④ 판단능력이 있는 가족 등이 없는 경우에는 시구정촌장의 동의로도 가능함.

일본에서는 2013년 정신보건복지법 개정으로 의료보호입원 동의 요건과 관련한 개정이 이루어졌다. 이전에는 정신보건지정의사의 진찰과 보호자의 동의가 요건이었으나, 개정 후에는 정신보건지정의사의 진찰과 가족 등의 동의를 요건으로 변경되었다. [표 2]는 개정 전 · 후의 주요한 내용을 정리한 것이다.

[표 2] 2013년 정신보건복지법개정에 의한 의료보호입원 동의요건 변경29)

개정 전		개정 후
○정신보건지정의사의 진찰 및 보호자(※)의 동의가 요건 ※ ①~④순서로 1명에 한함. 상위의 자가 없을 경우나 소재지가 파악되지 않을 경우 등은 하위의 자. ① 후견인 혹은 보좌인 ② 배우자 ③ 친권자 ④ ②③이외의 부양의무자 중에서 가정재판소가 보호의무를 이행할 자로 선임한 자(부양의무자는 개정 후에도 같음)	➡	○정신보건지정의사의 진찰 및 가족 등(※)의 동의가 요건 ※ 다음의 해당하는 자 중에서 가능. 순위는 상관없음. • 후견인 혹은 보좌인 • 배우자 • 친권자 • 부양의무자(민법 규정에 의해 직계혈족, 형제자매 및 가정재판소에 선임된 3촌이내 친족)
○시정촌장 동의에 의한 입원이 가능한 경우는 보호자가 없을 경우 혹은 보호자가 될 수 있는 자 전원이 본인에게 치료를 받도록 하는		○시정촌장 동의에 의한 입원이 가능한 경우는 가족 등이 없을 경우, 혹은 가족 등 전원이 의사 표시가 어려운 경우(※)

28) 厚生労働省精神障害保健課(2011) 第1保護者制度・入院制度に關する作業チーム, 平成23年1月7日参考資料, 「入院制度について」.

등의 의무를 행하기 어려운 경우(※) ※ 소재지불명, 장기간 질병, 파산 등 ※ 부양의무자의 동의를 얻을 수 없는 경우도 포함		※ 소재지 불명 등
○퇴원청구는 본인 이외에도 <u>보호자가 된 자(1명만)</u>가 할 수 있다.		○퇴원청구는 본인이외에도 <u>가족 등의 전원</u>이 할 수 있다.

┃그림 2┃ 의료보호입원 절차

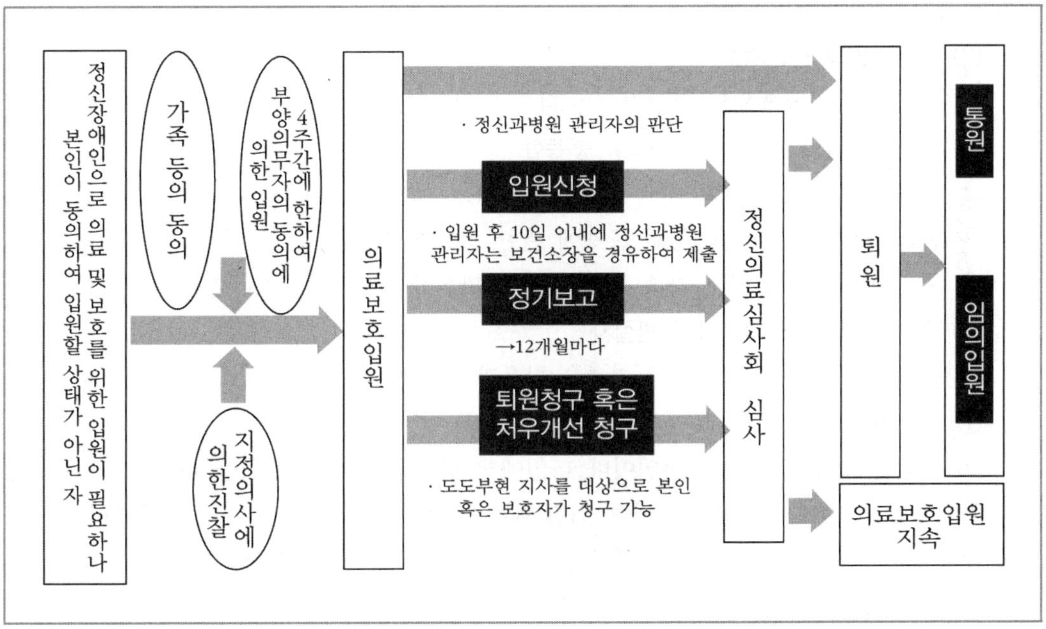

인용: 厚生労働省精神・障害保健課(2011)第1回保護者制度・入院制度に関する作業チーム
平成23年1月7日参考資料1「入院制度について」를 참고로 필자가 작성

의료보호입원은 정신장애로 입원의 필요성을 이해하지 못하고 본인의 동의에 의한 임의입원이 어려운 경우로 가족 등의 동의가 필요하며, 입원 절차는 [그림 2]와 같다.

2014년에 발표된 후생노동성 정신・장애보건과장 통지[30]에 의하면, 가족 등의 동의를 얻을 경우에는 진찰시 본인과 동행한 가족 등을 대상으로 입원의료의 필요성 등을 충분히 설명하여야 하며, 관리자는 해당 가족 등의 이름, 관계 등을 서면으로 신고 받아 확인하여야 한다. 이때에는 가능한 범위 내에서 운전면허증이나 각종 의료보험의 피보험자등을 제시하도록 하여 본인 확인을 하는 것이 바람직하다. 또한, 의료보호입원 해당 환자가 미성년자일 경우, 관리자는 원칙적으로 부모 모두의 동의를 얻을 필요가 있다.

29) 厚生労働省HP <https://www.mhlw.go.jp/file/05－shingikai－12201000－shakaiengokyokushovgaihokenfukushibu－kikakura/0000115952.pdf> 資料2 醫療保護入院制度について.

30) 厚生労働省HP, 「醫療保護入院における家族等の同意に關する運用について」, 障精發 0124 第1號, 平成26年1月24日.

한편, 정신장애인의 치료 및 향후 사회복귀를 위해서는 가족 등의 이해와 협력이 중요하므로 의료보호입원시 가능한 많은 가족 등의 동의를 얻는 것이 바람직하다. 관리자는 의료보호입원동의와 관련하여 가족 등의 사이에서 판단의 불일치가 파악되었을 경우, 가능한 의견 조정을 도모하는 것이 바람직하다.

만약, 가족 등의 동의를 얻을 경우, 후견인 혹은 보좌인의 존재를 파악하게 되었을 경우에는 후견인 혹은 보좌인의 동의에 관한 판단을 확인하는 것이 바람직하다. 가족 등의 사이에서 판단이 불일치한 사례로 후견인 혹은 보좌인이 존재하나 이들이 동의에 반대할 경우 그 의견을 충분히 배려하여야 한다.

(2) 응급입원의 판단기준

비자의입원인 응급입원의 판단기준은 다음과 같다.

① 비자의입원의 진단기준을 모두 충족함.

② 조치입원 · 긴급 조치입원에 해당되지 않음.

③ 판단능력이 있는 가족 등의 존재에 관한 정보가 없음.

④ 혹은 판단능력이 있는 가족 등의 존재는 확실하나 연락이 닿지 않음.

(3) 조치입원의 판단기준과 입원절차

비자의입원인 조치입원의 판단 기준은 다음과 같다.

① 비자의입원의 진단 기준을 모두 충족함.

② 이러한 상태를 이유로 본인이나 타인에게 상해를 입히는 행위를 하였거나 혹은 할 가능성이 높음. 여기에서 자상이나 타해 위험 행위란, 이하와 같다. 보건소에의 통보나 행정기관에 의한 조치, 진찰의 여부 판단시에도 이하 사항이 고려되어야 한다.

(1) 자상행위

가. 치사성이 높은 자살 시도

나. 치사성이 높다고는 하기 어려운 자살 시도

다. 자살 의사표시 행동

라. 자살의 언어적 의사표시

(2) 타해 행위(미수도 포함)

가. 신체적 손상을 동반한 대인 폭력

나. 가. 이외의 대인 폭력

다. 기물파손

라. 그 외 촉법행위에 해당하는 타해 행위

마. 촉법행위 이외의 타해 행위 · 다른 사람에게 피해를 끼치는 행위

조치입원은 정신장애로 자상이나 타해 위험이 있는 자를 대상으로 본인이나 가족의 동의 없이 2명의 지정의사 진찰 결과, 입원이 필요하다고 판단될 경우 도도부현 지사가 결정하여 실시되며, 입원 절차는 [그림 3]과 같다.

| 그림 3 | 조치입원 절차

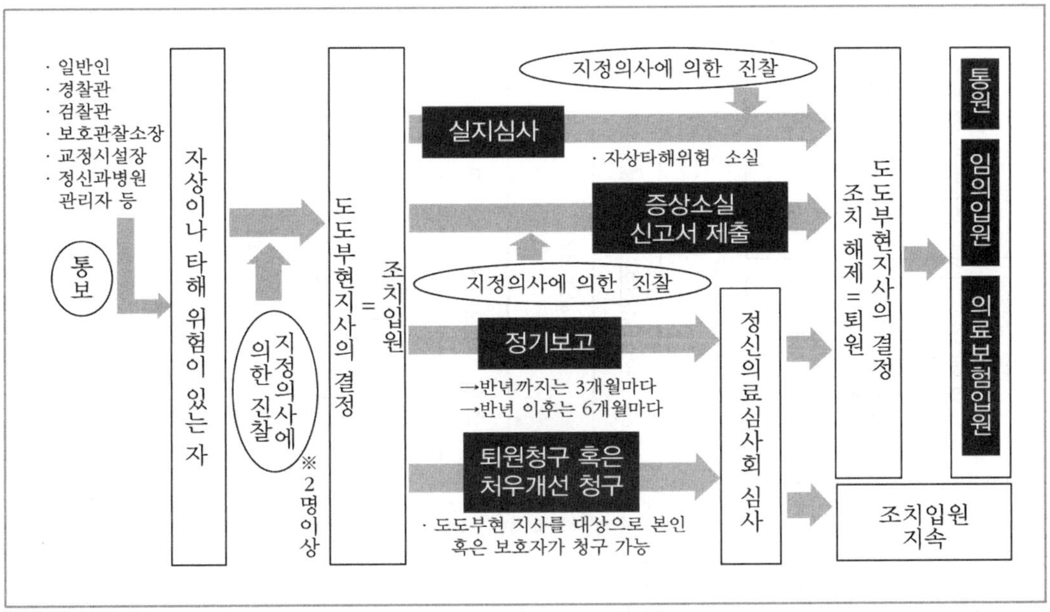

인용: 厚生労働省精神・障害保健課(2011)第1回保護者制度・入院制度に関する作業チーム
平成23年1月7日参考資料 1「入院制度について」

(4) 긴급조치입원의 판단기준

ⅰ) 조치입원 기준을 충족.

ⅱ) 병상이 중도이며 동시에 급성으로 법정 조치입원 절차를 수행하고 있기에는 치료 개시가 현저히 늦어져 의학적으로 불이익을 초래할 가능성이 높음.

3) 정신의료심사회

정신의료심사회는 정신장애인의 인권에 배려하며 적정한 의료 및 보호를 확보하기 위하여 정신병원에 입원중인 정신장애인의 처우 등과 관련하여 전문적이며 독립적인 기관에 의한 심사를 하기 위하여 설치되었다. 따라서 정신의료심사회(이하, 심사회) 운영에 있어 도도부현 지사, 심사회 위원, 그 외 관계자는 심사회 설치 취지에 입각하여 공정하고 신속한 심사를 하는 등 정신장애인의 인권옹호를 위하여 최대한 노력하여야 한다.

정신의료심사회 설치는 정신보건복지법 제12－15조에 근거하며, 심사회의 사무는 정신보건복지센터가 담당한다. 심사회의 위원 구성원(1 합의체당 5명)은 관련 학식경험에 근거하여 독립적으로 직무를 수행하며, 임기는 원칙적으로 2년이다. 도도부현 지사는 다음의 자를 임명하도록 되어 있다.

○ 정신과의료 학식경험자 2명 이상(정신보건지정의사에 한정)

○ 정신장애 보건 혹은 복지 학식경험자 1명 이상(정신보건복지사 등)

▌그림 4▐ 정신의료심사회의 심사업무 절차

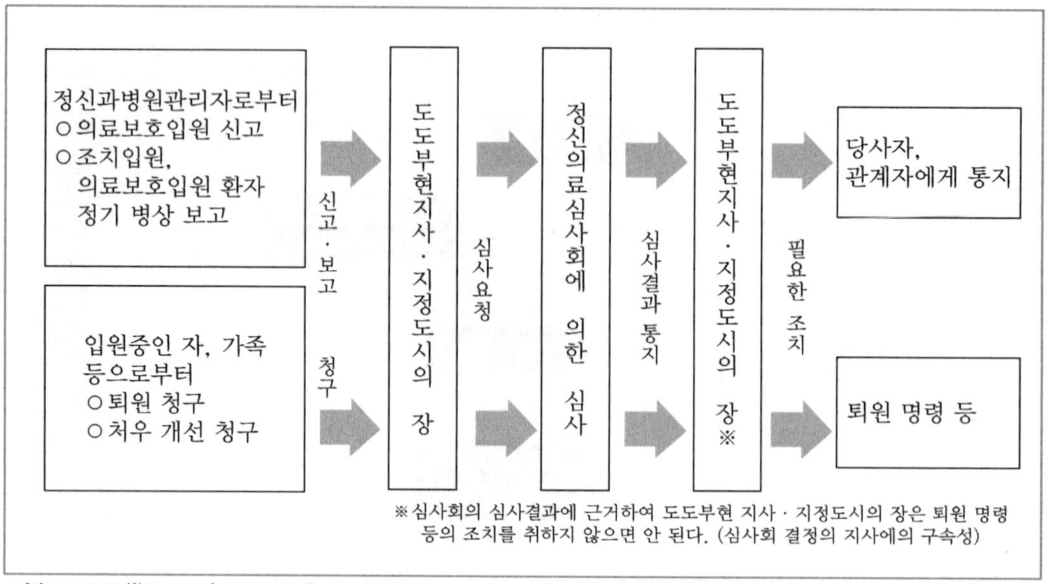

인용: 厚生勞働省　社会保障審議会　参考資料
https://www.mhlw.go.jp/file/05-Shingikai-12201000-Shakaiengokyokushougaihokenfukushibu-Kikakuka/0000129677.pdf

○ 법률 관련 학식경험자 1명 이상(변호사, 검사 등)

[그림 4]는 정신의료심사회의 심사업무 절차를 나타낸 것이다.

Ⅳ. 정신보건의료복지정책의 전개

1. 일본의 정신과의료의 현황

2018년 기준 일본의 정신질환이 있는 총환자 수는 약 392만 4천 명으로 입원환자는 약 31만 3천 명, 외래환자는 약 361만 1천 명이다. 정신실환을 가진 총입원환자의 수는 1999년 약 34만 1천 명에서 2014년 31만 3천 명으로 완만한 감소 추세에 있고, 입원환자 중 정신병상의 입원환자 수는 1999년 약 32만 9천 명에서 2014년 28만 9천 명으로 역시 점차 감소하는 경향을 보여준다.[31] 반면에 외래환자 수는 1999년 170만 명에서 2014년 361만 1천 명으로 두 배 이상 증가하였고 이는 치매나 기분장애(우울증 등)의 증가로 인한 것이다.[32]

---

31) 厚生勞働省　障害者保健福祉部,　参考資料,　9면<https://www.mhlw.go.jp/file/05-Shingikai-12201000-Shakaiengokyokushougaihokenfukushibu-Kikakuka/0000108755_12.pdf>

32) 最近の精神保健医療福祉施策の動向について，第１回精神保健福祉士の養成の在り方等に関する検討会，2018. 12.

▌그림 5▐ 정신질환 총환자 수의 추이[33]

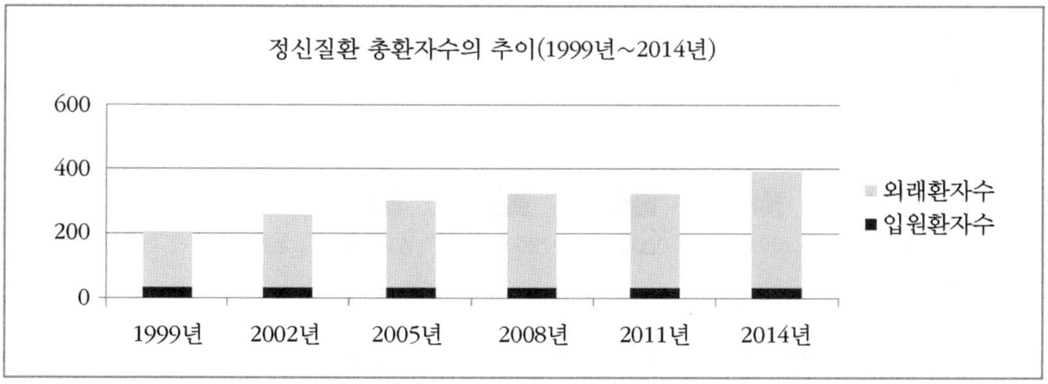

고령화에 따라 전체 정신질환자 중 점진적으로 고령자의 비중이 커져서 1999년 75세 이상 정신질환자는 24만 4천 명에서 2014년 95만 8천 명, 65세 이상 정신질환자는 32만 4천 명에서 55만 1천 명으로 증가하였고, 입원 정신질환자 중 고령자의 비중도 점차 커져서 같은 기간 전체 입원 정신질환자가 다소 감소하였음에도 불구하고 1999년 입원 정신질환자 중 75세 이상은 6만 3천명에서 11만 명, 65세 이상은 6만 1천 명에서 7만 3천 명으로 증가하였다.[34]

입원형태별 재원환자 수의 추이를 보면, 1999년 조치입원 환자는 10,007명, 의료보호입원 환자는 127,577명, 임의입원 환자는 199,188명, 기타 12,418명인 데 비하여 2014년 조치입원 환자는 1,503명, 의료보호입원 환자는 131,925명, 임의입원 환자는 155,122명, 기타입원 환자는 1,857명이다. 임의입원, 조치입원은 감소하는 반면, 의료보호 입원은 지속적으로 증가하는 경향을 보여 주고 있으나 2014년도에는 13만 1천 924명으로 2013년 13만 6천 680명보다 4천 7백여명 감소하였다.[35]

일본의 정신병상 수는 과거 15년간 35만 8천 병상에서 33만 8천 병상으로 다소 감소하기는 하였으나 전국 병상 168만 병상의 약 20%를 차지하여, 여전히 국제적으로 대단히 높은 숫자를 유지하고 있다. 정신병상의 평균 재원일수는 274.7일로 과거 10년간 52.5일 감소하였으나 이 역시 국제적으로 매우 높은 일수를 기록하고 있다.[36] 20여년간 입원중심의 의료체제를 지역의료체제로 전환하여 사회복귀 지원정책을 추진해 왔음에도 불구하고 일본의 정신의료가 여전히 입원치료 중심에 갇혀 있음을 알 수 있다.

정신병상에 입원환자의 재원기간의 추이를 보면, 1999년 1년 미만, 9만 4천명, 5년 미만 8만 8천명, 5년 이상 14만 6천명이고, 2014년에는 1년 미만 10만 3천명, 5년 미만 8만 5천명, 5년 이상 10만명으로 5년 이상 장기입원은 다소 감소하였다.

---

18. <https://www.mhlw.go.jp/content/12200000/000462293.pdf>.

33) 厚生勞働省 障害者保健福祉部, 參考資料(주 31), 2면.

34) 厚生勞働省 障害者保健福祉部, 參考資料(주 31), 8면.

35) 最近の精神保健医療福祉施策の動向について(주 32), 3면.

36) 最近の精神保健医療福祉施策の動向について(주 32), 4면.

▍그림 6▍ 정신병상 입원환자의 재원기간 추이[37)]

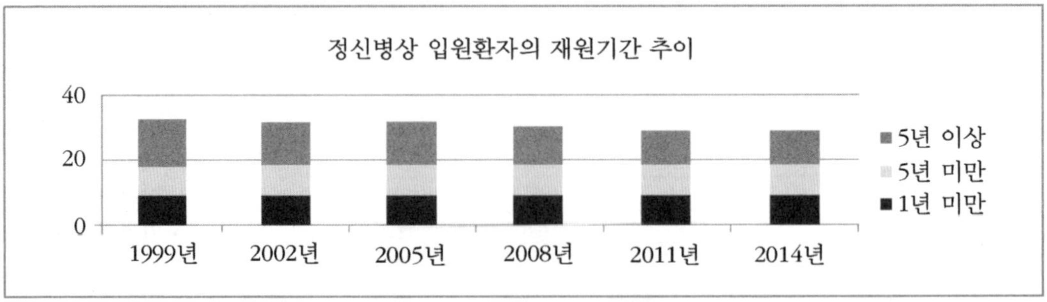

그 밖에 평균 재원일 수는 매년 지속적으로 감소하여 1988년 퇴원환자의 평균 재원일수는 496일이었으나 1999년에는 390일, 2014년에는 281일에 달하지만, 국제적으로는 여전히 이례적으로 높은 평균 재원일수를 보여주고 있다.[38)] 다만 근년의 신규 입원환자의 입원기간은 단축되는 경향에 있고 약 90%는 1년 이내에 퇴원한다. 그러나 정신병상으로부터 퇴원한 환자의 재입원율은 퇴원 후 6개월 시점에 30%, 1년 시점에 37%이다. 2014년 정신병상 퇴원환자의 퇴원 후 돌아가는 곳은 다음 표와 같이 5년 이상 장기입원 환자의 경우 가정으로 돌아가는 비율이 급격히 낮아지고 다른 병원이나 진료소로 가거나 사망 기타 등의 비중이 큰 것을 알 수 있다. 특히 사망 기타 등의 비중이 장기입원의 경우 급격히 증가하는 경향을 보여준다.

▍그림 7▍ 2014년 정신병상 퇴원환자의 퇴원 후 돌아가는 곳[39)]

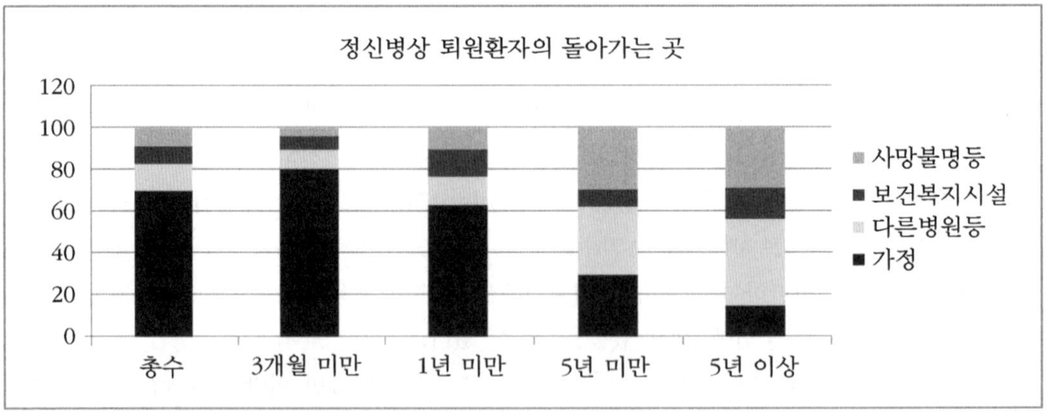

37) 厚生勞働省 障害者保健福祉部, 參考資料(주 31), 11면.
38) 厚生勞働省 障害者保健福祉部, 參考資料(주 31), 13면.
39) 厚生勞働省 障害者保健福祉部, 參考資料(주 31), 15면.

2. 정신보건의료복지정책의 전개과정

1) 정신보건복지대책본부 중간보고

일본 후생노동성은 2002년 1월을 정신보건복지대책본부를 발족하여 정신보건복지 정책 방향에 관한 중간보고를 정리하였다.[40]

「정신보건복지의 개혁을 위한 금후의 대책 방향」
(정신보건복지대책본부 중간보고)의 개요

1. 경위
정신보건복지대책본부에 있어서는 2002년 12월 발족 이래 성내 관계국에 의한 회의 또는 외부강사를 초청한 공부모임을 개최하여 금후 대책의 방향에 대하여 논의를 거듭하여 이번에 후생노동성이 금후 시행하여야 할 시책의 방향에 대하여 이하의 중간보고를 정리하였다.

2. 보고의 개요
(1) 기본적 인식과 시책방향
중간보고는 정신질환은 누구나 걸릴 수 있는 질병이지만 적절한 치료를 계속하면 증상을 상당한 정도까지 안정시켜 관해(寬解) 또는 치유가 가능한 질환이라는 인식하에, 정신병상에 있어서 적절한 치료에 의한 조기퇴원을 가능하게 하기 위하여 급성기 집중치료, 재활, 전문치료 등의 기능 분화의 필요가 있고, 다른 한편 당사자가 지역에서 안심하고 안정적인 사회생활을 하기 위하여 지역케어체제의 정비와 함께 주거를 확보하고 일자리를 제공하여 지역생활을 지원하는 체제를 마련하는 것이 필수적이라는 정책방향을 제시하였다. 그리고 입원치료중심에서 지역생활중심으로 하는 방향으로 추진하기 위해서는 정신장애인이 가능한 지역에서 생활할 수 있도록 필요한 보건의료복지서비스의 자원을 확보하여 적절히 배분해 갈 필요가 있으며 이를 위하여 우선적으로 추진할 사항을 제시하였다.
(2) 중점시책

① 보급계발 → 올바른 이행 · 당사자 참가활동
정신장애인에 대한 몰이해, 그릇된 인식을 바로잡기 위한 보급계발활동을 하기 위하여 모든 기회를 통하여 정신질환 및 정신장애에 대한 이해의 촉진을 도모함과 동시에 당사자의 참가활동의 기회를 늘린다.
② 정신의료개혁 → 정신병상의 기능강화 · 지역케어 · 정신병상수의 감소를 촉진한다.
정신병상의 기능분화를 꾀하고, 급성기의료의 충실화, 전문병상의 정비 등을 추진하여 입원의료의 질을 향상시킨다.
정신과구급체제를 포함한 지역케어의 체제정비를 추진한다.
병상의 기능강화를 추진하여 보다 좋은 정신의료를 확보하기 위하여 인원배치의 재조정을 포함하여 정신병상 수의 감소를 촉진한다.
③ 지역생활 지원 → 주거 · 고용 · 상담지원
지역에서의 거주지의 확보 등을 지원한다.
고용지원을 추진함과 함께 고용의 기회를 늘린다.

40) 精神保健福祉の改革に向けた今後の対策の方向(精神保健福祉対策本部中間報告)の概要, 厚生労働省 홈페이지 <https://www.mhlw.go.jp/shingi/2008/04/dl/s0411-7h.pdf>

상담기관의 충실, 당사자활동의 지원 등을 통하여 지역생활을 지원한다.
④ 수용가능조건이 갖추어져 있으면 퇴원 가능한 7만 2천 명에 대한 대책
위 각 시책의 추진과 함께 7만 2천 명의 조기퇴원, 시회복귀의 실현을 도모한다.

(3) 검토의 추진방법
2003년부터 보급계발, 정신병상등 재택복지, 지역케어 등에 대하여 3개의 검토회를 개최하여 이들 과제에 대응한다.

2) 2004년 정신보건의료복지의 개혁비전

2004년 9월 노동후생성 정신보건복지대책본부는 위 중간보고에 의해 설치된 3개의 검토회의 결론[41]을 바탕으로 정신건강보험 복지의 개혁비전을 제시하여 2005년의 정신보건복지법 개정을 비롯한 시책을 마련하기 위하여 '정신보건의료복지의 개혁비전'을 제시하였다. 그 개요는 다음과 같다.[42]

정신보건의료복지의 개혁비전(개요)

정신보건복지대책본부
2004년 9월

1. 정신보건의료복지개혁의 기본적 사고
(1) 기본방침
○ '입원의료 중심에서 지역생활 중심으로'라는 그 기본정책을 추진하기 위하여 국민 각층의 의식 개혁과 낙후된 정신보건의료복지체계의 재편과 기반강화를 향후 10년간 추진한다.
○ 대체적으로 입원환자 전체와 같은 움직임을 보이고 있는 '수용조건이 갖추어지면 퇴원가능한 사람들(약 7만 명)'에 대해서는 정신병상의 기능분화 · 지역생활지원체제 강화 등 낙후된 정신보건의료복지체계의 개편과 기반의 강화를 전체적으로 진행함으로써 10년 후 해소를 목표로 한다.

<수용조건이 갖추어지면 퇴원 가능한 사람들의 동태>
- 입원기간이 1년 이내인 사람이 약 2만 명(약 30%), 입원기간이 1년 이상인 사람이 약 5만 명(약 7할)이며, 모두 장기입원한 사람은 아니다.
- 1999년과 14년의 환자조사에서 동태를 보면, 7만 명의 약 반수가 3년 내에 퇴원하고 있으며, 나머지 절반은 계속 입원하고 다시 그 3년 내에 약 6.3만 명이 새롭게 입원하여 그 중 약 3.4만 명이 2002년 시점까지 계속해서 입원하고 있을 것이므로 결과적으로 2002년 시점에서는 거의 제자리걸음인 약 7만 명이 되었다.

41) 「心の健康問題の正しい理解のための普及啓発検討会」報告書(平成16年3月) <https://www.mhlw.go.jp/shingi/2008/04/dl/s0411-7i.pdf>, 「精神病床等に関する検討会」最終まとめ(平成16年8月) <https://www.mhlw.go.jp/shingi/2004/08/dl/s0806-5a.pdf>, 「精神障害者の地域生活支援の在り方に関する検討会」最終まとめ(平成16年8月) <https://www.mhlw.go.jp/shingi/2004/08/dl /s0806-4a.pdf>

42) 厚生勞働省 精神保健福祉對策本部, 精神保健医療福祉の改革ビジョン, 2004. 9, <https://www.mhlw.go.jp/topics/2004/09/dl/tp0902-1a.pdf>

(2) 달성 목표
대략 10년 후 국민의식 개혁, 정신보건의료복지체계 개편의 달성 수준으로 다음을 목표로 한다.
(목표)
① 국민의식 개혁 달성목표와 사고
○ 정신질환은 생활습관병과 마찬가지로 누구나 걸릴 수 있는 질병이라는 것에 대한 인지도를 90% 이상으로 한다.
(사고)
○ 정신질환을 올바르게 이해하고 태도를 바꾸어 행동하는 변화가 생길 수 있도록 정신질환을 자기 자신의 문제로 생각하는 사람의 증가를 촉진한다.
② 정신보건 의료복지 체계 개편 달성 목표
(목표)
○ 각 도도부현의 평균 잔존율(1년 미만군)을 24% 이하로 한다.
○ 각 광역자치단체의 퇴원율(1년 이상 군)을 29% 이상으로 한다.
※ 이 목표 달성에 따라 10년간 약 7만 병상 상당의 병상 수 감소가 촉진된다.
(생각)
○ 신규 입원환자에 대해서는 입원중 처우개선이나 환자의 QOL(삶의 질) 향상을 도모하면서 가능한 1년 이내에 신속하게 퇴원할 수 있도록 양질의 적절한 의료를 효율적으로 제공하는 체제의 정비를 촉진한다.
○ 이미 1년 이상 입원한 환자에 대해서는 본인의 병세나 의향에 따라 의료(사회복귀, 재활 등)와 지역생활지원체제의 협동 하에 단계적, 계획적으로 지역생활로 이행하도록 촉진한다.
(3) 국가, 도도부현(광역지방자치단체), 시정촌(기초지방자치단체)의 계획적인 대처
○ 국가에서는 향후 10년을 5년 주기로 제1기와 제2기로 구분하여 제1기에서는 개혁의 성과를 평가하면서, 제2기에서의 구체적인 시책군(群)을 결정한다.
이 경우 정신장애, 신체장애, 정신장애 각각의 특성을 감안하면서도 세 가지 장애에 공통된 문제에 대해서는 장애의 테두리를 넘어 체제를 정비한다.
또 하기와 같이 도도부현 단위로 정해진 계획을 바탕으로 국가가 국가계획 등을 정하고 계획적으로 서비스공급체제를 정비하는 구조를 도입한다.
○ 도도부현 단위에서 (2)의 달성목표를 실현하기 위하여 지역실태를 정확히 파악하여, 행정과 지역의 전문가와 당사자 등이 의견교환을 실시하면서 의료와 보건 · 복지를 연동시킨 계획적인 대처를 진행한다.
○ 의료분야에서는 도도부현마다 의료계획 (2)의 달성 목표를 반영한 정신병상에 관한 기준병상 수를 산정하는 동시에 그 실현을 위하여 해당 도도부현에서의 구체적 방안에 대하여 수치목표를 명시한 계획의 수립을 촉진한다.
○ 보건복지분야에서는 정신장애인의 니즈(needs)등의 실태를 파악한 다음, 서비스공급목표를 시정촌이 수립하고 이에 의거하여 도도부현 등이 계획적으로 사회복귀시설을 포함한 공급체제를 정비하는 시스템을 도입한다.

2. 개혁의 기본적 방향과 국가의 중점시책군(群)
(1) 국민의식의 변혁
① 정신질환에 관한 국민의식의 현황
② 시책의 기본적 방향
○ 정신질환에 대한 기본적인 정보제공을 통한 주체적 이해 촉진
○ 정신질환에 대한 올바른 이해를 바탕으로 태도 변용 및 적절한 행동을 촉진
○ 대상자에 따라 지역단위 활동과 미디어를 통한 활동 추진

③ 당면(개혁 제1기)의 중점 시책군(群)
○ '마음의 장벽없애기(barrier free) 선언'이 국민적인 운동이 되도록 지방공공단체나 각계각층에 넓게 호소하여 필요한 협력을 얻는다.
○ 매년 10월 말 정신보건복지주간 등을 중심으로 정부 공보(公報) 및 공공광고, 메스미디어의 특집 등 집중적으로 널리 지식 정보를 제공하는 대처를 추진한다.
○ 검토회에서 정리한 주체별 대처를 종합적으로 추진하기 위하여 장애에 관한 올바른 지식의 보급 계발과 관련되는 도도부현 등의 대처를 지원한다.
○ 지역단위로 정책결정의 장에 당시자의 참여를 추진한다.
(2) 정신의료체계의 개편
① 정신의료 현황
② 시책의 기본적 방향
가. 정신병상에 관한 기준 병상 수 산정식의 재검토
나. 정신병상의 기능 분화와 지역 의료체제 정비
다. 입원형태별 적절한 처우의 확보와 정신의료의 투명성 향상
③ 당면(개혁 제1기)의 중점시책군(주요 것)
○ 도도부현마다 설정되는 각 목표치를 반영하는 새로운 산정식을 2005년도부터 도입한다.
○ 입원환자의 조기퇴원을 촉진하고 지역의 목표치를 달성하기 위해 급성기, 사회 복귀 리허설, 중증 요양 등의 기능 분화를 촉진하고, 환자의 병세 등에 따른 적절한 의료를 각 병원의 병동·병실(유닛) 단위로 유연하게 실시할 수 있는 체제를 2006년도에는 실현하는 것을 목표로 한다.
○ 급성기, 사회 복귀 리허설, 중증요양 등의 기능별 인원배치, 표준적인 치료계획 등에 대해 후생노동과학연구 등을 통해 검토한 후 그 성과를 바탕으로 중앙사회보험의료협의회에서 결론을 얻는다.
○ 정신과구급에 대해서 현행 일반구급 시스템과 마찬가지로 윤번제 등 2차 의료권 단위에서의 기존 체제와 더불어 핵심적인 센터 기능을 갖춘 구급의료 시설의 정비를 추진한다.
○ 정신증상이 지속적으로 불안정한 장애인(예를 들면 GAF 30점 이하 정도를 기준)에 대해 24시간 연락체제 하에서 다직종에 의한 방문서비스, 단기입소(원), 증상악화 시의 수입확보 등의 서비스를 포괄적으로 제공하는 사업의 구체적인 이미지를 명확히 한다.
○ 조치입원을 받아들이는 병원에 대해 병동의 간호직원 배치를 3:1 이상으로 하는 등의 의료체제 개선을 지역별 사정에 따라 단계적으로 추진한다.
○ 도도부현 현장지도에서 처우개선 명령을 하였음에도 불구하고 적절한 개선이 이루어지지 않은 경우에 그 내용 등을 공개하는 시스템을 도입한다.
(3) 지역생활지원체계의 개편
① 지역생활 지원체제의 현황
② 시책의 기본적 방향
가. 라이프 스테이지에 따른 주거, 생활, 활동 등 지원체계 개편
나. 중층적인 상담지원체제 확립
다. 시정촌을 중심으로 한 계획적인 서비스제공체제의 정비
③ 당면(개혁 제1기)의 중점시책군(주요한 것)
○ 향후 장애인 본인을 지지하는 새로운 지역생활 지원체계로서 중층적인 상담지원체제를 중심으로 주거·생활·활동의 종합적인 지원체계를 정비한다.
○ 상담지원체제에 대해서는 기초자치단체에 의한 상담지원체제를 기초로 장애보건복지권역, 광역자치단체의 3중 구조 체제를 표준으로 하여 각 주체의 기능 강화나 사업자의 제도적 위치를 규정한다.
○ 장애인의 단독 입주를 추진하기 위해 긴급 시 연락처나 신원보증을 요구하는 주거제공자 등의 수요에 대응하는 체제를 장애 보건복지권역별로 확보한다.
○ 정신장애인의 고용을 촉진하는 동시에 기존의 일자리제공시설 등을 계속적인 취업, 취업이행지원,

자립훈련, 휴식공간과 기능면에서 재편한다.
○ 사회복귀 시설별 노력 · 실적이 반영되지 않는 현행 시설단위의 지급 방식에서 노력 · 실적을 반영하는 개인 단위의 지급 방식으로 재검토한다.
○ 시정촌 등이 케어 매니지먼트를 활용해 종합적인 '자립생활지원계획'을 수립한 후에 급부 결정 등이 이루어지는 구조로 한다.
(시정촌 등에 필요한 지원 조치가 필요 불가결)
○ 상담 지원의 질적 향상을 도모함과 동시에 사회적인 합의를 얻기 위해 장애 정도 등에 대해 일정한 기준이 되는 척도를 명확히 한다. 또한 정신장애인 보건복지수첩의 신뢰성 향상을 위해 사진을 첨부한다.
(4) 정신 보건 의료 복지 시책의 기반 강화
① 인재 · 재원 배분의 현황
② 향후 기본방향
○ 병상이나 시설 기능의 재편 상황 등에 따른 인력 확보, 재교육 · 재배치
○ 기존 정신보건복지시책에서 의료 · 복지 쌍방의 중점화 · 효율화
○ 필요한 지원 내용이나 그 비용을 명시하고, 신규 재원 확보에 대해 사회적 합의를 획득
③ 당면 검토 사항
○ 도도부현 단위의 계획 책정이나 병상 기능 분화의 진척상황을 토대로 하여 필요한 인원의 장래 전망 등을 실시하고, 그 육성 · 재교육 등의 방책을 검토한다.
○ 장애정도 등의 척도의 명확화와 장애 정도 등의 차이에 따른 서비스 메뉴의 정리, 표준적인 케어 모델의 개발 등을 통해서 국민이 납득할 수 있는 장애 정도별 필요한 비용액에 대해 검토한다.
○ 비용이 급증하고 있는 통원 공비 부담에 대해서 의료 제공의 실태, 이용자의 증상이나 경제 상황, 지역간 격차 등에 대해 분석을 진행시키고 필요한 대응에 대해 검토해 시급하게 결론을 얻는다.
○ 입원자수(인구 대비)에 큰 지역간 격차가 발생하고 있는 조치입원에 대해 이를 받아들이는 병원의 의료체제 재검토 등에 의한 영향을 파악하여 격차 해소책에 대해 검토하고 조속히 결론을 얻는다.
○ 사회복귀 시설이나 거택 지원 사업에 대해 이용 목적 · 이용률 등의 이용 실태나 이용자의 증상이나 경제 상황 등을 분석하고, 입소 시설 이용자와 지역에 사는 사람 간의 균형이나 받은 서비스양과의 균형도 고려하면서, 필요한 대응에 대해 검토해 신속히 결론을 얻는다.

3) 2009년의 중간평가

개혁비전이 전기(前期)를 마치는 중간점을 앞두고 후생노동성은 금후 정신보건복지의 바람직한 모습에 관한 검토회(今後の精神保健医療福祉のあり方等に関する検討会)를 구성하여 개혁비전 5년의 성과를 평가하고 그 후기(後期) 5년의 중점시책군(群)의 수립을 위하여 정신보건의료복지의 개혁을 더욱 진척시키기 위한 구체상을 제시하기 위하여 2008년 4월부터 검토를 개시하고 나아가 정신보건의료체계의 재구축 및 정신질환에 관한 이해의 심화에 관한 사항에 대하여 논의를 거듭하여, 「정신보건의료복지의 개혁을 가속하기 위하여(精神保健医療福祉の更なる改革に向けて)」라는 이름의 보고서를 공표하였다.[43]

(1) 개혁비전의 달성상황

보고서에서는 개혁비전에서 제시한 달성상황에 대하여 평가하고 이를 기초로 금후 정신

43) 厚生勞働省 今後の精神保健医療福祉のあり方等に関する検討会, 精神保健医療福祉の更なる改革に向けて2009. 9, <https://www.mhlw.go.jp/shingi/2009/09/dl/s0924-2a.pdf>.

보건의료복지 개혁에 관한 기본사고를 제시하였다.

먼저 국민의식개혁의 달성목표로서 제시한 정신질환에 대하여 인지도(90% 이상)는 2006년 82.4%로 일정한 성과가 인정되었으나 통합실조증(조현병)에 관한 이해는 충분하지 않은 등의 과제가 있다고 평가되었다. 정신보건의료체계 재편의 달성목표에 관하여는 각 도도부현의 1년 미만군(群)의 평균잔존율(24% 이하)은 2006년 29.7%이고, 각 도도부현의 1년 이상군(群)의 퇴원율(29% 이상)은 23%였다. 수용조건을 갖춘 경우 퇴원가능한 사람은 2002년 환자조사시 7만 명이었으나 2005년 같은 조사에서는 7만 6천 명이었다. 그리고 정신병상 수에 대해서는 새로운 산정식으로 산정한 결과, 개혁비전에서 밝힌 2010년 시점에서의 기준병상 수의 시산(試算)을 밑도는 수준이었다. 그러나 개혁비전 이후 정신병상 수 감소시책을 마련하였음에도 불구하고 정신병상 수 그 자체는 거의 감소되지 않은 것으로 나타났다.[44)]

(2) 금후의 개혁에 기본사고

보고서는 개혁비전에 대한 목표설정을 재평가하고 금후의 정신보건의료개혁에 관한 기본사고를 제시하였다.[45)]

현재의 장기 입원환자 문제는 입원의료 중심이었던 정신장애인 시책의 결과이며, 행정, 정신보건의료복지 전문직 등의 관계자는 그 반성에서 출발하여야 한다.

그 다음 정신보건의료복지에 관해서는 앞으로도 정신보건 및 정신장애인 복지에 관한 각 법률에 따라 장애인 권리조약 등의 국제적인 동향도 감안하면서 '지역을 거점으로 하는 공생사회 실현'을 위하여 '입원의료 중심에서 지역생활 중심으로'라는 기본이념에 입각한 시책의 입안과 실시를 더욱 가속해야 한다.

이때 장기입원환자 등의 지역이행의 대처를 더욱 강력하게 추진함과 동시에 향후 새로운 장기입원을 창출하지 않겠다는 기본적인 입장에서 다음과 같은 시점도 고려하여 시책을 추진해야 한다.

• 국민이 정신질환에 걸린 경우에도 안심하고 조기에 질 높은 의료를 받을 수 있으며, 입원한 경우라도 가능한 한 조기에 지역생활로 돌아갈 수 있도록 한다는 관점,

정신장애인이 정든 지역에서 본인의 상태에 따라 일상적인 외래 · 재택 의료나 긴급시의 응급의료 등의 의료서비스를 받아 본인의 의향에 따라 지역생활 지원이나 취업을 위한 지원 등의 복지서비스 등을 받을 수 있으며, 장기 입원한 사람도 포함하여 정신장애가 있어도 지역에서 안심하고 자립적인 생활을 할 수 있도록 한다는 관점,

• 의료서비스 및 복지서비스 종사자가 각각의 역할에 따라 다른 종사자와도 연계하여 정신장애인이 친숙한 지역을 거점으로 하여 개개 정신장애인의 의향이나 상태에 맞는 지원을 제공할 수 있도록 한다는 관점.

구체적으로는 다음과 같은 방향성으로 정신보건 의료복지 개혁을 추진하여야 한다.

---

44) 精神保健医療福祉の更なる改革に向けて(주 43), 12면 이하.
45) 精神保健医療福祉の更なる改革に向けて(주 43), 14면 이하.

① **정신의료의 질 향상**

응급의료 정비, 입원의료의 급성기 중점화와 더불어 방문진료, 방문간호 등 재택의료 충실화 등의 대처를 통해 지역을 거점으로 한 정신의료 제공체제 구축을 도모하고, 또 개개인에게 제공되는 의료의 질을 향상시킴으로써 질환이나 병기에 따라 인권을 고려한 질 높은 의료가 제공되는 체제를 만든다.

② **지역생활 지원 확충**

지역생활을 지탱하는 구급의료나 통원 · 재택의료, 장애복지서비스의 내실화 등으로 고령자도 포함해 정신장애인이 그 의향이나 상황에 따라 지역에서 수준 높은 지원을 충분히 받을 수 있는 체제를 만든다.

③ **정신질환에 관한 이해의 심화**

정신의료의 질 향상과 더불어 정신질환에 관한 올바른 이해를 추진하여 정신질환에 걸린 경우에도 조기에 적절한 지원이 이루어지고 정신장애인이 지역주민으로 생활할 수 있는 사회를 구축한다.

④ **지역생활로의 이행 · 정착 지원**

①부터 ③까지의 대처를 진행함으로써 이미 장기간에 걸쳐 입원하고 있는 정신장애인을 비롯하여 각각의 특성을 바탕으로 지역생활로의 이행 · 정착이 원활하게 이루어지는 흐름을 만든다.

⑤ **정신장애인 · 가족 중심의 지원체제 구축**

정신장애인의 관점을 중시하여 정책결정이나 시책 추진이 실시되도록 국가 및 지방자치단체의 행정과정에 정신장애자의 참여를 추진함과 동시에 지역 내 정신장애인이나 가족 간의 동료지원자(peer supporter)의 보급, 지역이행지원의 대처에 있어서 정신장애인의 참가 등을 추진함으로써 정신장애인 · 가족의 관점에 입각한 지원체제를 구축한다.

이를 바탕으로 개혁 비전의 후기 5년의 중점시책군(群)에서는 정신보건의료개혁을 위한 시책을 핵심으로서 자리매김한 이하의 줄기에 따라서 시책을 강구해야 한다.

1) 정신보건의료체계 재구축
2) 정신의료의 질 향상
3) 지역생활지원체제 강화
4) 보급계발(국민의 이해 심화)의 중점적 실시

(3) 정신보건의료복지의 개혁과제

① **정신보건의료체계의 재구축**

정신보건의료체계 재구축은 정신보건의료의 수준을 향상하고, 의료기관의 지역의료 기능의 충실을 촉진하며, 니즈가 높은 영역에 대하여 중점을 둔다는 기본사고에 입각하였다.

입원의료에 관해서는 급성기치료와 장기요양의 니즈에 따라 급성기치료에 있어서는 입원의료의 재편과 중점화, 의료기관의 충실과 적절한 평가라는 목표 하에 의료인원 기준의 충실, 구급 · 급성기의료의 확보, 중증도에 따른 평가체계, 인지증 전문의료의 확보, 신체합병증에 대한 대응 강화, 종합병원정신과의 기능강화를 과제로 제시하였고, 장기요양에 대해서는 지역생활지원체제의 정비, 지역이행의 촉진, 병상수의 적정화라는 목표하에 통합실조증 입원환자 수의 목표치를 2005년 19만 6천 명에서 2014년 15만 명으로 설정하고 평균잔존율, 퇴원율의 목표에 의하여 정신병상 수의 감소 촉진을 과제로 제시하였다.[46)]

외래 · 재택의료에 관해서는 지역생활을 지지하는 의료의 충실과 의료기관 기능 개혁의 원활화라는 목표 하에 정신과구급의료의 확보와 질의 향상, 재택의료(방문진료, 방문간호 등)의 충실과 보급, 정신과 데이케어의 중점화, 케어매니지먼트 기능의 충실, 미치료, 치료중단자 등에 대한 지원체제의 강화(위기개입), 중증자의 재택에서의 포괄적 지원 확보 나아가 질환 등에 다른 의료의 충실(기분장애, 의존증, 아동사춘기), 조기지원체제의 충실을 과제로 제시하였다. 그 밖에 장애인복지서비스, 개호보험서비스의 충실 및 고령장애인의 생활공간의 확보 등도 제시되었다.

마지막으로 지역정신의료체제의 정비를 위하여 지역의료체제 및 고차의료체제의 확보, 4질병에 대한 5개 사업의 위치 재검토, 정신의료종사자의 확보, 보건소 및 정신보건복지센터의 기능강화 등의 과제로 제시하였다.[47)]

② **정신의료 질의 향상**

이 시책의 기본사고로서 약물요법 등에 대하여 표준적인 치료를 촉진하는 것, 의료종사자의 자질의 향상을 도모하는 것, 실태를 해명하고 치료법 개발 등의 연구를 추진하는 것을 제시하였다. 이를 위한 개혁의 구체상으로서는 ①의 정신보건의료의 재구축에 대응하여 입원의료에서의 인원기준의 충실화, 급성기의료에의 중점화, 정신과구급의료의 확보와 질의 향상, 재택의료(방문진료, 방문간호 등)의 충실과 보급, 질환 병상에 대응한 전문의료의 확보(인지증, 신체합병증, 기분장애 등)를 제시하였다.

그리고 정신과 진료 질의 향상을 위하여 진료가이드라인의 작성 · 보급, 환자 등에 대한 알기 쉬운 정보제공, 항정신병약의 다제(多劑) 대량투여의 개선, 정신의료에 관한 임상지표의 개발, 정보공개 등의 과제를 제시하였다.

의료종사자의 자질향상을 위하여는 정신과의 전문의제도 정착, 정신요법 아동 · 사춘기 정신의료를 포함한 의사의 연수체제 확보, 의사 이외의 의료종사자의 생애교육, 연수의 추진, 심리직을 더 잘 활용하기 위한 검토라는 과제를 제시하였다.

연구개발의 추진을 위하여는 연구비의 확보, 병태의 해명, 진단 치료법에 관한 연구의 추진, 임상연구의 적극적 추진, 시책의 기획 입안과 검증 등에 관한 연구의 실시를 제시하였다.[48)]

---

46) 「精神保健医療福祉の更なる改革に向けて」 概要, 1면<https://www.mhlw.go.jp/shingi/2009/09/dl/s0924-2c.pdf>.
47) 「精神保健医療福祉の更なる改革に向けて」 概要(주 46), 3면.
48) 「精神保健医療福祉の更なる改革に向けて」 概要(주 46), 4면.

③ 지역생활지원체제의 강화

지역생활지원체제의 강화 시책에서는 상담지원 케어매니지먼트를 충실 · 강화하는 것, 지역에서의 지원체제 구축, 거주계(系) 복지서비스의 확보, 정신장애인의 지역생활을 지지하는 의료체제의 충실을 기본사고로 제시하였다.

이를 실현하기 위한 장애복지서비스에 있어서의 개혁목표로 상담지원 · 케어매니지먼트의 충실, 서비스 등의 충실, 주거 공간의 확보, 지역생활 이행의 지원, 본인 · 가족의 시점에 선 지원의 충실을 제시하였다.

먼저 상담지원 · 케어매니지먼트의 충실을 위한 구체적 과제로서 상담지원의 충실(퇴원시 지원, 24시간 지원), 자립지원협의회의 활성화, 케어매니지먼트 기능의 충실(대상자의 확대, 지급 결정 전 계획작성, 모니터링의 충실), 케어매니지먼트에 있어서 의료 · 복지의 연계강화, 중증자에 대한 중점적 포괄적 지원의 실시, 상담지원의 질 향상, 정신보건복지사의 자질향상을 제시하였다.

서비스 등의 충실을 위하여는 방문에 의한 생활지원의 충실, 단기체류의 충실, 취업지원의 강화, 가족에 대한 지원의 추진을 제시하였다.

거주공간의 확보를 위하여는 그룹홈, 케어홈의 정비 촉진과 서비스의 질 향상, 공영주택의 입주 촉진, 공영주택의 그룹홈, 케어홈으로의 활용 촉진, 민간임대주택에의 입주 · 촉진을 제시하였다.

지역생활 이행의 지원을 위하여는 지역생활 이행의 개별지원, 복지서비스의 입원 중 체험의 이용 등을 제시하였다.

본인 · 가족의 시점에 선 지원의 충실을 위하여는 정책 검토에 정신장애자 당사자의 참가, 동료지원의 추진, 가족지원의 추진을 제시하였다.

의료서비스에서의 개혁목표로는 정신과 구급의료체제의 확보, 정신보건지정의의 확보, 미치료자 · 치료중단자 등에 대한 지원체제의 강화, 정신 방문간호 · 방문진료의 충실, 정신과 데이케어 등의 중점화를 제시하였다. 나아가 정신과 구급의료체제의 확보를 위하여는 정신과 구급의료시스템의 기능강화, 정신, 신체합병증이 있는 구급이송환자의 수용체제의 확보, 정신과구급의료를 담당하는 의료기관의 기능 향상을 구체적인 과제로 제시하였다.[49)]

④ 보급계발(정신장애에 대한 국민의 이해심화)의 중점적 실시

여기서는 개혁 비전의 목표에 일정한 전척이 있었으나 통합실조증(조현병)에 대한 이해는 크게 지체되어 있는 점을 고려하여, 국민 일반의 계발에서 타깃을 명확히 한 보급계발로 전환하여 '누구에게', '무엇을', '어떻게' 전달할 것인가를 명확히 한다는 사고 하에 다음과 같은 구체적인 과제를 제시하였다. 즉, 동료지원의 추진 등에 의한 정신장애인 자신에 대한 계발의 추진, 지역이행을 착실히 추진함으로써 지역주민에 대한 정신장애자와 접촉할 기회나 정신장애인으로부터 배우는 기회를 충실히 하고, 학령기의 젊은 층과 이들과 접하는 사람 등을

49) 「精神保健医療福祉の更なる改革に向けて」 概要(주 46), 5면.

대상으로 조기발견, 조기대응에 의한 증중화의 방지를 도모하기 위하여 적절한 메시지와 매체에 의한 보급계발을 실시하며, 의료관계자, 보도관계자 등 대상에 따른 보급계발의 기초자료로서 통합실조증을 비롯한 정신질환의 올바른 이해를 촉진하기 위하여 인터넷 등의 정보원을 정비하고 치료법, 지원책, 연구성과 등의 정보 발신을 충실히 하는 것 등이다.[50]

⑤ **목표치의 설정**

위와 같은 정책과제의 실현을 위한 달성목표치로서 통합실조증에 의한 입원환자 수에 대하여 약 15만 명(2005년 19만 천 명)으로 제시하고 인지증에 대한 달성목표치는 2011년까지 구체화하기로 하였고, 정신병상 입원환자의 도도부현 평균잔존율(1년 미만군) 24% 이하 도도부현 퇴원율은 29% 이상으로 개혁비전에서 목표치를 각각 유지하였다. 이들 목표치의 달성을 통하여 정신병상 수는 35만 1천 병상에 대하여 약 7만 병상의 감소를 촉진하여 2009년 31만 3청 병상에서 2015년 28만 2천 병상으로 약 6만 9천 병상의 감소를 추산하였다.[51]

4) 2017년 '앞으로의 정신보건의료복지에 관한 검토회' 보고서

(1) 경위

2004년 개혁비전으로 '입원의료 중심에서 지역생활 중심으로'라는 이념 하에 여러 시책의 추진으로 일본에서 장기입원환자의 입원치료율이 낮아지는 경향이 나타나고 있으나 그 진행 속도는 매우 완만하였다. 한편 2014년 정신보건 및 정신장애인복지에 관한 법률(精神保健及び精神障害者福祉に関する法律, 神保健福祉法)에 대한 2016년 4월 개정법 부칙에서는 그 시행 후 3년을 목표로 의료보호입원에서의 이송(移送) 및 입원절차의 바림직한 모습 등에 대한 검토를 하여 그 결과에 따라 필요한 조치를 강구하도록 하였다. 이를 위하여 2016년 1월에 후생노동성은 앞으로의 정신보건의료복지에 관한 검토회(これからの精神保健医療福祉のあり方に関する検討会)를 설치하여, 의료보호입원에서의 이송(移送) 및 입원절차의 바림직한 모습, 의료보호입원자의 퇴원촉진조치의 바람직한 모습, 정신과병원에서의 입원 중 처우, 퇴원 등에 관한 정신장애자의 의사결정 등의 지원의 바림직한 모습 나아가 2014년 7월 "장기입원 정신장애자의 지역 이행을 위한 구체적 방책의 금후의 방향성"(長期入院精神障害者の地域移行に向けた具体的方策の今後の方向性)을 참작한 정신과의료의 바람직한 모습에 관한 추가적인 검토를 실시하고, 그 이후 발생한 시가미하라시(相模原市) 장애인지원시설에서의 살상사건 등에서 드러난 과제들을 포함하여 향후 추진해야 할 시책을 보고서로 정리하여 공표하였다. 동 보고서는 후생노동성에 대하여 동 보고서에 기한 관계법률의 개정, 향후 의료계획, 장애복지계획, 개호보험사업(지원) 계획의 수립을 위하여 차기 진료보수개정, 장애보수개정 등에 필요한 재정적 방책도 포함하여 구체적인 개정 내용에 대하여 검토할 것을 촉구하였다.[52]

---

50) 「精神保健医療福祉の更なる改革に向けて」 概要(주 46), 6면.
51) 「精神保健医療福祉の更なる改革に向けて」 概要(주 46), 7면.
52) 厚生労働省 これからの精神保健医療福祉のあり方に関する検討会報告書, 2017. 2. 8, 3면 이하 <https://www.mhlw.go.jp/file/05-Shingikai-12201000-Shakaiengokyokushougaihokenfukushibu-

(2) 보고서의 문제의식

동 보고서는 다음과 같은 문제의식에 기하여 정리된 것임을 밝히고 있다.[53)]

① ‘입원의료중심에서 지역생활중심’ 이라는 정책이념에 기한 시책을 보다 강력하게 추진하기 위하여 새로운 정책이념의 명확화라는 문제의식으로부터 지역생활중심의 정책이념을 구체화하는 정책수단으로 ‘정신장애에도 대응한 지역포괄케어시스템이라는 사고를 새로운 기축(基軸)으로 제시하면서 정신장애인이 지역 사회의 일원으로 안심하고 살아가기 위한 방안을 검토할 필요가 있다.

② 의료보호입원제도의 운용을 보다 적정화하기 위한 대처의 구체화라는 문제의식으로부터 보호자제도 폐지 이후 가족 동의의 적정한 운용 방안과 입원 필요성 심사프로세스의 기능 강화, 퇴원촉진조치 및 입원환자 권리옹호를 위한 방안의 검토가 필요하다.

③ 조치입원에서 퇴원한 환자의 계속적 지원 프로세스의 명확화라는 문제의식으로부터 퇴원환자의 의료의 충실, 본인과 가족 등에 대한 상담과 지도를 구체화할 필요가 있다.

④ 지정의제도의 적정한 운영을 위한 대체의 구체화라는 문제의식에서 지정의에게 인권을 배려한 제도운용의 확보라는 관점에서 필요한 자질을 갖추도록 하는 데에 필요한 조치들을 검토한다.

(3) 새로운 지역정신보건의료체제의 바림직한 모습에 대하여

① 정신장애에도 대응한 지역포괄케어시스템 구축

정신장애의 유무나 정도에 관계없이 누구나 안심하고 자기만의 방식대로 살아 갈 수 있도록 장애복지계획을 토대로 장애보건복지권역별 보건 · 의료 · 복지관계자가 협의하는 장을 통해 정신과 의료기관, 기타 의료기관, 지역원조사업자, 기초자치단체 등과의 중층적인 연계에 의한 지원체제를 구축하는 것이 적절하다.

② 다양한 정신질환 등에 대응할 수 있는 의료연계체제 구축

통합실조증, 치매, 아동 · 사춘기 정신질환, 의존증 등 다양한 정신질환 등에 대응할 수 있도록 의료계획에 따라 정신의료권별 의료진 등에 의한 협의의 장을 통해 권역내 의료연계를 통한 지원체제를 구축하는 것이 바람직하다.

③ 정신병상의 또 다른 기능 분화

장기입원 정신장애인 중 일정 수는 지역의 정신보건의료복지체제 기반을 정비함으로써 지역생활로의 이행이 가능하므로 2020년도 말(제5기 장애복지계획의 최종년도), 2025년의 정신병상에서의 입원수요(환자 수) 및 지역이행에 따른 기반정비량(이용자 수)의 목표를 명확히 한 후, 계획적인 기반정비를 추진하는 것이 적당하다.[54)]

Kikakuka/0000152026.pdf>.

53) 厚生労働省 これからの精神保健医療福祉のあり方に関する検討会報告書(주 52), 5-6면.

54) 厚生労働省 これからの精神保健医療福祉のあり方に関する検討会報告書(概要), 2017. 2. 8, <https://www.mhlw.go.jp/file/05-Shingikai-12201000-Shakaiengokyokushougaihokenfukushibu-Kikakuka/0000152027.pdf>.

(4) 의료보호입원제도에 대하여

의료보호입원 시 의사가 입원이 필요한 이유를 본인이나 가족 등에게 문서 등으로 상세히 설명할 필요가 있다.

본인과의 관계가 소원하다는 것 등을 이유로 가족 등으로부터 의사표시가 이루어지지 않는 경우에 대해 시정촌장 동의를 실시할 수 있도록 검토하는 것이 적당하다.

가족 등이 어떤 관점에서 동의하도록 요구받고 있는지를 명확히 하고 동의를 할 때 의료기관 측에서 그 취지를 전달하는 것이 적당하다.

현재 퇴원지원위원회의 개최 대상인 환자로 1년 이상 입원한 자에 대해서도 일정 기간마다 정기적으로 위원회가 개최되도록 검토하는 것이 적당하다.

의료보호입원제도 등의 특성을 감안해 의료기관 이외의 제3자에 의한 의사결정지원 등의 권리옹호는 장애인종합지원법에 근거한 지역생활지원사업으로 규정하는 것이 적당하다.

(5) 조치입원제도에 대하여

① 조치입원에 관한 절차 및 관계기관 등의 협력 추진

도도부현 지사 등의 적절한 판단에 참고가 되도록 판단시의 유의점이나 필요한 절차를 명확히 하는 것이 적당하다.

조치입원 시에 정신의료심사회에서의 입원 필요성을 심사하는 것을 생각할 수 있다. 또한 의료보호입원에 대하여 검토하고 있듯이 조치입원에 대해서도 환자에게 입원의 이유를 도보부현 지사 등이 문서로 설명하는 것이 적당하다.

조치입원의 적절한 운용을 도모하기 위해 보건소 설치 지자체가 주체가 되어 도도부현나 시정촌, 경찰, 정신과 의료인이 지역에서 정기적으로 협의하는 장을 설치함으로써 상호 이해를 도모할 필요가 있다.

② 조치입원 중의 진료내용 충실

환자에 대한 적절한 진단, 치료 및 조치 해제 후 환자에 대한 필요한 의료 등의 지원이 이루어지도록 조치 입원 중 진료내용 등에 대한 가이드라인을 작성할 필요가 있다.

③ 조치입원자의 퇴원 후 의료 등의 계속 지원

의료는 치료, 건강 유지 · 증진을 도모하는 것임을 충분히 고려하여 조치입원자의 퇴원 후 의료 등의 내실화를 도모하는 것이 중요하다.

조치를 취한 광역자치단체 등이 원칙적으로 조치입원 중인 때부터 모든 조치입원자에게 '퇴원 후 지원계획을 작성하는 것이 적당하다.

퇴원 후 지원계획에서는 통원의료, 정신보건복지법에 근거한 상담지도, 장애복지서비스 등의 퇴원 후 지원내용이나 관계기관의 역할, 통원이 중단된 시점 이후의 대응 등을 정하는 것이 적당하다.

계획의 작성에 있어서는 도도부현 등이 관계자와 지원 내용 등에 대해서 검토하는 조정회의를 개최하는 것이 적당하다.

조치입원한 병원의 병원관리자가 정신보건복지사 등을 퇴원 후 생활환경상담원으로 선임하는 구조를 마련하는 것이 적당하다.

병원관리자가 모든 조치입원자에 대해 '퇴원 후 지원니즈평가'를 하고 퇴원 후 지원계획에 관한 의견을 광역자치단체 등에 확실하게 전달하는 시스템을 마련해야 한다.

퇴원 후에는 보건소 설치 지자체가 퇴원 후 지원계획에 따라 관계자를 조정하여 필요한 지원을 계속적으로 확보하는 것이 적당하다

전출처 보건소 설치 지자체에 필요한 정보제공에 대해서 국가가 제도적으로 대응해야 한다.

(6) 정신보건지정의 규정에 대하여

연수내용에 대해 현행 청강 중심의 수동적인 연수에서 그룹워크 등의 능동적인 연수로 수정한다.

지정의사로서의 업무를 적절하게 수행할 수 있도록 경험해야 할 증례 요건의 수정을 검토한다.

지정의사로서의 실무 경험(지정의 업무, 정신의료심사회나 정신과 구급 등에의 참가 등) 갱신 요건에 대하여 추가 검토한다.

지도의의 역할 및 일정한 요건에 대해서 법령상의 위상을 명확히 하는 것이 적당하다.

사례 보고서의 기재내용을 실천적으로 확인하는 관점에서 구두시험 도입을 검토한다.

지정의의 취소처분 등을 받은 의사의 재지정을 인정하는 경우에 재교육 연수에 관한 제도 도입을 검토한다.

참고문헌

〈국내문헌〉

구상엽, 「개정 민법상 성년후견제도에 대한 연구」, 서울대 박사학위논문, 서울대학교(2012).

국가인권위원회, 「정신장애인의 인권보호와 증진을 위한 국가보고서」, 국가인권위원회(2009)

김도희, 보호입원제도 존속의 한계성에 관하여－정신보건법 제24조 제1항 등의 헌법불합치결정을 중심으로, 「사회보장법연구」 제5권 제2호(2016. 12)

김명철, 정신보건법 제24조 강제입원조항의 위헌성, 「인권법연구(한국방송통신대학 법학과)」 제2권(2016. 2)

김현진, 치매와 유언능력 그리고 구수요건, 「민사판례연구」 39집(2017)

다니엘 피셔/제철웅 외 번역, 「희망의 심장박동」, 한울(2020)

미셸 푸코/오생근 번역, 지식과 권력의 해부학자, 「외국문학」 봄호(1985)

박경수/이용표/장혜경, 「장기재원 정신장애인의 당사자 관점에서의 탈원화 실태조사」, 서울특별시(2012)

박인환, 새로운 성년후견제도 도입을 위한 민법개정안의 검토, 「가족법연구」 제24권 제1호(2010. 3)

박인환, 새로운 성년후견제도에 있어서 신상보호, 「가족법연구」 제25권 제2호(2011. 9)

박인환, 정신장애인의 인권과 지역사회통합의 관점에서 본 2016년 정신건강증진법의 평가와 과제, 「의료법학」 제17권 제1호(2016. 7)

박인환/한미경, 미국의 외래치료명령제도 및 위기대응과 국내적 시사점, 「의료법학」 제19권 제1호(2018)

박호균, 성년후견과 의료－개정 민법 제947조의2를 중심으로, 「의료법학」 제13권 제1호(2014)

박현정, 프랑스의 비자의 정신치료와 법원의 역할, 「법학논총(한양대학교)」 제35집 제2호(2018)

백승흠, 후견인의 요양·감호의무에 관한 고찰, 「가족법연구」 제18권 제2호(2004. 9)

백승흠, 민법개정안의 성년후견제도와 피후견인의 신상보호, 「법학논고」 제35집(2011. 2)

보건복지부, 「2018년 보건복지부 소관예산 및 기금운용 계획 개요」, 보건복지부(2018)

보건복지부·국립정신건강센터, 「국가 정신건강현황 3차 예비조사 결과보고서」, 보건복지부(2017)

보건복지부, 관계부처와 함께 정신질환자 관리체계 강화한다: 경찰청 등 관계부처와 협의를 통해 일선 경찰 대상 정신질환 관련 교육 등 추진, 추가 보완 필요사항 발굴, 보건복지부 보도자료 (2019. 4. 19.)

샌드라 스타인가즈 엮음/장창현 번역, 「비판정신의학」, 건강미디어 협동조합(2020)

서경석, 정신질환자의 기본권을 위한 법제의 변화, 「헌법학연구」 제14권 제2호(2008. 6)

서동우, 정신보건의 역사적 변화선상에서 본 우리나라 정신보건법의 문제와 개선안, 「의료법학」 제7권 제2호(2006. 12)

신권철, 강제입원 위헌(헌법불합치) 결정의 의미와 향후 과제, 「서울법학」 제24권 제4호(2017. 2)

신권철, 강제입원의 위법과 손해배상책임, 「서울법학」 제25권 제2호(2017. 8)

신권철, 「정신건강복지법 해설(입원편)」, 법문사(2018)

유아름/김홍수, 노인요양시설 입소 노인의 신체억제대 사용과 관련 요인, 「보건경제와 정책연구」 제22권 제1호(2016. 3)

이동명, 정신보건법상의 강제입원에 관한 연구, 「형사정책」 제13권 제1호(2001)

이동진, 「인권존중과 탈수용화를 위한 정신건강복지법 재개정」, 대한의사협회 의료정책연구소 연구보고서(2018)

이용표/김도희, 마포구 정신장애인 사망사건을 통해 본 정신보건법제의 개선방안, 「법과정책연구」 제16집 제1호(2016. 3).

이용표/송승연, 이탈리아 정신보건개혁의 정책적 함의. 「한국장애인복지학」 제35권(2017)

이용표/송승현/배진영, 핀란드 오픈다이얼로그에 관한 탐색적 연구: 정신장애에 관한 정신의학적 모델의 수정을 중심으로, 「한국장애인복지학」 vol. 40(2018)

이재경, 정신질환자의 비자발적 입원에 관한 비교법적 검토－독일법을 중심으로, 「의료법학」 제10권 제2호(2009. 12)

이재경, 성년후견제도에 있어서 정신질환자에 대한 의료행위와 후견인의 동의권에 관한 연구, 「가족법연구」 제26권 제3호(2012. 11)

정태호, 보호의무자에 의한 정신질환자 강제입원·치료제도의 위헌성－독일 연방헌법재판소의 관련 판례의 운용을 중심으로, 「경희법학」 제51권 제2호(2016)

제철웅, 부양청구권 및 부양비용상환청구권에 관한 몇 가지 해석론적 제안, 「법학논총」 제31권 1집(2014. 3)

제철웅, 성년후견인의 민법 제755조의 책임, 「법조」 통권 제670호

제철웅, 영국법에서의 의사결정무능력 성인의 보호제도의 역사적 전개와 2005년의 정신능력법의 특징, 「비교사법」 제17권 제4호(2010. 12)

제철웅, 성년후견과 지속적 대리, 「법조」 통권 제722호(2017. 4)

제철웅, 정신건강증진 및 정신질환자 복지서비스 지원에 관한 법률 제43조 및 민법 제947조의2 제2항에 의한 비자의입원의 상호관계, 「가족법연구」 제31권 제1호(2017. 3)

제철웅, 정신건강증진 및 정신질환자 복지서비스 지원에 관한 법률의 시행과 치료, 입원, 퇴원 절차에서의 정신장애인 지원방안, 「서울법학」 제25권 제3호(2017. 11)

제철웅, 비자의입원 절차의 정신질환자를 위한 절차지원제도 도입에 관하여, 「법조」 제727호(2018. 2)

제철웅, 민법 제947조의2 제2항의 자유박탈조치의 개선 및 관련 사회보장법의 정비－장애인권리협약 비준국의 의무이행의 관점에서, 「민사법학」 제94호(2021. 3)

제철웅/박현정, 아일랜드의 후견제도의 개혁입법－지원의사결정법을 중심으로, 「민사법학 제95호(2021. 6)

제철웅/정민아, 신상보호 영역에서의 지원의사결정 제도－영국 정신능력법상의 제도를 중심으로, 「의생명과학과 법」 제23권(2020. 6)

제철웅/노성원/이성규/최기홍/박환갑/송승연/이정남/이정하, 「정신병원 비자의입원 절차에서의 정신질환자 의사결정지원(절차보조)제도 실시 방안에 관한 연구」. (사)한국성년후견학회·보건복지부(2018)

조윤화/이용표/권오용/이선화/이의정/강경희, 「정신장애인의 지역사회 통합을 위한 지원방안 연구」, 장애인개발원(2014)

프리만/김철효 번역, 「인권이론과 실천」, 아르케(2005)

하명호, 정신보건법상 보호의무자에 의한 입원, 「안암법학」 제36권(2011)

하명호, 「정신보건법상 강제입원제도의 고찰」, 국가인권위원회 인권포럼(2014. 7. 24.) 발표자료

한국사회복귀시설협회, 「정신보건의 이해와 실천패러다임」, 이엠실천(2000)

한미경, 국내외 장애인복지정책의 정신장애인 위치－미국, 조윤화/송승연/이수연, 「장애인복지법 제도권

박 소수자의 복지욕구에 관한 연구 Ⅱ: 포괄적 정신장애를 중심으로」, 한국장애인개발원(2020)
홍춘의, 후견제도 개혁의 과제, 「가족법연구」 제16권 제2호(2002. 9)

〈해외문헌〉

Alia-Klein, N., O'Rourke, T. M., Goldstein, R. Z., et al., Insight into illness and adherence to psychotropic medications are separately associated with violence severity in a forensic sample, *Aggressive Behavior*, 33(1)(2007)

Allness, D. J., & Knoedler, W. H., *A Manual for ACT Start-Up: Based on the PACT Model of Community Treatment for Persons with Severe and Persistent Mental Illness*, Arlington, VA: NAMI(2003)

Amador, X., *I am not sick I don't need your help: How to Help Someone with Mental Illness Accept Treatment*, Vida Press(2007)

American Psychiatric Association(APA), *American Psychiatric Association's position statement and resource document on involuntary outpatient commitment and related programs of Assisted Outpatient Treatment*, https://smiadviser.org/wp-content/uploads/2019/07/Position-2015-Involuntary-Outpatient-Commitment.pdf(2015)

Anfang, S. A., & Appelbaum, P. S., Civil Commitment-The American experience, *Israel Journal of Psychiatry and Related Sciences*, 43(3)(2006)

Anthony, W. A., Recovery from Mental Illness: The Guiding Vision of the Mental Health Service System in the 1990s, *Psychosocial Rehabilitation Journal* 16(4)(1993)

Anthony, W. A., Decade of the Person, *Psychiatric Rehabilitation Journal* 24(1)(2000)

Appelbaum, P., *Almost a revolution: Mental health law and the limits of change*, New York: Oxford University Press, Inc.(1994)

Bazelon Center for Mental Health Law(n.d.), *Psychiatric Advance Directives*, Washington D.C, http://www.bazelon.org/

Assemblée-nationale, *Étude d'impact sur la projet de loi relatif à la santé*(14 octobre 2014), http://www.assemblee-nationale.fr/14/projets/pl2302-ei.asp

ATIH, Synthèse *Analyse de l'activité hospitablière*(2016)

Barnes, Marian, A Final Brick in the Wall, A History of Nottingham Advocacy Group, in: M. Barnes and P. Cotterell ed., *Critical Perspective on User Involvement*, Policy Press(2007)

Bartlett, Peter, *The Mental Capacity Act 2005*, Oxford University Press(2005)

Beauchamp, Tom, The philosophical basis of psychiatric ethics, In Sidney Bloch and Stephen Green (Ed.), *Psychiatric Ethics*, Oxford University Press(2009)

Bellahsen, Mathieu, Victor Brunessaux et Serge Klopp, "Peut-on réellement se soigner sans consentement?", *Soins Psychiatrie* Volume 33, n° 281(juillet 2012)

Berry, Elspeth, Homewood, Mathew. J., et Bogusz, Barbara, *EU Law*, Oxford University Press(2017)

Bielby, P., Ulysses arrangements in psychiatric treatment: Towards proposals fortheir use based on "sharing" legal capacity. *Journal of Health Philosophy and Policy*, 22(2014), 114-142.

Blay-Grabarczyk, Katarzyna, Le régime de l'hospitalisation sous contrainte, *RFDA*(2012)

Blisko, Serge et Lefrand, Guy, *Rapport d'information sur la mise en oeuvre de la loi n° 2011-803 du 5 juillet 2011 relative aux droits et à la protection des personnes faisant l'objet de soins psychiatriques et aux modalités de leur prise en charge*, Assemblée nationale, n° 4402(22 février 2012)

Bloom, J., Thirty-five years of working with civil commitment statutes, *Journal of the American Academy of Psychiatry and the Law* 32(4)(2004)

Brennan, Damien, *Irish Insanity 1800-2000*, Loutelege(2015)

Bromley, E., Mikesell, L., Whelan, F., Hellemann, G., Hunt, M., Cuddeback, G., Bradford, D., & Young, A., Clinical factors associated with successful discharge from assertive community treatment, *Community Mental Health Journal* 53(8)(2017)

Brown, Robert, *The Approved Mental Health Professional's Guide to Mental Health Law*, 3rd edition, SAGE(2013)

Brucker, Uwe, Finanzieller Missbrauch alter und pflegebedürftiger Menschen-Kein Thema-Kein Problem? Teil 1, *Btprax* 5/2016

Buckley, P. F., et al., Lack of insight in schizophrenia: Impact on treatment adherence, *CNS Drugs 21*(2)(2007)

Bloom, Bernard. L., *Community Mental Health*. Brook/Cole Publishing Company, Monterey, California(1984)

California Department of Health Care Services, *Handbook: Rights for individuals in mental health facilities admitted under the Lanterman-Petris-Short Act*, https://www.dhcs.ca.gov/services/Documents/DHCS_Handbook_English.pdf(2014)

California Department of Behavioral Health, *Laura's Law: Assisted outpatient treatment demonstration project act of 2002*, https://www.dhcs.ca.gov/Documents/CSD_KS/Laura's%20Law/Laura's-Law-Legislative-Report-2018-19.pdf(2020)

California Institute for Behavioral Health Solutions, *Crisis Intervention Training: Current practices and recommendation for California*. https://www.cibhs.org/sites/main/files/file-attachments/cit_practices_in_ca_cibhs_sept_2015_1.pdf(2015)

Carpinello, S., *Kendra's law: Final Report on the Status of Assisted Outpatient Treatment*. New York State Office of Mental Health, https://my.omh.ny.gov/analyticsRes1/files/aot/AOTFinal2005.pdf(2005)

Cassidy, F., Insight in bipolar disorder: Relationship to episode subtypes and symptom dimensions, neuropsychiatric disease and treatment, *Neuropsychiatric disease and treatment 6*(2010)

Castaing, Cécile, La réforme du droit des soins psychiatrique: le droit en folie?, *AJDA*(2010)

Caulfield, T. A., & Von Tigerstrom, B., *Health Care Reform & the Law in Canada: Meeting the Challenge*, The University of Alberta Press(2002)

Centers for Disease Control and Prevention, *Behavioral and Mental Health*, 2017, https://www.cdc.gov/publiche-althgateway/program/resources/behavioral.html

CGLPL, *Avis du 14 octobre 2011 relatif à l'emploi de la visioconférence à l'égard des personnes privées de liberté*(2011)

Clayton, Richard et Tomlinson, Hugh, *The Law of Human Rights*, 2nd edition, Oxford University Press(2019)

Clausen, J. A., Making the case for a model mental health advance directive statute, *Yale Journal of Health Policy Law, and Ethics 14*(1)(2015)

Coldefy, Magali et Sara Fernandes, avec la collaboration de David Lapalus, Les soins sans consentement en psychiatrie : bilan après quatre années de mise en oeuvre de la loi du 5 juillet 2011, *Questions d'économie de la santé* n° 222(février 2017)

Coldefy, Magali et Clément Nestrigue, L'hospitalisation sans consentement en psychiatrie en 2010 : première exploitation du Rim−P et état des lieux avant la réforme du 5 juillet 2011, *Questions d'économie de la santé* n° 193(décembre 2013)

Coldefy, Magali et Tonya Tartour, De l'hospitalisation aux soins sans consentement en psychiatrie: premiers résultats de la mise en place de la loi du 5 juillet 2011, *Questions d'économie de la santé* n° 205(janvier 2015)

Committee on the Rights of Persons with Disabilities, *General Comment No. 1(2014)* on Article 12, CRPD/C/GC/1(2014)

Communiqué de presse du Syndicat de la magistrature du 12 juillet 2016, *JLD nommé par décret : un combat victorieux, une avancée pour les libertés!*, http://www.syndicat−magistrature.org/le−JLD−par−decret−un−combat.html

CRPD Committee, *Concluding Observations on the initial Report of the Republic of Korea*, CRPD/C/KOR/CO/6(2014)

Cook, J., Copeland, M., Hamilton, M., Jonikas, J., et al., Initial outcomes of a mental illness self−management program based on Wellness Recovery Action Planning(Brief Research), *Psychiatric Services*(2009)

Copeland, M. E., Wellness Recovery Action Plan: a system for monitoring, reducing and eliminating uncomfortable or dangerous physical symptoms and emotional feelings, *Occupational Therapy in Mental Health*, *17*(2002)

Correl, C. U. et al., Comparison of early intervention services vs treatment as usual for early−phase psychosis: A systematic review, meta−analysis, and meta−regression, *JAMA Psychiatry* 75(2018)

Couturier, Mathias, Les paradoxes de la contrainte et du consentement dans les programmes de soins en psychiatrie, *Rhizome* n° 53(2014)

Couturier, Mathias, La réforme des soins psychiatriques sans consentement: de la psychiatrie disciplinaire à la psychiatrie de contrôle, *RDSS*(2012)

Couturier, Mathias, La contrainte et le consentement dans les soins ordonnés par l'autorité publique: vers une aporie juridique?, *RDSS*(2014)

Couturier, Mathias, Contrôle judiciaire des mesures de soins psychiatriques sans consentement: attention à l'autorité de la chose jugée, L'éditions législatives 14 novembre 2016, http://www.editions−legislatives.fr/content/contr%C3%B4le−judiciaire−des−mesures−de−

soins－psychiatriques－sans－consentement－attention－%C3%A0－lautor

Darmstädter－Delmas, Anne, *Les soins psychiatriques sans consentement*, LexisNexis(2017)

David, Lennard J., *Enabling Acts: The Hidden Story of How the Americans with Disability Act Gave The largest Us Minority Its Rights*, Beacon Press(2015)

Davis, L., Fulginiti, A., Kriegel, L., & Brekke, J. S., Deinstitutionalization?－Where have all the people gone?, *Current Psychiatry Reports 14*(2012)

Davidson, L, Mezzina, R., Rowe., M., & Thompson, K., A Life in the Community: Italian Mental Health Reform and Recovery, *Journal of Mental Health* 19(5)(2010)

Davidson, L. & Strauss, J., Sense of self in recovery from severe mental illness, *British Journal of Medical Psychology 65*(2)(1992)

Deacon, B. J., The biomedical model of mental disorder: A critical analysis of its validity, utility, and effects on psychotherapy research, *Clinical psychology review* 33(7)(2013)

Deegan, P. E., Recovery: The lived experience of rehabilitation, *Psychosocial Rehabilitation Journal* 11(4)(1988)

Degener, Theresia, International Disability Law－A New Legal Subject on the Rise: The Interregional Experts' Meeting in Hong Kong, December 13－17, 1999, *Berkerley Journal of International Law* 18(1999)

Della Fina, Valentina, Cera, Rachele et Palmisano, Giuseppe, *The United Nations Convention on the Rights of Persons with Disabilities: A Commentary*, Springer(2017)

Denzil, Lush, Roman Origin of Modern Guardianship law, in: Kim Dayton ed., *Comparative Perspective on Adult Guardianship*, Carolina Academic Press(2013)

Department of Health, *Mental Health Act 1983: Code of Practice*, DH(2015)

Dixon, L., McFarlane, W., Lefley, H., Lucksted, A., Cohen, M., Falloon, I., Mueser, K., Miklowitz, D., Solomon, P., & Sondheimer, D., Evidence－based practices for services to families of people with psychiatric disabilities, *Psychiatric Services 52*(2001)

Dixon, L., Holoshitz, Y., & Nossel, I., Treatment enagement of individuals experiencing mental illness: Review and update, *World psychiatry 15*(1)(2016)

Dodegge & Roth, *Systematischer Praxiskommentar Betreuungsrecht*, Bundesanzeiger(2018)

Doyle, Suzanne, Article 14 of CRPD in the light of Article 5 of ECHR, in: C. O'Mahony/G. Quinn, *Disability Law and Policy*, Clarus(2017)

Drake, R. E., Merrens, M. R., & Lynde, D. W., *Evidence－Based Mental Health Practice: A Textbook*, New York: W.W. Norton(2005)

DREES, *Les établissements de santé*(2017)

Dupont, Marc, Que reste－il de la sectorisation psychiatrique?, *RDSS*(2017)

El－Mallakh, R., Tardive dysphoria: The role of long－term antidepressant use in inducing chronic depression, *Medical Hypotheses 76*(2011)

Erickson, S. K., Vitacco, M. J., & Van Rybroek, G. J., *Beyond Overt Violence: Wisconsin's Progressive Civil Commitment Statute as a Marker of a New Era in Mental Health Law, 89 Marq. L. Rev. 359*(2005), https://scholarship.law.marquette.edu/mulr/vol89/iss2/7

Esposito, R., Geller, J., & Ragosta, K., *A guide for implementing assisted outpatient treatment*, Treatment Advocacy Center, http://www.treatment advocacycenter.org/storage/documents/aotimplementation－guide.pdf(2012)

Esposito, R., Westhead, V., & Berko, J., Florida's Outpatient Commitment Law: Effective but Underused, *Psychiatric Services 59*(2008)

Evans, S. A., & Salekin, K. L., Involuntary civil commitment: Communicating with the court regarding "Danger to Other", *Law and Human Behavior 38*(4)(2014)

Farinetti, Aude, L'unification du contentieux des soins psychiatriques sans consentement par la loi du 5 juillet 2011, *RDSS*(2012)

Fuller, D. A., Sinclair, E., Geller, J., Quanbeck, C., Snook, J., *Going, going, gone: Trends and consequences of eliminating state psychiatric beds*, Office of Research & Public Affairs(2016)

Frank, R. G., & Giled, S. A., *Better but not best: Mental health policy in the United States since 1950*, Baltimore, MD: The Johns Hopkins University Press(2006)

Gautier, Jean－Louis, *Hospitalisation psychiatrique sous contrainte et droits fondamentaux*, Les Editions du Menhir(2012)

Fröscjle, *Praxiskommentar Betreuungs－ und Unterbringungsverfahren*, 3. Aufl., Bundesanzeiger Verlag(2014)

Geller, J. L., The evolution of outpatient commitment in the USA: From conundrum to quagmire. *International Journal of Law and Psychiatry 28*(2006)

George, L., Blazer, D., Hughes, D., & Fowler, N., Social support and the outcome of major depression, *British Journal of Psychiatry 154*(1989)

Gilbert, A. R., Moser, L., Van Dorn, R., Swanson, J. W., Wilder, Robbins, C., et al., Reductions in Arrest Under Assisted Outpatient Treatment in New York, *Psychiatric Services 61*(2010)

Gilbert, A. R., & McGuire, T. G., Robbing Peter to pay Paul: Did New York State's outpatient commitment program crowd out voluntary service recipients?, *Psychiatric Services 61*(2010)

Gilburt, H., Slade, M., Bird, V., Oduola, S., & Craig, T., Promoting recovery－oriented practice in mental health services: a quasi－experimental mixed－methods study, *BMC Psychiatry 13*(2013)

Giloux, Natalie, Le psychiatre et le juge face à la protection de la personne dans les soins contraitnes, *RDSS*(2015)

Godefroy, Simon, *Mental Health & Mental Capacity Law for Social Workers*, SAGE(2015)

Goetz, R., & Radke, A., State Psychiatric Hospitals in the Twenty－First Century, in: K. Yeager, D. Cutler, D. Svendsen, & G. Sills, *Modern Community Mental Health: An Interdisciplinary Approach*, New York: Oxford University Press(2013)

Goldman, H. H., Deinstitutionalization and community care: Social welfare policy as mental health policy, *Harvard Review of Psychiatry 6*(1984).

Gordon, S. G., The danger zone: How the dangerousness standard in civil commitment proceedings harms people with serious mental illness, *Case Western Reserve Law Review 66*(3)(2016)

Gostin ed., *Principles of Mental Health Law and Policy*, Oxfored University Press(2010)

Gray, J. E., Hastings, T. J., Love, S., & O'Reilly, R. L., Clinically significant differences among Canadian Mental Health Acts: 2016, *Canadian Journal of Psychiatry* 61(4)(2016)

Grevatt, M, Thomas－Peter, B., & Hughes, G., Violence, Mental Disorder and Risk Assessment: Can Structured Clinical Assessments Predict the Short－Term Risk of Inpatient Violence?, *Journal of Forensic Psychiatry and Psychology* 15(2)(2004)

Guibet－Lafaye C., Contraindre en ambulatoire : quels droits constitutionnels pour les patients en psychiatrie ?, *Rhizome* n° 53(2014)

Agence Régionale de Santé(Pays de la Loire), *Guide de Procédures: Les soins psychiatriques sans consentement(2015)*, https://www.ch－cholet.fr/wp－content/uploads/2017/05/Guide－de－proc%C3%A9dures－ARS－Soins－psychiatrique－sans－consentement－2015－1.pdf

Harrington, Anne, *Mind Fixers*, Norton(2019)

Hartford, K., Schrectker, T., Wiktorowicz, M., Hoch, J. S., & Sharp, C., Four decades of mental health policy in Ontario, Canada, *Administration and Policy in Mental Health* 31(1)(2003)

Hauser, Jean, Hospitalisation d'office: certificat médical et dommage réparable(Cass. 1re Civ 6 décembre 2012, n° 11－24.527, inédit.), *RTD Civ.*(2013)

Hedman, L., Petrilla, J., Fisher, W., Swanson, J., Dingman, D., & Burris, S., State laws on emergency holds for mental health stabilization, *Psychiatric Services 67*(2016)

Hermann, Donald, *Mental Health and Disability Law*, West(1997)

Heyer, Katharina C., The ADA on the Road: Disability Rights in Germany, *Law and Social Inquiry* 26(2002)

Hiday V. A., Swartz, M. S.,. Swanson, J. W., Borum, R., & Wagner, H. R., Impact of outpatient commitment on victimization of people with severe mental illness, *American Journal of Psychiatry 159*(2002)

Ho, B. C., Andreason, N. C., Nopoulos, P., Arndt, S., Magnotta, V., Flaum, M., Progressive structural brain abnormalities and their relationship to clinical outcome: a longitudinal magnetic resonance imaging study early in Schizophrenia, *Arch Gen Psychiatry* 60(2003)

Hoffman, P. B., The right to refuse psychiatric treatment: A clinical perspective, *Bulletin of the American Academy of Psychiatry and the Law 4*(3)(1976)

Interdepartmental Serious Mental Illness Coordinating Committee(ISMICC), *The way forward: Federal action for a system that works for all people living with SMI and SED and their families and caregivers*, https://www.samhsa.gov/sites/default/files/programs_campaigns/ismicc_2017_report_to_congress.pdf(2017)

Isaac, R., & Brakel, S., Subverting good intensions: A brief history of mental health law reform, *Cornell Journal of Law and Public Policy 2*(1)(1992)

Jacobs, N., & Curtis, L., Recovery as Policy I Mental Health Seriveces: Strategies Emerging from the States, *Psychiatric Rehabilitation Journal* 23(4)(2000)

Jacobson, N., et. al., What do peer support workers do? A job description, *BMC Health Services Research 12*(2012)

Jaffe, DJ., *Insane consequences: How the mental health industry fails the mentally ill*, New York:

Prometheus Books(2017)

Jones, R., & Mullen, A., *Bill aiming to strengthen state's mental health code moves through Lansing.* 7 Action News, http://www.wxyz.com/news/local-news/investigations/bill-aiming-to-strengthen-states-mental-health-code-moves-through-lansing(2015)

Johns, A. Frank, A Modern History of Guardianship Law, in: Kim Dayton ed., *Comparative Perspective on Adult Guardianship*, Carolina Academic Press(2013)

Kannas S., La loi du 5 juillet 2011: un progrès pour l'accès aux droits des patients ?, *Pluriels* n° 99-100(2013)

Kanter, Arlens S., *The Development of Disability Rights Under International Law*, Routeledge(2017)

Kidd, S. A., George, L., O'Connell, M., Sylvestre, J., Kirkpatrick, H., Browne, G., Odueyungbo, A. O., & Davidson, L., Recovery-oriented service provision and clinical outcomes in assertive community treatment. *Psychiatric Rehabilitation Journal*, 34(3)(2011)

Kisely, S., Canadian studies on the effectiveness of community treatment orders, *The Canadian Journal of Psychiatry* 61(1)(2016)

Kisely S. R., Campbell L. A., & Preston, N. J., Compulsory community and involuntary outpatient treatment for people with severe mental disorders, *The Cochrane Database of Systematic Reviews 16*(2)(2011)

Krupa, T., Eastabrook, S., Hern, L., Lee, D., North, R., Percy, K., Von Briesen, B., & Wing, G., How do people who receive assertive community treatment experience this service?, *Psychiatric Rehabilitation Journal* 29(1)(2005)

Landais, Claire, Le maintien en hospitalisation d'office doit être précédé d'une procédure contradictoire, *AJDA*(2011)

Laude, Anne, Mathieu, Bertrand et Didier Tabuteau, *Droit de la santé*, 3e ed, PUF(2012)

Le Menn, Jacky, *Rapport fait au nom de la commission des affaires sociales* (1) *sur la proposition de loi, adopté par l'Assemblée nationale après engagement de la procédure accélérée, visant à modifier certaines dispositions issues de la loi n° 2011-803 du 5 juillet 2011 relative aux droits et à la protection des personnes faisant l'objet de soins psychiatriques et aux modalités de leur prise en charge*, Sénat, n° 835(11 septembre 2013)

Le Monde, *Le président de la République engage l'hôpital psychiatrique dans un tournant sécuritaire*(3 décembre 2008), https://www.lemonde.fr/societe/article/2008/12/03/le-president-de-la-republique-engage-l-hopital-psychiatrique-dans-un-tournant-securitaire_1126307_3224.html

L'Ecole nationale de la magistrature, *Soins psychiatriques sans consentement*, n° 2013-869 du 27 septembre 2013, https://www.f2rsmpsy.fr/562-soins-psychiatriques-sans-consentement.html

Lehrer, D., & Lorenz, J., Anosognosia in Schizophrenia: Hidden in plain sight, *Innovations in Clinical Neuroscience 11* (5-6)(2014)

Lera-Calatayud, G., Hernández-Viadel, M., Bellido-Rodriguez, C., Cañete-Nicolás, C., Asensio-Pascual, P., Calabuig-Crespo, R., & Leal-Cercóas, C., Involuntary outpatient treatment in patients with severe mental illness: A one-year follow-up study, *International Journal of*

Law and Psychiatry 37(2014)

Loveland, D, Randall, K. W., & Corrigan, P. W., Research methods for exploring and assessing recovery, in: R.O Ralph & P.W. Corrigan(Eds.), *Recovery in Mental Illness: Broadening Our Understanding of Wellness*, American Psychological Association(2005)

Lunt, A., A Theory of Recovery, *Journal of Psychosocial Nursing & Mental Health* 40(12)(2000)

Lysaker, P. H., Pattison, M., Leonhardt, B., Phelps, S., & Vohs, J., Insight in schizophrenia spectrum disorders: relationship with behavior, mood and perceived quality of life, underlying causes and emerging treatments, *World Psychiatry*(2018), https://onlinelibrary.wiley.com/doi/full/10.1002/wps.20508

Mak, W., Chan, R., Pang, I., Chung, N., Yau, S., & Tang, J., Effectiveness of Wellness Recovery Action Planning (WRAP) for Chinese in Hong Kong, *American Journal of Psychiatric Rehabilitation 19*(3)(2016)

Marquant, T., Sabbe, B., Verelst, R., & Goethals, K., Forensic assertive community treatment in a continuum of care for male internees in Belgium: Results after 33 months, *Community Mental Health Journal 54*(1)(2018)

Mahlmeister, L., *Improving access to mental health services: A community systems approach*, 2007, Retrieved from https://slideplayer.com/slide/10304112/

Masson, Judith, Bailey-Harris, Rebecca & Probert, Rebecca, *Principles of Family Law*, 8th edition, Sweet & Maxwell(2008)

McCabe, R., & Riebe, S., The therapeutic relationship in the treatment of severe mental illness: A review of methods and findings, *International journal of Social Psychiatry 50*(2)(2004)

McHale, Fox, *Health Care Law*, Thomson(2007)

Mead, S., & MacNeil, *Peer support: What makes it unique?*, 2004, http://www.mentalhealthpeers.com

Mead, S., Hilton, D., & Curtis, L., Peer support: A theoretical perspective, *Psychiatric Rehabilitation Journal 25*(2)(2001)

Mechanic, D., Rethinking Medical Professionalism: The Role of Information Technology and Practice Innovations, *Milbank Quarterly 86*(2008)

Meldrum M. L., Kelly, E. L, Calderon, R. et al., Implementation status of AOT programs: a national survey, *Psychiatric Services 67*(2016)

Melton, G. B., Petrila, J., Poythress, N., & Slobogin, C., *Psychological evaluations for the courts: A handbook for mental health professionals and lawyers*, New York: Guilford Press(2007)

Melton, G. B., Petrila, John, Poythress, Norman G., Slobogin, Christopher, Otto, Randy K., Mossman, Douglas, & Condie Lois O.(G. B. Melton et al.), *Psychological Evaluations for the Courts*, 4th edition, the Guilford Presss(2018)

Mendez, Juan E., *OHCHR Report of the Special Rapporteur on torture, and other inhumane or degrading punishment*, General Assembly, A/HRC/22/53(2013)

Menninger J., *Involuntary treatment: Hospitalization and medications*, 2017, https://www.brown.edu/Courses/BI_278/Other/Clerkship/Didactics/Readings/INVOLUNTARY%20TREATMENT.pdf

MHCC: Mental Health Commission of Canada, *Toward Recovery & Well—being : a Framework for a*

Mental Health Strategy for Canada(2009), https://www.mentalhealthcommission.ca/wp-content/uploads/drupal/FNIM_Toward_Recovery_and_Well_Being_ENG_0_1.pdf

MHCC: Mental Health Commission of Canada, *Changing Directions Changing Lives: the Mental Health Strategy for Canada*(2012), https://www.mentalhealthcommission.ca/wp-content/uploads/drupal/MHStrategy_Strategy_ENG.pdf

MHCC: Mental Health Commission of Canada, T*EMPO: Police Interactions (A report towards improving interactions between police and people living with mental health problems)*(2014), https://mentalhealthcommission.ca/wp-content/uploads/2021/05/TEMPO-Police-Interactions-082014.pdf

Miller, D., & Hanson, A, *Committed: The battle over involuntary psychiatric care*, MD: John Hopkins University Press(2016)

Ministère de la Justice, *Référence statistiques justice Année 2015*(2016)

Ministry of Justice, *Mental Capacity Act 2005: Deprivation of Liberty Safeguards*, TSO(2008)

Minkowtz, Tina, Mental Health Law: A Paradigm for its Dissolution, in: O'Mahony, C., Quinn, G., *Disability Law and Policy*, Clarus(2017)

MPOWER, P*eer-Run Respite House Fact Sheet*, Boston, MA(2008)

Munetz, M. R., Grande, T., Kleist, J., & Peterson, G. A., The effectiveness of outpatient civil commitment, *Psychiatric Services 47*(1996)

Murray, R. M., Mistakes I have made in my research career, *Schizophrenia bulletin* 43(2)(2017)

NASMHPD, *The vital role of state psychiatric hospitals*, Alexandria, VA: National Association of State Mental Health Directors, 2014, https://www.nasmhpd.org/sites/default/files/The%20Vital%20Role%20of%20State%20Psychiatric%20HospitalsTechnical%20Report_July_2014(2).pdf

National Institute of Mental Health, *Priorities for Prevention Research at NIMH: A Report by the National Advisory Mental Health Council Workgroup on Mental Disorders Prevention Research*(NIH Publication No. 98-4321), Rockville, MD(1998)

NCMHCSO, *Mental Health Peer-Operated Crisis Respite Programs*. Washington, D.C.: National Coalition for Mental Health Recovery, formerly the National Coalition of Mental Health Consumer/Survivor Organizations(2008)

New Jersey Department of Health, *2018 New Jersey State Health Assessment*, https://www.state.nj.us/health/chs/hnj2020/documents/sha2018.pdf(2018)

New York Office of Mental Health, *An Explanation of Kendra's Law*, 2006, https://www.omh.ny.gov/omhweb/Kendra_web/Ksummary.htm

Newbigging, Karen, Ridley, Julie, et. al., *Independent Mental Health Advocacy: The Right to be Heard*, Jessica Kingsley Publisher(2015)

OHCHR, *Thematic Study by the United nations Office of the High Commissioner for Human Rights on enhancing awareness and understanding of the CRPD*, A/HRC/10/48(26 January 2009)

Olsen, D. P., Increasing the use of psychiatric advance directives, *Nursing Ethics* 24(3)(2017)

Onley, M., & Emerly-Flores, D., "I get my therapy from work": Wellness Recovery Action Plan strategies that support employment success, *Rehabilitation Counseling Bulletin 60*(3)(2016)

OMH: Ontario Ministry of Health, *Toward a Blueprint for Change: A Mental Health Policy and Program Perspective: Discussion Paper (the Heseltine Report)*(1983), https://ontario.cmha.ca/wp-content/uploads/2016/08/makingithappen1999.pdf

OMH: Ontario Ministry of Health, *Putting People First: The Reform of Mental Health Services in Ontario*(1993), https://ontario.cmha.ca/wp-content/uploads/2016/08/puttingpeoplefirst.pdf

OMHLTC: Ontario Ministry of Health and Long-Term Care, *Making it Happen: Operational Framework for the Delivery of Mental Health Services and Supports*(1999), https://ontario.cmha.ca/wp-content/uploads/2016/08/makingithappen2001.pdf

OMHLTC: Ontario Ministry of Health and Long-Term Care, *Open Minds, Healthy Minds: Ontario's Comprehensive Mental Health and Addictions Strategy*(2011), https://www.health.gov.on.ca/en/common/ministry/publications/reports/mental_health2011/mentalhealth_rep2011.pdf

OMHLTC: Ontario Ministry of Health and Long-Term Care, *Open Minds, Healthy Minds: Ontario's Comprehensive Mental Health and Addiction Strategy*(2014), https://www.health.gov.on.ca/en/public/programs/mentalhealth/docs/open_minds_healthy_minds.pdf

OMHLTC: Ontario Ministry of Health and Long-Term Care, *Mental Health Promotion Guideline 2018*(2018), https://www.health.gov.on.ca/en/pro/programs/publichealth/oph_standards/docs/protocols_guidelines/Mental_Health_Promotion_Guideline_2018.pdf

OMHLTC: Ontario Ministry of Health and Long-Term Care, *Ontario Program Standards for ACT Teams*(2005), https://www.health.gov.on.ca/en/common/ministry/publications/reports/mentalhealth/docs/act_standards.pdf

OMHLTC: Ontario Ministry of Health and Long-Term Care, *Patients First: Action Plan for Health Care*(2015), https://www.health.gov.on.ca/en/ms/ecfa/healthy_change/docs/rep_patientsfirst.pdf

Ontario Ministry of Attorney General, *a Guide to the Substitute Decisions Act*, Queen's Printer for Ontario(2000)

O'Reilly, R. L., & Gray, J. E., Canada's mental health legislation, *International Psychiatry* 11(3)(2014)

Oreski, I., Jakovljević, M., Aukst-Margetić, B., Orlić, Z. C., & Vuksan-Ćusa, B., Comorbidity and multimorbidity in patients with Schizophrenia and Bipolar disorders: Similarities and differences, *Psychiatria Danubina 24*(1)(2012)

Osborn, L. A., & Stein, C. H., Recovery-oriented services in an inpatient setting: The role of consumers' views of therapeutic alliance and practitioner directiveness on recovery and well-being, *American Journal of Orthopsychiatry 89*(1)(2019)

Parks, J., Radke, A. Q., & Haupt, M. B, *The vital role of state psychiatric hospitals*, National Association of State Mental Health Program Directors(2014).

Péchillon, Eric, Programme de soins: quel statut juridique pour le patient?, *Santé mentale* n° 198(mai 2015)

Perlin, Michael, Cucolo, Heather Ellis & Lynch, Alison J., *Mental Disability Law: Cases and Materials*, Carolina Academic Press(2017)

Phelan, J. C., Sinkewicz, M., Castille, D. M., Huz, S., & Link, B. G., Effectiveness and outcomes of assisted outpatient treatment in New York State, *Psychiatric Services 61*(2010)

Phillips, S., Burns, B., Edgar, E., Mueser, K. T., Linkins, K. W., Rosenheck, R. A. et al., Moving Assertive Community Treatment into standard practice, *Psychiatric Services 52* (6)(2001)

Picardi, A., I. Lega, V. Candini, J. Dagani, L. Iozzino, and G. de Girolamo, Monitoring and Evaluating the Italian Mental Health System: The 'Progetto Residenze' Study and Beyond, *The Journal of Nervous and Mental Disease* 202(6)(2014)

Player, C. T., Involuntary outpatient commitment: The limits of prevention, *Stanford Law & Policy Review 26*(2015)

Policy Surveillance Program: A LawAtlas Project, *Involuntary outpatient commitment laws*, Center for Public Health Law Research, Temple University(2016), https://lawatlas.org/

Pratt, R., MacGregor, A., Reid, S., & Given, L., Wellness Recovery Action Planning(WRAP) in Self−Help and Mutual Support Groups, *Psychiatric Rehabilitation Journal 35*(5)(2012)

PCMHC: Provincial Community Mental Health Committee, *Building Community Support for People: a Plan for Mental Health Services in Ontario(the Graham report)*(1988), https://ontario.cmha.ca/wp−content/uploads/2016/08/grahamreport.pdf

Pyaneandee, Coomara, *International Disability Law: Practical Approach to the United Nations Convention on the Rights of Persons with Disabilities*, Routledge(2019)

Quinn, Gerald, Next Steps−Toward a United Nations Treaty on the Rights of Persons with Disabilities, in: Peter Blank ed., *Disability Rights*, Ashgate(2005)

Ralph, R., & Corrigan, P. ed., *Recovery in mental illness: Broadening our understanding of wellness*, Washington DC: American Psychological Association(2005)

Ralph, R. O., Kidder, K. & Phillips, D., *Can We Measure Recovery? A Compendium of Recovery and Recovery−Related Instruments*(PN−43), Cambridge, MA: The Evaluation Centre@HSRI(2000)

RAND, *The effectiveness of involuntary outpatient treatment: Empirical evidence and the experience of eight states*, 2001, http://psychrights.org/research/digest/OutPtCmmtmnt/RandOutPtCommitmentEffectiveness.pdf

Rappaport, J., Narrative studies, personal stories, and identity transformation in the mutual help context, *The Journal of Applied Behavioral Science 29*(1993)

Reaume, G., A history of Psychiatric Survivor Pride Day during the 1990s, *Consumer/Survivor Inform Resource Centre Bull* 373(2008)

Rehman, Javaid, *International Human Rights Law* 2nd edition, Paerson(2010)

Reinstein, M., A 2014 Survey of Michigan Probate Courts and community mental health services programs regarding Assisted Outpatient Treatment("Kevin's Law")(2015), http://www.mipic.org/AOT_REPORT_FINAL_II_ABSOLUTE.pdf

Renaudie, Olivier, note sous CC 26 novembre 2010, n° 2010−71 QPC, L'hospitalisation sans consentement devant le juge constitutionnel, *RDSS*(2011).

Renaudie, Olivier, Conseil constitutionnel, liberté d'aller et venir et protection des personnes souffrant de trouble mentaux, *RDSS*(2015)

Repper, J., & Carter, T., A review of the literature on peer support in mental health services, *Journal of Mental Health 20*(4)(2011)

Ridgely, M. S., Borum, R., & Petrila, J., *The effectiveness of involuntary outpatient treatment: Empirical evidence and the experience of eight states*, RAND Health(2001), http://psychrights.org/research/ digest/OutPtCmmtmnt/RandOutPtCommitmentEffectiveness.pdf

Robbins, P. C., Keator, K. J., Steadman, H. J., Swanson, J. W., Wilder, C. M., et Swartz, M. S., Assisted outpatient treatment in New York: regional differences in New York's assisted outpatient treatment program, *Psychiatric Services 61*(10)(2010)

Roberts, G., & Wolfson, P., The rediscovery of recovery: Open to all, *Advances in Psychiatric Treatment 10*(1)(2004)

Robiliard, Denis, *Rapport fait au nom de la commission des affaires sociales sur la proposition de la loi relative aux soins sans consentement en psychiatrie*, doc. Assemblée nationale, n° 1284,(7 juiller 2013)

Rohland, B. M., *The role of outpatient commitment in the management of persons with schizophrenia*, Iowa Consortium for Mental Health, Services, Training, and Research(1998)

Romanow, R. J., *Building on Values: the Future of Health Care in Canada*. Commission on the Future of Health Care in Canada(2002), https://publications.gc.ca/collections/Collection/CP32−85−2002E.pdf

Salzer, M. S., *Best practice guidelines for consumer−delivered services*, Peoria, IL: Behavioral Health Recovery Management Project; Bloomington, IL: Chestnut Health Systems(2002)

San Francisco Health Network, *San Francisco's Assisted Outpatient Treatment Program 2018 Annual Report*, San Francisco Department of Public Health(2020).

San Francisco Health Network−Behavioral Health Services, *5150/5585 Involuntary detention manual*, San Francisco Department of Public Health(2016)

San Francisco Health Network, *5150/5585 Involuntary Detention Manual*, San Francisco Department of Public Health Behavioral Health Services(2016)

Sarason, I. G., Levine, H. M., Basham, R. B., & Sarason, B. R.,Assessing social support: The Social Support Questionnaire, *Journal of Personality and Social Psychology 44*(1)(1983)

Schneeberger, A. R., Huber, C. G., Lang, U. E., Muezenmaier, K. H., Castille, D., Jaeger, M., Seixas, A., Sowislo, J., & Link, B. G., Effects of assisted outpatient treatment and health care services on psychotic symptoms, *Social Science & Medicine 175*(2017)

Scull, A., *Madhouse: A Tragic Tale of Megalomania and Modern Medicine*(Jun D. H., Trans.), MotiveBook. Seoul(2007)

Segal, S. P., & Silverman, C., Determinants of client outcomes in self−help agencies, *Psychiatric Services 53*(3)(2002)

Seikkula, J., & Olson, M. E., The open dialogue approach to acute psychosis: Its poetics and micropolitics, *Family process* 42(3)(2003)

Series, Lucy, Comment: Mental Capacity(Amendment) Act 2019(UK), *Elder Law Rev* 2020 Jan(1)

Shorter, E., *History of psychiatry*(Choi B. M., Trans.), Bada. Seoul(1997)

Slobogin, C., Hafemeister, T. L., Mossman, D., & Reisner, R., *Law and the mental health system: Civil and criminal aspects*(6thed.), St. Paul, MN: West Academic Publishing(2013)

Solomon, P., Peer support/peer provided services underlying processes, benefits, and critical ingredients, *Psychiatric Rehabilitation Journal 27*(4)(2004)

Solomon, P., & Draine, J., The state of knowledge of the effectiveness of consumer provided services, *Psychiatric Rehabilitation Journal* 25(1)(2001)

Spencer－Lane, Tim, *Care Act Manual*, 2nd edition, Sweet & Maxwell(2015)

Stefan, S., *Emergency Department Treatment of the Psychiatric Patient: Policy Issues and Legal Requirements*, New York: Oxford University Press(2006)

Stettin, B., An advocate's observations on research concerning assisted outpatient treatment, *Current Psychiatry Reports 16*(2014)

Steverson, L., *Madness Reimagined: Envisioning a Better System of Mental Health in America*, Wilmington, DE: Vernon Press(2018)

Stone, D., There are cracks in the civil commitment process: A practitioner's recommendations to patch the system, *Fordham Urban Law Journal* 43(3)(2016)

Stone, D, Confine is fine: have the non－dangerous mentally ill lost their right to liberty: an empirical study to unravel the psychiatrist's crystal ball, *Social Policy & Law* 20(2)(2012)

Strauss, J. S., & Carpenter, W. T. Jr., *Schizophrenia*, New York: Plenum Publishing(1981)

Substance Abuse and Mental Health Services Administration(SAMHSA), *National Consensus Statement on Mental Health Recovery*, U.S. Department of Health and Human Services, Rockville, MD(2004)

Substance Abuse and Mental Health Services Administration(SAMHSA), *SAMHSA's Concept of Trauma and Justice Strategic Initiative*, U.S. Department of Health and Human Services, Rockville, MD(2014)

Substance Abuse and Mental Health Services Administration(SAMHSA), *Core Competencies for Peer Workers in Behavioral Health Services*, U.S. Department of Health and Human Services, Rockville, MD(2015)

Substance Abuse and Mental Health Services Administration(SAMHSA), *Changing focus: The right to treatment of serious mental illness*, Presented by Elinore F. McCance－Katz. U.S. Department of Health and Human Services(2018), https://www.samhsa.gov/sites/default/files/the_right_to_treatment.pdf

Substance Abuse and Mental Health Services Administration(SAMHSA), *Civil commitment and the mental health care continuum: Historical trends and principles for law and practice*, U.S. Department of Health and Human Services, Rockville, MD(2019)

Substance Abuse and Mental Health Services Administration(SAMHSA), *National Guidelines for Behavioral Health Crisis Care－A Best Practice Toolkit Knowledge Informing Transformation*, U.S. Department of Health and Human Services, Rockville, MD(2020)

Swanson, J. W., Swartz, M. S., Borum, R., Hiday, V. A., Wagner, H. R., & Burns, B. J., Involuntary out−patient commitment and reduction of violent behaviour in persons with severe mental illness, *British Journal of Psychiatry 176*(2000)

Swanson, J. W, Borum, R., Swartz, M. S., et al., Can involuntary outpatient commitment reduce arrests among persons with severe mental illness?, *Criminal Justice and Behavior 28*(2001)

Swanson, J. W., Swartz, M. S., Elbogen, E. B., Wagner, H. R., & Burns, B. J., Effects of involuntary outpatient commitment on subjective quality of life in persons with severe mental illness, *Behavioral Sciences and the Law 21*(2003)

Swanson, J. W., Swartz, M. S., Elbogen, E. B., et al., Psychiatric advance directives and reduction of coercive crisis interventions, *Journal of Mental Health 17*(2008)

Swanson, J. W., Mental Illness, Release From Prison, and Social Context, *JAMA, 316*(17)(2016)

Swanson, J. W., & Van Dorn, R. A., Violence in schizophrenia: Prevalence, correlates, and treatment effectiveness, in: Stroup S and Lieberman J, Eds, *Antipsychotic Trials in Schizophrenia: the CATIE Project*, New York: Cambridge University Press(2010)

Swanson, J. W., Swartz, M. S., & Moseley, D., Community psychiatric treatment under legal mandates: the US experience, in: Buchanan, Alec(Ed.), *Care for the Mentally Disordered Offender in the Community 2nd Edition*, Oxford University Press(2017)

Swartz, M. S., J. W. Swanson, R. H. Wagner, et al., Can involuntary outpatient commitment reduce hospital recidivism? Findings from a randomized trial in severely mentally ill individuals, *American Journal of Psychiatry 156*(1999)

Swartz, M. S., Swanson, J. W., Hiday, V. A., Wagner, H. R., Burns, B. J., & Borum, R., A randomized controlled trial of outpatient commitment in North Carolina, *Psychiatric Services 52*(2002)

Swartz, M. S., Swanson, J. W., & Monahan, J., Endorsement of personal benefit of outpatient commitment among persons with severe mental illness, *Psychology, Public Policy and Law* 9(1)(2003)

Swartz, M., Swanson, J., Steadman, H., Robbins, P., & Monahan, J., *New York State Assisted Outpatient Treatment Program Evaluation*, Duke University School of Medicine, Durham, NC(2009), http://www.omh.state.ny.us/omhweb/resources/publications/aot_program_evaluation/

Swartz, M. S., Wilder, C. M., Swanson, J. W., Van Dorn, R. A., Robbins, P. C., Steadman, H. J., Moser, L. L., Gilbert, A. R., & Monahan, J., Assessing outcomes for consumers in New York's Assisted Outpatient Treatment Program, *Psychiatric Services 61*(2010a)

Swartz, M., Wilder, C., Swanson, J., Von Dorn, R., Robbins, P., Steadman, H., Moser, L., Giblert, A., & Monahan, J., Assessing outcomes for consumers in New York's Assisted Outpatient Treatment program, *Psychiatric Services* 61(10)(2010b).

Testa, M., & West, S. G., Civil Commitment in the United States, *Psychiatry* 7(10)(2010)

Théron, Sophie, *Les soins psychiatriques sans consentement*, DUNOD(2017)

Théron, Sophie, La loi du 27 septembre 2013: une révision partielle du régime des soins psychiatriques, *RDSS*(2014)

Theron, Sophie, De quelques remarques sur une évolution attendue de la prise en charge de la maladie mentale : l'instauration de soins ambulatoires sans consentement, Revue de droit sanitaire et social, *RDSS*(2010)

Torrey, F., Stigma and violence: Isn't it time to connect the dots?, *Schizophrenia Bulletin 37*(5)(2011)

Torrey, F., *The insanity offense: How America's failure to treat the seriously mentally ill endangers its citizens*, W. W. Norton & Company(2012)

Torrey, E. F., Fuller, D. Geller, J., Jacobs, C., & Ragosta, K., *No Room at the Inn: Trends and Consequences of Closing Public Psychiatric Hospitals*, The Treatment Advocacy Center Report(2012), https://www.treatmentadvocacycenter.org/storage/documents/no_room_at_the_inn-2012.pdf

Torrey, F., *American psychosis: How the federal government destroyed the mental illness treatment system*, New York: Oxford University Press, Inc.(2014).

Treatment Advocacy Center, Fact Sheet, 2014, http://www.psychlaws.org

Treatment Advocacy Center, *Model Law for Assisted Treatment*, 2012, http://www.psychlaws.org

Treatment Advocacy Center, *State Standards Charts for Assisted Treatment Civil Commitment Criteria and Initiation Procedures by State*. Arlington, Virginia(2016a). https://www.treatmentadvocacycenter.org/

Treatment Advocacy Center, *Psychiatric Bed Supply Need Per Capita*. Arlington, Virginia(2016b). https://www.treatmentadvocacycenter.org/

UN Committee, *General Comment No. 1(Article 12)*, CRPD/C/GC/1(2014)

U.S. Congress Report, *H.R.6-21st Century Cures Act*, 2017, https://www.congress.gov/bill/114th-congress/house-bill/6

U.S. Department of Health and Human Services, *Mental health: A report of the Surgeon General*, Rockville, MD: Author, 69(1999)

U.S. Department of Health and Human Services, *Mental health and mental disorders*, Office of Disease Prevention and Health Promotion(2020), https://www.healthypeople.gov/2020/topics-objectives/topic/mental-health-and-mental-disorders

Van der Kolk, Bessel, *The Body Keeps Score*, Penguin Books(2015)

Van Dorn, R, Swanson, J. W., & Swartz, M. S., Preferences for psychiatric advance directives among Latinos: views on advance care planning for mental health, *Psychiatry Services 60*(10)(2009)

Van Dorn, R., Swanson, J. W., Swartz, M. S., Wilder, C., Moser, L., Gibert, A., Cislo, A., & Robbins, P., Continuing medication and hospitalization outcomes after Assisted Outpatient Treatment in New York, *Psychiatric Services 61*(1)(2010)

Véron, Paul, note sous Civ. 1re, 27 septembre 2017, n° 16-22.544, Les limites du contrôle du juge des libertés et de la détention sur les décisions d'admission en soins psychiatriques sans consentement, *RDSS*(2018)

Walsh, J., & Connelly, P., Supportive behaviors in natural support networks of people with serious mental illness, *Health & Social Work 21*(1996)

Washington State Institute for Public Policy, *Involuntary Civil Commitments: Common Questions and a Review of State Practices, Document No. 15−07−340*,. Washington State(2015), http://www.wsipp.wa.gov/

Watnik, I. L., A constitutional analysis of Kendra's Law: New York's solution for treatment of the chronically mentally ill, *University of Pennsylvania Law Review 149*(2001)

Watson, *Two "Diversion" Models from the US: Police Crisis Intervention Teams & Mental Health Courts*, 2012, Retrieved from http://www.rcpsych.ac.uk/pdf/Prof%20Watson.pdf.

Widdershoven, G., & Berghmans, R., Advance directives in psychiatric care: A narrative approach, *Journal of Medical Ethics 27*(2001)

Winick, B. J., *Civil commitment: A therapeutic jurisprudence model*, Carolina Academic Press(2005)

Winter, Jerry Alan, The Development of the Disability Rights Movement as a Social Problem Solver, *Disability Studies Quarterly* 23(2003)

World Network of Users and Survivors of Psychiatry, *Implementation Manual for the UN CRPD*, 2008

Yohanna, Daniel, Deinstitutionalization of people with mental Illness: Causes and consequences, *American Medical Association Journal of Ethics 15*(10)(2013)

Young, S. L., & Ensing, D. S., Exploring recovery from the perspective of people with psychiatric disabilities, Psychiatric Rehabilitation Journal 22(1999)

Zanni, G., & DeVeau. L., Inpatient stays before and after outpatient commitment, *Hospital and Community Psychiatry 37*(1986)

Zanni, G., & Stavis, P., The Effectiveness and Ethical Justification of Psychiatric Outpatient Commitment, *American Journal of Bioethics 7*(2007)

大谷實, 「新版精神保健福祉法講義」, 成文堂(2010)

精神保健福祉研究會監修, 「精神保健福祉法詳解(四訂)」, 中央法規(2018)

「心の健康問題の正しい理解のための普及啓発検討会」 報告書(平成 16年 3月), https://www.mhlw.go.jp/shingi/2008/04/dl/s0411−7i.pdf

精神保健福祉の改革に向けた今後の対策の方向(精神保健福祉対策本部中間報告)の概要, https://www.mhlw.go.jp/shingi/2008/04/dl/s0411−7h.pdf

精神保健及び精神障害者福祉に関する法律の一部を改正する法律の概要, https://www.mhlw.go.jp/seisakunitsuite/ bunya/hukushi_kaigo/shougaishahukushi/kaisei_seisin/dl/hou_gaiyo.pdf

「精神障害者の地域生活支援の在り方に関する検討会」 最終まとめ(平成 16年 8月), https://www.mhlw. go.jp/shingi/2004/08/dl/s0806−4a.pdf

「精神保健医療福祉の更なる改革に向けて」 概要, https://www.mhlw.go.jp/shingi/2009/09/dl/s0924−2c.pdf

最近の精神保健医療福祉施策の動向について, 第1回精神保健福祉士の養成の在り方等に関する検討会, 2018. 12. 18., https://www.mhlw.go.jp/content/12200000/000462293.pdf

厚生労働省, これからの精神保健医療福祉のあり方に関する検討会報告書, 2017. 2. 8

厚生勞働省 障害者保健福祉部, 參考資料, https://www.mhlw.go.jp/file/05−Shingikai−12201000−

Shakaiengokyokushougaihokenfukushibu－Kikakuka/0000108755_12.pdf

厚生勞働省，今後の精神保健医療福祉のあり方等に関する検討会，「精神保健医療福祉の更なる改革に向けて」，2009, 9. 24., https://www.mhlw.go.jp/shingi/2009/09/dl/s0924－2a.pdf

厚生労働省 精神保健福祉對策本部，精神保健医療福祉の改革ビジョン，2004. 9., https://www.mhlw.go.jp/topics/2004/09/dl/tp0902－1a.pdf

医療情報科学研究所編，「公衆衛生がみえる2018－2019」メディックメディア

厚生労働省精神・障害保健課(2011)第1回保護者制度・入院制度に関する作業チーム，平成 23年 1月 7日 参考資料「入院制度について」

厚生労働省HP「精神保健福祉法について」，https://www.mhlw.go.jp/kokoro/nation/law.html

厚生労働省HP「精神障害者保健福祉手帳」，https://www.mhlw.go.jp/kokoro/support/certificate.html

厚生労働省HP「精神保健及び精神障害者福祉に関する法律の一部を改正する法律の概要」，https://www.mhlw.go.jp/seisakunitsuite/bunya/hukushi_kaigo/shougaishahukushi/kaisei_seisin/dl/hou_gaiyo.pdf

厚生労働省HP「精神保健指定医とは」，https://www.mhlw.go.jp/content/000412951.pdf

厚生労働省HP 資料2「医療保護入院制度について」，https://www.mhlw.go.jp/file/05－Shingikai－12201000－Shakaiengokyokushougaihokenfukushibu－Kikakuka/0000115952.pdf

厚生労働省HP 「医療保護入院における家族等の同意に関する運用について」，https://www.mhlw.go.jp/seisakunitsuite/bunya/hukushi_kaigo/shougaishahukushi/kaisei_seisin/dl/tsuuchi－09.pdf

厚生労働省HP「最近の精神保健医療福祉施策の動向について」第1回精神保健福祉士の養成の在り方等に関する検討会，2018. 12. 18., https://www.mhlw.go.jp/content/12200000/000462293.pdf

厚生労働省HP 障害者保健福祉部 参考資料，https://www.mhlw.go.jp/file/05－Shingikai－12201000－Shakaiengokyokushougaihokenfukushibu－Kikakuka/0000108755_12.pdf

厚生労働省HP 障害者保健福祉部 参考資料，https://www.mhlw.go.jp/file/05－Shingikai－12201000－Shakaiengokyokushougaihokenfukushibu－Kikakuka/0000129677.pdf

厚生労働省HP「精神保健福祉の改革に向けた今後の対策の方向(精神保健福祉対策本部中間報告)の概要」，https://www.mhlw.go.jp/shingi/2003/09/dl/s0926－6d1.pdf

厚生労働省HP 精神保健福祉対策本部「精神保健医療福祉の改革ビジョン」2004. 9., https://www. mhlw.go.jp/topics/2004/09/dl/tp0902－1a.pdf

厚生労働省HP「心の健康問題の正しい理解のための普及啓発検討会」報告書(平成 16年 3月)，https://www.mhlw.go.jp/shingi/2008/04/dl/s0411－7i.pdf

厚生労働省HP「精神病床等に関する検討会」最終まとめのポイント(平成 16年 8月)，https://www.mhlw.go.jp/shingi/2004/08/dl/s0806－5a.pdf

厚生労働省HP「精神障害者の地域生活支援の在り方に関する検討会」最終まとめのポイント(平成 16年 8月)，https://www.mhlw.go.jp/shingi/2004/08/dl/s0806－4a.pdf

日本精神科救急学会監修『精神科救急医療ガイドライン2015年版』，https://www.jaep.jp/gl/2015_all.pdf

〈홈페이지〉

CCB(Consent and Capacity Board) http://www.ccboard.on.ca

Centers for Disease Control and Prevention(2017). Behavioral and Mental health. Retrieved from https://www.cdc.gov/publichealthgateway/program/resources/behavioral.html

CMHA(Canadian Mental Health Association) https://cmha.ca

CMHA, Ontario(Canadian Mental Health Association, Ontario) https://ontario.cmha.ca

Government of Canada https://www.canada.ca

MHCC(Mental Health Commission of Canada) https://www.mentalhealthcommission.ca

ORB(Ontario Review Board) http://www.orb.on.ca

PPAO(Psychiatric Patient Advocate Office) https://www.sse.gov.on.ca/mohltc/ppao

The Working Mind https://theworkingmind.ca

Australian Bureau of Statistics, https://www.abs.gov.au/

AIHW(Australian Institute of Health and Welfare), 『Mental Health Services in Brief 2018』 Cat. no. HSE 211. Canberra: AIHW, https://www.aihw.gov.au/getmedia/0e102c2f-694b-4949-84fb-e5db1c941a58/aihw-hse-211.pdf.aspx?inline=true

MHRT(Mental Health Review Tribunal), https://www.mhrt.qld.gov.au/

NCAT(NSW Civil and Administrative Tribunal), https://www.ncat.nsw.gov.au/

NDIS (National Disability Insurance Scheme), https://www.ndis.gov.au/

OPG(Office of Public Guardian), https://www.publicguardian.qld.gov.au/

사항색인

[저자소개]

제철웅 교수는 한양대학교 법학전문대학원 교수로, 2013년 9월부터 교육부와 연구재단의 한국사회과학연구의 지원을 받아 '의사결정능력 장애인의 사회통합'에 관한 연구를 해오고 있다. 정신적 장애인의 인권보호와 증진과 연관되어 있는 재산법 및 가족법 관련 연구를 하면서 동시에 다른 사회과학 전문가들과의 학제 간 연구영역을 개척하고 있다. 현재 정신건강문제를 겪고 있는 당사자와 가족의 권익보호 및 광의의 정신적 장애인의 인권과 관련한 다수의 연구논문과 저서가 있다. 최근에는 '희망의 심장박동'이라는 번역서를 출간하기도 하였다.

박인환 교수는 1988년 연세대학교 법과대학을 졸업하고 같은 대학에서 법학석사 학위를 취득한 후 2004년 서울대학교 대학원에서 법학박사 학위를 취득하였다. 2004년 춘천 한림대학교 법학부에서 강의를 시작한 이후 한국사회의 고령화에 대비한 법적과제로서 성년후견에 관한 연구를 시작하였다. 2009년부터는 인하대학교 법학전문대학원에서 민법을 강의하면서, 동아시아 성년후견법에 관한 국제공동연구와 장애인의 인권과 권익옹호에 관한 연구와 활동에 주력하였고, 근래에는 유엔장애인권리협약의 관점에서 성년후견제도를 대체하는 의사결정지원의 제도화 방안에 관한 모색을 거듭하고 있다.

박현정 교수는 서울대학교 법과대학을 졸업하고 같은 대학에서 법학석사 및 박사학위를 취득하였다. 2003년부터 서울남부지방법원 등에서 예비판사와 판사로 재직하였으며, 2010년부터 한양대학교 법학전문대학원에서 행정법을 가르치고 있다. 정신적 장애인에 대한 의사결정지원과 권리보장, 비자의 정신치료 등의 주제를 공법적 · 비교법적 관점에서 연구하고 있다.

김미경 박사는 부산대학교 법학과를 졸업하고 동 대학원 석사 및 박사학위(법학 박사. 민사법 전공)를 취득하였으며, 법무부, 헤이그국제아동탈취협약 이행법률제정 TF팀 위원(2010.3.~2011.4.)과 프랑스파리 제2대학(Université Paris II) 민사법연구소(Laboratoire de Droit Civil) 연구원(2013.9.~ 2014.2.)을 지냈다. 부산대학교, 중앙대학교, 부경대학교 등에서 강의하였고, 현재 부산대학교 강사이다. 프랑스민법상 타인을 위한 장래보호위임계약의 법적 성질과 우리법에의 도입가능성, 법조, 제68권 제1호, 통권 제733호, 2019. 2.) 외 다수의 논문 발표하였다.

강상경 교수는 서울대학교 사회복지학과를 졸업하고 미시간대학교에서 임상사회복지석사(MSW) 후 지역사회 정신건강 상담치료센터에서 임상경험을 쌓고, 동 대학교에서 심리학 석사와 사회복지학·심리학 박사학위를 취득하였다. 학위 후 ISR(Institute for Social Research)에서 노년국(NIA) 박사후연구원, 워싱턴대학교(Washington University in St. Louis)에서 조교수로 재직하다 2005년부터 서울대학교 사회복지학과에 재직 중이다. 임상사회복지상담사로 일한 경험을 계기로 정신장애 스티그마, 차별과 불평등, 정신장애인 인권과 회복 이슈에 관심을 가지고 있다.

김원경 교수는 MEIJIGAKUIN UNIVERSITY 사회복지학과 부교수로 치매노인의 가족지원을 주제로 사회복지학 박사학위(2012)를 취득했다. 연구 및 주요 관심 영역은 치매노인과 가족의 권익옹호이며, 주요 연구로는 "認知症の人の意思決定支援をめぐる動向" (2021) 등이 있다.

이용표 교수는 서울대 사회복지학과에서 박사학위를 취득하고 가톨릭대 사회복지학과에서 학생들을 가르치고 있으며, 주된 관심분야는 정신장애인의 인권과 대안정신보건프로그램 분야이다.

한미경 교수는 Washington University에서 석사(MSW) 학위를, University of California Berkeley에서 박사학위를 취득하고 캘리포니아 주립대 San Jose State University 사회복지학과(School of Social Work) 교수로 재직중이다. 정신건강, 문화적 다양성과 cultural humility, 사회복지 교육과 전문가양성 등에 관심이 있으며, 현재 아시안계 미국인들의 정신건강과 돌봄에 관한 연구들을 진행중이다. 주요 연구로는 「정신질환자 가족보호자의 건강에 영향을 미치는 요소들」, 「아시안계 미국인들의 정신질환 낙인에 관한 연구」, 「아동기 가족폭력 노출이 성년초기 정신건강에 미치는 영향」, 「아시안계 미국이민가족의 부모－자녀 관계와 정신건강」 등 다수의 논문이 있다.

김낭희 박사는 서울대학교 사회복지학과에서 박사학위를 취득하였다. 서울대학교, 인천대학교 등에서 강사와 겸임교수로 강의한 바 있다. 마약중독 회복당사자들이 모인 치료자활공동체 '소망을 나누는 사람들'에서 실천가로 활동하였다. 한양대학교 후견 · 신탁연구센터에서 정신장애인 인권연구를 수행하였으며, 현재는 한국형사 · 법무정책연구원에 재직 중이다. 주요 관심분야는 정신건강과 약물중독, 그리고 당사자운동이다.

정신건강과 법

2022년 2월 5일 제1판 인쇄
2022년 2월 20일 제1판 발행

대표편저자 제 철 웅
발 행 인 임 권 규
발 행 처 弘 文 社

05855 서울시 송파구 송파대로 167 테라타워 B동 802호
등록 1993. 6. 24. 제1-1543호
TEL. 712-5311(代) FAX. 716-5311

값 30,000원

ISBN 978-89-7770-713-9 93360

* 이 책은 대한민국 교육부와 한국연구재단의 지원을 받아 수행하는 연구사업의 일환으로 진행되었습니다.
(NRF-2019S1A3A2099593).